令和７年度版
新潟県公立高校入試問題集

編集協力　能開センター新潟本部

新潟日報メディアネット

新潟県 公立高校 入試問題集

使い方

５年分の公立高校入試過去問題（令和６年度～令和２年度）と入試直前模擬問題の解答用紙のダウンロードができます。英語リスニング音声がWEBで聞けます。

スマホ・タブレットから

パソコンから

新潟日報メディアネット ブックストア
URL：**https://www.nnj-book.jp/**

解答用紙ダウンロードで解き直しができる

何度も解くことで出題パターンや時間配分のトレーニングができます。本番であわてないためにも慣れておくと安心です。

英語リスニング音声がどこでも聞ける

リスニング力定着には「音読学習」がポイント。何度も繰り返し練習してみましょう。各年度の英語問題ページ二次元バーコードを読み取ってアクセス。

受験お役立ち情報

「新潟日報教育モア」では高校入試の勉強法や心構えなど、勉強に役立つ情報を随時更新中。

●データダウンロードは2025年３月31日までとなります
※WEBサイト画像はイメージです

問い合わせ　**新潟日報メディアネット**　Mail：hanbai@niigata-mn.co.jp

目　　次

令和７年度入試　傾向と対策（5教科） ―― 5

令和６年度入試問題 ―― 27

　　解答・解説 ―― 73

令和５年度入試問題 ―― 123

　　解答・解説 ―― 169

令和４年度入試問題 ―― 215

　　解答・解説 ―― 261

令和３年度入試問題 ―― 309

　　解答・解説 ―― 355

令和２年度入試問題 ―― 397

　　解答・解説 ―― 439

入試直前模擬問題 ―― 483

　　解答・解説 ―― 529

令和７年度　入学者選抜対策 ―― 542

令和６年度 新潟県公立高等学校入学状況 ―― 551

は　じ　め　に

本書は、新潟県で実施された過去５カ年間の公立高校入試問題と、その解答および解説を掲載しています。

それぞれの教科については、出題傾向とともに、令和７年度入試問題への対策も併載しました。

令和７年度入試　傾向と対策(5教科)

国　　語

【1】 年度別出題内容（下表の数字は出題数）

分野・項目	年度	令和6年度	令和5年度	令和4年度	令和3年度	令和2年度
言語・国語の知識	漢字の読み取り	5	5	5	5	6
	漢字の書き取り	5	5	5	5	6
	表現技法・季語			1		
	熟語の構成	1	1	1		1
	ことばの意味の確定	1				
	ことわざ・慣用的表現・四字熟語	1				
	文の成分（文節・主語・述語・修飾語）			1	1	
	自立語の識別		1			
	付属語の識別			1	1	1
	敬語表現				1	
	品詞（品詞分解を含む）	1			1	
	用言の活用		1		1	1
	内容理解（書き抜き）					1
	文章の主題（選択肢）					1
	接続語補充（選択肢）					
	適語補充（選択肢）		1	1		
古文の読解	古語の意味（選択肢・記述）	1		1	1	
	歴史的仮名づかい	1	1	1	1	1
	古文中の動作主等	1	1			
	内容理解（書き抜き）				1	
	傍線部分の解釈（選択肢）	2	1	2	1	1
	傍線部分の現代語訳（選択肢）		2		1	
	登場人物の人物像（選択肢）					
	登場人物の人物像（記述）					
	内容理解（選択肢）					2
	記述式問題（意味・解釈・主題）	1	1	2	1	1
	記述式問題（人物の心情）					
説明的文章の読解	語句の意味（選択肢）					
	接続語補充（選択肢）	1	1	1	1	1
	適語補充（選択肢）	1	1	1	1	1
	傍線部分の解釈（選択肢）	1	1	1	1	1
	傍線部分の解釈（書き抜き）	1		1	1	1
	記述式問題（文章中の語句引用型・要旨）	2	3	2	2	2

【2】 本年度入試問題の傾向

① 大問構成は4題で、〔一〕、〔二〕が国語の知識を問う問題、〔三〕、〔四〕が文章読解の力と記述・表現の力を問う問題、というように大きく二つに分けることができる。
② 〔一〕は漢字の読み取り、書き取りの問題。
③ 〔二〕は語彙・文法の知識に関する問題。一問一答形式。
④ 〔三〕は古文の読解。古文に先立って現代語による説明が置かれており、それぞれを総合的に読むことが求められる。また、和歌の解釈が2年ぶりに出題された。
⑤ 〔四〕は現代文（論説）の読解。令和3年度から、複数の文章を読み解いて設問に答えるという形式が定着しつつある。記述問題は45字、120字の設問がそれぞれ1題ずつ。

大問別ポイント

〔一〕漢字の読み書き（20点）

昨年に引き続き、読み取り5問・書き取り5問の計10問の出題であった。日常生活で比較的目にしやすいことばも見られる一方で、日常ではあまり用いられない水準の高いことばの読み・書きにも対応できるかを問う。教科を問わず、教科書中の漢字・熟語は読み・書きできることが肝要だ。

〔二〕語彙・文法（15点）

例年の出題形式に沿った、一問一答形式での出題がなされている。内容は、動詞の意味の識別、単語の数、文節同士の関係、熟語の構成、ことわざ・慣用句と幅広く出題されている。中学校で学ぶ語彙・文法知識を抜け落ちなく備えていることが大切であるため、文法書・問題集等を活用して反復練習することが求められる。また、今年度は出題がなかったものの、品詞の識別、用言の活用の種類と活用形はほぼ毎年出題される重要項目であることにも注意したい。

〔三〕古文の読解（現代語による説明を含む）（30点）　出典：『今昔物語集』

出典は『今昔物語集』、平安末期に成立したとされる説話集（人々の間で語り継がれる短い物語）である。一つのまとまった物語のうち、前半部分についての現代語による説明が施されており、これを踏まえて後半の部分を古文で読み解くという形式をとっている。古文を読み解く下準備として、現代語による解説を読みながら、登場人物が誰か、どのような立場にあるか、それぞれの関係はどうかについて整理することが求められる。

設問は、古文に関する基本的な知識・技能があるかを問う設問が中心。具体的には、現代かなづかい、文の前後関係を踏まえた単語の意味の確定、和歌の解釈と詠み手の心情・内面分析、傍線部の意味や理由の説明を求められている。和歌の解釈を通じた詠み手の心情・内面の説明（小問三）に苦手意識をもつ受験生もいることが考えられるが、本文と、本文脇のルビ（現代語訳）をきちんと読むことで正解を導くことは十分可能である。本文と注釈を丁寧に読み、内容を正確に把握することを強く意識して古文の学習に取り組みたい。

〔四〕現代文（論説）の読解（35点）　出典：浅島　誠『生物の「安定」と「不安定」　生命のダイナミクスを探る』

設問は例年の形式を踏まえたものであり、当てはまる語句の挿入、傍線部の内容説明、理由説明から構成される。文章の一部分をより具体的に説明した部分を書き抜くという問い（小問四）は、ここ数年の傾向からすればやや目新しい。ピラミッドが「三角形である」とはどういうことかを本文を踏まえ的確に理解できれば、この問題には十分対応できると考えられる。また、例年どおり複数の文章を読んで解答する問題が出題されている（小問六)。設問の指示をよく読むとともに、後半の文章はナチュラル・ヒストリーを踏まえた視点についてまとめる文章であるという意識をもって読むとよい。

一文ごとの意味を正確に理解して段落ごとの要点をつかむこと、それぞれの文章で筆者が主張したいことの要旨を的確に把握することに努めたい。

新潟県の国語は、中学校3年間の学習内容がきちんと身に付いているかどうかを、言語知識から読解・表現（記述）まで総合的に出題する傾向が強い。今年の問題もそれまでの傾向を踏襲したものであり、特に古文は入念な対策をした実力ある受験生にとっては満点も狙える可能性が高い。受験生は、中学校3年間の学習事項を抜け落ちなく身に付けるとともに、過去問を徹底的に演習して、実力を発揮できるように準備することが重要である。

【3】 次年度入試の予想と対策

〈漢字の読み書き〉

これまでの例にしたがって、短文の該当箇所に当てはまる漢字の読み・書きを求められるものと予想される。日常的によく見かける漢字の読み・書きはもちろん、やや硬めな文章でみられる水準の高い漢字の読み・書きも求められるのがここ数年の傾向であるといえよう。普段の学習で目にする漢字を練習したり、問題集を使って訓練したりすることが効果的である。このとき、漢字の読み方・書き方を覚えるのみならず、意味をあわせて覚えておくとよい。受験生としては得点源にできるよう、辛抱強く対策をしたい。

〈語彙・文法〉

中学校3年間で学習する語彙・文法知識を一問一答形式で広く問われるものと予想される。受験生にとっては解答しやすい形式ではあるが、基本的な知識なくして正解を導くことはできない。教科書・文法書を活用して基本的な知識をインプットしたら、問題集を使って反復練習することに努めよう。特に品詞分解、品詞の識別、用言の活用は受験生が苦手としやすいテーマであるとともに、出題もされやすい。テーマごとのポイントを押さえること、繰り返し問題を解いて定着させることを意識したい。

〈古文の読解〉

まとまった一つの短い物語・説話を題材に、古文の読解の力をストレートに問う問題が出題されるものと思われる。これまでの出題をみると、多くの場合、現代語による評釈、本文の現代語訳、注釈（古語の意味を表す短い説明）が施されている。これら現代語による説明には、古文の読解をサポートする大きなヒントが数多く散りばめられている。まずは、現代語によるヒントと本文（古文）を行き来することを意識して、本文を正確に理解できるようになろう。読みにくいと感じた部分は自分で現代語訳して、全訳と比べてみるのも効果的である。

また、和歌の解釈・説明を求めるやや難易度の高い問題が数年おきに出題されている。和歌の問題は受験生が苦手意識を持ちやすいが、①現代語によるヒントをよく読んで読解に生かすこと、②和歌を句ごとに細切れにして、パーツごとに理解することを意識したい。

〈現代文の読解〉

現代文はここ数年、同じ著書から抜き出された2つの文章それぞれを読むことを求められるという特徴的な問題が出題されている。受験生にとっては力の見せどころともいえる水準の高い問題であるが、本文を正確に理解して内容を整理すること、設問の求めに応じた解答を書く、というごく基本的な力があるかを問う問題であると考えられている。具体的には、①本文を正確に読んで理解するというステップ、②理解した内容を、設問の求めに応じて説明するステップ、という2つのステップに対応できるかを問うている。

論説文は、(a)何らかのテーマや問題点について、(b)筆者の結論・主張を示したうえで、(c)それに対する説明や論証をする、という構造をとっている。したがって、これら3つの要素――テーマ、主張、論証――を文章から正確につかめていれば、その論説文を正確に読解できた、ということができる。言い換えれば、与えられた文章のテーマと主張、そして論証を的確に読み取ることこそが、受験生に求められることであるといえる。

数　　学

【1】 年度別出題内容（下表の数字は出題数）

項目		令和6年度	令和5年度	令和4年度	令和3年度	令和2年度
数と式	数の性質				4	4
	正負の数の計算	1	1	1	1	1
	式の計算（1・2年の範囲）	2	2	1	1	1
	数・式の利用（1・2年の範囲）					
	平方根	1	1	1	1	1
	多項式の乗法・除法			1	1	1
	因数分解					
方程式	1次方程式				1	1
	1次方程式の応用		1	1		
	連立方程式		1		1	1
	連立方程式の応用				1	1
	2次方程式	1		1	1	1
	2次方程式の応用			1		
比例と関数	比例・反比例	2		1	2	1
	1次関数	4		2	3	5
	関数　$y=ax^2$	1		1	1	1
図形	平面図形の基本・作図	1	1	1	1	1
	空間図形の基本					2
	立体の表面積と体積	2		1	3	2
	平行と合同	1		2	1	1
	図形と証明	1	1	2	1	1
	三角形（直角三角形・二等辺三角形・正三角形）	2			3	2
	四角形（平行四辺形・長方形・ひし形・正方形）					
	円周角と中心角	1	1	3	1	1
	相似	2		1	2	1
	平行線と線分の比				1	1
	中点連結定理			1	1	1
	三平方の定理	1		2	1	1
その他	データの活用		1	2	1	1
	場合の数					
	確率	1	1	1	1	1
	標本調査	1				
総合問題	数・式を中心とした総合問題		1		1	1
	関数を中心とした総合問題	1	1	1	1	1
	図形を中心とした総合問題	2	1	2	1	1

※出題方法は、一部重複しているところもあります。
※総合問題のみ大問1問につき1と数えています。

【2】 本年度入試問題の傾向

大問数は昨年度と同様で5題。今年度の出題形式は昨年度の形式から以下の変更があった。

・反比例、標本調査の問題が出題された
・等積変形を用いた作図の問題が初めて出題された
・2年連続で図形の移動に関する関数の問題が出題された
・規則性に関する問題が出題されなかった

昨年度に続き難易度が高い問題が多く、解きやすい問題で正確に解くことが要求された。

大問別ポイント

〔1〕計算（正負の数・文字式・2次方程式）・平方根を含んだ数の大小関係・円周角・標本調査の小問集合（32点）

問題数・配点は昨年度を踏襲している。(4)で平方根を含んだ3つの数の大小関係を不等号で表す問題は、平方根の性質を理解できていたかが問われる。また、(6)で電子レンジといった日常生活と密接に絡んだ問題が出題された点は大きな特徴であった。さらに、(7)の円周角の問題は、円周角の定理に加えて、弧の長さと中心角の関係も正しく理解している必要があった。

〔2〕確率・$y=ax^2$の関数の変化の割合・等積変形を使った作図の問題（18点）

大問2は昨年同様、すべて求め方を書くことが要求された。(1)は、樹形図を正確にかくことができれば、正解できる確率の基本問題である。(2)の$y=ax^2$の関数の変化の割合の問題は、文字が含まれているため、やや苦戦する問題であったと思われる。(3)の等積変形の作図の問題は今年度初めての出題であったため、正答率は低かった。

〔3〕平面図形の問題（15点）

2年ぶりに出題された平面図形の問題。(1)は面積比、(2)①は相似の証明の基本的な問題である。一方で、(2)②は「正三角形であることから、辺の長さが等しい」という発想に加えて、答えの求め方も書かなければいけなかったため、手が止まった受験生も多かったであろう。

〔4〕図形の移動に関する関数の問題（18点）

2年連続で図形の移動に関する関数の問題が出題された。A～Dの4つの面の現れるタイミングが、変域により異なることに気付けたかが、この問題を考えるうえでのポイントであった。(1)～(3)は、新潟県の公立高校入試の過去問題などで、一次関数を練習した状態で試験に臨むことができていれば、正答することができたであろう。しかし、(4)は変域が3つに分かれている点で解きづらく、(5)は(4)の続きとして解いていくにしても、答えが複雑な分数になる点で自信を持てなかった受験生も多かったようだ。

〔5〕空間図形の問題（17点）

空間内の線分の長さや体積を問う問題で、新潟県では頻出の題材である。(1)・(2)のような注目する平面を正確に選ぶ力が求められる問題については、確実に正解できるよう練習する必要があった一方で、(3)①は与えられた条件の点Pを考慮して展開図を描く必要があり、(3)②はそこから体積比などを用いて複雑な形をした立体の体積を求める必要がある難問であった。

【3】 次年度入試の予想と対策

数　　　式… 整数・小数・分数の加減乗除、文字式の加減乗除、平方根、方程式などが毎年出題される。今年度、平方根の計算ではなく平方根の大小に関する問題が出題されたことを踏まえると、次年度に向けて計算以外の問題も対策が必要である。この単元は演習を積むことで確実に得点できる問題が多いため、早い段階から時間を計って解くなどして「速く正確に解ける状態」にしておくのが望ましい。

文　章　題… 近年は方程式の文章題は出題されていないが、中学1～3年まで扱う重要単元なので、今後も対策は必要である。方程式の文章題は＜求め方＞を書くことが要求されるので、何を文字でおくのかといった、求め方を丁寧に書く習慣をつけておく必要がある。

数の性質… 文字式を使って数量を表現することは、方程式の文章題・関数・図形など多くの分野で必要な力である。数についての規則性の問題は今年度出題されなかったが、他県の入試問題でも対話文形式で規則性の問題が出題されていることを踏まえると、準備は怠らないようにしたい。規則を一般化して文字式で表す練習としては、新潟県の令和2年度以前の入試問題や、他県の入試問題等の「図形についての規則性の問題」、「数字についての規則性の問題」などを使うとよい。

関　　　数… 新潟県では一次関数を中心とした問題の出題がほとんどである。関数の問題は、複雑な問題であってもそれぞれの変域で、「yをxを使った式で表す」、「変化の様子のグラフをかく」、「xやyに値を代入してもう一方の値を求める」の3点ができることが重要である。今年度の問題もこの3点を意識することで、最後まで解くことができる問題であった。一次関数は他県でも出題率が高い単元であるので、過去の入試問題を用いて上記3点を意識した演習を行ってほしい。

図　　　形… 平面図形も空間図形も合同や相似、三平方の定理を使う問題が多く出題されているので、参考書等で演習を行い、決まったパターンの問題はすぐに解ける状態にすることが大切である。そのためには、中学1・2年生で学習した図形の問題演習は早めに行っておき、3年生内容の相似・三平方の定理を学習した後は、平面・空間図形の問題演習を中心に進めていく必要がある。

データの活用・確率… データの活用・確率は中学1・2年生内容で、中学3年生では類似した単元がなく、反復することがないため学習不足となりやすい。しかし、教科書などでも頻出の基本問題が毎年前半の小問で出題されているので、他県の入試問題を通して各単元の理解を深めていってほしい。今年度は、ここ数年で全国的に頻出の題材である「箱ひげ図」が出題されず、「標本調査」からの出題であったが、中1内容の「データの活用」や中2内容の「箱ひげ図」の内容も引き続き対策が必要である。

最　後　に…　今年度の数学は、規則性の問題の出題がなかった点や大問として平面図形の問題の出題があった点を踏まえると、次年度以降も形式・出題される問題に変化が生じる可能性が高い。したがってどの分野・問題が出題されても解答できる力が必要である。以下はその力を養成する方法である。

①時間を計っての問題演習

ここ５年間の新潟県の入試問題の小問数・試験時間は以下の通りである。

年度	令和６年度	令和５年度	令和４年度	令和３年度	令和２年度
小問数	22問	22問	23問	23問	29問
試験時間	50分間	50分間	50分間	50分間	50分間
１問あたりの所要時間	約２分16秒	約２分16秒	約２分10秒	約２分10秒	約１分43秒

小問数が減少するのにあわせて、１問あたりの所要時間は増えている。それでも１問あたり約２分で解いていかなければならない。そのためには、**「解く問題・解かない問題を判断すること」**と、**「解ける問題を短い時間で正確に解くこと」**が重要になる。

対策としては、参考書や他県の入試問題をきちんと時間を計って解く。ここで意識することは、問題全体を見てどの問題から解くのか、この問題にどれぐらい時間を割くのかを常に考えながら解くことである。数学は時間が足りなくなりやすい教科であるうえに、残り時間によって解く・解かないの判断が変わるからである。そのため、日常的に時間への意識を持ちながら問題演習を行い、解く・解かないの判断力と短時間で問題を正確に解く力を養成していきたい。

②間違えた問題の分析

参考書・他県の入試問題を解いていく中で、ケアレスミスによって失点する場面が出てくる。数学におけるケアレスミスというと「単なる計算ミス・数字の書き間違い・問題文の読み落とし」と思う人も多い。しかし、入試においてはその１つのケアレスミスが入試の合否に直結する。特に、数学は小問数が少ない教科であるため、１問あたりの配点が高い。したがってケアレスミスを最小限に減らすための対策が必要になる。その対策が間違えた問題の分析である。まず間違えた問題を解説と照らし合わせながら、

・「どこで、どんなミスをしたのか」の発見
・「どうしてここでミスが起こったのか」の分析
・「どうすればミスがなくなるのか」の考察

これら３つを自分の言葉でノートに書き残す。これらの積み重ねによって、自分のミスの傾向が分かり、自分がミスをしやすい箇所で注意深く問題に取り組むことができるようになる。その結果、ミスをせずに問題を解ききる力が養成される。新潟県の数学の入試問題は、解ける問題でミスをせず解答できるかで大きな差がつくので、受験生は十分な対策を行って試験に臨んでほしい。

英　　語

【1】 年度別出題内容（下表の数字は出題数）

	項目＼年度	令和6年度	令和5年度	令和4年度	令和3年度	令和2年度
話し方・聞き方	単語の発音					
	単語のアクセント					
	発話における文の区切り					
	文強勢					
	リスニング・ディクテーション	10	10	10	10	12
語彙	語句のつづり・意味					
	同音異義語					
	単語の定義・類推・その他					
読解	英文和訳					
	内容についての英問英答	3	3	3	3	3
	文中空欄の補充・選択	3	4	3	2	3
	内容の要約に関するもの					
	日本語での記述	3	3	2	2	5
	代名詞・副詞・語句の示す内容・選択					
	文の挿入・文の並べ換え	1	1	1		3
	内容真偽・その他	3	3	5	5	2
英作文	和文英訳					
	文中空欄の補充・選択（作文）	2	2	1		
	語句の整序・結合					
	絵付き自由英作文					
	絵なし自由英作文					
	条件英作文・その他	2	2	2	2	1
文法	文中空欄の補充・選択（文法）					
	文脈中での語形変化	2		2	2	2
	文脈中での並べ替え	2	2	2	2	2
	同意文の書き換え					
	語法・正誤訂正・その他					

【2】 本年度入試問題の傾向

全体の大問の構成や、設問の内容は例年通り。使用されている語彙の難易度はそれほど高くなく、全体的に理解しやすい。設問は、英語の四技能である「読む」「聞く」「書く」「話す」を、基礎から積み重ねてきた生徒が得点することができる問題が多くあった。

新潟県の過去の入試問題はもちろんのこと、他の都道府県の入試問題を使用するなどして、さまざまな問題に触れておくことが重要である。また、基本的な文法や語彙なども確認をしながら学習することが望ましい。さらに、長文読解においては、「英語を英語のまま理解する」力を養うために、日ごろからスラッシュ・リーディングやディクテーション、多読多聴などの訓練を積んでおきたい。

大問別ポイント

〔1〕リスニング（30点）

放送文のスクリプトを見ると、放送される文章の長さは昨年度と変わらない。

(1)－3の地図上からホテルの場所を導き出す問題では、next to、in front of、betweenといった場所を表す表現が立て続けに流れてくる。正解を導くためには、放送内容を頭の中で整理し、地図に反映させることが必要である。また、(2)－4では、第2文型、第5文型を使った文の聞き取り、指示語の内容を答えるという点で、「聞く力」だけでなく、「読む力」も必要となる。

〔2〕資料活用問題（12点）

与えられているグラフの数が昨年度は1種類だったのに対して、今年度は2種類に増加した。日本を訪れた外国人旅行客へ行ったインタビューの結果がグラフに表され、それについての【会話】を読んで解答する問題。

(2)では、グラフから具体的な値を読み取り、空欄内に当てはまるように英作文する問題が出題された。グラフを使って解答する問題は今後も出題されると予想されるため、数値の表現は習得しておきたい。(3)では、外国人に教えたい日本の文化を3行以内の英文で書く問題。解答の自由度は高いが、自身が取り上げた文化がどのようなものであるかを、時間をかけずに英文で表現しなくてはならない。

〔3〕対話文読解（26点）

日本の高校生カオリと、カオリの家に滞在しているアメリカ人の高校生エマの対話文。「ユニバーサルデザイン」を主題とし、さまざまな具体例をもとに対話が展開される。

(1)は、文中の一部を並び替える問題。間接疑問文と関係代名詞の接触節（関係代名詞目的格の省略）が問われた。(2)は、昨年度は選択式であった語形変化問題が、記述式に変更になった。(3)は和文記述問題。下線部分から、記述すべき内容が複数あることに注意したい。また、「具体的に」という指示があるため、根拠となる英文に用いられている文法や単語、代名詞の中身を忠実に日本語に反映させる必要がある。この問題で問われた関係代名詞や比較は頻出であるため、押さえておきたい。

〔4〕長文読解（32点）

「科学技術の発展」をテーマにした3人の生徒のレポートと先生の講評から問題を解く。人物ごとに文章が区切られているため、内容の主題をつかみやすく、理解しやすい。そのため、問いも解答の根拠となる箇所を見つけやすく、答えやすい。
(1)は、これらの問題が複数あることに注意して記述したい。(5)③は、want+人+to Vが問われた。解答する際には、代名詞に置き換えることを忘れないようにしたい。(6)は、AI（人工知能）の利用方法を、理由を含め4行以内の英文で記述する問題。昨年度に比べ、英作文する内容の自由度は高い。しかし、AIがどのように活用されているかを知らないと記述することは難しい。

【3】 次年度入試の予想と対策

昨年度と出題形式が同様のものであることから、今後もこのレベルが維持される可能性が高い。基礎的な文法や語彙を押さえ、新潟県だけでなく他県の入試問題にも触れてさまざまな出題形式に慣れておく必要がある。

〔1〕リスニング
出題形式を気にすることなく、英語の音声に慣れることに重点を置いた学習が望ましい。ただし、ここで重要なのは、音声教材を繰り返し「聞く」だけでなく、パラレル・リーディングやシャドーイングといった、音読学習を必ず加えることである。リスニング力は音読することによって初めて力がつく。入試問題の音声と同じスピードで音読できるまで練習することが望ましい。
放送文は2回読まれる。1回目の放送は会話の話題や展開を把握することと、Questionを正確に聴き取ることのみに集中する。そして必要な情報を2回目の放送から捉える。1回目の放送からメモをしっかり取ろうと慌てて、Questionを聞き逃すことがないようにしたい。

〔2〕資料活用問題
過去問だけでは当然練習機会が少ないため、他の都道府県の入試問題を使用するなど、さまざまな問題に触れておきたい。設問では、「何を」「どこから」探すのかを明らかにしてから、グラフを見るようにする。

〔3〕対話文読解
文法の面では、語形変化と語句整序の練習が必須。特に語句整序は、日本語訳のない語句整序問題を使って、日本語訳に頼らず、語彙・文法知識を駆使して語句を並べ替える練習をしておきたい。語形変化は動詞に着目した問題が多い。時制・受動態・進行形・完了形・動名詞・分詞など、動詞の形の変化が伴う文法事項の理解と整理が必要である。
読解面では、ただ英語長文を読む練習をするのではなく、「対話文」という形式の文章に慣れることも大切である。対話文独自の慣用的な表現や、会話の展開から文や語句を選ぶ問題など、対話文ならではの出題があるためである。対話文問題練習の際は、解くことのみに集中するのではなく、その文章自体を教材とし、会話表現に注目して、疑問文に対するYes/No以外の返答や、気持ちや意見を問う表現など、会話文独自の表現のストックを増やすようにしたい。

〔4〕長文読解
読解の面では、スピーディーに英文を読み進める練習が必要である。一文が長い場合は、接続詞・関係代名詞・間接疑問文などの文法事項を頭に留めつつ、意味上のかたまりごとに短く切りながら、そして情報を整理しながら読み進める。「文の意味が分かる」だけにとどまらず、

なぜそういう意味になるのかを、語彙や文法の知識で裏付けられるようにすることを学習目標とするとよいだろう。また、文章が何を主題としているのかを具体例をもとに整理したい。

解答する際に注意する点を２つ挙げる。

１つ目は「日本語で内容や理由を記述する問題」である。まずは下線部分を含む１文に注目し、何について記述するのかを明らかにする。それから、その文の前後に注目をしていく。長文読解問題では、限られた時間の中で、解答までに複数の過程を必要とする問題が多く出題される。「何を」「どこから」探すのかを意識し、さまざまな問題に触れることが必要だろう。また、根拠となる英文を、文法、単語の意味を忠実に日本語にしなければならない。そのためには、文法問題や読解問題を通して、主語と述語、修飾の関係、接続語に注意をしていきたい。

２つ目は英問英答である。まずは、疑問詞の内容を本文中から探し、Yes/Noで答える問題なのか、文の形で答える問題なのかを確認したい。また、代名詞に置き換えることに注意して記述したい。

〔その他〕条件英作文

新潟県高校入試の過去問題だけでなく、全国の入試問題なども利用し、さまざまな問題形式に触れることが大切である。本番では、自分が記述しやすいテーマを選択する方が良いが、練習の際には１つのテーマに対し、複数の立場から文を作ってみることを勧める。また、自分で英作文をするためには、単語の力と文法の力が必須である。単語を正確に書く、知っている文法事項を活用し、正しい英文を作る。教科書や受験用教材などに掲載されている基本文および定型文を活用しながら文を組み立てることを意識するとよい。また、解答例を参考にし、論理展開をある程度パターン化しておくと、短時間での解答が可能となる。解答の際には、できるだけ簡単な文法や単語を使い、書くことが難しい場合には、日本語で別の表現ができないかを考えてみることを勧める。

見直しの際は、①動詞のミス（時制、三人称単数のsなど）②冠詞抜け ③複数形のミス ④代名詞のミス ⑤スペル・記号のミスに注意。自分の間違いを自分で見つけるのは難しい。英作文を書いたら、添削してもらうとよいだろう。

社　　会

【1】 年度別出題内容（下表の数字は出題数）

	項目＼年度	令和6年度	令和5年度	令和4年度	令和3年度	令和2年度
地理	世界の諸地域の特色（位置や国名など）	1	2	1	2	2
	世界の諸地域の特色（生活・産業など）	3	1	2	2	1
	世界の諸地域の特色（地形・断面図を含む）		1	1		
	世界の気候・時差			1		
	統計資料の読み取り		2	2	1	1
	日本の諸地域の特色（自然・地形など）	1	2	1	2	2
	日本の諸地域の特色（生活・産業など）	2		2		
	日本の気候	1	1		1	1
	地形図（身近な地域）	2	2	1	1	
	作図			1	1	1
	歴史との融合問題	1				2
歴史	日本の政治・経済	6	5	4	6	3
	日本の社会・文化	3	4	5	2	3
	日本の外交		1		1	1
	世界の政治・経済	1		1		2
	世界の社会・文化	1			1	
	年代順に並べる	1	2	2	2	2
公民	日本国憲法（大日本帝国憲法）	2	2	1	3	1
	選挙・国会・内閣・裁判所	5	3	3	3	5
	地方自治					
	家計と消費生活、企業	3		2	3	3
	金融・財政			3	1	
	労働・社会保障				2	
	国際社会	2		2		
	国際連合	1	3			
	人権・環境		3	1	1	3
	歴史との融合問題			1		1

【2】 本年度入試問題の傾向

問題数は地理が11問、歴史が12問、公民が10問、資料読み取り問題が３問と、昨年より２題増えた。配点は地理が30点、歴史が32点と昨年から変更なし。公民が28点→26点、そして資料活用問題が10点→12点という配点になった。

・大問構成は例年通り６題の出題
・記述問題の内容は頻出かつベーシックなものが多かった
・選択問題の選択肢に若干の変化あり（歴史の図版が４つ→５つへ、公民で「すべて選べ」型+選択肢の文章が２行に）
・古～近世の問題で、テーマが「図版＋文」ではなく「短歌」に変化
・近現代史の「因果関係」を問う問題がなくなった

記述問題の数は昨年７問から変更なし。一方で配点は33点から35点に増加。

上位進学校を志望している受験生は、この記述問題をどれだけ過不足なく書けたかが合否の鍵となるだろう。

大問別ポイント

〔１〕世界の諸地域（14点）

世界地理の問題。全体的に平易な問題が多かった。地図は「アフリカ」「南アジア」「南北アメリカ」の３枚だったが、地図を利用して解く問題は１問のみ。国名を選ぶ資料問題に「スリランカ」が出たが、他の３国（インド、カナダ、チリ）の特徴が分かりやすかったので難度はそれほど高くなかった。歴史との融合問題が久しぶりに出題された。

〔２〕日本の諸地域（16点）

日本地理の問題。雨温図を使わない気温・降水量の問題が４年ぶりに出題された。選択肢が４つだったこともありやや難易度が高かった。例年通り作図と地形図の問題も出題されたが、縮尺の計算問題が実際の面積を求める問題で、こちらもやや難しかったと思われる。大問全体で見れば、やや難化。

〔３〕古代～近世の歴史（16点）

古代～近世の歴史の問題。例年は時代ごとの図版を用いたシートをもとにした出題だが、今年度は「短歌」をもとにしてその時代に関する設問に答えていく形式になった。文化財を使った問題の選択肢が５つに増えたことを除けば例年と概ね変わらない難易度だった。

〔４〕近現代の歴史（16点）

近現代史の問題。出題形式は例年と変わらず年表を見て答えていく形。選択問題の選択肢も分かりやすいものが多く、また昨年まであった「事象の因果関係」を問う問題もなくなっていたため、大問としての難易度は低くなったと思われる。

〔５〕公民（26点）

公民の問題。昨年と同様、政治・経済・国際社会と幅広い分野からの出題となった。選択問題も語句問題も聞かれた語句の内容がやや難しかったことと、選択問題の長文化、複数の選択肢を答えとする問題など、選択問題の若干の変化が見られたため、正答率は昨年よりも低くなった。

〔6〕資料・図表の読み取り問題（12点）

資料の読み取り問題。令和3年度から引き続いた複数の資料から答えを導き出す問題。耕地面積、米の消費量、自給率の推移など比較的身近で分かりやすい内容だったため、昨年に比べると記述も書きやすかったものと思われる。

【3】 次年度入試の予想と対策

社会科は毎年、地理・歴史・公民の3分野から幅広く出題されるため、まんべんなく学習することが求められる。前述の【1】年度別出題内容を確認し、しばらく出題されていないテーマの対策もしっかりと行いたい。また、教科書本文周辺の地図やグラフ、写真・絵などの資料を細かく見ておくことや、基本用語の意味や事象の理由を文章化して表現すること、資料を正しく読み解くことが社会で高得点を目指すために必要である。それらに対応できる演習も行うようにしたい。

●地理

毎年地図を使った問題が出題されるが、どのような形式の地図で出題されても対応できるよう、さまざまな図法に慣れておきたい。まずは日々「地図を見る習慣」をつけるとよい。具体的には、社会の学習をする際に必ず地図帳を手元に置いて確認しながら学習すること。国同士の大まかな位置関係をつかむと同時に、本初子午線や赤道などの各種経線・緯線をもとにして位置関係を把握できるようにする。国や地形などの位置関係をはじめ、緯度・経度の情報とあわせながら気候や景観、人々のくらしなどのイメージをつかんでいくと理解しやすい。

同様に、例年出題される統計資料・グラフの読み取りも重要。グラフ中や表中の特徴的な部分（数値の大小やグラフの上下）を見つけ、その理由や背景を覚えている知識と重ねあわせながら考えることで練習していくとよいだろう。また、「地形図」も出題頻度が高いので、しっかりと学習しておく必要がある。等高線の読み取りは慣れないと時間がかかってしまうので、過去問題などで反復しておくとよい。

●歴史

歴史はまんべんなく出題されるので、範囲を絞ることは難しい。教科書に太字で載っている最重要項目の用語は暗記することはもちろん、その背景や因果関係とセットにして覚えることが重要になる。また、教科書に載っている図版・資料がそのまま入試問題の資料として出題される場合も多いので、本文以外の説明や補足、図版の部分も見逃さずに読み込んでほしい。近年は外交関係や近隣諸国についての出題も増えており、今後もこの傾向は続くと思われる。

歴史の出題範囲としては第二次世界大戦後、東西冷戦の終結までの内容が問われているが、公民分野の知識と絡めた出題もみられる。それらを考えると、学習方法としては早い段階で中2までの学習内容（江戸時代）の復習を完了させ、明治時代以降、特に戦前・戦後などの歴史も時間をかけて学習できるようにするとよい。

歴史は出来事の一つ一つが単独で存在しているのではなく、それぞれが因果関係で互いに結びついている場合が多い。それを理解していくことで、正答率の低い“出来事の並べ替え問題”や論述問題にも対応できるようになる。また、同時期の海外の動きにも目を配りながら学習すると、理解が深まるだろう。

●公民

基本的には教科書に記載されている内容からの出題が中心となるが、時事的な内容も含めて学習していくことが望ましく、ニュースや新聞などを通じ、身の回りのさまざまな情報にアンテナを張ることを意識する。最近の傾向としては、SDGsに関連した日本が抱える社会問題について複数の資料からその課題や今後の見通しを考察させるものも出題されている。もちろん基本的な、政治・経済分野についての学習もまんべんなく取り組んでおくことも必要である。

学習方法としては、説明から用語が分かるだけでなく、それとは逆に、用語からその意味や内容を適切に説明できるかどうかの演習も重要となる。そのためにも、公民で取り扱うさまざまな事柄に対し、自分の生活とどのようなつながりがあるのか、何が課題となっているのかという問題意識を持ちながら学習を進めていくとよいだろう。

新潟県の社会の入試は、どの分野からもほぼ偏りなく出題されるが、昨今は資料の読み取りと学習した知識を関連付けて説明する論理性も求められる。そのため、学習の手薄になる分野・単元をなくし、用語暗記のみに偏らない学習が必要となる。全体を網羅する必要があるため、まずは細かい内容にこだわらず、概要をつかむようにする。また教科書の重要語句がきちんと理解できているかを、一問一答を利用し、反復することで定着を図る。時期としては、中３夏までに地理・歴史の復習をある程度は完成させておきたい。秋以降は、公民の完成と地理・歴史分野の記述問題や統計資料の問題に力を入れる。用語の理解が丁寧になされていることが応用問題の解答へ手がかりとなるので、早い段階でしっかり時間をかけて学習しておくことが大事である。

理　　科

【1】 年度別出題内容（下表の数字は出題数）

項目		令和6年度	令和5年度	令和4年度	令和3年度	令和2年度
化学	物質の性質・実験器具					1
	水溶液		2	1		1
	気体の性質			4		1
	状態変化	1				4
	化学変化	4	5	1		2
	化学変化と物質の質量	4			4	
	水溶液とイオン		6		7	1
	酸・アルカリとイオン			3		
物理	光と音		4			
	力とはたらき	4				1
	電流と電圧	4	5	5	4	4
	電流と磁界					
	静電気					
	水圧・浮力・力の分解・合成	1				
	運動の規則性				4	2
	仕事とエネルギー			5		
	力学的エネルギー					2
生物	生物の観察	1	1			
	植物・動物の分類	6		1		
	生物と細胞	1				
	植物・動物のからだのつくりとはたらき		5	3	8	7
	生物の成長と殖えかた		3			
	遺伝の規則性と遺伝子	1				2
	生物の変遷と進化					
	生態系			5		
地学	火山と地震		1		1	
	地層の重なりと過去の様子	4		1		4
	地震					
	気圧・雲のでき方・気象観測	1	1	4	1	
	天気の変化・前線				2	3
	日本の気象				1	1
	太陽系と恒星		1		5	
	天体の動きと地球の自転・公転	5	6			
	天体の満ち欠け			5		
総合	環境とエネルギーの供給	3	1			
	科学技術の発展			1		
	自然の恵みと災害					
<合計>		40	42	39	37	36
出題方法	選択肢	18	22	19	19	15
	語句・物質名・化学式	12	9	7	6	6
	計算	6（9）	6（8）	9（12）	6（7）	10（11）
	作図・グラフ	1	1	1	2	0
	記述	3	4	3	4	5

※( )内は、計算を要する選択肢問題を含めた問題数です。

【2】 本年度入試問題の傾向

大問数は８問。物理、化学、地学が２問ずつ出題されたが、生物が１問で、昨年に引き続きいろいろな問題が混じった小問集合が出題された。

昨年より計算問題の数が増え、記述問題の数が１問減った。出題が続いていた中３の最後に学習する科学技術の単元からの出題はなかった。しかし、ばねや無脊椎動物を含めた動物の分類など、近年あまり出題されてこなかった単元からの出題が見られた。計算問題の難易度は、入試レベルの問題を学習していれば解ける問題ではあったが、問題をよく読まないと間違いやすい出題となっていた。

以下、今年特徴的だった問題である。

・ばね：新潟県では大問としての出題はここ数年なかったため、得点しにくかったと思われる

・動物の分類：指導要領改訂後、中２から中１へ学習する学年が移行してから初めての出題ではあるが、出題内容は基本的な内容であり、教科書内容を理解できていれば得点は可能であった

大問別ポイント

〔１〕小問集合（18点）

問題はスケッチのしかた、水圧、細胞の観察、状態変化、遺伝、飽和水蒸気量から出題された。水圧に関する問題では、力との違いを正しく理解していないと、選択肢を選ぶことが難しくなる。また、状態変化については、食塩を固体から液体へと変化させるという学習機会が少ない事象を扱っているため、難易度が高まっていると考えられる。

〔２〕地層についての問題（10点）

堆積岩の構成や示準化石に関する教科書の知識が問われた。さらに、地層の様子から堆積、力の影響での傾斜、断層の発生順序を答える問題は、教科書ではあまり取り上げられていない、珍しい問題だった。

〔３〕動物の分類に関する問題（16点）

脊椎動物や無脊椎動物の分類のしかたについて問われた。特徴に基づいて分類表のようなものを作る過程が問題とされている点は、これまでの入試問題には見られないタイプであった。分類されたものを暗記するだけではなく、自分で分類することも学習しておく必要がある。

〔４〕水の電気分解に関する問題（10点）

水酸化ナトリウムを入れる理由や点火した後に管に残る気体の体積について出題され、燃料電池について問われた。ここ数年では、イオンが多く出題されており、気体の体積についての問題は他の都道府県の入試問題などを参考に学習しておく必要があった。

〔５〕ばねに関する問題（11点）

ばねを引く力の大きさとばねののびの関係について問われ、ばねを引いたときに電子てんびんに加わる力について出題された。重力と垂直抗力、そしてばねの弾性力を組み合わせた問題はシンプルであるが、十分な学習量を積んでいないと解くのは難しいと思われる。

〔6〕酸化銅の還元についての問題（12点）

酸化銅と炭素の実験で、炭素の量を変えたときに生成する物質やその量について問われた。会話文形式の問題では、文章を慎重に読み、条件を正確に把握することが肝要。特に、酸化銅と炭素の還元反応においては、反応する両者の量が合致するところを正確に見つけることが重要であり、かつ何が問われているのかを、文章の流れからもきちんと把握しておくことが重要である。

〔7〕オームの法則と電力に関する問題（11点）

スイッチによって変わる直列、並列回路において、電流、電圧、電力を問われた。異なる２つの回路を、スイッチの切り替えによって、さらに異なる回路が複数できるため、一つ一つ回路図を描くということが重要である。

〔8〕天体に関する問題（12点）

北の空、南の空での天体の動きに関する問題で、日周運動、年周運動に関する理解が問われた。さらに１か月後ではなく、あまり出題されることのない【半月後】のことが問われているため、その場での判断力・思考力が問われる難しい問題であった。

【3】 次年度入試の予想と対策

各分野からバランスよく、基本的な内容を中心とした出題となることが今後も予想される。実験や観察に関しては教科書の内容がそのまま出題されることもよくあるので、教科書に記載されている実験や観察の内容とその結果について、よく確認しておきたい。差がつく計算問題は毎年10問程度出題される。極端に難しい問題はあまり出題されず、基本的な問題が多いので、問題集にあるような各単元の代表的な計算問題は繰り返し練習しておくとよい。また、水の電気分解の実験において水酸化ナトリウム水溶液を入れる理由など、記述問題は基本的な原理が理解できているかどうかを見る問題が多い。今年は、水圧と力の違いやスケッチの仕方などが問われたように違いを対比して覚えるものは教科書でよく確認しておく必要がある。近年、多くの都道府県で出題されるようになったのは会話文形式の問題である。これらの問題では、実験を行う意図や実験結果から何を考察するかを深く考えることが求められている。以前は、教科書に記載された事象や実験結果を覚え、知識をたくわえることが重視されていたが、近年は実験を行う意義や、特定の現象に対してどういった疑問を持ち、どのような実験をする必要があるかを考える問題が増えている。理科の学習においては、単に教科書に書かれている内容を覚えるだけでなく、なぜそのような現象が起こるのか、実験結果からどのような結論が導き出せるのかを考えることも重要である。教科書にある会話の流れも参考にしながら、より深い学習へと進めていく必要がある。

Ⅰ　単元ごとの知識の整理 … 中１・中２内容は夏までに終了させること

①　教科書を確認し、「用語」とその「説明文」をあわせて暗記する。

②　化学式、化学反応式、指示薬を整理し暗記する。

③　一問一答型の問題、図表が整理された穴埋め型の問題で①②を確認。完璧に覚えるまで何度も繰り返す。

Ⅱ　単元ごとの「実験」「観察」の整理 … 教科書をよく読み、確認しながら実験・観察につ

いての問題を解くこと
① 実験の目的（何を調べる実験なのか）、方法、結果、考察を確認する。
② 実験手順、実験器具の使い方、実験上の注意点を確認する。
③ 表の見方、グラフのかき方、記述問題の答案作成を確認する。

Ⅲ 問題演習を通して実戦力を身に付ける
① 表、グラフを正確に読み取るようにする。
② 記述問題は、作成した答案が正しい文章になっているか、得点できる内容になっているかを確認する（先生に添削してもらうのが一番よい）。
③ 計算問題は、ワークや問題集などの頻出問題を数多く練習する。

Ⅳ 確認・復習 … Ⅲで誤答した、解答できなかった原因は、Ⅰ、Ⅱに必ずある。間違い方などもチェックしたうえで、Ⅰ、Ⅱにもどって再復習をすること。

令和6年度入試問題

国語は71ページ～63ページに掲載。

実際の入試は下記の順で行われました。

国 語　10時00分～10時50分（50分間）
数 学　11時10分～12時00分（50分間）
英 語　13時00分～13時50分（50分間）
社 会　14時10分～15時00分（50分間）
理 科　15時20分～16時10分（50分間）

WEBサイト「新潟日報メディアネットブックストア」から
ダウンロードできます。

解答用紙ダウンロード➡

数　学

〔1〕　次の(1)～(8)の問いに答えなさい。

(1)　$3-12+7$　を計算しなさい。

(2)　$3(2a-b)-5(-a+2b)$　を計算しなさい。

(3)　$18xy^2 \div (-3y)^2$　を計算しなさい。

(4)　3つの数 $\frac{3}{10}$，$\frac{\sqrt{2}}{5}$，$\frac{1}{\sqrt{10}}$ の大小を，不等号を使って表しなさい。

(5)　2次方程式　$(x+5)^2=13$　を解きなさい。

(6) 電子レンジで食品が温まるまでの時間は，電子レンジの出力に反比例する。ある食品の適切な加熱時間が 500 W の出力で 3 分のとき，600 W の出力での適切な加熱時間は何分何秒か，答えなさい。

(7) 右の図のように，線分 AB を直径とする半円があり，AB = 10 cm である。$\overset{\frown}{\mathrm{AB}}$ 上に，$\overset{\frown}{\mathrm{BC}} = 2\pi$ cm となる点 C をとるとき，$\angle x$ の大きさを答えなさい。ただし，π は円周率である。

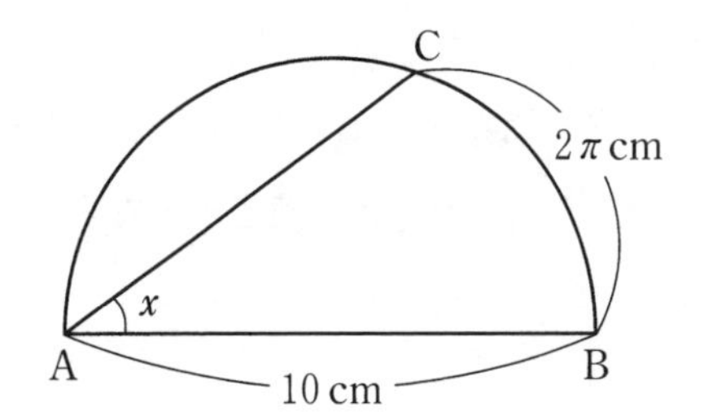

(8) 箱の中に同じ大きさの白玉がたくさん入っている。標本調査を行い，この箱の中にある白玉の個数を推定することにした。この箱の中に，白玉と同じ大きさの赤玉 300 個を入れ，よくかき混ぜた後，箱の中から 100 個の玉を取り出したところ，その中に赤玉が 10 個あった。この箱の中には，およそ何個の白玉が入っていると推定されるか，答えなさい。

令和6年度 入試問題

〔２〕 次の(1)～(3)の問いに答えなさい。

(1) ７人の生徒A，B，C，D，E，F，Gの中から，２人の代表をくじで選ぶとき，生徒Aが代表に選ばれる確率を求めなさい。

(2) 関数 $y = ax^2$ について，x の値が１から４まで増加するときの変化の割合が $2a^2$ である。このとき，a の値を求めなさい。ただし，$a \neq 0$ とする。

(3) 下の図のような，四角形ABCDがある。この四角形と面積が等しい三角形を，定規とコンパスを用いて，１つ作図しなさい。ただし，作図は解答用紙に行い，作図に使った線は消さないで残しておくこと。

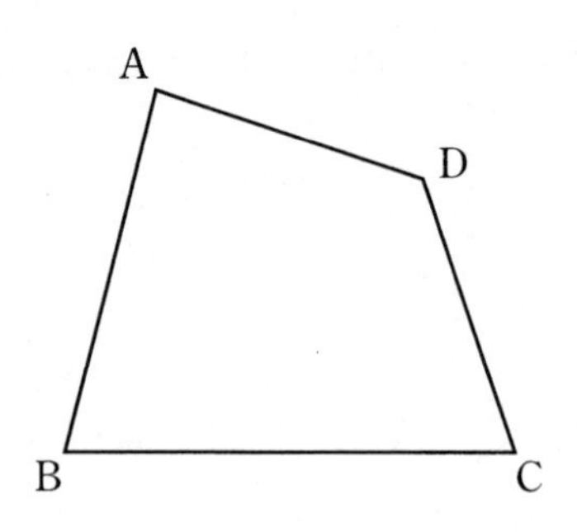

〔3〕 下の図1，2のように，1辺の長さが6 cmの正三角形ABCと，1辺の長さが5 cmの正三角形DEFがある。このとき，次の(1)，(2)の問いに答えなさい。

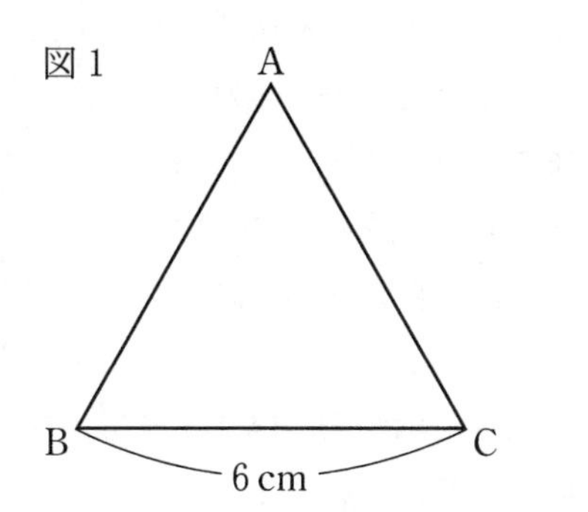

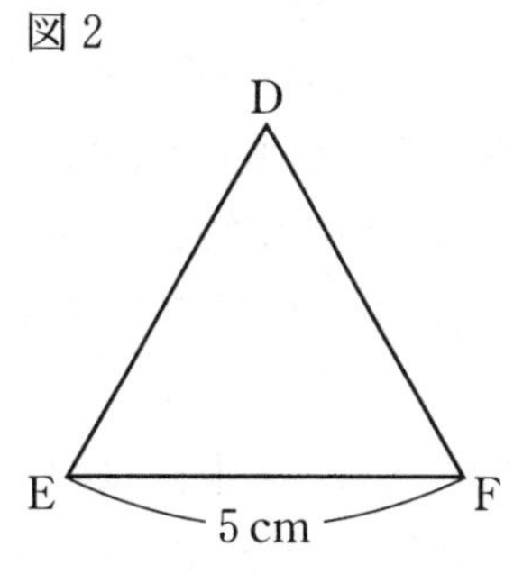

(1) 正三角形ABCと正三角形DEFの面積の比を答えなさい。

(2) 右の図3のように，正三角形DEFを，頂点D，E，Fがすべて正三角形ABCの周の外側にくるように，正三角形ABCに重ねる。辺DF，DEと辺ABとの交点をそれぞれG，Hとし，辺ED，EFと辺BCとの交点をそれぞれI，Jとする。また，辺FE，FDと辺CAとの交点をそれぞれK，Lとする。このとき，次の①，②の問いに答えなさい。

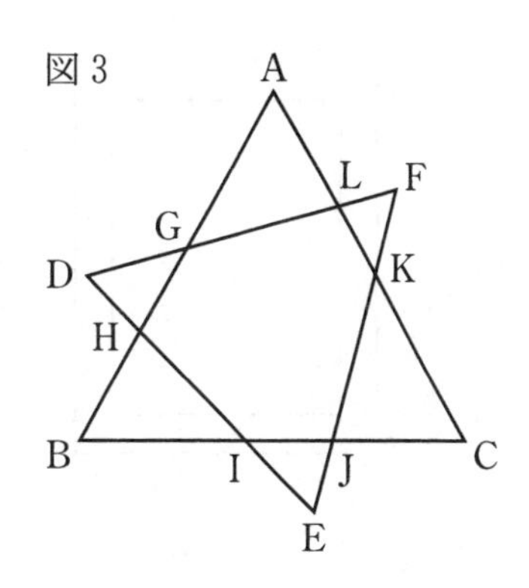

① △AGL ∽ △DGHであることを証明しなさい。

② 辺BCと辺DFが平行であるとき，六角形GHIJKLの周の長さを求めなさい。

〔4〕 右の図1のような，左右2枚の引き戸がついた棚がある。この棚の内側の面のうち，▨の面を「奥の面」と呼ぶことにする。2枚の引き戸は，形と大きさが同じであり，それぞれが下の図2のように，透明なガラス板と枠でできている。2枚の引き戸をすべて閉めて，正面から見ると，図3のように，枠が重なり，ガラス板を通して「奥の面」が見える。また，このとき，2枚の引き戸はそれぞれ，全体が縦 100 cm，横 80 cm の長方形に，ガラス板が縦 80 cm，横 60 cm の長方形に，枠の幅が 10 cm に見える。

図1

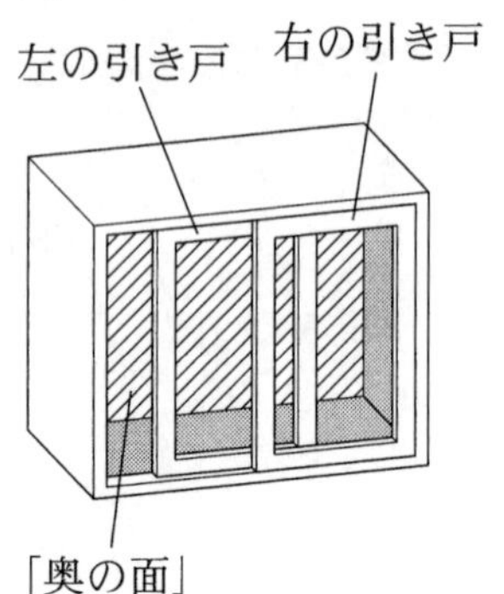

図3の状態から，左の引き戸だけを右向きに動かす。図4～6は，左の引き戸を右向きに動かしたときのようすを順に表したものであり，2枚の引き戸を正面から見たときに見える「奥の面」を，A～Dのように分類する。

左の引き戸を，図3の位置から右向きに動かした長さを x cm とするとき，あとの(1)~(5)の問いに答えなさい。ただし，$0 \leqq x \leqq 70$ とする。

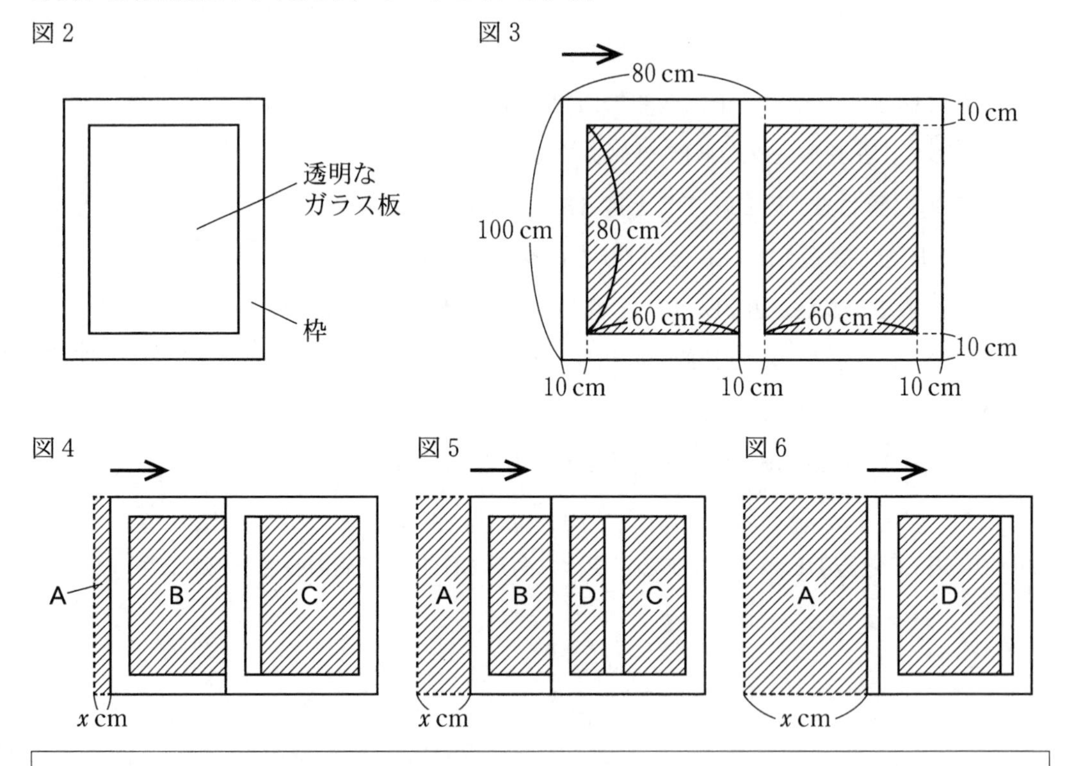

A：左右いずれの引き戸のガラス板も通さずに見える「奥の面」
B：左の引き戸のガラス板だけを通して見える「奥の面」
C：右の引き戸のガラス板だけを通して見える「奥の面」
D：左右2枚の引き戸のガラス板が重なった部分を通して見える「奥の面」

(1) $x=15$ のとき，Aの面積を答えなさい。

(2) 次の文は，左の引き戸を，図3の位置から右向きに動かした長さと，2枚の引き戸を正面から見たときに見える「奥の面」の面積の関係について述べたものの一部である。このとき，文中の［ア］に当てはまるものを，A～Dからすべて選び，その符号を書きなさい。

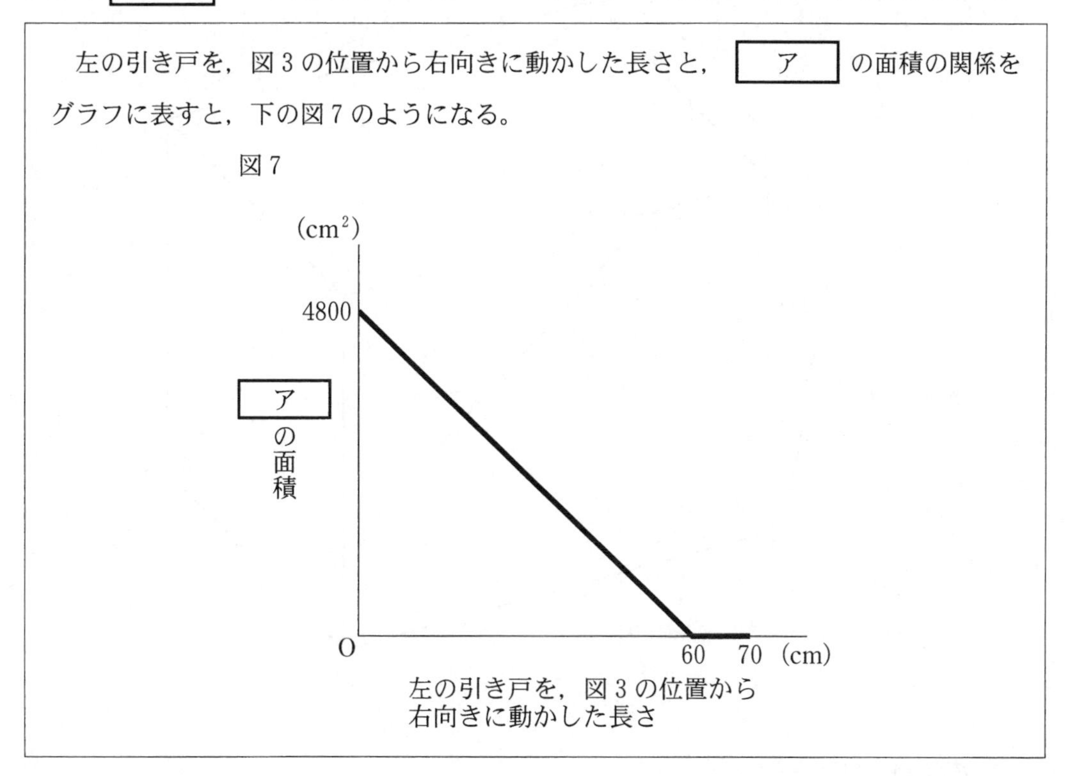

(3) $10 \leqq x \leqq 70$ のとき，Dの面積を x を用いて表しなさい。

(4) 3つの部分B，C，Dの面積の和を y cm^2 とするとき，x と y の関係を表すグラフをかきなさい。

(5) Aの面積と，3つの部分B，C，Dの面積の和が等しいとき，x の値を求めなさい。

〔5〕 下の図のように，AB ＝ 3 cm，AD ＝ 5 cm，BF ＝ 4 cm の直方体 ABCD － EFGH がある。辺 BC 上を点 B から点 C まで移動する点を P とし，点 P を通り線分 AH に平行な直線と辺 CG との交点を Q とする。このとき，次の(1)~(3)の問いに答えなさい。

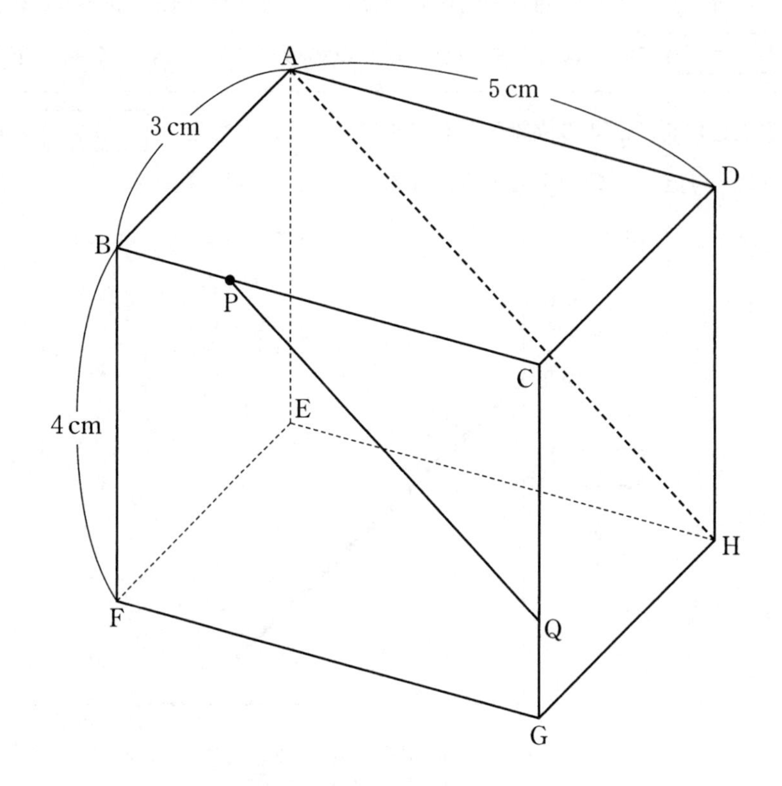

(1) 線分 BE の長さを答えなさい。

(2) 四角形 BCHE の面積を答えなさい。

(3) AP ＋ PH の長さが最も短くなるとき，次の①，②の問いに答えなさい。

① 線分 BP の長さを求めなさい。

② 6 点 P，Q，C，A，H，D を結んでできる立体の体積を求めなさい。

数学解答用紙

（注１） 解答は，横書きで記入すること。

〔１〕

(1)		(2)		(3)	
(4)		(5)	$x =$	(6)	分　秒
(7)	$\angle x =$　　度	(8)	およそ　　個		

〔２〕

(1) 〔求め方〕

答 ＿＿＿＿

(2) 〔求め方〕

答 $a =$ ＿＿＿＿

(3)

A D B C

〔３〕

(1) ：

(2)

① 〔証明〕

② 〔求め方〕

答 ＿＿＿＿ cm

受検番号	

〔4〕

(1)	cm²	(2)	
(3)	cm²		
(4)	y(cm²) 12000, 8000, 4000, O, 10, 20, 30, 40, 50, 60, 70 x(cm)	(5)	〔求め方〕 答　x =

〔5〕

(1)	cm	(2)	cm²

(3)	①	〔求め方〕 答　cm
	②	〔求め方〕 答　cm³

英　語

※リスニング音声はWEBサイト
「新潟日報メディアネットブックストア」から聞けます。
令和６年度リスニング音声➡

〔１〕 放送を聞いて，次の(1)～(3)の問いに答えなさい。

(1) これから英文を読み，それについての質問をします。それぞれの質問に対する答えとして最も適当なものを，次のア～エから一つずつ選び，その符号を書きなさい。

1 ア　イ　ウ　エ

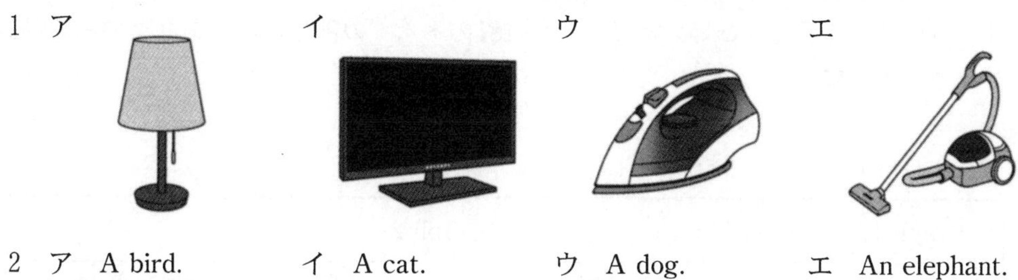

2 ア A bird.　イ A cat.　ウ A dog.　エ An elephant.

3

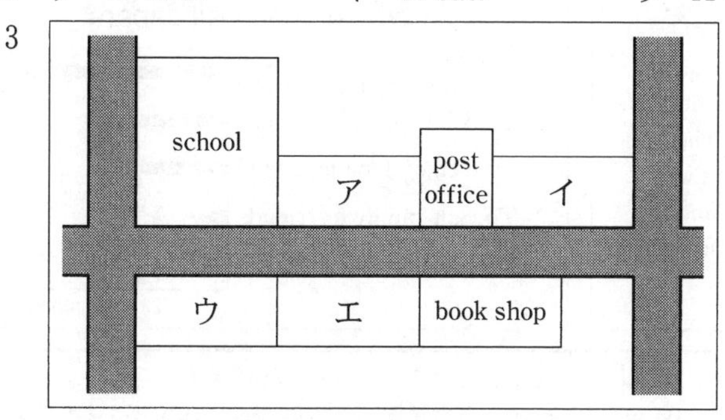

4 ア She is going to study in the library.
　イ She is going to go to the sea.
　ウ She is going to swim.
　エ She is going to play volleyball.

(2) これから英語で対話を行い，それについての質問をします。それぞれの質問に対する答えとして最も適当なものを，次のア～エから一つずつ選び，その符号を書きなさい。

1 ア Yes, he does.　イ No, he doesn't.
　ウ Yes, he did.　エ No, he didn't.

2 ア By car.　イ By bike.
　ウ By bus.　エ By train.

3 ア On Thursday.　イ On Friday.
　ウ On Saturday.　エ On Sunday.

4 ア Because she went to Canada to see Ben.
　イ Because she bought nice hats for the students there.
　ウ Because she joined a special winter English class with Ben.
　エ Because she communicated with the students there.

(3) これから，あなたの学校の離任式で，アメリカに帰国することになったALTのスミス先生(Mr. Smith)が，英語のスピーチをします。そのスピーチについて，二つの質問をします。それぞれの質問に対する答えを，３語以上の英文で書きなさい。

〔2〕 あなたのクラスでは，修学旅行先の京都で，日本を訪れた外国人旅行者にインタビューを行いました。あなたと留学生のアリス(Alice)は，そのインタビューの結果をまとめたグラフを見ながら，話をしています。次の【グラフ】と，あなたとアリスの【会話】を読んで，下の(1)~(3)の問いに答えなさい。ただし，【会話】の＊＊＊の部分には，あなたの名前が書かれているものとします。

【グラフ】

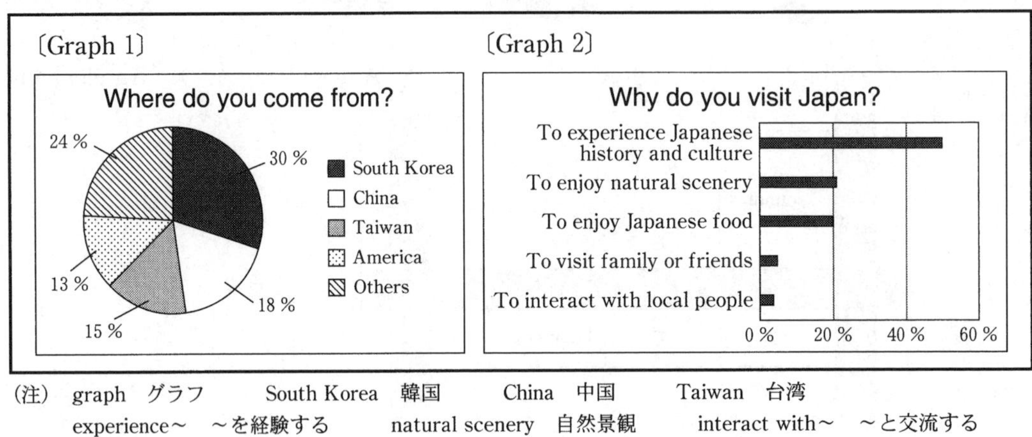

(注) graph グラフ South Korea 韓国 China 中国 Taiwan 台湾
experience~ ~を経験する natural scenery 自然景観 interact with~ ~と交流する

【会話】

Alice: According to Graph 1, we can say that [　　　] visit Japan the most.
＊＊＊: Yes. Look at Graph 2. We can see that (**a**) to experience Japanese history and culture.
Alice: That's right. I want to experience some Japanese culture, too. Can you tell me something to try?
＊＊＊: Yes. (**b**)
Alice: Thank you. I'll try it.

(1) 【会話】の[　　　]の中に入る最も適当なものを，次のア～エから一つ選び，その符号を書きなさい。

ア people from America　　イ people from China
ウ people from South Korea　　エ people from Taiwan

(2) 【会話】の流れが自然になるように，**a**の(　　)に当てはまる内容を，1行以内の英語で書きなさい。

(3) 【会話】の下線部分について，あなたならアリスにどのようなことを教えてあげますか。あなたが教えたいことを一つあげ，【会話】の**b**の(　　)の中に，3行以内の英文で書きなさい。

〔3〕 次の英文を読んで，あとの(1)～(6)の問いに答えなさい。

Kaori is a high school student. Emma is a junior high school student from America and she has been staying at Kaori's house. They are talking at Kaori's house.

Kaori: Emma, what are you doing?

Emma: I'm looking for my bag. Do you [A: it, where, is, know] ?

Kaori: I saw it under that desk last night.

Emma: Under the desk? Oh, I've found it. Thank you. I have my homework in it.

Kaori: What kind of homework do you have?

Emma: I have to read a handout that my teacher [B: give] us in the social studies class yesterday and write my opinion about it.

Kaori: What is it about?

Emma: It is about UD font, a kind of Universal Design. It is a little different from traditional fonts. According to this handout, in a city in Japan, this font is used in all of the elementary schools and junior high schools.

Kaori: Sounds interesting! Tell me more.

Emma: According to a survey in this city, UD fonts were useful not only for students who couldn't read other fonts well, but also for many other students. Because of this, the city decided to use handouts or digital learning materials with this font for all the children there. The city hopes that all students will understand the contents of sentences which they read better. And it also hopes that they will enjoy learning more.

Kaori: <u>How nice! The city has great wishes.</u> (C)

Emma: I think so, too. For us, being interested in learning is very important. By the way, do you know another example of universal designs in Japan?

Kaori: Yes, I do. I have [D: want, I , something] to show you. Wait a minute. I'll bring it.

Emma: What?

Kaori: Here is a carton of milk. Can you see a notch on the other side of the opening? This is very useful for people who can't see things well. It is used to help them find which is a carton of milk. It also helps them find the opening.

Emma: Great! I have never noticed this design before. We don't sometimes realize there are many good designs like these around us before [E] .

Kaori: You are right. How about you? Have you ever needed any help in Japan?

Emma: Yes. It is about signs in towns. There are many signs around us, but I can't understand them well because many of them are [write] (F) in Japanese. Two weeks ago, I took a bus alone for the first time in Japan when I went to the next town to meet one of my friends. Then I thought, "Which bus should I take? Which way should I go?" I worried a lot.

Kaori: I don't think there are enough signs for foreign people in Japan. I know your feelings.

Emma: Thank you. A lot of people from foreign countries visit Japan. So more signs in many languages or pictures will be a great help to them.

Kaori: You are right. I hope our town and country will be better for everyone. There are many people who need help around us. I want to create new universal designs someday.

Emma: You can be a person who can support <u>those people</u> (G).

Kaori: Thanks. The important thing is to help someone in our daily life. Why don't we try to do something soon?

(注) handout　プリント　　UD　universal design の略　　font　字体
universal design　すべての人々のためのデザイン　　survey　調査
not only～, but also…　～だけでなく，…もまた　　digital learning material　デジタル教材
content　内容　　sentence　文　　carton　パック　　notch　半月型の切り込み
opening　開け口　　notice～　～に気づく　　for the first time　初めて

(1) 文中の**A**，**D**の［　　］の中の語を，それぞれ正しい順序に並べ替えて書きなさい。

(2) 文中の**B**，**F**の［　　］の中の語を，それぞれ最も適当な形に直して書きなさい。

(3) 下線部分**C**について，カオリ(Kaori)が感心したこの市の願いは，どのようなことか。具体的に日本語で書きなさい。

(4) 文中の**E**の［　　］の中に入る最も適当なものを，次のア～エから一つ選び，その符号を書きなさい。

ア someone solves no problems　　イ we use UD fonts

ウ someone makes better designs　　エ we have some troubles

(5) 下線部分**G**について，その内容を，具体的に日本語で書きなさい。

(6) 本文の内容に合っているものを，次のア～オから二つ選び，その符号を書きなさい。

ア UD fonts are used only for people who come from foreign countries.

イ Kaori has already known about UD fonts used for students.

ウ Emma thinks the design of the carton of milk shown by Kaori is good.

エ Kaori understands the feelings Emma had when Emma took a bus two weeks ago.

オ Emma has to write her opinion about signs in many languages or pictures.

〔4〕 次の英文を読んで，あとの(1)〜(6)の問いに答えなさい。

Rikuto and Mei are Japanese high school students. Kevin is from Australia and he studies at their school. They are giving reports to their classmates in English in Mr. Yamada's English class.

Mr. Yamada

Today, you are going to talk about your research. The development of technology has made our life easier. Now, let's start talking about the things you have learned.

Rikuto

Can you imagine life without refrigerators? In the 1950s, most people in Japan did not have refrigerators. Now, because of them, we can buy many kinds of food such as fish and meat, and keep them in our house. We can also keep dishes we have cooked in the refrigerators.

However, sometimes we can't eat some of the food in the refrigerators and waste them. We also have another problem. In supermarkets and convenience stores, some of the food which people have not bought is wasted. I think <u>these problems</u> **A** should be solved soon because there are over 800, 000, 000 people who can't get enough food all around the world. In Japan, we wasted about 5, 220, 000 tons of food in 2020. It means that everyone in Japan put about one bowl of food into a garbage box every day.

Mei

I'm going to talk about the development of railroads. [**a**] Before the *Shinkansen* was introduced, it took six and a half hours when we traveled from Tokyo to Osaka on the fastest train. [**b**] Now, it takes only two and a half hours. [**c**] The *Shinkansen* has made trips easier and faster than before. [**d**] Have you ever heard *Linear Chuo Shinkansen*? If it is introduced, it will take about one hour from Tokyo to Osaka. It's amazing. But how much energy do we need for it?

Kevin

The development of the Internet can help us communicate with people anywhere. I am in Japan now, but I can communicate with my family living in Australia every day through the Internet. It is great fun. However, I have started to feel that talking face-to-face is more important. When I lived with my family in Australia, I often played video games in my room and didn't have much time to talk with them. Sometimes I sent them e-mails even when I was in the house. When I go back to Australia, I would like to (**B**) with my family face-to-face.

Mr. Yamada

Thank you very much for talking about $_C$ the development of technology. You did a good job. You found both good points and some problems of the development of technology. I hope you will think critically about many things in the future. This is one of the most important things when you solve problems in the world.

Also, information technology has been getting more important in our world. You used your tablet devices when you made your reports, didn't you? The use of those things has become more popular than before. In such a situation, generative AI has become popular, right? $_D$ AI will be used more in our daily life. Let's talk about it next time.

(注) development 発達　technology 科学技術　refrigerator 冷蔵庫
in the 1950s 1950年代には　waste～ ～を無駄にする　ton トン(重さの単位)
one bowl of～ 茶わん一杯の～　railroad 鉄道　introduce～ ～を導入する
on～ ～に乗って　*Linear Chuo Shinkansen* リニア中央新幹線　face-to-face 面と向かって
critically 批判力をもって　tablet device タブレット端末　generative AI 生成AI

(1) 下線部分**A**について，その内容を，具体的に日本語で書きなさい。

(2) 次の英文は，文中の**a**～**d**の［　　］のどこに入れるのが最も適当か。当てはまる符号を書きなさい。

Then, in 1964, the *Shinkansen* was introduced and it took about four hours.

(3) 文中の**B**の(　　)に当てはまる内容を，4語以上の英語で書きなさい。

(4) 下線部分**C**について，生徒が発表した内容に合っているものを，次のア～オから二つ選び，その符号を書きなさい。

ア technology about keeping food for a long time
イ technology about telling the weather for tomorrow
ウ technology about making the environment cleaner
エ technology about saving a lot of energy we use
オ technology about carrying people to another place

(5) 次の①～③の問いに対する答えを，それぞれ3語以上の英文で書きなさい。

① Are there more than 800,000,000 people who can't get enough food all around the world?
② Who communicates with Kevin through the Internet every day?
③ What does Mr. Yamada want the students to do in the future?

(6) 下線部分**D**について，あなたが人工知能(AI)を利用するとしたら，どのように利用しますか。その理由も含め，4行以内の英文で書きなさい。

英 語 解 答 用 紙

（注１） 解答は，横書きで記入すること。

〔１〕

(1)	1		2		3		4	
(2)	1		2		3		4	
(3)	1							
	2							

〔２〕

(1)	
(2)	
(3)	

〔３〕

(1)	A			
	D			
(2)	B		F	
(3)				
(4)				
(5)				
(6)				

受検番号	

〔4〕

(1)			
(2)			
(3)			
(4)			
(5)	①		
	②		
	③		
(6)			

社　会

〔1〕 次の地図1～3を見て，下の(1)～(5)の問いに答えなさい。ただし，地図1～3の縮尺はそれぞれ異なっている。

地図1

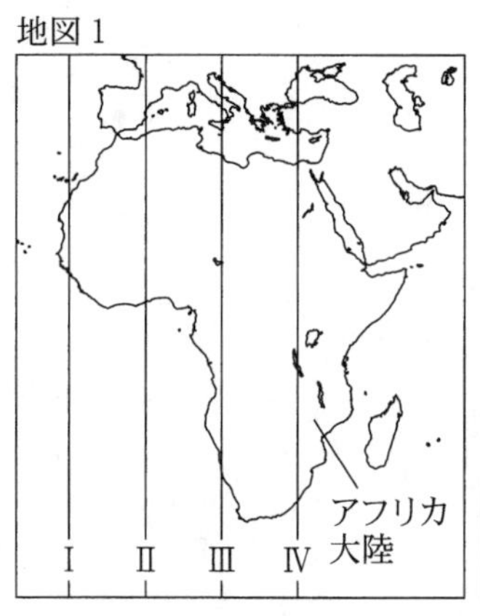

地図2

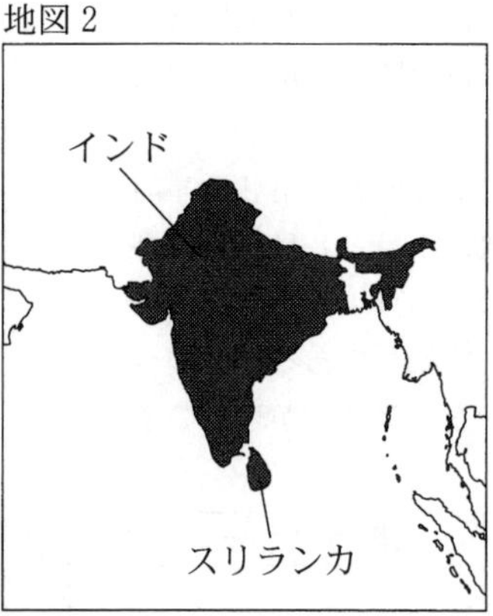

地図3

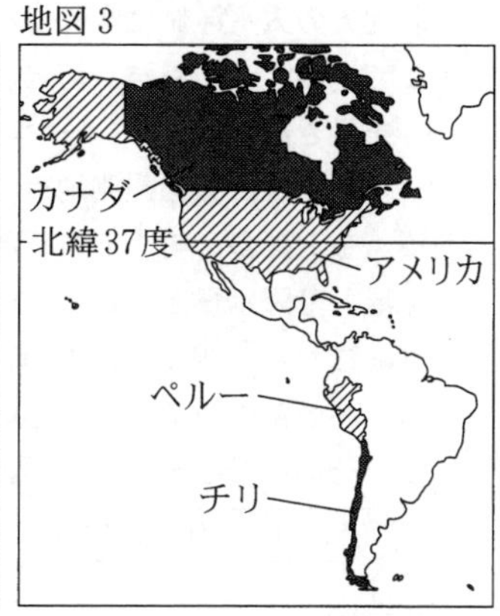

(1) 地図1中のI～IVで示した経線のうち，本初子午線を示すものはどれか。I～IVから一つ選び，その符号を書きなさい。

(2) 地図1で示したアフリカ大陸の多くの国々の経済は，特定の農産物や鉱産資源を輸出することで成り立っている。このような経済を何というか。その用語を書きなさい。

(3) 次の表は，地図2，3で示したインド，スリランカ，カナダ，チリについて，それぞれの国の人口密度，穀物生産量，主な輸出品目と金額を示したものであり，表中のa～dは，これらの四つの国のいずれかである。このうち，a，dに当てはまる国名の組合せとして，最も適当なものを，下のア～エから一つ選び，その符号を書きなさい。

	人口密度(人/km²)	穀物生産量(千t)	主な輸出品目と金額(億ドル)					
			第1位		第2位		第3位	
a	333	5,623	衣類	58	茶	14	ゴム製品	7
b	26	3,036	銅鉱	298	銅	238	野菜・果実	76
c	431	356,345	石油製品	548	機械類	446	ダイヤモンド	247
d	4	46,739	原油	819	機械類	460	自動車	437

(「世界国勢図会」2023/24年版より作成)

ア〔a　スリランカ，d　インド〕　イ〔a　スリランカ，d　カナダ〕
ウ〔a　チリ，d　インド〕　エ〔a　チリ，d　カナダ〕

(4) 地図3の緯線は北緯37度を示しており，次の文は，この地図で示したアメリカにおける，北緯37度より南の地域について述べたものである。文中の［X］，［Y］に当てはまる語句の組合せとして，最も適当なものを，下のア～エから一つ選び，その符号を書きなさい。

> この地域は，温暖な気候から［X］とよばれており，工業地域として，航空宇宙産業や［Y］などが発展している。

ア〔X　サンベルト，Y　ICT産業〕　イ〔X　サンベルト，Y　鉄鋼業〕
ウ〔X　サヘル，Y　ICT産業〕　エ〔X　サヘル，Y　鉄鋼業〕

(5) 右の写真は，地図3で示したペルーにある，インカ帝国の遺跡を示したものである。このように，南アメリカ大陸では，かつて，先住民による独自の文明が栄えていたが，現在は，主に，スペイン語やポルトガル語が使われ，キリスト教が信仰されている。その理由を，「16世紀」，「先住民」の二つの語句を用いて書きなさい。

〔2〕 右の地図を見て，次の(1)～(5)の問いに答えなさい。

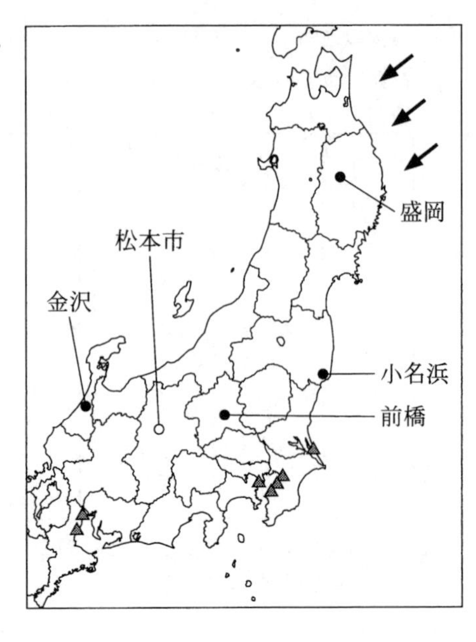

(1) 地図中の矢印は，主に6月から8月にかけて，東北地方の太平洋側に吹く，冷たく湿った北東風を示している。この風は，何とよばれているか。その名称を書きなさい。

(2) 次の表は，気象観測地点である盛岡，小名浜，前橋，金沢について，それぞれの1月と8月の月平均気温と月降水量を示したものであり，表中のア～エは，これらの四つの地点のいずれかである。このうち，小名浜に当てはまるものを，ア～エから一つ選び，その符号を書きなさい。

	月平均気温(℃)		月降水量(mm)	
	1月	8月	1月	8月
ア	4.1	24.5	57.3	122.6
イ	4.0	27.3	256.0	179.3
ウ	3.7	26.8	29.7	195.6
エ	－1.6	23.5	49.4	185.4

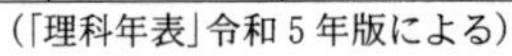
(「理科年表」令和5年版による)

(3) 地図中の▲は，主な石油化学コンビナートの位置を示したものである。これらの石油化学コンビナートは，どのような場所に形成されているか。その理由も含めて，「輸入」という語句を用いて書きなさい。

(4) 次の表は，秋田県，神奈川県，千葉県，宮城県の，それぞれの県の人口密度の推移，野菜の産出額，林業産出額，製造品出荷額等を示したものであり，表中のA～Dは，これらの四つの県のいずれかである。表中のBに当てはまる県を，解答用紙の地図中に ▨ で示しなさい。

	人口密度の推移(人/km^2)		野菜の産出額(億円)	林業産出額(千万円)	製造品出荷額等(億円)
	1970年	2021年			
A	2,294.7	3,822.8	345	48	178,722
B	662.9	1,216.8	1,383	243	125,846
C	249.6	314.5	275	849	45,590
D	106.9	81.2	301	1,415	12,998

(「データでみる県勢」2023年版による)

(5) 右の地形図は，地図中の松本市の市街地を表す2万5千分の1の地形図である。この地形図を見て，次の①，②の問いに答えなさい。

① 「松本城」から見た「消防署」のある方位として，最も適当なものを，次のア～エから一つ選び，その符号を書きなさい。

ア 東　　イ 西　　ウ 南　　エ 北

② 地形図中の ▨ で示した正方形の一辺の長さを測ったところ，約0.5cmであった。このとき，実際の面積は約何m^{2}となるか。最も適当なものを，次のア～エから一つ選び，その符号を書きなさい。

(国土地理院1：25,000地形図「松本」より作成)

ア 約3,125m^2　　イ 約6,250m^2　　ウ 約12,500m^2　　エ 約15,625m^2

〔3〕 次のA～Dは，それぞれ，奈良時代から江戸時代の間の，ある時代につくられた短歌である。これらの短歌について，下の(1)～(6)の問いに答えなさい。

A	人も愛し　人も恨めし　あぢきなく　世を思ふゆゑに　もの思ふ身は	(後鳥羽上皇)
B	この世をば　わが世とぞ思ふ　望月の　欠けたることも　なしと思へば	(藤原道長)
C	天皇の　御代栄えむと　東なる　陸奥山に　金花咲く	(大伴家持)
D	白河の　清きに魚の　すみかねて　もとの濁りの　田沼恋しき	(作者不明)

(1) Aの短歌をつくった後鳥羽上皇は，幕府を倒そうと兵を挙げたが敗れ，隠岐に流された。このできごとと最も関係の深い人物を，次のア～エから一つ選び，その符号を書きなさい。

ア 足利義政　　イ 足利義満　　ウ 北条時宗　　エ 北条政子

(2) Bの短歌をつくった藤原道長について，右の資料は，平安時代の皇室と藤原氏の関係を表した系図の一部である。この資料から読みとれることをもとに，藤原道長が政治の実権をにぎることができた理由を，「きさき」という語句を用いて書きなさい。

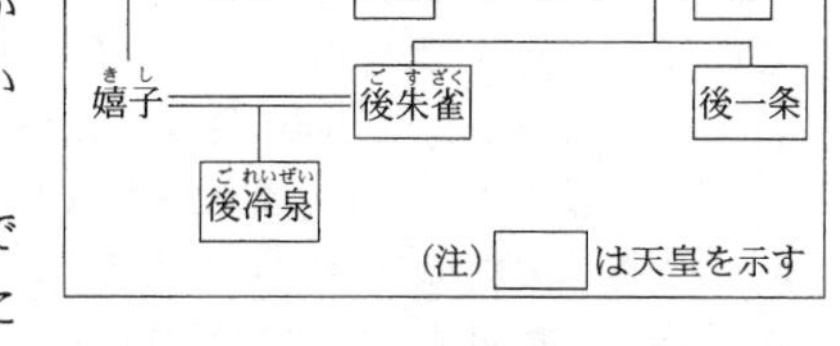

(3) Cの短歌がつくられた時代の天皇は，政治の中心であったが，政治や社会への天皇の関わり方は，時代によって異なる。次のア～エは，それぞれ，ある時代における，政治や社会への天皇の関わり方について述べたものである。ア～エを，年代の古いものから順に並べ，その符号を書きなさい。

ア 壬申の乱に勝って即位した天皇が，天皇の権威を高め，豪族たちをおさえて改革を進めた。

イ 天皇の役割は幕府の法律で定められ，第一の仕事は学問であることが強調された。

ウ 京都の北朝と吉野の南朝が並び立ち，それぞれの朝廷が全国の武士に呼びかけて戦った。

エ 天皇の位をゆずった上皇が，摂政や関白の力をおさえて政治を行うようになった。

(4) Dの短歌について，田沼意次の後に老中となり，この短歌で「白河」と詠まれている人物は誰か。この人物の名前を書きなさい。

(5) 次のア～オは，それぞれ，奈良時代から江戸時代の間の，ある時代の代表的な文化財である。このうち，A～Dの短歌がつくられた時代の，どの時代のものでもない文化財を，ア～オから一つ選び，その符号を書きなさい。

ア

イ

ウ

エ
オ

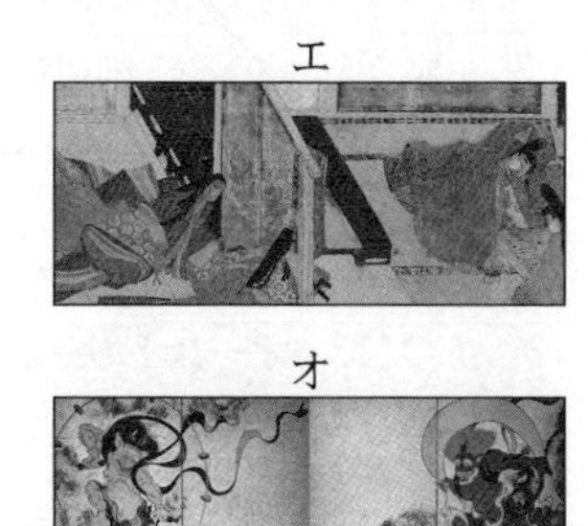

(6) A～Dの短歌がつくられた，それぞれの時代の社会のようすについて述べた文として，正しいものを，次のア～エから一つ選び，その符号を書きなさい。

ア Aの短歌がつくられた時代には，武士と百姓を区別する兵農分離が進められた。

イ Bの短歌がつくられた時代には，墾田永年私財法により，土地の開墾が進んだ。

ウ Cの短歌がつくられた時代には，浄土真宗や日蓮宗などの新しい仏教が生まれた。

エ Dの短歌がつくられた時代には，歌舞伎や落語など，庶民の娯楽が発展した。

〔4〕 右の略年表を見て，次の(1)〜(6)の問いに答えなさい。

年代	できごと
1840	a アヘン戦争が始まる。
1894	b 日英通商航海条約が結ばれる。
1905	c ポーツマス条約が結ばれる。
1911 ┐A	辛亥革命が始まる。
1914 ┘	第一次世界大戦が始まる。
1919	d ベルサイユ条約が結ばれる。
1951 ┐B	サンフランシスコ平和条約が結ばれる。
1978 ┘	日中平和友好条約が結ばれる。

(1) 下線部分aについて，この戦争で，清がイギリスに敗れたことを知った江戸幕府が行った政策として，最も適当なものを，次のア〜エから一つ選び，その符号を書きなさい。

ア 間宮林蔵らに命じて蝦夷地や樺太の調査を行った。

イ 異国船打払令を出し，外国船を撃退することにした。

ウ 徴兵令を出し，全国統一の軍隊をつくろうとした。

エ 来航する外国船に燃料や食料を与えて帰すことにした。

(2) 下線部分bについて，この条約が結ばれた結果，日本は，治外法権(領事裁判権)の撤廃に成功した。このときの内閣の外相は誰か。次のア〜エから一つ選び，その符号を書きなさい。

ア 伊藤博文　　イ 陸奥宗光　　ウ 寺内正毅　　エ 岩倉具視

(3) 下線部分cについて，このあと，この条約の内容に反対する国民の暴動が起こった。**資料Ⅰ**は，このころの「増税に泣く国民」のようすを描いた絵であり，**資料Ⅱ**は，日清戦争と日露戦争の，それぞれの戦費と日本が得た賠償金を示したグラフである。この二つの資料から読みとれることをもとに，国民の暴動が起こった理由を書きなさい。

資料Ⅰ

資料Ⅱ

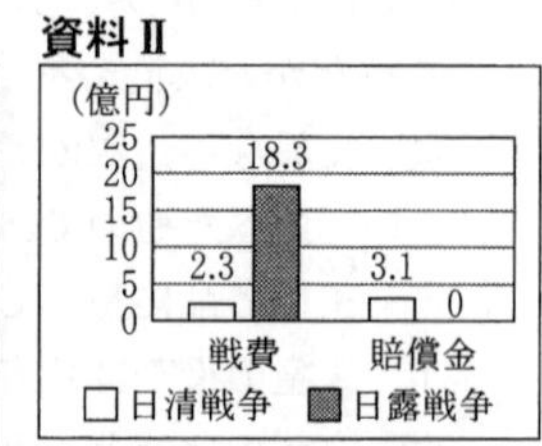

(「明治大正財政史」第一巻より作成)

(4) 次の図は，年表中のAの時期のイギリス，イタリア，オーストリア，ドイツ，日本，フランス，ロシアの関係について表したものである。図中の X 〜 Z に当てはまる国名の組合せとして，正しいものを，下のア〜カから一つ選び，その符号を書きなさい。

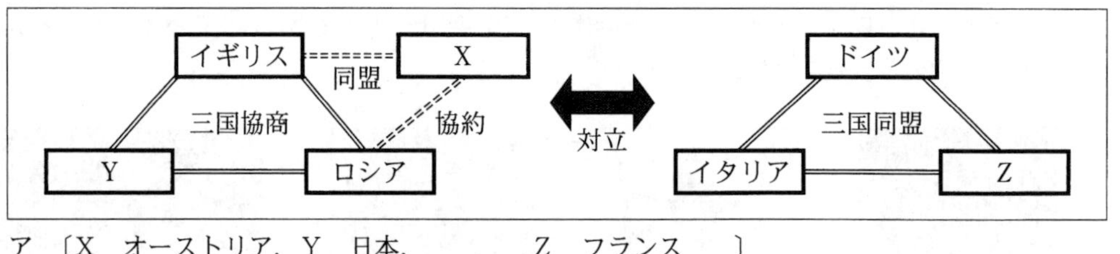

ア 〔X オーストリア，Y 日本，Z フランス〕

イ 〔X オーストリア，Y フランス，Z 日本〕

ウ 〔X 日本，Y オーストリア，Z フランス〕

エ 〔X 日本，Y フランス，Z オーストリア〕

オ 〔X フランス，Y オーストリア，Z 日本〕

カ 〔X フランス，Y 日本，Z オーストリア〕

(5) 下線部分dについて，この条約が結ばれた年に，朝鮮の人々が日本からの独立を求めて起こした運動を何というか。その用語を書きなさい。

(6) 年表中のBの時期のできごととして，正しいものはどれか。次のア〜エから一つ選び，その符号を書きなさい。

ア 北大西洋条約機構が成立する。　　イ 冷戦の終結が宣言される。

ウ 沖縄が日本に復帰する。　　エ 湾岸戦争が起こる。

〔5〕 中学校3年生のあるクラスの社会科の授業では，次のA～Dの課題について学習を行うことにした。これらの課題について，あとの(1)～(4)の問いに答えなさい。

A	私たちの人権は，どのように保障されているのだろうか。	B	民主的な社会は，どのようにして成り立っているのだろうか。
C	我が国の経済は，どのようなしくみで動いているのだろうか。	D	国際社会は，どのような問題を抱えているのだろうか。

(1) Aの課題について，次の①，②の問いに答えなさい。

① 次の文は，法，政府，国民の関係について述べたものである。文中の［X］，［Y］に当てはまる語句の組合せとして，最も適当なものを，下のア～エから一つ選び，その符号を書きなさい。

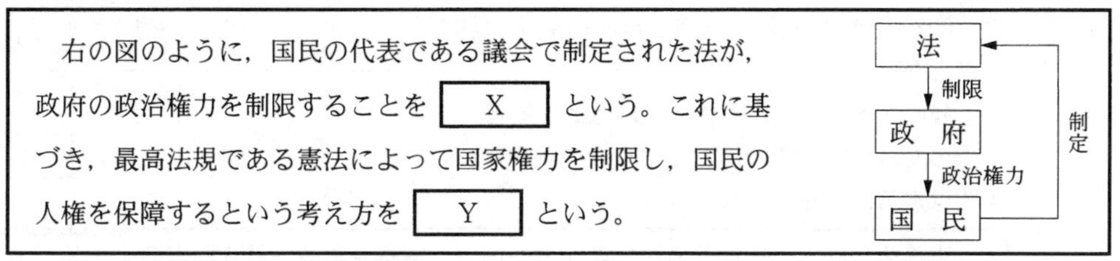
右の図のように，国民の代表である議会で制定された法が，政府の政治権力を制限することを［X］という。これに基づき，最高法規である憲法によって国家権力を制限し，国民の人権を保障するという考え方を［Y］という。

ア〔X 人の支配，Y 民主主義〕　イ〔X 人の支配，Y 立憲主義〕
ウ〔X 法の支配，Y 民主主義〕　エ〔X 法の支配，Y 立憲主義〕

② 次の資料は，1966年に国際連合で採択され，我が国では1979年に批准された規約の一部である。この規約を何というか。その名称を書きなさい。

> この規約の各締約国は，その領域内にあり，かつ，その管轄の下にあるすべての個人に対し，人種，皮膚の色，性，言語，宗教，政治的意見その他の意見，国民的若しくは社会的出身，財産，出生又は他の地位等によるいかなる差別もなしにこの規約において認められる権利を尊重し及び確保することを約束する。

(2) Bの課題について，次の①～③の問いに答えなさい。

① 現在の衆議院の選挙制度は，小選挙区制と比例代表制を組み合わせたものである。右の図は，ある選挙区における，小選挙区制による選挙の結果を表したものである。この図から読みとれることをもとに，小選挙区制のしくみと問題点を書きなさい。

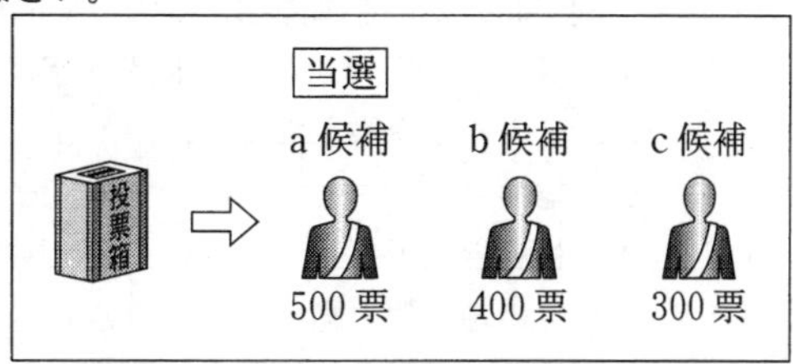

② 裁判が公正で中立に行われるために，裁判所や裁判官が，国会や内閣から圧力や干渉を受けないことを何というか。その用語を書きなさい。

③ 右の図は，国会における法律案の審議の流れを表したものである。図中の［X］～［Z］に当てはまる語句の組合せとして，最も適当なものを，次のア～カから一つ選び，その符号を書きなさい。

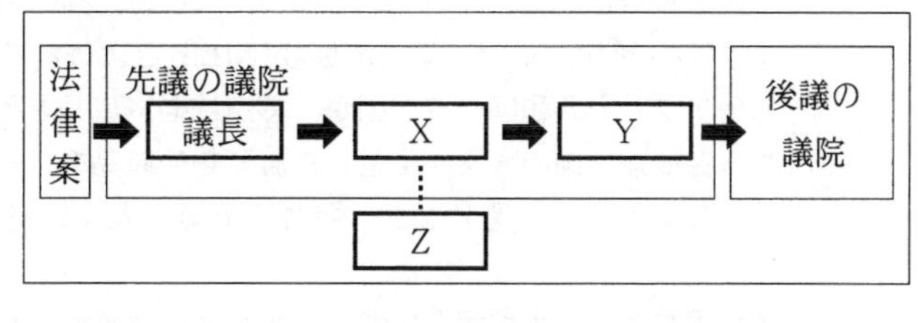

ア〔X 公聴会，Y 本会議，Z 委員会〕　イ〔X 公聴会，Y 委員会，Z 本会議〕
ウ〔X 本会議，Y 公聴会，Z 委員会〕　エ〔X 本会議，Y 委員会，Z 公聴会〕
オ〔X 委員会，Y 公聴会，Z 本会議〕　カ〔X 委員会，Y 本会議，Z 公聴会〕

(3) Cの課題について，次の①～③の問いに答えなさい。

① 右のグラフは，我が国の一般会計における税収と歳出，国債依存度の推移を示したものである。このグラフから読みとれることとして，最も適当なものを，次のア～エから一つ選び，その符号を書きなさい。なお，国債依存度とは，歳入に占める国債の割合である。

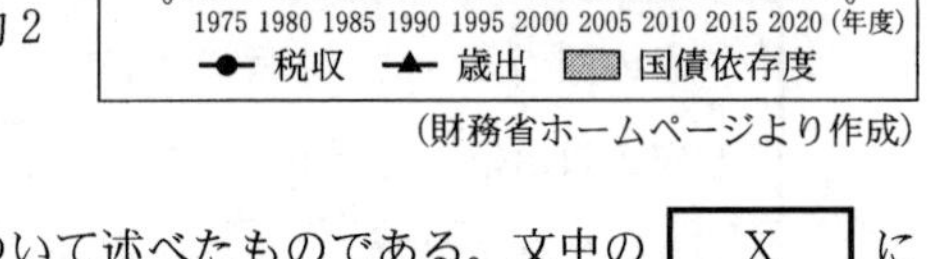

(財務省ホームページより作成)

ア 1975年度から2020年度にかけて，税収が歳出を上回る状況が続いている。

イ 国債依存度は，1990年度以降，一貫して高まっている。

ウ 2020年度の歳出は，1995年度の歳出の約2倍となった。

エ 税収が増えると，国債依存度は低下する。

② 次の文は，経済活動における政府の役割について述べたものである。文中の［X］に当てはまる語句を書きなさい。

> 道路や公園，水道などの社会資本の整備や，警察や消防，教育などの［X］の提供は，民間企業だけで担うことが困難なため，税金をもとに政府が行っている。

③ 働くことについて述べた文として，最も適当なものを，次のア～エから一つ選び，その符号を書きなさい。

ア 日本国憲法は，勤労を義務ではなく，権利として定めている。

イ 日本国憲法は，ストライキなどを行う団体行動権を認めている。

ウ 労働基準法により，労働時間は週35時間，1日7時間以内と定められている。

エ 労働基準法により，使用者は，労働者に毎週2日の休日を与えなければならない。

(4) Dの課題について，次の①，②の問いに答えなさい。

① 国家間の争いを国際法に基づいて解決するしくみとして設けられ，オランダのハーグに本部を置く，国際連合の主要機関の名称として，最も適当なものを，次のア～オから一つ選び，その符号を書きなさい。

ア 総会　　イ 安全保障理事会　　ウ 経済社会理事会

エ 信託統治理事会　　オ 国際司法裁判所

② 世界の地域間の経済格差について述べた文として，正しいものを，次のア～オからすべて選び，その符号を書きなさい。

ア ヨーロッパ連合(EU)では，加盟国の間の経済格差の拡大に伴う，他国支援への不満などを背景として，2016年にフランスが国民投票で離脱を決定した。

イ 2000年代，新興工業経済地域(NIES)とよばれる，ブラジル，ロシア，インド，中国，南アフリカ共和国の5か国が，急速に経済成長を果たした。

ウ 発展途上国の人々が生産した農産物や製品を，その労働に見合う公正な価格で貿易するフェアトレード運動など，発展途上国の人々の経済的な自立を目指す取組が広がっている。

エ 現在では，先進国の中でも，成長産業や資源を持っている国々と，そうでない国々との経済格差が広がっており，南南問題といわれている。

オ 国際連合は，2030年までに達成すべき17の目標からなる「持続可能な開発目標(SDGs)」を2015年に採択し，先進国だけでなく，発展途上国も取組を進めている。

〔6〕 Sさんのクラスの社会科の授業では，日本の農業について調べ，発表することにした。次の**資料Ⅰ**～**資料Ⅵ**は，Sさんが集めたものの一部である。また，下はSさんの発表原稿の一部である。このことについて，あとの(1)～(3)の問いに答えなさい。

資料Ⅰ　耕地面積の推移

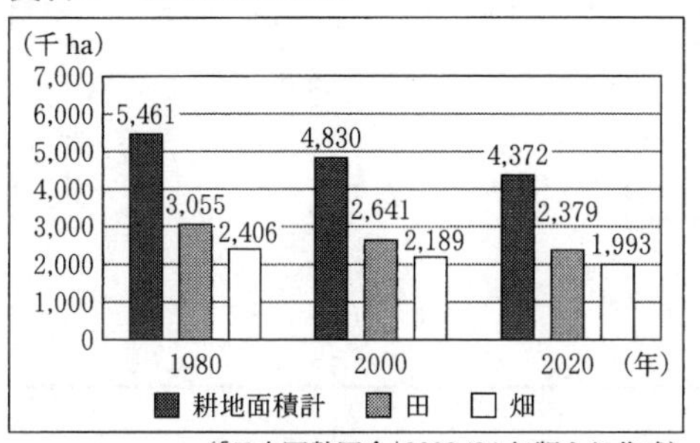

(「日本国勢図会」2023/24 年版より作成)

資料Ⅱ　国民1人当たりの米の消費量の推移

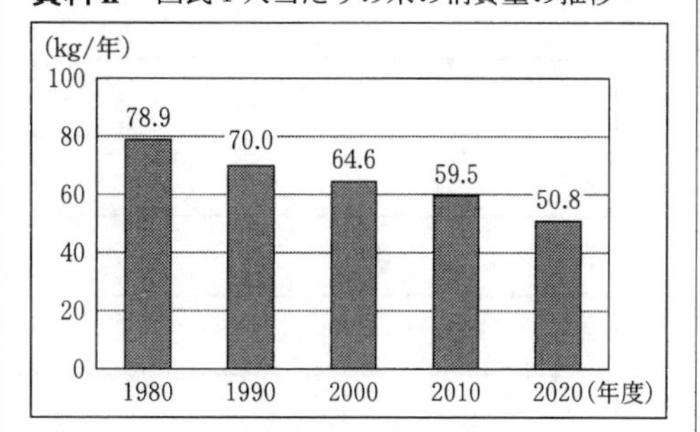

資料Ⅲ　海外における日本食や日本産米の評価

海外に目を向けると，世界的に日本食がブームであり，アジア諸国の所得水準の向上，新興国を中心とした富裕層の増加などにより，日本食は一層広がっています。

日本産米は，安全であること，高品質であること，おいしいことなどから，海外で高い評価を得ています。

資料Ⅳ　米の自給率の推移

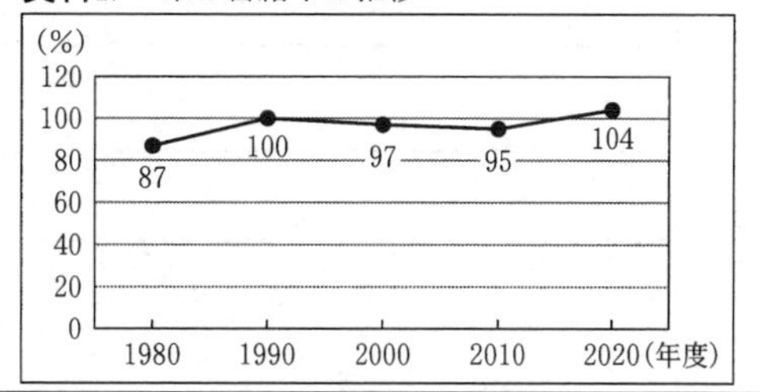

(農林水産省ホームページより作成)

資料Ⅴ　1世帯当たりの米，パン，めん類の支出金額の推移

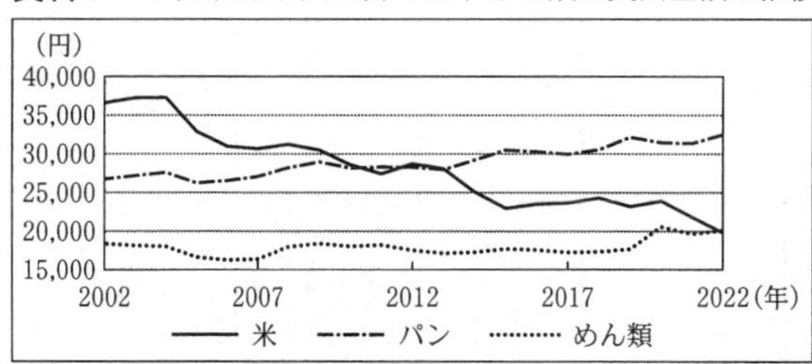

(総務省統計局ホームページより作成)

資料Ⅵ　米粉について

米粉とは，お米を細かく砕いて粉状にしたものです。お米はこれまでは「ごはん」としての食べ方が主流でしたが，特徴的なもっちりとした食感が人気となって，パンやケーキ，めん類などに加工されています。

(日本米粉協会ホームページより作成)

Sさんの発表原稿の一部

私が住んでいる地域では，耕作放棄地が見られます。**資料Ⅰ**によると，日本の2020年における田の耕地面積は，1980年に比べて［ X ］しています。その原因を調べてみると，農業従事者の高齢化や後継者不足に加えて，**資料Ⅱ**にあるように，国民1人当たりの米の消費量が減少していることがわかりました。一方で，**資料Ⅲ**によると，海外で日本産米が高く評価されていることから，米の消費拡大のための一つの方法として，海外への米の［ Y ］ことが必要だと考えました。また，米を，米粉として利用する取組が広がっていることを知りました。**資料Ⅳ**～**資料Ⅵ**から，米粉は，［ Z ］ことがわかりました。このことから，米粉の利用は，さらに拡大することが期待できると思います。このようにして，国内外において米の消費量を増加させることができると考えました。

(1)　発表原稿の［ X ］に当てはまる語句として，最も適当なものを，次のア～エから一つ選び，その符号を書きなさい。

ア　約10％減少　　イ　約20％減少　　ウ　約30％減少　　エ　約40％減少

(2)　発表原稿の［ Y ］に当てはまる内容を，10字以内で書きなさい。

(3)　発表原稿の［ Z ］に当てはまる内容を，「自給率」，「支出金額」の二つの語句を用いて，45字以内で書きなさい。

社会解答用紙

(注1)　解答は，横書きで記入すること。

〔1〕

(1)	
(2)	
(3)	
(4)	
(5)	

〔2〕

(1)		
(2)		
(3)		
(4)		
(5)	①	
	②	

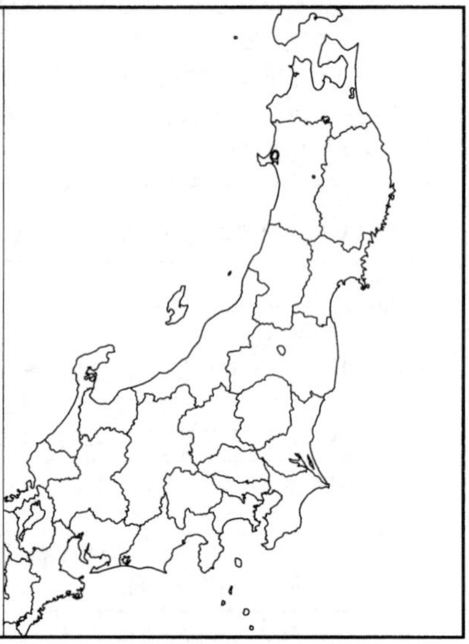

〔3〕

(1)	
(2)	
(3)	(　　　)→(　　　)→(　　　)→(　　　)
(4)	
(5)	
(6)	

受検番号	

〔4〕

(1)	
(2)	
(3)	
(4)	
(5)	
(6)	

〔5〕

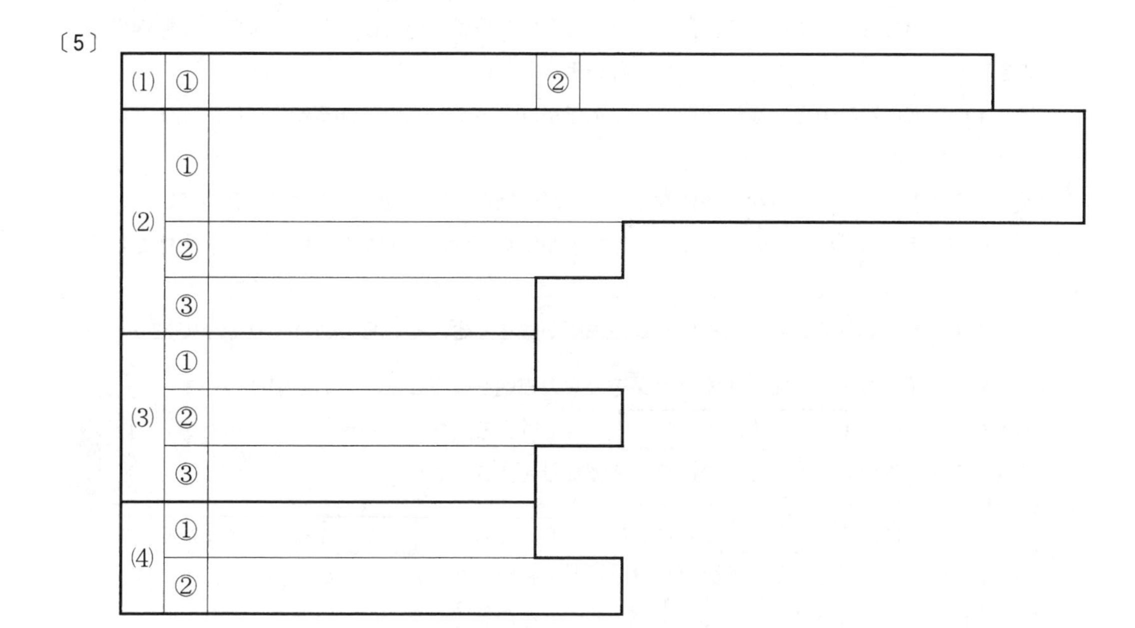

〔6〕

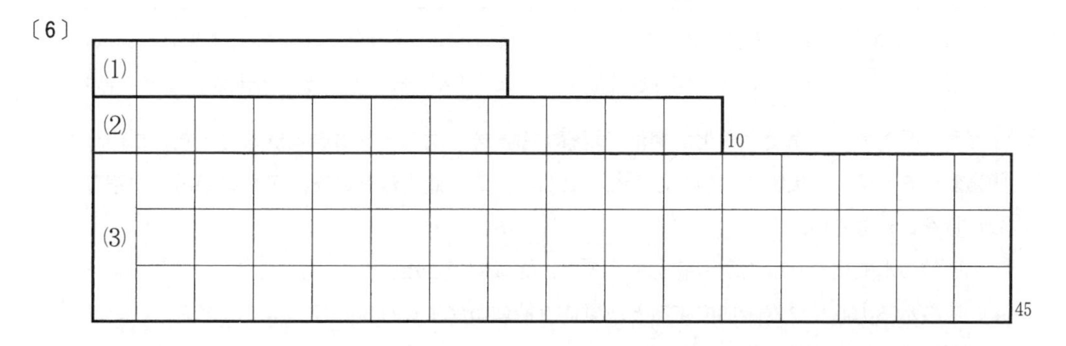

理　科

〔1〕 次の(1)～(6)の問いに答えなさい。

(1) 生物を観察するときのスケッチのしかたについて述べた文として，最も適当なものを，次のア～エから一つ選び，その符号を書きなさい。

ア　ルーペを使って観察したときは，ルーペの視野を示す円をかく。

イ　線を重ねがきして，濃淡をつける。

ウ　よくけずった鉛筆を使い，細い線や小さい点ではっきりとかく。

エ　観察の対象だけでなく，背景もかく。

(2) 図1のように，うすいゴム膜を張った透明なパイプに，プラスチックの管を差し込んだ器具がある。図2は，この器具を水の中に入れて，パイプをいろいろな向きに回転させたときの，ゴム膜のへこみ方を模式的に表したものである。このとき，水中にある器具が，水から受ける力について述べた文として，最も適当なものを，次のア～エから一つ選び，その符号を書きなさい。

図1

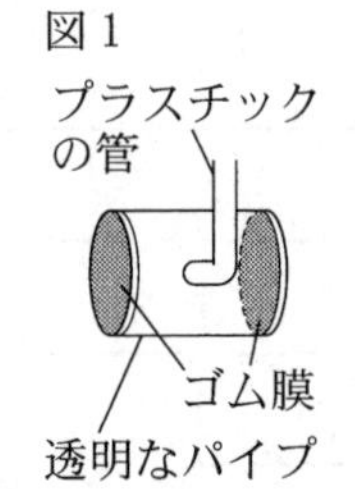

図2

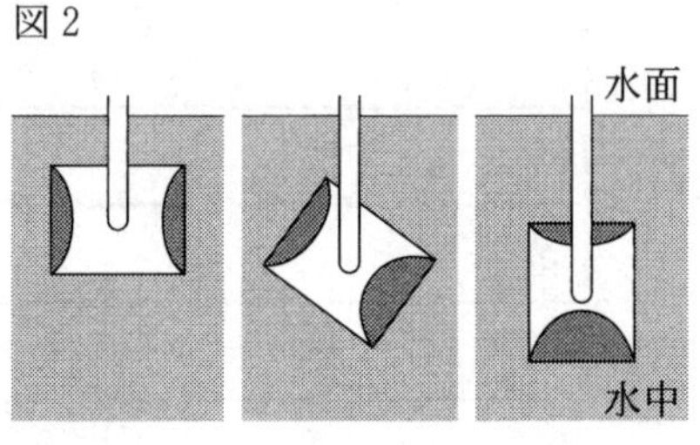

ア　水中にある器具のあらゆる面に対して水圧がはたらき，水中にある器具には，全体として上向きの力がはたらく。

イ　水中にある器具のあらゆる面に対して水圧がはたらき，それらの力はつり合っている。

ウ　水中にある器具のゴム膜のみに対して水圧がはたらき，水中にある器具には，全体として上向きの力がはたらく。

エ　水中にある器具のゴム膜のみに対して水圧がはたらき，それらの力はつり合っている。

(3) 右の図の顕微鏡を用いて，オオカナダモの葉の細胞を観察した。この観察について述べた次の文中の［X］，［Y］に当てはまる語句の組合せとして，最も適当なものを，下のア～エから一つ選び，その符号を書きなさい。

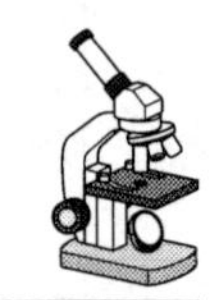

> 細胞の中にある［X］を観察しやすくするために，［Y］を2，3滴たらして，プレパラートをつくった。このプレパラートを観察したところ，どの細胞にも，よく染まる丸い粒が一つずつあり，［X］があることを確認できた。

ア〔X　葉緑体，Y　ベネジクト液〕　　イ〔X　葉緑体，Y　酢酸オルセイン液〕

ウ〔X　核，　Y　ベネジクト液〕　　エ〔X　核，　Y　酢酸オルセイン液〕

(4) 理科の授業で，状態変化や化学変化を観察するため，次のア～エの実験を行った。このうち，状態変化を観察した実験について述べた文として，最も適当なものを，ア～エから一つ選び，その符号を書きなさい。

ア　硫酸に水酸化バリウム水溶液を加えると，沈殿ができた。

イ　炭酸水素ナトリウムを加熱すると，気体と液体が発生した。

ウ　食塩を加熱すると，液体になった。

エ　うすい塩酸にマグネシウムを加えると，マグネシウムが溶けて，気体が発生した。

(5) 生物の生殖において，親の細胞が生殖細胞をつくるとき，親がもつ1対の遺伝子は，減数分裂により，別々の生殖細胞に入る。遺伝の規則性における，この法則を何というか。その用語を書きなさい。

(6) 室温20℃，湿度20％の部屋で，水を水蒸気に変えて放出する加湿器を運転したところ，室温は20℃のままで，湿度が50％になった。このとき，加湿器からこの部屋の空気中に放出された水蒸気量は，およそ何gか。最も適当なものを，次のア～エから一つ選び，その符号を書きなさい。ただし，20℃の空気の飽和水蒸気量を17.3 g/m^3，この部屋の空気の体積を50 m^{3}とする。

ア　173 g　　イ　260 g　　ウ　433 g　　エ　865 g

〔2〕 地層について，次の(1)，(2)の問いに答えなさい。

(1) 地層に見られる堆積岩の構成について述べた文として，最も適当なものを，次のア～エから一つ選び，その符号を書きなさい。

ア　れき岩は，海中をただよっている小さな生物の殻が堆積してできた岩石である。

イ　凝灰岩は，土砂が堆積してできた岩石である。

ウ　石灰岩は，海中の貝殻やサンゴなどが堆積してできた岩石である。

エ　チャートは，火山灰が堆積してできた岩石である。

(2) 右の図は，ある場所で見られる地層のようすを示した模式図である。この図をもとにして，次の①～③の問いに答えなさい。

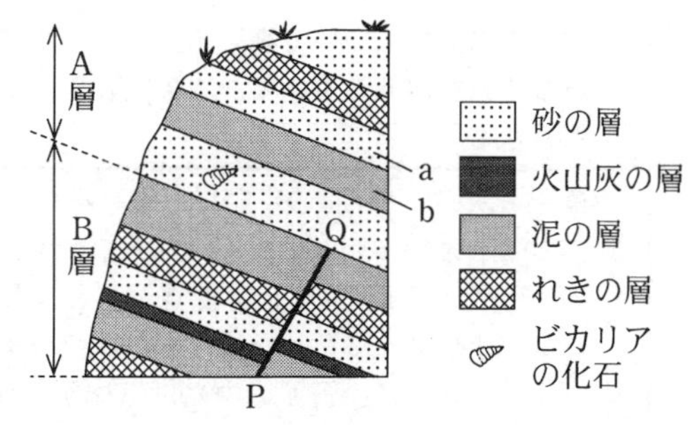

① 次の文は，砂の層に含まれるビカリアの化石について述べたものである。次の文中の［X］に当てはまる語句として，最も適当なものを，下のア～エから一つ選び，その符号を書きなさい。

> ビカリアのように，［X］していた生物の化石は，その地層が堆積した年代を推定するのに役立つ。このような化石を示準化石という。

ア　ある期間にだけ，せまい範囲に分布

イ　ある期間にだけ，広い範囲に分布

ウ　長い期間にわたって，せまい範囲に分布

エ　長い期間にわたって，広い範囲に分布

② 図中のaの砂の層が堆積したときの河口からの距離は，bの泥の層が堆積したときの河口からの距離よりも短かったと考えられる。その理由を書きなさい。

③ 次のア～エのできごとを古いものから順に並べ，その符号を書きなさい。

ア　A層の堆積　　イ　B層の堆積　　ウ　傾きの形成　　エ　P—Qの断層の形成

〔3〕「動物の分類」の学習のまとめとして，10 種類の動物，イカ，イモリ，カエル，カメ，キツネ，コウモリ，サケ，ツル，マイマイ，ミミズを，次のⅠ～Ⅳの手順で，a～g のグループに分類した。このことに関して，下の(1)～(3)の問いに答えなさい。

> Ⅰ　10 種類の動物の中から，背骨をもたない動物を選び，そのうち，外とう膜がある動物を a，外とう膜がない動物を b とした。
> Ⅱ　Ⅰの手順で選ばなかった動物の中から，一生を通して肺で呼吸する動物を選び，それらを，次の①，②の手順で分類した。
> 　① 胎生の動物を c とした。
> 　② ①で選ばなかった動物の中から，［　X　］動物を d，［　Y　］動物を e とした。
> Ⅲ　Ⅱまでの手順で選ばなかった動物のうち，幼生と成体とで呼吸のしかたが異なる動物を f とした。
> Ⅳ　最後に残った動物を g とした。

(1) Ⅱの結果，ツルは d，カメは e に分類された。このとき，［　X　］，［　Y　］に最もよく当てはまるものを，次のア～オからそれぞれ一つずつ選び，その符号を書きなさい。

ア　からだの表面が羽毛でおおわれている　　イ　からだの表面がうろこでおおわれている
ウ　からだとあしに節がない　　エ　外骨格をもつ
オ　卵生の

(2) イカ，イモリ，カエル，キツネ，サケ，ミミズについて，b，f に分類される動物を，それぞれすべて選び，書きなさい。

(3) コウモリ，マイマイは，それぞれ a～g のどれに分類されるか。正しいものを，a～g から選び，その符号を書きなさい。

〔4〕 水の電気分解について調べるために，水に水酸化ナトリウムを加えてつくった，うすい水酸化ナトリウム水溶液を用いて，次の実験 1，2 を行った。この実験に関して，あとの(1)～(3)の問いに答えなさい。

実験 1　次のⅠ～Ⅲの手順で，実験を行った。

Ⅰ　図 1 のような，2 本の電極がついた装置を用いて，管 a，b の上端まで，うすい水酸化ナトリウム水溶液を満たした後，水の電気分解を一定時間行ったところ，管 a の中には気体が $5\ cm^3$，管 b の中には気体が $10\ cm^3$ 集まった。

Ⅱ　陽極と陰極とを反対にして，管 a の中の気体が $16\ cm^3$ になるまで電気分解を続けた。

Ⅲ　図 1 の電源装置をはずし，図 2 のように，管 a に集まった気体に点火装置で点火したところ，ポンと音をたてて燃え，気体が残った。

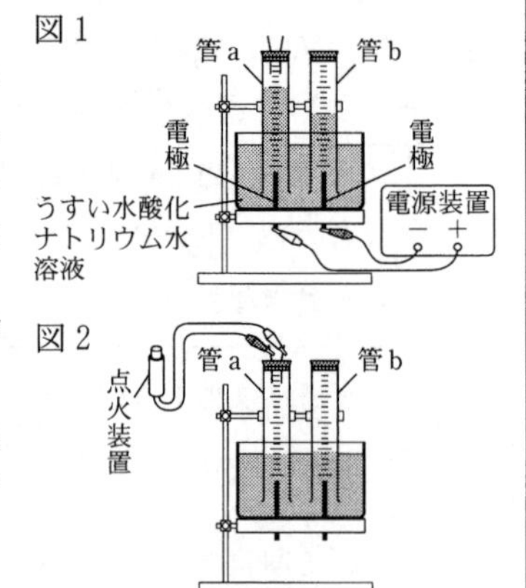

実験 2　次のⅠ，Ⅱの手順で，実験を行った。

Ⅰ　図 3 のような，4 本の電極 A，B，C，D がついた装置を用いて，装置の内部の上端まで，うすい水酸化ナトリウム水溶液を満たした後，水の電気分解を一定時間行ったところ，気体が集まった。

Ⅱ　図 3 の電源装置をはずし，図 4 のように，電極 A，B に電子オルゴールをつなげると，電子オルゴールがしばらく鳴った。

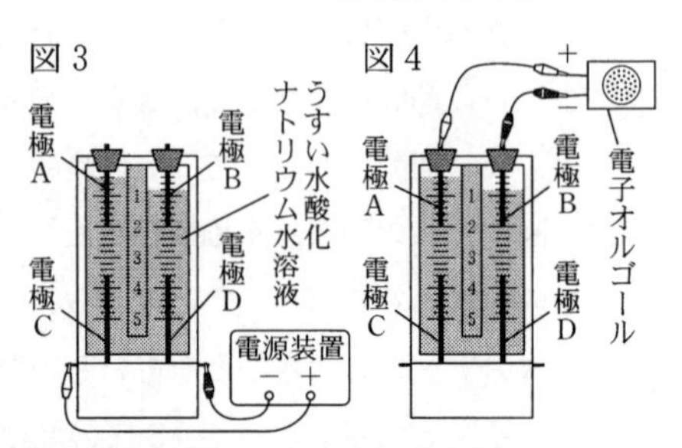

(1) 水の電気分解を行うとき，水に水酸化ナトリウムを加えるのはなぜか。その理由を書きなさい。

(2) 実験1 Ⅲ の下線部分について，管aに残った気体の体積は何 cm^3 か。求めなさい。また，残った気体は何か。その気体の名称を書きなさい。

(3) 実験2 Ⅱ の下線部分について，次の①，②の問いに答えなさい。

① 電子オルゴールが鳴ったことについて述べた，次の文中の X ～ Z に最もよく当てはまる用語を，それぞれ書きなさい。

> 電子オルゴールが鳴ったのは，電流が流れたためであり，この装置は，水の電気分解とは逆の化学変化によって， X エネルギーを Y エネルギーに変える電池となっている。このように，水の電気分解とは逆の化学変化によって電流を取り出す装置を Z という。

② 水の電気分解とは逆の化学変化を表す化学反応式を書きなさい。

〔5〕 ばねを引く力の大きさとばねののびとの関係を調べるために，フックのついたおもりを用いて，次の実験1～3を行った。この実験に関して，下の(1)～(4)の問いに答えなさい。ただし，質量100gの物体にはたらく重力を1Nとし，フックの質量は無視できるものとする。

> 実験1 図1のように，スタンドにばねをつるした装置をつくり，そのばねの下の端におもりをつけ，ばねののびを測定した。図2は，質量の異なるおもりにつけかえながら，ばねを引く力の大きさとばねののびとの関係を調べた結果を，グラフに表したものである。
>
> 実験2 実験1と同じ装置で，ばねの下の端に質量12gのおもりをつけ，ばねののびを測定した。
>
> 実験3 図3のように，質量50gのおもりを電子てんびんに置き，実験1で用いたばねを取り付けて上向きに引き，ばねののびが3.3cmになったところで静止させ，電子てんびんが示す値を読んだ。

図1

スタンド　ばね　フック　おもり　ものさし

図2

ばねののび〔cm〕(0～6)　ばねを引く力の大きさ〔N〕(0～0.5)

図3

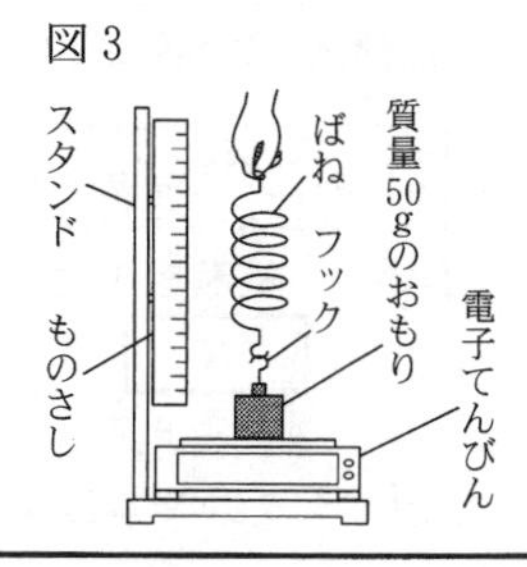

(1) 実験1について，図4は，ばねの下の端におもりをつけていないときと，おもりをつけたときのようすを表したものである。図2に示したばねののびの値は，図4のア～オのうちのどの長さを測定したものか。最も適当なものを一つ選び，その符号を書きなさい。

図4

おもりをつけていないとき　おもりをつけたとき　スタンド　ばね　フック　おもり　ア　イ　ウ　エ　オ

(2) 実験1について，次の文は，ばねを引く力の大きさとばねののびとの関係について述べたものである。文中の X に最もよく当てはまる語句を書きなさい。

> ばねののびは，ばねを引く力の大きさに X する。この関係は，フックの法則とよばれている。

(3) 実験2について，ばねののびは何cmか。求めなさい。

(4) 実験3について，電子てんびんが示す値は何gか。最も適当なものを，次のア～エから一つ選び，その符号を書きなさい。

ア 23.6g　　イ 26.4g　　ウ 47.4g　　エ 49.7g

〔6〕 理科の授業で，春香さんと陽太さんの班は，酸化銅と炭素を混ぜ合わせたものを加熱したときの化学変化について調べるために，次の［Ⅰ］の実験を行った。［Ⅱ］は実験後の会話の一部である。［Ⅰ］，［Ⅱ］に関して，あとの(1)～(4)の問いに答えなさい。ただし，ガスバーナーの火を消して，加熱をやめてからは，化学変化は起きないものとする。

［Ⅰ］ 実験

次の①～④の手順で実験を行った。

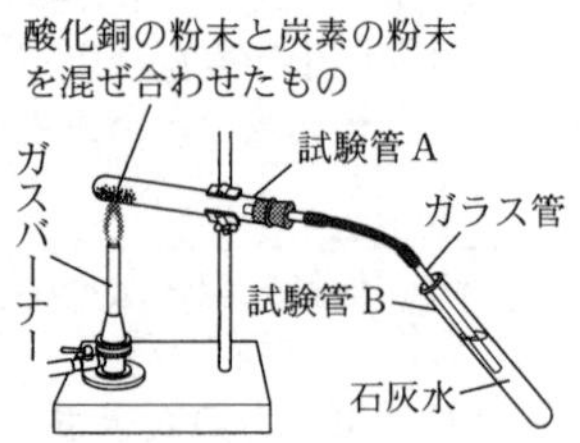

① 右の図のように，酸化銅の粉末6.00gと炭素の粉末0.15gをよく混ぜ合わせたものを，乾いた試験管Aに入れて，ガスバーナーで加熱したところ，気体が発生した。このとき，発生した気体を，試験管Bに入れた石灰水に通したところ，石灰水が白く濁った。

酸化銅の粉末と炭素の粉末を混ぜ合わせたもの
試験管A
ガラス管
ガスバーナー
試験管B
石灰水

② 十分に加熱して，気体が発生しなくなってから，ガラス管を石灰水から取り出し，ガスバーナーの火を消して，加熱をやめた。

③ 試験管Aが十分に冷えてから，試験管Aに残った固体を取り出し，質量を測定した。また，その固体の色を観察した。

④ ①～③と同じ手順で，試験管Aに入れる炭素の粉末の質量を0.30g，0.45g，0.60g，0.75g，0.90gに変えて，それぞれ実験を行った。

次の表は，①～④の実験の結果をまとめたものである。

炭素の粉末の質量〔g〕	0.15	0.30	0.45	0.60	0.75	0.90
加熱後の試験管Aに残った固体の質量〔g〕	5.60	5.20	4.80	4.95	5.10	5.25
加熱後の試験管Aに残った固体の色	赤色と黒色		赤色	赤色と黒色		

［Ⅱ］ 実験後の会話の一部

春香： 試験管Bに入れた石灰水が白く濁ったので，化学変化で発生した気体は［ X ］ですね。実験の結果を用いて計算すると，この気体の質量を求めることができます。

先生： そうですね。それでは，$_a$<u>炭素の粉末の質量と化学変化で発生した気体の質量の関係をグラフに表してみましょう</u>。

陽太： グラフに表すと，変化のようすがわかりやすくなりますね。加熱後の試験管Aの中に残った赤色の物質は，教科書で調べたところ，銅であることがわかりました。ところで，炭素の粉末の質量を0.45gにして実験を行ったとき以外は，加熱後の試験管Aの中に黒色の物質も残っていましたが，これは何でしょうか。

春香： グラフから考えると，炭素の粉末の質量を0.15g，0.30gにして実験を行ったときの，加熱後の試験管Aに残った黒色の物質は［ Y ］で，炭素の粉末の質量を0.60g，0.75g，0.90gにして実験を行ったときの，加熱後の試験管Aに残った黒色の物質は［ Z ］ではないでしょうか。

先生： そのとおりです。この化学変化では，酸化銅と炭素はいつも一定の質量の割合で結びつき，どちらかの質量に過不足があるときは，多い方の物質が結びつかないで残ります。このことを，$_b$<u>混ぜ合わせる酸化銅の粉末の質量と炭素の粉末の質量を変えて，同じ手順で実験を行う</u>ことで，確かめてみましょう。

(1) [X] に当てはまる物質の名称を書きなさい。

(2) 下線部分aについて，実験の結果をもとにして，炭素の粉末の質量と化学変化で発生した気体の質量の関係を表すグラフをかきなさい。

(3) [Y]，[Z] に当てはまる物質の名称を，それぞれ書きなさい。

(4) 下線部分bについて，試験管Aに入れる酸化銅の粉末の質量を10.00 g，炭素の粉末の質量を0.60 gにして実験を行ったところ，加熱後の試験管Aには，赤色の物質と黒色の物質が残った。このとき，加熱後の試験管Aに残った黒色の物質は何か。その物質の名称を書きなさい。また，その黒色の物質の質量は何gか。求めなさい。

〔7〕 電流とそのはたらきを調べるために，抵抗器a，電気抵抗5Ωの抵抗器bを用いて回路をつくり，次の実験1，2を行った。この実験に関して，下の(1)～(3)の問いに答えなさい。

実験1 図1のように，電源装置，抵抗器a，抵抗器b，スイッチ1，スイッチ2，電流計，電圧計，端子を用いて回路をつくり，スイッチ1のみを入れて，抵抗器aの両端に加わる電圧と回路を流れる電流を測定した。図2は，その結果をグラフに表したものである。

実験2 図3のように，電源装置，抵抗器a，抵抗器b，スイッチ1，スイッチ2，電流計，電圧計，端子を用いて回路をつくり，スイッチ1のみを入れて，電流を流し，電流計が示す値を読んだ。次に，スイッチ1を入れたままスイッチ2を入れたところ，電流計が400 mAを示した。

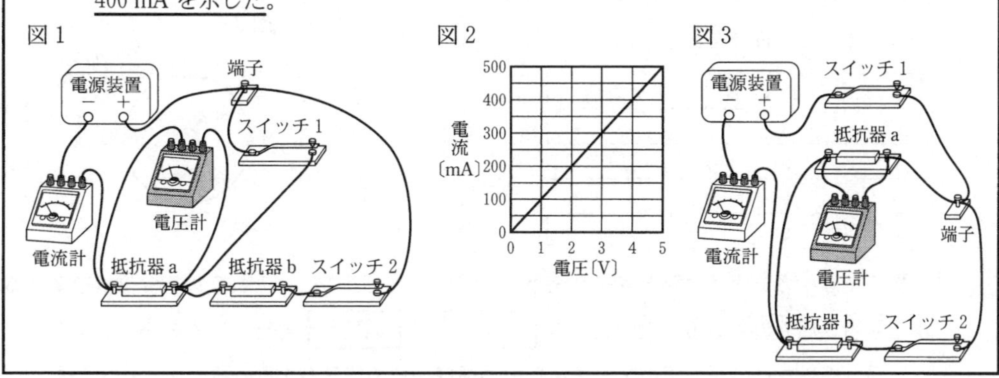

(1) 実験1について，抵抗器aの電気抵抗は何Ωか。求めなさい。

(2) 実験2について，次の①，②の問いに答えなさい。

① 下線部分について，このとき，電圧計は何Vを示すか。小数第2位を四捨五入して求めなさい。

② 次の文は，スイッチ1のみを入れた状態と，スイッチ1，2を入れた状態の，電気抵抗の大きさと電流計の示す値の変化について述べたものである。文中の [X]，[Y] に当てはまる語句の組合せとして，最も適当なものを，下のア～エから一つ選び，その符号を書きなさい。

> スイッチ1，2を入れたときの回路全体の電気抵抗は，スイッチ1のみを入れたときの抵抗器aの電気抵抗よりも [X] なる。また，スイッチ1，2を入れたときの電流計の示す値は，スイッチ1のみを入れたときの電流計の示す値よりも [Y] なる。

ア 〔X 小さく，Y 小さく〕　イ 〔X 小さく，Y 大きく〕
ウ 〔X 大きく，Y 小さく〕　エ 〔X 大きく，Y 大きく〕

(3) 図1の回路において，スイッチ2のみを入れて，電圧計が1.5 Vを示すように電源装置を調節した。次に，図3の回路において，スイッチ1，2を入れて，電圧計が1.5 Vを示すように電源装置を調節した。このとき，図3の抵抗器bが消費する電力は，図1の抵抗器bが消費する電力の何倍か。求めなさい。

〔8〕 ある年の7月20日午後9時頃に，日本のある場所で，北の空と南の空を観察したところ，北の空には，図1のようにカシオペヤ座が，南の空には，図2のようにさそり座が，それぞれ見えた。また，図3は，太陽，地球および，さそり座の位置関係を模式的に表したものである。このことに関して，次の(1)～(4)の問いに答えなさい。

図1

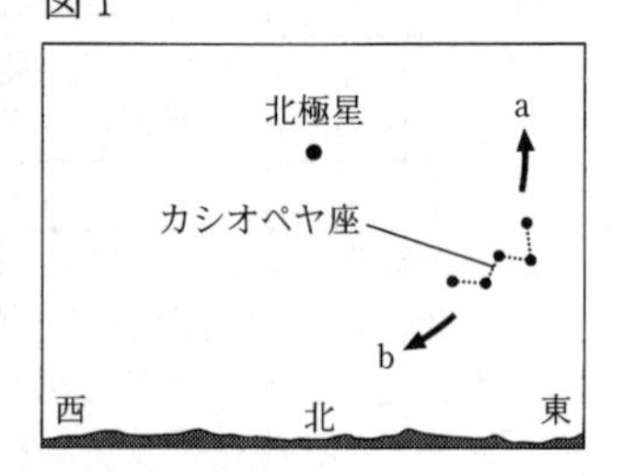

図2

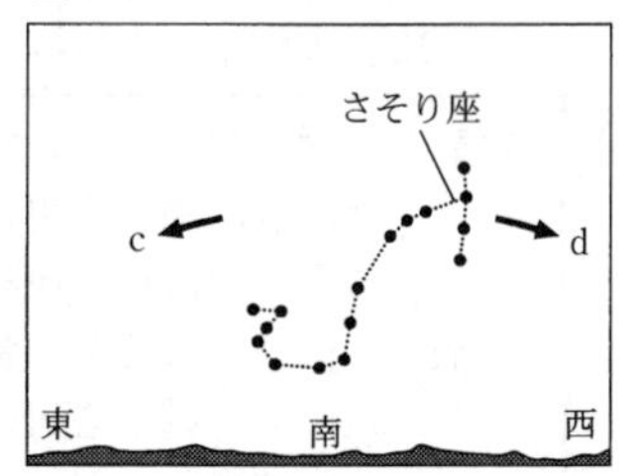

図3

A　地球の公転方向
太陽
B　D
さそり座
地球　C

(1) 図1，2について，この日の午後9時から30分程度，同じ場所で観察を続けると，カシオペヤ座とさそり座は，時間の経過とともに，それぞれその位置を変えた。このことに関して，次の①，②の問いに答えなさい。

① カシオペヤ座は，図1に示した矢印a，bのどちらの方向に位置を変えたか。また，さそり座は，図2に示した矢印c，dのどちらの方向に位置を変えたか。それぞれの星座が位置を変えた方向の組合せとして，最も適当なものを，次のア～エから一つ選び，その符号を書きなさい。

	カシオペヤ座	さそり座
ア	a	c
イ	a	d
ウ	b	c
エ	b	d

② 次の文は，カシオペヤ座とさそり座が，時間の経過とともに，それぞれその位置を変える理由を説明したものである。次の文中の X ， Y に当てはまる語句の組合せとして，最も適当なものを，下のア～エから一つ選び，その符号を書きなさい。

地球が X へ Y しているため。

ア 〔X 東から西，Y 公転〕　　イ 〔X 東から西，Y 自転〕
ウ 〔X 西から東，Y 公転〕　　エ 〔X 西から東，Y 自転〕

(2) この年の8月4日に，同じ場所で，南の空を観察するとき，さそり座が図2と同じ位置に見られるおよその時刻として，最も適当なものを，次のア～オから一つ選び，その符号を書きなさい。

ア 午後8時頃　　イ 午後8時30分頃　　ウ 午後9時頃
エ 午後9時30分頃　　オ 午後10時頃

(3) 図3について，日没後まもない時刻に，南の方向にさそり座が観察できるのは，地球がどの位置にあるときか。最も適当なものを，図中のA～Dから一つ選び，その符号を書きなさい。

(4) 12月には，さそり座を観察することはできない。その理由を，「太陽」，「さそり座」という用語を用いて書きなさい。

理科解答用紙

（注１） 解答は，横書きで記入すること。

〔1〕

⑴		⑵		⑶	
⑷		⑸		⑹	

〔2〕

⑴		
⑵	①	
	②	
	③	（　　）→（　　）→（　　）→（　　）

〔3〕

⑴	X		Y	
⑵	b			
	f			
⑶	コウモリ		マイマイ	

〔4〕

⑴						
⑵	気体の体積	cm^3	気体の名称			
⑶	①	X		Y		Z	
	②					

〔5〕

⑴	
⑵	
⑶	cm
⑷	

受検番号	

〔6〕

(1)	
(2)	(graph)

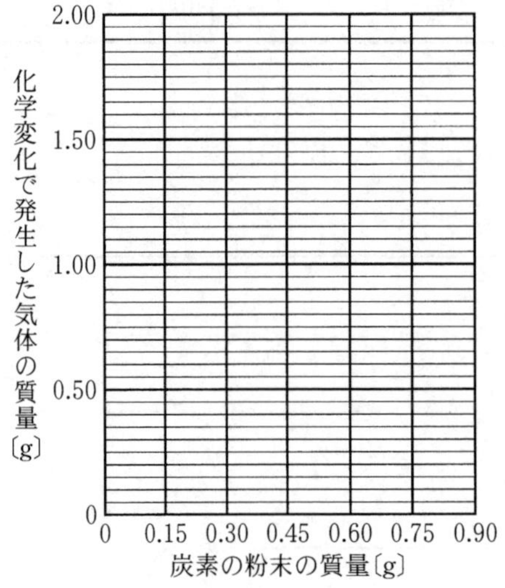

化学変化で発生した気体の質量〔g〕 (0, 0.50, 1.00, 1.50, 2.00)

炭素の粉末の質量〔g〕 (0, 0.15, 0.30, 0.45, 0.60, 0.75, 0.90)

(3)	Y		Z	
(4)	物質の名称		物質の質量	g

〔7〕

(1)		Ω
(2)	①	V
	②	
(3)		倍

〔8〕

(1)	①		②	
(2)				
(3)				
(4)				

〔三〕

(一)
(二)
(三)
(四)
(五)
(六)
60

〔四〕

(一)
(二)
(三)
45
(四)
はじめ
終わり
(五)
(六)
120

受検番号	

国語解答用紙

（注1）解答は、縦書きで記入すること。

〔一〕

(一) 1	(一) 2	(一) 3	(一) 4	(一) 5	(二) 1	(二) 2	(二) 3	(二) 4	(二) 5
敬 う	詳 しい	回顧	濃霧	辛抱	サカ ん	サズ ける	ヨチョウ	センリャク	ヨクシュウ

〔二〕

(一)	(二)	(三)	(四)	(五)

(六) 次のⅡの文章は、Ⅰの文章と同じ著書の一部である。筆者は、ヒトが幸福になるためには、どのようなことをヒトが知り、どのような知識が広がって行く必要があると考えているか。ⅠとⅡの文章を踏まえ、百二十字以内で書きなさい。

Ⅱ

技術発展の方向性を決める要因とは何か。それは、快適さや便利さ、効率性を追求する心であり、経済的な利益を最大化しようとする欲求である。こうした志向はおそらく、社会発展を支えるという意味で、今後もある程度必要なものだろう。

しかし、こうした志向だけではおそらく今後のヒトの社会がやって行けないことに、人々はうすうす気づいている。便利さと豊かさは、似ているようでずれる部分が大きい。便利さと幸福も、近いようでいて、実はほとんど関係がない。幸福なき便利さを求める意味はない。金銭的な利益が幸福と直結しないことを示す事例は少なくない。そうしたことをヒトが知り、ナチュラル・ヒストリーについての知識が広がって行けば、技術発展の方向性に影響を与えずにはおかないだろう。

ナチュラル・ヒストリーを知るべきである。ほかの生き物について知り、ヒトとの共通点と相違点を知るべきである。ヒトが他を思いやる心を身につけたという事実を振り返り、自らもそれを実践すべきである。そうしたことが、個体としてのヒトと、種としてのヒトを同時に豊かにし、安定させることになると、筆者は考えている。

ざまな条件の環境に進出し、種が分化し、新種が生まれる一方で別の種が滅びて今に至ること。また、例えば初期の生物が光合成を行って大気中に酸素を増やし、それによって太陽光線を受ける地上の環境を大きく変えてしまうなど、地球環境との「共進化」によって、今日の自然と生命の多様性が生まれてきたということである。

その中で、それぞれの生き物は個別の特殊性を持ち、それが全体としては多様性となる一方で、互いに構造や機能の共通性――生物としての普遍性――を持っている。ナチュラル・ヒストリーとは、生き物が歩んできた、このような歴史のことである。

地球上に生物種がどれだけあるかは諸説あるが、ここでは1千万種としておこう。それらの生物の形づくりや歩いてきた道(ナチュラル・ヒストリー)を知ることは、その一部でありながらかなり例外的な種であるヒトが、将来はどこへ向かっていくのかを考えていくときに、基本的な視点になると考えるのである。

(浅島　誠『生物の「安定」と「不安定」　生命のダイナミクスを探る』による)

(注)　幾何級数的＝増加が急激なさま。

(一)　文章中の［A］に最もよく当てはまる言葉を、次のア～エから一つ選び、その符号を書きなさい。

ア　しかし　　イ　ただし

ウ　例えば　　エ　したがって

(二)　文章中の［a］に最もよく当てはまる言葉を、次のア～エから一つ選び、その符号を書きなさい。

ア　実質的　　イ　自発的　　ウ　共同的　　エ　対照的

(三)　――線部分(1)とはどういうことか。四十五字以内で書きなさい。

(四)　――線部分(2)について、その状態を具体的に述べている一文を、**I**の文章中から四十五字以上五十字以内で抜き出し、そのはじめと終わりの五字をそれぞれ書きなさい。

(五)　――線部分(3)について、筆者がこのように述べるのはなぜか。その理由として最も適当なものを、次のア～エから一つ選び、その符号を書きなさい。

ア　ヒトは、食物連鎖のピラミッドの安定性を損なったとしても、自然を改変することにより存続が可能となるから。

イ　ヒトが自分の住む地域の野生動物を食べなくなった現在、食物連鎖のピラミッドに位置づけることはできないから。

ウ　ヒトは、自らを食物連鎖の頂点に位置づけ、意のままに自然を改変した結果、生命システム全体を破綻させたから。

エ　ヒトが自然を改変し続け、食物連鎖のピラミッドが崩れると、ヒトの健全な存続が不安視されるようになるから。

〔四〕 次のⅠ、Ⅱの文章を読んで、(一)～(六)の問いに答えなさい。

Ⅰ 生き物どうしのつながりと言えば連想されやすいのが食物連鎖かもしれない。食物連鎖はしばしばピラミッドの形で描かれる。底辺から順に細菌、植物、草食動物、そして肉食動物が複数段階ある。これは、[A]、草食性の昆虫がいたとして、それを食べるカエルがいて、さらにそれを食べるヘビ、そしてヘビを食べるタカなどがいるからである。また別の地域では別のピラミッドが描かれうる。草食動物としてシマウマ、その上位の捕食者としてライオンが位置づけられる地域もあるだろう。

現代のヒトをここに位置づけるとしたら、タカやライオンの層、あるいはそれより上の層に入るかもしれない。おそらく、かつてヒトがまだサルと区別されにくかった時代、周囲にはヒトを襲って食べる肉食獣がたくさんいたであろうから、そのときヒトは上から2番目ぐらいの層に入っていたことだろう。現代のヒトは自分が住んでいる地域の野生動物を食べないため、そもそもこのピラミッドに入れるのが適切かどうか分からないが、入れるとすれば[a]に食物連鎖の頂点である。それは、究極的には「自分たちを食べる動物がいるか否か」の判断に基づくだろう。

本来、食物連鎖がピラミッドで描かれる理由は、それが個体の数あるいは生物量を表せるからである。頂点の少数の生き物を養うために、底辺へ向かうにしたがって幾何級数的(きかきゅうすうてき)に、必要な個体数が増えていく。上部の相対的に少ない生物量と、下部の相対的に多い生物量とは均衡の関係にあると言える。ところが今は、頂点に位置する人類の数がどんどん増え続ける一方で、それより下に位置する無数の生物については、生息地域の確実な減少から、数と多様性が減っているであろうこと、また将来的にもそれが進むであろうことが指摘されている。これは、本来は分厚かったピラミッドの下部をやせ細らせることであり、(1)生物量の均衡を失うことである。

(2)ピラミッドは三角形であるから安定している。この下部がやせ細り、頂点だけ大きくなれば安定性は損なわれる。それがさらに進行すれば、もはや三角形をなさず、いずれ倒れてしまう――つまり、ヒトという種の健全な存続が危ぶまれるようになるか、最悪の場合には生命システム全体が破綻(はたん)してしまうであろう。生物量の均衡喪失は、種の不安定化要因の1つになる。地球は過去に5度の大規模な絶滅を経験している。ヒトが自然を改変した結果としての、現在進行形の種や個体の減少について、これが〝6度目の大絶滅〟であるとする見方もあるが、それは他人事ではない。(3)ヒトが〝滅びゆく運命〟の中にいないとは誰も言えないのである。

このような未来像は、暗い。次世代のためにも、皆がそれぞれの分野で「別のあり方」を考え、明るい方向に向かうための材料を出しておかなければならない。筆者にとってそのヒントは「ナチュラル・ヒストリー」にある。さらに、それを活かすことのできる、ヒトの英知も忘れてはならない。

ナチュラル・ヒストリーは日本では「自然史」あるいは「生命誌」と訳されるが、嚙(か)みくだいて言うなら「生き物の中にある、生命が歩んできた道の記録」となるだろう。

具体的には、地球の歴史があり、そこに生命が誕生し、さま

(一) 〰〰線部分の「伝へ」の読みを、すべてひらがなで書きなさい。ただし、現代かなづかいでない部分は、現代かなづかいに改めること。

(二) ――線部分(1)の「心得ず」の意味として最も適当なものを、次のア～エから一つ選び、その符号を書きなさい。

ア 分かりにくいと
イ しかたがないと
ウ 不思議なことだと
エ 納得がいかないと

(三) 〈Ⅰ〉の和歌には、誰の、どのような気持ちが表れているか。最も適当なものを、次のア～エから一つ選び、その符号を書きなさい。

ア 義忠の、宇治殿から弁明の余地なく叱責されたことを今も不満に思う気持ち。
イ 義忠の、民部卿の怒りを買ったために謹慎を命じられたことを悔しく思う気持ち。
ウ 宇治殿の、義忠の訴えを退けなかったことを今になって情けなく思う気持ち。
エ 宇治殿の、民部卿が資業の漢詩を高く評価したことをいら立たしく思う気持ち。

(四) ――線部分(2)の「私」とは、誰の「私情」か。最も適当なものを、次のア～エから一つ選び、その符号を書きなさい。

ア 資業
イ 民部卿
ウ 義忠
エ 宇治殿

(五) ――線部分(3)の「謗り」とは、どのようなことに対する「非難」か。最も適当なものを、次のア～エから一つ選び、その符号を書きなさい。

ア 資業が文章博士にふさわしくないこと。
イ 資業が達人たちに漢詩を作らせたこと。
ウ 資業が作成した漢詩に難点が多いこと。
エ 資業が民部卿に金品を渡していたこと。

(六) ――線部分(4)の「義忠を謗ける」について、人々が義忠を非難したのはなぜか。六十字以内で書きなさい。

〔三〕 次のAの文章は、『今昔物語集』の「藤原資業作詩義忠難語第二十九」の前半の内容を現代語でまとめたものであり、Bの文章は、Aに続く部分の古文である。この二つの文章を読んで、㈠～㈥の問いに答えなさい。

A

昔、天皇が、達人たちに屏風に書く漢詩を作らせた。学才豊かで、漢詩に精通していた民部卿大納言が、天皇の命令を受けてこれらの漢詩を選定したところ、藤原資業という文章博士のものが数多く採用された。このことを藤原義忠という文章博士がねたみ、「資業の作った漢詩は難点が多いにもかかわらず、数多く採用されています。思うに、民部卿は資業から金品を受け取って採用したのです。」と宇治殿に訴えた。

（一部改題）

（注）民部卿大納言＝藤原斉信。平安時代の歌人。
文章博士＝漢詩文・歴史などを教えた教官。
宇治殿＝藤原頼通。当時の高官。

B

民部卿此の事を伝へ聞て、攀縁を発して、此の詩共を、皆麗句微妙にして、撰ぶ所に私無き由を申ければ、宇治殿、頗る義忠が言<u>(1)</u>を心得ず思食て、義忠を召て、「何の故有て、此る僻言を申て事を壊らむと為るぞ」と、勘発し仰られける。義忠恐れを成して蟄り居にけり。明る年の三月になむ免れける。而るに義忠或る女房に付、和歌をぞ奉ける、

〈Ⅰ〉 あをやぎのいろのいとにてむすびてし　うらみをとかで春のくれぬる

と。其後、指る仰せ無て止にけり。

此を思ふに、義忠も謗べき所有てこそ謗けめ。只民部卿の当時止事無き人なるに、<u>(2)「私有る思へを取ざれ」</u>とて、有ける事にや。亦資業も人の<u>(3)誹り有る計</u>は世も作ざりけむかし。此れも只才を挑むより出来る事なり。但義忠が民部卿を放言するが由無きなり、とぞ人云て、<u>(4)義忠を謗ける</u>、となむ語り伝へたるとや。

（注）女房＝貴族などの家に仕えた女性。

(三) 出題に誤りがあり正答が存在しないため、問題を掲載していません。

(四) 次の文中の「花鳥風月」と構成が同じ四字熟語を、あとのア〜エから一つ選び、その符号を書きなさい。

公園を散歩しながら花鳥風月に親しむ。

ア 共存共栄
イ 起承転結
ウ 大器晩成
エ 有名無実

(五) 次の会話文の［A］〜［C］に当てはまる語の組合せとして最も適当なものを、あとのア〜カから一つ選び、その符号を書きなさい。

先生　皆さんには、それぞれ目標があると思います。その目標を、数字を含んだ慣用句やことわざを用いて発表してみましょう。
カズキ　私は、一にも［A］にも勉強に励みます。
ユタカ　私は、人から、一から［B］まで手取り足取り教えてもらうのではなく、自分なりに考えて行動します。
サクラ　私は、「［C］聞は一見に如かず」ということわざのとおり、様々なことを自分の目でしっかりと確認していきたいと思います。

ア A 二　B 十　C 一
イ A 二　B 十　C 百
ウ A 二　B 百　C 百
エ A 十　B 十　C 一
オ A 十　B 百　C 一
カ A 十　B 百　C 百

国語

〔一〕 次の㈠、㈡の問いに答えなさい。

㈠ 次の1～5について、――線をつけた漢字の部分の読みがなを書きなさい。

1 お年寄りを敬う。
2 彼は天文学に詳しい。
3 幼い頃を回顧する。
4 濃霧に注意して前に進む。
5 辛抱強く課題に取り組む。

㈡ 次の1～5について、――線をつけたカタカナの部分に当てはまる漢字を書きなさい。

1 農業がサカんな地域である。
2 研究者に学位をサズける。
3 何のヨチョウもなく雨が降った。
4 経営のセンリャクを練る。
5 練習会のヨクシュウに発表会がある。

〔二〕 次の㈠～㈤の問いに答えなさい。

㈠ 次の文中の「立てる」と同じ意味で使われている「立てる」がある文を、あとのア～エから一つ選び、その符号を書きなさい。

春休みの計画を立てる。

ア 来年度の目標を立てる。
イ やかんが湯気を立てる。
ウ 実業家として身を立てる。
エ 隣の会話に聞き耳を立てる。

㈡ 次の文と、単語の数が同じ文を、あとのア～エから一つ選び、その符号を書きなさい。

あなたと再び会えてうれしい。

ア 穏やかに日々を過ごした。
イ 駅のホームで電車を待つ。
ウ 素早く準備に取りかかる。
エ 借りた本をいったん返す。

令和６年度解答・解説

数学正答表，配点［　］は正答率

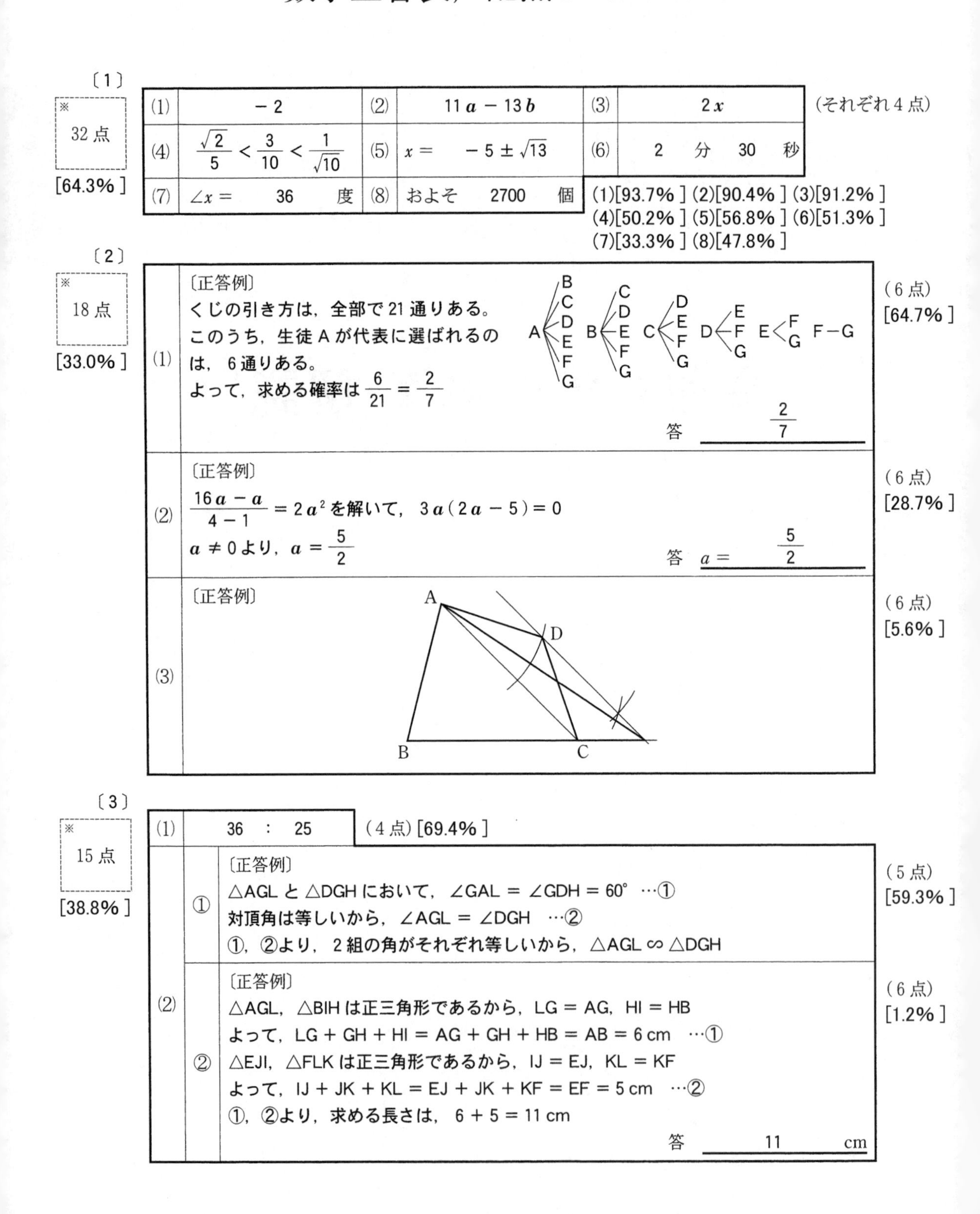

〔1〕

※ 32点　[64.3%]

(1)	-2	(2)	$11a-13b$	(3)	$2x$
(4)	$\frac{\sqrt{2}}{5}<\frac{3}{10}<\frac{1}{\sqrt{10}}$	(5)	$x=-5\pm\sqrt{13}$	(6)	2 分 30 秒
(7)	$\angle x=$ 36 度	(8)	およそ 2700 個		

（それぞれ4点）

(1)[93.7%] (2)[90.4%] (3)[91.2%]
(4)[50.2%] (5)[56.8%] (6)[51.3%]
(7)[33.3%] (8)[47.8%]

〔2〕

※ 18点　[33.0%]

(1)
〔正答例〕
くじの引き方は，全部で21通りある。
このうち，生徒Aが代表に選ばれるのは，6通りある。
よって，求める確率は $\frac{6}{21}=\frac{2}{7}$

答　$\frac{2}{7}$

（6点）[64.7%]

(2)
〔正答例〕
$\frac{16a-a}{4-1}=2a^2$ を解いて，$3a(2a-5)=0$
$a\neq0$ より，$a=\frac{5}{2}$

答　$a=\frac{5}{2}$

（6点）[28.7%]

(3)
〔正答例〕

（6点）[5.6%]

〔3〕

※ 15点　[38.8%]

(1)　36 : 25　（4点）[69.4%]

(2)

①
〔正答例〕
△AGLと△DGHにおいて，∠GAL = ∠GDH = 60°　…①
対頂角は等しいから，∠AGL = ∠DGH　…②
①，②より，2組の角がそれぞれ等しいから，△AGL ∽ △DGH

（5点）[59.3%]

②
〔正答例〕
△AGL，△BIHは正三角形であるから，LG = AG，HI = HB
よって，LG + GH + HI = AG + GH + HB = AB = 6 cm　…①
△EJI，△FLKは正三角形であるから，IJ = EJ，KL = KF
よって，IJ + JK + KL = EJ + JK + KF = EF = 5 cm　…②
①，②より，求める長さは，6 + 5 = 11 cm

答　11 cm

（6点）[1.2%]

（全日制受検者平均点）
[40.6点]

※ 100 点

受検番号	

(1)[71.2%] (2)[49.3%] (3)[22.2%]
(4)[11.5%] (5)[3.8%]

〔4〕

※ 18 点
[27.2%]

(1)	1500 cm^2	(2)	B，C
(3)	$80x - 800$ cm^2		（4 点）

((1)は 2 点)
((2)は全部できて 4 点)
(それぞれ 4 点)

(4)
〔正答例〕

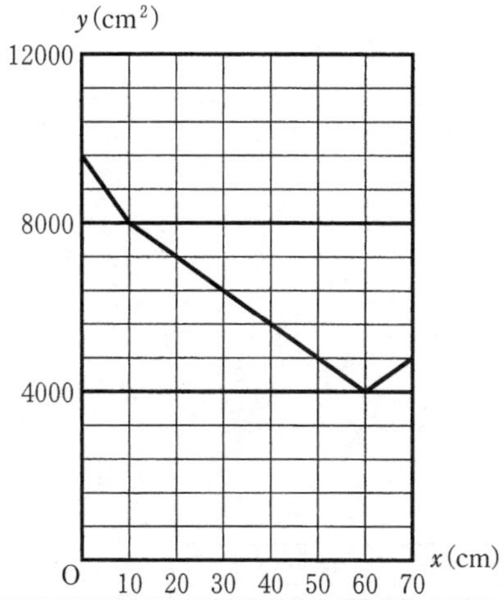

y (cm^2)
12000
8000
4000
O 10 20 30 40 50 60 70 x (cm)

(5)
〔正答例〕

(4) のグラフと $y = 100x$ のグラフの交点の x 座標を求めればよい。
2 つのグラフが交点をもつのは，
$10 \leqq x \leqq 60$ のときである。
この部分の (4) の直線の式は，
$y = -80x + 8800$ であるから，

$$100x = -80x + 8800$$

を解いて，

$$x = \frac{440}{9}$$

これは，$10 \leqq x \leqq 60$ を満たす。

答 $x = \frac{440}{9}$

〔5〕

※ 17 点
[19.7%]

(1)	5 cm	(2)	25 cm^2

((1)は 2 点)
((2)は 3 点)
(1)[73.9%] (2)[60.4%]

(3) ①
〔正答例〕

このときの点 P は，2 つの長方形 ABCD，BEHC を合わせた長方形 AEHD の対角線 AH と，線分 BC の交点である。
BP // EH より，

$$BP = \frac{3}{8} \times 5 = \frac{15}{8} \text{ cm}$$

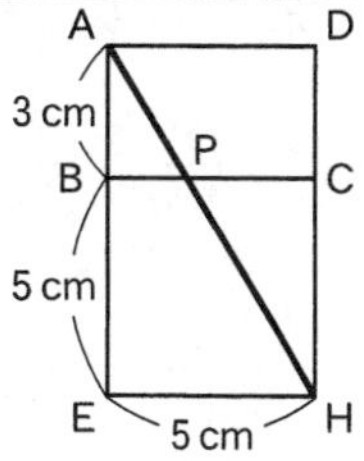

A D
3 cm
P
B C
5 cm
E 5 cm H

答 $\frac{15}{8}$ cm

（6 点）
[0.8%]

(3) ②
〔正答例〕

2 直線 AP，DC の交点を R とすると，直線 HQ も点 R を通る。
体積を求める立体は，三角すい RAHD から三角すい RPQC を除いた部分である。
2 つの三角すいは相似で，相似比は 8 ： 5 であるから，体積比は 512 : 125 となる。
三角すい RAHD の体積は，$\frac{1}{3} \times \frac{1}{2} \times 5 \times 4 \times 8 = \frac{80}{3}$ cm^3 であるから，
求める体積は，$\frac{387}{512} \times \frac{80}{3} = \frac{645}{32}$ cm^3

答 $\frac{645}{32}$ cm^3

（6 点）
[0.2%]

数　　学

解説

〔1〕

(1) $3-12+7=10-12$

$=-2$

(2) $3(2a-b)-5(-a+2b)=6a-3b+5a-10b$

$=11a-13b$

(3) $18xy^2\div(-3y)^2=18xy^2\div 9y^2$

$=\dfrac{18xy^2}{9y^2}$

$=2x$

(4)

（ポイント） 平方根の大小比較は、2乗して大きさを比べる。

$\dfrac{3}{10}$, $\dfrac{\sqrt{2}}{5}$, $\dfrac{1}{\sqrt{10}}$

2乗して、$\dfrac{9}{100}$, $\dfrac{2}{25}$, $\dfrac{1}{10}$

通分して、$\dfrac{9}{100}$, $\dfrac{8}{100}$, $\dfrac{10}{100}$

よって、$\dfrac{\sqrt{2}}{5}<\dfrac{3}{10}<\dfrac{1}{\sqrt{10}}$

(5)

（ポイント） 展開して移項することで解の公式を使っても解けるが、展開せずこのまま両辺の平方根をとる方法だと素早く解ける。

$(x+5)^2=13$

$x+5=\pm\sqrt{13}$

$x=-5\pm\sqrt{13}$

(6) **（ポイント）時間と出力（W）が反比例するので、2つの積が等しくなる。**

600Wでの加熱時間をx分とすると、反比例の関係より、

$500\times3=600\times x$

$600x=1500$

$x=\frac{5}{2}$(分)　帯分数にすると、$\frac{5}{2}=2\frac{1}{2}$より、$\frac{1}{2}\times60=30$(秒)

よって、2分30秒

(7) 半円の中心をOとすると、円周角の定理より、

$\angle BOC=2x^\circ$

おうぎ形の弧の長さをℓ、半径をrとすると、$\boldsymbol{\ell=2\pi r\times\frac{中心角}{360}}$なので、

$2\pi=2\pi\times5\times\frac{2x}{360}$

$10\pi x=360\pi$

$x=36$(度)

(8) **（ポイント）標本調査では、母集団と標本における全体の個数と赤玉の個数の割合が等しいと考える。**

箱に入っている白玉の数をx個とする。

このとき箱には、(白と赤の玉すべて）$x+300$個　(赤の玉すべて）300個　入っている。

取り出した全体（標本）は、(白と赤の玉）100個　(赤の玉）10個　である。

よって、$x+300:300=100:10$

$10x+3000=30000$

$10x=27000$

$x=2700$(個)

〔2〕

(1) 右の樹形図のように、くじの引き方は全部で21通りある。

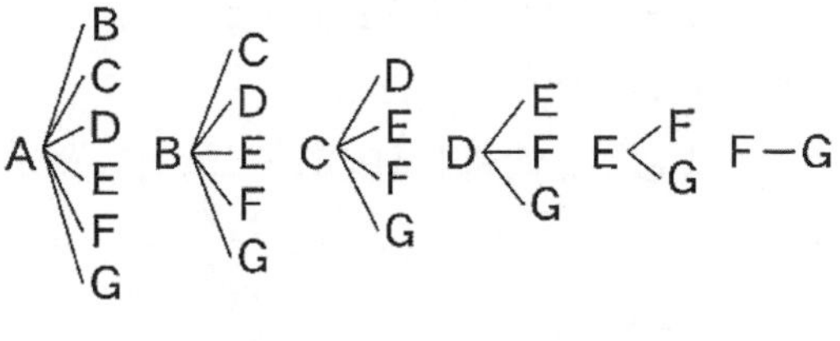

生徒Aが代表に選ばれるのは、

(A, B)(A, C)(A, D)(A, E)(A, F)(A, G) の6通りある。

よって、$\frac{6}{21}=\frac{2}{7}$

A＜B, C, D, E, F, G　B＜C, D, E, F, G　C＜D, E, F, G　D＜E, F, G　E＜F, G　F－G

(2) $a \neq 0$より、$2a^2 > 0$であるから、xの値が増加するとき、yの値も増加することが分かる。
xの値が1から4まで増加するとき、$y=ax^2$のxに1と4を代入することで、yの値はaから$16a$まで増加することが分かる。

$\frac{\textbf{yの増加量}}{\textbf{xの増加量}}$ = **変化の割合**なので、$\frac{16a-a}{4-1}=2a^2$

$2a^2-5a=0$

$a(2a-5)=0$

$a=0,\ \frac{5}{2}$

$a \neq 0$より、$a=\frac{5}{2}$

<別解>

（ポイント）関数$y=ax^2$のxの値がmからnまで増加するときの変化の割合は、$a(m+n)$で表される。

よって、$a \times (1+4)=2a^2$

$2a^2-5a=0$

$a(2a-5)=0$

$a=0,\ \frac{5}{2}$

$a \neq 0$より、$a=\frac{5}{2}$

(3)

（ポイント）等積変形（三角形の頂点は底辺に平行な直線上を移動しても、高さが変わらないので面積は等しくなる）を利用する。

辺BCを点Cの方向に延長する。　…①
対角線AC上にAD＝AEとなるような点Eをとり、さらに点D，Eを中心として、辺ADと長さが等しく、点Aと異なる点Fを作図し、点D，Fを直線で結ぶことにより、点Dを通り対角線ACに平行な直線DFを作図する。　…②
①・②の交点をGとすると、点A，C，Gを結んでできる△ACGと、△ACDの面積が等しい。
よって、四角形ABCD＝△ABC＋△ACD＝△ABC＋△ACG＝△ABGとなる。

<別解>
点Aを通り対角線BDに平行な直線を作図して、辺BCを点Bの方向に延長した直線との交点を求めてもよい。

〔3〕

(1) （ポイント）相似な図形は、相似比が$a:b$ならば、面積比は$a^2:b^2$　となる。

正三角形はすべて相似である。
よって、正三角形ABCと正三角形DEFの相似比は6：5より、面積比は$6^2:5^2=36:25$となる。

(2) ①　解答参照

②　BC∥DFのとき、平行線の同位角・錯角は等しい、また対頂角は等しいことから、飛び出しているすべての小さい三角形のすべての角は60°であるから、すべて正三角形となる。
△AGL，△BIHは正三角形であるから、LG＝AG，HI＝HB
よって、LG＋GH＋HI＝AG＋GH＋HB＝AB＝6cm　…①
△EJI，△FLKも正三角形であるから、IJ＝EJ，KL＝KF
よって、IJ＋JK＋KL＝EJ＋JK＋KF＝EF＝5cm　…②
①、②より、六角形の周の長さは、LG＋GH＋HI＋IJ＋JK＋KL＝6＋5＝11(cm)

〔4〕

(1) Aの面積をy_1とすると、Aは縦100cmの長方形より、$y_1=100x$
よって、100×15＝1500(cm^2)

(2) 図7は、はじめの面積が4800cm^{2}で、動かした長さが0cm～60cmの範囲では1cm動かすごとに面積が80cm^{2}ずつ小さくなっており、60cm～70cmの範囲では面積が0cm^{2}になっているグラフである。
(1)よりAは、$y_1=100x$　($0 \leqq x \leqq 70$)で、常に増加するので図7に当てはまらない。
Bの面積をy_2、Cの面積をy_3とすると、どちらも縦80cm、横$(60-x)$cmの長方形より、
$y_2=y_3=80(60-x)$
$y_2=y_3=-80x+4800$　($0 \leqq x \leqq 60$)
また、$60 \leqq x \leqq 70$では、BとCの面積は0cm^{2}となるので、BとCは図7に当てはまる。
Dの面積は、$0 \leqq x \leqq 10$では現れず、$10 \leqq x \leqq 70$では増加するので、Dは図7に当てはまらない。
したがって、B，Cとなる。

(3) Dは、xが10cmを超えてから現れ始め、Dの横の長さはAの横の長さと同じ割合で増加していく。最初の10cmの移動（$0 \leqq x \leqq 10$）の時はDの横の長さは増えていない。動かした長さが10cm～70cmの範囲では、Dの横の長さはAの横の長さより10cm短くなるので、Dは縦80cm、横（$x-10$）cmの長方形となる。よって、Dの面積をy_4とすると、

$y_4=80(x-10)$

$y_4=80x-800$

(4) B，Cは、

$0 \leqq x \leqq 60$で、$y_2=y_3=-80x+4800$

$60 \leqq x \leqq 70$で、$y_2=y_3=0$

Dは、

$0 \leqq x \leqq 10$で、$y_4=0$

$10 \leqq x \leqq 70$で、$y_4=80x-800$

よって、$y=y_2+y_3+y_4$なので、

$0 \leqq x \leqq 10$　(y_2+y_3+0)

$y=(-80x+4800)\times 2$

$y=-160x+9600$

$10 \leqq x \leqq 60$　($y_2+y_3+y_4$)

$y=(-80x+4800)\times 2+(80x-800)$

$y=-80x+8800$

$60 \leqq x \leqq 70$　($0+0+y_4$)

$y=80x-800$

以上のグラフを記入する。

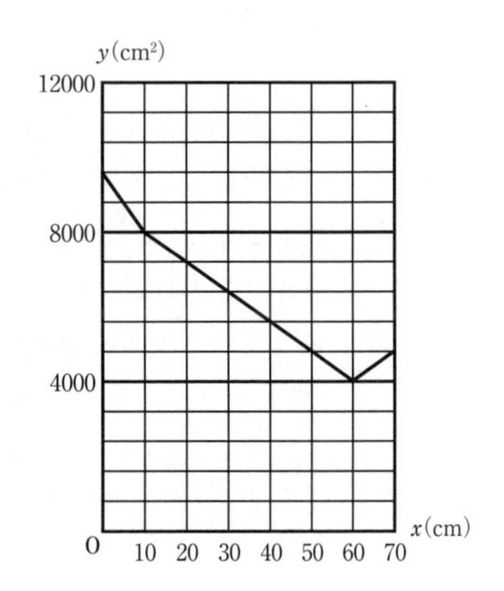

(5) (1)よりAは、$y_1=100x(0 \leqq x \leqq 70)$

(4)のグラフにy_1のグラフを記入すると右図になる。

$10 \leqq x \leqq 60$のとき、$y_1=100x$は$y=-80x+8800$と交わるので、

連立方程式 $\begin{cases} y=100x \\ y=-80x+8800 \end{cases}$

$100x=-80x+8800$

$180x=8800$

$x=\dfrac{440}{9}$(cm)　$10 \leqq x \leqq 60$なので、条件を満たす。

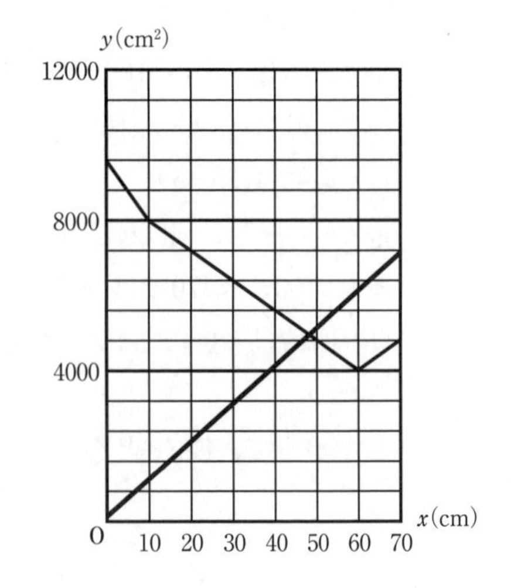

〔5〕

(1) 右図より1辺の長さが4 cmと3 cmの長方形の対角線の長さとなるので、三平方の定理を利用すると、

$\mathrm{BE}=\sqrt{3^2+4^2}=\sqrt{9+16}=\sqrt{25}=5(\mathrm{cm})$

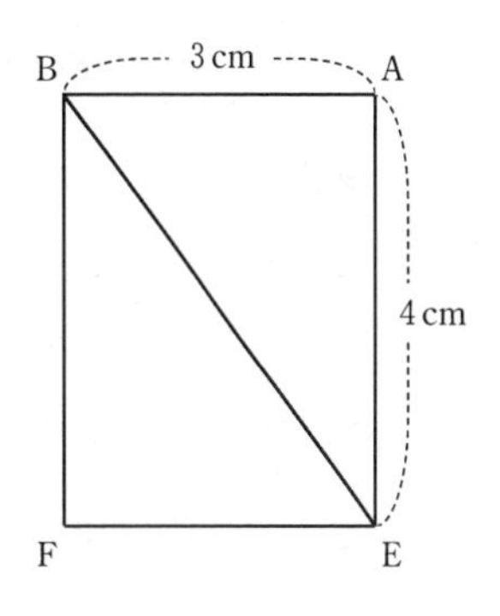

(2) (1)より、BE＝5 cmなので、四角形BEHCは縦5 cm、横5 cmの正方形となる。

$5\times5=25(\mathrm{cm}^2)$

(3) ①

（ポイント）立体の表面上の最短の長さは、展開図（平面）にしたときに直線で結んだ長さと等しい。

線分APとPHは、長方形ABCDと正方形BEHCを通る。AP＋PHの長さが最も短くなるのは、右の図のように展開図(平面)にした時にAとHを直線で結んだときである。BC∥EHより、△ABP∽△AEH

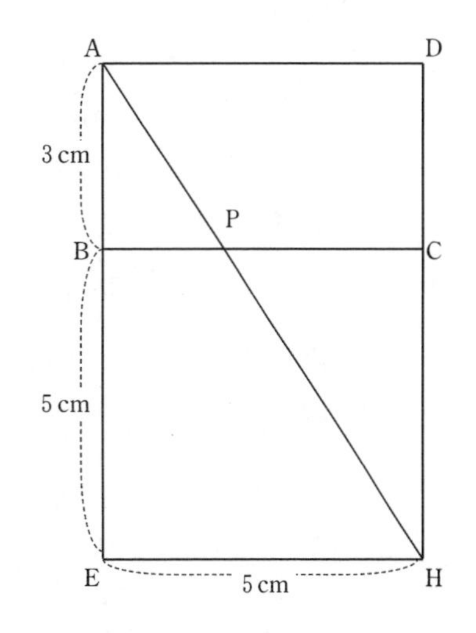

BPをxとすると、$x:5=3:8$

$8x=15$

$x=\dfrac{15}{8}(\mathrm{cm})$

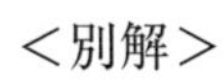

AE∥DHより、△ABP∽△HCPで、相似比は3：5

よって、BP：CP＝3：5

$\mathrm{BP}=5\times\dfrac{3}{8}=\dfrac{15}{8}(\mathrm{cm})$

②

（ポイント）線分AP，DC，HQを延長して三角すいをつくる。

線分AP，DC，HQをそれぞれ点P，C，Qの方向に延長し、その交点をRとする。
立体PQC－AHDの体積は、三角すいR－AHDから三角すいR－PQCを除いた体積となる。
三角すいR－PQCと三角すいR－AHDは相似で

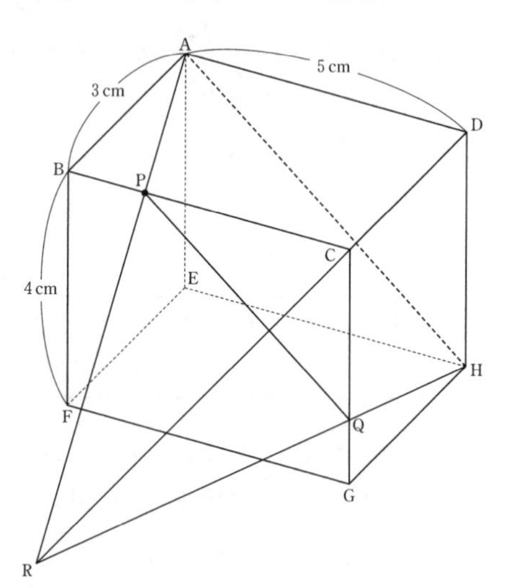

あるから、相似比は、$\frac{25}{8}:5=5:8$

よって、体積比は$5^3:8^3=125:512$

三角すいR－AHDの体積は、

$5\times4\times\frac{1}{2}\times8\times\frac{1}{3}=\frac{80}{3}$(cm^3)

立体PQC－AHDの体積は、三角すいR－AHDの

体積の$\frac{512-125}{512}=\frac{387}{512}$倍。

したがって、$\frac{80}{3}\times\frac{387}{512}=\frac{645}{32}$(cm^3)

<別解>

①より、BP$=\frac{15}{8}$(cm)なので、PC$=5-\frac{15}{8}=\frac{25}{8}$(cm)

三角すいR－PQCと三角すいR－AHDは相似であるから、

相似比は$\frac{25}{8}:5=5:8$

よって、CQ：4＝5：8

CQ$=\frac{5}{2}$(cm)

RC：(RC＋3)＝5：8

RC＝5(cm)、RD＝5＋3＝8(cm)

立体PQC－AHDの体積は、三角すいR－AHDから三角すいR－PQCを引くことで求めることができる。

$5\times4\times\frac{1}{2}\times8\times\frac{1}{3}-\frac{25}{8}\times\frac{5}{2}\times\frac{1}{2}\times5\times\frac{1}{3}$

$=\frac{80}{3}-\frac{625}{96}$

$=\frac{645}{32}$(cm^3)

英語正答表，配点［　］は正答率

〔1〕

※ 30点

[78.6%]

(1)	1	エ	2	ア	3	イ	4	ア	(それぞれ3点)
(2)	1	ウ	2	イ	3	ウ	4	エ	(それぞれ3点)
(3)	1	〔正答例〕 **No, he didn't.**							(3点)
	2	〔正答例〕 **Because he wants to be a music teacher.**							(3点)

(1)1[99.2%] 2[97.3%] 3[89.9%] 4[73.7%]
(2)1[84.6%] 2[89.9%] 3[75.3%] 4[80.8%]
(3)1[59.8%] 2[35.1%]

〔2〕

※ 12点

[43.9%]

(1)	ウ	(3点)
(2)	〔解答例〕 **about half of the people visit Japan**	(3点)
(3)	〔解答例〕 ***Origami* is a Japanese traditional art of paper folding. We can make many kinds of things such as animals and flowers with paper.**	(6点)

(1)[95.6%] (2)[10.6%] (3)[34.7%]

〔3〕

※ 26点

[46.2%]

(1)	A	**know where it is**			(3点) [47.1%]
	D	**something I want**			(3点) [80.7%]
(2)	B	**gave**	F	**written**	(それぞれ2点) (2)B[70.3%] F[43.5%]
(3)	〔正答例〕 **すべての生徒たちが，読んだ文の内容をよりよく理解することや，学ぶことをもっと楽しむこと。**				(4点) [32.2%]
(4)	エ				(3点) [23.1%]
(5)	〔正答例〕 **私たちの周りの，助けを必要とする多くの人々。**				(3点) [27.9%]
(6)	ウ	エ			(それぞれ3点，順不同) (6)ウ[51.1%] エ[52.0%]

（全日制受検者平均点）
[50.7点]

※
100 点

受検番号	

〔4〕
※
32 点
[30.6％]

(1)	〔正答例〕 **冷蔵庫の中の食べ物を食べきれず無駄にしてしまうことや，スーパーマーケットやコンビニエンスストアで，人々が買わなかった食べ物が無駄にされること。**	(4 点) [31.6％]
(2)	**b**	(3 点) [54.4％]
(3)	〔解答例〕 **have more time to talk**	(4 点) [9.9％]
(4)	**ア** **オ**	(それぞれ 2 点，順不同) (4)ア[53.8％] オ[49.8％]
(5) ①	〔正答例〕 **Yes, there are.**	(3 点) [53.9％]
(5) ②	〔正答例〕 **His family does.**	(3 点) [24.1％]
(5) ③	〔正答例〕 **He wants them to think critically about many things.**	(3 点) [17.6％]
(6)	〔解答例〕 **I want to use AI to translate Japanese into other languages. If I use it, I can communicate with people all over the world. It helps me understand them.**	(8 点) [19.7％]

英　　語

解説

〔1〕リスニング

〈放送文〉

(1) 1 When you clean rooms, you use this.
Question：What is this?

2 David is interested in an animal. It can fly.
Question：What animal is David interested in?

3 In my town, there is a hotel next to a post office. A museum is in front of a school. A park is between the museum and a book shop. We have a nice restaurant next to the school.
Question：Which is the hotel?

4 Hello, Miho. This is Jane. I want to talk about our plan for tomorrow. We are going to meet at the library at nine a.m. and study there until noon, and then go to the sea, right? The news says it will be sunny tomorrow afternoon, so we can enjoy swimming and playing volleyball on the beach. If you have any questions, call me later. Bye.
Question：What is Jane going to do with Miho tomorrow morning?

(2) 1 A：Oliver, this desk is nice. I want to buy the same one.
B：Really? Actually, I made it.
A：Oh, you are great. I want to make one, too.
Question：Did Oliver make the desk?

2 A：Will you come to our school festival next week, Paul?
B：Of course, yes. I'll go with my sister. She will take me there by car.
A：Oh, you can't come to my school by car. There is no place for cars on that day. You should come by bike, by bus, or by train.
B：OK. I'll go by bike.
Question：How will Paul go to the school festival?

3 A：Please come and have dinner with us. Are you free this Friday evening?
B：Thank you, but I'm going to have a piano lesson on that day.
A：Then, how about the next day?
B：OK. I think I can visit you at seven in the evening.

Question：When will they have dinner together?

4　A：Ben, this is for you. I went to Canada during the winter vacation.
B：Oh, what a beautiful hat! Thank you, Hinako. What did you do there?
A：I joined a special winter English class there.
B：How was it?
A：At first, I was too shy and I couldn't talk to the students. But they asked me many questions, so I communicated with them. It made me very happy.
Question：Why did Hinako feel happy?

(3) Hello, everyone. This is my last message to you. I came to Japan in August three years ago. I have had a great experience in Japan. Especially, I'm very happy that I have spent time with all of you in this school. My best memory is the chorus festival. Your chorus was amazing! When I go back to America, I will study music because I want to be a music teacher. Thank you for everything. I hope I'll see you again. Bye.
Question：1　Did Mr. Smith come to Japan in summer two years ago?
2　Why will Mr. Smith study music when he goes back to America?

〈放送文　日本語訳〉

(1)　1　部屋を掃除するときにこれを使います。
■問題：これは何ですか？

2　デイビッド（David）はある動物に興味があります。それは飛ぶことができます。
■問題：デイビッドはどんな動物に興味がありますか？

3　私たちの町には、郵便局の隣にホテルがあります。博物館は、学校の前にあります。公園は、博物館と本屋の間にあります。学校の隣に素敵なレストランがあります。
■問題：どれがホテルですか？

4　こんにちは、ミホ。ジェーン（Jane）です。明日の私たちの計画について話したいです。午前9時に図書館で待ち合わせをして、正午まで勉強し、それから海に行くのよね？ニュースでは、明日の午後は晴れと言っているので、泳いだり、浜辺でバレーボールをしたりして楽しめそうですね。もし質問があれば、あとで電話してください。さようなら。
■問題：ジェーンは明日の朝、ミホと何をする予定ですか？

(2)　1　A：オリバー（Oliver）、この机素敵ですね。私も同じものが欲しいです。
B：本当？実は、私が作ったのです。

A：ええ、すごいです。私も作りたいです。

■問題：オリバーは机を作りましたか？

2　A：来週、学校祭に来ますか、ポール（Paul）。

B：もちろん、行きます。姉（妹）と一緒に行きます。彼女が車で連れて行ってくれます。

A：ああ、私の学校に車で来ることはできません。その日は車を止める場所がないのです。自転車かバスか電車で来なければなりません。

B：わかりました。自転車で行きます。

■問題：ポールは学校祭にどのように行きますか？

3　A：私たちと一緒に夕食を食べに来ませんか。金曜日の夜は空いていますか？

B：ありがとうございます、でもその日はピアノのレッスンがあるのです。

A：それなら、次の日はどうですか？

B：いいですよ。夜7時には行くことができると思います。

■問題：彼らはいつ一緒に夕食を食べますか？

4　A：ベン（Ben）、これはあなたに。冬休みにカナダに行っていたの。

B：ああ、なんてきれいな帽子なんだろう。ありがとう、ヒナコ。そこで何をしたの？

A：冬の特別英語授業に参加しました。

B：どうでしたか？

A：最初は、とても緊張して生徒たちと話すことはできませんでした。でも、彼らは私にたくさんの質問をしてくれたので、彼らとコミュニケーションが取れました。それは、とてもうれしかったです。

■質問：ヒナコはなぜうれしかったのですか？

(3)　こんにちは、みなさん。これはあなたたちへの最後のメッセージです。私は、3年前の8月に日本に来ました。日本で素晴らしい経験をすることができました。特に、この学校であなたたち全員と素晴らしい経験ができたことをうれしく思います。私の1番の思い出は、合唱祭です。あなたたちの合唱は素晴らしかったです。アメリカに戻った時に、音楽の先生になるために音楽を勉強するつもりです。いろいろとありがとうございました。また会うことを楽しみにしています。さようなら。

■問題：1　スミス先生（Mr. Smith）は、2年前の夏に日本に来ましたか？

2　なぜ、スミス先生はアメリカに戻った時に音楽の勉強をするのですか？

〈解説〉

(1)　短い英文を聞いて正解を選ぶ（選択型）

1　部屋を掃除するときに使うものは掃除機なので、エを選ぶ。

2　デイビッドの興味のある動物は飛ぶことのできる動物であり、それは鳥なのでアを選ぶ。

3　ホテルは地図上のどこかを答える問題。ホテルは、郵便局の隣にあることからアかイに絞ることができる。学校の前が博物館（ウ）、博物館と本屋の間が公園（エ）、学校の隣はレストラン（ア）である。よって、イがホテルである。

4　ジェーンがミホと明日の朝にすることを問う問題。午前9時に図書館で待ち合わせて正午まで勉強するとあるため、図書館で勉強するつもりであるアを選ぶ。

3の問題では、放送で流れてきた英文を地図上で確認し、選択肢をその場で消しながら聞くようにしよう。

(2)　対話文を聞いて正解を選ぶ（選択式）

1　Aでオリバーと呼び掛けていることから、Bがオリバーである。この机は私が作ったという内容があることから、Yesの選択肢を選ぶ。質問がDidで始まっているため、didを使っているウのYes, he did.を選ぶ。

2　ポールが学園祭に行く交通手段を尋ねられている。車で行くことができないと分かり、自転車で行くという内容があることからイを選ぶ。

3　夕食に行く曜日を尋ねられている。金曜日の夕方はピアノの練習があり、行くことができない。次の日なら大丈夫と言っているので、土曜日のウを選ぶ。

4　なぜヒナコがうれしくなったのか、その原因を尋ねられている。彼らがたくさんの質問をしてくれたので、彼らとコミュニケーションが取れたという内容があるため、エを選ぶ。

放送が始まるまでに、問題用紙に記載されている選択肢を確認して、注意して聞くべきポイントを確認しておこう。2では移動手段、3では曜日に関する内容があった際には、注意して聞きたい。

(3)　長めの対話を聞き、設問に対する回答を記述する（記述式）

1　Didで質問されているため、Yes, he did.またはNo, he didn't（did not）. で答える。3年前の8月に来ているという内容があるため、答えはNo, he didn't（did not）. となる。

2　スミス先生が、アメリカに戻った際に音楽を勉強する理由を尋ねる問題。音楽の先生になるため、Because he wants to be（become）a music teacher.が正解となる。主語を代名詞に置き換えること、また、主語が三人称単数現在形のため、動詞にsをつけることを忘れないようにしたい。

(3)では、放送文が流れた後に2つの質問を聞くことになる。したがって、何が問われるのかが分からないまま1度目の放送を聞くことになる。1度目の放送では、大まかな話の内容をつかむことと、2つの質問内容を理解することに努める。ここで解答作成を急ごうとせず、2回目の放送で、質問の回答となる部分を探してから解答を作成するようにしよう。また、文で答える問題では、時制や主語に注意して、文法的なミスをしないように見直しをしよう。

〔2〕資料活用問題

〈資料英文全訳〉

【グラフ】

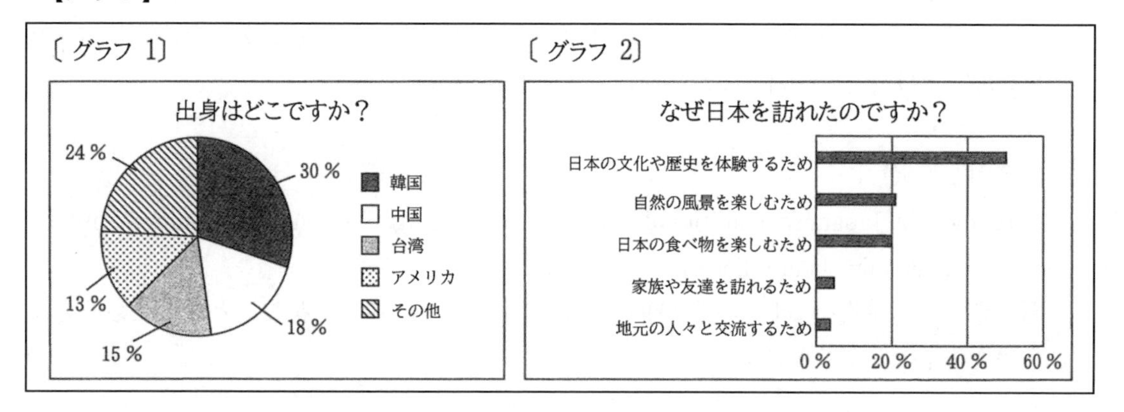

【会話】

アリス(Alice)	：グラフ1によると、韓国の人々が日本に最も多く訪れていると言うことができますね。
＊＊＊	：はい。グラフ2を見てください。約半数の人々は、日本の歴史や文化を体験するために日本を訪れているとみることができます。
アリス	：その通りです。私は、多くの日本の文化も体験したいです。何か試すべきことを教えてくれませんか。
＊＊＊	：はい。(　b　)
アリス	：ありがとう。やってみます。

(1) まずは、空欄を含む1文に注目しよう。According to Graph 1, we can say that [　　] visit Japan the most（グラフ1によると、[　　]が日本に最も多く訪れていると言うことができますね。）とあることから、グラフ1から日本に最も多く訪れている国の人々を選択すればよい問題である。これに該当するのは、グラフ1より韓国であるため、答えはウのpeople from South Koreaとなる。

(2) (a)の前後には、「グラフ2を見てください。日本の歴史や文化を経験するために(a)とみることができる。」とある。よって、グラフ2のTo experience Japanese history and culture. からグラフを読み取ると、約半数ということが分かる。この内容を踏まえて、空欄に合うように英作文すればよい。(a)はthat節内にあるため、主語と動詞が続くことに注意しよう。

【解答例】

about half of the people visit Japan

(3) 「何か試すべきことを教えてくれませんか。」という質問に対する答えを、自由英作文する問題である。前文には、日本の文化も体験したいという記述があるため、日本の文化を取り上げ、それに対する説明を記述する必要がある。

【解答例と和訳】

Origami is a Japanese traditional art of paper folding. We can make many kinds of things such as animals and flowers with paper.

おりがみは、紙を折る日本の伝統的な芸術です。紙で、動物や花などといったさまざまなものを作ることができます。

〔3〕対話文読解

〈日本語訳〉

カオリは高校生です。エマ(Emma)はアメリカの中学生でカオリの家に滞在しています。彼女たちはカオリの家で話をしているところです。

カオリ：エマ、何をしているのですか？

エ　マ：カバンを探しているところです。A どこにあるか知りませんか？

カオリ：昨夜、あの机の下にありましたよ。

エ　マ：机の下？ああ、見つけました。ありがとう。その中に宿題が入っているの。

カオリ：どんな宿題があるのですか？

エ　マ：先生が昨日の社会の授業でB 配った プリントを読んで、それに対する意見を書かなければいけません。

カオリ：何についてですか？

エ　マ：ユニバーサルデザインの一種のUDフォントについてです。それは、伝統的なフォントとは少し異なります。このプリントによると、日本のある市では、このフォントがすべての小学校、中学校で使われています。

カオリ：面白そうですね。もっと教えてください。

エ　マ：この市の調査によると、UDフォントはほかのフォントをうまく読めない生徒だけでなく、その他の多くの生徒にとっても便利でした。このために、この市はすべての子どもたちのために、このフォントを使ったプリントやデジタル教材を用いることを決めました。この市は、すべての生徒が、読んだ文の内容をよりよく理解できるようになることを望んでいます。そして、彼らがもっと楽しく学べることを望んでいます。

カオリ：C なんて素敵なの！その市は素晴らしい願いを持っていますね。

エ　マ：私もそう思います。私たちにとって、学ぶことに興味を持つことはとても重要です。ところで、日本のユニバーサルデザインのほかの例を知っていますか？

カオリ：はい、知っています。あなたに見せたい D ものがあります。 少し待ってください。それを持ってきます。

エ　マ：何ですか？

カオリ：ここに牛乳パックがあります。開け口の反対側に半月型の切り込みが見えますか？これは、ものがよく見えない人々にとってとても便利です。これは、彼らが、どれが牛乳パックであるか知ることを助けるために用いられています。また、彼らが開け口を見つけることも助けています。

エ　マ：素晴らしい！このデザインにこれまで１度も気が付きませんでした。E 私たちは、なにか困り事がある 前には、身の回りにこれらのような多くのよいデザインがあることに気が付かないことがあります。

カオリ：あなたの言う通りです。あなたはどうですか？日本で、なにか助けが必要なことはありましたか？

エ　マ：はい。町の標識についてです。身の回りには、多くの標識があります。しかし、それらの多くが日本語で F 書かれている ためにうまく理解することができません。２週間前に、友達に会いに隣町に行くときに日本で初めてバスに乗りました。その時に、「どのバスに乗るべきか？どの道に行くべきか？」と思いました。私はとても心配になりました。

カオリ：日本には、外国人のための標識が十分にあるとは思いません。あなたの気持ちが分かります。

エ　マ：ありがとう。海外から多くの人が日本を訪れています。だから、多くの言語や図を使った、より多くの標識が彼らをとても助けるでしょう。

カオリ：あなたの言う通りです。私は、私たちの町や国がみんなにとってよりよくなることを願っています。身の回りには、助けを必要としている人がたくさんいます。私は、いつか、すべての人々のための新しいユニバーサルデザインを作りたいです。

エ　マ：あなたは、G 彼らを支援する人になれますよ。

カオリ：ありがとう。重要なことは、日々の生活の中でだれかを助けることです。すぐに何かに挑戦してみませんか？

〈解説〉

(1) 〔語句整序〕

A　Do you know where it is ?

間接疑問文を問う問題である。Doで始まる疑問文であるため、Do you know という形を作ることができる。knowは他動詞であるため目的語（にあたる語）が必要である。選択肢の中にwhereがあることから間接疑問文を用いて文を作ることになる。

【間接疑問文】
疑問詞＋S+V（肯定文の語順）　→　名詞句：目的語になる
疑問詞が
whereのとき … どこでSがVかということ
whenのとき … いつSがVかということ

D　I have something I want to show you.

関係代名詞の目的格の省略と不定詞の名詞的用法を問う問題である。選択肢の中で、haveの目的語になることができるのは名詞であるsomethingのみである。本来ならば、ここでＳＶＯとなり、文として成立するが、残りの選択肢と後ろに続いているto show youから、I want to show youという文を作ることができる。文と文をつなぐためには、接続詞（の役割を持つ言葉）が必要となるが、ここでは関係代名詞の目的格が省略されていると考えることができる。

【関係代名詞　目的格省略までの過程】
I have something.　I want to show you something.
↓
I have something which（that）I want to show you.
↓
I have something I want to show you.

(2) 〔語形変化〕

B　yesterdayとあるため、動詞であるgiveの時制を過去形にする。

F　直前にbe動詞があることに注目したい。変化させる語句は動詞のwriteであるため、be動詞+Ｖing（進行形）かbe動詞+過去分詞（受動態）の２つが考えられる。主語を見ると、many of themとあり、themとは直前のsignsのことである。このことから、「標識の多くは日本語で書かれる」と受動態になると考えられるため、過去分詞にする。

(3) 〔和文記述〕

下線部CでHow nice!と、感嘆文を用いて感心を表現しているため、これよりも前のカオリの発言で、この市の願いに関する記述があると考えることができる。また、The city has great wishes.とあることから、願いは複数あることが分かる。すると、直前でThe city hopes that all students will understand the contents of sentences which they read better. And it also hopes that they will enjoy learning more.（この市は、すべての生徒が、彼らが読んだ文の内容をすべての生徒がよりよく理解できるようになることを望んでいます。そして、彼らがもっと楽しく学べることを望んでいます。）という文があるため、ここをまとめればよい。具体的にという指示があるため、代名詞が指示している内容を明らかにし、また用いられている文法や単語を踏まえて忠実に記述することが求められる。答えに該当する文で用いられている関係代名詞や比較、動名詞はよく確認しよう。

【正答例】

すべての生徒たちが、読んだ文の内容をよりよく理解することや、学ぶことをもっと楽しむこと。

和文記述をする際には、「だれが」「なにを」「どうする（どうした）」をきちんと書き、読み手に伝わる文章を書こう。

(4) 〔適文選択〕

We don't sometimes realize there are many good designs like these around us before [E].

Eを含む1文に注目をすると、「私たちは、Eの前に身の回りにこれらのような多くのよいデザインがあることに時々気付かない。」と書かれている。Good designs like these around us（身の回りにあるこれらのような多くのよいデザイン）というのは、前述されているUDフォントや牛乳パックの半月型の切り込みのことである。

これらについて具体的に説明された文を見ると、

具体例①UD fonts were useful for students who couldn't read other fonts well.

具体例②This is useful for people who can't see things well.

とある。この2つに共通すること（抽象）は、どちらも困難を抱えている人にとって役立つデザインであるということである。そのため、何も困難を抱えていない人は、これらのデザインに気が付くことはないと言える。事実、エマは牛乳パックのデザインに気が付いていない。よってエが答えとなる。

(5) 〔和文記述〕

You can be a person who can support those people.（あなたはそれらの人々を支えることができる人です）のthose people（それらの人々）を詳しく説明する問題である。Gを含む一文から、それらの人々というのは、支えられる立場であることが分かる。それを踏まえて、2つ文をさかのぼると、There are many people who need help around us.とある。よって、この一文をまとめればよい。

【解答例】

私たちの周りの、助けを必要とする多くの人々。

(6) 〔内容説明〕

ア　UDフォントは外国から来た人だけのために使われている。

→UDフォントは、日本のある市の小・中学校で用いられているという記述があることから×

イ　カオリは生徒のために使われているUDフォントのことをすでに知っていた。

→UDフォントについて、エマが説明した直後の返答で、Sounds interesting! Tell me more という発言があることから、カオリはこの段階で初めて知ったと考えられるため×

ウ　エマは、カオリによって見せられた牛乳パックのデザインをよいと思った。

→カオリが牛乳パックを見せ、説明した直後、Great!という発言があるため○

エ　カオリは2週間前にバスに乗ったときにエマが感じた感情を理解した。

→エマが日本語で書かれている標識に困惑した経験に対して、「日本には、外国人のための標識が十分にあるとは思いません。あなたの気持ちが分かります。」と共感しているため○

オ　エマはたくさんの言語や図が用いられた標識について彼女の意見を書かなければならない。

→エマが自分の意見を書かなければいけないテーマは、UDフォントについてのため×

〔4〕長文読解

〈日本語訳〉

リクトとメイは日本の高校生です。ケビンはオーストラリア出身で、彼らの学校で勉強しています。彼らは、山田先生の英語の授業で、英語でクラスメートに報告しています。

山田先生

今日、自分たちの調査について話してもらいます。科学技術の発展は、私たちの生活をより簡単にしています。さあ、あなたたちが学んだことについて話し始めましょう！

リクト

みなさんは冷蔵庫無しの生活を想像することはできますか？1950年代には、日本の多くの人々は冷蔵庫を持っていませんでした。現在、冷蔵庫のために、私たちは魚や肉といったより多くの種類の食べ物を買うことができ、自宅で保存できます。また、調理した料理を冷蔵庫で保存することもできます。

しかし、時々、私たちは冷蔵庫の中の食べ物を食べきることができず、無駄にしています。私たちはまた別の問題も抱えています。スーパーマーケットやコンビニエンスストアでは、人々が買わなかった多くの食べ物の一部が無駄になっています。私は、世界中で十分に食べ物を得ることができない8億人以上の人々がいるため、A これらの問題はすぐに解決されるべきだと思います。日本では、2020年に約522万トンもの食べ物を無駄にしています。これは、日本の誰もが毎日ボウル1杯の食べ物をごみ箱に捨てていることを意味します。

メイ

私は、鉄道の発展について話そうと思います。新幹線が導入される前は、東京から大阪に最も速い電車で移動したとき、6時間半かかっていました。b 1964年には新幹線が導入され、4時間になりました。現在では2時間半しかかかりません。新幹線は、以前よりも移動をより簡単に、そしてより速くしました。みなさんはリニア中央新幹線を聞いたことがありますか？もしそれが導入されれば、東京から大阪まで約1時間になります。すごいですよね！しかし、それにはどのくらいのエネルギーが必要なのでしょうか？

ケビン

インターネットの発展は私たちがどこでも人々とつながることを助けます。私は現在日本にいますが、インターネットを通して毎日オーストラリアにいる家族と話すことができます。とても楽しいです。しかし、面と向かって話すことがより重要だと感じるようになりました。オーストラリアで家族と住んでいた時、私はよく自分の部屋でビデオゲームをしていて、家族と話す時間を多くは取りませんでした。時々、家にいるときでさえ家族にメールを送っていました。オーストラリアに戻った時には、B より多くの時間を家族と面と向かって話したいです。

山田先生

C 科学技術の発展について話してくれて本当にありがとうございます。みなさん、よくできました。科学技術の発展のよい点と、問題点の両方を見つけたと思います。私は、みなさんが将来多くの物事を批判的に考えてくれることを望みます。世界の問題を解決するときに、これは最も重要なことの一つです。

また、情報技術は私たちの世界の中でより重要になってきています。レポートを作るときに、あなたたちはタブレット端末を使いましたよね？それらを使うことは、以前よりもより一般的になってきています。この状況で、生成AIはより一般的になっていますよね？ D AIは私たちの生活の中でより使われるでしょう。次の時間は、それについて話しましょう。

(1) 〔和文記述〕

下線部分Aはthese problems（これらの問題）である。ここから分かることは３つある。

1．問題は複数であるということ

2．theseは指示語であるため、すでに述べられている内容であるということ

3．説明を求められているのはproblem（問題）であるため、記述内容はマイナスの意味合いであるということ

これらを踏まえて、以前の文に注目をしよう。すると、直前の３文にHowever, sometimes we can't eat some of the food in the refrigerators and waste them. We also have another problem. In supermarkets and convenience stores, some of the food which people have not bought is wasted.（しかし、時々、私たちは冷蔵庫の食べ物を食べきることができず、無駄にしています。また、スーパーマーケットやコンビニエンスストアでは、人々が買わなかった多くの食べ物が無駄になっています。）とあることから、ここをまとめる。３文目で使用されている、関係代名詞、現在完了、受動態に注意して解答

を作成する。

【解答例】

冷蔵庫の中の食べ物を食べきれずに無駄にしてしまうことや、スーパーマーケットやコンビニエンスストアで、人々が買わなかった食べ物が無駄にされること。

問題文中にも、ヒントがあることが多い。まずは、「何を」「どこから」探してくれればよいのかを確認しよう。

(2) 〔空所補充〕

Then, in 1964, the *Shinkansen* was introduced and it took about four hours.

(1964年には新幹線が導入され、4時間になった。)

まずは、挿入する文中に過去のある1点を示すthen、そして具体的な1964年という年号が入っていることに注目したい。新幹線の導入について、時系列に沿って並べる問題である。

a
新幹線が導入される前は、東京から大阪まで最も早い電車で6時間半かかった。
b　1964年には新幹線が導入され、4時間になった。
現在、2時間半しかかからない。
c
新幹線は、以前よりも移動をより簡単に、そしてより速くする。
d

(3) 〔空所補充〕

When I go back to Australia, I would like to (　B　) with my family face-to-face.

(オーストラリアに戻った時には、私は家族と面と向かって(　B　)したいと思います。)

Iというのは、ケビン(Kevin)のことである。文法的な観点からみると、補足部分はwould like toの後ろのため、動詞の原形が続くことが分かる。そのため、記述すべきことはケビンがオーストラリアに戻った時に家族と面と向かってしたいことである。これ以前の文に、However, I have started to feel that talking face-to-face is more important.(しかし、私は面と向かって会話することがより重要だと感じ始めた。)とあり、その後には、When I lived with my family in Australia, I often played video games in my room and didn't have much time to talk with them.(家族とオーストラリアに住んでいた時、よく自分の部屋でビデオゲームをしていて、家族と会話の時間を多くは取らなかった。）とある。これらの内容から、ケビンはオーストラリアに戻った時には、家族と面と向かって会話する時間をより多く取りたいということが推測できる。

【解答例】

When I go back to Australia, I would like to (have more time to talk) with my family face-to-face.

（オーストラリアに戻った時には、家族と面と向かって話す時間をより多く取りたい。）

(4) 〔内容説明〕

下線部分Cとは、the development of technology（科学技術の発展）である。それぞれの生徒の発表内容をまとめることが必要である。

ア　食べ物を長時間保存する科学技術

→食べ物に関しての発表をしているのはリクトである。冷蔵庫によって、多くの種類の食べ物を家で保管することが可能になったと言っているため○

イ　明日の天気を伝える科学技術

→天気予報についての発表はどの生徒もしていないため×

ウ　環境をよりきれいにする科学技術

→環境についての発表はどの生徒もしていないため×

エ　私たちが使う多くのエネルギーを提供する科学技術

→エネルギーについて触れているのは、メイの発表の最終文 But how much energy do we need for it?（しかし、それ＝リニア中央新幹線にはどれほどのエネルギーが必要なのでしょうか？）である。しかし、エネルギーを提供する科学技術については述べていないため×

オ　別の場所へ人々を運ぶ科学技術

→メイが、新幹線やリニア中央新幹線の導入についての発表をしているため○

(5) 〔英問英答〕

① 世界中には十分な食べ物を得ることができない８億以上の人々がいますか？

リクトの発表には、I think these problems should be solved soon because there are over 800,000,000 people who can't get enough food all around the world.（私は世界中で十分な食べ物を得ることができない８億人以上の人々がいるため、これらの問題はすぐに解決されるべきだと思います。）とある。

【解答例】

Yes, there are.

② 誰が毎日インターネットを通してケビンと話していますか？

ケビンの発表には、I am in Japan now, but I can communicate with my family living in Australia every day through the Internet.（私は現在日本にいますが、インターネットを通して毎日オーストラリアにいる家族と話すことができます。）とある。

【解答例】

His family does.
His family living in Australia does.

③ 山田先生は、将来生徒に何をしてほしいですか？

山田先生の文章中から、生徒たちに将来してほしいと望んでいることを探せばよい。すると、I hope you will think critically about many things in the future.（私は、あなたたちに将来多くの物事を批判的に考えてほしいです。）とある。

【解答例】

He wants them to think critically about many things.

(6) 〔条件英作文〕

人工知能（AI）について、どのように利用するか、またその理由を4行以内で英作文する問題である。教科横断型の問題で、各教科や日常生活の中で身に付けた教養や知識も試されている。解答の自由度は高いが、難しく考えず、できるだけ簡単な文法・単語で書ききることができるような内容にする。英語にするのが難しい場合には、日本語をかみ砕いて言い換えを探すようにする。

【解答例】

I want to use AI to translate Japanese into other languages. If I use it, I can communicate with people all over the world. It helps me understand them.
（私はAIを日本語からほかの言語に翻訳するのに使いたいです。もし、それを使えば、世界中の人々とつながることができます。それは、私が彼らを理解することを助けます。）

社会正答表，配点［　］は正答率

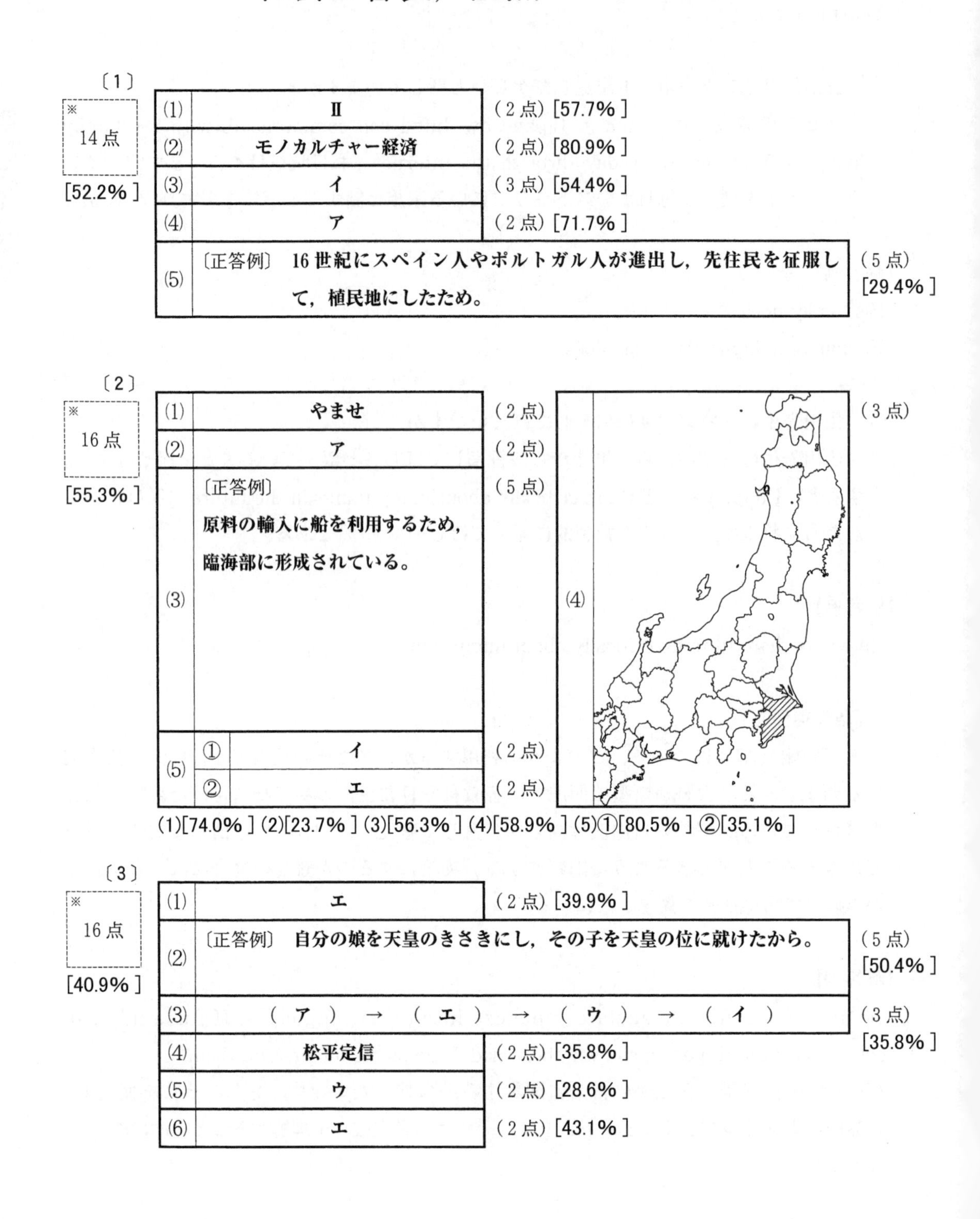

〔1〕

※ 14点 [52.2%]

(1)	Ⅱ	(2点) [57.7%]
(2)	モノカルチャー経済	(2点) [80.9%]
(3)	イ	(3点) [54.4%]
(4)	ア	(2点) [71.7%]
(5)	〔正答例〕 16世紀にスペイン人やポルトガル人が進出し，先住民を征服して，植民地にしたため。	(5点) [29.4%]

〔2〕

※ 16点 [55.3%]

(1)		やませ	(2点)
(2)		ア	(2点)
(3)		〔正答例〕 原料の輸入に船を利用するため，臨海部に形成されている。	(5点)
(4)		（地図）	(3点)
(5)	①	イ	(2点)
	②	エ	(2点)

(1)[74.0%] (2)[23.7%] (3)[56.3%] (4)[58.9%] (5)①[80.5%] ②[35.1%]

〔3〕

※ 16点 [40.9%]

(1)	エ	(2点) [39.9%]
(2)	〔正答例〕 自分の娘を天皇のきさきにし，その子を天皇の位に就けたから。	(5点) [50.4%]
(3)	（ ア ） → （ エ ） → （ ウ ） → （ イ ）	(3点) [35.8%]
(4)	松平定信	(2点) [35.8%]
(5)	ウ	(2点) [28.6%]
(6)	エ	(2点) [43.1%]

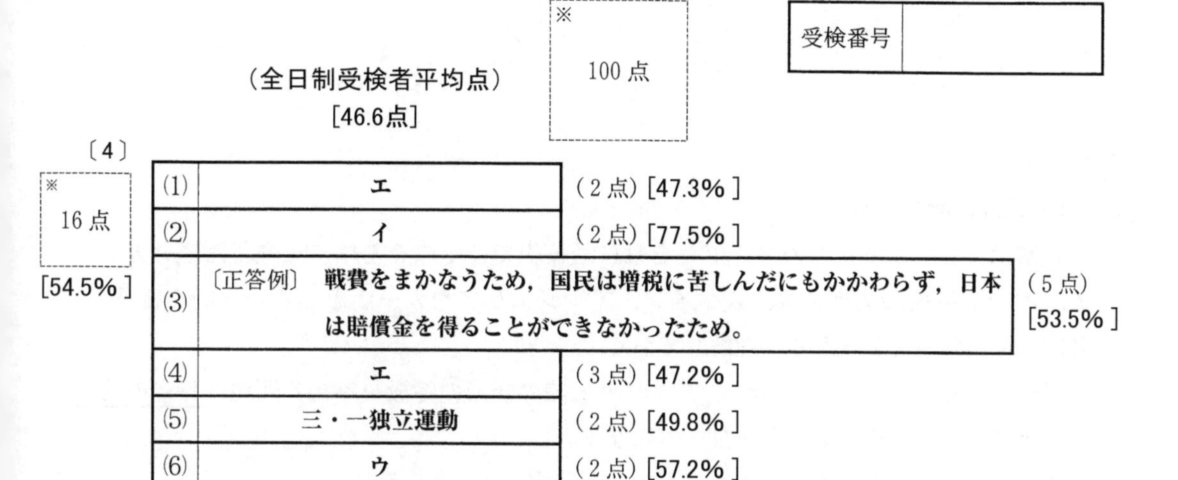

受検番号	

※ 100点

（全日制受検者平均点）
[46.6点]

〔4〕

※ 16点 [54.5%]

	解答	配点・正答率
(1)	**エ**	(2点) [47.3%]
(2)	**イ**	(2点) [77.5%]
(3)	〔正答例〕 **戦費をまかなうため，国民は増税に苦しんだにもかかわらず，日本は賠償金を得ることができなかったため。**	(5点) [53.5%]
(4)	**エ**	(3点) [47.2%]
(5)	**三・一独立運動**	(2点) [49.8%]
(6)	**ウ**	(2点) [57.2%]

〔5〕

※ 26点 [41.7%]

(1)①[48.7%] ②[27.4%]

		解答	配点・正答率
(1)	①	**エ**	（それぞれ2点）
	②	**国際人権規約**	
(2)	①	〔正答例〕 **一つの選挙区から一人の議員を選出するしくみで，死票が多くなるという問題点がある。**	(5点) [38.4%]
	②	**司法権の独立**	(2点) [36.4%]
	③	**カ**	(3点) [57.5%]
(3)	①	**ウ**	(3点) [52.0%]
	②	**公共サービス**	(2点) [25.6%]
	③	**イ**	(2点) [50.6%]
(4)	①	**オ**	(2点) [46.1%]
	②	**ウ，オ**	(3点) [30.9%]

〔6〕

※ 12点 [36.1%]

	解答	配点・正答率
(1)	**イ**	(2点) [53.9%]
(2)	〔正答例〕 **輸出量を増加させる**	(3点) [51.3%]
(3)	〔正答例〕 **原料の自給率が高く，1世帯当たりの支出金額が増加しているパンやめん類に加工されている**	(7点) [24.6%]

社　会

解説

〔1〕世界地理の総合問題

(1) 正解は、Ⅱ。イギリスのロンドンを縦に通る線で、そこを基準に東経・西経と分かれる。本初子午線はフランス、スペイン、アルジェリアやガーナを通る。地図を確認し、各国の位置関係をしっかりと理解しておく。

(2) 正解は、モノカルチャー経済。アフリカ大陸の経済の特徴を答える問題。特定の農産物や鉱産資源という言葉がキーワードになる。

(3) 正解は、イ。各項目の数値が高いものから特定していく。

a…主な輸出品目の第2位が茶であることから、南アジアのスリランカが当てはまる。ただし、茶の輸出量はケニア→中国→スリランカ→インド→ベトナム（2021年）の順となるので注意。

b…主な輸出品目が銅ということは、チリが当てはまる。

c…人口密度が高く、穀物生産量が多いインドが当てはまる。また、インドはダイヤモンドの加工が有名で、世界流通の約9割がインドで加工されている。

d…国土が広いと相対的に人口密度は低くなる。そのため、世界第2位の国土面積をほこるカナダが当てはまる。また、主な輸出品目に原油・自動車が入っていることにも注目する。

(4) 正解は、ア。北緯37度付近から南に位置する温暖な地域を「サンベルト」と呼ぶ。「サヘル」はサハラ砂漠の南側の地域のこと。ICT産業とは、コンピューターやインターネットに関連した技術をメールやチャットなど通信技術に活用するなどの情報通信技術に関わる産業のこと。

(5) 16世紀は大航海時代で、キリスト教を信仰するスペイン人やポルトガル人が布教や香辛料などの獲得のために先住民の国を征服し、植民地を増やしていた。

〔2〕日本地理の総合問題

(1) 正解は、やませ。寒流である千島海流の影響を受けた冷たく湿った北東の風が吹くことで、冷夏の原因となり冷害を引き起こすことがある。

(2) 表から小名浜を答える問題。イは1月の月降水量が多いことから日本海側の気候であるため、金沢。エは、1月の気温が氷点下になることから選択肢の中で1番北にある盛岡。アとウで迷うが、関東内陸部の冬は、「からっ風」と呼ばれる冷たい季節風が吹き乾燥する。よって、1月の雨量が少ない、ウが前橋。残ったアが小名浜となる。

(3) 原料である石油は、ほとんどを海外から輸入しているため、船で原料を輸送しやすい臨海部（海沿い）に工場をまとめて設けている。

⑷　表中のBの県を地図上に示す問題。各県の位置は必ず覚えておくこと。Aは神奈川県。人口密度から大都市圏であることが分かり、かつ、京浜工業地帯を擁するため製造品出荷額が高い。Bは千葉県。都心に人口が集中するようになり、郊外や千葉県などの近県に多く住宅街が建設され、1970年から2021年までに人口密度が上がっている。また、都市向けに野菜を出荷する近郊農業が行われていることから判断する。Dは秋田県。「秋田すぎ」などの林業が盛んである。残ったCが宮城県となる。

⑸　①正解は、イ。地形図では「上」が「北」となる。また、消防署の地図記号「Y」はさすまたが由来となっている。消防署は松本城より左側にあるため、方角は「西」となる。

②正解は、エ。問われているのは「面積」であって距離ではない点に注意。

0.5(㎝)×25,000＝12,500(㎝)＝125(m)は１辺の距離。125(m)×125(m)＝15,625㎡

〔３〕歴史総合問題（古代～近世）

短歌　A鎌倉時代『続後撰和歌集』より　B平安時代『小右記』より

C奈良時代『万葉集』より　D江戸時代　化政文化の狂歌より

⑴　正解は、エ。後鳥羽上皇が、1221（承久３）年に幕府を倒そうと兵を挙げたことを承久の乱という。北条政子は御家人たちを結束させて承久の乱に勝利を収めた。足利義政は室町幕府の８代将軍で銀閣を建てた。足利義満は室町幕府の３代将軍で南北朝を統一。金閣を建てた。北条時宗は鎌倉幕府８代執権で元寇に対応した。

⑵　摂関政治の説明。系図から、藤原道長の娘である彰子は一条天皇のきさきになり、その子が後一条天皇になっている。また、嬉子は後朱雀天皇のきさきとなり、その子が後冷泉天皇になっていることが分かる。そうすることで、天皇の親戚として政治の重要な役職に就き、実権を握ったということを簡潔に説明する。

⑶　正解は、ア→エ→ウ→イ。アの壬申の乱は飛鳥時代。イは江戸時代。「禁中並公家諸法度」により、天皇の行動を制限した。ウは南北朝時代のことであり、鎌倉幕府を滅ぼし約60年間続いた時代のこと。エは平安後期。上皇が政治を行う「院政」の説明。

⑷　正解は、松平定信。Dの狂歌の「白河」は白河藩主の松平定信、「魚」は民衆、「田沼」は田沼意次を指している。田沼の政策では、商工業が活発になり、自由な風潮の中で学問や芸術が発展した一方で、松平定信による寛政の改革は厳しい倹約令などで、住みづらくなった世を批判した歌となっている。

⑸　正解は、ウ。ア金剛力士像は鎌倉時代。制作者は、運慶・快慶。イ阿修羅像は奈良時代。ウ「秋冬山水図」は室町時代、作者は雪舟。エ「源氏物語絵巻」は平安時代。オ風神雷神図屏風は俵屋宗達が作者で江戸時代（元禄文化）の作品。

⑹　正解は、エ。

Aの時代は鎌倉時代。一方、アは安土桃山時代で武士と百姓を区別する兵農分離。豊臣秀吉が行った政策。

Bの時代は平安時代。イの墾田永年私財法（743年）は奈良時代。

Cの時代は奈良時代。ウの浄土真宗や日蓮宗は鎌倉時代に新しく広まった宗派。

Dの時代は江戸時代。歌舞伎は元禄文化に演劇として発達し、落語は化政文化に数多く寄席が造られた。

〔4〕歴史総合問題（近代～現代）

(1) 正解は、エ。アの間宮林蔵が蝦夷地や樺太の調査を行ったのは、1804年ロシアの使節レザノフが求めたロシアとの貿易を断ったことがきっかけ。イの異国船打払令は外国船の出没が続いたために1825年に出されたもの。ウの徴兵令は1873年明治時代に出されたもの。エ1842年、アヘン戦争で清がイギリスに敗れたことにより、日本に寄港する外国船に燃料や食料、まきなどを与えて帰すことになった。

(2) 正解は、イ。アの伊藤博文は初代内閣総理大臣で、大日本帝国憲法の草案をつくった人物の一人。ウの寺内正毅は、1918年米騒動が原因で退陣した内閣総理大臣。エの岩倉具視は、不平等条約の改正をするため、使節団を率いて欧米を訪問。しかし、近代化政策（法の整備など）が不徹底なこともあり失敗に終わった。

(3) ポーツマス条約はアメリカの仲介により、日本とロシアとの間で開かれた講和会議で調印された条約。資料Ⅰから、日露戦争時には増税で国民に負担をかけたこと、資料Ⅱから日清戦争に比べて戦費が多いのにもかかわらず、賠償金が得られなかったことを読み取り、「国民の暴動」（日比谷焼き打ち事件）が起こった理由に沿うようにまとめる。

(4) 正解は、エ。第一次世界大戦で三国協商を結んでいたのはイギリス・ロシア・フランス。日本は、イギリスと日英同盟（1902年）、ロシアとは日露協約（1907年）を結んでいたこともあり三国協商側につく。一方で、ドイツ・イタリア・オーストリアは三国同盟を結んでいた。オーストリアの皇太子夫妻が暗殺されたことを機に第一次世界大戦が始まった流れを押さえる。

(5) 正解は、三・一独立運動。この運動は、第一次世界大戦後のパリ講和会議で唱えられた「民族自決」の原則の影響を受けて起こった。日本の植民地支配から独立するために現在のソウルで起こり、朝鮮全土に広がったが、武力で鎮圧された。

(6) 正解は、ウ。1951年～1978年に起きた出来事を答える問題。

アの北大西洋条約機構（NATO）は1949年に結成された西側諸国の集団防衛機構であり、共産主義のソ連や東ヨーロッパ諸国に対抗するために成立したもの。イの冷戦の終結は1989年にマルタ会談で宣言された。ウの沖縄が日本に返還されたのは1972年。エの湾岸戦争はイラクがクウェートに侵攻したことをきっかけに1991年に勃発した戦争。

〔5〕公民総合問題（政治・経済・人権分野）

(1) ①正解は、エ。Xには「法の支配」が入る。問題文にある「法が、政府の政治権力を制限する」の内容を見落とさない。Yには「立憲主義」が入る。国の政治権力は強大で、国民の自由を制限することができるため、憲法によって国家権力を制限し、国民の人権を守る考え方。

②正解は、国際人権規約。「人種、皮膚の色、性、言語、宗教、政治的意見その他の意見、国民的若しくは社会的出身、財産、出生又は他の地位等」と細かく差別の内容が明記されているという点に注目。また、1948年に採択された世界人権宣言とは違い、法的拘束力を持つ。

(2) ①小選挙区制のしくみと問題点を答える問題。小選挙区制は、一つの選挙区から一人の代表を選ぶしくみ。死票とは、当選者以外の候補者に投じられた票のことで、死票が多いと国民の意思が政治に正確には反映されにくいという問題点がある。

②正解は、司法権の独立。国会や内閣からの圧力や干渉を受けず、裁判官自らの良心に従い、憲法と法律だけに拘束される原則。

③正解は、カ。衆議院か参議院のどちらかに提出された法律案は、数十人の国会議員からなる委員会で審査された後、議員全員で構成された本会議で議決される。その後、もう一方の議院に送られ、同様に委員会・本会議を通し、可決されれば、法律となる。公聴会は、委員会の際に関係者や学識経験者から意見を聴取するもの。

(3) ①正解は、ウ。アは1975年度から2020年度にかけて、税収●が歳出▲を上回っている年度は一度もないため不適切。イの国債依存度は、2000年から2005年にかけ微減していて、2010年から2015年まで減少しているため不適切。エは2015年から2020年にかけて、税収は微増しているが、国債依存度も増加しているため不適切。

②正解は、公共サービス。ほかにも、ごみの収集や処理、社会福祉の向上や保健・医療の充実なども公共サービスに含まれる。

③正解は、イ。アの日本国憲法下では、「勤労」は義務であり、「納税」の義務・「普通教育を受けさせる」義務は国民の三大義務である。ウの労働基準法第32条では、原則週40時間、1日8時間以内と定められている。エの労働基準法第35条では、週2日の休日は義務付けられておらず、最低週1日の休日が義務付けられている。

(4) ①正解は、オ。国家間の争い、オランダのハーグに本部が置かれていることがポイント。アの総会・イの安全保障理事会・ウの経済社会理事会・エの信託統治理事会の本部はニューヨークにある。

②正解は、ウとオ。アの2016年にEU離脱の決定をした国は、フランスではなくイギリス。イの新興工業経済地域（NIES）は1960年代以降に急速に工業化が進んだ地域のことで、主に韓国、台湾、香港、シンガポールである。ブラジル、ロシア、インド、中国、南アフリカ共和国の5か国は2000年以降に経済成長が著しく、BRICSと呼ば

れる。エの南南問題が見られるのは発展途上国の中である。

〔6〕公民総合問題（資料の読み取り問題）

(1) 正解は、イ。1980年の田の耕地面積は3,055,000ha。一方で、2020年の田の耕地面積は2,379,000haから次の式に当てはめると解答が出る。（もとにする量－比べる量）÷もとにする量×100＝減少率

(2) 資料ⅢからYに当てはまる言葉を入れる問題。資料Ⅲで、日本産米が海外でブームになっていることを捉える。また、Sさんの発表原稿から、米の消費拡大するための方法を資料Ⅲと関連させて考える。海外での消費を増やすためには、海外への輸出量を増加させる必要がある。解答を作る際には、前後のつながりに注意する。

(3) 資料Ⅳから、米の自給率が上がっていること。資料Ⅴから、１世帯あたりの米の支出金額が減っている一方で、小麦粉を原料としたパン・麺類の支出金額が増えていることを捉え、資料Ⅵから、米粉からパンや麺類が加工されていることを読み取る。自給率が高いということは、国内消費を上回る米があるということ。それを小麦粉の代用として米粉にして、パンや麺類に加工していることが導き出せる。解答を作る際は、Ｚの直前の主語が「米粉は、」となっていることに注意する。「自給率」「支出金額」の語句を必ず使い、制限字数内にまとめる。

写真出典

〔阿修羅像：興福寺　©飛鳥園〕
〔秋冬山水図：ColBase（https://colbase.nich.go.jp/）〕
〔源氏物語絵巻　宿木（一）絵：徳川美術館所蔵　©徳川美術館イメージアーカイブ/DNPartcom〕
〔風神雷神図屏風：建仁寺〕
〔「増税に泣く国民」のようす：悠工房〕

理科正答表，配点［　］は正答率

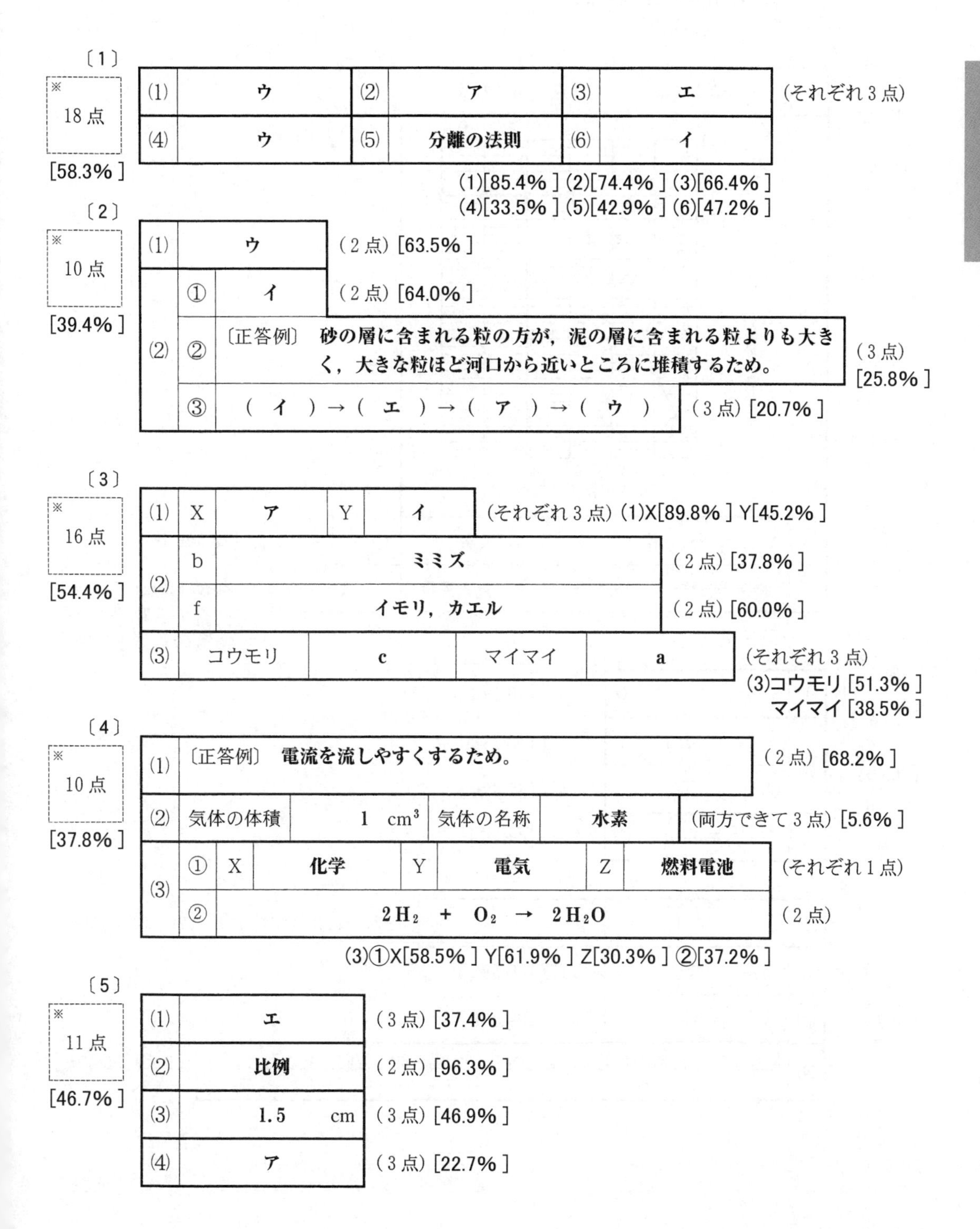

〔1〕 ※18点 [58.3%]

(1)	ウ	(2)	ア	(3)	エ
(4)	ウ	(5)	分離の法則	(6)	イ

(それぞれ3点)

(1)[85.4%] (2)[74.4%] (3)[66.4%]
(4)[33.5%] (5)[42.9%] (6)[47.2%]

〔2〕 ※10点 [39.4%]

(1)		ウ	(2点) [63.5%]
(2)	①	イ	(2点) [64.0%]
	②	〔正答例〕 砂の層に含まれる粒の方が，泥の層に含まれる粒よりも大きく，大きな粒ほど河口から近いところに堆積するため。	(3点) [25.8%]
	③	(イ) → (エ) → (ア) → (ウ)	(3点) [20.7%]

〔3〕 ※16点 [54.4%]

(1)	X	ア	Y	イ

(それぞれ3点) (1)X[89.8%] Y[45.2%]

(2)	b	ミミズ	(2点) [37.8%]
	f	イモリ，カエル	(2点) [60.0%]

(3)	コウモリ	c	マイマイ	a

(それぞれ3点)
(3)コウモリ [51.3%]
マイマイ [38.5%]

〔4〕 ※10点 [37.8%]

(1)	〔正答例〕 電流を流しやすくするため。					(2点) [68.2%]
(2)	気体の体積	1 cm^3	気体の名称	水素		(両方できて3点) [5.6%]
(3) ①	X 化学	Y 電気	Z 燃料電池			(それぞれ1点)
(3) ②	$2H_2 + O_2 \rightarrow 2H_2O$					(2点)

(3)①X[58.5%] Y[61.9%] Z[30.3%] ②[37.2%]

〔5〕 ※11点 [46.7%]

(1)	エ	(3点) [37.4%]
(2)	比例	(2点) [96.3%]
(3)	1.5 cm	(3点) [46.9%]
(4)	ア	(3点) [22.7%]

受検番号	

(全日制受検者平均点)
[44.6点]

※ 100点

〔6〕

※ 12点 [35.5%]

(1)	二酸化炭素				(2点) [95.0%]
(2)	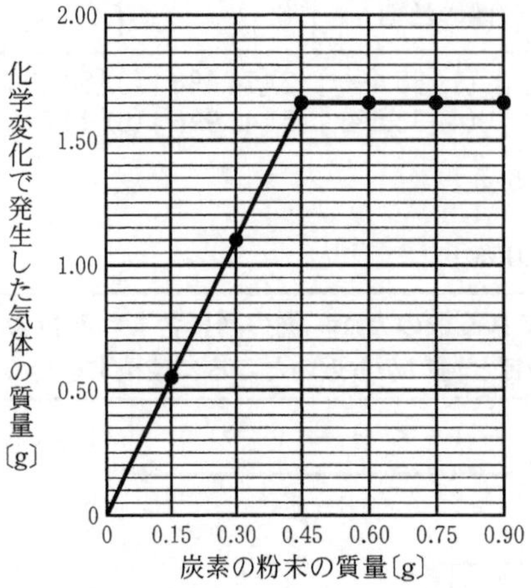				(3点) [16.1%]
(3)	Y	酸化銅	Z	炭素	(両方できて3点) [33.6%]
(4)	物質の名称	酸化銅	物質の質量	2 g	(それぞれ2点)

(4)物質の名称 [36.5%]
物質の質量 [7.1%]

〔7〕

※ 11点 [26.9%]

(1)		10 Ω	(2点) [56.9%]
(2)	①	1.3 V	(3点) [13.7%]
	②	イ	(3点) [42.4%]
(3)		4 倍	(3点) [4.6%]

〔8〕

※ 12点 [44.7%]

(1)	①	イ	②	エ	(それぞれ2点) (1)①[51.1%] ②[47.6%]
(2)	ア				(3点) [30.5%]
(3)	A				(2点) [39.3%]
(4)	〔正答例〕 地球から見て，さそり座が太陽と同じ方向にあるため。				(3点) [56.4%]

理　　科

解説

〔1〕

(1) ア：ルーペの視野を示す円はかかない。イ：重ねがきすると、線がぼやけるので大事な特徴が分かりにくくなってしまう。エ：スケッチは必要な情報だけをほかの人にも分かりやすく伝える目的がある。背景をかいてしまうと、情報の量が増え、かえって分かりにくくなってしまうので、かかない。

(2) 水圧は水の重さによる圧力のことで、上下左右あらゆる面にはたらく。器具が水から受ける力は浮力であり、上向きにしかはたらかない。

(3) X：『どの細胞にも、よく染まる丸い粒が一つずつあり』と記述されていることから、葉緑体ではなく核であることが分かる。Y：核を染めるのは、酢酸オルセイン液や酢酸カーミン液である。ベネジクト液は糖があることを確認するために使用する指示薬である。

(4) ア：中和反応である。イ：分解反応である。エ：水素が発生する化学反応である。

(5) 減数分裂は、生殖細胞ができるときにのみ起こる特別な細胞分裂で、その際に分離の法則にしたがって遺伝子がそれぞれの生殖細胞に分かれて入る。

(6) 室温が変化しないので、同じ飽和水蒸気量17.3g/㎥のまま、実際に含まれる水蒸気量の割合が20％から50％へと30％増加した。この空気50㎥中の飽和水蒸気量の質量は50×17.3=865gとなる。変化した水蒸気量の質量は865×0.3=259.5gとなり、選択肢はイとなる。

〔2〕

(1) ア：れき岩は堆積して、長い年月の間に粒どうしがくっついてできた岩石の中で大きさが直径2㎜以上のもののことである。イ：凝灰岩は火山灰が堆積してできた岩石である。エ：チャートは生物の死がいでできていて、塩酸をかけても変化がないもののことである。

(2) ①示準化石は短い期間に広範囲にわたり分布しているので、その地層が堆積した年代が特定しやすくなる。

②堆積岩を粒の大きさに基づいて並べると、「れき ＞ 砂 ＞ 泥」という順序になる。粒の大きさが大きいほど（例えば、砂と泥を比較した場合）、流れが強い河口に近い場所でも堆積しやすくなる。この記述問題においては、粒の大きさと堆積地点（河口に近いか遠いか）との関連性を強調することがポイントとなる。

③地層や地質構造の形成順序を逆にたどることで、発生した相対的な時期を明確にすることができる。A層とB層、およびP―Qの断層を含むすべての部分が傾いている

ことから、この傾斜はすべての層や断層が形成された後に発生したことが分かる。また、A層に断層はないことから、A層の堆積よりも前にP―Qの断層が発生していることが分かる。

〔3〕

今回の本文の分類をまとめると右図のようになる。肺呼吸をする動物の中で胎生のものは哺乳類に決まる。よってcが哺乳類となる。これを踏まえて問題を解く。

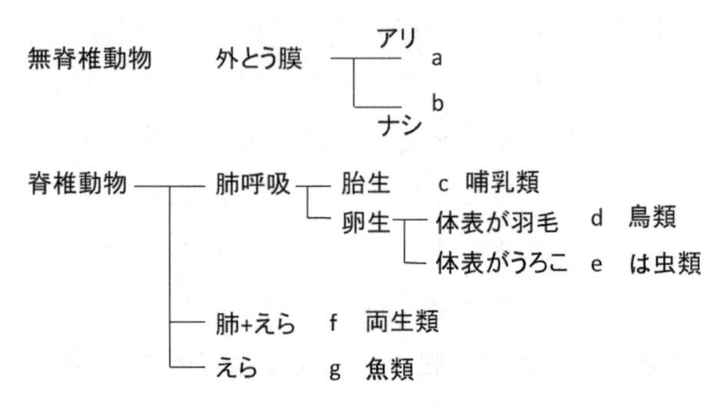

(1) 脊椎動物の中で卵生の種類には魚類、両生類、は虫類、鳥類が含まれる。このグループの中でツルがdであることから、dは鳥類であることが分かる。さらに、カメがeであることからeはは虫類であることが分かる。これにより、鳥類とは虫類を分類するためには、体表に関する情報が必要であるため「ア」と「イ」が該当する。

(2) 10種類の動物のうち、無脊椎動物は、イカ、マイマイ、ミミズが該当する。この中で外とう膜をもつのはイカとマイマイで、ミミズはもっていない。これにより、bがミミズであることが確定する。また、fが両生類であることが分かるため、10種類の動物の中から両生類を選ぶと、イモリとカエルが該当する。

(3) コウモリは哺乳類であるため、cである。マイマイは無脊椎動物で外とう膜をもつため、aである。

〔4〕

(1) 水の電気分解をする際には、水酸化ナトリウム水溶液を用いて、電流を流しやすくする。純粋な水では電流が流れない。

(2) 実験1の[I]と[II]において管aと管bに発生した気体を以下にまとめると、

	管a	管b
実験1の[I]	O_2： 5㎤	H_2：10㎤
実験1の[II]	H_2：11㎤	O_2：5.5㎤
合計	16㎤	15.5㎤

のようになる。実験1の[II]においては、管aでは、水の電気分解により、水素が16㎤－5㎤＝11㎤発生しているので、そのとき、管bでは酸素が11㎤÷2＝5.5㎤発生していることが分かる。実験1の[III]においては、管aでは水素の燃焼により、酸素が5㎤すべて反

応し、その際に水素が10㎤反応する。したがって、11㎤－10㎤＝1㎤の水素が残る。

(3) ①実験２の Ⅱ においては、装置自体が電池としてはたらいている。この電池のしくみは、水素と酸素を反応させることにより化学エネルギーを電気エネルギーに変えるというものである。したがって、Xは化学、Yは電気となる。このような電池のことをZ：燃料電池という。

〔５〕

(1) おもりをつけているときと、つけていないときの、ばねをつるすスタンドからフックまでの長さの差がばねののびになる。

(2) ばねを引く力の大きさが２倍,３倍,…になると、ばねののびも２倍,３倍,…になる。この関係をフックの法則という。

(3) 図２からばねを引く力の大きさが0.4Nのとき、ばねののびが5cmと分かる。よって1Nあたりのばねののびは5cm÷0.4＝12.5cmとなる。そのばねに12gのおもりをつけると、0.12Nの力がばねに加わるので、12.5cm×0.12＝1.5cmばねがのびる。

(4) 電子てんびんが示す値は、電子てんびんに対して下向きにはたらく力のことである。作用反作用の法則により、同時におもりは電子てんびんから上向きに同じ力で押し返されている。おもりにかかる力を考え、電子てんびんがおもりを押す力を求めることで、電子てんびんの示す値が求められる。おもりにかかる重力は下向きに0.5Nである。ばねがおもりを上向きに引く力は、ばねののびが3.3cmということから、3.3cm÷12.5＝0.264より0.264Nであることが分かる。電子てんびんがおもりを上向きに押し返す力は0.5N－0.264N＝0.236Nであることが分かる。これが電子てんびんに対して下向きにはたらく力であり、質量で表すと23.6gとなる。

〔６〕

酸化銅の炭素を使った還元の実験において、炭素の粉末の量を変える際に、酸化銅と炭素がお互いに過不足なく反応するときの炭素の質量に着目することがポイントとなる。

(1) 石灰水に二酸化炭素を通すと、白く濁る。

(2) 酸化銅の炭素による還元の化学反応式を書くと以下のようになる。

$2CuO + C \rightarrow 2Cu + CO_2$

質量保存の法則に着目して、反応前と反応後の質量が同じになるようにする。

二酸化炭素の質量の求め方の例

＜例＞酸化銅6.00gに炭素粉末0.15gを加えたら加熱後、試験管Aに5.60g残った場合

6.00(g)＋0.15(g)＝5.60(g)＋[二酸化炭素の質量(g)]

これより[二酸化炭素の質量(g)]＝6.15(g)－5.60(g)

＝0.55(g)

このように計算して実験の結果をまとめた表に、発生した二酸化炭素の質量という欄を加えてみると、

炭素の粉末の質量〔g〕	0.15	0.30	0.45	0.60	0.75	0.90
加熱後の試験管Aに残った固体の質量〔g〕	5.60	5.20	4.80	4.95	5.10	5.25
加熱後の試験管Aに残った固体の色	赤色と黒色		赤色	赤色と黒色		
発生した二酸化炭素の質量〔g〕	0.55	1.10	1.65	1.65	1.65	1.65

となる。これをもとにグラフにすると解答のようになる。グラフをかく際に押さえておくべきポイントを２点挙げる。１つは表にかかれている測定値は●などの印ではっきり記入すること。もう１つは原点から炭素の質量が0.45gのところまで直線で結ぶこと。

(3) 表によれば、加熱後の試験管Aに残った固体の色が「赤色と黒色」「赤色」の２種類のパターンがある。上記の化学反応によれば、還元反応が完全に行われると加熱後は銅のみ残る。銅の色は赤色なので、この実験において、酸化銅と炭素がお互いに過不足なく反応したときの炭素の質量は0.45gであることが分かる。つまり、炭素の質量が0.45g未満のところでは、炭素が完全に反応して、酸化銅が余る。したがって加熱後に残った黒色の物質のYは酸化銅である。そして炭素の質量が0.45gより大きいところでは、酸化銅が完全に反応しきって、炭素が余る。この範囲での黒色の物質のZは炭素である。

(4) 酸化銅と炭素が完全に反応する場合の質量を以下にまとめる。

$2CuO \quad + \quad C \quad \rightarrow \quad 2Cu \quad + \quad CO_2$

6.00g　　0.45g　　4.80g　　1.65g

ここにおいて、酸化銅10.00gが完全に反応したとすると、10.00g÷6.00×0.45＝0.75gの炭素が必要である。しかし、今回は炭素の粉末は0.60gしか用意していないため、酸化銅10.00gはすべて反応できない。したがって、炭素0.60gが完全に反応したと考えることができる。必要な0.75gの$\frac{4}{5}$倍にあたる0.6gしか炭素を用意していないので、10.00gの$\frac{4}{5}$倍の8.00gしか還元できず、2.00gの酸化銅が残る。

〔7〕

(1) 図アは実験１について、スイッチ１のみを入れたときの回路図である。図２より電圧が１Vのときに流れる電流が100mA＝0.1Aなので、抵抗器ａの抵抗の値は１V÷0.1A=10Ωとなる。

(2) ①図イは実験２を回路図にしたものである。抵抗器ａと抵抗器ｂの並列回路になるので、この回路全体の抵抗Rを求めると、$\frac{1}{R}=\frac{1}{10}+\frac{1}{5}=\frac{3}{10}$より、$R=\frac{10}{3}\Omega$となる。また、電圧の大きさは、$0.4\text{A}\times\frac{10}{3}\Omega=1.3333\cdots\fallingdotseq 1.3\text{V}$となる。

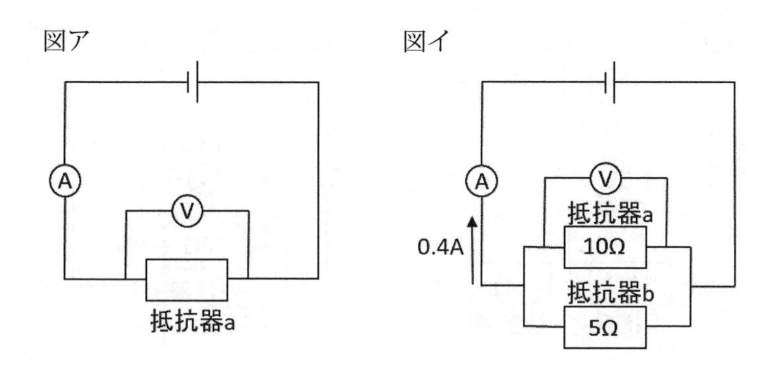

②実験2において、スイッチ1のみを入れた場合とスイッチ1,2の両方を入れた場合で、抵抗器にかかる電圧の大きさは変わらない。つまり、スイッチの切り替えによって、抵抗器aに流れる電流の大きさは変わらない。スイッチ1,2の両方を入れた場合は、さらに抵抗器bにも電流が流れるので、全体の電流の大きさは抵抗器bに流れる電流の分、大きくなる。つまり全体の抵抗の値はスイッチ1,2の両方を入れたときの方がスイッチ1のみのときより小さくなり、全体に流れる電流の値は大きくなる。

(3) 図1の回路において、スイッチ2のみを入れると図ウのようになる。この場合、抵抗器aに流れる電流は1.50V÷10Ω＝0.15Aである。抵抗器bにも同じ電流が流れるため抵抗器bにかかる電圧は0.15A×5Ω＝0.75Vとなる。よって、抵抗器bで消費する電力は0.75V×0.15A＝0.1125Wである。また、図3の回路においてスイッチ1,2の両方を入れた場合は図エのようになる。抵抗器bに流れる電流は1.5V÷5Ω＝0.3Aである。抵抗器bにかかる電圧は1.50Vなので、消費する電力は1.50V×0.30A＝0.45Wである。よって、0.45÷0.1125＝4倍となる。

なお、別解として、以下のような考え方も参考にするとよい。以下の表は図1の抵抗器bと図3の抵抗器bの電圧、電流の値をまとめたものである。

	電圧（V）	電流（A）	電力（W）
図1の抵抗器b	0.75	0.15	0.75×0.15
図3の抵抗器b	1.50	0.30	1.50×0.30

上の表によれば、図3の抵抗器bの電圧、電流は図1の抵抗器bの電圧、電流のそれぞれ2倍となり、電力はそれぞれの積なので、2倍×2倍＝4倍となる。こちらの方が、計算をするより計算量も少なく、かつ数字が単純なため、ミスが少なくて済む。

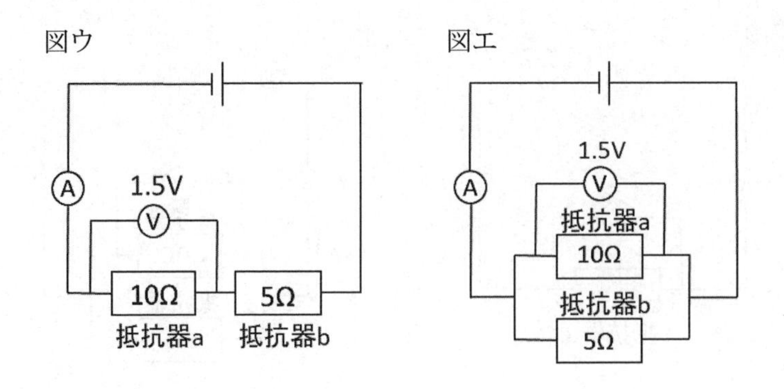

〔8〕

(1)　①北の空では時間の経過とともに、北極星を中心に反時計回りに回る。南の空では時間の経過とともに、東から南を通って西に沈むように回る。

②日周運動は地球の自転によるものである。地球は1日に西から東へ1周自転する。

(2)　7月20日から8月4日までは15日間経過しており、これは半月分である。年周運動により1日1度移動することから、南の空のさそり座は半月後の8月4日の午後9時頃には図2の位置から15度西に移動して見える。この日に図2と同じ位置に見るためには、星の日周運動が1時間に15度動くことを考慮すると1時間前に観察しなければならないので、午後9時の1時間前で午後8時頃ということになる。

(3)　さそり座を南の空に観察できるのは、Bの場合は正午（正確には観察できない）、Cの場合は日の出の時間帯、Dの場合は真夜中の時間帯である。

(4)　図3において地球がBの位置にあるときが12月頃で、地球に対して太陽とさそり座が同じ方向にあるため、太陽の光でさそり座を観察することができない。

〔三〕

※ 30点

設問	解答	配点	正答率
(一)	つたえ	(2点)	[96.1%]
(二)	エ	(4点)	[87.7%]
(三)	ア	(4点)	[58.3%]
(四)	イ	(4点)	[56.9%]
(五)	ウ	(4点)	[45.4%]
(六)	〔正答例〕資業の漢詩が数多く採用されたことを義忠がねたみ、民部卿が資業から金品を受け取って採用したという無責任な発言をしたから。	(12点)	[21.2%]

〔四〕

※ 35点

設問	解答	配点	正答率
(一)	ウ	(3点)	[86.8%]
(二)	ア	(3点)	[85.5%]
(三)	〔正答例〕人類の数が増え続ける一方で、人類より下に位置する無数の生物の数と多様性が減っていくこと。	(8点)	[42.4%]
(四)	はじめ 頂点の少数 終わり えていく。	(5点)	[59.4%]
(五)	エ	(4点)	[69.0%]
(六)	〔正答例〕技術発展の方向性を決める快適さや便利さ、効率性を追求する心、金銭的な利益が幸福と直結しないことを知り、生き物が個別の特殊性を持ち、それが全体としては多様性となる一方で、互いに生物としての普遍性を持っているという知識が広がって行く必要がある。	(12点)	[16.9%]

国語正答表、配点［　］は正答率

〔一〕［68.6%］
〔二〕［72.7%］
〔三］［48.0%］
〔四〕［46.6%］

受検番号	

※ 100点

（全日制受検者平均点）
［55.3点］

〔一〕 ※ 20点

	問	問題	正答	配点・正答率
(一)	1	敬う	うやま	（それぞれ2点）［89.0%］
	2	詳しい	くわ	［98.9%］
	3	回顧	かいこ	［66.8%］
	4	濃霧	のうむ	［78.3%］
	5	辛抱	しんぼう	［88.1%］
(二)	1	サカん	盛ん	（それぞれ2点）［66.0%］
	2	サズける	授ける	［37.4%］
	3	ヨチョウ	予兆	［31.8%］
	4	センリャク	戦略	［72.8%］
	5	ヨクシュウ	翌週	［56.6%］

〔二〕 ※ 15点

問	正答	配点・正答率
(一)	ア	（それぞれ3点）［99.2%］
(二)	エ	［40.1%］
(三)	／	［100.0%］※正答が存在しないため、受検者全員を正解とした
(四)	イ	［64.5%］
(五)	イ	［59.6%］

国　　語

解説

〔一〕 漢字の読み書き

読み取り・書き取りそれぞれ訓読み2問、音読み3問が出題されている。特に書き取りでは、いわゆる上手な字で書く必要はないが、設問上の指示がなくても楷書で（点画を略さず正確に書くこと）、かつトメ・ハネ・ハライに十分注意して書くこと。

〔二〕 語彙・文法

㈠ 〈語句の意味〉

「計画を立てる」というときの「立てる」は、「新しく作り上げる」という意味である。「目標を立てる」というときの「立てる」もまた、「（目標を）新しく作り上げる」という意味で使われている。各文の「立てる」の意味は次のとおりとなる。

例　春休みの計画を立てる。　新しく作り上げる
ア　来年度の目標を立てる。　新しく作り上げる
イ　やかんが湯気を立てる。　立ち上らせる
ウ　実業家として身を立てる。　（好ましい形で）成り立たせる
エ　隣の会話に聞き耳を立てる。　注意を向ける

㈡ 〈単語の数〉

各選択肢の語数は次のとおり。「穏やかに」は形容動詞「穏やかだ」の連用形、「素早く」は形容詞「素早い」の連用形である点が特に間違いやすいので注意すること。

例　あなた／と／再び／会え／て／うれしい。　6語
ア　穏やかに／日々／を／過ごし／た。　5語
イ　駅／の／ホーム／で／電車／を／待つ。　7語
ウ　素早く／準備／に／取りかかる。　4語
エ　借り／た／本／を／いったん／返す。　6語

㈢ 〈文節同士の関係〉

※出題に誤りがあり正答が存在しないため、問題および解答・解説を掲載していません。

㈣ 〈熟語の構成〉

「花鳥風月」は、それぞれが自然の美を表すもののたとえとして挙げられていることから、四字がそれぞれ並立する関係にあると考えられる。各選択肢の分類は以下の説明のとおり。

例　花鳥風月　四字がそれぞれ並立する。
ア　共存共栄　（修飾・被修飾）＋（修飾・被修飾）が並立する。
イ　起承転結　四字がそれぞれ並立する。

ウ　大器晩成　（修飾・被修飾）＋（修飾・被修飾）が主述の関係で結ばれる。

エ　有名無実　（後ろの字が前の字を説明）＋（後ろの字が前の字を説明）が並立する。

㈤　〈ことわざ・慣用句〉

それぞれ「一にも二にも」、「一から十まで」、「百聞は一見に如かず」が当てはまる。

〔三〕古文の読解（『今昔物語集』の一部と現代語による説明文）

【現代語訳】

※『新編　日本古典文学全集』による。学習の便宜上、一部表現を改めることとした。

民部卿はこのことを耳にして激怒し、これらの詩はみなりっぱなすばらしい辞句のもので、選定には私情を交えてはいないと弁明されたので、宇治殿は義忠の言ったことをとうてい納得がいかないことだとお思いになり、義忠をお呼びになって、「どういうわけであのようなでたらめを申し立てて、事態を混乱させようとするのか」と叱責なさった。義忠は恐縮して家にこもってしまった。翌年の三月になって許された。ところが、義忠はある女房に託して、（宇治殿に）和歌を差し上げたのは、

あをやぎの……（資業の色糸の詩句を非難したためおとがめを受けた恨みを晴らさないままいつか三月ともなってしまったことだなあ）

その後はこれといった仰せもなく、そのままに終わってしまった。

思うに、義忠にしても、なにか非難すべき理由があって非難したのであろう。ただ、民部卿が当時、人望のある人であったので、「私情を交えるという評判をとらないように」という配慮から、おとがめがあったのであろうか。また資業にしてみても、人の非難を受けるような漢詩はよもや作らなかったであろうよ。

こういう争いも、ただ才能を競うことから起きた事件である。しかし、義忠が民部卿に対して無責任な発言をしたのはよくないことだと人々は言って、義忠を非難した、とこう語り伝えているということだ。

㈠　〈現代かなづかい〉

語頭以外の「は・ひ・ふ・へ・ほ」は、それぞれ「わ・い・う・え・お」に改めることが求められる。また、設問の指示にしたがってすべてひらがなで書くこと。

㈡　〈単語の意味の確定〉

まずは傍線部の前後をよく読むこと。宇治殿は、義忠の言ったことが「心得」なかった。そこで宇治殿は義忠を呼び出して、「なぜあのようなでたらめなことを言うのか」と問いただして叱責した、という筋書きである。つまり、義忠の言っていることについて宇治殿はそれがでたらめだと分かっており、かつ否定的に考えていたと読むことができるため、ここでいう「心得ず」には、「納得がいかない」という意味が当てはまると考えられる。

㈢〈和歌の解釈、心情・内面の説明〉

まずは設問を見てみると、①和歌に込められた気持ちがどのようなものか、さらに、②誰の気持ちなのかの2点を尋ねられている。このことに注意して設問を考える。

気持ちに注目して和歌を読んでみると、途中に「うらみ」ということばがあることに気が付き、この和歌に込められた気持ちはまさに「うらみ（＝ひどい仕打ちに対する反感）」と考えることができる。

では、なぜ和歌の詠み手は「うらみ」を感じているのか。和歌の前半を読むと、「資業の色糸の詩句を非難したためおとがめを受けた」という説明がある。これを踏まえると、和歌に込められた「うらみ」とは、「資業の色糸の詩句を非難したためおとがめを受けたことへのうらみ」といえる。そして、そのような「うらみ」をもつとすれば、それは文章中では義忠ただ一人しかいない、といえることになる。

㈣〈意味内容の説明〉

問題になっている「私情」とは、「個人的な思いや考え」という意味である。これを踏まえて、古文を改めて通読してみると、ここでいう「私情」とは、「資業から金品を受け取ったのだから、資業の漢詩を多く採用しよう」という思いだということができる。そうすると、このような思いを誰が抱くのか、と考えれば、それは民部卿だ、と考えられる。

㈤〈意味内容の説明〉

Aの文章を読むと、義忠は、資業と民部卿に対して、下記の点で問題点を訴えている。

・資業→漢詩に難点が多い

・民部卿→金品を受け取って採用した（＝漢詩の選定に際して私情を交えた）

Bの古文では、「此を思ふに」の後から作者の感想が始まっており、上記の義忠の訴えに対して、下記のように述べている。

・民部卿→私情を交えるという評判を取られないような処置をされた

・資業→「人の非難がある漢詩はよもや作らなかったであろう」

よって、Aの文章とあわせて考えると、傍線部の「非難」とは、「漢詩に難点が多い」ことに対する非難であると分かる。

㈥〈理由説明〉

傍線部を含む一文を注意深く読むと「義忠が民部卿に対して無責任な発言をしたのはよくないことだと人々は言って、義忠を非難した」という内容が書かれてあり、人々が義忠を非難した理由は、「義忠が民部卿に対して無責任な発言をしたから」であるということができる。古文が苦手な人は、まずはこの点を指摘できるようになりたい。

さらに、Aの文章からは、義忠の発言のどのような点が無責任だったのかが読み取れる。これは具体的にいえば、「資業の漢詩が数多く採用されているのは、民部卿が資業から金品を受け取っているからだ」という趣旨の発言である。この点こそが、義忠の発言の無責任さであると考えられる。

〔**四**〕現代文の読解（浅島　誠『生物の「安定」と「不安定」 生命のダイナミクスを探る』による）

【本文Ⅰの要約】食物連鎖のピラミッドの頂点に立つ人類が、自然を改変するとともに、その数を増やし続けた場合、ゆくゆくはヒトという種が絶滅するという危険を招くことにつながる。ナチュラル・ヒストリーを知って、人類を含めた将来の自然と生命の多様性を考える際の視点を持つべきである。(128字)

㈠〈接続語の挿入〉

どの接続語が適切かを判断するには、該当箇所の前後を丹念に読むことから始めたい。空欄Aの前には、食物連鎖のピラミッドは、細菌、植物、草食動物、肉食動物というような段階がある、という説明が書かれている。これに対して空欄Aの後では、草食性の昆虫、カエル、ヘビ、タカ、というように、具体的な動物の名前が挙げられている。つまり、空欄Aの後で、前部分の説明を具体化していると考えることができる。選択肢の中でこのような役割を果たすことのできる接続語は「例えば」となる。

㈡〈適語補充〉

㈠の問題と同じように、該当箇所の前後（特に該当箇所の後）を読むと、まず空欄ａの前後から、現代のヒトを食物連鎖のピラミッドに入れるとしたら、それはピラミッドの頂点になる、という説明がある。さらに、自分たちを食べる動物がいるかどうかによって、ある動物を食物連鎖の頂点に入れてよいかを判断できる、と説明されている。つまり、現代のヒトを食べる動物はいないのだから、結局現代のヒトはピラミッドの頂点に置かれることになるのである。そうすると、空欄ａには「実質的」が最もよく当てはまる、ということになる。

㈢〈意味内容の説明〉

傍線部を含む一段落を通して読んでみると、前半部分には、本来の生物ピラミッドが成り立っている間は、ピラミッドの上部の生物の数は少なく、下部の生物の数は多い、というバランスが取れている、という説明が書かれている。そしてその直後の後半部分には、ピラミッドの頂点に位置する人類の数が増え、下部の生物たちの数は減るだろうと予測されている。そして筆者はこのことを、「生物量の均衡を失う」と表現している。字数制限に注意しながら、後半部分の内容をまとめるとよい。

㈣〈意味内容の説明〉

「ピラミッドは三角形である」とはどういうことかについて考えてみる。本文でいうピラミッドとは何かといえば、食物連鎖のことである。そして、それぞれの段階ごとの個体数のバランスが取れているとき、下部の生物たちの数は多く、上部の生物たちの数は少ない、と説明されている。このことを捉えて、「ピラミッドは三角形である」と筆者はいう。このような意味内容になるはずだということを踏まえて、それに近い表現を探せば、該当箇所は見つかる。

一見して意味がよく分からない一節があったら、その一節をパーツごとに分解し、文章に即して意味を確定させるのが鉄則である。今回の問題でいえば、「ピラミッド」「三角形」といったパーツそれぞれの意味内容を明らかにすれば、解答にたどりつけるということになる。

㈤ 〈理由説明〉

傍線部の置かれた位置に注目すると、ちょうど一つの段落の最後に置かれていることが分かる。そこで、まずは傍線部を含んだ一段落を丹念に読むことから始めてみると、生物の数のバランスが取れなくなった場合に、「ヒトという種の健全な存続が危ぶまれるようになる」と書かれている。これはすなわち、“もし生物の数のバランスが失われた場合、ゆくゆくはヒトという種が生きながらえることができなくなる可能性がある”という意味だと捉えることができる。このことを踏まえて選択肢を見てみれば、解答を一つに絞り込むことは十分可能である。

㈥ 〈文章全体を踏まえた筆者の主張の説明〉

問われていることが何かをよく確認する。まずは設問を読んで、①ヒトが知る必要のあることは何か、そして、②広がって行く必要のある知識は何か、の2点が問われているということをつかむこと。このことを意識して本文Ⅱを読んでみると、第2段落にその答えが端的に示されていることに気が付くはずだ。すなわち、「①幸福なき便利さを求める意味はない。金銭的な利益が幸福と直結しないことを示す事例は少なくない。そうしたことをヒトが知り、②ナチュラル・ヒストリーについての知識が広がって行けば、技術発展の方向性に影響を与えずにはおかないだろう」、と。したがって、①幸福なき便利さを求める意味はなく、金銭的な利益が幸福と直結しないことを示す事例は少なくないことを知る必要があり、②ナチュラル・ヒストリーについての知識が広がって行くべきである、ということを指摘することが、この問題に対する解答への第一歩となる。

そのうえで、ここでいう「ナチュラル・ヒストリー」が具体的にはどのようなものかが問題となる。ナチュラル・ヒストリーについての具体的な説明を探してみると、本文Ⅰの終盤に次のような一節がある。すなわち、「それぞれの生き物は個別の特殊性を持ち、それが全体としては多様性となる一方で、互いに構造や機能の共通性――生物としての普遍性――を持っている。ナチュラル・ヒストリーとは、生き物が歩んできた、このような歴史のことである」、と。そこで、この一節を使って、ナチュラル・ヒストリーとは具体的にどのようなものかについての説明を試みるとよい。

令和５年度入試問題

国語は167ページ～159ページに掲載。

実際の入試は下記の順で行われました。

国 語　10時00分～10時50分（50分間）
数 学　11時10分～12時00分（50分間）
英 語　13時00分～13時50分（50分間）
社 会　14時10分～15時00分（50分間）
理 科　15時20分～16時10分（50分間）

WEBサイト「新潟日報メディアネットブックストア」から
ダウンロードできます。

解答用紙ダウンロード➡

数　学

〔1〕 次の(1)~(8)の問いに答えなさい。

(1) $7-(-3)-3$ を計算しなさい。

(2) $2(3a-2b)-4(2a-3b)$ を計算しなさい。

(3) $(-6ab)^2 \div 4ab^2$ を計算しなさい。

(4) 連立方程式 $\begin{cases} x+3y=21 \\ 2x-y=7 \end{cases}$ を解きなさい。

(5) $\sqrt{45}-\sqrt{5}+\dfrac{10}{\sqrt{5}}$ を計算しなさい。

(6) 130 人の生徒が 1 人 a 円ずつ出して，1 つ b 円の花束を 5 つと，1 本 150 円のボールペンを 5 本買って代金を払うと，おつりがあった。このとき，数量の関係を不等式で表しなさい。

(7) 右の図のように，円 O の周上に円周を 9 等分する 9 つの点 A，B，C，D，E，F，G，H，I がある。線分 AD と線分 BF の交点を J とするとき，$\angle x$ の大きさを答えなさい。

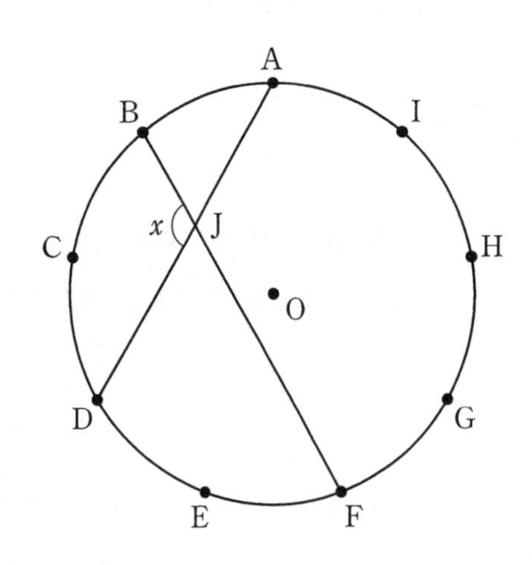

(8) 右の図は，ある家庭で購入した卵 40 個の重さを 1 個ずつはかり，ヒストグラムに表したものである。このヒストグラムに対応する箱ひげ図として正しいものを，次のア～エから 1 つ選び，その符号を書きなさい。ただし，階級は 52 g 以上 54 g 未満のように，2 g ごとの区間に区切っている。

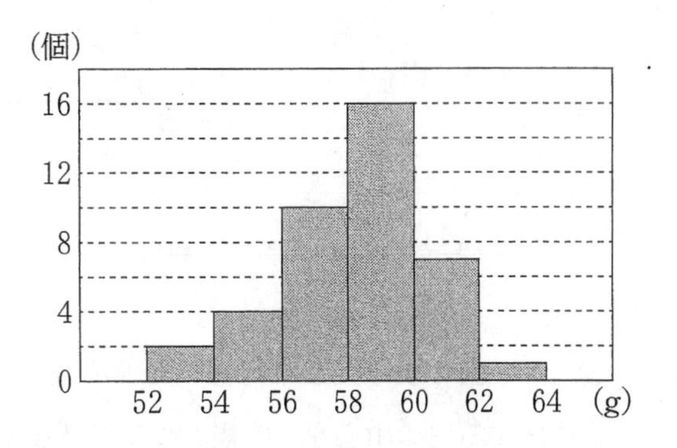

ア

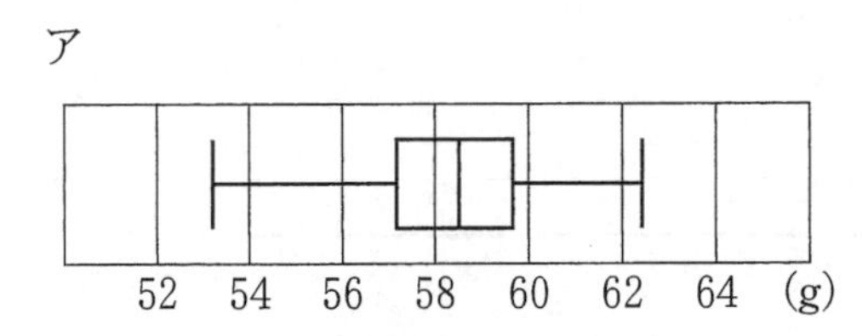

イ

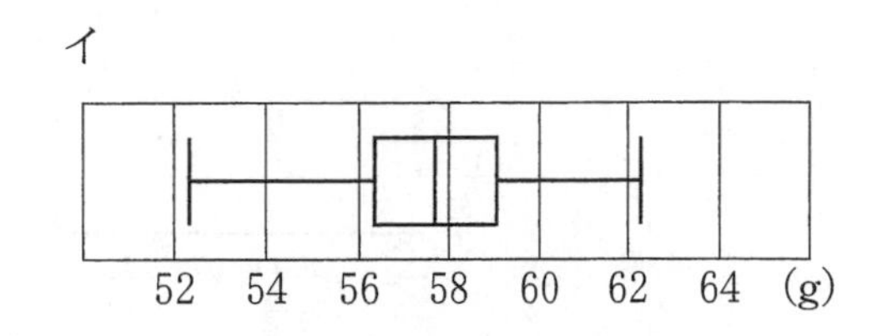

ウ

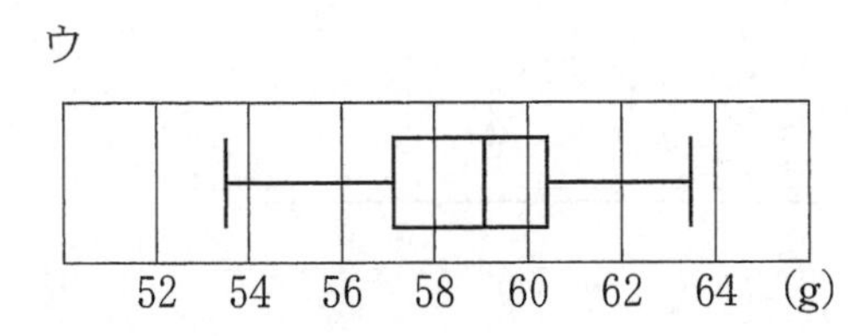

エ

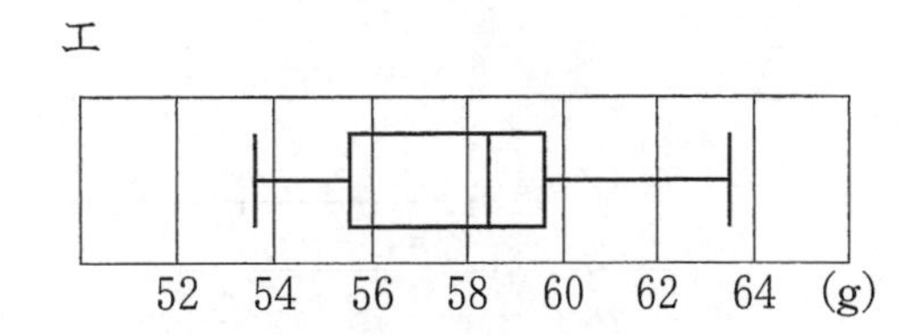

〔2〕 次の⑴〜⑶の問いに答えなさい。

⑴ 1から6までの目のついた1つのさいころを2回投げるとき，1回目に出る目の数をa，2回目に出る目の数をbとする。このとき，$\dfrac{24}{a+b}$が整数になる確率を求めなさい。

⑵ 下の図のように，AD // BCの台形ABCDがあり，∠BCD = ∠BDCである。対角線BD上に，∠DBA = ∠BCEとなる点Eをとるとき，AB = ECであることを証明しなさい。

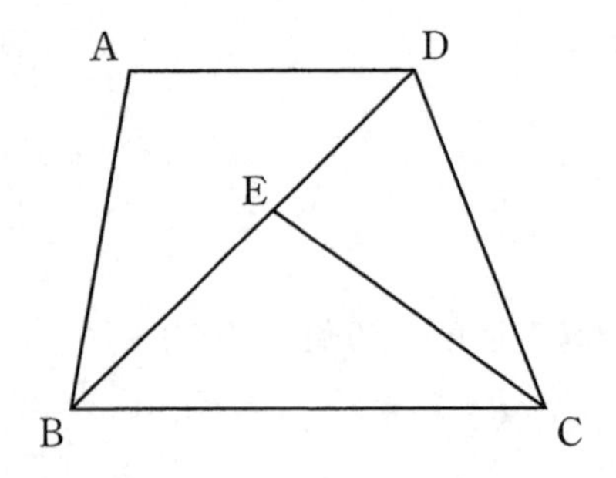

⑶ 下の図のように，平行な2直線ℓ，mと点Aがある。点Aを通り，2直線ℓ，mの両方に接する円の中心を，定規とコンパスを用いて，作図によってすべて求め，それらの点に●をつけなさい。ただし，作図は解答用紙に行い，作図に使った線は消さないで残しておくこと。

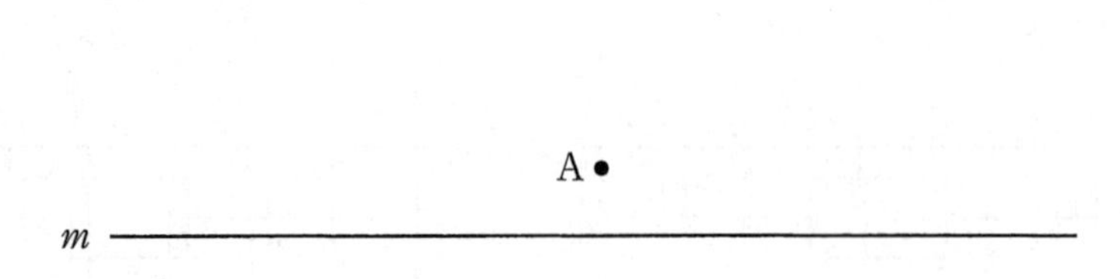

〔3〕 下の図1のように，OA ＝ 12 cm，OC ＝ 6 cm の長方形 OABC があり，2つの頂点 O，A は直線 ℓ 上にある。点 P は，頂点 O を出発し，毎秒 2 cm の速さで，図2，3のように直線 ℓ 上を頂点 A まで移動する。また，線分 OP の延長上に，OP ＝ PQ となる点 Q をとり，直線 ℓ について長方形 OABC と同じ側に，正方形 PQRS をつくる。

点 P が頂点 O を出発してから，x 秒後の長方形 OABC と正方形 PQRS の重なっている部分の面積を y cm^2 とするとき，次の(1)～(4)の問いに答えなさい。ただし，点 P が頂点 O，A にあるときは，$y = 0$ とする。

図1

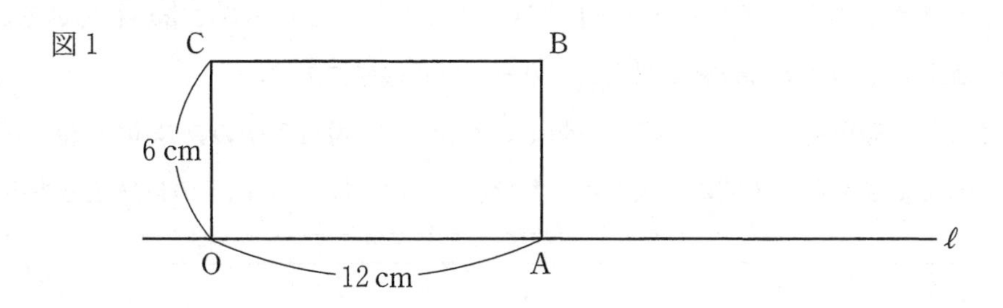

図2

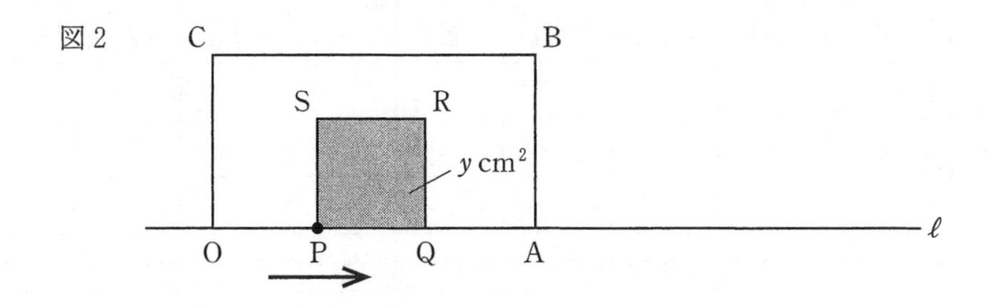

図3

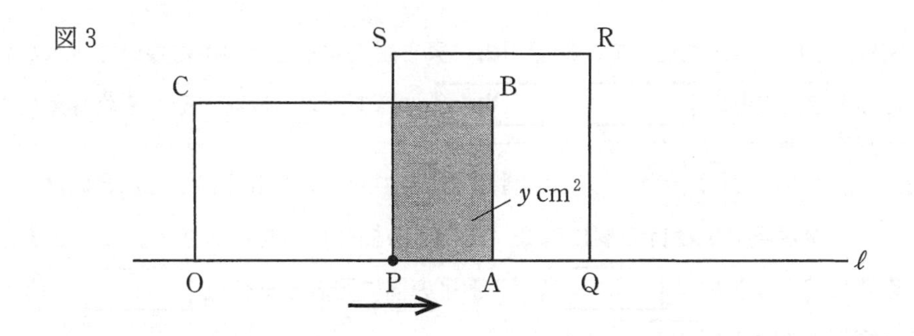

(1) $x = 2$ のとき，y の値を答えなさい。

(2) 次の①，②について，y を x の式で表しなさい。

① $0 \leqq x \leqq 3$ のとき

② $3 \leqq x \leqq 6$ のとき

(3) $0 \leqq x \leqq 6$ のとき，x と y の関係を表すグラフをかきなさい。

(4) $y = 20$ となる x の値をすべて求めなさい。

〔4〕 箱の中に，数字を書いた10枚のカード[0]，[1]，[2]，[3]，[4]，[5]，[6]，[7]，[8]，[9]が入っている。これらのカードを使い，次の手順Ⅰ～Ⅲに従って，下のような記録用紙に数を記入していく。このとき，あとの(1)，(2)の問いに答えなさい。

手順

Ⅰ 箱の中から1枚のカードを取り出して，そのカードに書かれている数字を，記録用紙の1番目の欄に記入し，カードを箱の中に戻す。

Ⅱ 箱の中からもう一度1枚のカードを取り出して，そのカードに書かれている数字を，記録用紙の2番目の欄に記入し，カードを箱の中に戻す。

Ⅲ 次に，記録用紙の$(n-2)$番目の欄の数と$(n-1)$番目の欄の数の和を求め，その一の位の数をn番目の欄に記入する。ただし，nは3以上18以下の自然数とする。

記録用紙

1番目	2番目	3番目	4番目	5番目	6番目	…	16番目	17番目	18番目

(1) 次の文は，手順Ⅰ～Ⅲに従って，記録用紙に数を記入するときの例について述べたものである。このとき，文中の[ア]～[ウ]に当てはまる数を，それぞれ答えなさい。

例えば，手順Ⅰで[2]のカード，手順Ⅱで[3]のカードを取り出したときには，下のように，記録用紙の1番目の欄には2，2番目の欄には3を記入する。このとき，16番目の欄に記入する数は[ア]，17番目の欄に記入する数は[イ]，18番目の欄に記入する数は[ウ]となる。

1番目	2番目	3番目	4番目	5番目	6番目	…	16番目	17番目	18番目
2	3	5	8	3	1	…	[ア]	[イ]	[ウ]

(2) 手順Ⅰ，Ⅱで取り出したカードに書かれている数字と，手順Ⅲで記録用紙に記入する数に，どのような関係があるかを調べるために，次の表1，2を作った。

表1は，手順Ⅰで[0]～[9]のいずれか1枚のカードを取り出し，手順Ⅱで[5]のカードを取り出したときのそれぞれの場合について，1番目の欄の数を小さい順に並べ替えてまとめたものである。また，表2は，手順Ⅰで[0]～[9]のいずれか1枚のカードを取り出し，手順Ⅱで[6]のカードを取り出したときのそれぞれの場合について，1番目の欄の数を小さい順に並べ替えてまとめたものである。このとき，下の①，②の問いに答えなさい。

表1

1番目	2番目	…	16番目	17番目	18番目
0	5	…	0	5	5
1	5	…	7	5	2
2	5	…	4	5	9
3	5	…	1	5	6
4	5	…	8	5	3
5	5	…	5	5	0
6	5	…	2	5	7
7	5	…	9	5	4
8	5	…	6	5	1
9	5	…	3	5	8

表2

1番目	2番目	…	16番目	17番目	18番目
0	6	…	0	2	2
1	6	…	7	2	9
2	6	…	4	2	6
3	6	…	1	2	3
4	6	…	8	2	0
5	6	…	5	2	7
6	6	…	2	2	4
7	6	…	9	2	1
8	6	…	6	2	8
9	6	…	3	2	5

① 手順Ⅱで[5]，[6]以外のカードを取り出しても，17番目の欄の数は，1番目の欄の数に関係なく，2番目の欄の数によって決まる。このことを証明しなさい。

② 手順Ⅰで[x]のカード，手順Ⅱで[4]のカードを取り出したとき，18番目の欄の数が1になった。このとき，x の値を求めなさい。

〔5〕 下の図のような立体ABC－DEFがあり，四角形ABEDは，BA＝5 cm，BE＝10 cmの長方形であり，△ABCと△DEFは正三角形である。また，辺BEと辺CFは平行であり，CF＝5 cmである。点Cから辺BEに引いた垂線と辺BEとの交点をPとするとき，次の(1)～(3)の問いに答えなさい。

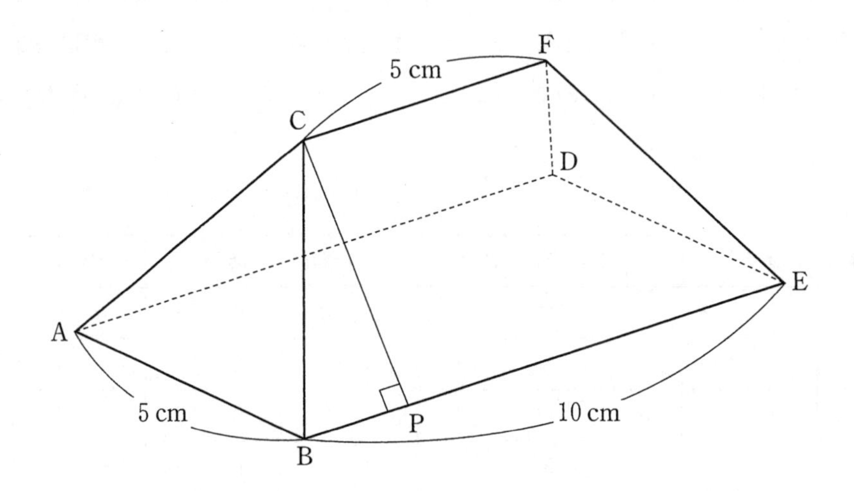

(1) 線分CPの長さを答えなさい。

(2) 5点C，A，B，E，Dを結んでできる四角すいの体積を求めなさい。

(3) 4点A，B，C，Fを結んでできる三角すいの体積を求めなさい。

数学解答用紙

（注１） 解答は，横書きで記入すること。

〔１〕

(1)		(2)		(3)	
(4)	$x =$ ， $y =$	(5)		(6)	
(7)	$\angle x =$ 度	(8)			

〔２〕

(1)	〔求め方〕 答 ＿＿＿＿＿＿
(2)	〔証明〕
(3)	ℓ ＿＿＿＿＿＿ A● m ＿＿＿＿＿＿

受検番号	

〔3〕

(1)	$y =$	(2)	①		②
(3)	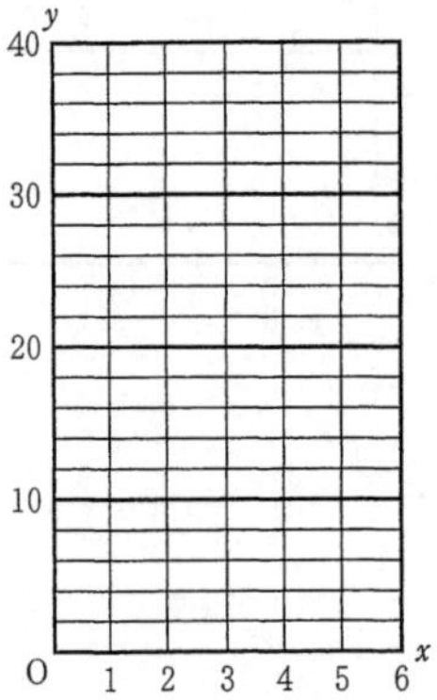	(4)	〔求め方〕 答　$x =$		

〔4〕

(1)	ア		イ		ウ	
(2)	①	〔証明〕				
	②	〔求め方〕 答　$x =$				

〔5〕

(1)	cm
(2)	〔求め方〕 答　cm^3
(3)	〔求め方〕 答　cm^3

英　語

※リスニング音声はWEBサイト
「新潟日報メディアネットブックストア」から聞けます。
令和５年度リスニング音声➡

〔1〕 放送を聞いて，次の(1)～(3)の問いに答えなさい。

(1) これから英文を読み，それについての質問をします。それぞれの質問に対する答えとして最も適当なものを，次のア～エから一つずつ選び，その符号を書きなさい。

1 ア  イ  ウ  エ 

2 ア 35 minutes.　　イ 40 minutes.
　ウ 45 minutes.　　エ 50 minutes.

3 ア On Monday.　　イ On Wednesday.
　ウ On Saturday.　　エ On Sunday.

4 ア She wants to study about foreign countries.
　イ She wants to be an English teacher in Japan.
　ウ She wants to live and work in the U.S.
　エ She wants to write interesting books.

(2) これから英語で対話を行い，それについての質問をします。それぞれの質問に対する答えとして最も適当なものを，次のア～エから一つずつ選び，その符号を書きなさい。

1 ア Yes, he will.　　イ No, he won't.
　ウ Yes, he did.　　エ No, he didn't.

2 ア Kate's sister.　　イ Kate's friend.
　ウ Takumi's sister.　　エ Takumi's friend.

3 ア He will walk.　　イ He will go by taxi.
　ウ He will go by bus.　　エ He will go by bike.

4 ア Because she knew about the musicians well.
　イ Because the musicians' sound was beautiful.
　ウ Because she likes musicians who practiced a lot.
　エ Because the musicians looked like her.

(3) これから，あなたのクラスの英語の授業で，アメリカのバーナード中学校(Barnard Junior High School)に留学していたマキ(Maki)が，英語のスピーチをします。そのスピーチについて，二つの質問をします。それぞれの質問に対する答えを，３語以上の英文で書きなさい。

〔2〕 あなたは桜高校(Sakura High School)の生徒です。来月，ブラウン高校(Brown High School)の生徒が桜高校を訪問します。あなたとブラウン高校のピーター(Peter)は，そのときに行う交流活動について，事前の希望アンケートの結果をまとめたグラフを見ながら，オンライン上で打合せをしています。次の【グラフ】と，あなたとピーターの【会話】を読んで，下の(1)~(3)の問いに答えなさい。ただし，【会話】の＊＊＊の部分には，あなたの名前が書かれているものとします。

【グラフ】

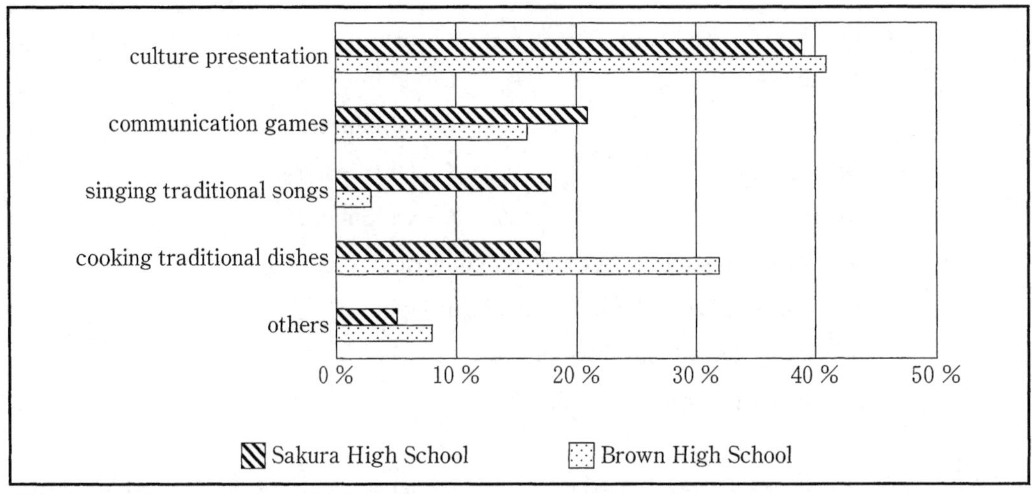

(注) communication コミュニケーション

【会話】

Peter:	The result was different between our schools.
＊＊＊:	Yes. I was surprised that only a few students from your school are interested in [　　　　]. Anyway, in both schools, (**a**), so let's do it.
Peter:	I agree. I think we can do one more activity. <u>What should we do?</u>
＊＊＊:	(**b**)
Peter:	That may be a good idea.

(1) 【会話】の [　　　　] の中に入る最も適当なものを，次のア～エから一つ選び，その符号を書きなさい。

ア culture presentation　　　　イ communication games

ウ singing traditional songs　　エ cooking traditional dishes

(2) 【会話】の流れが自然になるように，**a** の(　　　)に当てはまる内容を，1行以内の英語で書きなさい。

(3) 【会話】の下線部分の質問に対するあなたの答えを，【会話】の **b** の(　　　)の中に，3行以内の英文で書きなさい。なお，【グラフ】を踏まえて，具体的な理由も含めて書くこと。

〔3〕 次の英文を読んで，あとの(1)～(6)の問いに答えなさい。

Luis is a junior high school student from Mexico. He is staying with a family in Niigata. Now he is talking with Keita, the father of the family, in the home vegetable garden.

Keita: Luis, let's plant tomatoes in the garden together. Do you like tomatoes?

Luis: Yes. In Mexico, we use tomatoes for many dishes. I'll cook some dishes for you tomorrow.

Keita: Great! First, let's plant tomatoes and then, plant some marigolds near them.

Luis: Marigolds? They are very popular in Mexico. We use the flowers in a traditional festival in November.

Keita: What kind of festival is it?

Luis: We decorate graves with a lot of marigolds. We believe that our ancestors come back (**A**) the strong smell of marigolds.

Keita: It's like Japanese *obon*. We also believe our ancestors come back and we offer some flowers to them. We have the event in summer.

Luis: Wow, I thought your culture and our culture were different, but we have the same kind of traditional event. <u>How interesting!</u>**B** By the way, why do you plant marigolds near tomatoes?

Keita: Good question! The marigolds [me, make, help]**C** a safe vegetable garden.

Luis: Really? Why do marigolds do such a thing?

Keita: Again, the reason is their strong smell. Insects which eat tomato leaves don't like the smell, so [**D**].

Luis: Great! We don't have to use agricultural chemicals.

Keita: Right. I want to choose safe ways for the environment when I plant vegetables. (**E**) marigolds is one good way.

Luis: I see. <u>Can you tell me another example?</u>**F**

Keita: Yes, of course. For example, can you see the flowers over there? They are called *renge-sou* in Japanese. They will be natural fertilizers.

Luis: Amazing! I want to learn more about such ways. What should I do?

Keita: Well, [you, I, if, were]**G** , I would ask people who know about them very well.

Luis: That's a good idea. Can you introduce such people to me?

Keita: OK, some of my friends are farmers, so I'll ask them.

Luis: Thank you! At school, I'll start a research project with my classmates next month. It may be interesting to do research about eco-friendly ways to plant vegetables.

Keita: That will be an interesting research topic. I think my friends will help you a lot. Some of them also have machines which use less energy. You may also be interested in them.

Luis: Sounds interesting! Thank you.

Keita: You're welcome. Do your best in your research project.

Luis: I will. Can I find new eco-friendly ways?

Keita: It's not so easy, but I believe you can do it in the future if you work hard.

Luis: I hope so. My teacher told us that some human activities damage the environment. I think it is important for us to make the situation better.

Keita: That's right. Humans have been developing the civilization by using nature, but if we keep using things in nature, we will destroy the environment.

Luis: Yes. We should look for ways to live with nature.

(注) plant～ ～を植える　marigold マリーゴールド(花の名前)　decorate～ ～を飾りつける
grave 墓　ancestor 先祖　smell におい　*obon* お盆　offer～ ～を供える
insect 昆虫　agricultural chemical 農薬　*renge-sou* れんげ草(花の名前)
natural fertilizer 天然肥料　eco-friendly 環境にやさしい　civilization 文明
destroy～ ～を破壊する

(1) 文中の**A**，**E**の(　　)の中に入る最も適当なものを，次のア～エからそれぞれ一つずつ選び，その符号を書きなさい。

A　ア according to　イ because of　ウ instead of　エ such as

E　ア Use　イ Uses　ウ Used　エ Using

(2) 下線部分**B**について，ルイス(Luis)がそのように感じた理由を，具体的に日本語で書きなさい。

(3) 文中の**C**，**G**の［　　］の中の語を，それぞれ正しい順序に並べ替えて書きなさい。

(4) 文中の**D**の［　　］の中に入る最も適当なものを，次のア～エから一つ選び，その符号を書きなさい。

ア they like to stay on the flowers　イ they fly near the flowers

ウ they don't come to eat tomato leaves　エ they aren't damaged by tomato leaves

(5) 下線部分**F**について，ルイスが教えてほしいと言っているのは，何についての例か。具体的に日本語で書きなさい。

(6) 本文の内容に合っているものを，次のア～オから二つ選び，その符号を書きなさい。

ア Tomatoes are very popular in Mexico and they are put on graves during the festival in November.

イ Both people in Mexico and people in Japan believe that their ancestors come back in summer.

ウ Keita believes it is good to use safe ways for the environment when he plants vegetables.

エ Luis wants to meet some of Keita's friends to learn how to make delicious vegetables.

オ Luis learned from his teacher that humans damage the environment through some activities.

〔4〕 次の英文を読んで，あとの(1)～(6)の問いに答えなさい。

Hikari is a high school student. She likes English and she enjoys communicating with her American friend, Fred. One day, she sent an e-mail to him.

【E-mail from Hikari to Fred】

Hello, Fred. How are you? I'm enjoying my high school life, but I have a big question (A) now, and I want your opinion.

Today, my friend, Yuri, and I talked about our future. Now I'm interested in art history and I want to study about it after I finish high school. When I said so to Yuri, she asked me, "Will you be a teacher or a researcher in the future?" I said, "I have no idea about my future job now. I just want to study about art history because I'm interested in it." Yuri was really surprised to hear my answer. She decided her goal first before she decided what she would study.

Fred, you want to be a doctor and you are studying hard to achieve your goal, right? Should I decide my future job before I decide what to study?

【E-mail from Fred to Hikari】

Thank you for your e-mail, Hikari. I'm doing well.

Your question is difficult. Now I'm studying to achieve my goal, but I will keep studying after I become a doctor. And I also enjoy studying subjects which are not related to my dream. For example, in the U.S., many schools have drama classes. Most students will not be actors, but drama class is very popular. I like it. I think we can improve some skills through drama classes. For example, we sometimes make our own stories. My drama teacher says we can be good at creating something new through this activity. Also, now I can talk more clearly than before.

My brother studies math at university, but he is taking a music class, too. He says he can learn good teamwork in the class. You should study your favorite subjects. You can improve some skills by doing so.

Hikari thought Fred's opinion was interesting. She also likes music though she won't be a musician. "If [B] through learning, I'll be happy," she thought.

One week later, Fred introduced a website article to Hikari. It was an article for students written by a university professor.

【The website article】

You may think like this. "Why do I have to study this subject? I don't like it. It isn't related to my goal." I can understand your feelings, but is it really a good idea to study only your favorite things?

Let me tell you about one good example, Florence Nightingale (C). She is one of the most famous nurses in the world. She tried to make clean hospitals. She needed to show that it was important to make clean environments to save people's lives. She had the knowledge of math and statistics. By using that knowledge, she created her original graphs and showed that dirty environments would threaten people's lives.

Do you understand what this story means? You don't know what will be useful in the future. For example, in the future, you may find problems you want to solve. Then, some knowledge may help you. Or you can create something new by using that knowledge. You may not use it in the future, but it will be so fun to learn something new. Enjoy learning a lot of things. By doing so, you can broaden your world.

My father was a science teacher. He is 75 years old, but now, he is studying classic literature at university. He says he is so happy to learn something new.

"[**D**]," Hikari thought. <u>"I'll write an e-mail to Fred tonight."</u> **E**

(注) achieve～ ～を達成する　be related to～ ～と関連する　skill 技能　clearly はっきりと
take～class ～の授業を受ける　teamwork チームワーク　article 記事
professor 教授　knowledge 知識　statistics 統計学　graph グラフ
threaten～ ～をおびやかす　broaden～ ～を広げる　classic literature 古典文学

(1) 下線部分**A**について，その内容を，具体的に日本語で書きなさい。

(2) 文中の**B**の[　　]に当てはまる内容を，4語以上の英語で書きなさい。

(3) 下線部分**C**について，フローレンス・ナイチンゲール(Florence Nightingale)の例で，記事の筆者が最も伝えたいことを表している1文を，本文から探して抜き出しなさい。

(4) 文中の**D**の[　　]の中に入る最も適当なものを，次のア～エから一つ選び，その符号を書きなさい。

ア People have different reasons for learning

イ We should study for our dreams

ウ There is only one reason for learning

エ It is important to learn useful things

(5) 次の①～③の問いに対する答えを，それぞれ3語以上の英文で書きなさい。

① Has Hikari already decided her future job?

② How did Yuri decide what she would study?

③ In the drama class at Fred's school, what do students do to be good at creating something new?

(6) 下線部分**E**について，ヒカリ(Hikari)になったつもりで，フレッド(Fred)に対するメールを，解答用紙の"Hello, Fred. Thank you for your e-mail and the interesting article." に続けて，[　　]の中に，4行以内の英文で書きなさい。

英語解答用紙

（注1） 解答は，横書きで記入すること。

〔1〕

(1)	1		2		3		4	
(2)	1		2		3		4	
(3)	1							
	2							

〔2〕

(1)	
(2)	
(3)	

〔3〕

(1)	A		E	
(2)				
(3)	C			
	G			
(4)				
(5)				
(6)				

令和5年度 入試問題

受検番号	

〔4〕

(1)		
(2)		
(3)		
(4)		
(5)	①	
	②	
	③	
(6)	Hello, Fred. Thank you for your e-mail and the interesting article. Your friend, Hikari	

社　会

〔1〕 次の地図1，2を見て，下の(1)～(5)の問いに答えなさい。なお，地図1は，東京からの距離と方位を正しく示しており，地図中の緯線は赤道を基準として，また，経線は本初子午線を基準として，いずれも30度間隔で表している。

地図1　地図2

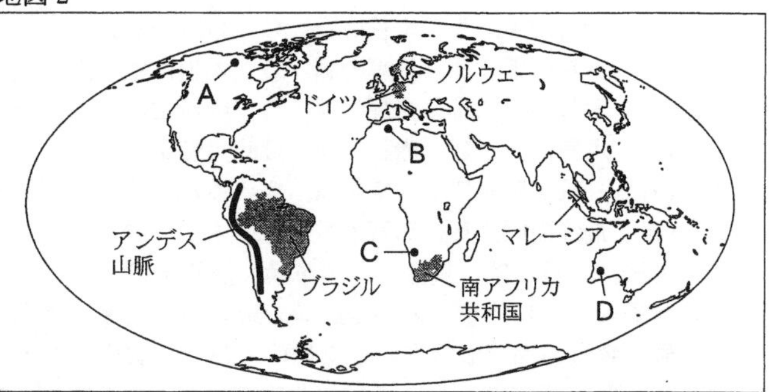

(1) 地図1中のⅠ～Ⅳで示した緯線のうち，赤道を示すものはどれか。Ⅰ～Ⅳから一つ選び，その符号を書きなさい。

(2) 地図2中の地点A～Dのうち，東京から見た方位がほぼ西の地点として，最も適当なものを一つ選び，その符号を書きなさい。

(3) 地図2で示したアンデス山脈の高地に暮らす人々の衣服について，その写真と説明として，最も適当なものを，次のア～エから一つ選び，その符号を書きなさい。

ア

5mほどの長い1枚の布を，体に巻きつけて着用する衣服

イ

中央に開けた穴から，頭を出して着用する毛織物の衣服

ウ

厳しい寒さから身を守る，動物の毛皮でつくられた衣服

エ

強い日ざしや砂あらしから身を守る，長袖で裾が長い衣服

(4) 地図2で示したノルウェーについて述べた次の文中の X ， Y に当てはまる語句の組合せとして，最も適当なものを，下のア～エから一つ選び，その符号を書きなさい。

> この国の西岸には， X によって削られた奥深い湾が連続する海岸線がみられる。また，緯度の高い地域では， Y には白夜となる時期がある。

ア〔X 川，　Y 夏〕　　イ〔X 川，　Y 冬〕
ウ〔X 氷河，Y 夏〕　　エ〔X 氷河，Y 冬〕

(5) 次の表は，地図2で示したブラジル，ドイツ，南アフリカ共和国，マレーシアについて，それぞれの国の人口密度，一人当たり国民総所得，主要輸出品の輸出額の割合を示したものであり，表中のa～dは，これらの四つの国のいずれかである。このうち，a，cに当てはまる国名を，それぞれ書きなさい。

	人口密度（人/km²）	一人当たり国民総所得（ドル）	主要輸出品の輸出額の割合(%)		
			第1位	第2位	第3位
a	233	47,186	機械類(28.7)	自動車(14.8)	医薬品（7.3）
b	102	10,209	機械類(43.4)	石油製品（6.1）	パーム油（4.2）
c	49	4,999	白金族(12.6)	自動車（9.8）	金(非貨幣用)（7.9）
d	25	6,667	大豆(13.7)	鉄鉱石(12.3)	原油（9.4）

（「世界国勢図会」2022/23年版による）

〔2〕 右の地図を見て，次の(1)～(4)の問いに答えなさい。

(1) 地図中のA～Cは，それぞれ，山脈を示したものである。A～Cに当てはまる山脈の名称の組合せとして，正しいものを，次のア～カから一つ選び，その符号を書きなさい。

ア 〔A 赤石山脈，B 木曽(きそ)山脈，C 飛騨(ひだ)山脈〕
イ 〔A 赤石山脈，B 飛騨山脈，C 木曽山脈〕
ウ 〔A 木曽山脈，B 飛騨山脈，C 赤石山脈〕
エ 〔A 木曽山脈，B 赤石山脈，C 飛騨山脈〕
オ 〔A 飛騨山脈，B 木曽山脈，C 赤石山脈〕
カ 〔A 飛騨山脈，B 赤石山脈，C 木曽山脈〕

(2) 次の表は，石川県，長野県，岐阜県，愛知県の，それぞれの県の昼夜間人口比率，米の産出額，野菜の産出額，果実の産出額，製造品出荷額等を示したものであり，表中のa～dは，これらの四つの県のいずれかである。このうち，a，dに当てはまる県名の組合せとして，最も適当なものを，下のア～エから一つ選び，その符号を書きなさい。ただし，昼夜間人口比率とは，昼間人口を夜間人口で割り，100をかけたものである。

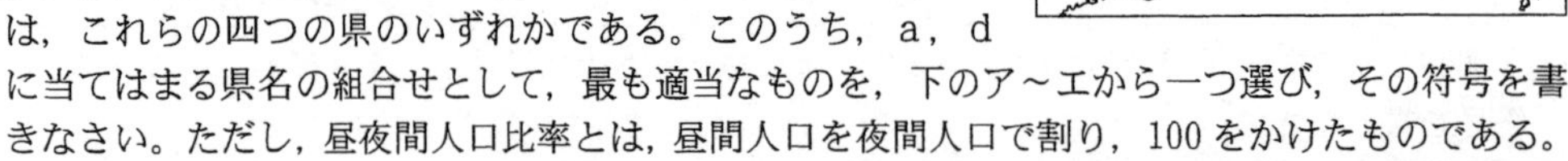

	昼夜間人口比率（%）	米の産出額（億円）	野菜の産出額（億円）	果実の産出額（億円）	製造品出荷額等（億円）
a	96.1	229	323	55	59,896
b	99.8	473	818	743	62,194
c	101.4	298	1,010	190	481,864
d	100.2	299	97	34	30,478

（「データでみる県勢」2022年版による）

ア 〔a 長野県，d 石川県〕　　イ 〔a 長野県，d 愛知県〕
ウ 〔a 岐阜県，d 石川県〕　　エ 〔a 岐阜県，d 愛知県〕

(3) 右の地形図は，地図中の牧之原市の郊外を表す2万5千分の1の地形図である。この地形図を見て，次の①，②の問いに答えなさい。

① 地形図中の地図記号∴は，茶畑を示している。地形図から，茶畑は，主にどのようなところに分布していると読みとることができるか。最も適当なものを，次のア～エから一つ選び，その符号を書きなさい。

ア 山地　イ 台地　ウ 低地　エ 海岸

（国土地理院1：25,000地形図「相良(さがら)」より作成）

② 地形図中の地点X と地点Y の標高差は約何mか。最も適当なものを，次のア～エから一つ選び，その符号を書きなさい。

ア 約20m　イ 約40m　ウ 約60m　エ 約80m

(4) 次のア～エのグラフは，気象観測地点である富山，軽井沢，甲府，静岡のいずれかの月降水量と月平均気温を表したものである。このうち，富山に当てはまるものを，ア～エから一つ選び，その符号を書きなさい。また，そのように判断した理由を，「日本海」，「季節風」の二つの語句を用いて書きなさい。なお，棒グラフは月降水量を，折れ線グラフは月平均気温を表している。

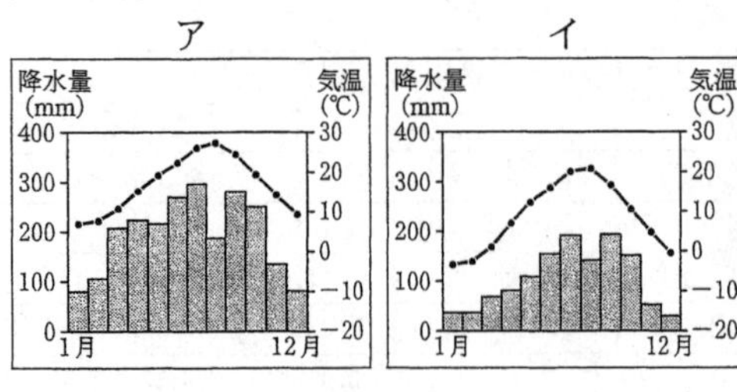

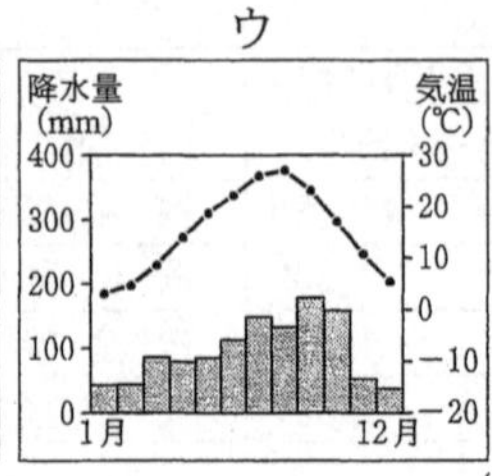

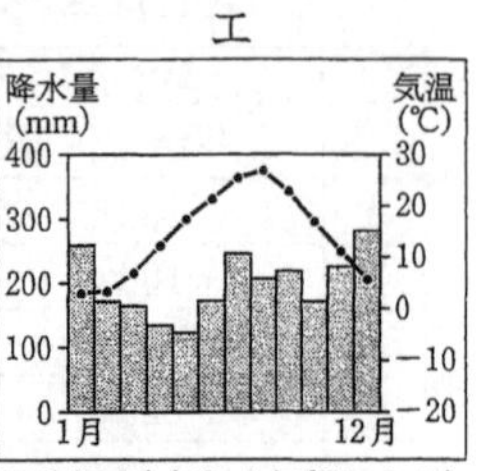

（「理科年表」令和4年版による）

〔3〕 社会科の授業で，A～D の四つの班に分かれて，時代ごとの社会のようすについて調べ，発表を行うことにした。次の資料は，班ごとに作成した発表資料の一部である。これらの資料を見て，下の(1)～(4)の問いに答えなさい。

A 班の資料

古墳時代に我が国に製法が伝えられた須恵器（すえき）

B 班の資料

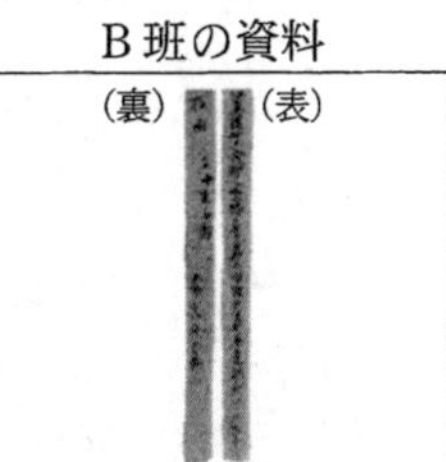

a 奈良時代の都の跡地から出土した木簡（もっかん）

C 班の資料

室町時代の農民たちが借金の帳消しを記録した碑文

D 班の資料

b 江戸時代後半の工場制手工業のようすを描いた絵

(1) A 班の資料について，須恵器の製法は，中国や朝鮮半島から我が国に移り住んだ人々によって伝えられた。こうした人々を何というか。その用語を書きなさい。

(2) B 班の資料について，次の①，②の問いに答えなさい。

① 次の文は，この木簡に記されている文字を書き出したものであり，この木簡は，地方の特産品が税として納められた際に，荷札として使われたものであることがわかった。文中の [X] に当てはまる語句として，最も適当なものを，下のア～エから一つ選び，その符号を書きなさい。

（表） 伊豆（いず）国賀茂（かも）郡三島（みしま）郷戸主占部久須理（うらべのくすり）戸占部広庭（ひろにわ） [X] 麁堅魚拾壹斤（あらがつおじゅういちきん）
（裏） 拾両（じゅうりょう） 員十連三節 天平（てんぴょう）十八年十月

（注） 麁堅魚：カツオの加工品

ア 租　　イ 調　　ウ 庸　　エ 年貢

② 下線部分 a について，この時代につくられた，天皇や貴族，民衆の和歌をおさめた，現存する我が国最古の歌集を何というか。その名称を書きなさい。

(3) 次の文は，C 班の資料の背景について述べたものである。文中の [X] ～ [Z] に当てはまる語句の組合せとして，最も適当なものを，下のア～カから一つ選び，その符号を書きなさい。

農村では，農民たちが [X] と呼ばれる自治的な組織をつくった。15 世紀になると，近畿地方を中心として，団結した農民たちが土倉や [Y] などをおそい，借金の帳消しを求める [Z] を起こすようになった。

ア〔X 惣（そう），Y 酒屋，Z 土一揆（いっき）〕　イ〔X 惣，Y 酒屋，Z 打ちこわし〕
ウ〔X 惣，Y 馬借，Z 土一揆〕　エ〔X 五人組，Y 酒屋，Z 打ちこわし〕
オ〔X 五人組，Y 馬借，Z 土一揆〕　カ〔X 五人組，Y 馬借，Z 打ちこわし〕

(4) D 班の資料について，次の①，②の問いに答えなさい。

① D 班の資料にみられる工場制手工業とは，どのように製品を生産するしくみか。「工場」という語句を用いて書きなさい。

② 下線部分 b について，この時代に，水野忠邦（ただくに）が行った政治改革について述べた文として，最も適当なものを，次のア～エから一つ選び，その符号を書きなさい。

ア 裁判の基準となる法律を定めるとともに，庶民の意見を聞くために目安箱を設置した。
イ 朱子学を重視するなど学問を奨励するとともに，極端な動物愛護の政策を進めた。
ウ 海防を強化するため，江戸や大阪の周辺を幕府の直接の支配地にしようとした。
エ 天明のききんにより荒廃した農村の復興を図り，ききんや凶作に備えて米を蓄えさせた。

〔4〕 右の略年表を見て，次の(1)～(6)の問いに答えなさい。

年代		我が国のできごと
1858	A	日米修好通商条約が結ばれる。
1868		戊辰(ぼしん)戦争が始まる。
1872		[a] が発布される。
1877		b 西南戦争が起こる。
1889	B	大日本帝国憲法が発布される。
1927		c 金融恐慌が起こる。
1956	C	国際連合に加盟する。
1979		国際人権規約を批准する。

(1) 次のX～Zは，年表中のAの時期のできごとである。年代の古い順に並べたものとして，正しいものを，下のア～カから一つ選び，その符号を書きなさい。

X 大政奉還が行われる。
Y 四国連合艦隊が下関を砲撃する。
Z 薩長同盟が成立する。

ア X→Y→Z　　イ X→Z→Y
ウ Y→X→Z　　エ Y→Z→X
オ Z→X→Y　　カ Z→Y→X

(2) 右の写真は，[a] の発布をうけて設立された学校の校舎である。[a] に当てはまる法令の名称を書きなさい。

(3) 次の表は，下線部分bの【できごと】の【背景・原因】，【結果・影響】をまとめたものである。表中の [X]，[Y] に当てはまる文として，最も適当なものを，下のア～オからそれぞれ一つずつ選び，その符号を書きなさい。

【背景・原因】		【できごと】		【結果・影響】
X	➡	西南戦争が起こる。	➡	Y

ア 自由民権運動が全国に広まった。
イ 政府の改革により士族の特権がうばわれた。
ウ 版籍奉還や地租改正などの政策が行われた。
エ 日比谷(ひびや)焼き打ち事件などの暴動が起こった。
オ 尊王攘夷(そんのうじょうい)運動が盛んになった。

(4) 次の文は，年表中のBの時期に，我が国で高まった社会運動や民主主義思想について述べたものである。文中の [X]，[Y] に当てはまる人物の名前の組合せとして，最も適当なものを，下のア～エから一つ選び，その符号を書きなさい。

> 女性の社会的差別からの解放を目指す [X] らは，女性のための雑誌を発刊するなど，女性の地位を高めようとする運動を進めた。また，政治学者の [Y] は，政治の目的を一般民衆の幸福や利益に置き，大日本帝国憲法の枠内で，政治に民衆の考えを反映することを主張した。

ア 〔X 平塚らいてう(ちょう)，Y 吉野作造(さくぞう)〕　イ 〔X 平塚らいてう，Y 美濃部達吉(みのべたつきち)〕
ウ 〔X 津田梅子，Y 吉野作造〕　エ 〔X 津田梅子，Y 美濃部達吉〕

(5) 下線部分cについて，**資料Ⅰ**は，預金を引き出すために，銀行に殺到する人々のようすを示したものであり，**資料Ⅱ**は，裏が印刷されていない紙幣を示したものである。政府が，**資料Ⅱ**で示している紙幣を印刷した理由を，**資料Ⅰ**と関連づけて書きなさい。

資料Ⅰ

資料Ⅱ

(6) 年表中のCの時期のできごととして，正しいものはどれか。次のア～エから一つ選び，その符号を書きなさい。

ア ベルリンの壁が崩壊する。　イ アジア・アフリカ会議が開催される。
ウ 朝鮮戦争が始まる。　エ 日本と中国の国交が正常化する。

〔5〕 中学校3年生のあるクラスの社会科の授業では，次のA～Dのテーマについて学習を行うことにした。これらのテーマについて，あとの(1)～(4)の問いに答えなさい。

テーマ	
A 日本国憲法について	B 国会，内閣，裁判所について
C 経済と企業の活動について	D 国際連合について

(1) Aのテーマについて，次の①，②の問いに答えなさい。

① 日本国憲法で国民に保障される自由権のうち，「経済活動の自由」に当てはまるものとして，最も適当なものを，次のア～エから一つ選び，その符号を書きなさい。

ア 自分の興味のあることを学ぶことができる。

イ 自分の支持する候補者に投票することができる。

ウ 自分の信じたい宗教を信仰することができる。

エ 自分の住みたい場所に住むことができる。

② 次の日本国憲法の条文について，文中の X ， Y に当てはまる語句の組合せとして，最も適当なものを，下のア～エから一つ選び，その符号を書きなさい。

> この憲法の改正は，各議院の総議員の X の賛成で，国会が，これを発議し，国民に提案してその承認を経なければならない。この承認には，特別の国民投票又は国会の定める選挙の際行はれる投票において，その Y の賛成を必要とする。

ア 〔X 三分の二以上，Y 三分の二以上〕　イ 〔X 三分の二以上，Y 過半数〕

ウ 〔X 四分の三以上，Y 三分の二以上〕　エ 〔X 四分の三以上，Y 過半数〕

(2) Bのテーマについて，次の①～③の問いに答えなさい。

① 右の図は，国会，内閣，裁判所が互いに抑制し合い，均衡を保っていることを表したものである。図中の矢印aは裁判所が内閣に対して持つ権限，矢印bは国会が裁判所に対して持つ権限を，それぞれ示している。a，bに当てはまるものの組合せとして，最も適当なものを，次のア～エから一つ選び，その符号を書きなさい。

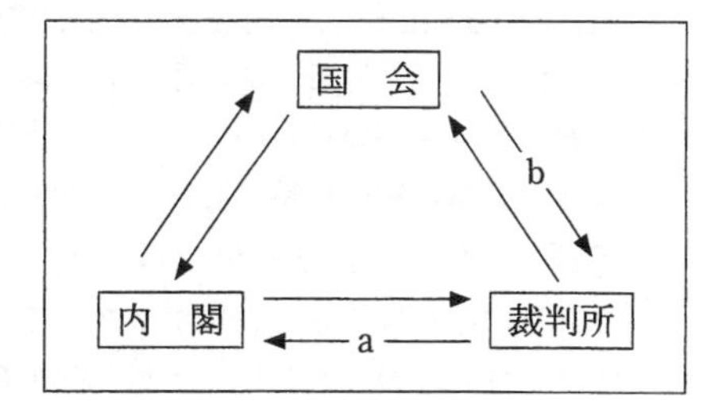

ア 〔a 違憲審査，　b 弾劾(だんがい)裁判所の設置〕

イ 〔a 違憲審査，　b 下級裁判所裁判官の任命〕

ウ 〔a 内閣不信任の決議，b 弾劾裁判所の設置〕

エ 〔a 内閣不信任の決議，b 下級裁判所裁判官の任命〕

② 国会は，法律案や予算の審議などの役割を十分に果たすために，証人を呼んで証言させる証人喚問を行ったり，政府に記録の提出を求めたりする権限を持っている。この権限を何というか。その用語を書きなさい。

③ 裁判所で行われる刑事裁判について述べた文として，最も適当なものを，次のア～エから一つ選び，その符号を書きなさい。

ア 訴えた人が原告，訴えられた人が被告となって，裁判が行われる。

イ 当事者どうしの話し合いにより，争いが解決する場合がある。

ウ 被告人が弁護人を依頼できないときは，国が弁護人を用意する。

エ 個人と個人の間に起こる，法的な紛争の解決を図る裁判である。

⑶　Cのテーマについて，次の①～③の問いに答えなさい。

①　我が国には，株式会社の形態をとって事業を進める企業が多くある。株式会社における，株主の権利について，「議決」，「配当」の二つの語句を用いて，50字以内で書きなさい。

②　右のグラフは，我が国の経済における中小企業と大企業の割合を示したものであり，グラフ中のX～Zは，企業数，従業員数，売上高のいずれかである。X～Zに当てはまるものの組合せとして，最も適当なものを，次のア～カから一つ選び，その符号を書きなさい。なお，売上高は非一次産業のものである。

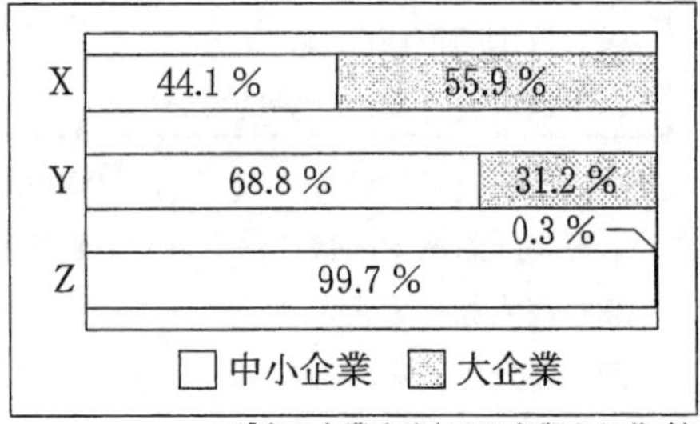

（「中小企業白書」2022年版より作成）

ア〔X　企業数，　Y　従業員数，Z　売上高　〕
イ〔X　企業数，　Y　売上高，　Z　従業員数〕
ウ〔X　従業員数，Y　企業数，　Z　売上高　〕
エ〔X　従業員数，Y　売上高，　Z　企業数　〕
オ〔X　売上高，　Y　企業数，　Z　従業員数〕
カ〔X　売上高，　Y　従業員数，Z　企業数　〕

③　次の資料は，公正かつ自由な競争を促進し，消費者の利益を確保するために，昭和22(1947)年に制定された法律の第1条である。この法律の運用に当たる機関を何というか。その名称を書きなさい。

> 第1条　この法律は，私的独占，不当な取引制限及び不公正な取引方法を禁止し，事業支配力の過度の集中を防止して，……(略)……一般消費者の利益を確保するとともに，国民経済の民主的で健全な発達を促進することを目的とする。

⑷　Dのテーマについて，次の①～③の問いに答えなさい。

①　右の表は，国際連合の安全保障理事会における，国際平和の維持に関する，ある重要な議題についての投票結果を示したものであり，この議題は決定されなかった。この議題が決定されなかったのはなぜか。その理由を書きなさい。

	国の数	内　訳	
		常任理事国	非常任理事国
賛成	13か国	4か国	9か国
反対	1か国	1か国	な　し
棄権	1か国	な　し	1か国

②　右のグラフは，国際連合の通常予算の分担率について，アメリカ，中国，ドイツ，日本の推移を示したものであり，グラフ中のア～エは，これらの四つの国のいずれかである。このうち，日本に当てはまるものを，ア～エから一つ選び，その符号を書きなさい。なお，国際連合の通常予算は，加盟国全体で合意された分担率に応じて，各加盟国が支払う分担金によってまかなわれている。

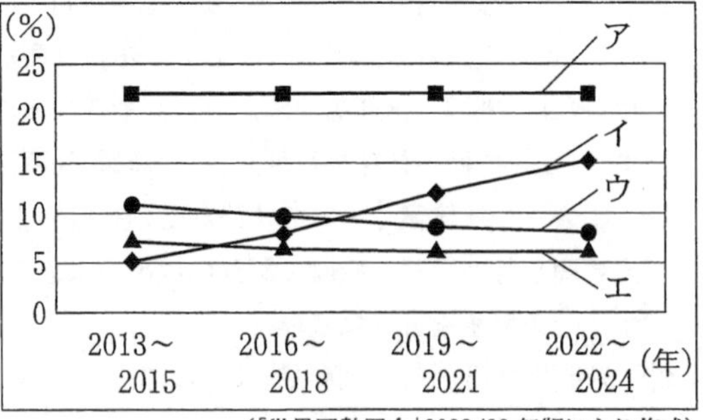

（「世界国勢図会」2022/23年版により作成）

③　主に発展途上国で，医療や感染症対策などの活動に取り組んでいる国際連合の専門機関の略称として，最も適当なものを，次のア～エから一つ選び，その符号を書きなさい。

ア　APEC　　　イ　PKO　　　ウ　UNESCO　　　エ　WHO

〔6〕 あるクラスの社会科の授業では，「地球温暖化対策」について，テーマを決めて調べることにした。次の**資料Ⅰ**～**資料Ⅴ**は，「温室効果ガスの削減」をテーマに選んだＮさんが集めたものの一部である。このことについて，下の(1)，(2)の問いに答えなさい。

資料Ⅰ 世界の年平均気温の推移

(℃) 0.4 0.2 0 −0.2 −0.4 −0.6
1990 2004 2018(年)

（気象庁ホームページより作成）

資料Ⅱ 世界の二酸化炭素排出量の推移

（国際エネルギー機関ホームページより作成）

資料Ⅲ 新潟県における温室効果ガスの排出量と吸収量及び今後の目標

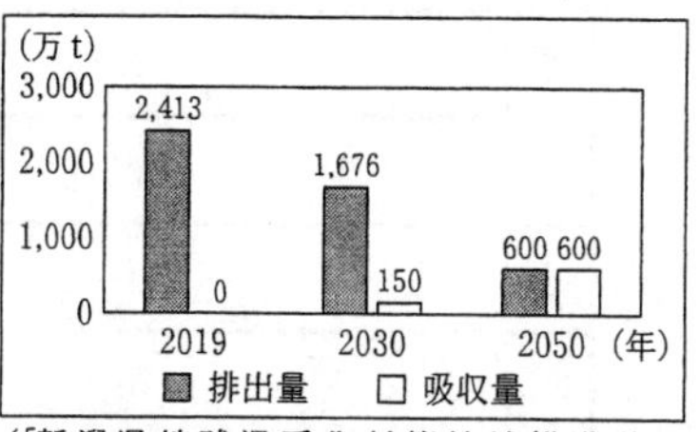

（「新潟県地球温暖化対策地域推進計画2017—2030」より作成）

資料Ⅳ 脱炭素化の取組にあたり企業が最も重視する要素

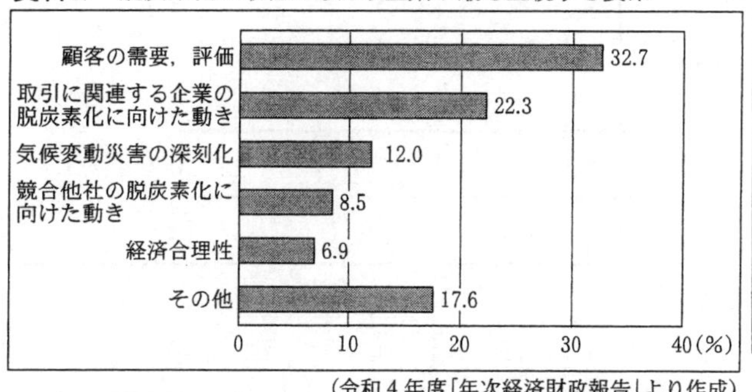

（令和４年度「年次経済財政報告」より作成）

資料Ⅴ 「COOL CHOICE」について

「COOL　CHOICE」は，CO_2などの温室効果ガスの排出量削減のために，脱炭素社会づくりに貢献する「製品への買換え」，「サービスの利用」，「ライフスタイルの選択」など，日々の生活の中で，あらゆる「賢い選択」をしていこうという取組です。

（環境省ホームページより作成）

(注)**資料Ⅰ**は，各年の平均気温と基準値(1991年から2020年の平均気温)の差の変化。
　　資料Ⅱは，エネルギー関連の二酸化炭素排出量の推移。
　　資料Ⅲは，温室効果ガスの排出量と吸収源対策による吸収量を，二酸化炭素に換算して数値化した値。

(1) **資料Ⅰ**と**資料Ⅱ**について，Ｎさんは，世界の地球温暖化対策を説明するために，次のＡ～Ｃのカードを作成した。Ａ～Ｃのカードを，年代の古いものから順に並べ，その符号を書きなさい。

カードＡ	カードＢ	カードＣ
京都議定書 先進国に温室効果ガスの排出量の削減を義務付け	地球サミット 気候変動枠組条約・生物多様性条約の調印	パリ協定 世界の平均気温上昇を産業革命以前に比べ２℃未満に抑制

(2) Ｎさんは，**資料Ⅲ**～**資料Ⅴ**から読みとったことをもとに，温室効果ガスの削減について考察し，次の発表原稿を作成した。この原稿について，下の①，②の問いに答えなさい。

> 我が国の政府は，2020年10月に，2050年までに脱炭素社会の実現を目指すことを宣言しました。**資料Ⅲ**によると，新潟県も，2050年までに<u>温室効果ガスの排出量を実質ゼロにすること</u>を目指しています。温室効果ガスの削減は，とても大きな課題であり，国や地方公共団体の取組だけでは解決できません。生産活動の中心である企業や，私たち消費者の役割も重要です。**資料Ⅳ**と**資料Ⅴ**から，［　Ｘ　］ことが企業の脱炭素化の推進につながると考えました。一人一人の行動は着実に結果へとつながっていきます。私も，自分にできることを考えながら，現在のライフスタイルを見直していきたいと思います。

① 文中の下線部分とはどのようなことか。**資料Ⅲ**から読みとることができることをもとに書きなさい。

② 文中の［　Ｘ　］に当てはまる内容を，「企業」，「消費者」の二つの語句を用いて，55字以内で書きなさい。

社会解答用紙

(注1) 解答は，横書きで記入すること。

〔1〕

(1)				
(2)				
(3)				
(4)				
(5)	a		c	

〔2〕

(1)				
(2)				
(3)	①		②	
(4)	符号			
	理由			

〔3〕

(1)		
(2)	①	
	②	
(3)		
(4)	①	
	②	

受検番号	

〔4〕

(1)				
(2)				
(3)	X		Y	
(4)				
(5)				
(6)				

〔5〕

(1)	①		②	
(2)	①		②	
	③			
(3)	①	50		
	②		③	
(4)	①			
	②		③	

〔6〕

(1)	( ) → ( ) → ( )	
(2)	①	
	②	55

理　科

〔1〕 次の(1)~(6)の問いに答えなさい。

(1) ヒトの呼吸のしくみと血液のはたらきについて述べた文として，最も適当なものを，次のア～エから一つ選び，その符号を書きなさい。

ア　血液中の二酸化炭素は，肺胞から毛細血管に排出される。

イ　肺では，動脈血が静脈血に変わる。

ウ　酸素は，血液によって全身の細胞に運ばれる。

エ　空気を吸うときは，ろっ骨が上がり，横隔膜も上がる。

(2) 右の表は，太陽系の惑星A～Dについて，それぞれの惑星の半径と密度をまとめたものである。木星型惑星の組合せとして，最も適当なものを，次のア～カから一つ選び，その符号を書きなさい。なお，半径は，地球を1とした場合の値である。

惑星	A	B	C	D
半径（地球＝1）	0.38	11.21	9.45	0.53
密度〔g/cm^3〕	5.43	1.33	0.69	3.93

ア 〔A，B〕　イ 〔A，C，D〕　ウ 〔A，D〕

エ 〔B，C〕　オ 〔B，C，D〕　カ 〔C，D〕

(3) 右の図は，火力発電のしくみを模式的に表したものである。火力発電では，化石燃料の燃焼により，高温・高圧の水蒸気をつくり，タービンを回して発電が行われており，この過程でエネルギーが変換されている。火力発電において，エネルギーが変換される順に，次のア～エを並べ替え，その符号を書きなさい。

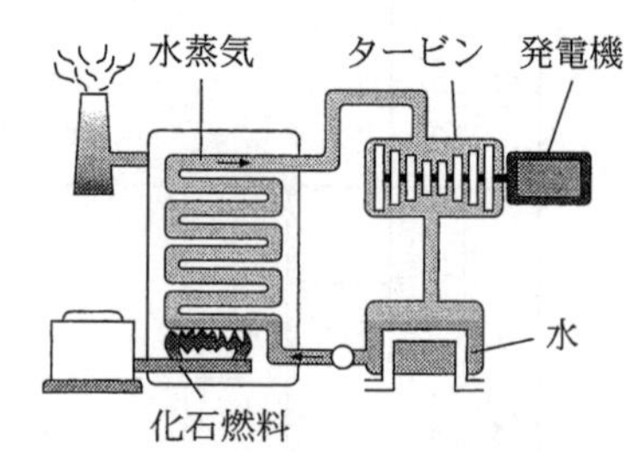

ア　運動エネルギー　イ　化学エネルギー　ウ　電気エネルギー　エ　熱エネルギー

(4) 60℃の水300gが入っているビーカーに，硝酸カリウム200gを入れ，よくかき混ぜたところ，全部溶けた。この水溶液の温度をゆっくりと下げていくと，結晶が出てきた。水溶液の温度を20℃まで下げたとき，出てくる結晶の質量は何gか。求めなさい。ただし，20℃の水100gに溶ける硝酸カリウムの質量は32gとする。

(5) 右の図は，火山岩をルーペで観察して，スケッチしたものである。火山岩は，図のように，比較的大きな鉱物と，aのような小さな粒の部分からできていた。このとき，火山岩のでき方について述べた次の文中の X ， Y に当てはまる語句の組合せとして，最も適当なものを，下のア～エから一つ選び，その符号を書きなさい。

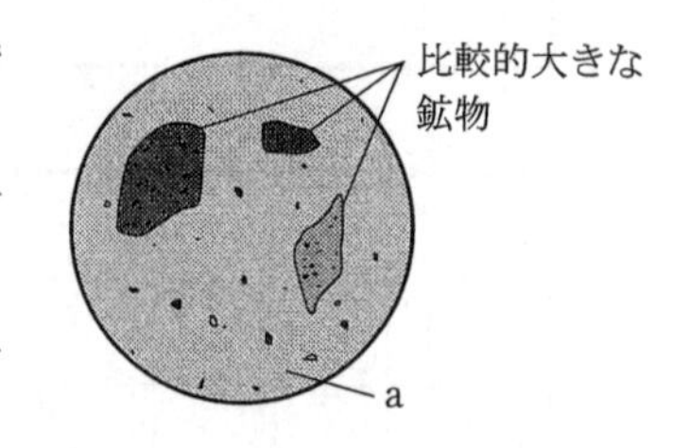

> 火山岩は，マグマが地表や地表付近で X 冷えてできるので，ほとんどの鉱物は大きな結晶にならず，図中のaのような Y という組織ができる。

ア 〔X　急に，　Y　石基〕　イ 〔X　急に，　Y　斑晶〕

ウ 〔X　ゆっくりと，Y　石基〕　エ 〔X　ゆっくりと，Y　斑晶〕

(6) 右の図は，新潟市におけるある年の6月10日の気象観測の結果をまとめたものである。図中のa～cの折れ線は，気温，湿度，気圧のいずれかの気象要素を表している。a～cに当てはまる気象要素の組合せとして，最も適当なものを，次のア～カから一つ選び，その符号を書きなさい。

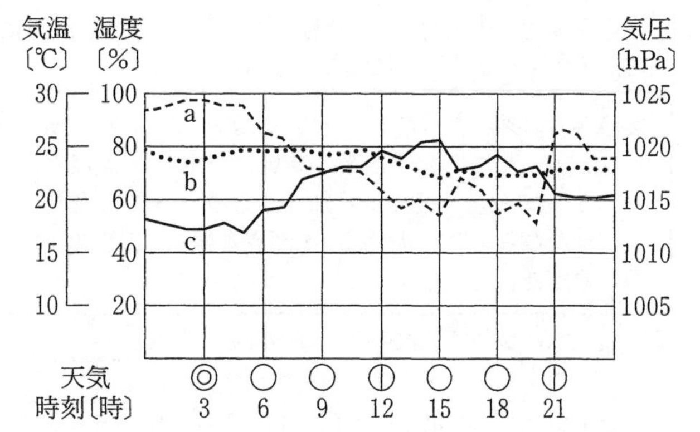

ア〔a 気温，b 湿度，c 気圧〕　イ〔a 気温，b 気圧，c 湿度〕
ウ〔a 湿度，b 気温，c 気圧〕　エ〔a 湿度，b 気圧，c 気温〕
オ〔a 気圧，b 気温，c 湿度〕　カ〔a 気圧，b 湿度，c 気温〕

〔2〕 植物の根の成長を調べるために，タマネギの根を用いて，次の実験1，2を行った。この実験に関して，下の(1)，(2)の問いに答えなさい。

実験1 次の[I]，[II]の手順で，タマネギの根の観察を行った。

[I] 図1のように，タマネギを発根させた。発根させた根のうちの1本に，図2のように，先端から等間隔で5つの印をつけた。

[II] [I]で根に印をつけたタマネギを，ビーカーに入れた水につけて，3日間成長させた。その後，印の間隔がどのように変化したかを観察した。

実験2 タマネギの根の先端部分を切り取ってプレパラートをつくり，図3の顕微鏡で観察した。

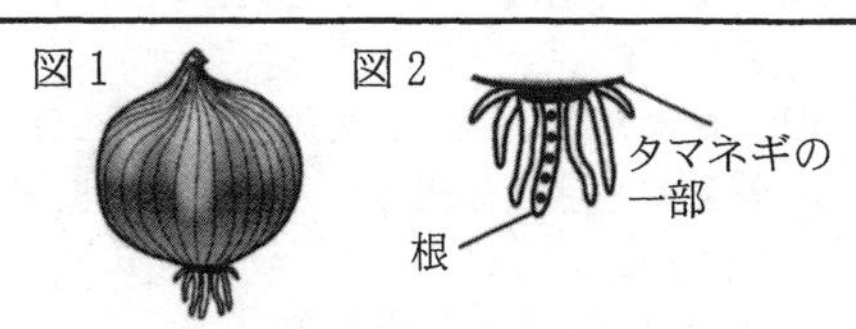

図3

(1) 実験1について，3日後の根の印の間隔は，どのようになっているか。最も適当なものを，次のア～エから一つ選び，その符号を書きなさい。

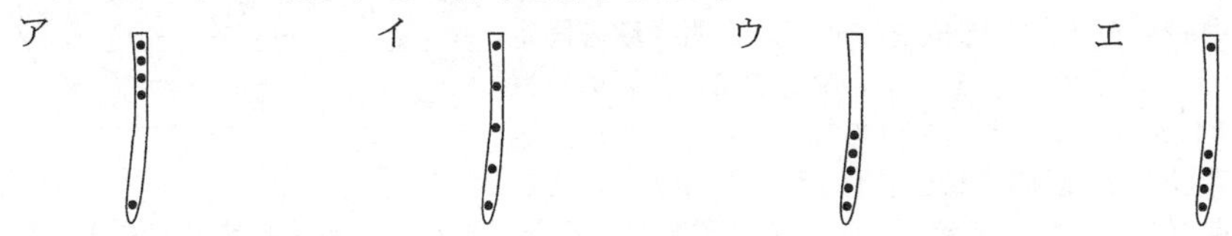

(2) 実験2について，図4は，できたプレパラートを顕微鏡で観察して，スケッチしたものである。図中のA～Dは，細胞分裂の過程におけるいろいろな段階の細胞である。このことに関して，次の①～③の問いに答えなさい。

図4

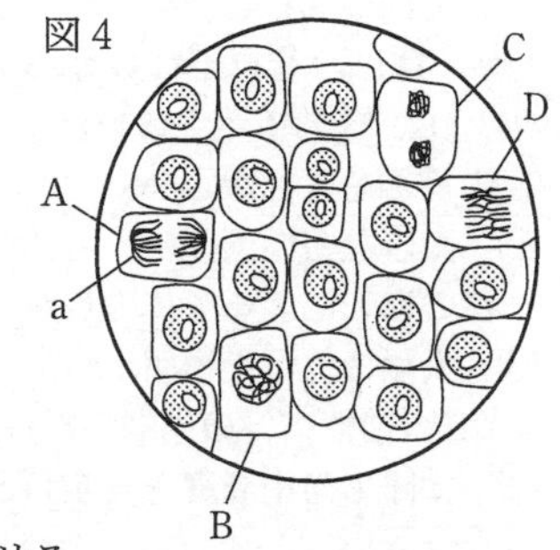

① 顕微鏡の使い方について述べた文として，最も適当なものを，次のア～エから一つ選び，その符号を書きなさい。

ア はじめに最も高倍率の対物レンズを用いて，観察をする。
イ 反射鏡を調節するときは，接眼レンズをのぞきながら行う。
ウ レンズの倍率を高くすると，視野が広くなる。
エ プレパラートと対物レンズを近づけながら，ピントを合わせる。

② 図4のaの部分について，ひものようなつくりを何というか。その用語を書きなさい。

③ A～Dの細胞を，分裂の進む順に並べ，その符号を書きなさい。

〔3〕 化学変化にともなう熱の出入りについて調べるために，次の実験を行った。この実験に関して，下の(1)~(3)の問いに答えなさい。

実験　右の図のように，ビーカーに鉄粉5gと活性炭2gを入れて混ぜた後，質量パーセント濃度が5％の食塩水を2 cm^3 加え，ガラス棒でかき混ぜながら，温度計で温度を測定すると，温度の上昇が確認できた。

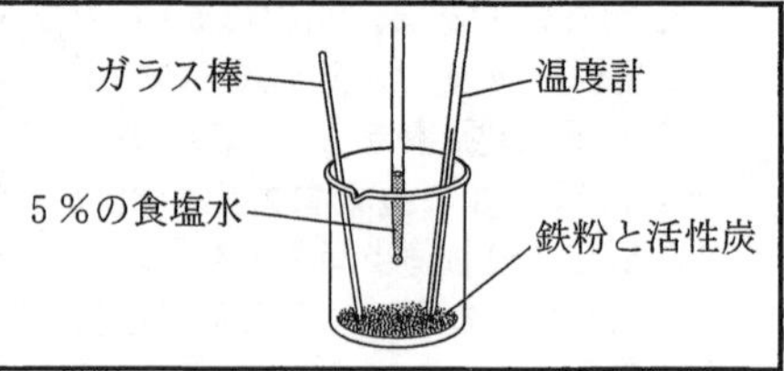

(1) 食塩水について，次の①，②の問いに答えなさい。

① 次の［X］の中に物質の化学式を，［Y］，［Z］の中にイオンの化学式を書き入れて，水溶液中の塩化ナトリウムの電離を表す式を完成させなさい。

［X］→［Y］＋［Z］

② 質量パーセント濃度が5％の食塩水を40gつくるとき，必要な食塩と水の質量はそれぞれ何gか。求めなさい。

(2) 化学変化が起こるときには，熱の出入りがともなう。このことについて，次の①，②の問いに答えなさい。

① 化学変化のうち，熱を周囲に放出し，温度が上がる反応を何というか。その用語を書きなさい。

② 化学変化には，熱を周囲から吸収し，温度が下がる反応もある。温度が下がる反応が起こる物質や水溶液の組合せとして，最も適当なものを，次のア～エから一つ選び，その符号を書きなさい。

ア　マグネシウムと酸素　　　　イ　硫酸と水酸化バリウム水溶液
ウ　水酸化ナトリウム水溶液と塩酸　　　　エ　炭酸水素ナトリウムとクエン酸水溶液

(3) 寒いときにあたたまるために使うカイロは，この実験と同じ化学変化を利用している。カイロを持つ手があたたまるのは，カイロから手に熱が伝わるためである。このような熱の伝わり方を何というか。その用語を書きなさい。

〔4〕 健一さんは，太陽の動きを調べるため，透明半球を用いて，太陽の観察を行うことにした。夏のある日に新潟県のある地点で，右の図のように，厚紙に透明半球を置いたときにできる円の中心をOとし，方位を定めて，透明半球を固定した。午前9時から午後3時まで1時間おきに，太陽の位置を透明半球上に油性ペンで印をつけて記録した。また，太陽が南中した時刻に，太陽の位置を透明半球上に印をつけて記録し，この点をPとした。記録した太陽の位置をなめらかに結んで，透明半球のふちまで延長して曲線XYをつくった。このことに関して，あとの(1)~(6)の問いに答えなさい。なお，図中のA～Dは，それぞれOから見た東西南北のいずれかの方向にある円周上の点である。

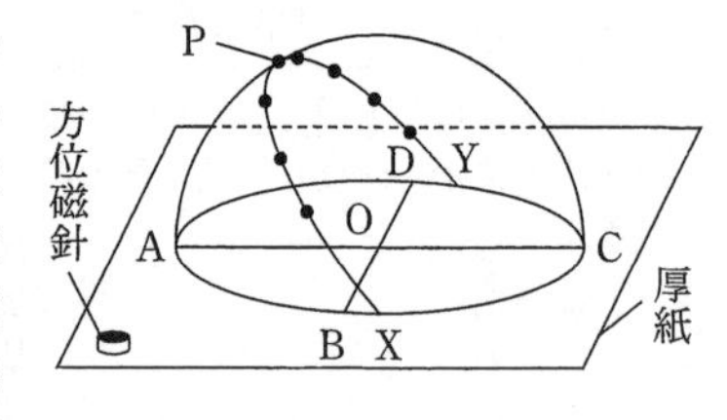

(1) Oから見て，東の方向にある点として，最も適当なものを，図中のA～Dから一つ選び，その符号を書きなさい。

(2) 太陽などの天体は，時間の経過とともにその位置を変えているように見える。このような，地球の自転による天体の見かけの動きを何というか。その用語を書きなさい。

(3) 太陽の位置を透明半球上に油性ペンで印をつけて記録するとき，どのように印をつければよいか。「油性ペンの先端の影」という語句を用いて書きなさい。

(4) 太陽の南中高度を表す角として，最も適当なものを，次のア～カから一つ選び，その符号を書きなさい。

ア　∠ACP　　イ　∠AOP　　ウ　∠BOP
エ　∠BPD　　オ　∠COP　　カ　∠DOP

(5) 透明半球上につくった曲線XYについて，午前9時の点から午後3時の点までの長さと，午前9時の点からPまでの長さをはかると，それぞれ12 cm，5.5 cmであった。観察を行った日の太陽が南中した時刻として，最も適当なものを，次のア～エから一つ選び，その符号を書きなさい。

ア　午前11時45分　　イ　午前11時51分　　ウ　午前11時57分　　エ　午後0時3分

(6) 健一さんが観察を行った地点と，緯度は同じで，経度が異なる日本のある地点で，同じ日に太陽の観察を行った場合，太陽が南中する時刻と太陽の南中高度は，健一さんが観察を行った地点と比べてどのようになるか。最も適当なものを，次のア～エから一つ選び，その符号を書きなさい。

ア　太陽が南中する時刻も太陽の南中高度も，ともに異なる。
イ　太陽が南中する時刻は異なるが，太陽の南中高度は同じになる。
ウ　太陽が南中する時刻は同じになるが，太陽の南中高度は異なる。
エ　太陽が南中する時刻も太陽の南中高度も，ともに同じになる。

〔5〕 光の進み方について調べるために，次の実験1，2を行った。この実験に関して，下の(1)～(4)の問いに答えなさい。

実験1　図1のように，半円形のガラスの中心を光が通るように，光源装置で光を当てて，光の道すじを観察した。

図1

空気とガラスの境界面
半円形のガラス
光源装置

実験2　図2のように，和実さんは，床に垂直な壁にかけた鏡を用いて，自分の像を観察した。なお，和実さんの全身の長さは154 cm，目の位置は床から142 cm，鏡の縦方向の長さは52 cm，鏡の下端の位置は床から90 cm，和実さんと鏡との距離は100 cmとする。

図2

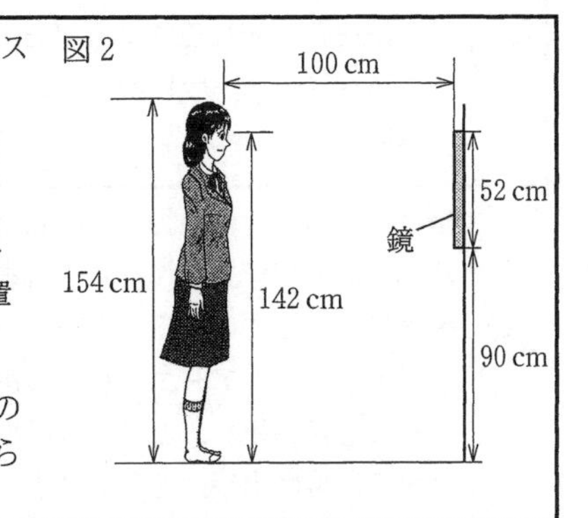

(1) 実験1について，光の進み方を表したものとして，最も適当なものを，図3のア～エから一つ選び，その符号を書きなさい。

図3

ア
イ
ウ
エ
空気とガラスの境界面
半円形のガラス
光源装置

(2) 実験1について，光がガラスから空気へ進むときの入射角を大きくしていくと，全反射が起きた。このような光の性質を利用しているものとして，最も適当なものを，次のア～エから一つ選び，その符号を書きなさい。

ア　エックス線写真　　イ　けい光灯
ウ　光ファイバー　　エ　虫眼鏡

(3) 実験2について，和実さんから見える自分の像として，最も適当なものを，次のア～エから一つ選び，その符号を書きなさい。

ア 　イ 　ウ 　エ 

(4) 次の文は，実験2において，和実さんが全身の像を観察するために必要な鏡の長さと，その鏡を設置する位置について述べたものである。文中の［X］，［Y］に当てはまる値を，それぞれ求めなさい。ただし，和実さんと鏡との距離は変えないものとする。

和実さんが全身の像を観察するためには，縦方向の長さが少なくとも［X］cmの鏡を用意し，その鏡の下端が床から［Y］cmの位置になるように設置すればよい。

〔6〕 電池のしくみを調べるために，次の実験1，2を行った。この実験に関して，下の(1)～(3)の問いに答えなさい。

実験1　図1のように，硫酸銅水溶液と銅板が入った袋状のセロハンを，硫酸亜鉛水溶液と亜鉛板が入ったビーカーの中に入れた。銅板と亜鉛板を，それぞれ導線でモーターとつないだところ，プロペラが回転した。

実験2　図2のように，硫酸マグネシウム水溶液とマグネシウム板が入った袋状のセロハンを，硫酸銅水溶液と銅板が入ったビーカーの中に入れた。マグネシウム板と銅板を，それぞれ導線でモーターとつないだところ，プロペラが実験1とは逆に回転した。

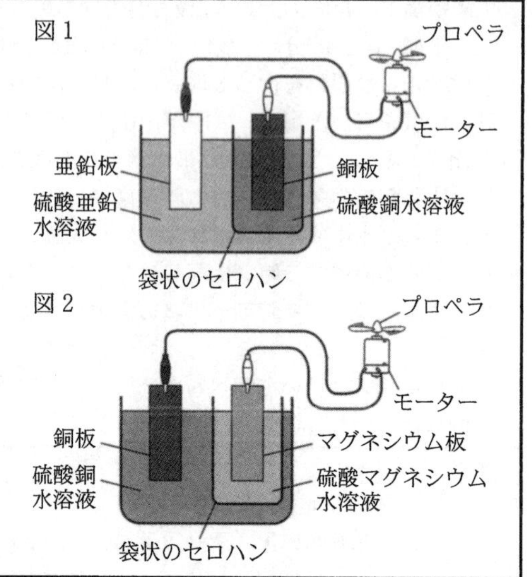

(1) 実験1について，次の①，②の問いに答えなさい。

① 銅，亜鉛の化学式を，それぞれ書きなさい。

② 水溶液に入っている銅板と亜鉛板のそれぞれに起こる変化について述べた文として，最も適当なものを，次のア～エから一つ選び，その符号を書きなさい。

ア　銅板も亜鉛板も，ともに溶け出す。
イ　銅板は溶け出し，亜鉛板は表面に物質が付着する。
ウ　銅板は表面に物質が付着し，亜鉛板は溶け出す。
エ　銅板も亜鉛板も，ともに表面に物質が付着する。

(2) 次の文は，実験2において，プロペラが実験1とは逆に回転した理由を説明したものである。文中の［X］～［Z］に当てはまる語句の組合せとして，最も適当なものを，下のア～カから一つ選び，その符号を書きなさい。

> 実験1では［X］が－極になり，モーターに電流が流れたが，［Y］の方が陽イオンになりやすく，実験2では［Z］が－極になり，モーターに電流が流れたから。

ア〔X　亜鉛板，Y　銅に比べてマグネシウム，Z　銅板〕
イ〔X　亜鉛板，Y　銅に比べてマグネシウム，Z　マグネシウム板〕
ウ〔X　亜鉛板，Y　マグネシウムに比べて銅，Z　銅板〕
エ〔X　亜鉛板，Y　マグネシウムに比べて銅，Z　マグネシウム板〕
オ〔X　銅板，Y　銅に比べてマグネシウム，Z　マグネシウム板〕
カ〔X　銅板，Y　マグネシウムに比べて銅，Z　マグネシウム板〕

(3) 実験1，2で用いた袋状のセロハンのはたらきについて述べた文として，最も適当なものを，次のア～エから一つ選び，その符号を書きなさい。

ア　2種類の水溶液を分けて，水溶液中のイオンが通過できないようにする。
イ　2種類の水溶液を分けて，水溶液中の陽イオンだけが通過できないようにする。
ウ　2種類の水溶液を分けるが，水溶液中のイオンは通過できるようにする。
エ　2種類の水溶液を分けるが，水溶液中の陽イオンだけは通過できるようにする。

〔7〕 理科の授業で，理子さんの班は，光合成が行われるときの条件を調べるために，アサガオの葉を用いて，次の Ⅰ の手順で実験を行った。Ⅱ はこの実験の結果であり，Ⅲ は実験後の理子さんと班のメンバーによる会話の一部である。Ⅰ ～ Ⅲ に関して，下の(1)～(3)の問いに答えなさい。

Ⅰ 実験の手順

① アサガオからふ入りの葉を一枚選び，図1のように，葉の一部をアルミニウムはくでおおって，暗いところに一晩置いた。

② 翌日，①の葉に光を十分に当てた後，アルミニウムはくをとって，熱湯につけてやわらかくした。やわらかくした葉を，<u>熱湯であたためたエタノール</u>(a)の中に入れて脱色した。

③ エタノールから取り出した葉を水洗いしてから，ヨウ素溶液にひたして，葉の色の変化を観察した。なお，図2のように，葉の，アルミニウムはくでおおわなかった緑色の部分をA，アルミニウムはくでおおわなかったふの部分をB，アルミニウムはくでおおっていた緑色の部分をC，アルミニウムはくでおおっていたふの部分をDとした。

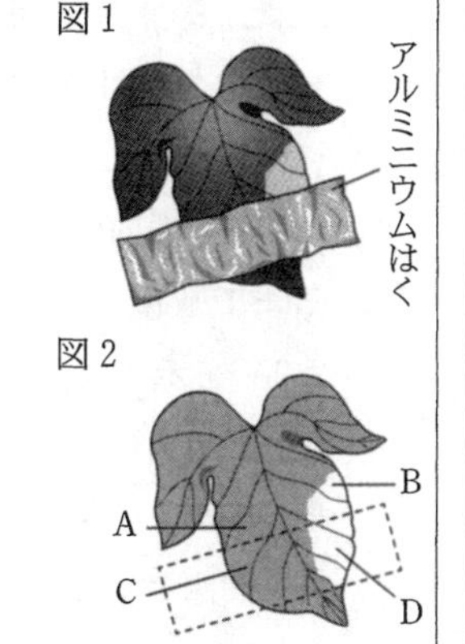

Ⅱ 実験の結果

・ Aの部分は，青紫色に変化した。
・ B，C，Dの部分は，変化が見られなかった。

Ⅲ 実験後の会話の一部

理子さん：Aの部分とBの部分の結果を比べると， X がわかりますね。

高子さん：そうですね。他にも，Aの部分とCの部分の結果を比べると， Y がわかりますね。Aの部分とDの部分とではどうでしょうか。

太郎さん：Aの部分とDの部分の結果を比べても，どの条件が結果に影響したのかわかりません。これは<u>対照実験</u>(b)とは言えません。

高子さん：次は，光合成が葉の細胞の中のどこで行われているかを調べてみましょう。

(1) 下線部分aについて，エタノールをあたためる際，熱湯を用いるのはなぜか。その理由を書きなさい。

(2) X ， Y に最もよく当てはまるものを，次のア～カからそれぞれ一つずつ選び，その符号を書きなさい。

ア 光合成は，葉の緑色の部分で行われていること
イ 光合成は，葉のふの部分で行われていること
ウ 光合成は，葉緑体と呼ばれる部分で行われていること
エ 光合成には，二酸化炭素が必要であること
オ 光合成には，暗いところに一晩置くことが必要であること
カ 光合成には，葉に光を当てる必要があること

(3) 下線部分bについて，対照実験とはどのような実験か。「条件」という語句を用いて書きなさい。

〔8〕 電熱線から発生する熱による水の温度の上昇について調べるために，電気抵抗が2Ωの電熱線を用いて，次の実験1～3を行った。この実験に関して，下の(1)～(5)の問いに答えなさい。ただし，電熱線から発生する熱は，すべて水の温度の上昇に使われたものとする。

実験1　右の図のように，電源装置，スイッチ，電流計，電圧計，電熱線を用いて回路をつくり，水140 cm³ (140 g)を入れた断熱容器に，電熱線，温度計，ガラス棒を入れた。

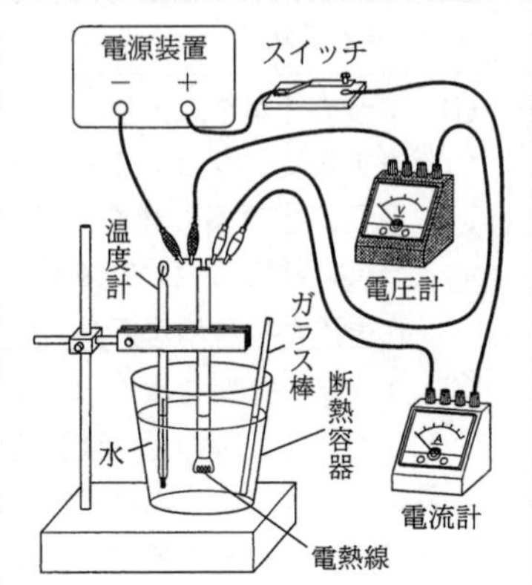

断熱容器内の水の温度が，室温と同じ16.0℃になるまで放置した後，スイッチを入れて，電圧計が2.0Vを示すように電源装置を調節して電流を流した。ガラス棒で，静かに水をかきまぜながら，断熱容器内の水の温度を，スイッチを入れてから1分ごとに4分間測定した。

実験2　実験1と同じ手順で，電圧計が4.0Vを示すように電源装置を調節して，断熱容器内の水の温度を測定した。

実験3　実験1と同じ手順で，電圧計が6.0Vを示すように電源装置を調節して，断熱容器内の水の温度を測定した。

下の表は，実験1～3の結果をまとめたものである。

電圧〔V〕	2.0V					4.0V					6.0V				
電流を流した時間〔分〕	0	1	2	3	4	0	1	2	3	4	0	1	2	3	4
水の温度〔℃〕	16.0	16.2	16.4	16.6	16.8	16.0	16.8	17.6	18.4	19.2	16.0	17.8	19.6	21.4	23.2
水の上昇温度〔℃〕	0.0	0.2	0.4	0.6	0.8	0.0	0.8	1.6	2.4	3.2	0.0	1.8	3.6	5.4	7.2

(1) 実験1について，電流計は何Aを示すか。求めなさい。

(2) 実験2について，電熱線が消費する電力は何Wか。求めなさい。

(3) 次の文は，実験1，2において，電熱線で発生する熱量について述べたものである。文中の［ X ］に当てはまる語句として，最も適当なものを，下のア～エから一つ選び，その符号を書きなさい。

> 実験2で電流を1分間流したときに電熱線で発生する熱量は，実験1で電流を［ X ］流したときに電熱線で発生する熱量と同じになる。

ア　1分間　　イ　2分間　　ウ　3分間　　エ　4分間

(4) 実験3について，表をもとにして，電流を流した時間と水の上昇温度の関係を表すグラフをかきなさい。

(5) 実験1～3について，電流を流した時間と水の上昇温度には，どのような関係があるか。「電力」という語句を用いて書きなさい。

理 科 解 答 用 紙

(注1) 解答は，横書きで記入すること。

〔1〕

(1)		(2)	
(3)	(　　)→(　　)→(　　)→(　　)	(4)	g
(5)		(6)	

〔2〕

(1)				
(2)	①		②	
	③	(　　)→(　　)→(　　)→(　　)		

〔3〕

(1)	①	X		Y		Z	
	②	食塩	g	水	g		
(2)	①		②				
(3)							

〔4〕

(1)	
(2)	
(3)	
(4)	
(5)	
(6)	

〔5〕

(1)		(2)		(3)	
(4)	X	cm	Y	cm	

受検番号	

〔6〕

(1)	①	銅		亜鉛	
	②				
(2)					
(3)					

〔7〕

(1)				
(2)	X		Y	
(3)				

〔8〕

(1)	A
(2)	W
(3)	
(4)	水の上昇温度〔℃〕 0 2 4 6 8 0 1 2 3 4 電流を流した時間〔分〕
(5)	

〔四〕

〔三〕

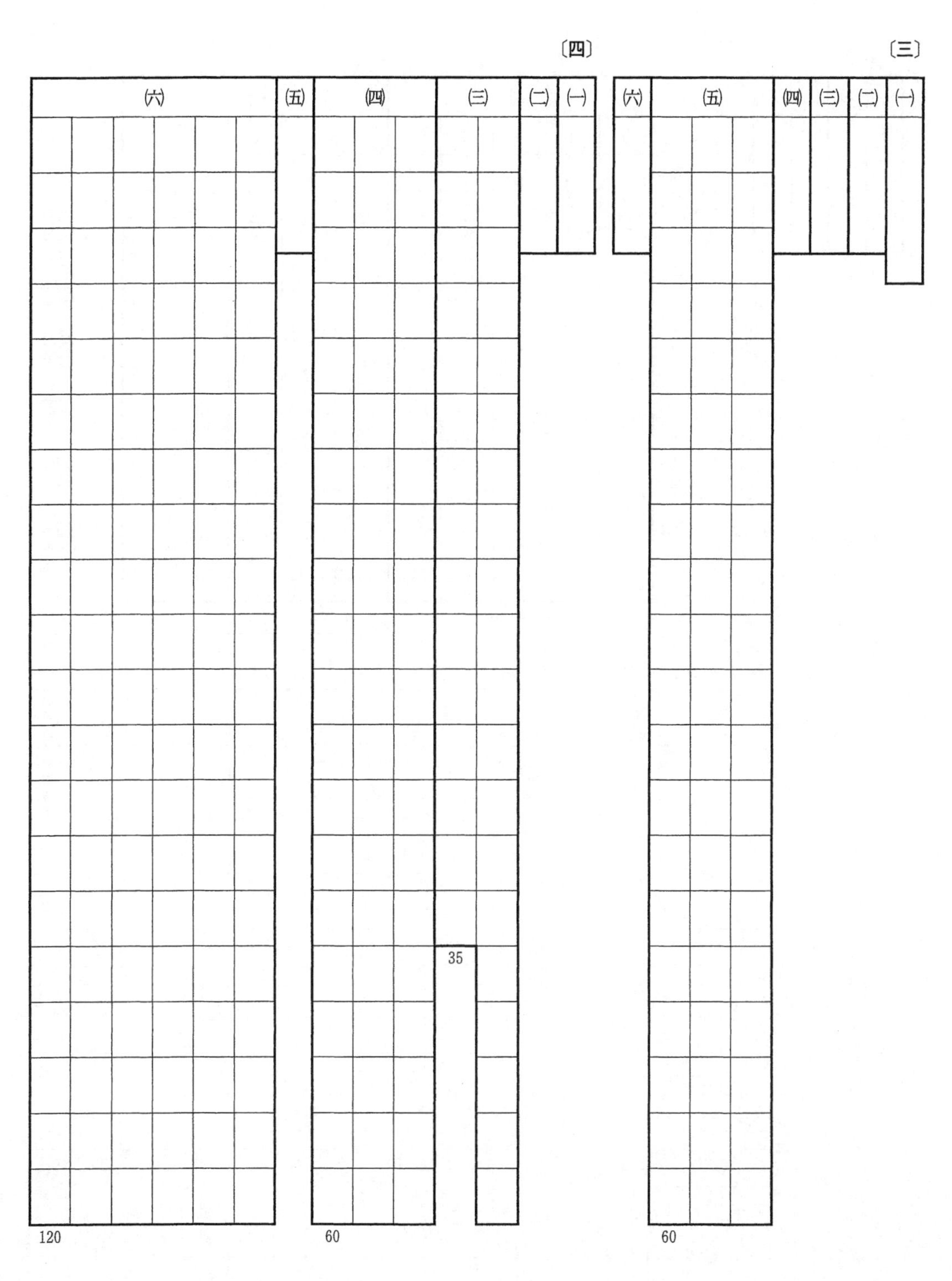

受検番号	

国語解答用紙

（注1）解答は、縦書きで記入すること。

〔一〕

㈠ 1	㈠ 2	㈠ 3	㈠ 4	㈠ 5	㈡ 1	㈡ 2	㈡ 3	㈡ 4	㈡ 5
惜	鮮	到達	貢献	喫緊	ス	イキオ	セツゲン	セイミツ	ルイジ
しむ	やか				う	い			

〔二〕

㈠	㈡	㈢	㈣	㈤

㈥ 次のⅡの文章は、Ⅰの文章と同じ著書の一部である。～～～線部分とはどういうことか。ⅠとⅡの文章を踏まえ、百二十字以内で書きなさい。

Ⅱ

混乱が大きくなればなるほど、社会では次の常識を巡る「まなざしの戦い」が始まる。そこには、さまざまな力が巧みに私たちのまなざしをデザインしようと仕掛けており、どの見方もそれらしく見えるようにプレゼンテーションされる。そんな観点からインターネットを注意深く眺めると、多様な見方が並べられていることに気づくだろう。

その中には科学的でないものも溢(あふ)れているし、客観性を装いながら根拠のなさそうなものもたくさん見られる。しかし私たちがこれまで当たり前としてきた社会の仕組みや科学的な常識を覆すような情報や証拠も共有され始めているのだ。それらの全てが妥当性を欠いた説明であるとは必ずしも言い切れないように思える。一方で、あまりにもたくさんの情報に溢れ、そのどれもが正反対を主張する中、今や何が事実で何が正解なのかの判断は簡単には下せなくなっている。そんなときこそ、改めてもう一度、「常識とは何か」について確認する必要があるだろう。

違っているとする方が、私たちには容易い。自分の見方を正当化してくれる情報や理屈、権威を追い求めるようになると、それがまた自分の見方をますます強めていく。そして次第に自分と反対の見解や立場を突きつける相手を敵視したり、見下したりする態度を示すようになる。

小さい頃から教育されてきた知識、長年にわたって社会で信じられてきた概念、多くの人が口にする情報。それらは繰り返し唱えられるものほど私たちの中に強く刻まれ、それはいつしか自分自身の信念や考え、感覚として自分の無意識に深く入り込んでいく。自らが固く信じて疑わない見方、つまり私たちのまなざしが固定化した状態は「固定観念」あるいは「偏見」と言い換えられる。それが社会にまで広がったものを、私たちは「常識」と呼ぶ。だが、アインシュタインも常識とは18歳までに身につけた偏見のコレクションと指摘したと言われるように、常識とはまなざしが固定化したものにほかならない。

（ハナムラ　チカヒロ「まなざしの革命」による）

(注)　アイデンティティ＝自己が他と区別されて、ほかならぬ自分であると感じられるときの、その感覚や意識をいう語。
アインシュタイン＝ドイツ生まれの理論物理学者。

(一)　文章中の［A］に最もよく当てはまる言葉を、次のア～エから一つ選び、その符号を書きなさい。

ア　なぜなら　イ　もし　ウ　ところで　エ　むしろ

(二)　文章中の［a］に最もよく当てはまる言葉を、次のア～エから一つ選び、その符号を書きなさい。

ア　受動的　イ　画一的　ウ　表面的　エ　積極的

(三)　——線部分(1)について、筆者がこのように述べるのはなぜか。その理由を、三十五字以内で書きなさい。

(四)　——線部分(2)とはどういうことか。六十字以内で書きなさい。

(五)　——線部分(3)について、筆者がこのように述べるのはなぜか。その理由として最も適当なものを、次のア～エから一つ選び、その符号を書きなさい。

ア　相手の認識を改めるよりも、自分の見方が間違っていると素直に認める方が、私たちには容易いから。

イ　自分の認識を改めるよりも、自分に都合のよい方向に物事の解釈を変える方が、私たちには容易いから。

ウ　相手の認識を改めるよりも、相手の意見に合わせて自由に発想を変えていく方が、私たちには容易いから。

エ　自分の認識を改めるよりも、自分の都合に合わせて相手の考えを変えていく方が、私たちには容易いから。

〔四〕 次のⅠ、Ⅱの文章を読んで、㈠〜㈥の問いに答えなさい。

Ⅰ 私たちの多くは自分のまなざしが固定化しているとは思っていない。自分は人と比べて柔軟な視点を持っており、頑固なまなざしを持っているのは相手だと思っている。自分は他者の意見を受け入れ、その違いにも寛容で、自由に発想を変えられると信じている。だから普段、私たちは自分の見方を変えたいと思っていない。［A］柔軟でない相手や融通の利かない物事を変えたいと思っている。

私たちが見方を変えるのは、自分にとって都合の悪いことが起こったときだ。社会や他者や物事との関係の中で自分にとって不都合な状況が生じたときに、私たちはそれを何とか切り抜けるために見方を変えようとする。アイデアに行き詰まったとき、人間関係がうまくいかないとき、日々の生活で困ったことが生じたとき。そしてその物事がどうにも変えられないとき、経験や知識の範囲で私たちは見方を変えようとする。だがその場合に私たちが変えるのは自分自身への認識ではなく、［a］な物事の解釈であることが多い。

物事の解釈を変えることも見方を変えることではあるのだが、それは自分の欲求に合わせて都合よく見方を変える場合が多い。そこでの見方を方向づける欲求そのものは自分の深い部分で固定化しており、それには気づかない。私たちは物事の解釈を変更することで、日常の問題であれば何とか乗り切れるかもしれない。だが、深刻な事態が起こったときには、それだけではうまくいかなくなる。生死にまつわるようなこと、自分のアイデンティティの危機、混乱した状況や先行きの全く見えない社会不安。(1)そんな場合に私たちは根本的な見方を変える必要性に迫られる。

そもそも、見方を変えるのはそう簡単なことではない。これまで長い時間をかけて培ってきた自分の根幹に関わることほど、見方を急に変えるのは難しい。それにはとてもエネルギーと努力が必要になるのだ。特に社会に大きな変化が訪れるときや、答えのない深刻な問いが自分に突きつけられ、根本から見方を変えねばならない状況になるほど、私たちはこれまで以上にますます自分のまなざしを固定しがちだ。自分の見方が間違っていると改めるよりも、自分の見方は間違っていないことを確認する方向に物事の解釈を変更する方が私たちには容易(たやす)い。

しかし、何とかしてようやく自分の認識を変えることができたとしても、また次から次へと深刻な事態が続くような状況に陥るとどうだろうか。今度は、私たちは自ら進んで(2)まなざしを固定化することを選ぶのである。答えが定まらない不安定な状態は、私たちに大きな苦痛を強いる。その不安の激流に流されてしまわないように、何か答えを決めてそこから動きたくない気持ちが強まるのだ。だから状況が厳しくなるほど、自分の都合の悪いものは視界から追いやって、自分が見たい部分や一度信じたことにだけ目を向けがちになる。そんな状態を繰り返しているうちに、私たちのまなざしはもう変えられないほど固定化してしまう。

(3)こうして一度信じ込んでしまうと、その物事の別の側面を見せられても、私たちにはそれが事実には見えない。いくら妥当性がある理屈が並べられても、自分の信念に合わないものを間

アキラ　なるほど。この場面で、この笛の名前を持ち出した宮の御前は、とても機転が利く人ですね。

フユミ　作者も、この笛の名前を知っていたから、宮の御前が言った「いなかへじ」という言葉に、二つの意味が掛けられていることをすぐに理解できたのですね。

(一)　～～線部分の「なほ」を現代かなづかいに直し、すべてひらがなで書きなさい。

(二)　――線部分(1)の「隆円に給へ」の意味として最も適当なものを、次のア～エから一つ選び、その符号を書きなさい。

ア　隆円にお申しつけください。

イ　隆円にお与えください。

ウ　隆円にお聞かせください。

エ　隆円にお返しください。

(三)　――線部分(2)の「ことごとをのたまふ」は、誰の動作か。最も適当なものを、次のア～エから一つ選び、その符号を書きなさい。

ア　淑景舎の女御　　イ　僧都の君

ウ　宮の御前　　エ　作者

(四)　――線部分(3)の「あまたたび聞えたまふ」には、誰の、どのような気持ちが表れているか。最も適当なものを、次のア～エから一つ選び、その符号を書きなさい。

ア　宮の御前の、淑景舎の女御からの返事を待ちわびる気持ち。

イ　僧都の君の、宮の御前からの返事をありがたく思う気持ち。

ウ　宮の御前の、僧都の君からの返事を潔くあきらめる気持ち。

エ　僧都の君の、淑景舎の女御からの返事を強く求める気持ち。

(五)　――線部分(4)の「いみじうをかしきことぞ限りなき」について、作者は、どのようなことに対して素晴らしいと感じているのか。六十字以内で書きなさい。

(六)　――線部分(5)の「この御笛の名、僧都の君もえ知りたまはざりけれ」とはどういうことか。最も適当なものを、次のア～エから一つ選び、その符号を書きなさい。

ア　故殿がくださった笛の名前を、僧都の君だけが知っていたということ。

イ　故殿がくださった笛の名前を、僧都の君は知らされていなかったということ。

ウ　上が所有している笛の名前を、僧都の君は知らなかったということ。

エ　上が所有している笛の名前を、僧都の君が誰にも知らせなかったということ。

〔三〕 次のAの文章は、清少納言の『枕草子』の一部で、作者が目にした、「淑景舎の女御」とその兄の「僧都の君」、二人の姉である「宮の御前」による、笛をめぐるやりとりについて記したものである。また、Bの文章は、Aの文章について調べた四人の生徒と先生の会話である。この二つの文章を読んで、(一)～(六)の問いに答えなさい。

A

淑景舎などわたりたまひて、御物語のついでに、

「まろがもとにいとをかしげなる笙の笛こそあれ。故殿の得させたまへりし」とのたまふを、僧都の君「それは(1)隆円に給へ。おのがもとにめでたき琴はべり。それにかへさせたまへ」と申したまふを、聞きも入れたまはで、(2)ことごとをのたまふに、いらへさせたてまつらむとあまたたび聞えたまふに、(3)なほ物ものたまはねば、宮の御前の、「いなかへじとおぼしたるものを」とのたまはせたる御けしきの、(4)いみじうをかしきことぞ限りなき。(5)この御笛の名、僧都の君もえ知りたまはざりければ、ただうらめしうおぼいためる。これは職の御曹司におはしまいしほどの事なめり。上の御前にいなかへじといふ御笛の候ふ名なり。

(注)
淑景舎＝淑景舎の女御。女御は天皇に仕える女官の名称。
故殿＝藤原道隆。淑景舎の女御、僧都の君、宮の御前の父。
隆円＝僧都の君。僧都は僧官の名称。
宮の御前＝中宮定子。中宮は皇后の別称。
職の御曹司＝中宮関係の事務をとる役所内の建物。
上＝天皇。ここでは宮の御前の夫である一条天皇を指す。

B

先生　宮中にある楽器には、「無名」という名前の琵琶や「塩釜」という名前の和琴など、楽器としては珍しい名前がつけられているものが多く、一条天皇は、「いなかへじ」という名前の笙の笛を所有していました。

ハルコ　「いなかへじ」という笛について調べたら、この名前は、「いいえ、替えるつもりはない」という意味の「いな替へじ」という言葉が由来になっていることがわかりました。

ナツキ　それは面白いですね。どんなものとも交換したくないほど、素晴らしい笛だったということでしょう。

㈢　次の文中の「ついに」と同じ品詞であるものを、あとのア～エの――線部分から一つ選び、その符号を書きなさい。

長い年月を経て、ついに作品が完成した。

ア　月の輪郭がはっきり見える。
イ　街灯の光が道を明るく照らす。
ウ　机の上をきれいに片付ける。
エ　大きな池で魚がゆったり泳ぐ。

㈣　次の文中の「話し」と活用形が同じ動詞を、あとのア～エの――線部分から一つ選び、その符号を書きなさい。

友人と夏休みの思い出について話した。

ア　地図を見れば、駅までの経路がわかる。
イ　春が来ると、雪が溶けて草木が芽吹く。
ウ　今度の週末は、図書館に行こうと思う。
エ　窓を開けて、部屋の空気を入れ換える。

㈤　次の会話文の二つの［A］に共通して当てはまる言葉として、最も適当なものを、あとのア～エから一つ選び、その符号を書きなさい。

ノゾミ　国語の授業で「［A］」という言葉の意味を調べるために辞書を引いてみたら、「最も興味深いところ」という意味があることがわかりました。
ツバサ　私は、「［A］」という言葉は知っていましたが、「物事の終わりの段階」という意味だと思って使っていました。この言葉の本来の意味を知って、とても驚きました。
ノゾミ　この言葉の他にも、本来の意味とは異なる使い方をしている言葉があるかもしれません。今度、一緒に調べてみましょう。

ア　幕開け
イ　転機
ウ　佳境
エ　大詰め

国語

〔一〕 次の㈠、㈡の問いに答えなさい。

㈠ 次の1～5について、――線をつけた漢字の部分の読みがなを書きなさい。

1 わずかな時間を惜しんで練習する。
2 若葉の緑が目に鮮やかだ。
3 目標の数値に到達する。
4 新製品の開発に貢献する。
5 喫緊の課題に対応する。

㈡ 次の1～5について、――線をつけたカタカナの部分に当てはまる漢字を書きなさい。

1 大きく息をスう。
2 風のイキオいが次第に弱まる。
3 電力のセツゲンに努める。
4 セイミツな機械を製造する。
5 複数の文化のルイジ点に着目する。

〔二〕 次の㈠～㈤の問いに答えなさい。

㈠ 次の文中の「控える」と同じ意味で使われている「控える」がある文を、あとのア～エから一つ選び、その符号を書きなさい。

説明の要点をノートに控える。

ア 大切な打ち合わせを明日に控える。
イ 宿泊する施設の電話番号を控える。
ウ 出演の時間まで、ステージの裏で控える。
エ 気温が高いので、屋外での運動を控える。

㈡ 次の文中の「乗車」と構成が同じ熟語を、あとのア～エから一つ選び、その符号を書きなさい。

停留所でバスに乗車する。

ア 往復
イ 過程
ウ 作文
エ 選択

令和５年度解答・解説

数学正答表，配点［　］は正答率

〔1〕

※ 32点

[73.7%]

(1)	7	(2)	$-2a+8b$	(3)	$9a$
(4)	$x=6$，$y=5$	(5)	$4\sqrt{5}$	(6)	$130a>5b+750$
(7)	$\angle x=$ 120 度	(8)	ア		

（それぞれ4点）

(1)[92.2%] (2)[92.4%] (3)[85.9%]
(4)[86.8%] (5)[85.5%] (6)[62.3%]
(7)[38.5%] (8)[46.0%]

〔2〕

※ 18点

[39.2%]

(1) 〔正答例〕

さいころの目の出方は全部で36通りある。
$2 \leqq a+b \leqq 12$であり，
このうち，$a+b$が24の約数となるのは，
17通りある。
よって，求める確率は $\frac{17}{36}$

a＼b	1	2	3	4	5	6
1	②	③	④	5	⑥	7
2	③	④	5	⑥	7	⑧
3	④	5	⑥	7	⑧	9
4	5	⑥	7	⑧	9	10
5	⑥	7	⑧	9	10	11
6	7	⑧	9	10	11	⑫

答 $\frac{17}{36}$

（6点）[56.3%]

(2) 〔正答例〕

△ABDと△ECBにおいて，
仮定より，　∠DBA ＝ ∠BCE …①
△BCDは∠BCD ＝ ∠BDCの二等辺三角形であるから，
BD ＝ CB …②
AD//BCより，∠ADB ＝ ∠EBC …③
①，②，③より，1辺とその両端の角がそれぞれ等しいから，
△ABD ≡ △ECB
よって，　AB ＝ EC

（6点）[41.9%]

(3) 〔正答例〕

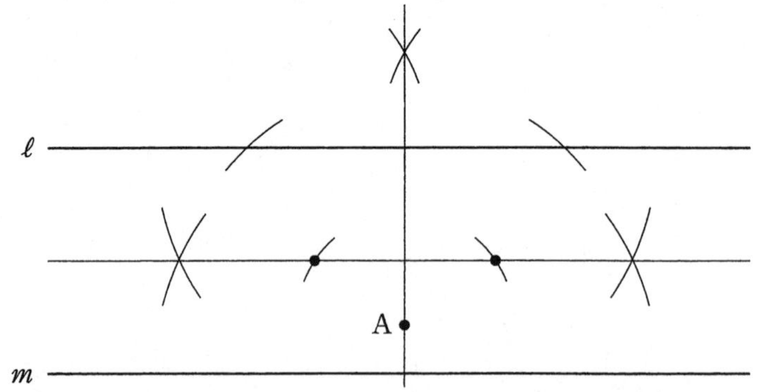

ℓ

A

m

（6点）[19.4%]

（全日制受検者平均点）
[39.7点]

※ 100点

受検番号	

〔3〕

※ 18点
[28.0%]

(1)[51.8%] (2)①[27.7%] ②[21.6%]

(1)	$y=$ 16	(2)	①	$y=4x^2$	②	$y=-12x+72$

((1)は3点)
((2)はそれぞれ3点)
((3)は4点)
((4)は5点)

(3) （グラフ：$0 \leqq x \leqq 3$ で $y=4x^2$、$3 \leqq x \leqq 6$ で $y=-12x+72$）

(4)
〔正答例〕
$0 \leqq x \leqq 3$ のとき，
$4x^2=20$ を解いて，
$x=\pm\sqrt{5}$
$0 \leqq x \leqq 3$ から $x=\sqrt{5}$
$3 \leqq x \leqq 6$ のとき，
$-12x+72=20$ を解いて，
$x=\frac{13}{3}$ これは，$3 \leqq x \leqq 6$ を満たす。
よって，$x=\sqrt{5},\ \frac{13}{3}$

答 $x=\sqrt{5},\ \frac{13}{3}$

(3)[21.6%]
(4)[28.5%]

〔4〕

※ 16点
[14.2%]

(1)	ア	4	イ	1	ウ	5

(それぞれ2点) (1)ア[17.3%] イ[36.7%] ウ[34.0%]

(2) ①
〔正答例〕
1番目の欄の数を a，2番目の欄の数を b とし，10の倍数を取り除きながら17番目まで順に書き出すと，
$a,\ b,\ a+b,\ a+2b,\ 2a+3b,\ 3a+5b,\ 5a+8b,\ 8a+3b,\ 3a+b,$
$a+4b,\ 4a+5b,\ 5a+9b,\ 9a+4b,\ 4a+3b,\ 3a+7b,\ 7a,\ 7b$(17番目)
したがって，17番目の欄の数は，1番目の欄の数に関係なく，2番目の欄の数によって決まる。

(6点)
[0.3%]

(2) ②
〔正答例〕
$7x+7\times4=7(x+4)$ の一の位が1になればよい。
これを満たす x は9に限る。

答 $x=$ 9

(4点)
[2.1%]

〔5〕

※ 16点
[10.9%]

(1)	$\frac{5\sqrt{3}}{2}$ cm

(5点) [25.4%]

(2)
〔正答例〕
点Cから辺ADに引いた垂線と辺ADとの交点をQとすると，
△CPQはCP＝CQの二等辺三角形であり，PQ＝AB＝5cm
線分PQの中点をMとすると，線分CMが求める四角すいの高さになる。
$\angle CMP=90^\circ$ より，$CM^2=CP^2-PM^2=\frac{50}{4}$ $CM=\frac{5\sqrt{2}}{2}$ cm
よって，求める体積は
$\frac{1}{3}\times5\times10\times\frac{5\sqrt{2}}{2}=\frac{125\sqrt{2}}{3}\ cm^3$

答 $\frac{125\sqrt{2}}{3}$ cm^3

(6点)
[7.2%]

(3)
〔正答例〕
辺ABの中点をNとすると，求める三角すいの体積は，
$\frac{1}{3}\times$(△CFNの面積)$\times$ AB
$=\frac{1}{3}\times\frac{1}{2}\times CF\times CM\times5=\frac{125\sqrt{2}}{12}\ cm^3$

答 $\frac{125\sqrt{2}}{12}$ cm^3

(5点)
[0.9%]

数　　学

解説

〔1〕

(1) $7-(-3)-3=7+3-3$

$=7$

(2) $2(3a-2b)-4(2a-3b)=6a-4b-8a+12b$

$=-2a+8b$

(3) $(-6ab)^2 \div 4ab^2=36a^2b^2\div 4ab^2$

$=9a$

(4) $\begin{cases} x+3y=21 & \cdots① \\ 2x-y=7 & \cdots② \end{cases}$

①×2−②を計算すると

$7y=35$

$y=5$

$y=5$ を①に代入する。$x+3\times 5=21$

$x=6$

(5) $\sqrt{45}-\sqrt{5}+\dfrac{10}{\sqrt{5}}=3\sqrt{5}-\sqrt{5}+2\sqrt{5}$

$=4\sqrt{5}$

(6) 生徒の出した金額は $130a$、花束とボールペンの代金は $b\times 5+150\times 5=5b+750$。おつりがあるので、$130a>5b+750$ となる。

(7) 円を9等分しているので、1つの弧の中心角は $360^\circ\div 9=40^\circ$ となる。

点Cを含む弧がつくる中心角 $\angle BOD=80^\circ$ より、$\angle BFD=40^\circ$

点Hを含む弧がつくる中心角 $\angle AOF=160^\circ$ より、$\angle ADF=80^\circ$

三角形の外角より $\angle x=40^\circ+80^\circ=120^\circ$

(8) 最小値は52g以上54g未満、最大値は62g以上64g未満となる。
次に、第一四分位数は軽い方から数えて10個目と11個目の値を足して２で割ったもの、第二四分位数は軽い方から数えて20個目と21個目の値を足して２で割ったもの、第三四分位数は軽い方から数えて30個目と31個目の値を足して２で割ったものである。
ヒストグラムより、軽い方から数えて10個目も11個目も56g以上58g未満、20個目も21個目も58g以上60g未満、30個目も31個目も58g以上60g未満となる。
よってこれらを満たす箱ひげ図はアの箱ひげ図である。

〔２〕

(1) ２回投げたときのさいころの目の出方は $6 \times 6 = 36$ 通り。
$\dfrac{24}{a+b}$ が整数になるのは、$a+b$ が24の約数であるとき。すなわち１、２、３、４、６、８、12、24のとき。
２つのさいころの目の和が１、24になることはないため、和が２、３、４、６、８、12のときを考えればよいので $(a,\ b) = (1,\ 1), (1,\ 2), (2,\ 1), (1,\ 3), (2,\ 2), (3,\ 1), (1,\ 5), (2,\ 4), (3,\ 3), (4,\ 2), (5,\ 1), (2,\ 6), (3,\ 5), (4,\ 4), (5,\ 3), (6,\ 2), (6,\ 6)$ の17通りある。
よって求める確率は $\dfrac{17}{36}$

(2) 解答参照

(3) 実際の作図は解答参照。以下は作図の手順である。
① 点Ａを通り、ℓ、m に垂直な直線を引く。
② その直線と ℓ、m の交点を線分とする垂直二等分線を引き、円の半径分の長さ（垂直二等分線から ℓ か m までの長さ）をコンパスでとる。
③ 点Ａからその長さ分の２点を垂直二等分線上にとると、円の中心となる。

〔３〕

(1) $x = 2$ のとき、OPと正方形の１辺は $2 \times 2 = 4$ cmとなるので、重なった面積は
$y = 4 \times 4 = 16$

(2) ① $0 \leqq x \leqq 3$ のとき、正方形PQRSは長方形OABC内にあるため、重なった面積はそのまま正方形の面積になる。
このときOPと正方形の１辺は $2 \times x = 2x$ cmであるので、重なった面積は
$y = 2x \times 2x = 4x^2$

② $3 \leqq x \leqq 6$ のとき、正方形PQRSは長方形OABCからはみ出るため、重なった面積の形は長方形になる。

AP＝$(12-2x)$ cm、BA＝6 cmであるので、重なった面積は

$y=(12-2x)\times 6=-12x+72$

(3) (2) ①、②より、解答のようになる。

(4) $0 \leqq x \leqq 3$ のとき、$y=4x^2$ に $y=20$ を代入すると、

$4x^2=20$

$x^2=5$

$x=\pm\sqrt{5}$　$0 \leqq x \leqq 3$ より $x=\sqrt{5}$

$3 \leqq x \leqq 6$ のとき、$y=-12x+72$ に $y=20$ を代入すると

$20=-12x+72$

$12x=52$

$x=\dfrac{13}{3}$　これは $3 \leqq x \leqq 6$ を満たす。

〔4〕

(1) 手順を基にして1番目から順に並べていくと

2、3、5、8、3、1、4、5、9、4、3、7、0、7、7、4（ア)、1（イ）5（ウ)

(2) ① 解答参照

《別解》

1番目の欄の数を a、2番目の欄の数を b として、17番目まで順に書き出すと

a、b、$a+b$、$a+2b$、$2a+3b$、$3a+5b$、$5a+8b$、$8a+13b$、$13a+21b$、$21a+34b$、$34a+55b$、$55a+89b$、$89a+144b$、$144a+233b$、$233a+377b$、$377a+610b$、$610a+987b$（17番目）となる。

17番目の欄の数である $610a+987b$ は、$610a$ の一の位が0なので、$987b$ は一の位が $7b$ の一の位の数となる。

よって1番目の欄の数 a に関係なく、2番目の欄の数によって決まる。

② 16番目の数が $7x$ の一の位の数、17番目の数が 7×4 の一の位の数、つまり8である。よって $7x+7\times 4$ の一の位が1になればよいので、$7x$ の一の位は3である。7の倍数の一の位が3になるのは $x=9$ のときだけである。

〔5〕

(1) $\triangle$CBP の CB $= 5$ cm、BP $= (10-5)\div 2 = \dfrac{5}{2}$ cm、$\angle$CPB $= 90°$ より、三平方の定理から

CP $= \dfrac{5\sqrt{3}}{2}$ cm

(2) 点Cから辺ADに引いた垂線と辺ADとの交点をQとすると、$\triangle$CPQ は CP $=$ CQ $= \dfrac{5\sqrt{3}}{2}$ cm、PQ $= 5$ cmの二等辺三角形となる。

線分PQの中点をMとすると、線分CMが四角すい C−ABED の高さとなる。

PM $= \dfrac{5}{2}$ cm、$\angle$CMP $= 90°$から三平方の定理より、CM $= \dfrac{5\sqrt{2}}{2}$ cm

よって $5\times 10\times \dfrac{5\sqrt{2}}{2}\times \dfrac{1}{3} = \dfrac{125\sqrt{2}}{3}$ cm^3

(3) 辺ABの中点をNとすると、三角すい C−ABF の体積は、三角すい A−CNF と三角すい B−CNF を足したものである。その2つの三角すいの底面を$\triangle$CNF とすると、高さはそれぞれ辺AN、辺BNとなり、AN $=$ BN $= \dfrac{5}{2}$ cm。$\triangle$CNF の面積は(2)より

$5\times \dfrac{5\sqrt{2}}{2}\times \dfrac{1}{2} = \dfrac{25\sqrt{2}}{4}$ cm^2。

よって $\dfrac{25\sqrt{2}}{4}\times \dfrac{5}{2}\times \dfrac{1}{3}\times 2 = \dfrac{125\sqrt{2}}{12}$ cm^3

《別解》

三角すい C−ABF の体積は、立体 ABC−DEF から四角すい F−ABED を引いた体積と等しい。

四角すい F−ABED の体積は(2)の四角すい C−ABED の体積に等しく、F−ABED $= \dfrac{125\sqrt{2}}{3}$ cm^3

立体 ABC−DEF は(2)の $\triangle$CPQ で切り取り、それと同様に点Fからも切り取ると、四角すい・三角柱・四角すいに分けられる。

四角すいは2つとも $5\times \dfrac{5}{2}\times \dfrac{5\sqrt{2}}{2}\times \dfrac{1}{3} = \dfrac{125\sqrt{2}}{12}$ cm^3

三角柱は $5\times \dfrac{5\sqrt{2}}{2}\times \dfrac{1}{2}\times 5 = \dfrac{125\sqrt{2}}{4}$ cm^3

よって三角すい C−ABF は

(立体 ABC−DEF の体積)−(四角すい F−ABED の体積)

$= \dfrac{125\sqrt{2}}{12}\times 2 + \dfrac{125\sqrt{2}}{4} - \dfrac{125\sqrt{2}}{3}$

$= \dfrac{250\sqrt{2}}{12} + \dfrac{375\sqrt{2}}{12} - \dfrac{500\sqrt{2}}{12}$

$= \dfrac{125\sqrt{2}}{12}$ cm^3

英語正答表，配点［　］は正答率

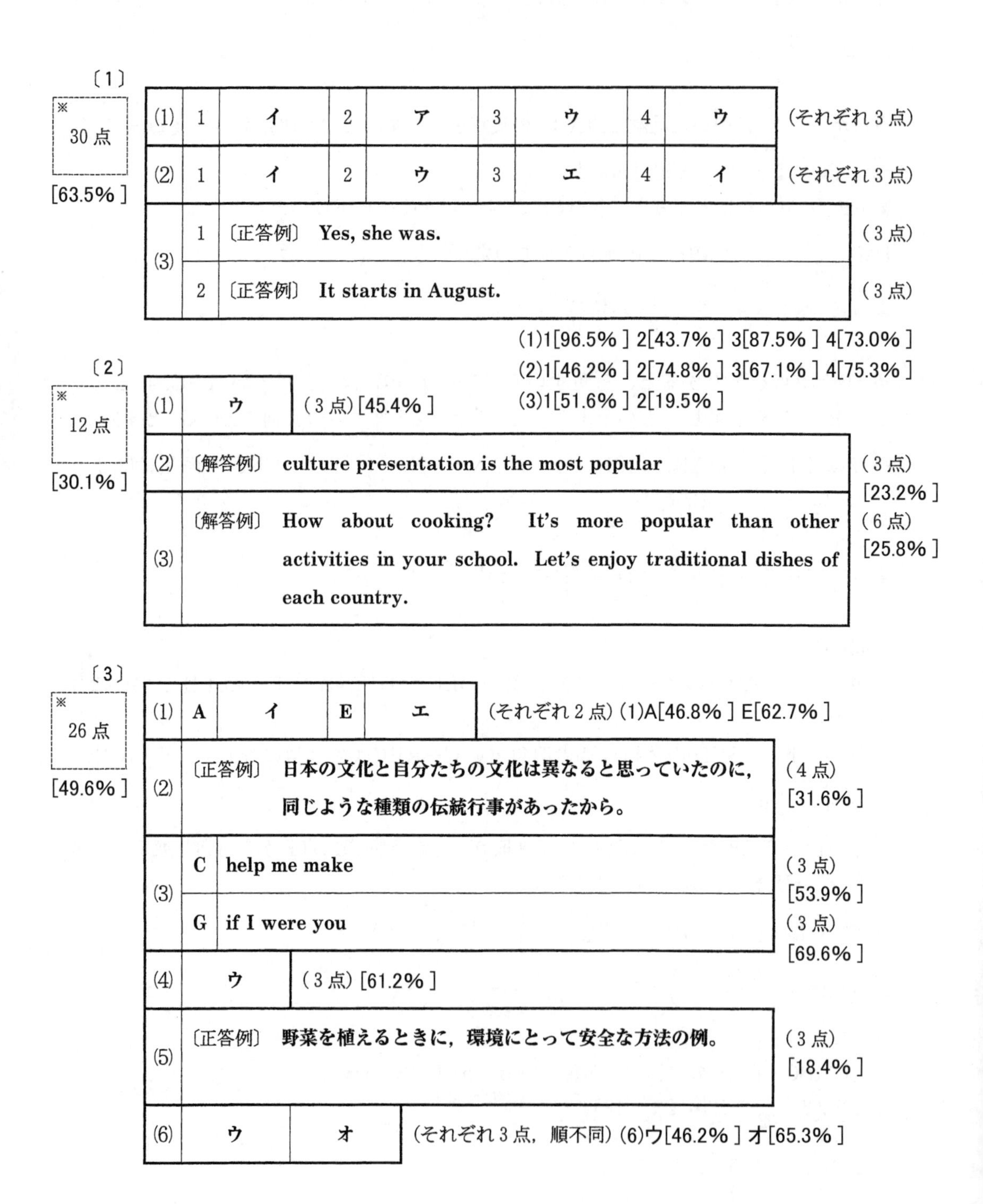

〔1〕　※30点　[63.5%]

(1)	1	イ	2	ア	3	ウ	4	ウ	(それぞれ3点)
(2)	1	イ	2	ウ	3	エ	4	イ	(それぞれ3点)
(3)	1	〔正答例〕 **Yes, she was.**							(3点)
	2	〔正答例〕 **It starts in August.**							(3点)

(1)1[96.5%] 2[43.7%] 3[87.5%] 4[73.0%]
(2)1[46.2%] 2[74.8%] 3[67.1%] 4[75.3%]
(3)1[51.6%] 2[19.5%]

〔2〕　※12点　[30.1%]

(1)	ウ	(3点) [45.4%]
(2)	〔解答例〕 **culture presentation is the most popular**	(3点) [23.2%]
(3)	〔解答例〕 **How about cooking? It's more popular than other activities in your school. Let's enjoy traditional dishes of each country.**	(6点) [25.8%]

〔3〕　※26点　[49.6%]

(1)	A	イ	E	エ	(それぞれ2点) (1)A[46.8%] E[62.7%]
(2)	〔正答例〕 **日本の文化と自分たちの文化は異なると思っていたのに，同じような種類の伝統行事があったから。**				(4点) [31.6%]
(3)	C	**help me make**			(3点) [53.9%]
	G	**if I were you**			(3点) [69.6%]
(4)	ウ				(3点) [61.2%]
(5)	〔正答例〕 **野菜を植えるときに，環境にとって安全な方法の例。**				(3点) [18.4%]
(6)	ウ	オ			(それぞれ3点，順不同) (6)ウ[46.2%] オ[65.3%]

（全日制受検者平均点）
[41.1点]

※ 100点

〔4〕

※ 32点

[17.5%]

(1)	〔正答例〕 **何を学ぶかを決める前に，自分の将来の仕事を決めるべきかということ。**		(4点) [20.3%]
(2)	〔解答例〕 **I can improve my skills**		(4点) [7.7%]
(3)	**You don't know what will be useful in the future.**		(3点) [6.1%]
(4)	ア		(4点) [23.4%]
(5)	①	〔正答例〕 **No, she hasn't.**	(3点) [45.6%]
	②	〔正答例〕 **She decided her goal first.**	(3点) [25.2%]
	③	〔正答例〕 **They sometimes make their own stories.**	(3点) [10.4%]
(6)	〔解答例〕 Hello, Fred. Thank you for your e-mail and the interesting article. **You helped me a lot. I decided to follow my heart. Though I don't know what I will do in the future, I can learn something important through art history.** Your friend, Hikari		(8点) [11.4%]

令和5年度 解答・解説

英　　　語

解説

〔1〕リスニング

〈放送文〉

(1) 1 When it stops raining, you sometimes see it in the sky.
Question：What is this?

2 Brian has to leave home at seven fifteen. Now it is six forty.
Question：How many minutes does he have before he leaves?

3 Nancy is a student from Australia and stays at Miki's house. She practices judo every Monday and Wednesday. On Saturday, she learns how to make Japanese foods from Miki. On Sunday, she usually meets her friends.
Question：When does Nancy cook with Miki?

4 Natsumi likes English. Her English teacher talks about his experiences in foreign countries. His stories are interesting. Natsumi studies English hard because she wants to live in the U.S. and get a job there in the future. She also reads many books to learn about foreign cultures.
Question：What does Natsumi want to do in the future?

(2) 1 A：You should bring an umbrella today, Jack.
B：I don't need it. It'll rain at night, but I can come back before it starts raining.
A：Oh, I see.
Question：Will Jack bring an umbrella today?

2 A：Hi, Kate. I need your help. Do you have free time tomorrow?
B：Sure, Takumi. How can I help you?
A：Can you go shopping with me? My sister will leave Japan and go to Canada next week. I want to give her something, but I don't know what to buy.
B：OK, I'll think about it. I'll also ask my friend. She may give me some good ideas.
Question：Who will get a present from Takumi?

3 A：Excuse me, could you tell me how to get to the Art Museum?
B：Well, you can find it if you go straight, but it will take one hour if you walk from here. If you take a taxi, it will take about 15 minutes.
A：Oh, but it will be expensive. Can I go there by bus?

B：Yes, I'll check when the next bus will come. ...Oh, it will come in 40 minutes. Maybe you should go there by bike. You can use one from the shop over there if you pay 500 yen.

A：That's the best way. Thank you!

Question：How will the man go to the Art Museum?

4 A：How was the concert, Lucy?

B：I really liked it. I didn't know about the musicians, but I loved their beautiful sound. Thank you for taking me to the concert.

A：You're welcome. Their music was wonderful, right? However, I hear that some of them didn't like practicing when they were children.

B：Wow, they are like me! I have been practicing the piano for many years, but I didn't like the piano when I was a child.

Question：Why did Lucy like the concert?

(3) Hello, everyone. I studied at Barnard Junior High School in America for one year. The culture was so different and I was really surprised. For example, many students don't walk to school. Their fathers or mothers take them to school by car or they use a school bus. Another different thing is the beginning of a new school year. Do you think all schools in America start in September? I thought so, but Barnard Junior High School starts in August. I enjoyed learning about a different culture.

Question：1 Was Maki surprised to learn about American culture?

2 When does a new school year start at Barnard Junior High School?

〈放送文　日本語訳〉

(1) 1 雨がやんだ時、時々空にそれが見えます。

■問題：これは何ですか？

2 ブライアン（Brian）は7時15分に家を出なければいけません。今は6時40分です。

■問題：彼が家を出るまであと何分ありますか？

3 ナンシー（Nancy）はオーストラリア出身の学生でミキ（Miki）の家に滞在しています。彼女は毎週月曜と水曜に柔道の練習をしています。土曜にはミキから日本の食べ物の作り方を学んでいます。日曜日にはたいてい友達と会っています。

■問題：ナンシーはいつミキと料理をしていますか？

4 ナツミ（Natsumi）は英語が好きです。彼女の英語の先生は外国での経験について話してくれます。彼の話は面白いです。ナツミは一生懸命英語を勉強しています。なぜなら彼女は将来アメリカで暮らしてそこで職を得たいと思っているからです。彼女は外国の文化について学ぶためにたくさん本も読んでいます。

■問題：ナツミは将来何をしたいと思っていますか？

(2) 1 A：今日は傘を持っていった方がいいよ、ジャック（Jack)。

B：必要ないよ。夜に雨が降る予定だけど、降り始める前に戻れるよ。

A：あぁ、わかった。

■問題：ジャックは今日傘を持っていきますか？

2 A：やあ、ケイト（Kate)。君の助けが必要なんだ。明日暇な時間はあるかな？

B：もちろんよ、タクミ（Takumi)。どうしたらいいの？

A：僕と買い物に行ってくれないかな？姉（妹）が来週日本を発ってカナダへ行く予定なんだ。彼女に何かあげたいんだけど、僕は何を買ったらいいかわからないんだよ。

B：わかったわ、考えてみるね。友達にも聞いてみるわ。私に何か良いアイデアを教えてくれるかもしれないし。

■問題：誰がタクミからプレゼントをもらう予定ですか？

3 A：すみません、美術館への行き方を私に教えていただけませんでしょうか？

B：えー、真っすぐ行けば見つかりますけど、ここから歩くと1時間かかりますよ。タクシーに乗れば15分くらいですけど。

A：ああ、でも(値段が)高いですよね。バスでそこへは行けますか？

B：はい、次のバスがいつ来るか調べてみますね。ああ、40分後に来ますよ。たぶん自転車でそこへ行ったほうがいいですね。500円払えば向こうのお店の自転車が使えますよ。

A：それが一番良いですね。ありがとう！

■問題：男性はどうやって美術館へ行くつもりですか？

4 A：コンサートはどうだった、ルーシー（Lucy）？

B：本当に気に入ったわ。そのミュージシャンたちを知らなかったんだけど、彼らの美しい音が大好きになったわ。コンサートに連れて行ってくれてありがとう。

A：どういたしまして。彼らの音楽はすばらしかったね。でも、彼らの何人かは子供の頃練習するのが好きじゃなかったらしいね。

B：わぁ、私みたいだわ。私は何年もずっとピアノの練習をしているけど、子供の頃はピアノが好きじゃなかったわ。

■問題：なぜルーシーはコンサートが気に入ったのですか？

(3) こんにちは、みなさん。私は1年間アメリカのバーナード中学校（Barnard Junior

High Shcool）で勉強しました。文化がとても異なっていて本当に驚きました。例えば、学校まで歩いて行く生徒はあまりいません。彼らのお父さんやお母さんが車で学校まで送ってくれたり、スクールバスを使ったりしています。他の違いは学校の新年度の始まりです。アメリカの全ての学校が９月に始まると思っていますか？私はそう思っていたのですが、バーナード中学校は８月から始まるのです。私は異なる文化について学ぶことを楽しみました。

■問題：１　マキはアメリカの文化について学んで驚きましたか？

　　　　２　バーナード中学校では新年度はいつ始まりますか？

〈解説〉

(1)　短い英文を聞いて正解を選ぶ（選択型）

１　雨がやんだ後に空に見えるものは虹なので、イを選ぶ。

２　家を出るまであと何分あるかが問われている。出発時刻は７時15分で、現在時刻は６時40分である。その差を計算すると35分なので、アの35 minutesを選ぶ。

３　各曜日でナンシーが何をしているかを把握しなければいけない。月曜と水曜は柔道の練習。土曜日はミキといっしょに料理の仕方を学ぶ。日曜日は友達と会っている。問題は「いつミキといっしょに料理をするか？」なので、ウのOn Saturdayを選ぶ。

４　将来ナツミがやりたいことを選択しなければならない。ナツミが一生懸命英語を勉強する理由として「将来アメリカで暮らしてそこで仕事を得たい」とあるので、ウを選ぶ。

(1)の２は時刻、３は曜日と、覚えておかなければいけない情報が複数あり混乱しやすい。ここはしっかりとメモをとって対応したい。

(2)　対話文を聞いて正解を選ぶ（選択型）

１　傘を持って行った方がよいという提案に対して、夜雨が降り始める前には戻るから必要ないと言っている。問いはジャックが傘を持っていくかどうかなのでNoで答える。また、質問はWillで始まっているのでwillを使って答える必要があり、イのNo, he won't.を選ぶ。

２　プレゼントをもらう人物が尋ねられている。タクミは「姉（妹）が日本を発ちカナダへ行くので何かあげたいが、何を買うべきかわからない」と言っている。つまりタクミが彼の姉（妹）にプレゼントをあげるのだから、もらうのはタクミの姉（妹）である。よってウを選ぶ。

３　男性が美術館へ行く手段が尋ねられている。徒歩は１時間かかる。タクシーは15分で行けるがお金がかかりすぎる。バスは時間が合わない。どれも今ひとつな中で500円払えば自転車を使えるという手段には「それが一番良い方法だ」と反応している。よってエを選ぶ。

4　ルーシーがそのコンサートを気に入った理由が問われている。序盤で「そのミュージシャンたちについて知らなかったけど、彼らの美しい音が大好きになった」という内容があるので、イを選ぶ。

⑵の２は与える側ともらう側を勘違いしやすい。３と４は答えにつながる部分以外に余計な情報が多いので放送の１度目で話の流れをつかみ問いで聞くべき部分を絞った後、２度目で答えをしっかりと見つけ出したい。

⑶　長めの英文を聞き、設問に対する回答を記述する（記述型）

1　Was Maki surprised ~?という質問なので答え方はYes, she was.もしくは、No, she wasn't (was not).となる。質問内容は「マキはアメリカの文化について学んで驚きましたか？」というもの。話の序盤で「文化がとても違っていて本当に驚いた」と言っていたので、正解はYes, she was.となる。

2　質問のWhen does a new school year start at Barnard Junior High School?の下線部をよく聞きとること。この質問の主語はa new school yearであるので答えはIt starts in August.となる。あくまでもItの中身はa new school yearであり、Barnard Junior High Schoolではないということは理解しておきたい。

⑶では、放送文が流れた後に２つの質問を聞くことになる。したがって、何が問われるか不明なまま１度目の放送を聞くことになる。１度目の放送では、大まかな話の内容をつかむことと、２つの質問内容を理解することに努める。ここで解答作成を急ごうとせず、２回目の放送で、質問の回答となる部分を探し、解答を作成するようにしよう。

〔2〕資料活用問題

〈資料英文全訳〉

【グラフ】

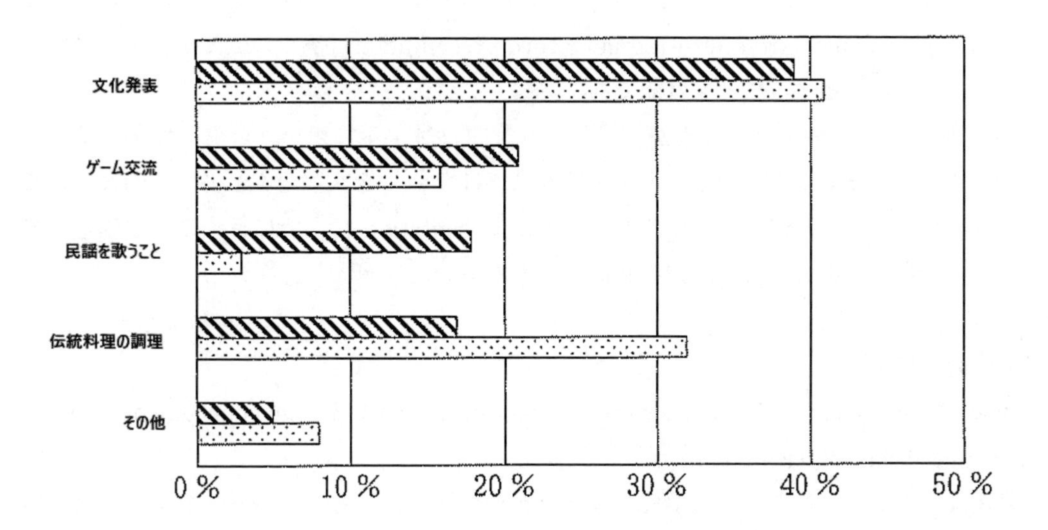

【会話】

ピーター (Peter)	：学校間で結果が違いましたね。
＊＊＊	：はい。私はあなたの学校の生徒がほんの少ししか 民謡を歌うこと に興味を持っていなくて驚きました。いずれにせよ、両方の学校で、（　a　）なのでそれをしましょう。
ピーター	：賛成です。私たちはもう一つ活動ができると思いますよ。何をしたらいいでしょうか？
＊＊＊	：（　b　）
ピーター	：それは良い考えかもしれませんね。

(1) 空欄の前で、only a few students from your school are interested in とある。ここでのyour schoolとはピーターのブラウン高校（Brown High School）のことなのでブラウン高校の生徒が少ししか興味を示してない活動をグラフから選ばなければならない。よって答えはウのsinging traditional songsとなる。

(2) （　a　）の前後も含め、「いずれにせよ、両方の学校で（　a　）のでそれをしましょう。」とある。両者の学校で共に最も興味を示している活動を取り上げ、ここに当てはまるように英文を作りたい。とするとculture presentation を利用して文を組み立てる必要が出てくる。解答では culture presentation is the most popular（文化発表が最も人気がある）となっているが、前の文章のbe interested inを利用してmany of the students (many students) are interested in culture presentation（多くの生徒が文化発表に興味を持っている）とすることも可能である。

(3) 「何をしたらいいでしょうか？」という質問に対する答えを、自由英作文とはいえ【グラフ】を踏まえてその理由も書かなければいけない。そう考えると書ける内容はかなり限られてくる。話の流れも考えると culture presentation はすでに行うことが確定しているのでこれは選択できない。選択肢は３つである。

【解答例と和訳】

How about cooking. It's more popular than other activities in your school. Let's enjoy traditional dishes of each country.

料理はどうですか？あなたの学校ではそれが他の活動よりも人気がありますよ。各国の伝統料理を楽しみましょう。

【別解答】

●communication gamesの場合

How about communication games? It is also popular in both schools. We can know each other by playing games and talking. It will be fun!

(ゲーム交流はどうでしょうか？それは両者の学校で人気ですよ。ゲームをしておしゃべりすることでお互いのことを知ることができますよ。きっと楽しいですよ。)

●singing traditional songsの場合

How about singing traditional songs? Only a few students in your school are interested in this activity. But I want you to know that Japanese traditional songs are really beautiful. Let's sing them together.

(民謡を歌うのはどうでしょうか？あなたの学校のほんの数人の生徒しかこの活動に興味を持っていませんが、私は日本の伝統的な歌が本当に美しいということをあなたたちに知ってもらいたいと思っています。それを一緒に歌いましょうよ。)

※別解の方は半ば無理やりな感じは否めない。グラフを踏まえてというならば相手校の生徒がやりたがっていることを活動として考えるのが無難であろう。

〔3〕対話文読解

〈日本語訳〉

ルイス（Luis）はメキシコから来ている中学生です。彼は新潟のある家族のところに滞在しています。今彼は家庭菜園でその家族の父、ケイタ（Keita）と話をしているところです。

ケイタ：ルイス、いっしょに庭にトマトを植えよう。トマトは好きかい？

ルイス：はい、メキシコでは多くの料理にトマトを使います。明日はあなたたちのために僕が料理を作りますよ。

ケイタ：すばらしいね。まずはトマトを植えよう、そしてそれからその近くにマリーゴールドを植えよう。

ルイス：マリーゴールド？それはメキシコではとても人気があります。私たちは11月の伝統的なお祭りでその花を使いますよ。

ケイタ：それはどういった種類のお祭りなんだい？

ルイス：私たちはたくさんのマリーゴールドを使ってお墓を飾るんです。マリーゴールドの強い香り A（のために）先祖が戻ってくると私たちは信じているんです。

ケイタ：それは日本の*お盆*のようだね。私たちも先祖が戻ってくると信じていて彼らに花を供えたりするんだ。私たちは夏にその行事があるよ。

ルイス：わぁ、あなたたちの文化と私たちの文化は異なっていると思っていましたが、私たちには同じ種類の伝統行事があるんですね。B なんて面白いんだ！ところで、なぜトマトの近くにマリーゴールドを植えるんですか？

ケイタ：良い質問だね！マリーゴールドは安全な菜園を C 私が作るのを助けてくれるんだよ。

ルイス：本当ですか？なぜマリーゴールドはそんなことをしてくれるんですか？

ケイタ：繰り返しになるけど、その理由はその強い香りなんだよ。トマトの葉を食べる昆虫はその香りが好きじゃないんだ。だから D 彼らはトマトの葉を食べに来ないんだよ。

ルイス：すごいですね！私たちは農薬を使う必要がないですね。

ケイタ：その通りなんだ。私は野菜を植える時に環境に安全な方法を選びたいと思っているんだよ。マリーゴールドを E（使うことは）1つの良い方法だね。

ルイス：なるほど。F 他の例も教えていただけますか？

ケイタ：うん、もちろんだよ。例えば、向こうにある花が見えるかい？それは日本語で*れんげ草*と呼ばれているんだ。それは天然の肥料になるんだよ。

ルイス：すごい！私はそういう方法についてもっと知りたいです。どうしたらいいでしょうか？

ケイタ：うーん、G もし私が君なら、私はそれをとてもよく知っている人たちに尋ねるんだけどなぁ。

ルイス：それは良い考えです。そういう人たちを私に紹介してくれませんか？

ケイタ：わかった、友人の何人かは農家をやっているから彼らに尋ねてみるよ。

ルイス：ありがとうございます。学校で来月クラスメイトと一緒に研究プロジェクトを始めるんです。環境にやさしい野菜の植え方について研究するのはおもしろいかもしれません。

ケイタ：それはおもしろい研究テーマになるだろうね。私の友人たちが大いに君を助けてくれると思うよ。彼らの何人かはあまりエネルギーを使わない機械も持っているんだ。あなたはそれにも興味を持つかもしれないね。

ルイス：おもしろそうですね。ありがとうございます。

ケイタ：どういたしまして。研究プロジェクトに全力を尽くしてね。

ルイス：そうするつもりです。私は新しい環境にやさしいやり方を見つけられるでしょうか？

ケイタ：それはあまり簡単ではないけど、あなたが一生懸命活動してれば将来それをすることができると私は信じているよ。

ルイス：そうだといいです。私の先生が私たちに人間の一部の活動が環境にダメージを与えていると教えてくれました。その状況をもっと良くすることが私たちには大切だと思います。

ケイタ：その通りだね。人間は自然を利用することでずっと文明を発達させてきているけど、もし自然の中の物を使い続けるならば、私たちは環境を破壊することになるだろうね。

ルイス：はい、私たちは自然と共に生きる方法をさがすべきですね。

〈解説〉

(1) 〔適語選択〕

A　熟語の問題となっている。アのaccording to ~ は「～によると、～に従って」、イのbecause of ~ は「～のために、～のせいで」、ウのinstead of ~ は「～の代わりに」、エのsuch as ~ は「例えば～のような」である。We believe that our ancestors come back（　A　）the strong smell of marigolds. という文章で先祖が戻ってくるきっかけ（理由）がマリーゴールドの強い香りと考える。よってイのbecause ofを使い「マリーゴールドの強い香りのために先祖が戻ってくる」という表現を作らなければならない。

E　（　E　）marigolds is one good way. という文章をまずチェックするとbe動詞のisを使用している。主語が複数形のmarigoldsであればisは使えないはずなのでこの文の主語はmarigoldsではなく選択肢の中に入る語が主語になると考えられる。主語は名詞（の働き）でなくてはならないのだが、選択肢アとイは動詞、ウは動詞の過去形か過去分詞形と考えられる。エのUsingは「～している最中」という意味にも捉えられるが、この場合は動名詞で「～すること」という意味を持つ名詞の働きを持っている。よって答えはエとなる。

(2) 〔和文記述〕

B How interesting! はHowと!〔感嘆符（エクスクラメーションマーク）〕との関係から「なんて～だ！」という意味の感嘆文と考えられる。当然その前で感動や驚きを引き起こした理由があると考えられる。直前で I thought your culture and our culture were different, but we have the same kind of traditional event.（あなたたちの文化と私たちの文化は異なっていると思っていましたが、私たちには同じ種類の伝統行事があるんですね。）という文があるのでここを適切にまとめる。和訳せよという問題ではないので「私」「あなたたちの」「私たちの」「私たちは」といった代名詞をそのまま訳さない。あくまでも客観的に見た文体で書こう。また、理由を問う問題では必ず文末を「～から。」などでまとめる。

正答例：（ケイタたちの）日本の文化と（ルイスたちの）自分たちの文化は異なると思っていたのに、（両者共に）同じような種類の伝統行事があったから。

(3) 〔語句整序〕

C The marigolds [me, make, help] a safe vegetable garden.

並べかえる語句に注目すると動詞が2つ存在する。そしてその両方がその使い方の中に原形不定詞と呼ばれる表現を伴う用法を持っているところに注目である。

make + O（目的語）+V（動詞の原形） → 「OにVさせる」

help + O（目的語）+V（動詞の原形） → 「OがVするのを助ける（手伝う）」

と文法的にはどちらの形も成り立つところがこの問題の難しいところである。あとはしっかりと前後の表現との意味のつながりを考えよう。主語は「マリーゴールドが」であり、後ろには「安全な菜園」である。

The marigolds make me help a safe vegetable garden. （マリーゴールドが私に安全な菜園を助けさせる。）

The marigolds help me make a safe vegetable garden. （マリーゴールドは私が安全な菜園を作るのを助けてくれる。）

意味が通るのは後者である。

G [you, I, if, were] , I would ask people who know about them very well.

注目すべきポイントはif節を作ること、その中の主語はおそらくは主格のIであろうこと、それなのにbe動詞はwereであること、そして後ろに続く文の助動詞がwillの過去形wouldとなっていること。これらを総合すると仮定法過去と呼ばれる文法表現を用いた形を作る必要がある。

仮定法過去は公式として If S+V（過去形）～, S+助動詞の過去形+V～.となるが、過去形の部分に過去の意味を持たず「もしSがVすれば、SはVするのになぁ。」という実際にはそれは実現不可能な内容を表す用法である。そしてbe動詞はこの仮定法過去の用法ではwereが用いられる。

作りたい内容は「もし私が君なら、私はそれをとてもよく知っている人たちに尋ねるんだけどなぁ」と推測される。If節の中の主語はIであるが仮定法過去の用法ならbe動詞がwereであっても問題はない。よって答えは if I were you, となるのである。

数年前までは原形不定詞も仮定法過去も高校で学習する内容であった。しかし、前年度で文章の中にこの表現が見られ、今回はついに問題として姿を現した。難しい項目ではあるし、中3の終盤で習う内容なので定着度が薄い可能性もある。ここは今後も出題される項目と考えてしっかりと学習しておきたい。

(4) 〔適文選択〕

Insects which eat tomato leaves don't like the smell, so [D].

［理由］, so［結果］ という形である。「トマトの葉を食べる昆虫がその香りを好まない」という理由から起こりうる結果を考えよう。すると答えはウのthey don't come to eat tomato leaves（それらはトマトの葉を食べには来ない）が正解となる。アのthey like to stay on the flowers（それらはその花の上に留まることを好む)、イのthey fly near the flowers（それらはその花の近くを飛ぶ)、エのthey aren't damaged by tomato leaves（それらはトマトの葉によってダメージを与えられない）はどれも前半の理由を受けての結果としては合わない。

(5) 〔和文記述〕

F Can you tell me another example?（他の例を私に教えてくれませんか？）の「他の例」とは具体的に何の例なのかを日本語で記述する問題である。その前の文に「マリーゴールドを使うことが1つの良い方法である」と述べている。この「1つの良い方法」というのは複数ある中の「1つ」と考えられるかがカギである。つまり「複数の方法」があり、1つがマリーゴールドを使うことで、さらにもう1つ教えてほしいと頼んでいるのである。さらに1つ文をさかのぼるとwaysという複数形の「方法」という単語が見られる。ここを突破口として解答になる部分を拾っていこう。safe ways for the environment when I plant vegetables の部分を質問に沿う答え方で答えよう。「何についての例か？」という質問なので「～（について）の例」と答えるのが望ましい。

正答例：野菜を植えるときに、環境にとって安全な方法（について）の例。

(6) 〔内容選択〕

ア トマトはメキシコで非常に人気があり11月のお祭りの期間にお墓に供えられる。

→メキシコで11月のお祭りの期間にお墓に供えられるのはマリーゴールドなので×。

イ メキシコの人たちと日本の人たちの両方が夏に先祖が戻ってくると信じている。

→メキシコの人たちは11月に先祖が戻ってくると信じているので×。

ウ ケイタは野菜を植える時に環境に安全な方法を使うのが良いと信じている。

→ケイタの発言 I want to choose safe ways for the environment when I plant vegetables.（野菜を植える時に私は環境に安全な方法を選びたいと思っている。）と

あるので○。

エ　ルイスはおいしい野菜の作り方を学ぶためにケイタの友達の何人かと会いたいと思っている。

→学びたいのは「おいしい野菜の作り方」ではなく、「環境に安全な（やさしい）方法」なので×。

オ　ルイスは先生から人間が一部の活動を通じて環境にダメージを与えていると学んだ。

→ルイスの言葉の中に　My teacher told us that some human activities damage the environment.（人間の一部の活動が環境にダメージを与えていると先生が私たちに教えてくれた）とあるので○。

〔4〕長文読解

〈日本語訳〉

ヒカリ（Hikari）は高校生です。彼女は英語が好きで、アメリカの友人フレッド（Fred）とコミュニケーションを取ることを楽しんでいます。ある日、彼女は彼にEメールを送りました。

【ヒカリからフレッドへのEメール】

こんにちは、フレッド。元気ですか？私は高校生活を楽しんでいます。でも今私はA大きな問題を抱えていて、それで私はあなたの意見が欲しいのです。

今日、友達のユリ（Yuri）と私は将来について話しました。今私は美術史に興味があって高校卒業後はそれを勉強したいと思っています。私がユリにそう言った時、彼女は私に「あなたは将来教師か研究者になるつもりなの？」と尋ねました。私は「今はまだ自分の将来についてはわからない。ただ私は美術史に興味があるからそれについて勉強したいだけよ。」と言いました。ユリは私の答えを聞いて本当に驚いていました。彼女は何を勉強するか決める前に自分の目標を決めていたのです。

フレッド、あなたは医者になりたくて、それで目標を達成するために一生懸命に勉強しているのですよね？私は何を勉強するか決める前に自分の将来の職業を決めるべきなのでしょうか？

【フレッドからヒカリへのEメール】

Eメールをありがとう、ヒカリ。私は元気でやっています。

あなたの質問は難しいですね。今私は目標を達成するために勉強しています。でも医者になった後も勉強し続けるつもりですよ。そして私は自分の夢と関連のない科目も勉強するのを楽しんでいます。例えば、アメリカでは多くの学校がドラマの授業があります。ほとんどの生徒は俳優になるつもりはありませんが、ドラマの授業はとても人気があります。私はそれが気に入っています。ドラマの授業を通じて私たちはいくつかの技能を上達させられると私は思います。例えば、私たちは時々私たち独自の物語を作ります。私のドラマの先生はこの活動を通して私たちが何か新しいものを作ることが上手くなれると言っています。また、以前よりも私はもっとはっきりと話すことができます。

私の兄は大学で数学を勉強していますが、彼は音楽の授業も取っています。彼はその授業の中で良いチームワークを学ぶことができると言っています。あなたはあなたの好きな科目を勉強するべきです。そうすることによってあなたはいくつかの技能を上達させることができるのです。

ヒカリはフレッドの意見がおもしろいと思いました。彼女はミュージシャンになるつもりはありませんが音楽も好きなのです。「もし学ぶことでB いくつかの技能を上達させられる のならば、私はうれしいだろうな。」と彼女は思いました。

１週間後、フレッドがヒカリにあるウェブサイトの記事を紹介してくれました。それは大学の教授によって書かれた学生向けの記事でした。

【ウェブサイトの記事】

あなたたちはこんなふうに考えるかもしれません。「私はなぜこの科目を勉強しなければならないのだろう？私はそれが好きじゃない。それは私の目標とは関連がない。」私はあなたたちの気持ちを理解できます。でもあなたたちの好きなことだけを勉強するのは本当に良い考えなのでしょうか？

C1つの良い例でフローレンス・ナイチンゲール（Florence Nightingale）についてあなたたちにお話しさせてください。彼女は世界で最も有名な看護師の1人です。彼女は清潔な病院を作ろうとしました。彼女は人々の命を救うために清潔な環境を作ることが重要だと示す必要があったのです。彼女は数学と統計学の知識がありました。その知識を使うことによって彼女は独自のグラフを作り、汚れた環境が人々の命をおびやかすということを示したのです。

この話が何を意味しているかわかりますか？あなたたちは将来何が役に立つかは知りません。例えば、将来、あなたたちは解決したいと思う問題を見つけるかもしれません。その時に、いくつかの知識はあなたたちを助けてくれるかもしれないのです。またはあなたたちはその知識を使って何か新しいものを創り出すことができます。あなたたちは将来それを使わないかもしれませんが、何か新しいことを学ぶのはとてもおもしろいことでしょう。多くのことを楽しんで学んでください。そうすることによって、あなたたちは自分の世界を広げることができるのです。

私の父は理科の教師でした。彼は75歳ですが、現在彼は大学で古典文学を勉強しています。彼は何か新しいことを学べてとても嬉しいと言っています。

D「人々は様々な学ぶ理由を持っているんだ。」とヒカリは思いました。E「私は今夜フレッドにEメールを書こう。」

〈解説〉

(1)〔和文記述〕

a big question（大きな問題）という部分の具体的内容を日本語で説明しなければならない。まだ文章の序盤であいさつ程度しか書かれてないので下線より後に注目して読んでいく必要がある。

また、下線部はquestion（問題・問い）である。ヒカリが抱いている疑問点を見つけるというのがポイントであるが、ユリの疑問を間違って選択しないように気をつけたい。読み進めていくとヒカリのメールの最後にShould I decide my future job before I decide what to study?「私は何を勉強するか決める前に自分の将来の職業を決めるべきなのでしょうか？」と疑問を投げかけている。この部分を丁寧に日本語にしよう。should ~「~するべきだ」、decide ~「~を決める」、before SV「SがVする前に」、what to V「何をV

したらよいか」などもしっかりと覚えておこう。

(2) 〔空所補充〕

"If [B] through learning, I'll be happy," she thought.という文章の空所を4語以上の英語で埋めるという問題。まずIfの後ろはS（主語）+V（動詞）の形が必要である。また、前の文章でつながりを持つような共通項となる表現はないか探してみる。through learningという表現と全く同じ表現はないのだが、learnと同義のstudyという単語がフレッドのメールの終盤にあるところに注目である。

You should study your favorite subjects.（あなたはあなたの好きな科目を勉強するべきです。）

You can improve some skills by doing so.（そうすることによってあなたはいくつかの技能を上達させることができるのです。）

最後の文の「そうすることによって」が指す内容は「好きな科目を勉強することによって」である。つまりフレッドは最後の文で「好きな科目を勉強することによってあなたはいくつかの技能を上達させることができるのです。」と述べている。それを受けて「学ぶことを通して [B] ならば嬉しい。」と述べているのだから必要な情報はYou can improve some skillsの部分である。ただしここで気を付けなければならないのはI'll be happyの部分からあくまでも主語はIである。それに合わせた代名詞の変換を忘れてはならない。

(3) 〔適文抜粋〕

ナイチンゲールの名前を挙げてから段落が変わるまでずっと彼女のしたことを具体例として挙げている。その後段落が変わりDo you understand what this story means?（この話が何を意味しているかわかりますか？）と質問し、その後にその問いに対する答え（最も伝えたいこと）を言っている。よって直後のYou don't know what will be useful in the future.が答えとなる。

(4) 〔適文選択〕

ウェブサイトの記事を読んだ上でヒカリがどう思ったかを推測する必要がある。つまり選ぶ選択肢はウェブサイトの記事に沿った内容でなくてはならないということである。

ア　人々はさまざまな学ぶ理由を持っている。

→　ナイチンゲールの例を挙げ、本来医療とは関係ないと思われた数学や統計学の知識が後に役に立ったように、将来何が役に立つかはわからないので楽しいと思えることを学ぶ大切さを伝えていた。また筆者の父の例も挙げ、老いてなお学びそれを楽しんでいる姿を伝え、新しいことを学ぶことは楽しいことだとユリやヒカリ、フレッドともまた違う考え方を与えてくれた。そこから出る感想としては十分である。よって○。

イ　私たちは夢のために勉強するべきである。／ウ　学ぶ理由は1つしかない。

→　ウェブサイトの記事やフレッドの意見など夢や目標が定まらずとも勉強するさまざまな理由があることが述べられていたので×。

エ　役に立つことを学ぶのは重要である。

→　ウェブサイトの記事には将来何が役に立つかはわからないが将来問題に出合った時にそれが役に立つかもしれない、とあった。役に立つかどうかわからなくても学ぶことは大切であるので×。

(5)〔英問英答〕

①「ヒカリはすでに将来の自分の職業を決めていますか。」

ヒカリのメールの6行目に、I have no idea about my future job now.（今はまだ自分の将来についてはわからない。）とある。質問は Has Hikari ～? で始まる現在完了の Yes/No疑問文なのでここは No, she has not（hasn't）. と答える。

②「ユリは自分が何を勉強するかをどのように決めましたか。」

「どのように」という言葉に縛られて手段をイメージすると答えにくいかもしれない。手段と言うよりは「手順」というイメージがここには適していると思われる。また、ここで問われているのはユリが取った手順、つまりユリの行動である。ヒカリのメールの中からユリの取った行動を示す動詞を絞り込もう。そしてwhat she would study などの質問と重なる表現なども手掛かりとなる。以上からヒカリのメールの中の7～8行目の文、She decided her goal first before she decided what she would study. という文を取り上げる。before 以下はなくても差し支えない。

③「フレッドの学校のドラマの授業では、何か新しいものを創り出すことが上手になるために学生たちは何をしますか？」

まずしっかり読むべき部分はフレッドのメールの4～8行目、ここにアメリカでのドラマの授業のことが書かれている。そしてその文章中に質問の中の be good at creating something new というフレーズと同じものがあるところに注目する。その文章を読むと「私のドラマの先生はこの活動を通して私たちが何か新しいものを作ることが上手くなれると言っています。」とある。この中の「この活動を通して」という部分の内容が答えとして求められていると考えられる。そして「この活動」とは直前の文章の we sometimes make our own stories. である。ただし、この文章をそのまま解答として用いることはできない。質問の中の主語は students になっている。当然それに合わせて答えの文の中の主語は they になるので we を they に置き換え、それに合わせて our own も their own に直す必要がある。

(6)〔条件英作文〕

自分がヒカリになったつもりでフレッドにあてて4行以内の英文でメールを書くという問題である。それ以外に条件は与えられていないので比較的自由に書けると思いきや、実はかなり書く内容は制限されている。まず、あくまでもヒカリになりきってフレッドにメールを書かなければいけない。つまり書くべき内容はやり取りしたメールやウェブサイトの記事に書かれている内容から逸脱してはいけない。本文の中で述べられている内容に則した英文を書かなければいけないということを頭に入れて、文章を組み立てる必要がある。基本構成としてはまずフレッドのメールやウェブサイトの記事が役に立ったということ、その結果自分がどういう理由でどのような決断をしたか、これらを4行以内にまとめたい。こちらの英作文も思ったよりも難問である。

【解答例の和訳】

あなたは大いに私の助けになりました。私は自分の心に従うことに決めました。私は将来何をするかわかりませんが、私は美術史を通して何か大切なことを学ぶことができます。

社会正答表，配点［　］は正答率

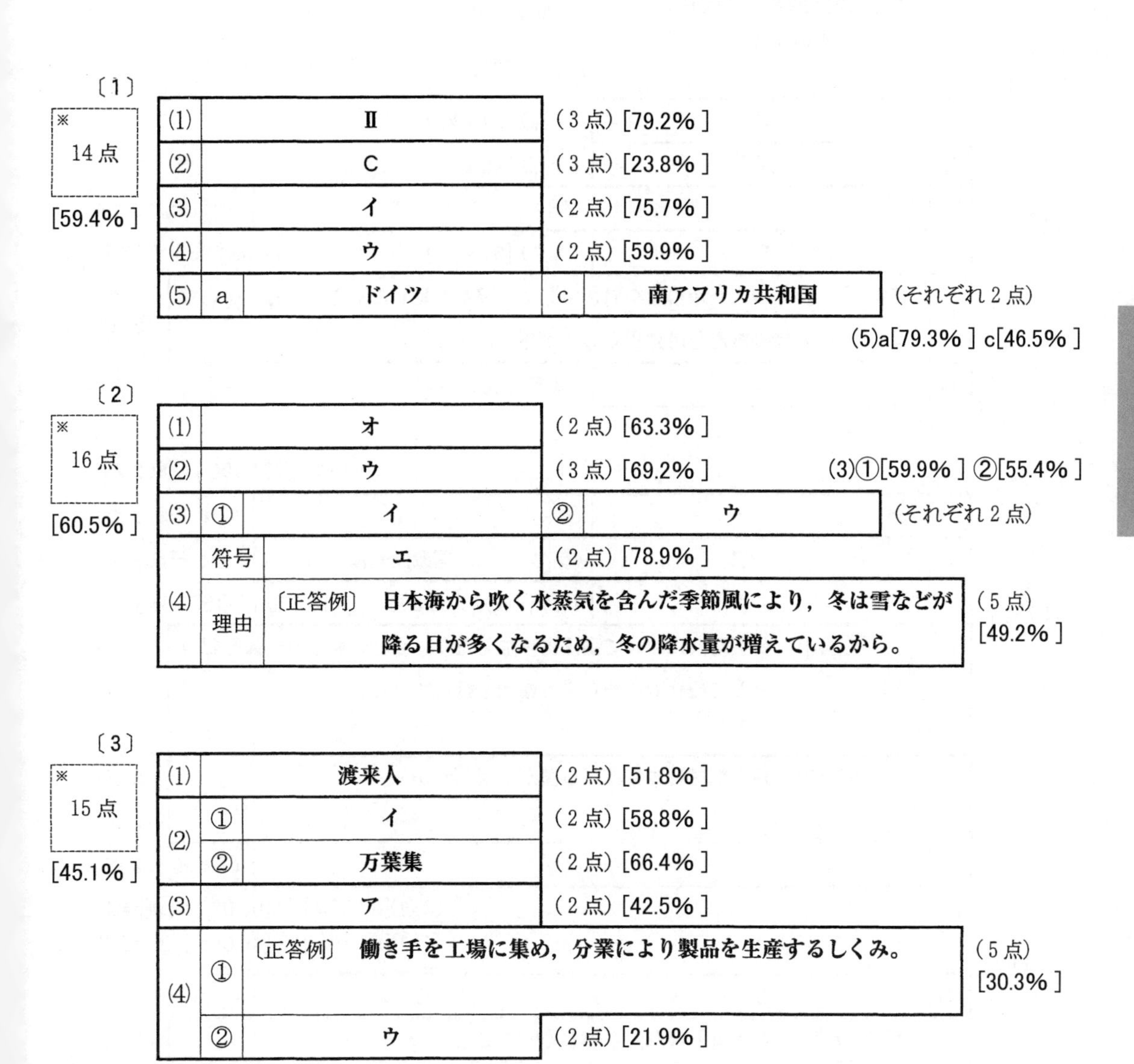

〔1〕 ※14点 [59.4%]

(1)	Ⅱ				（3点）[79.2%]
(2)	C				（3点）[23.8%]
(3)	イ				（2点）[75.7%]
(4)	ウ				（2点）[59.9%]
(5)	a	ドイツ	c	南アフリカ共和国	（それぞれ2点）

(5)a[79.3%] c[46.5%]

〔2〕 ※16点 [60.5%]

(1)	オ				（2点）[63.3%]
(2)	ウ				（3点）[69.2%]
(3)	①	イ	②	ウ	（それぞれ2点）
(4)	符号	エ			（2点）[78.9%]
	理由	〔正答例〕 日本海から吹く水蒸気を含んだ季節風により，冬は雪などが降る日が多くなるため，冬の降水量が増えているから。			（5点）[49.2%]

(3)①[59.9%] ②[55.4%]

〔3〕 ※15点 [45.1%]

(1)		渡来人	（2点）[51.8%]
(2)	①	イ	（2点）[58.8%]
	②	万葉集	（2点）[66.4%]
(3)		ア	（2点）[42.5%]
(4)	①	〔正答例〕 働き手を工場に集め，分業により製品を生産するしくみ。	（5点）[30.3%]
	②	ウ	（2点）[21.9%]

（全日制受検者平均点）
[50.6点]

※ 100点

受検番号	

〔4〕

※ 17点 [40.6%]

(1)	エ				(2点) [37.1%]
(2)	学制				(2点) [45.2%]
(3)	X	イ	Y	ア	(それぞれ2点)
(4)	ア				(2点) [67.1%]
(5)	〔正答例〕 多くの人々が預金を引き出して紙幣が不足したため，政府は急いで大量の紙幣を用意する必要があったから。				(5点) [27.0%]
(6)	エ				(2点) [36.3%]

(3)X[56.6%] Y[35.3%]

〔5〕

※ 28点 [54.7%]

(1)①[64.4%] ②[93.7%]

(1)	①	エ	②	イ	(それぞれ2点)
(2)	①	ア	②	国政調査権	(それぞれ2点)
	③	ウ			(2点)
(3)	①	〔正答例〕 株主総会において議決に参加したり，会社の利益の一部を配当として受け取ったりする権利を持っている。			(5点)
	②	カ	③	公正取引委員会	(それぞれ2点)
(4)	①	〔正答例〕 拒否権を持つ常任理事国が反対したから。			(5点)
	②	ウ	③	エ	(それぞれ2点)

(2)①[63.3%] ②[18.6%] ③[53.1%]

(3)①[37.8%] ②[60.0%] ③[54.1%]
(4)①[57.1%] ②[46.0%] ③[75.0%]

〔6〕

※ 10点 [36.0%]

(1)		(B) → (A) → (C)	(2点) [31.7%]
(2)	①	〔正答例〕 排出量と吸収量を等しくすること。	(3点)
	②	〔正答例〕 企業は顧客の需要や評価を重視する傾向にあるため，消費者が脱炭素社会づくりに貢献する製品やサービスを選択する	(5点)

(2)①[64.8%] ②[20.4%]

社　　会

解説

〔1〕世界地理の総合問題

(1) 正距方位図法の読み取り問題。正距方位図法では、各大陸の形状が中心から離れるにしたがって見慣れない形にはなるが、日頃の学習の中で地図の読み取りは練習しておこう。

正距方位図法…中心からの距離と方位を正しく表す図法。

赤道はマレー半島の南端よりさらに南の、インドネシアを通っていることからⅡを選ぶ。インドネシア以外にも赤道が通過する主な位置をもう２つ知っておこう。１つはギニア湾、もう１つはアマゾン川河口付近である。

(2) 地図１の正距方位図法で、東京より西の地点を特定すると、アフリカ大陸の南部がそれにあたることが分かる。したがって、地図２のＣが東京からほぼ西の地点ということになる。

(3) 正解はイのポンチョ。ポンチョは主に中南米地域で着用される。アはインドの女性の民族衣装であるサリー。ウは北極圏で生活するイヌイットが着用する衣装である。エはイスラム教地域で着用される男性用の衣装である。

(4) フィヨルドと白夜に関する問い。フィヨルドは、氷河が長い時間をかけて大地をけずることで作られたU字形の谷に、海面の上昇によって海水が入りこんでできた、細長く奥行きのある湾のこと。白夜は北極付近で夏至前後、南極付近で冬至前後におきる、真夜中でも暗くならない現象のことである。したがって、ウを選ぶ。

(5) ａ…一人当たりの国民総所得が最も高いことと、主要輸出品に自動車・医薬品が入っていることから、先進国の１つであるドイツと考えられる。

ｂ…主要輸出品の中にパーム油があることからマレーシア。

ｃ…主要輸出品の中に白金族や金があることから南アフリカ共和国。

ｄ…主要輸出品の中に大豆と鉄鉱石があることからブラジルであると考えられる。

したがって、ａがドイツ、ｃが南アフリカ共和国ということになる。

〔2〕日本地理の総合問題

(1) 日本アルプスに関する問題。日本アルプスは、北から飛騨山脈、木曽山脈、赤石山脈の順となる。したがって、オを選ぶ。日本アルプスは「日本の屋根」とも呼ばれる。

(2) 中部地方に関する問題。製造品出荷額が他県より飛び抜けて高いｃが、中京工業地帯の中心となる愛知県。ｂは野菜と果実の産出額が他より多いことから長野県ということが分かる。そして、ａとｄの比較において、米の産出額が多いことと、昼夜間人口比率が高いｄが石川県と考えられる。したがって、ウを選ぶ。石川県の昼夜間人口比率が高いのは、金沢市や能登半島など、観光地が点在していることや、隣接県に金沢以上の大都市がないことから、他県への通勤・通学の可能性が低いことが考えられるためである。一方岐阜県の場合は、名古屋市のある愛知県へ通勤・通学する人の可能性が考えられる。

(3) ①地形に関する問題。地図右端に「太平洋岸自動車道」があることから、そこが海岸線であることが分かる。海岸線から地図の左の方へ等高線が何本も引かれており、茶畑の地図記号があるところには等高線がない。つまり、そこは高台にある平地であるので、イの台地を選択する。茶の栽培が盛んな場所として、静岡県の牧ノ原台地を思い浮かべられると、より自信を持って選択できるだろう。

②地形図に関する問題。XとYの間に等高線が6本引かれている。2万5千分の1の地形図では、主曲線が10mごと、計曲線が50mごとであるので、ウを選択する。

(4) 日本海側の気候に関する問いである。この気候は、冬は北西から吹く季節風が日本海をわたるときに大量の湿気を含み雨や雪となって降るため、冬に降水量が多くなるのが特徴である。したがって、雨温図はエを選ぶ。また、判断した理由については、上記の日本海側の特徴をまとめる。

〔3〕歴史総合問題（古代～近世）

(1) 古墳時代に中国や朝鮮半島から移り住んだ人々を渡来人という。渡来人が大陸からもたらしたものは須恵器のほか、漢字や儒学、仏教などがある。

(2) ①奈良時代の税に関する問題。アの租は、収穫高の約3％の稲。イの調は、絹、糸、真綿、特産物。ウの庸は、本来は労役のことであるが、かわりに布を納めるのが一般的であった。エの年貢は、平安時代から使われるようになった言葉。この問題では、「地方の特産品」と問題文に記載されているので、イを選択する。

木簡の解説：伊豆(いず)国賀茂(かも)郡三島(みしま)郷の戸主占部久須理(うらべのくすり)の戸口占部広庭(ひろにわ)が調（X）として納めた麁堅魚(あらがつお)（カツオの加工品）拾壹斤(じゅういちきん)（約7.8kg相当）の荷札。

②奈良時代につくられた日本最古の歌集は「万葉集」である。8世紀後半に大伴家持によってまとめられたといわれる。天皇や貴族のほか、防人や農民がつくったとされる歌も収められている。

(3) 室町時代の村の自治に関する問題。

惣…農民によってつくられた自治的な組織。

土倉や酒屋…当時金融業を営んでおり、借金の帳消しをもとめた農民たちが土一揆を起こして襲った。

馬借…馬を使った運送業者。

五人組…江戸時代に幕府が農民を取り締まるために作った制度。

打ちこわし…江戸時代に生活に苦しむ都市の町人や農民が集団で起こした暴動のこと。

(4) ①工場制手工業とは、工場を建設し、人を雇って分業で製品を作らせる仕組みのことである。19世紀に大商人や地主たちによって、それまでの問屋制家内工業を発達させて始められた。

②江戸時代の幕政改革に関する問題。

ア…第８代将軍徳川吉宗による享保の改革で実施されたこと。

イ…第５代将軍徳川綱吉によって実施されたこと。

ウ…水野忠邦による天保の改革によって実施されたこと。この頃、日本周辺に異国船が現れるようになったことから、海防の強化を目指した。

エ…松平定信による寛政の改革で実施されたこと。

したがってウを選ぶ。

〔４〕歴史総合問題（近代～現代）

⑴ 幕末の出来事の因果関係に関する問題。尊王攘夷を唱えていた長州藩は、下関を４ヵ国連合艦隊に砲撃され甚大な被害を受けた。このことで攘夷は困難であることを悟り、薩摩と薩長同盟を結び、倒幕を進めた。その結果、第15代将軍徳川慶喜は、政権を朝廷に返した。これを大政奉還という。したがって、正解はエを選ぶ。

⑵ 明治初期の学校制度を定めたものは学制。

⑶ 西南戦争の因果関係に関する問題。西南戦争は、新政府によって特権を奪われたことなどに不満を持つ「不平士族」による反乱で最大規模のもの。この西南戦争は徴兵令によって集められた政府軍によって鎮圧された。その結果、政府への批判は武力ではなく、言論によるものが中心となり、自由民権運動が高まっていった。したがって、Ｘにはイ、Ｙにはアを選ぶ。ウの版籍奉還や地租改正も新政府による政策ではあるが、西南戦争をはじめとする不平士族の反乱の直接的な原因ではない。エの日比谷焼き打ち事件は、日露戦争後のポーツマス条約への不満が原因による事件。オの尊王攘夷運動が盛んになったのは幕末である。

⑷ 女性の社会的差別からの解放を目指し、女性のための雑誌を発刊したのは平塚らいてう。また、政治の目的を一般民衆の幸福や利益に置き、一般民衆の意向に沿って政策を決定することを主張し（民本主義）、男子普通選挙や、政党が内閣を組織する政党内閣制の実現を説いたのは、政治学者の吉野作造。したがって、アを選ぶ。美濃部達吉は、主権は国家にあり、天皇は国家の最高機関として憲法に従って統治するという学説（天皇機関説）を主張した憲法学者。津田梅子は、岩倉使節団に同行した５人の女子留学生の中の最年少で、後に女子教育の発展につくした人物である。

⑸ 昭和初期の社会情勢に関する問題。1923年の関東大震災により、経済は大きな打撃を受け、銀行の経営の悪化が伝えられると、人々が預金を引き出そうと銀行に押し寄せた。その結果、紙幣が不足したため、政府は急きょ裏面の印刷を省いた紙幣を発行した。

⑹ 戦後史に関する問題。アのベルリンの壁の崩壊は1989年。ちなみに、東西ドイツの統一

は1990年である。イのアジア・アフリカ会議は1955年。ウの朝鮮戦争の始まりは1950年。エの日本と中国の国交の正常化（日中共同声明）は1972年である。したがって、エを選ぶ。

〔5〕公民総合問題

(1) ①自由権に関する問題。自由権は『身体の自由』『精神の自由』『経済活動の自由』の３つに大きく分けることができる。アは『精神の自由』の中の「学問の自由」。イも『精神の自由』の中の「思想・良心の自由」。ウも『精神の自由』の中の「信教の自由」。エが『経済活動の自由』の中の「居住・移転・職業選択の自由」。したがって、エを選ぶ。

②憲法改正に関する問題。憲法改正は衆議院と参議院において、それぞれ総議員の３分の２以上の賛成で可決され発議される。その後国民投票が行われ、有効投票の過半数の賛成で改正される。したがってイを選ぶ。

(2) ①三権分立に関する問題。司法権を有する裁判所は行政権を有する内閣に対し、命令や規則、処分の違憲・違法審査や行政裁判を実施することができる。国会は裁判所に対して、弾劾裁判所を設置することができる。したがって、アを選ぶ。下級裁判官の任命は、内閣が裁判所に対して行うもの。内閣不信任の決議は、国会（衆議院）が内閣に対して行うものである。

②国政調査権に関する問題。衆議院と参議院は、それぞれ法律案や予算の審査、行政の監視などの役割を十分に果たすために、国の政治について調査する国政調査権を持っている。衆議院や参議院は、国政調査を行う中で、証人を呼んで質問する証人喚問や、政府に対して記録の提出を求めることができる。国会でうその証言を行った証人は罰せられる。

③裁判に関する問題。個人や企業といった私人の間の争いについての裁判が民事裁判で、殺人や傷害、強盗、詐欺などの犯罪について、有罪か無罪かを決める裁判が刑事裁判である。アは「原告」と「被告」という語句があることから民事裁判の説明。イは「争いが解決する場合もある」とある。つまり有罪か無罪かを決めていないので民事裁判の説明。ウは「被告人」とあるので刑事裁判の説明。エは個人間の争いについての裁判なので、民事裁判の説明である。したがって、ウを選ぶ。

(3) ①株式会社における、株主総会に関する問題。株式会社は株式を発行することで得た資金でつくられる企業のこと。そしてこの株式を所有する人が株主であり、その企業の所有者と考えることができる。株主には、株主総会に出席して議決に参加する権利や、利潤の一部を配当として受け取る権利が保障されている。

②大企業と中小企業に関する問題。日本の企業数では、99％以上が中小企業である。また、日本全体の売上高の約44％、従業員数の約70％を中小企業が占める。したがって、Ｘが売上高、Ｙが従業員数、Ｚが企業数となるので、カを選ぶ。

③市場経済における、独占・寡占に関する問題。市場経済において競争が弱まると、消費者は不当に高い価格で商品を購入する状況が起こる。そこで、競争をうながすことを目的とした独占禁止法が1947年に制定され、公正取引委員会がこの法律に基づいて、監視や指導を行っている。

(4) ①安全保障理事会（安保理）は、世界の平和と安全を維持するため、強い権限が与えられている。例えば、加盟国は総会の決定に従う義務はないが、安保理の決定には従う義務がある。安保理は、アメリカ、ロシア、イギリス、フランス、中国の常任理事国５か国と、総会で選ばれる任期２年の非常任理事国10か国とで構成されている。常任理事国は拒否権を持ち、１か国でも反対すると決定できない。

②国連の収入にあたる分担金は、加盟国の支払い能力に応じて、各国負担の比率が総会で決定される。アがアメリカ、イが中国、ウが日本、エがドイツである。

③ア…APECは「アジア太平洋経済協力会議」のことで、国際連合の専門機関ではない。
イ…PKOは安全保障理事会の決定に基づいて行われる「平和維持活動」のこと。
ウ…UNESCOは、文化面で世界平和に貢献することを目的に、世界遺産などの文化財の保護や、識字教育などの活動をしている国連の専門機関「国連教育科学文化機関」のこと。
エ…WHOは、「全ての人に健康を」を目的とし、主に発展途上国で、医療や衛生などの活動をしている国連の専門機関「世界保健機関」のこと。

〔６〕資料の読み取り問題

(1) 地球環境問題に対する、国際社会の取り組みに関する問題。カードＡの京都議定書の採択は1997年。カードＢの地球サミットの開催は1992年。そしてパリ協定の採択は2015年である。

(2) ①資料Ⅲの2050年の温室効果ガスの排出量と吸収量が同じであること、また下線部に「実質ゼロにする」とあることに注目する。排出量そのものをゼロにはできなくても、吸収量を排出量と同等にすることで、結果的に排出量ゼロにしようということである。

②資料Ⅳから、企業は「顧客の需要、評価」を最も重視していることが分かる。また資料Ⅴより、環境省は脱炭素社会に貢献する製品の買換えやサービスの利用などを選択することを呼びかけている。こういったことから、我々が環境省の呼びかけるような脱炭素社会に貢献する「賢い選択」をしていくことが、企業の脱炭素化の推進につながるだろうということが読み取れる。

写真出典

〔中野銀行で取り付け騒ぎの画像：©朝日新聞社〕
〔金融恐慌（1927年）当時の紙幣　急造で裏が白い「裏白紙幣」の画像：©朝日新聞社〕
〔豊田大塚古墳出土 装飾須恵器：豊田市蔵〕
〔郷民の徳政宣言の碑文の画像：©桑原英文〕

理科正答表，配点［　］は正答率

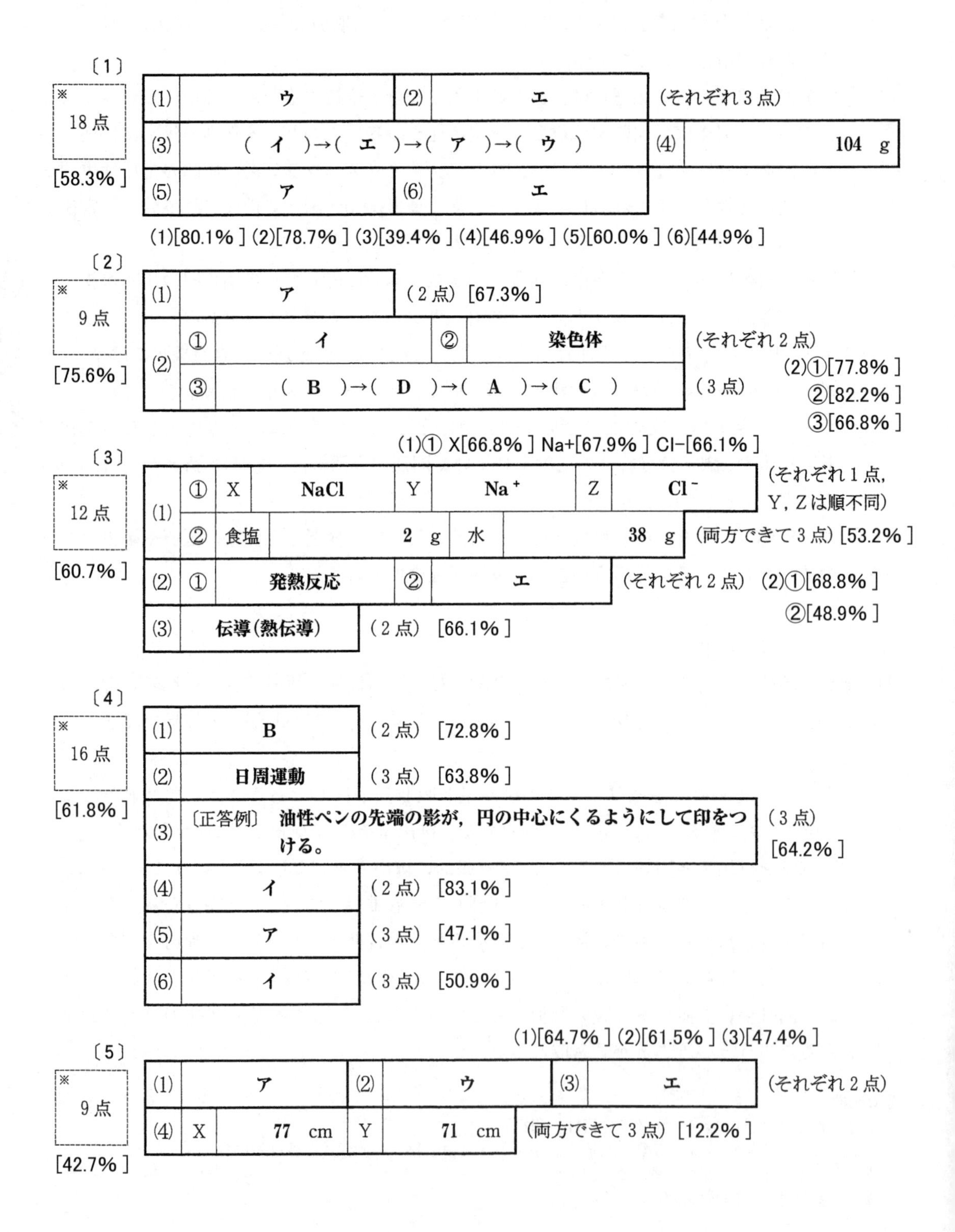

〔1〕　※18点　[58.3%]

(1)	ウ	(2)	エ	(それぞれ3点)
(3)	(イ)→(エ)→(ア)→(ウ)	(4)	104 g	
(5)	ア	(6)	エ	

(1)[80.1%] (2)[78.7%] (3)[39.4%] (4)[46.9%] (5)[60.0%] (6)[44.9%]

〔2〕　※9点　[75.6%]

(1)		ア			(2点) [67.3%]
(2)	①	イ	②	染色体	(それぞれ2点)
	③	(B)→(D)→(A)→(C)			(3点)

(2)①[77.8%]
②[82.2%]
③[66.8%]

〔3〕　※12点　[60.7%]

(1)① X[66.8%] Na+[67.9%] Cl−[66.1%]

(1)	①	X	NaCl	Y	Na^{+}	Z	Cl^{-}	(それぞれ1点，Y，Zは順不同)
	②	食塩	2 g	水	38 g			(両方できて3点) [53.2%]
(2)	①	発熱反応	②	エ				(それぞれ2点)
(3)	伝導(熱伝導)							(2点) [66.1%]

(2)①[68.8%]
②[48.9%]

〔4〕　※16点　[61.8%]

(1)	B	(2点) [72.8%]
(2)	日周運動	(3点) [63.8%]
(3)	〔正答例〕 油性ペンの先端の影が，円の中心にくるようにして印をつける。	(3点) [64.2%]
(4)	イ	(2点) [83.1%]
(5)	ア	(3点) [47.1%]
(6)	イ	(3点) [50.9%]

〔5〕　※9点　[42.7%]

(1)[64.7%] (2)[61.5%] (3)[47.4%]

(1)	ア	(2)	ウ	(3)	エ	(それぞれ2点)
(4)	X	77 cm	Y	71 cm		(両方できて3点) [12.2%]

（全日制受検者平均点）
[58.4点]

※ 100点

受検番号	

〔6〕

※ 10点

[54.1%]

(1)	①	銅	**Cu**	亜鉛	**Zn**
	②	**ウ**			
(2)	**イ**				
(3)	**ウ**				

(1)①（それぞれ1点） (1)①銅[82.1%] 亜鉛[75.7%]
(1)②（2点）[77.5%]
(2)（3点）[36.2%]
(3)（3点）[40.0%]

〔7〕

※ 13点

[57.9%]

(1)	〔正答例〕 **エタノールは引火しやすいから。**			
(2)	X	**ア**	Y	**カ**
(3)	〔正答例〕 **調べたい条件以外の条件を同じにして行う実験。**			

(1)（3点）[17.9%]
(2)（それぞれ3点） (2)X[71.5%] Y[88.8%]
(3)（4点）[54.5%]

〔8〕

※ 13点

[55.1%]

(1)	**1** A
(2)	**8** W
(3)	**エ**

(1)（2点）[67.4%]
(2)（2点）[52.3%]
(3)（3点）[66.8%]

(4)

（3点）
[68.7%]

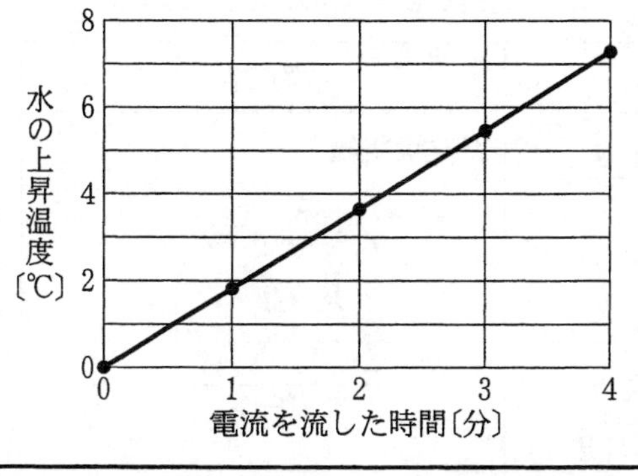

(5) 〔正答例〕 **電力が一定のとき，水の上昇温度は，電流を流した時間に比例する。**

（3点）
[23.5%]

理　　科

解説

〔1〕

(1) ア：肺胞から毛細血管に排出されるのは酸素である。イ：鼻や口から入ってきた空気中の酸素を肺で血液に取り込む。そのとき静脈血が動脈血に変わる。エ：空気を吸うとき、ろっ骨が上がり、横隔膜が下がる。空気を吐くとき、ろっ骨が下がり、横隔膜が上がる。

(2) 以下は、地球型惑星と木星型惑星の直径と密度をまとめた表である。

	直径	密度
地球型惑星	小さい	大きい
木星型惑星	大きい	小さい

(3) 化石燃料を燃やす際に、燃焼という化学変化が起き、化石燃料の化学エネルギーが使われ、熱エネルギーに変わる。その熱エネルギーにより水が水蒸気に状態変化し、水蒸気の勢いでタービンが回り、運動エネルギーに変わる。タービンの回転が発電機に伝わり、電磁誘導が起こり、電気エネルギーが生じる。

(4) 20℃の水100gに硝酸カリウムは32g溶けるので、水300gには32（g）×３＝96（g）溶けることが分かる。したがって、20℃では、それまで溶けていた200gの硝酸カリウムのうち、200（g）－96（g）＝104（g）が結晶として出てくる。

(5) 以下は火山岩と深成岩のつくりやそのでき方をまとめた表である。

	火山岩	深成岩
つくり	斑状組織 斑晶 石基	等粒状組織
でき方	マグマが地表や地表付近で急に冷えて固まる	マグマが地下深くでゆっくり冷えて固まる

(6) 天気が良いとき（空気中の水蒸気量の変化があまりないとき）は気温と湿度の変化のし方は逆になる（例：気温が上がると、湿度が下がる)。図において、逆の変化のし方をしているのは、ａとｃであり、12時にかけて上昇しているのはｃなので、ｃが気温でａが湿

度になる。よって、残ったbが気圧ということになる。

〔2〕

(1) 根の印と印の間隔が広くなったところが、細胞分裂が盛んで成長したことを示す。細胞分裂は根の先端付近でよく起こることから考えると、イは、すべてにおいて均等に細胞分裂が起こっている。ウとエは、逆に根のつけ根付近で起こっていて、先端付近では細胞分裂が起こっていない。

(2) ①ア：はじめは低倍率のレンズで観察する。ウ：レンズの倍率を高くすると視野はせまくなる。エ：対物レンズを近づけるときには、横からみて、プレパラートと対物レンズがぶつからないようにし、接眼レンズをのぞきながら遠ざけてピントを合わせるようにする。

②細胞分裂が起こるときに、核の中の染色体が見えるようになる。

③まずBのように、核の中に染色体が見えるようになり、次に核の形が消えると、Dのように細胞の中央に染色体が並ぶ。そして、染色体が分裂してAのように両端に移動し、やがてCのように分かれた染色体がそれぞれまとまり、徐々に染色体が見えなくなって核の形が見えるようになる。

〔3〕

(1) ①塩化ナトリウムの電離のようすを表した化学反応式は

$NaCl \rightarrow Na^{+} + Cl^{-}$

であり、水に溶かすと電離する物質を電解質という。

②質量パーセント濃度（%）＝ $\dfrac{\text{溶質の質量（g）}}{\text{溶液の質量（g）}}$ ×100を使う。

食塩の質量は

40（g）×0.05＝2（g）であり、そのときの水の質量は40（g）－2（g）＝38（g）である。

(2) ①化学反応が起こると必ず熱の出入りが発生する。熱を放出する反応を発熱反応といい、熱を吸収する反応を吸熱反応という。

②燃焼や中和反応は発熱反応である。アが燃焼で、イとウが中和反応なので、残ったエは吸熱反応であることが分かる。

(3) （熱）伝導…熱が物質の中を、温度の高いほうから低いほうへ移動して、熱が伝わる現象。

（熱）対流…あたためられた気体や液体が上部に移動することで全体が循環し、熱が伝わる現象。

（熱）放射…高温の物質から出される赤外線などの光によって、空間をへだてた物体に熱が伝わる現象。

〔4〕

(1) 点Pで太陽が南中するので、点Aの方向が南である。よって、点Oから東の方向にあるのは点Bである。

(2) 地球は1日に1周、西から東に地軸を中心として自転しており、それによる天体の見かけの動きを日周運動という。また、地球が太陽の周りを1年で1周公転しており、それによる天体の見かけの動きを年周運動という。

(3) 油性ペンの先端の影が点Oにくるようにすることで、点Oと油性ペンの先端と太陽が同じ直線にならぶことになる。そうすることにより、点Oである観測者から見たときに、透明半球上につけたペン印の方向に太陽があり、その位置を記録することができる。

(4) 南中（点P）は太陽が真南にきたときである。そのときの太陽高度である南中高度は、太陽と観測者を結ぶ直線と、観測者（点O）と真南（点A）を結ぶ直線の作る角度のことである。

(5) 午前9時から午後3時を結ぶ曲線の長さが12cmなので、1時間あたり、12（cm）÷6（時間）＝2（cm）である。よって、5.5cmは5.5（cm）÷2（cm）＝2.75（時間）にあたる。したがって点Pは9（時）＋2.75（時間）＝11.75（時間）＝11時45分であることが分かる。0.75時間を分にするには、0.75時間×60分＝45分とする。

(6) 緯度が同じであれば、太陽の南中高度が同じである。経度が異なれば南中する時刻が異なる。

〔5〕

(1) ガラスから空気中へ光が進むとき入射角より屈折角の方が大きいので、アとなる。

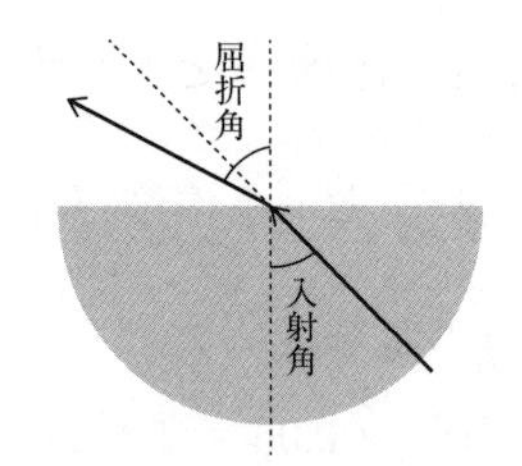

(2) 全反射の身近な例として代表的なものは光ファイバーである。

(3) 鏡の上の部分と目の位置がまったく同じなので、鏡にうつる自分の像の上の部分は、ちょうど目の位置になる。よってイかエのどちらかであることが分かる。鏡にうつる像は100cm鏡の向こう側にあるように見え、さらに上から52（cm）×2＝104（cm）の位置までが見える。ということを考えると、エであると判断できる。

(4) 床から142cmの目の位置から壁（鏡）の方向を見て、200cm先に、床から154cmの高さの頭を確認するためには、鏡は床から（142（cm）＋154（cm））÷2＝148（cm）の高さにあれば見える。また200cm向こう側に足先が見えるためには、目の位置から下へ142（cm）÷2＝71（cm）のところまで鏡があればよい。したがって、鏡の長さは148（cm）−71（cm）＝77（cm）で、鏡の下端が床から71cmの位置にあればよい。

〔6〕

(1) ②亜鉛の方が銅よりイオンになりやすいため、亜鉛板が溶け出し、亜鉛イオンになる。その際に亜鉛板に残った電子が亜鉛板から銅板に移動する。電解質である硫酸銅水溶液中にある銅イオンが銅板に引き寄せられ、電子を受け取り、銅になり、銅板に銅が付着する。

(2) 実験Ⅰでは左側にある亜鉛板の方が右側にある銅板よりイオンになりやすかったので、電子が亜鉛板から右側の銅板に移動した。実験Ⅱでは右側にあるマグネシウム板の方が左側にある銅板よりイオンになりやすかったので、逆に電子がマグネシウム板から左側の銅板に移動した。よって、マグネシウム板は－極。

(3) セロハンは水もイオンも通過することができるが、はじめにすべてを混ぜないことで、イオンになりにくい銅イオンがいきなり、亜鉛板やマグネシウム板に付着するのを防ぐことができる。そうすることで、電池としての反応がゆっくりと進む利点がある。

〔7〕

(1) エタノールはアルコールなので、引火しやすい。そのため直接ガスバーナーやマッチなどで炎を近づけないことが重要である。

(2) X：AとBはどちらも光が当たっているが、緑色の部分かそうでない部分かに違いがある。Y：AとCはどちらも緑色の部分であるが、Aは光が当たりCは光が当たっていないという違いがある。

(3) 対照実験とは調べたい条件以外の条件を同じにして行う実験のことである。

〔8〕

(1) 2.0（V）÷2（Ω）=1.0（A）

(2) 4.0（V）÷2（Ω）=2,0（A）　　電力（W）=電圧（V）×電流（A）より
4.0（V）×2.0（A）=8.0（W）

(3) 実験2で1分間での熱量は8.0（W）×60（秒）=480（J）
〔参考：熱量（J）=電力（W）×時間（秒）〕
実験1での消費する電力はは2.0（V）×1.0（A）=2.0（W）
したがって、実験1のときに480Jの熱量を発生するには、480（J）÷2.0（W）=240（秒）
240（秒）÷60（秒）=4（分間）

(4) 表の中の電圧が6.0（V）のときの結果を用いる。0分のとき0℃。1分のとき1.8℃。2分のとき3.6℃。3分のとき5.4℃。4分のとき7.2℃。このデータをグラフに点を打つ。必ず点を打つことと、0分から4分まで直線で結ぶことが重要である。決して折れ線になってはならない。

(5) 「電力」が一定という前提があって、「比例」が成り立つということを理解していることが、とても重要である。

〔三〕 ※30点

(一)	なお	(2点)	[96.4%]
(二)	イ	(4点)	[61.1%]
(三)	ア	(4点)	[56.9%]
(四)	エ	(4点)	[75.7%]
(五)	〔正答例〕宮の御前が、上の所有する笛の名前に掛けて、笛を交換するつもりはないという淑景舎の女御の気持ちを、僧都の君に伝えたこと。	(12点)	[12.7%]
(六)	ウ	(4点)	[41.5%]

〔四〕 ※35点

(一)	エ	(3点)	[97.0%]
(二)	ウ	(3点)	[78.0%]
(三)	〔正答例〕物事の解釈を変更するだけでは、深刻な事態を乗り切ることができないから。	(5点)	[37.6%]
(四)	〔正答例〕自分が見たい部分や一度信じたことにだけ、繰り返し目を向けているうちに、自分の見方を固く信じて疑わないようになること。	(8点)	[24.6%]
(五)	イ	(4点)	[77.2%]
(六)	〔正答例〕深刻な事態が続くと、私たちの見方は固定化し、自分の見方を正当化してくれる情報を求めるようになるので、多くの情報の中から何が正解かを判断するためには、自分が信じる常識とは固定観念にほかならないものであると、改めて確認する必要があるということ。	(12点)	[14.3%]

国語正答表、配点［　］は正答率

〔一〕［76.6%］
〔二〕［55.7%］
〔三］［42.8%］
〔四〕［39.7%］

受検番号	

※ 100点

（全日制受検者平均点）
［50.4点］

〔一〕 ※ 20点

	番号	問題	解答	配点・正答率
(一)	1	惜しむ	お	（それぞれ2点）［96.2%］
(一)	2	鮮やか	あざ	［97.0%］
(一)	3	到達	とうたつ	［97.6%］
(一)	4	貢献	こうけん	［98.0%］
(一)	5	喫緊	きっきん	［46.2%］
(二)	1	スう	吸う	（それぞれ2点）［92.8%］
(二)	2	イキオい	勢い	［76.2%］
(二)	3	セツゲン	節減	［36.7%］
(二)	4	セイミツ	精密	［68.2%］
(二)	5	ルイジ	類似	［56.9%］

〔二〕 ※ 15点

	解答	配点・正答率
(一)	イ	（それぞれ3点）［85.1%］
(二)	ウ	［86.4%］
(三)	ア	［52.0%］
(四)	エ	［38.2%］
(五)	ウ	［16.7%］

国　　語

解説

〔一〕 漢字の読み書き

㈠ 〈漢字の読み取り〉 1、2は訓読み、3、4、5は音読み。例年通り解答欄には送り仮名があらかじめ与えられているため、傍線以外の送り仮名までを記入しないように注意したい。日常生活を送る中で多く用いられる表現を正しく理解し、運用することが語彙の拡張に結び付くはずである。

㈡ 〈漢字の書き取り〉 読み取り同様訓読み2問、音読み3問の出題であった。5は似かようことの意味であるため、「字」などとまちがえないように注意する。漢字の書き取りにおいては楷書体で一点一画を明瞭に記入するとともに、トメ・ハネ・ハライにも細心の注意を払うことが重視される。例年「部首」や「字形」の似ている漢字が出題されることも少なくない。そのため通常学習において意識的に手を動かし筆記することに加え、単に漢字を暗記することにとどめず、言葉の意味を正確に理解することから漢字を書き分けることにつなげていきたい。

〔二〕 言語・国語の知識

㈠ 〈語句の意味〉 与えられた短文の「控える」は「のちのために書き留める、準備しておく」という意味である。これと同じものはイである。アは「～を間近にする」、ウは「準備や出番に備えて一定の場所で待つ」、エは「自制・遠慮する」という意味である。

㈡ 〈熟語の構成〉 ウの「文を作る」が正解。動詞の下に目的を表す漢字のついたもの。「車に乗る」の意味である。

㈢ 〈品詞の識別〉 例文「ついに」は「完成する」という動詞を修飾しているため副詞である。副詞の活用しない・用言を修飾するという特徴をもとに識別する。アの「はっきり」は「見える」（動詞）を修飾。イの「明るく」は終止形が「明るい」（形容詞）で活用する。ウの「きれいだ」は終止形が「きれいだ」（形容動詞）で活用する。エは「大きな」（連体形）で「池」（体言）を修飾する。活用はしない。

㈣ 〈動詞の活用〉 例文の「話し」は五段活用する「話す」の連用形で「ます、た、て、たい」につながる。エも「て」につながる連用形である。アは「ば」につながる仮定形。イは「。」で終わる終止形。ウは「ない、う」につながる未然形。動詞は活用の種類・活用形ともに頻出であるため日頃から意識して学習しておきたい。

㈤ 〈適語補充〉 以前には見られなかった会話文を通しての設問となった。後半の［　A　］にはウの佳境、エの大詰めのどちらも当てはまるように考えられるが、それに加えて最初の「最も興味深いところ」という2つの意味があることを踏まえて選択する。㈠にも見られるが、語彙に関する出題に対して日頃から辞書を活用し、広く語彙を身につけておくことが望ましい。

〔三〕　古文読解（清少納言『枕草子』　第93段より）

【現代語訳】

淑景舎の女御などがこちらにおいでになって、お話をなさるついでに「私のもとに大変珍しい笛があります。亡くなった父がくださったものです」とおっしゃると、僧都の君が「それ（笛）を隆円にお与え下さい。私のもとに素晴らしい琴がございます。（琴と）それ（笛）を交換してください」と申しなさるのを女御は聞き入れなさらないで、他の話をされたので（僧都は）お返事をいただこうと何度も申し上げなさるが、それでも（女御は）なにもおっしゃらないので、宮の御前が「交換しない（いなかへじ）と思っていらっしゃるのに」とおっしゃられるご様子が大変すばらしかった。この笛の名前を僧都はお知りにならなかったので、ただ恨めしく思っていらっしゃったようだ。この事は中宮が職の御曹司にいらっしゃった時の出来事であるようだ。一条天皇のお手元に、「いなかへじ」という名の笛がございまして、その名前である。

㈠〈歴史的仮名づかい〉語頭以外の「は・ひ・ふ・へ・ほ・む」は、それぞれ「わ・い・う・え・お・ん」に改める。「すべてひらがな」で書くという指定に注意すること。

㈡〈意味・選択〉傍線部の前後に注目する必要がある。前にある「それは」とは淑景舎の女御が持つ笛のことである。後を読むと僧都の君が笛と琴を「かへさせたまへ（交換してください）」と言いていることが分かる。また「給へ（終止形は「給ふ」）」は尊敬語である。「くださる、お与えになる」という意味になる。この場では僧都の君から淑景舎の女御への敬意であることも押さえて解答を選択する。

㈢〈動作の主体・選択〉僧都の君が笛と琴を交換してほしいと言ったことに対しての動作であることを踏まえる。イは申し出た本人なので除外され、地の文で敬語が使われているためエも除外される。僧都の君が交換を申し出た後に「聞き入れない」状態であったことからも、笛を持っている人物であるアが正解となる。

㈣〈心情・選択〉㈢でも述べたようにこの場面では僧都の君が淑景舎の女御に対して笛と琴を交換してほしいと言っているが、淑景舎の女御は他の話をしており、交換の申し出を聞き入れていない。傍線部はそんな淑景舎の女御に対しての行動であるため、主語が僧都の君であることを押さえて選択する。

㈤〈内容理解・記述〉直前の行に「宮の御前の「いなかへじとおぼしたるものを」とのたまはせたる御けしき（ご様子）の」とある。「御けしき」に付属している「の」は主格を表す格助詞であるため、対象は宮の御前がおっしゃった様子となる。具体的な内容として、〈誰に対して〉〈どのように〉伝えたのかを踏まえて記述する。〈どのように〉の内容には「いな」は否定、拒絶などの意味で、「いや、いいえ」となり「いいえ、かえません」と天皇が所持している笛の名前（いなかへじ）とかけて答えたことになる。古文中からだけでは気が付きにくい要素が多いため、Bの会話文から宮の御前の返答の内容をつかむことで解答に近づく。

(六) 〈内容理解・選択〉淑景舎の女御が持っている笛の名前が記されていないことから、「御笛の名」は「いなかへじ」を指していることが分かる。そのためア・イは除外される。

また、「え～ざり（打消し）」で「～できない」という意味になることからウが正解となる。

〔四〕 説明的文章読解　（ハナムラ　チカヒロ『まなざしの革命』による）

Ｉの文章は七段落構成である。「自分のまなざし」を話題にあげ、一段落・四段落においてまなざしが「固定化する」とはどういうことかを、私たちが陥りやすい状況や認識などの理由を踏まえて結論づけたものとなっている。Ⅱの文章はＩの内容を踏まえて、私たちがどうするべきかが述べられている。

(一) 〈接続詞、副詞・選択〉［　A　］よりも前の部分では「私たちは自分のまなざしが固定化しているとは思っていないため見方を変えたいと思っていない」と述べていることが読み取れる。後ろには「相手や物事を変えたいと思っている」とあり、自分よりも自分以外のものに対する願望が述べられているため、〈比較〉の副詞であるエが正解となる。

(二) 〈適語補充・選択肢〉直前の「その場合に～認識ではなく」から順を追って考えていく必要がある。「その場合」とは「私たちが見方を変えようとする場合」のことである。見方を変える時に私たちがしてしまうことを辿っていく。四段落に「根本から見方を変えねばならない状況になるほど～まなざしを固定化しがちだ」とある。まなざしを固定化することは私たちがどうすることかは五段落で述べられている。それは「自分が見たい部分や一度信じたことだけ」を見ることである。根本的な見方はなかなか変えることができず、物事の一部分のみに目を向けていることが多いためウの「表面的」がふさわしい。例年、適語補充の設問は正答率が高くはない。適語自体の難化や選択肢ごとの差異を見つけにくいことが原因であると考えられる。問題形式に慣れることや本文中の言い換えや接続詞から推測して考えることも必要である。

(三) 〈理由・記述〉傍線部内の「見方を変える必要に迫られる」のは「そんな場合」の時である。言い換えれば「そんな場合」があるから「見方を変える必要に迫られる」のだ。

したがって「そんな場合」の内容は「生死にまつわる～社会不安」の箇所となる。そこを言い換えた部分が「深刻な事態が起こったとき」であり、その場合「それだけではうまくいかなくなる」ことが原因である。「それだけ＝物事の解釈を変更するだけ」ということを踏まえて記述する。

(四) 〈内容理解・記述〉どういうことかと問われたときには傍線部の言い換えを押さえるこ

とが重要である。本文中には「まなざしが固定化しがち」「まなざしは固定化してしまう」「まなざしが固定化した状態」など傍線部と同じ表現が多くあるため、それらの具体的な説明部分から言い換えを探すことができる。七段落に「自らが固く信じて疑わない見方つまりまなざしが固定化した状態」とあり、この直接の言い換えに加えて、〈なぜ固定化するのか〉という五段落後半の内容を含めて解答する。

㈤ 〈理由・選択肢〉四段落と六段落でまなざしが固定化した時（一度信じ込んだ状態）に陥る状態とその理由が述べられていることに注目する。四段落の終わりには「自分の見方が～私たちには容易い」六段落の傍線部直後には「いくら～私たちには容易い」とあり自分が信じている認識に合わせることの方が容易なことが理由となる。筆者の主張は「自分に対する見方を変えるのは難しい」ということなのでア・ウは除外される。エは選択肢の後半の内容が本文にはないため不適切である。

㈥ 〈内容理解・記述〉Ⅰ・Ⅱの文章を踏まえる必要があることから二つの文章において同内容の部分や因果関係が発生している部分は特に注目しておきたい。傍線部は筆者の主張であり、ここで一番述べたいことは「改めて確認する必要がある」ということである。

この部分を起点に「そんなとき」・「常識とは何か」の言い換えを踏まえながら要素を探し、記述を組み立てていくことが必要となる。要素は大きく分けて〈理由〉〈目的〉〈対象〉の三つである。〈対象〉からさかのぼって考えていくことができる。〈なに（対象）を〉改めて確認するのかはⅡにあるように「常識とは何か」である。常識が〈なに〉であるかはⅠの七段落に述べられている。「それが社会に広まったものを私たちは「常識」と呼ぶ」とあり、ここで指示語が指し示しているものは「固定観念」・「偏見」である。では「常識＝固定観念」であることを〈なんのために（目的）〉確認しなおすのかというと、「そんなとき」のためである。「そんなとき」とは「たくさんの情報に溢れ」ており「何が正解なのか簡単に判断が下せなくなっている」ときである。現状が「情報に溢れる」中で「正解を判断する」ことが〈目的〉となる。最後に〈理由〉である。〈なぜ〉「正解を判断するために固定観念」を見直さなければならないのか。これはⅠで何度も述べられたように、私たちが「まなざしを固定化してしまう」からである。七段落の「まなざしの固定化」について説明が述べられている五・六段落を「確認しなおす」〈理由〉と捉えることができる。どういうことかと問われているため文末は「～こと。」とする。字数制限の多い記述は複数の要素が絡み合ったものになるため、言い換えや理由など該当の要素を書きだした後に構成を練るのがよいだろう。主語・述語のねじれなどにも注意しながら解答の作成・確認を行いたい。

令和４年度入試問題

国語は259ページ～251ページに掲載。

実際の入試は下記の順で行われました。

国 語	10時00分～10時50分（50分間）
数 学	11時10分～12時00分（50分間）
英 語	13時00分～13時50分（50分間）
社 会	14時10分～15時00分（50分間）
理 科	15時20分～16時10分（50分間）

WEBサイト「新潟日報メディアネットブックストア」から
ダウンロードできます。

解答用紙ダウンロード➡

数　学

〔1〕 次の(1)～(8)の問いに答えなさい。

(1) $2-11+5$ を計算しなさい。

(2) $3(a-3b)-4(-a+2b)$ を計算しなさい。

(3) $8a^2b^3 \div (-2ab)^2$ を計算しなさい。

(4) $\sqrt{6} \times 2\sqrt{3} - 5\sqrt{2}$ を計算しなさい。

(5) 2次方程式 $x^2-5x-6=0$ を解きなさい。

(6) 2点$(-1,\ 1)$，$(2,\ 7)$を通る直線の式を答えなさい。

⑺　右の図のように，円 O の円周上に 4 つの点 A，B，C，D があり，線分 BD は円 O の直径である。$\angle ABD = 33°$，$\angle COD = 46°$ であるとき，$\angle x$ の大きさを答えなさい。

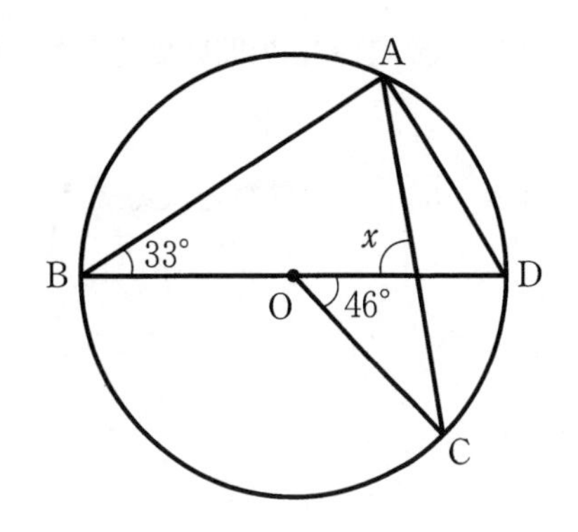

⑻　下の図は，ある中学校の 2 年 A 組，B 組，C 組それぞれ生徒 35 人の，ハンドボール投げの記録を箱ひげ図に表したものである。このとき，ハンドボール投げの記録について，図から読み取れることとして正しいものを，次のア～オからすべて選び，その符号を書きなさい。

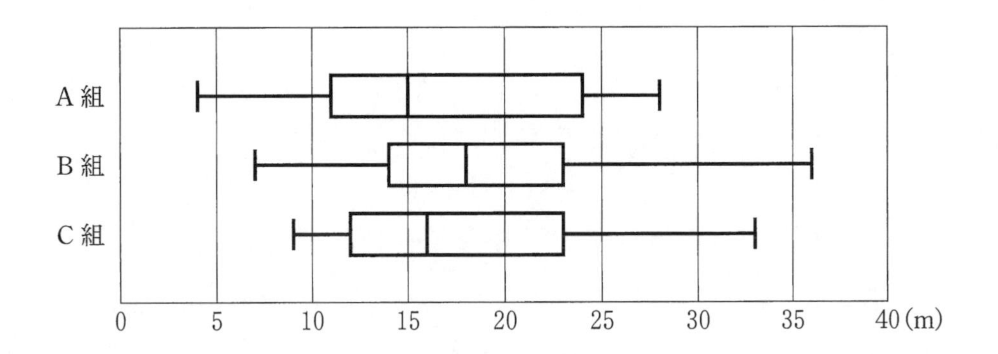

ア　A 組，B 組，C 組のいずれの組にも，30 m を上回った生徒がいる。

イ　A 組と B 組を比べると，四分位範囲は B 組の方が大きい。

ウ　B 組と C 組を比べると，範囲は B 組の方が大きい。

エ　A 組は，10 m 以上 15 m 以下の生徒の人数より，15 m 以上 20 m 以下の生徒の人数の方が多い。

オ　C 組には，25 m 以下だった生徒が 27 人以上いる。

〔2〕 次の(1)〜(3)の問いに答えなさい。

(1) $\sqrt{56n}$ が自然数となるような，最も小さい自然数 n を求めなさい。

(2) 箱の中に，数字を書いた6枚のカード 1 ， 2 ， 3 ， 3 ， 4 ， 4 が入っている。これらをよくかき混ぜてから，2枚のカードを同時に取り出すとき，少なくとも1枚のカードに奇数が書かれている確率を求めなさい。

(3) 下の図のように，線分ABと点Pがある。線分AB上にあり，PQ + QB = ABとなる点Qを，定規とコンパスを用いて作図しなさい。ただし，作図は解答用紙に行い，作図に使った線は消さないで残しておくこと。

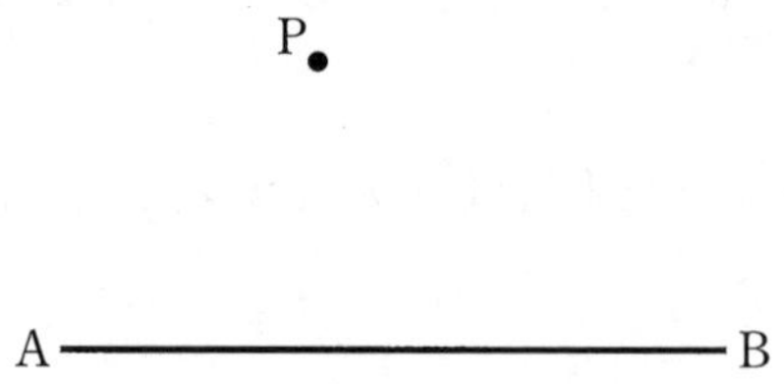

P

A ———————— B

〔3〕 モーター付きの2台の模型のボートがあり，それぞれボートA，ボートBとする。この2台のボートを流れのない水面に並べて浮かべ，同時にスタートさせ，ゴールまで200 mを走らせた。ただし，2台のボートは，それぞれ一直線上を走ったものとする。

ボートがスタートしてからx秒間に進んだ距離をy mとする。右の図1は，ボートAについてxとyの関係をグラフに表したものであり，$0 \leqq x \leqq 14$では放物線，$14 \leqq x \leqq a$では直線である。また，図2は，ボートBについてxとyの関係をグラフに表したものであり，$0 \leqq x \leqq 20$では放物線，$20 \leqq x \leqq b$では直線である。このとき，次の(1)～(4)の問いに答えなさい。

図1

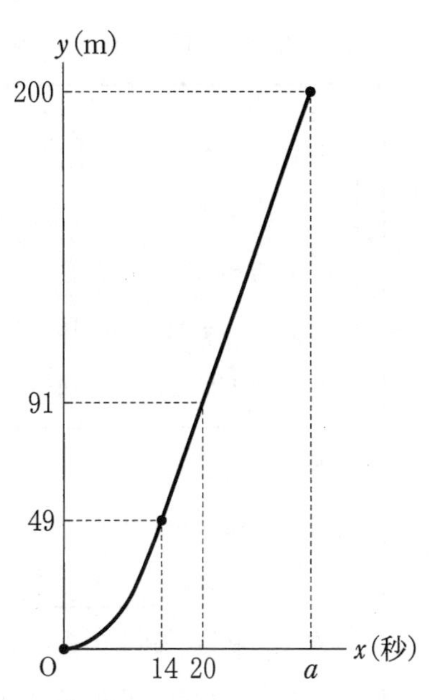

図2

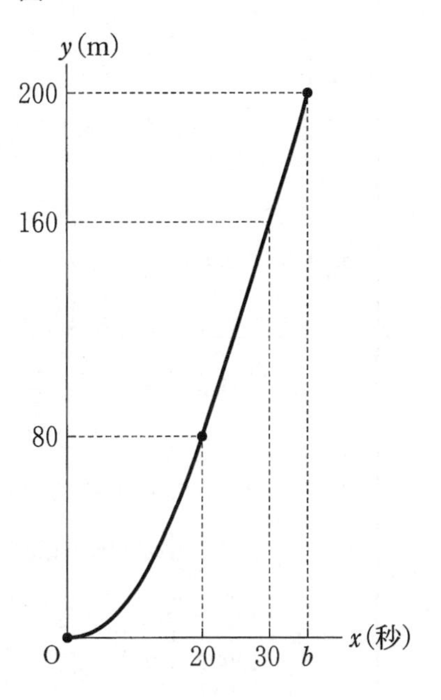

(1) ボートAについて，$0 \leqq x \leqq 14$のとき，yをxの式で表しなさい。

(2) ボートAについて，スタートして14秒後からゴールするまでの速さは毎秒何mか，答えなさい。

(3) 図1のグラフ中のaの値を求めなさい。

(4) 次の文は，2台のボートを走らせた結果について述べたものである。このとき，文中の［ア］～［ウ］に当てはまる記号または値を，それぞれ答えなさい。ただし，記号は，AまたはBのいずれかとする。

> 先にゴールしたのはボート［ア］であり，ボート［イ］の［ウ］秒前にゴールした。

〔4〕 次の文は，ある中学校の数学の授業での課題と，その授業での先生と生徒の会話の一部である。この文を読んで，あとの(1)～(5)の問いに答えなさい。

課題

右の図1のような，縦 9 cm，横 16 cm の長方形の厚紙1枚を，いくつかの図形に切り分け，それらの図形をつなぎ合わせて，図1の長方形と同じ面積の正方形を1つ作る。

図1

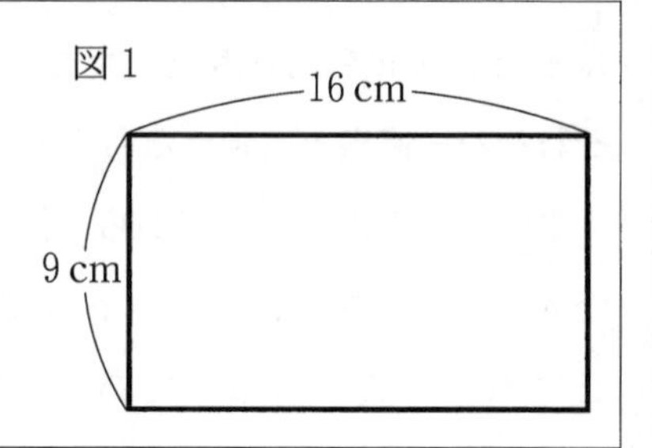

先生： これから，縦 9 cm，横 16 cm の長方形の厚紙を配ります。

ミキ： 図1の長方形の面積は [ア] cm^2 だから，これと同じ面積の正方形の1辺の長さは [イ] cm です。

リク： 私は，図1の長方形を，右の図2のように $_{\text{I}}$5つの長方形に切り分け，それらの長方形をつなぎ合わせて，図3のように正方形を作りました。

図2

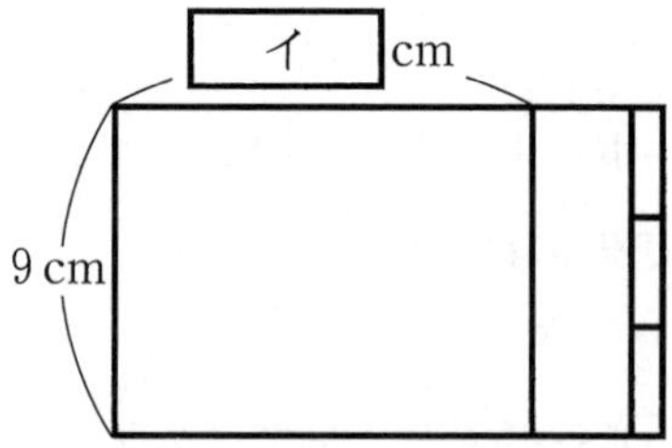

[イ] cm

9 cm

ミキ： なるほど。

ユイ： ほかに切り分ける方法はないのでしょうか。

図3

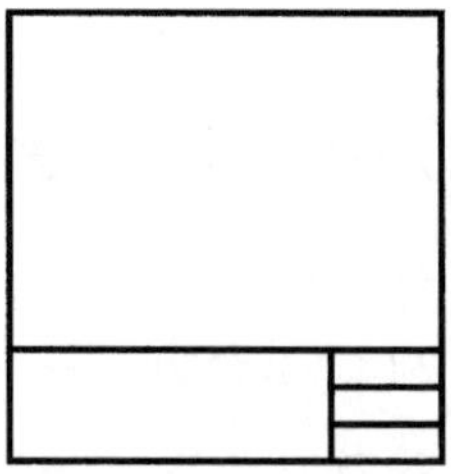

先生： それでは，切り分ける図形の個数を最も少なくすることを考えてみましょう。まず，右の図4のように，∠RPQ が直角で斜辺 QR の長さを 16 cm とし，頂点 P から斜辺 QR に引いた垂線と斜辺 QR との交点を H とするとき，線分 QH の長さが 9 cm である△PQR を考えます。このとき，辺 PQ の長さを求めてみましょう。

図4

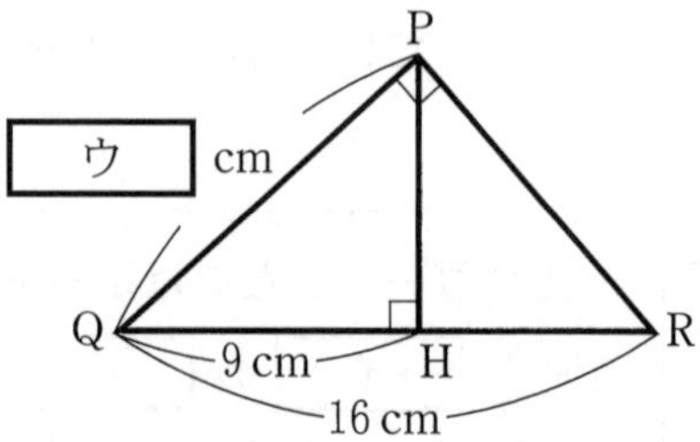

P

[ウ] cm

Q　9 cm　H　R

16 cm

コウ： $_{\text{II}}$△PQR と△HQP が相似なので，辺 PQ の長さは [ウ] cm です。

先生： そのとおりです。さて，図1の長方形と図4の△PQR を見て，何か気づくことはありますか。

リク：　長方形の横の長さと，△PQR の斜辺 QR の長さは，どちらも 16 cm です。

ミキ：　私も同じことに気づきました。そこで，図 1 の長方形と合同な長方形の頂点を，図 5 のように，左上から反時計回りに A，B，C，D としました。そして，図 6 のように，長方形の辺 BC と△PQR の斜辺 QR を重ねた図をかきました。

先生：　ミキさんがかいた図 6 を利用して，長方形 AQRD を，3 つの図形に切り分けることを考えてみましょう。

ユイ：　右の図 7 のように，線分 AD と線分 RP の延長との交点を E とすると，Ⅲ線分 PQ の長さと線分 ER の長さは等しくなります。

コウ：　それなら，長方形 AQRD を線分 PQ と線分 ER で 3 つの図形に切り分け，それらの図形をつなぎ合わせると，図 1 の長方形と同じ面積の正方形を 1 つ作ることができます。

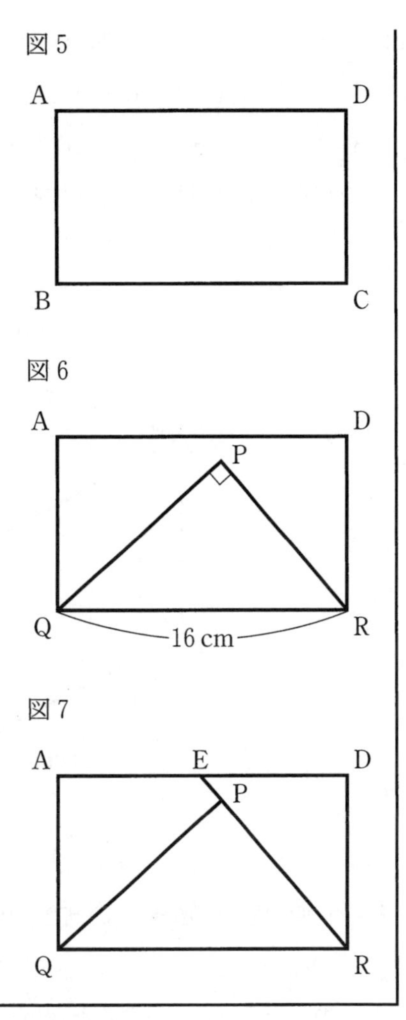

(1)　ア ，イ に当てはまる数を，それぞれ答えなさい。

(2)　下線部分 I について，切り分けた 5 つの長方形のうち，最も面積の小さい長方形は 3 つある。このうちの 1 つの長方形の面積を答えなさい。

(3)　下線部分Ⅱについて，△PQR ∽ △HQP であることを証明しなさい。

(4)　ウ に当てはまる数を答えなさい。

(5)　下線部分Ⅲについて，PQ = ER であることを証明しなさい。

〔5〕 下の図のような，正四角すいと直方体を合わせてできた立体がある。正四角すい OABCD は，1辺の長さが 4 cm の正方形を底面とし，OA = OB = OC = OD = 3 cm であり，直方体 ABCD − EFGH の辺 AE の長さは 2 cm である。また，直線 OE，OG と平面 ABCD との交点を，それぞれ P，Q とする。このとき，次の⑴～⑶の問いに答えなさい。

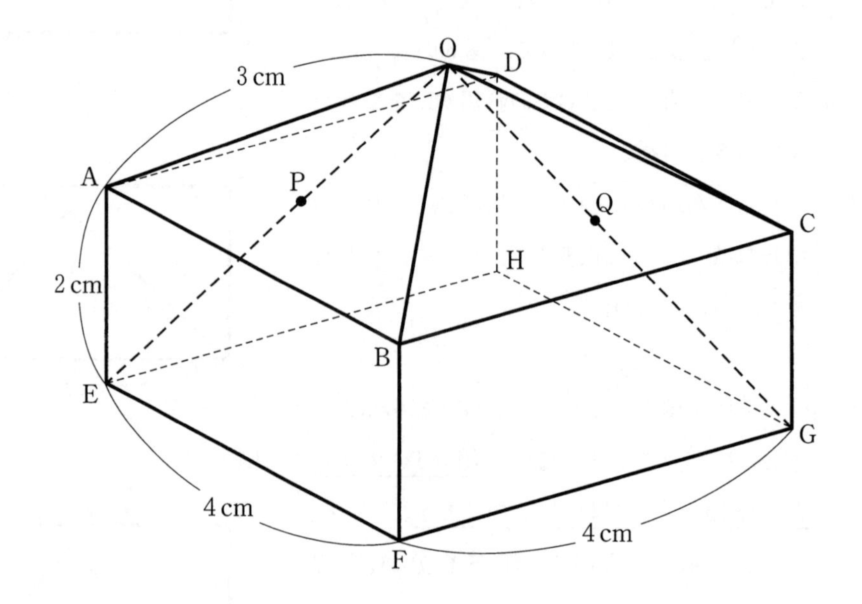

⑴ 正四角すい OABCD の高さを答えなさい。

⑵ 線分 PQ の長さを求めなさい。

⑶ △PFQ の面積を求めなさい。

数 学 解 答 用 紙

（注1） 解答は，横書きで記入すること。

〔1〕

(1)		(2)		(3)	
(4)		(5)	$x =$	(6)	
(7)	$\angle x =$ 度	(8)			

〔2〕

(1)	〔求め方〕 答 $n =$
(2)	〔求め方〕 答
(3)	P A ―― B

〔3〕

(1)					
(2)	毎秒 m				
(3)	〔求め方〕 答 $a =$				
(4)	ア	イ		ウ	

令和4年度 入試問題

受検番号	

〔4〕

(1)	ア		イ		(2)	cm^2
(3)	〔証明〕					
(4)						
(5)	〔証明〕					

〔5〕

(1)	cm
(2)	〔求め方〕 答 cm
(3)	〔求め方〕 答 cm^2

英　語

※リスニング音声はWEBサイト
「新潟日報メディアネットブックストア」から聞けます。
令和４年度リスニング音声➡

〔1〕 放送を聞いて，次の(1)～(3)の問いに答えなさい。

(1) これから英文を読み，それについての質問をします。それぞれの質問に対する答えとして最も適当なものを，次のア～エから一つずつ選び，その符号を書きなさい。

1 ア A mirror.　イ A pencil.
　ウ A shirt.　エ A table.

2 ア Two people.　イ Three people.
　ウ Six people.　エ Nine people.

3 ア Hiroko and her father.　イ Hiroko and her brother.
　ウ Hiroko's father and mother.　エ Hiroko's father and brother.

4 ア By bike.　イ By car.
　ウ By bus.　エ By train.

(2) これから英語で対話を行い，それについての質問をします。それぞれの質問に対する答えとして最も適当なものを，次のア～エから一つずつ選び，その符号を書きなさい。

1 ア Yes, they do.　イ No, they don't.
　ウ Yes, they did.　エ No, they didn't.

2 ア On Saturday morning.　イ On Saturday afternoon.
　ウ On Sunday morning.　エ On Sunday afternoon.

3 ア At 9:00.　イ At 9:10.
　ウ At 9:40.　エ At 10:00.

4

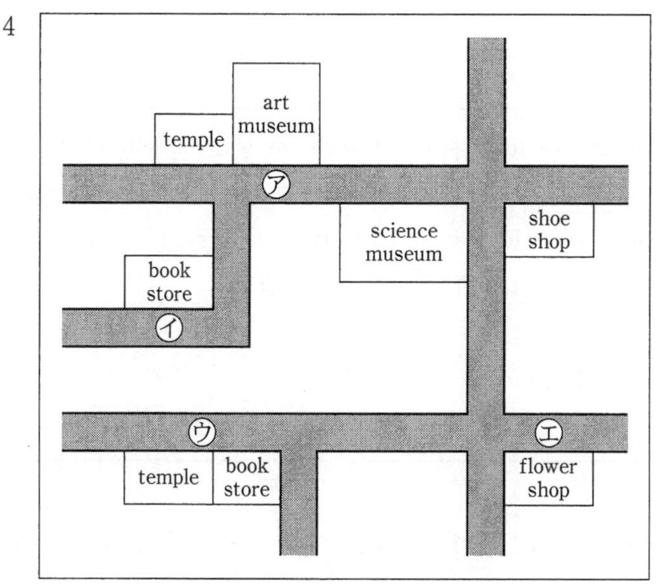

(3) これから，英語部の先生が生徒に，留学生のメアリー(Mary)の歓迎会の連絡をします。その連絡について，二つの質問をします。それぞれの質問に対する答えを，3語以上の英文で書きなさい。

令和4年度 入試問題

〔2〕 次の英文は，地球規模の社会問題を扱った高校生向けの講演会(lecture)の【案内】の一部と，それについて，あなたとオリバー(Oliver)が話をしている【会話】です。【案内】と【会話】を読んで，下の(1)，(2)の問いに答えなさい。ただし，【会話】の＊＊＊の部分には，あなたの名前が書かれているものとします。

【案内】

Lecture A: Safe Water for Everyone	Lecture B: Studying at School
About 2, 200, 000, 000 people cannot drink clean and safe water, and many of them become sick. Safe water is necessary for their healthy lives.	About 1, 600, 000, 000 children do not go to school. Many of them hope to learn how to read, write, or calculate, and improve their lives.
Lecture C: Don't Waste Food	**Lecture D: Forests Will Be Lost**
About 2, 000, 000, 000 people cannot eat enough food, but more than 30% of the world's food is wasted. How can we stop wasting food?	By 2030, 60% of the Amazon rainforest may be lost. Then, many animals and plants living there will lose their home.

(注) clean　きれいな　　healthy　健康的な　　calculate　計算する　　by～　～までには
the Amazon rainforest　アマゾンの熱帯雨林

【会話】

＊＊＊: Wow, all the lectures look interesting. Which one will you listen to?

Oliver: I will listen to [　　　　]. My mother works at a restaurant and she often says a lot of food is wasted. I want to learn how to stop that. How about you? Which lecture are you interested in the most?

＊＊＊: (　**a**　)

Oliver: Why do you want to listen to it?

＊＊＊: (　**b**　)

(1) 【会話】の[　　　　]の中に入る最も適当なものを，次のア～エから一つ選び，その符号を書きなさい。

ア Lecture A　　イ Lecture B　　ウ Lecture C　　エ Lecture D

(2) 【会話】の**a**，**b**の(　　　)の中に，それぞれ直前のオリバーの質問に対するあなたの答えを，**a**は3語以上の英文で，**b**は3行以内の英文で書きなさい。

〔3〕 次の英文を読んで，あとの(1)～(6)の問いに答えなさい。

Ruri is a junior high school student. Jane is from Canada, and she is studying science at university in Japan. Jane is staying at Ruri's house. They are talking at a park.

Jane: Look, a swallow is flying.

Ruri: Oh, that swallow is flying low. Well, if my grandmother were here, she would say, "Go home before it rains." She really loves superstitions.

Jane: Ruri, your grandmother may be right. It will rain when a swallow flies low.

Ruri: What?

Jane: I read it in a science book. Swallows eat insects. Before it starts raining, insects cannot fly high because of humidity. To eat those (**A**) insects, swallows also fly low.

Ruri: Wow, [B: interesting, story, an, what] ! That's not a superstition.

Jane: Your grandmother may know other useful stories.

Ruri: Yes, I will ask her.

Jane: I know another interesting story. Ruri, what will you do if your little brother hits his foot on a table leg and starts crying?

Ruri: Well, I think I will say, "Are you OK?" and touch his foot with my hand.

Jane: You are a good sister. But do you think it reduces pain?

Ruri: No. It is a superstition, right?

Jane: Ruri, some scientists say it's not a superstition. By touching an aching body part, you can reduce pain. I heard this story from my teacher.

Ruri: Really? That's amazing!

Jane: <u>Those stories</u> (C) are two examples of things humans have learned from experience. They have (**D**) those things to their children. Some people may think they are superstitions, but some of them are true. By doing scientific research, we can know many things.

Ruri: Great! Science is very interesting.

Jane: Yes. Well, if you like science, I want you to remember one thing. Science isn't perfect.

Ruri: [**E**] You have just said we can know many things by doing scientific research.

Jane: Yes. Science is useful and can tell us a lot of things. However, it is very difficult to know what is really true.

Ruri: Can you give me an example?

Jane: For example, in the past, many scientists believed all dinosaurs died out. But now, some scientists say some dinosaurs survived. Like this example, scientists sometimes have different theories about something.

Ruri: I see. Science is useful, but it is difficult to know true things.

Jane: Yes. It's difficult even for scientists to know true things. "Why does it happen?" "Is it really true?" Scientists always have such questions and do research. For a long time, <u>those people</u> (F) have been developing science.

Ruri: How can I become such a person?

Jane: You should always think a lot and try to find questions from your daily life. When you have a question, think how to study about it and do research. Also, it is important to read a lot of science books. You are still a junior high school student, but there are many things you can do.

Ruri: OK, I will try. And I will study science in the future like you!

Jane: I'm (G) [to, that, hear, happy] . I'm sure you can enjoy learning science more.

(注) swallow ツバメ　low 低く　superstition 迷信　insect 昆虫　high 高く
humidity 湿気　hit～on… ～を…にぶつける　foot 足　table leg テーブルの脚
reduce～ ～を減らす　pain 痛み　aching 痛む　scientific 科学的な
perfect 完璧な　die out 死に絶える　theory 学説　develop～ ～を発達させる

(1) 文中のA，Dの(　　　)の中に入る最も適当な語を，次のア～エからそれぞれ一つずつ選び，その符号を書きなさい。

A　ア fly　イ flies　ウ flew　エ flying

D　ア heard　イ lost　ウ taught　エ understood

(2) 文中のB，Gの[　　　]の中の語を，それぞれ正しい順序に並べ替えて書きなさい。

(3) 下線部分Cについて，その具体的な内容を，本文から二つ探して，それぞれ英文1文で抜き出しなさい。

(4) 文中のEの[　　　]の中に入る最も適当なものを，次のア～エから一つ選び，その符号を書きなさい。

ア Why do you remember it?　イ What do you mean?

ウ I'll never forget it.　エ I'm sure you are right.

(5) 下線部分Fについて，その内容を，具体的に日本語で書きなさい。

(6) 本文の内容に合っているものを，次のア～オから一つ選び，その符号を書きなさい。

ア Ruri doesn't think people should believe superstitions because they are not useful.

イ Jane knows a lot of interesting stories about science because she has learned them from her grandmother.

ウ Jane thinks scientists can always know what is really true and don't have different theories.

エ Ruri wants to study science though Jane has told her that it is difficult even for scientists to know true things.

オ Jane thinks junior high school students are so young that they cannot do research.

〔4〕 次の英文を読んで，あとの(1)～(6)の問いに答えなさい。

Mike is from America and he studied about Japanese culture at university in Japan. Now he is an ALT at Hikari High School. He puts his "Question Box" on the table in front of the teachers' room. Students can put letters into it when they have questions. They ask him about America, how to learn English, and so on. Mike likes his "Question Box" because it is a good way to communicate with students.

One day in October, he got two long letters. One letter was from Kana, a girl in the English club. The other letter was from Leo, a student from France.

【The letter from Kana】

> Hello, Mike. I'm Kana. Do you know Leo, a student from France? He has been in our class for two months. He is kind and everyone likes him. But now, I am worrying about him a little.
>
> He doesn't speak Japanese well and sometimes cannot understand our Japanese. But <u>that</u> (A) is not the problem. We can communicate with him in English. He is a great English speaker and we learn a lot from him. Last month, he looked very happy when he talked with us. But these days, he doesn't look so happy when we talk to him. Why does he look like that?
>
> Well, sometimes we cannot understand Leo's English because he talks very fast and uses difficult words. Also it is difficult for us to express everything in English. Is it making him disappointed? If we improve our English, will he be happy?
>
> When I ask him, "Are you OK?", he always says he is OK. But if he has any trouble, I want to help him. Mike, can you guess what <u>his problem</u> (B) is? Please give me some advice and help us become good friends.

【The letter from Leo】

> Hello, Mike. I'm Leo. I came to Japan in August. I'm writing this letter because you may be the only person who can understand my feelings.
>
> I cannot speak Japanese well, so my classmates talk to me in English. They may think that all foreign people speak great English. My English may be better than theirs, but I'm not a great English speaker. I love talking with my classmates but sometimes I feel as if my classmates talk to me only because they want to practice English.
>
> I came to Japan to learn Japanese. I study Japanese every day, and have learned some words. If my classmates speak slowly, I can understand their Japanese a little. But they try to say everything in English.
>
> I know English is our common language. We can communicate with each other in English though it is not the language we usually speak. In the future, my classmates and I can share ideas with people in the world by using English. That's wonderful, but now, I want to communicate with my classmates in Japanese. I cannot improve my Japanese if I don't use it at school.
>
> Mike, should I tell my classmates my feelings? I know they are trying to be kind to me, and I don't want to hurt their feelings. What would you do if you were me?

Mike remembered his university days. He really understood their feelings. He thought, "Some friends talked to me in English to help me. They were good friends and thanks to them, I enjoyed life in Japan. But I wanted to [C] and improve my Japanese. Leo, I had the same wish."

However, Mike didn't worry too much. He said to himself, "Sometimes it is difficult to communicate with other people, but both Kana and Leo [D]. They will be good friends." Mike started to write letters to them.

(注) ～and so on　～など　communicate　意思を伝え合う　disappointed　がっかりする
feel as if～　まるで～であるかのように感じる　only because～　ただ～だから
slowly　ゆっくりと　common　共通の　thanks to～　～のおかげで　wish　願い
say to himself　彼自身の心の中で考える

(1) 下線部分Aについて，その内容を，具体的に日本語で書きなさい。

(2) 次の英文は，下線部分Bについてのカナ(Kana)の考えをまとめたものです。X，Yの〔　　〕の中に入るものの組合せとして，最も適当なものを，下のア～エから一つ選び，その符号を書きなさい。

Leo〔 X 〕because〔 Y 〕.

	X	Y
ア	isn't happy when he talks with us	our English is not as good as Leo's
イ	isn't happy when he talks with us	we talk to him in English
ウ	cannot improve his Japanese	our English is not as good as Leo's
エ	cannot improve his Japanese	we talk to him in English

(3) 文中のCの[　　]に当てはまる内容を，5語以上の英語で書きなさい。

(4) 文中のDの[　　]の中に入る最も適当なものを，次のア～エから一つ選び，その符号を書きなさい。

ア　practice English very hard　　イ　enjoy talking in Japanese
ウ　tell their true feelings with each other　　エ　think about each other

(5) 次の①～③の問いに対する答えを，それぞれ3語以上の英文で書きなさい。

① Can students ask Mike questions by putting letters into his "Question Box"?
② Why is Kana worrying about Leo these days?
③ According to Leo, what can Leo and his classmates do in the future by using English?

(6) あなたが，カナとレオ(Leo)の2人から，マイク(Mike)先生への手紙と同じ内容の手紙をもらったとしたら，どのような返事を書きますか。返事を書く相手として，カナかレオのどちらかを選び，解答用紙の〔　　〕の中に，Kana か Leo を書き，それに続けて，[　　]の中に，4行以内の英文で返事を書きなさい。ただし，＊＊＊の部分には，あなたの名前が書かれているものとします。

英 語 解 答 用 紙

(注１) 解答は，横書きで記入すること。

〔１〕

(1)	1		2		3		4	
(2)	1		2		3		4	
(3)	1							
	2							

〔２〕

(1)		
(2)	a	
	b	

〔３〕

(1)	A		D	
(2)	B			
	G			
(3)				
(4)				
(5)				
(6)				

令和４年度 入試問題

受検番号	

〔4〕

(1)		
(2)		
(3)		
(4)		
(5)	①	
	②	
	③	
(6)	Hello, 〔　　　　　〕. I'm ＊＊＊.	

社　会

〔1〕 次の地図を見て，下の(1)～(5)の問いに答えなさい。なお，地図中の緯線は赤道を基準として，また，経線は本初子午線を基準として，いずれも 30 度間隔で表している。

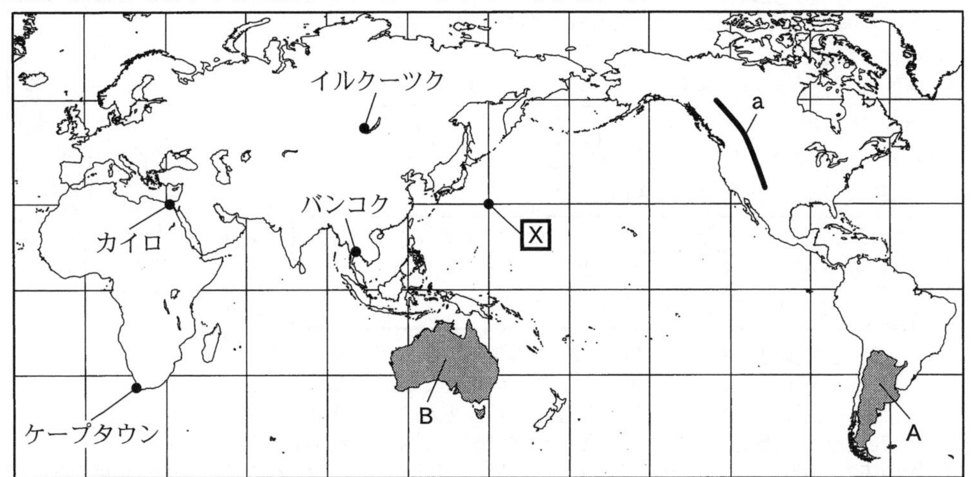

(1) 地図中の a は，山脈を示したものである。この山脈の名称として，正しいものを，次のア～エから一つ選び，その符号を書きなさい。

ア　ロッキー山脈　　イ　アンデス山脈　　ウ　ヒマラヤ山脈　　エ　ウラル山脈

(2) 地図中に示した地点 X の位置の，緯度と経度を書きなさい。ただし，地点 X は，地図中に示した緯線と経線が交わった場所である。

(3) 次のア～エのグラフは，地図中に示したケープタウン，カイロ，バンコク，イルクーツクのいずれかの月降水量と月平均気温を表したものである。このうち，バンコクに当てはまるものを，ア～エから一つ選び，その符号を書きなさい。なお，棒グラフは月降水量を，折れ線グラフは月平均気温を表している。

ア

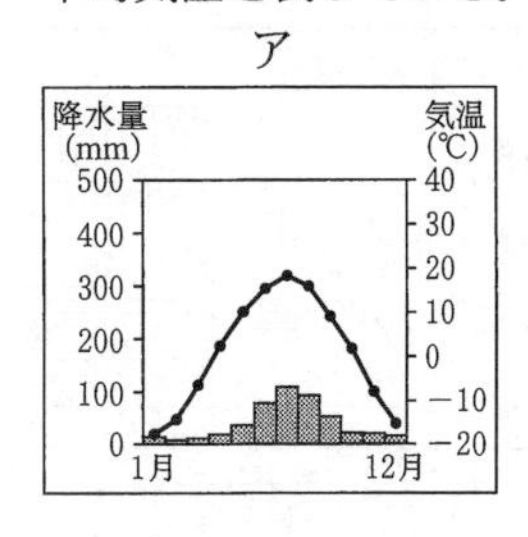

イ

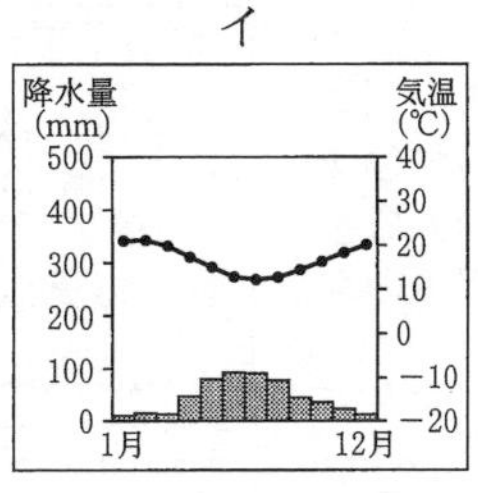

ウ

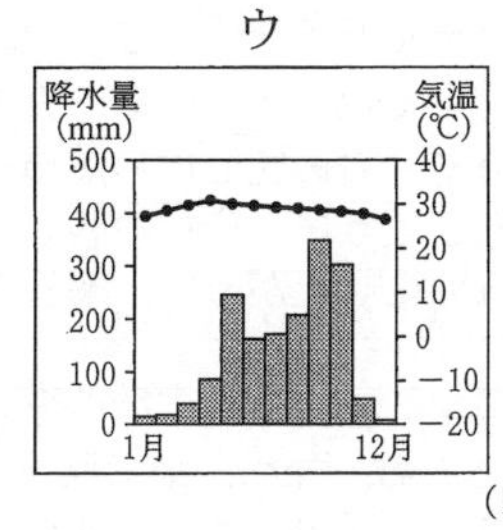

エ

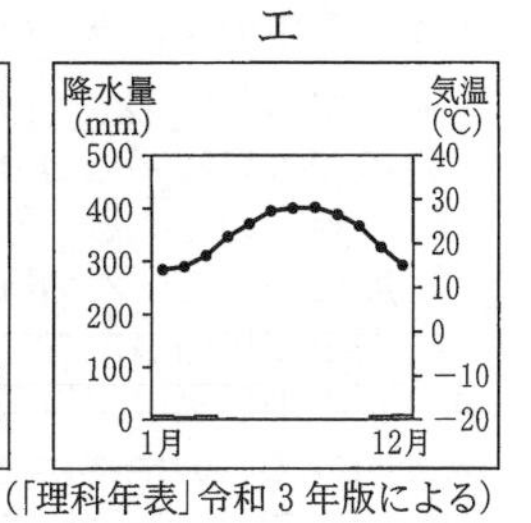

(「理科年表」令和 3 年版による)

(4) 地図中に示した国 A について述べた文として，最も適当なものを，次のア～エから一つ選び，その符号を書きなさい。

ア　燃料となる石炭などの資源にめぐまれ，世界で最初に産業革命が始まった。

イ　ギニア湾を臨む南部は年間を通じて高温湿潤で，カカオの生産が盛んに行われている。

ウ　シリコンバレーとよばれる地域に，情報技術産業などの企業が集まっている。

エ　パンパとよばれる草原で，小麦の栽培や牛の放牧が大規模に行われている。

(5) 右の表は，地図中に示した国Bの，1969 年と 2019 年における輸出相手国のうち，輸出額の多い順に上位 6 か国を示しており，1969 年に比べて 2019 年では，アジア州の国が 1 か国から 4 か国に増加している。その理由を，「工業化」，「鉱産資源」の語句を用いて書きなさい。

	国Bの輸出相手国	
	1969 年	2019 年
第 1 位	日　本	中　国
第 2 位	アメリカ	日　本
第 3 位	イギリス	韓　国
第 4 位	ニュージーランド	イギリス
第 5 位	フランス	アメリカ
第 6 位	イタリア	インド

(「国際連合貿易統計年鑑(1969)」，国際連合ホームページより作成)

〔2〕 右の地図を見て，次の(1)～(4)の問いに答えなさい。

(1) 地図中の ⬭ で囲まれた地域には，岬と湾がくり返す入り組んだ海岸が見られる。このような地形を何というか。その用語を書きなさい。

(2) 地図中の地点Pは，空港の位置を示している。この空港の貨物輸送について述べた次の文中の X ， Y に当てはまる語句の組合せとして，最も適当なものを，下のア～エから一つ選び，その符号を書きなさい。

> 地点Pの空港は，現在，我が国の港や空港の中で，輸出入総額が最大の X である。この空港は，主に Y を輸送するために利用されている。

ア 〔X 中部国際空港， Y 自動車などの重くてかさばる貨物 〕
イ 〔X 中部国際空港， Y 電子部品などの軽くて価値の高い貨物〕
ウ 〔X 成田国際空港， Y 自動車などの重くてかさばる貨物 〕
エ 〔X 成田国際空港， Y 電子部品などの軽くて価値の高い貨物〕

(3) 次の表は，秋田県，群馬県，静岡県，福島県，山梨県の，それぞれの県の人口密度，米の産出額，野菜の産出額，果実の産出額，製造品出荷額等を示したものである。この表を見て，下の①，②の問いに答えなさい。

	人口密度（人/km²）	米の産出額（億円）	野菜の産出額（億円）	果実の産出額（億円）	製造品出荷額等（億円）
a	468.5	194	643	298	176,639
b	83.0	1,036	308	72	13,496
c	181.6	63	112	629	26,121
d	305.3	166	983	83	92,011
福島県	133.9	798	488	255	52,812

（「データでみる県勢」2021年版による）

① 表中のaに当てはまる県名を書きなさい。

② 地図中の ▨ で示した部分は，表中の福島県の人口密度について，右の区分にしたがって作図したものである。同じように，表中の県cの人口密度について，右の区分にしたがって，解答用紙の地図中に作図しなさい。

区分：人口密度（人/km²）	
350人以上	▦
250人以上350人未満	▥
150人以上250人未満	▤
150人未満	▨

(4) 次の地形図は，地図中の輪島市の市街地を表す2万5千分の1の地形図である。なお，地形図中のAで示した地図記号 🏛 は，「美術館」を示している。この地形図を見て，次の①，②の問いに答えなさい。

① この地形図について述べた文として，最も適当なものを，次のア～エから一つ選び，その符号を書きなさい。

ア A「美術館」がある地点の標高は，80 m である。
イ A「美術館」からB「図書館」までの直線の長さを測ったところ，約5 cmであったので，実際の直線距離は約5 kmである。
ウ 「河井町」付近は，広葉樹林が広がっている。
エ 「高等学校」は，「市役所」から見て，東の方位にある。

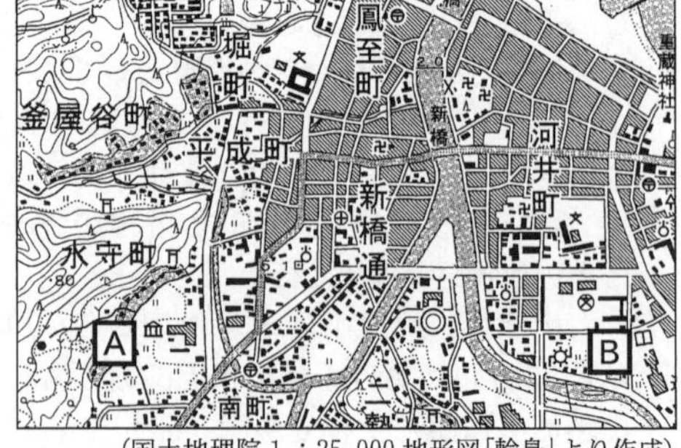

（国土地理院1：25,000地形図「輪島」より作成）

② A「美術館」には，輪島市でつくられている伝統的工芸品が展示されている。輪島市でつくられている伝統的工芸品として，最も適当なものを，次のア～エから一つ選び，その符号を書きなさい。

ア 鉄器　　イ 将棋の駒（こま）　　ウ 漆器　　エ たんす

〔3〕 社会科の授業で，A～Dの四つの班に分かれて，時代ごとの社会のようすや文化について調べ，発表を行うことにした。次の資料は，班ごとに作成した発表資料の一部である。これらの資料を見て，下の(1)～(4)の問いに答えなさい。

A班の資料	B班の資料	C班の資料	D班の資料
[a] 時代 代表的な文化財	平安時代 代表的な文化財	<ins>鎌倉時代</ins>c 代表的な文化財	<ins>江戸時代</ins>e 代表的な文化財

唐招提寺(とうしょうだいじ)の鑑真(がんじん)像	b<ins>平等院鳳凰(ほうおう)堂</ins>	d<ins>東大寺南大門の金剛力士像</ins>	f<ins>日光東照宮</ins>

(1) A班の資料について，[a] に当てはまる時代の名称を書きなさい。

(2) B班の資料中の下線部分bについて，この文化財と最も関係の深いできごとを，次のア～エから一つ選び，その符号を書きなさい。

ア 宋(そう)にわたった栄西が，座禅によってさとりを開こうとする禅宗を我が国に伝えた。
イ 念仏をとなえ，極楽浄土に生まれ変わることを願う浄土信仰(浄土の教え)が広まった。
ウ 唐にわたった空海が，真言宗を我が国に伝え，山奥の寺での修行を重視した。
エ 朝廷が，仏教の力によって国を守ろうとして，国ごとに国分寺と国分尼寺を建てた。

(3) C班の資料について，次の①，②の問いに答えなさい。

① 下線部分cについて，この時代に，北条泰時(ほうじょうやすとき)は御成敗式目(ごせいばいしきもく)を制定した。この法令を制定した目的を，「慣習」，「公正」の二つの語句を用いて書きなさい。

② 下線部分dについて，この文化財をつくった人物の名前として，最も適当なものを，次のア～エから一つ選び，その符号を書きなさい。

ア 運慶　　イ 雪舟(せっしゅう)　　ウ 一遍(いっぺん)　　エ 道元

(4) D班の資料について，次の①～③の問いに答えなさい。

① 下線部分eについて，この時代の農業について述べた次の文中の [X]，[Y] に当てはまる語句の組合せとして，最も適当なものを，下のア～エから一つ選び，その符号を書きなさい。

> 江戸時代になると，幕府や藩が新田開発を進めたため，耕地面積が [X] した。また，進んだ農業技術が各地に伝わり，右の絵で示している [Y] などの農具が使われるようになった。

ア〔X 増加，Y 唐箕(み)〕　　イ〔X 増加，Y 千歯(ば)こき〕
ウ〔X 減少，Y 唐箕〕　　エ〔X 減少，Y 千歯こき〕

② 下線部分eについて，次のX～Zは，この時代に起きたできごとである。年代の古い順に並べたものとして，正しいものを，下のア～カから一つ選び，その符号を書きなさい。

X 桜田門外の変が起こった。
Y 日米和親条約が結ばれた。
Z 幕府が異国船(外国船)打払令を出した。

ア X→Y→Z　　イ X→Z→Y　　ウ Y→X→Z
エ Y→Z→X　　オ Z→X→Y　　カ Z→Y→X

③ 下線部分fについて，この文化財を建てた徳川家光(いえみつ)は，大名に対して，領地と江戸に一年おきに住むことを命じた。この制度を何というか。その用語を書きなさい。

〔4〕 中学校3年生のNさんは，我が国の近現代の歴史の授業で関心をもった次のA～Dのテーマについて，調べ学習を行った。これらのテーマについて，下の(1)～(4)の問いに答えなさい。

テーマA：近代と現代では，我が国の政治のしくみにどのような違いがあるのだろうか。	テーマB：我が国の近代産業はどのように発展したのだろうか。
テーマC：大正時代から昭和時代初期にかけての我が国の政治や社会の特徴は何だろうか。	テーマD：我が国は，国際社会の動向から，どのような影響を受けてきたのだろうか。

(1) テーマAについて，次の文は，Nさんが近代と現代の我が国の地方政治のしくみの違いを調べてまとめたものである。文中の［X］に当てはまる用語を書きなさい。また，［Y］に当てはまる数字を書きなさい。

> 明治時代，新政府は中央集権国家をつくることをめざし，1871年に［X］を実施した。これにより，新政府から派遣された府知事や県令(県知事)が政治を行うことになった。現代では，都道府県知事は住民による直接選挙で選ばれ，満［Y］歳以上の者が被選挙権を有することが定められている。

(2) テーマBについて調べると，明治時代に，政府が近代産業の育成をめざして，殖産興業政策を進めたことがわかった。この政策の内容を，「欧米」，「官営」の二つの語句を用いて書きなさい。

(3) テーマCについて，次の①，②の問いに答えなさい。

① 大正時代の我が国の政治について調べると，民主主義が強くとなえられていたことがわかった。次のア～ウは，大正時代に我が国で起きたできごとについて述べたものである。大正時代に起きたできごとを，年代の古いものから順に並べ，その符号を書きなさい。

ア 加藤高明(たかあき)内閣のもとで，選挙制度が改正された。
イ 護憲運動が起こり，桂(かつら)太郎内閣が総辞職した。
ウ 米騒動をしずめるために，政府が軍隊を出動させた。

② 大正時代から昭和時代初期にかけての我が国の社会のようすについて調べると，メディアが発達し，文化が大衆の間に広まったことがわかった。大正時代から昭和時代初期にかけてのメディアの発達について述べた文として，最も適当なものを，次のア～エから一つ選び，その符号を書きなさい。

ア テレビ放送が始まり，映像による情報伝達が可能になった。
イ パソコンやインターネットが普及し，社会の情報化が進んだ。
ウ ラジオ放送が始まり，国内外のできごとが音声で伝えられるようになった。
エ 新聞や雑誌の発行が始まり，欧米の思想などが紹介されるようになった。

(4) テーマDについて，右の表は，Nさんが，1973年に我が国で始まった石油危機について調べ，その【できごと】の【背景・原因】及び【結果・影響】をまとめたものである。表中の［X］～［Z］に当てはまる語句の組合せとして，最も適当なものを，次のア～カから一つ選び，その符号を書きなさい。

ア〔X 中東，　Y 上昇，Z 中国　〕
イ〔X 中東，　Y 上昇，Z アメリカ〕
ウ〔X 中東，　Y 下落，Z 中国　〕
エ〔X 朝鮮半島，Y 上昇，Z アメリカ〕
オ〔X 朝鮮半島，Y 下落，Z 中国　〕
カ〔X 朝鮮半島，Y 下落，Z アメリカ〕

【背景・原因】
・ ［X］で戦争が始まった。

↓

【できごと】
・ 石油危機が始まった。

↓

【結果・影響】
・ 品不足により物価が［Y］した。
・ 不況(不景気)になった。
・ 省エネルギー技術の開発などが進み，工業製品の輸出が拡大し，1980年代には，［Z］などとの間で貿易摩擦が激化した。

〔5〕 中学校3年生のあるクラスの社会科の授業では，次のA～Dのテーマについて学習を行うことにした。これらのテーマについて，あとの(1)～(4)の問いに答えなさい。

テーマ	
A　人権の尊重と日本国憲法について	B　民主政治と政治参加について
C　財政の役割と課題について	D　国際社会のしくみについて

(1) Aのテーマについて，次の①，②の問いに答えなさい。

① 次の資料は，1989年に国際連合で採択され，我が国では1994年に批准された条約の一部である。この条約を何というか。その名称を書きなさい。

> 締約国は，自己の意見を形成する能力のある児童がその児童に影響を及ぼすすべての事項について自由に自己の意見を表明する権利を確保する。

② 日本国憲法は，国民の自由と権利を保障する一方，国民が自由と権利を濫(らん)用することを禁止し，公共の福祉のために利用する責任があることを定めている。次の表は，日本国憲法で保障された基本的人権と，その基本的人権が公共の福祉により制限される例を示したものである。表中の［X］に当てはまる語句として，最も適当なものを，下のア～エから一つ選び，その符号を書きなさい。

基本的人権	公共の福祉により制限される例
［X］	他人の名誉を傷つける行為の禁止
職業選択の自由	医師免許を持たない者の医療行為の禁止
財産権	不備な建築の禁止

ア　生存権　　イ　請求権　　ウ　身体の自由　　エ　表現の自由

(2) Bのテーマについて，次の①～③の問いに答えなさい。

① 国民が選挙で選んだ代表者が集まり，複雑な物事について話し合いなどによって決定するしくみを何というか。最も適当なものを，次のア～エから一つ選び，その符号を書きなさい。

ア　議会制民主主義　　イ　立憲主義　　ウ　多党制　　エ　三審制

② 衆議院議員選挙は，小選挙区制と比例代表制を組み合わせて行われる。このうち，比例代表制では，得票数に応じてドント式で各政党に議席が配分される。比例代表制の選挙が行われ，定数が6人の選挙区で，結果が右の表のようになった場合，a～dのそれぞれの政党に配分される議席数を書きなさい。

政党名	得票数(万票)
a	78
b	72
c	30
d	18

③ 次の表は，国会における，ある予算案の審議の結果を示したものである。このような審議の結果となった場合，日本国憲法では，予算の議決についてどのように規定しているか。「国会の議決」という語句を用いて書きなさい。

日　付	予算案の審議の結果
2月27日	・　衆議院予算委員会で予算案を可決した。 ・　衆議院本会議で予算案を可決した。
3月27日	・　参議院予算委員会で予算案を否決した。 ・　参議院本会議で予算案を否決した。 ・　両院協議会が開かれたが，意見が一致しなかった。

⑶　Ｃのテーマについて，次の資料は，財政の主な役割についてまとめたものである。この資料を見て，下の①～③の問いに答えなさい。

> 財政の主な役割は三つある。
> ・　民間企業だけでは十分に供給できない，社会資本や公共サービスを供給することなどにより，資源の配分を調整する。
> ・ a 直接税について累進課税の方法をとったり，社会保障政策の充実をはかったりすることなどにより，所得の格差を調整する。
> ・　［　X　］のときは，公共事業などへの b 歳出を減らしたり，増税したりすることで，企業や家計の経済活動を［　Y　］ことをめざすなど，景気の安定化をはかる。

①　下線部分ａについて，我が国の主な税のうち，直接税であるものを，次のア～オから一つ選び，その符号を書きなさい。

ア　揮発油税　　イ　消費税　　ウ　関税　　エ　相続税　　オ　入湯税

②　文中の［　X　］，［　Y　］に当てはまる語句の組合せとして，最も適当なものを，次のア～エから一つ選び，その符号を書きなさい。

ア　〔X　好況(好景気)，Y　活発にする〕　　イ　〔X　好況(好景気)，Y　おさえる〕
ウ　〔X　不況(不景気)，Y　活発にする〕　　エ　〔X　不況(不景気)，Y　おさえる〕

③　下線部分ｂについて，次のグラフは，我が国の平成22(2010)年度及び令和２(2020)年度の，一般会計歳出の内訳の割合を示したものである。グラフ中のア～エは，公共事業関係費，国債費，社会保障関係費，防衛関係費のいずれかである。このうち，社会保障関係費はどれか。ア～エから一つ選び，その符号を書きなさい。

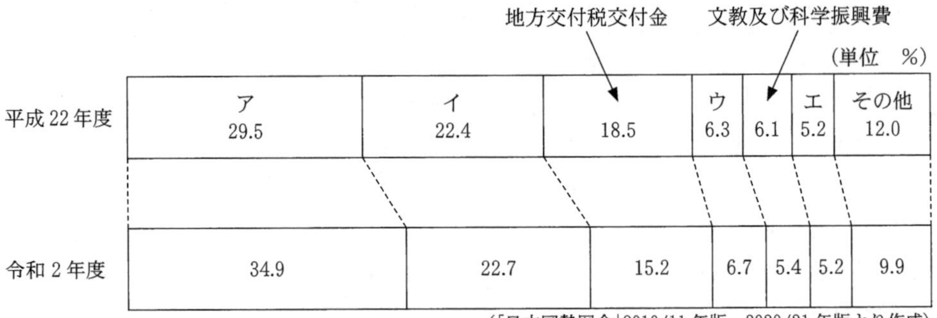

(「日本国勢図会」2010/11年版，2020/21年版より作成)

⑷　Ｄのテーマについて，次の①，②の問いに答えなさい。

①　世界の平和と安全を維持する役割を果たしている国際連合は，紛争が起こった地域において，停戦や選挙を監視するなどの活動を行っている。この活動を何というか。その用語を書きなさい。

②　現在の国際社会では，特定の地域でいくつかの国々がまとまりをつくり，経済などの分野で協力関係を強めようとする動きが進んでいる。このうち，右の地図中の［網かけ］で示した国のみによって構成されているまとまりとして，正しいものを，次のア～エから一つ選び，その符号を書きなさい。

ア　APEC　　イ　AU
ウ　ASEAN　　エ　NAFTA

〔6〕 あるクラスの社会科の授業では，「大人になるとできること」について，テーマを決めて調べることにした。次の**資料Ⅰ**～**資料Ⅳ**は，「契約を結ぶこと」をテーマに選んだSさんたちの班が集めたものの一部である。このことについて，下の(1)，(2)の問いに答えなさい。

資料Ⅰ 契約が成立するしくみ

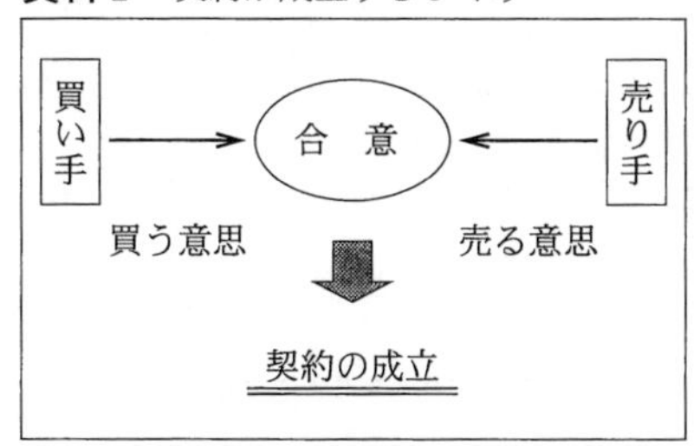

資料Ⅱ 「18，19歳」，「20～24歳」の年度別消費生活相談件数(平均値)

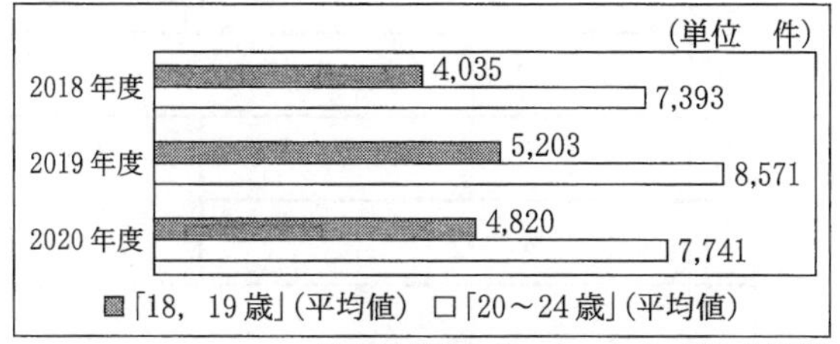

(国民生活センターホームページより作成)

資料Ⅲ 未成年者の契約について

民法では，未成年者が親の同意を得ずに契約した場合には，原則として，契約を取り消すことができると規定されています。この規定は，未成年者を保護するためのものであり，未成年者の消費者被害を抑止する役割を果たしています。

(総務省ホームページより作成)

資料Ⅳ 「18，19歳」，「20～24歳」の悪質な手口による被害の消費生活相談件数(2020年度の平均値)

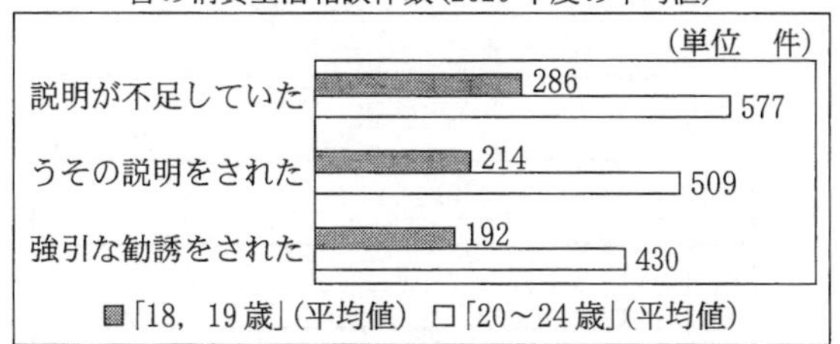

(国民生活センターホームページより作成)

(注)**資料Ⅱ**と**資料Ⅳ**の「18，19歳」(平均値)は，18歳，19歳の相談件数の合計を2で割った値。「20～24歳」(平均値)は，20歳から24歳までの相談件数の合計を5で割った値。

(1) **資料Ⅰ**について，Sさんたちは，契約が成立するしくみについて説明するために，右のカードを作成した。カード中のア～オは，売買に関する様々な場面について述べた文である。このうち，売買契約が成立した場面として正しいものを，ア～オから二つ選び，その符号を書きなさい。

【売買契約が成立した場面はどれか】
ア スーパーマーケットで商品を店の買い物かごに入れた。
イ 自動販売機で飲み物を購入した。
ウ レストランでメニューを見た。
エ 花屋で店員に商品の説明を頼んだ。
オ 書店に電話をかけて本を注文した。

(2) Sさんたちは，**資料Ⅱ**～**資料Ⅳ**から読みとったことをもとに，契約に関する課題について考察し，次の発表原稿を作成した。文中の［ X ］に当てはまる語句として正しいものを，下のア～エから一つ選び，その符号を書きなさい。また，［ Y ］に当てはまる内容を，「保護」という語句を用いて，40字以内で書きなさい。

私たちは，成年になると自分の意思で自由に契約を結ぶことができるようになります。社会では毎日たくさんの契約が結ばれていますが，一方で，契約をめぐって様々な消費者被害が起こっています。**資料Ⅱ**から，未成年の「18，19歳」と成年の「20～24歳」の年度別消費生活相談件数(平均値)を比較すると，2018年度から2020年度までのすべての年度で，「20～24歳」の相談件数は，「18，19歳」の相談件数の［ X ］であることがわかります。**資料Ⅲ**と**資料Ⅳ**から，この要因の一つとして，成年になると，［ Y ］ことが考えられます。令和4(2022)年4月からは，18歳，19歳の人も成年となります。私たちは，自立した消費者になることができるように，契約の重要性を認識することが大切だと思います。

ア 0.5倍未満　イ 0.5倍以上1.0倍未満　ウ 1.0倍以上1.5倍未満　エ 1.5倍以上

社 会 解 答 用 紙

(注1) 解答は，横書きで記入すること。

〔1〕

(1)	
(2)	(　　　)緯(　　　)度　(　　　)経(　　　)度
(3)	
(4)	
(5)	

〔2〕

(1)		
(2)		
(3)	①	
(3)	②	
(4)	①	
(4)	②	

〔3〕

(1)				
(2)				
(3)	①			
(3)	②			
(4)	①		②	
(4)	③			

受検番号	

〔4〕

(1)	X		Y	
(2)				
(3)	①	(　　) → (　　) → (　　)		
	②			
(4)				

〔5〕

(1)	①			②		
(2)	①					
	②	a	(　　) 議席	b	(　　) 議席	
		c	(　　) 議席	d	(　　) 議席	
	③					
(3)	①			②		
	③					
(4)	①			②		

〔6〕

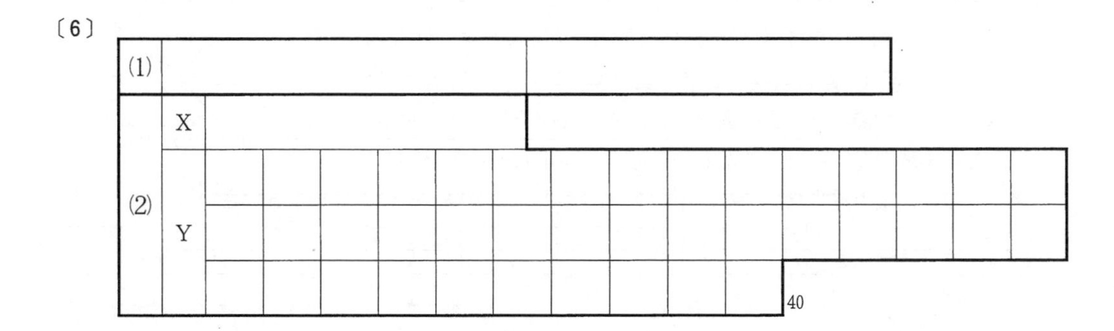

(1)		
(2)	X	
	Y	40

理　科

〔1〕 次の(1)~(6)の問いに答えなさい。

(1) ある地層の石灰岩の層に，サンゴの化石が含まれていた。この石灰岩の層は，どのような環境のもとで堆積したと考えられるか。最も適当なものを，次のア～エから一つ選び，その符号を書きなさい。

ア　深くてつめたい海　　　　イ　深くてあたたかい海

ウ　浅くてつめたい海　　　　エ　浅くてあたたかい海

(2) シダ植物とコケ植物について述べた文として，最も適当なものを，次のア～エから一つ選び，その符号を書きなさい。

ア　シダ植物は，種子をつくる。

イ　シダ植物には，維管束がある。

ウ　コケ植物は，光合成をしない。

エ　コケ植物には，根・茎・葉の区別がある。

(3) 放射線について述べた文として，最も適当なものを，次のア～エから一つ選び，その符号を書きなさい。

ア　放射能とは，放射性物質が，放射線を出す能力である。

イ　γ（ガンマ）線は，アルミニウムなどのうすい金属板を通りぬけることができない。

ウ　放射線は，人間が人工的につくるもので，自然界には存在しない。

エ　放射線の人体に対する影響を表す単位は，ジュール（記号J）である。

(4) 水，硫黄（いおう），酸化銅，炭酸水素ナトリウムのうち，2種類の原子でできている物質の組合せとして，最も適当なものを，次のア～エから一つ選び，その符号を書きなさい。

ア　〔水，硫黄〕　　　　イ　〔硫黄，炭酸水素ナトリウム〕

ウ　〔酸化銅，炭酸水素ナトリウム〕　　　　エ　〔水，酸化銅〕

(5) 右の図の粉末A～Cは，砂糖，食塩，デンプンのいずれかである。これらの粉末を区別するために，それぞれ0.5gを，20℃の水10 cm^3 に入れてかきまぜたときの変化や，燃焼さじにとってガスバーナーで加熱したときの変化を観察する実験を行った。次の表は，この実験の結果をまとめたものである。粉末A～Cの名称の組合せとして，最も適当なものを，下のア～カから一つ選び，その符号を書きなさい。

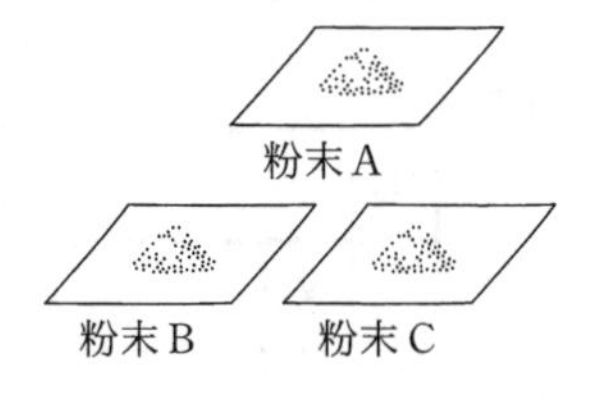

	粉末A	粉末B	粉末C
水に入れてかきまぜたときの変化	溶けた	溶けた	溶けずに残った
ガスバーナーで加熱したときの変化	変化が見られなかった	黒くこげた	黒くこげた

ア　〔A　砂糖，　B　食塩，C　デンプン〕　　イ　〔A　砂糖，　B　デンプン，C　食塩〕

ウ　〔A　食塩，　B　砂糖，C　デンプン〕　　エ　〔A　食塩，　B　デンプン，C　砂糖〕

オ　〔A　デンプン，B　砂糖，C　食塩〕　　カ　〔A　デンプン，B　食塩，C　砂糖〕

(6) 右の図のように，スライドガラスに塩化ナトリウム水溶液をしみこませたろ紙をのせ，その上に，中央に鉛筆で線を引いた赤色のリトマス紙を置いた。このリトマス紙の中央の線上に，ある水溶液を1滴落とすと，中央部に青色のしみができた。次に，ろ紙の両端をクリップでとめ，このクリップに電源装置をつなぎ，電圧を加えて電流を流した。リトマス紙の中央の線上に落とした水溶液と，電流を流したあとのリトマス紙のようすの組合せとして，最も適当なものを，次のア～エから一つ選び，その符号を書きなさい。

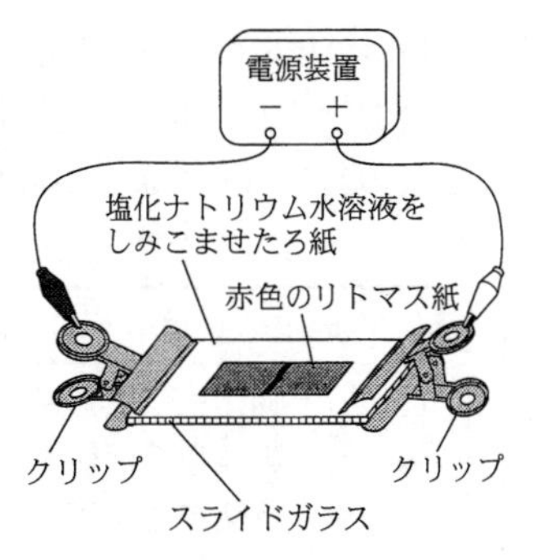

	リトマス紙の中央の線上に落とした水溶液	電流を流したあとのリトマス紙のようす
ア	塩酸	中央部の青色のしみが陽極側に広がった
イ	塩酸	中央部の青色のしみが陰極側に広がった
ウ	水酸化ナトリウム水溶液	中央部の青色のしみが陽極側に広がった
エ	水酸化ナトリウム水溶液	中央部の青色のしみが陰極側に広がった

〔2〕 遺伝の規則性について調べるために，エンドウの種子を用いて，次の実験1～3を行った。この実験に関して，下の(1)～(4)の問いに答えなさい。

> 実験1　丸形のエンドウの種子を育て，自家受粉させたところ，丸形としわ形の両方の種子(子)ができた。
>
> 実験2　実験1で得られたエンドウの種子(子)の中から，丸形の種子(下線部Ⅰ)と しわ形の種子(下線部Ⅱ)を1つずつ選んでそれぞれ育て，かけ合わせたところ，できた種子(孫)はすべて丸形になった。
>
> 実験3　実験1で得られたエンドウの種子(子)のうち，実験2で選んだものとは異なる，丸形の種子としわ形の種子を1つずつ選んでそれぞれ育て，かけ合わせたところ，丸形としわ形の両方の種子(孫)ができ，その数の比は1：1であった。

(1) 次の文は，受粉について述べたものである。文中の［X］，［Y］に最もよく当てはまる用語をそれぞれ書きなさい。

> めしべの先端にある［X］に，［Y］がつくことを受粉という。

(2) 実験1について，エンドウの種子の形の丸形としわ形のように，どちらか一方の形質しか現れない2つの形質どうしを何というか。その用語を書きなさい。

(3) 実験2について，次の①，②の問いに答えなさい。

① 種子の形を丸形にする遺伝子をA，しわ形にする遺伝子をaで表すとき，下線部Ⅰの丸形の種子の遺伝子の組合せと，下線部Ⅱのしわ形の種子の遺伝子の組合せとして，最も適当なものを，次のア～ウからそれぞれ一つずつ選び，その符号を書きなさい。

ア　AA　　イ　Aa　　ウ　aa

② 実験2で得られた種子(孫)をすべて育て，それぞれ自家受粉させてできる種子における，丸形の種子の数としわ形の種子の数の比はどのようになるか。最も適当なものを，次のア～オから一つ選び，その符号を書きなさい。

ア　1：1　　イ　1：2　　ウ　1：3　　エ　2：1　　オ　3：1

(4) 実験3について，得られた種子(孫)をすべて育て，それぞれ自家受粉させてできる種子における，丸形の種子の数としわ形の種子の数の比はどのようになるか。最も簡単な整数の比で表しなさい。ただし，1つのエンドウの個体にできる種子の総数は，すべて同じであるものとする。

令和4年度 入試問題

〔3〕 理科の授業で，花子さんの班は，浮力についての実験を行い，レポートを作成することになった。次の Ⅰ は，花子さんの班が作成中のレポートの一部である。また，Ⅱ は実験中の花子さんと班のメンバーによる会話の一部である。Ⅰ，Ⅱ に関して，あとの(1)～(4)の問いに答えなさい。

Ⅰ 作成中のレポートの一部

〔目的〕 物体にはたらく浮力の大きさと，物体の水中に沈んでいる部分の体積の関係を調べる。

〔準備〕 密閉できる円筒形の容器，おもり，糸，ばねばかり，水を入れたビーカー

〔方法〕 ① 密閉できる円筒形の容器におもりを入れ，その容器を，糸でばねばかりにつるし，重さを測定した。

② 右の図のように，①で重さを測定した，おもりを入れた容器を，ゆっくりとビーカーに触れないようにして水中に沈めていき，容器の下半分を水中に沈めたときの，ばねばかりが示す値を読んだ。

③ ②と同じ手順で，容器の全体を水中に沈めたときの，ばねばかりが示す値を読んだ。

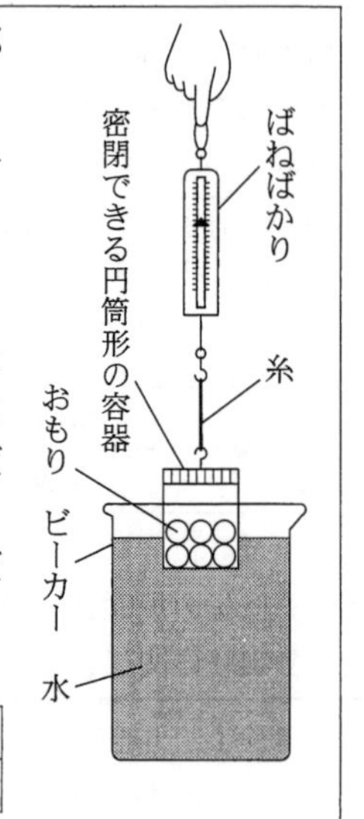

〔結果〕 ①，②，③の値を，実験の結果として次の表にまとめた。

①の値	②の値	③の値
0.95 N	0.73 N	

Ⅱ 実験中の会話の一部

花子さん

浮力の大きさは，容器の水中に沈んでいる部分の体積に関係がありそうですね。

太郎さん

浮力の大きさは [X] になると考えられます。
容器の下半分を沈めたときの②の値から考えて，容器の全体を沈めたときの③の値は [Y] Nになると予想できます。

良子さん

では，容器の全体を沈めてみます。
③の値は，予想通り [Y] Nになりました。

花子さん

浮力について調べてみたら，浮力は沈めた物体の重さには関係しないということが書かれていました。

太郎さん

今回の実験では，そのことは確かめることができませんね。

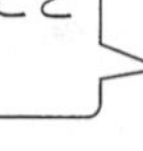
良子さん

[Z]，同様の実験をすれば，そのことを確かめることができます。では，やってみましょう。

(1) [X] に最も よく当てはまるものを，次のア～カから一つ選び，その符号を書きなさい。

ア ①の値　　イ ②の値　　ウ ①の値の半分
エ ②の値の半分　　オ ①の値と②の値の和　　カ ①の値と②の値の差

(2) [Y] に当てはまる値を求めなさい。

(3) [Z] に最もよく当てはまるものを，次のア～エから一つ選び，その符号を書きなさい。

ア　容器を変えずに，容器の中のおもりの数を増やして

イ　容器を大きくして，容器の中のおもりの数を変えないで

ウ　容器を小さくして，容器の中のおもりの数を増やして

エ　おもりを入れた容器を，さらに深く沈めるようにして

(4) この実験で用いた密閉できる円筒形の容器の下面の面積は，8.0 cm^2 である。容器の下半分を水中に沈めたとき，容器の下面にはたらく水圧の大きさは何 Pa か。求めなさい。

〔4〕 空気中の水蒸気の変化について，次の(1)～(3)の問いに答えなさい。

(1) 次の文は，空気中の水蒸気が水滴に変わるしくみについて述べたものである。文中の [X]，[Y] に当てはまる語句の組合せとして，最も適当なものを，下のア～エから一つ選び，その符号を書きなさい。

> 地表面からの高度が上がるほど，それより上にある空気の重さが [X] ため，気圧が低くなる。このため，地表付近の空気は上昇すると [Y] ，気温が下がる。気温が下がると，空気が含むことのできる水蒸気量が小さくなり，空気中の水蒸気は凝結して，水滴になる。

ア 〔X　小さくなる，　Y　圧縮され〕　イ 〔X　小さくなる，　Y　膨張し〕

ウ 〔X　大きくなる，　Y　圧縮され〕　エ 〔X　大きくなる，　Y　膨張し〕

(2) 1 m^3 の空気が含むことのできる水蒸気の最大質量を何というか。その用語を書きなさい。

(3) 地表から 50 m の高さにある気温 20 ℃ の空気が上昇し，地表からの高さが 950 m の地点で雲ができはじめた。右の図は，気温と水蒸気量の関係を表したものであり，曲線は，1 m^3 の空気が含むことのできる水蒸気の最大質量を示している。この図をもとにして，次の①，②の問いに答えなさい。ただし，上昇する空気の温度は，100 m につき 1.0 ℃ 下がるものとし，空気 1 m^3 中に含まれる水蒸気量は，上昇しても変わらないものとする。

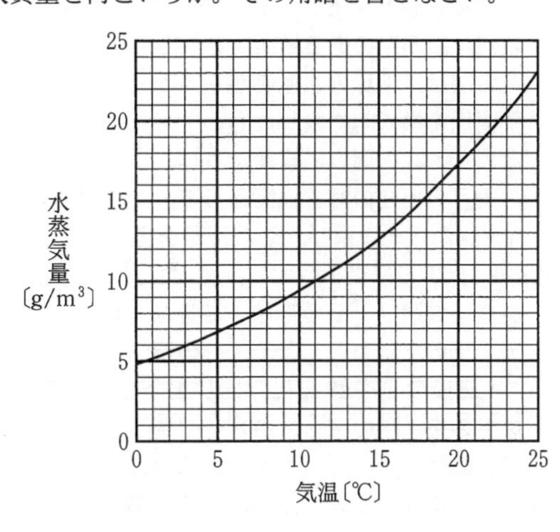

① この空気の露点は何℃か。求めなさい。

② この空気が地表から 50 m の高さにあったときの湿度はおよそ何%か。最も適当なものを，次のア～オから一つ選び，その符号を書きなさい。

ア　58 %　　イ　62 %　　ウ　66 %　　エ　70 %　　オ　74 %

〔5〕 セキツイ動物について，次の(1)，(2)の問いに答えなさい。

(1) セキツイ動物の5つのグループについて，それぞれの化石が発見される地層の年代をもとに考えたとき，地球上に出現した年代が古いものから順に並べたものとして，最も適当なものを，次のア～エから一つ選び，その符号を書きなさい。

ア 魚類 → ハチュウ類 → 両生類 → 鳥類 → ホニュウ類
イ 魚類 → ハチュウ類 → 両生類 → ホニュウ類 → 鳥類
ウ 魚類 → 両生類 → ハチュウ類 → 鳥類 → ホニュウ類
エ 魚類 → 両生類 → ハチュウ類 → ホニュウ類 → 鳥類

(2) 図1は，ヒト，イヌ，コウモリの前あしの骨格を，図2は，シマウマとライオンの目の向きを，それぞれ模式的に表したものである。このことに関して，次の①，②の問いに答えなさい。

図1

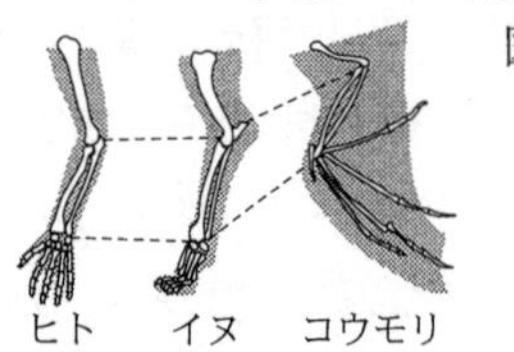

図2

① 次の文は，ヒト，イヌ，コウモリの前あしの骨格を比較して考えられることについて述べたものである。文中の［X］，［Y］に最もよく当てはまる用語をそれぞれ書きなさい。

> ヒト，イヌ，コウモリの前あしの骨格を比較してみると，形が異なっていても，基本的なつくりが共通していることがわかる。形やはたらきが異なっていても，もとは同じ器官であったと考えられる器官のことを［X］といい，生物のからだが長い年月をかけて世代を重ねる間に変化してきたことの証拠であると考えられている。この変化を［Y］という。

② シマウマとライオンでは，目の向きに違いがある。ライオンの視野の広さと，物体を立体的に見ることのできる範囲は，シマウマと比較して，どのような違いがあるか。「目の向き」という語句を用いて書きなさい。

〔6〕 健太さんは，理科の授業で月の満ち欠けに興味をもったので，月を観察することにした。ある年の9月21日午後7時頃に，新潟県のある場所で観察したところ，満月が見えた。右の図は，地球の北極側から見たときの地球，月，太陽の位置関係を模式的に表したものである。このことに関して，あとの(1)～(5)の問いに答えなさい。

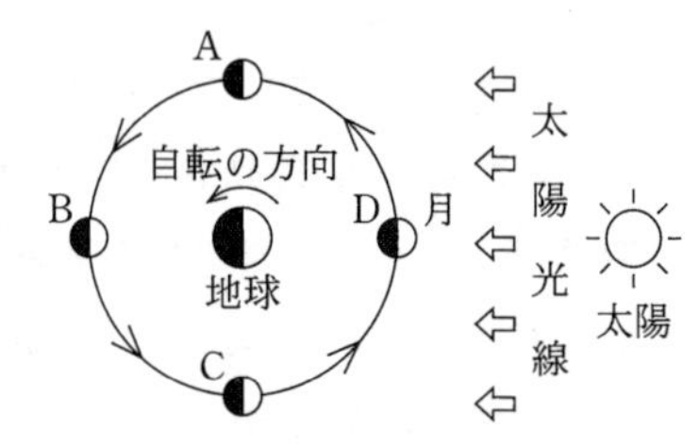

(1) 満月のときの月の位置として，最も適当なものを，図中のA～Dから一つ選び，その符号を書きなさい。

(2) 9月21日午後7時頃に，健太さんから見えた月の方向として，最も適当なものを，次のア～エから一つ選び，その符号を書きなさい。

ア 東の空　　イ 西の空　　ウ 南の空　　エ 北の空

(3) 8日後の9月29日に，同じ場所で月を観察したとき，見える月の形の名称として，最も適当なものを，次のア～エから一つ選び，その符号を書きなさい。

ア 満月　　イ 下弦の月　　ウ 三日月　　エ 上弦の月

(4) 次の文は，月の見え方と，その理由を説明したものである。文中の［X］，［Y］に当てはまる語句の組合せとして，最も適当なものを，下のア～エから一つ選び，その符号を書きなさい。

> 月を毎日同じ時刻に観察すると，日がたつにつれ，月は地球から見える形を変えながら，見える方向を［X］へ移していく。これは，［Y］しているためである。

ア 〔X 東から西，Y 地球が自転〕　　イ 〔X 東から西，Y 月が公転〕
ウ 〔X 西から東，Y 地球が自転〕　　エ 〔X 西から東，Y 月が公転〕

⑸　令和３年５月26日に，月食により，日本の各地で月が欠けたように見えた。月食とは，月が地球の影に入る現象である。月が地球の影に入るのは，地球，月，太陽の位置がどのようなときか。書きなさい。

〔７〕 電流とそのはたらきを調べるために，電熱線a，電気抵抗30Ωの電熱線b，電気抵抗10Ωの電熱線cを用いて，次の実験１～３を行った。この実験に関して，下の⑴～⑷に答えなさい。

実験１　図１の端子Pと端子Qに，図２の電熱線aをつないで回路をつくり，スイッチを入れて，電圧計が3.0Vを示すように電源装置を調節したところ，電流計の針が図３のようになった。

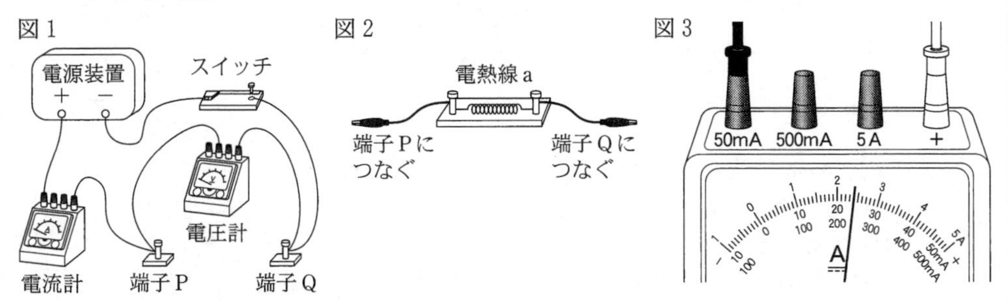

実験２　図４のように電熱線bを２つつないだものを，図１の端子Pと端子Qにつないで回路をつくり，スイッチを入れて，電圧計が3.0Vを示すように電源装置を調節した。

実験３　図５のように電熱線cを２つつないだものを，図１の端子Pと端子Qにつないで回路をつくり，スイッチを入れて，電圧計が3.0Vを示すように電源装置を調節した。

⑴　実験１について，次の①，②の問いに答えなさい。

①　電熱線aを流れる電流は何mAか。書きなさい。

②　電熱線aの電気抵抗は何Ωか。求めなさい。

⑵　実験２について，電流計は何mAを示すか。求めなさい。

⑶　実験３について，２つの電熱線cが消費する電力の合計は何Wか。求めなさい。

⑷　次のア～エの，電熱線b，電熱線c，電熱線bと電熱線cをつないだもののいずれかを，図１の端子Pと端子Qにつないで回路をつくり，スイッチを入れて，電圧計が3.0Vを示すように電源装置を調節し，電流計の示す値を測定した。このとき，ア～エを，電流計の示す値が大きいものから順に並べ，その符号を書きなさい。

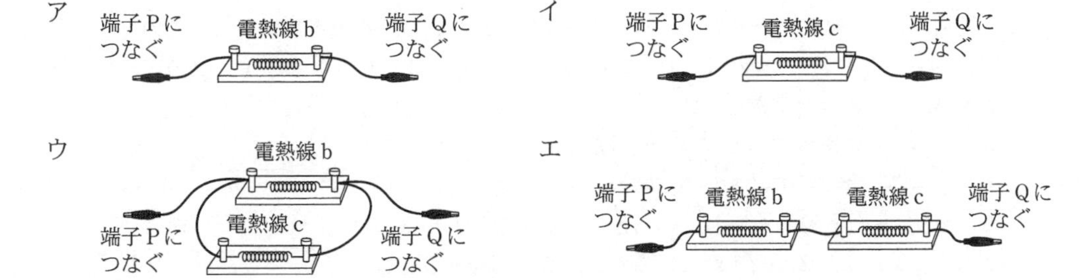

〔8〕 エタノールの沸点と，水とエタノールの混合物を加熱して取り出した液体を調べるために，次の実験1，2を行った。この実験に関して，下の(1)，(2)の問いに答えなさい。

実験1　図1のように，試験管に沸騰石を3個入れてから，エタノールを試験管の5分の1ほどまで入れ，アルミニウムはくでふたをした。

この試験管を，別に沸騰させておいた水の入ったビーカーの中に入れて加熱し，試験管内のエタノールの温度を，温度計で30秒(0.5分)ごとに測定した。

次の表は，加熱した時間と試験管内のエタノールの温度の関係を表したものである。

加熱した時間〔分〕	0	0.5	1.0	1.5	2.0	2.5	3.0	3.5	4.0	4.5
温度〔℃〕	25	40	62	75	77	78	78	78	78	78

図1

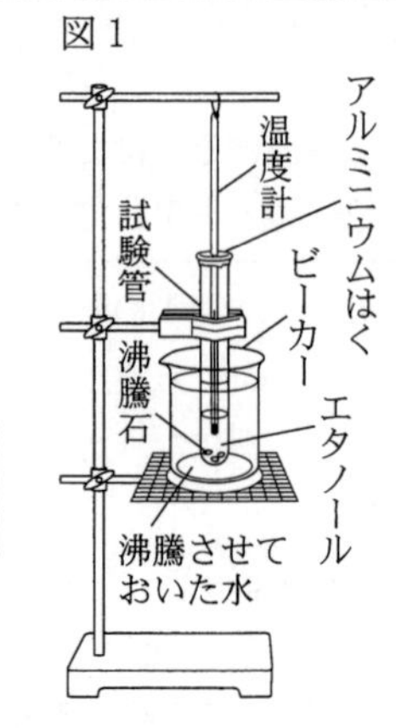

実験2　水 17.0 cm^3 とエタノール 3.0 cm^3 をはかりとって，質量を測定したところ，それぞれ 17.00 g，2.37 g であった。

次に，水 17.0 cm^3 とエタノール 3.0 cm^3 の混合物をつくり，図2のように，この混合物と3個の沸騰石を丸底フラスコに入れ，弱い火で加熱して少しずつ気体に変化させた。丸底フラスコ内の気体の温度を測定しながら，気体が冷やされてガラス管から出てきた液体を，試験管Aに体積が約 3 cm^3 になるまで集めた。

その後，試験管Aを試験管Bと交換し，試験管Bに体積が約 3 cm^3 になるまで液体を集めた。さらに，試験管Bを試験管Cと交換し，試験管Cに体積が約 3 cm^3 になるまで液体を集めた。

図2

右の表は，試験管A～Cのそれぞれに液体が集まりはじめたときの，丸底フラスコ内の気体の温度をまとめたものである。

試験管A	試験管B	試験管C
72 ℃	86 ℃	92 ℃

(1) 実験1について，次の①，②の問いに答えなさい。

① 表をもとにして，加熱した時間と温度の関係を表すグラフをかきなさい。

② エタノールの沸点は何℃か。書きなさい。また，そのように判断した理由を書きなさい。

(2) 実験2について，次の①～③の問いに答えなさい。

① エタノールの密度は何 g/cm^3 か。求めなさい。

② この実験のように，液体を沸騰させて得られた気体を冷やし，再び液体を得る操作を何というか。その用語を書きなさい。

③ 試験管A～Cに集めた液体を，同じ体積ずつはかりとり，質量を比較した。このときの試験管Aからはかりとった液体について述べた文として，最も適当なものを，次のア～エから一つ選び，その符号を書きなさい。

ア　水が多く含まれているため，質量が最も小さい。

イ　水が多く含まれているため，質量が最も大きい。

ウ　エタノールが多く含まれているため，質量が最も小さい。

エ　エタノールが多く含まれているため，質量が最も大きい。

理 科 解 答 用 紙

（注１） 解答は，横書きで記入すること。

〔１〕

(1)		(2)		(3)	
(4)		(5)		(6)	

〔２〕

(1)	X		Y	
(2)				
(3)	①	丸形の種子の遺伝子の組合せ		
		しわ形の種子の遺伝子の組合せ		
	②			
(4)	丸形の種子の数：しわ形の種子の数　＝　　　：			

〔３〕

(1)	
(2)	N
(3)	
(4)	Pa

〔４〕

(1)		
(2)		
(3)	①	℃
	②	

〔５〕

(1)					
(2)	①	X		Y	
	②				

受検番号	

〔6〕

(1)		(2)	
(3)		(4)	
(5)			

〔7〕

(1)	①	mA
	②	Ω
(2)		mA
(3)		W
(4)	(　　　)→(　　　)→(　　　)→(　　　)	

〔8〕

(1)	①	温度〔℃〕 90 80 70 60 50 40 30 20 / 加熱した時間〔分〕 0 0.5 1.0 1.5 2.0 2.5 3.0 3.5 4.0 4.5	
	②	沸点	℃
		理由	

(2)	①	g/cm^3	②		③	

〔三〕

〔四〕

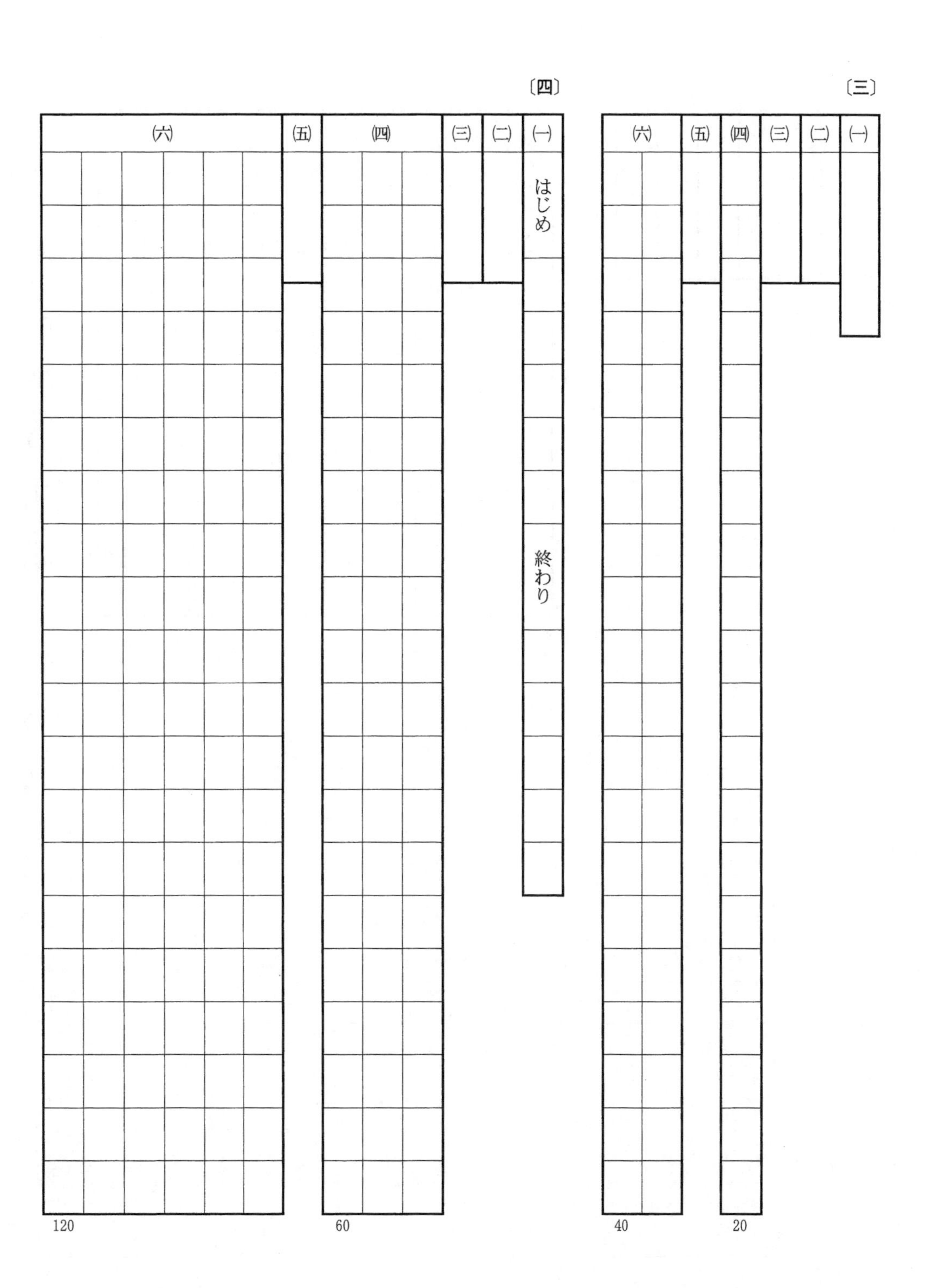

受検番号	

国語解答用紙

（注1） 解答は、縦書きで記入すること。

〔一〕

㈠					㈡				
1	2	3	4	5	1	2	3	4	5
奪　われる	漂　う	描写	抑揚	陳列	コマ　かく	ココロ　みる	キョウメイ	ギアン	ダンカイ

〔二〕

㈠	㈡	㈢	㈣	㈤

㈥　次のⅡの文章は、Ⅰの文章と同じ著書の一部である。〰線部分について、筆者がこのように考えるのはなぜか。ⅠとⅡの文章を踏まえ、百二十字以内で書きなさい。

Ⅱ

見慣れた風景への出会いがどうして起きるかといえば、そのような風景に遭遇している自己の変化とともに風景が立ち現れるからである。健康なときには気にもとめなかった庭の花の様子が新鮮な生命力を宿していることに気づくときや、病気から回復して眺めた山の姿の落ち着きに対する感動など、風景の出現は、そのような出現を促した自己の変化とともにある。

だが、もう一つ人が風景と出会うときがある。それは、人間が「風景―とともに―あること」を自覚したときである。人生が風景とともにあるということを知るとき、人の生きているということが風景のうちにあるということを知るときである。そのとき人間は風景に出会う。風景について考えるということは、そのような体験の契機に出会うということである。風景についての考察を深めるということは、「風景―とともに―あること」としての人間の自己理解を深めることを意味している。風景について深く思索することは、自己の存在を深く思索することと同じである。

であり、風景である。(3)風景は、人間の外的環境と身体との出会いによって出現するのである。身体と環境のどちらが欠けても風景は出現しない。

わたしたちは風景と出会う。とすると、わたしたちは、特別な機会に風景と出会っているように思うかもしれない。確かに、わたしたちは毎日沖縄の紺碧の海に出会っているわけではないし、窓外に雲上の富士山に出会っているわけでもない。[a]、わたしたちは、生まれたときから風景と出会っているのではないか。毎日、目覚めたときから風景のなかにあるのではないか。眠りにつくまで風景を見ているのではないか。その生を終えるまで風景とともにあるのではないか。その通りである。わたしたちの人生は、風景とともに始まり、風景とともにあり、風景とともに終わる。人間にとって存在するとは、「風景とともにある」ということである。

（桑子　敏雄「生命と風景の哲学」による）

(注)　相貌＝物事のようす。

(一)　――線部分(1)とは何か。具体的に述べている一文を、Ⅰの文章中から三十字以内で抜き出し、そのはじめと終わりの五字をそれぞれ書きなさい。

(二)　文章中の[A]に最もよく当てはまる言葉を、次のア～エから一つ選び、その符号を書きなさい。

ア　具体的　イ　概念的　ウ　経験的　エ　効率的

(三)　――線部分(2)について、筆者がこのように考えるのはなぜか。その説明として最も適当なものを、次のア～エから一つ選び、その符号を書きなさい。

ア　風景は、人間の主体的な行動によって必然的に姿を現すものであり、自ら出会いを求めに行く積極性が必要だから。

イ　風景は、自らの意志で行為を選択してその姿を現すものであり、人間がその出現を待ち続けるしかないから。

ウ　風景は、時間や場所によって異なる姿で立ち現れるものであり、人間が行為として選択できるものではないから。

エ　風景は、人間が特定の行為を選択することによって出現するものではなく、あらかじめ与えられているものだから。

(四)　――線部分(3)とはどういうことか。六十字以内で書きなさい。

(五)　文章中の[a]に最もよく当てはまる言葉を、次のア～エから一つ選び、その符号を書きなさい。

ア　たとえば　イ　つまり　ウ　だから　エ　しかし

〔四〕 次のⅠ、Ⅱの文章を読んで、㈠～㈥の問いに答えなさい。

Ⅰ　人は人生のなかで(1)風景と出会う。「出会う」、「遭遇する」というのは、一つの出来事である。「出会う」という出来事は、人間という存在を理解するのに不可欠な要素である。すなわち、人間が存在するときに、そして、自己が存在するということを了解するときに、その了解の契機となっているということである。ここで「了解する」というのは、たんに　A　に理解するということではない。あるいは、なにか現象から推論によって結論として獲得するということでもない。わたしたちが自己の存在を了解するとは、まず、自己の存在を感じること、実感することである。「自分という存在がこの世界に存在している、生きている」と感じ、また、そのことを意識することである。自己の存在を了解するということが、自己の存在の本質的契機である。風景との出会いは、そのような契機を提供する。

人間の存在は「与えられていること（所与）」と「選ぶこと（選択）」と、その間に広がる「出会うこと（遭遇）」の領域によって構成されている。

わたしたち人間は、人間としての身体をもって世界を知覚している。身体は、三次元の空間的存在であり、身体そのものは、さらにより大きな空間のうちにある。したがって、身体とは、二重の意味で空間的存在である。空間が身体に対して、また、身体に属する感覚器官に対して感覚的に立ち現れるとき、そこに風景が出現する。風景とは、身体という空間的存在に立ち現れる空間の相貌である。相貌の出現をわたしは「出会い」すなわち、遭遇の一つと考えるのである。

たしかに、わたしたちは、ある風景を見るために行為を選択することができる。紺碧（こんぺき）の海を眺めるために沖縄に行くことができる。「風景を見に行く行為を選択する」という意味で、わたしたちは行為を選択することができる。だから、風景を見ることは、選択の領域にあるようにみえるかもしれない。

人間は風景を見に行くことを選択することができる。ここで選択されるのは、見に行くという行為である。では、沖縄に行き、海岸の風景を見ることができたとき、見えた風景は選択されたのであろうか。わたしは、沖縄の海岸に海を見るために旅行を選択した。そして、海岸に立つことを選択した。そのとき、海は見えたのである。海は、わたしの視覚にその空間の相貌を示した。その時、その場所で、海はわたしにその姿を見せた。「海はその姿を見せた」というのは、行為の表現ではない。海は行為を選択することができないからである。それにもかかわらず、海がその姿を見せたから、わたしには海が見えたのである。海を見ようと目を開けることは行為であるが、目を開けたわたしの視覚に広がった海は、わたしにその姿を見せた。わたしが海を別の時間に、また別の場所で見たとすれば、わたしには違った風景が立ち現れたであろう。このことを、(2)わたしは、「人間は風景を選択するのではなく、風景と出会う」と表現するのである。

風景との出会いに感動があるというとき、「感動」とは、心が風景に感じて動かされることである。「感性」の「感」もまた、「動かされる」ということである。動かされるのは心であるが、動かすものは心の外にある。外界からの刺激によって心が動かされる。その刺激によって成立するのが空間の相貌の立ち現れ

ハルカ　俊頼が書いた判の詞について調べたら、俊頼は、中国の故事を踏まえて、竜を和歌に詠んだことがわかりました。珍しさを尊重する俊頼と伝統を重んじる基俊の態度の違いがはっきり現れていて面白いですね。

アキオ　基俊は博識の人だったそうですが、この故事のことは忘れていたのでしょうか。

先生　実は、この文章の続きの部分で俊恵は、基俊について、「(5)思ひ量りもなく人の事を難ずる癖（くせ）」があったので、失敗も多かったと語っています。

ハルカ　これは現代にも通じることですね。

（注）　思ひ量り＝深く考えをめぐらすこと。

(一)　〰〰線部分の「思ふ」の読みを、すべてひらがなで書きなさい。ただし、現代かなづかいでない部分は、現代かなづかいに改めること。

(二)　――線部分(1)の「口惜しや」の意味として最も適当なものを、次のア～エから一つ選び、その符号を書きなさい。

ア　あなたの姿を見ることができてうれしいなあ。
イ　あなたが姿を見せてくれないとは残念だなあ。
ウ　あなたの姿を見ることができたら安心だなあ。
エ　あなたが姿を見せてくれないのは心配だなあ。

(三)　――線部分(2)の「雲井に住む事やはある」には、基俊のどのような気持ちが表れているか。最も適当なものを、次のア～エから一つ選び、その符号を書きなさい。

ア　鶴が雲の中に住むはずがないと非難する気持ち。
イ　鶴は雲の高さまで飛べるのかと感心する気持ち。
ウ　鶴は雲の中に住むに違いないと納得する気持ち。
エ　鶴が雲を越えるという表現に難色を示す気持ち。

(四)　――線部分(3)の「其の座には詞も加へず」とはどういうことか。二十字以内で書きなさい。

(五)　――線部分(4)の「かれがために現はれて見えたりし事の侍る」とはどういうことか。最も適当なものを、次のア～エから一つ選び、その符号を書きなさい。

ア　竜が会いたいと強く願う人がいて、その人が竜に会いに来てくれたという話が、中国の故事にあったということ。
イ　竜に会いたいと強く願う人がいたが、竜は姿を現してくれなかったという話が、中国の故事にあったということ。
ウ　竜が会いたいと強く願う人がいたが、その人は竜を恐れて逃げ出したという話が、中国の故事にあったということ。
エ　竜に会いたいと強く願う人がいて、竜がその人のために姿を見せたという話が、中国の故事にあったということ。

(六)　――線部分(5)の「思ひ量りもなく」とは、具体的にどういうことか。四十字以内で書きなさい。

〔三〕 次のAの文章は、鴨長明の「無名抄」の一部で、源俊頼と藤原基俊の歌合での出来事について、長明の和歌の師である俊恵が語ったことを記したものである。また、Bの文章は、Aの文章について調べた三人の生徒と先生の会話である。この二つの文章を読んで、㈠～㈥の問いに答えなさい。

A

法性寺殿にて歌合ありけるに、俊頼・基俊、二人判者にて、名を隠して当座に判しけるに、俊頼の歌に、

(1)口惜しや雲井隠れに棲むたつも思ふ人には
見えけるものを

是を基俊、鶴と心得て、「田鶴は沢にこそ棲め、(2)雲井に住む事やはある」と難じて、負になしてける。されど俊頼、(3)其の座には詞も加へず。其の時殿下、「今夜の判の詞、おのおの書きて参らせよ」と仰せられける時、俊頼朝臣、「これ鶴にはあらず、竜なり。彼のなにがしとかやが、竜を見むと思へる心ざしの深かりけるによりて、(4)かれがために現はれて見えたりし事の侍るを、よめるなり」と書きたりけり。

(注)
源俊頼＝平安時代の歌人。
藤原基俊＝平安時代の歌人。
歌合＝左右に分けた歌人の詠んだ和歌を左右一首ずつ出して組み合わせ、判者が批評し、その優劣を競う遊戯。
法性寺殿＝内大臣藤原忠通の邸宅。
判者＝歌合などで作品の優劣を判定する人。
殿下＝敬称。ここでは藤原忠通を指す。
朝臣＝敬称。

B

先生　忠通の邸宅で行われた歌合は、判者が二人いるという珍しい形式で、その判者は、俊頼と基俊でした。

ナツコ　俊頼の和歌は、会いたい人に会えない気持ちを詠んだ和歌ですね。ところで、どうして基俊は、「たつ」を鶴だと思い込んだのでしょうか。

アキオ　私も気になったので調べてみたら、平安時代は、仮名を書くときには濁点をつけないから、「たつ」は「たつ(竜)」とも「たづ(鶴)」とも読めることがわかりました。

ナツコ　確かに、鶴を詠んだ和歌は多いですが、竜を詠んだ和歌はあまり見ません。

(三) 次の文中の「ない」と同じ品詞であるものを、あとのア～エの――線部分から一つ選び、その符号を書きなさい。

森の中はとても静かで物音ひとつ聞こえない。

ア 次の目的地はそれほど遠くない。
イ 姉からの手紙がまだ届かない。
ウ この素材は摩擦が少ない。
エ 私はその本を読んだことがない。

(四) 次の俳句に詠まれている季節と同じ季節の情景を詠んだ俳句を、あとのア～エから一つ選び、その符号を書きなさい。

若葉して家ありしとも見えぬかな　正岡（まさおか）子規（しき）

ア 山茶花（さざんか）の散りしく月夜つづきけり　山口（やまぐち）青邨（せいそん）
イ 鳥渡る空の広さとなりにけり　石塚（いしづか）友二（ともじ）
ウ 山国（やまぐに）の星をうつして水ぬるむ　吉野（よしの）義子（よしこ）
エ 噴水のしぶけり四方（よも）に風の街　石田（いしだ）波郷（はきょう）

(五) 次の【説明】にしたがって手紙を書く場合に、［A］に最もよく当てはまる言葉を、あとのア～エから一つ選び、その符号を書きなさい。

【説明】 手紙の書き出しは、その季節を表す文から始め、次に相手の安否を気づかう言葉を述べます。主文の後にも結びのあいさつを述べ、頭語に対応した結語で締めくくり、日付と署名、宛名を添えます。

> 拝啓
> 春風の心地よい季節になりました。［A］
> さて、このたびは私の入学祝いにすてきな腕時計をお贈りくださいましてありがとうございました。文字盤が見やすくてとても気に入りました。叔母様からいただいた腕時計とともに、これからの時間を大切に過ごして参ります。
> なかなか遊びにうかがえませんが、またお会いできる日を楽しみにしています。まだ肌寒く感じる日もありますので、風邪などひかないよう、お気を付けください。
> 敬具
> 令和四年四月十日
> 山田　正太
> 新潟　栄子　様

ア 学校生活は毎日とても楽しいです。
イ もうすぐ暑い夏がやって参ります。
ウ お元気でお過ごしのことと存じます。
エ お礼をお伝えしたくて筆をとりました。

国語

〔一〕 次の㈠、㈡の問いに答えなさい。

㈠ 次の１～５について、――線をつけた漢字の部分の読みがなを書きなさい。

1 美しい絵に心を奪われる。
2 空に白い雲が漂う。
3 登場人物の心理を描写する。
4 抑揚をつけて話す。
5 商品を棚に陳列する。

㈡ 次の１～５について、――線をつけたカタカナの部分に当てはまる漢字を書きなさい。

1 氷をコマかく砕く。
2 実験をココロみる。
3 友人の意見にキョウメイする。
4 生徒総会にギアンを提出する。
5 仕上げのダンカイに入る。

〔二〕 次の㈠～㈤の問いに答えなさい。

㈠ 次の文と、文節の数が同じ文を、あとのア～エから一つ選び、その符号を書きなさい。

休日に図書館で本を借りる。

ア 虫の音に秋の気配を感じる。
イ こまやかな配慮に感謝する。
ウ あの山の向こうに海がある。
エ 風が入るように窓を開ける。

㈡ 次の文中の「眺望」と同じ意味で「望」が使われている熟語を、あとのア～エの――線部分から一つ選び、その符号を書きなさい。

山頂には素晴らしい眺望が広がる。

ア 今後の展望について語る。
イ 待望の夏休みが訪れる。
ウ 大会への出場を希望する。
エ 同僚からの信望を得る。

令和４年度解答・解説

数学正答表，配点［　］は正答率

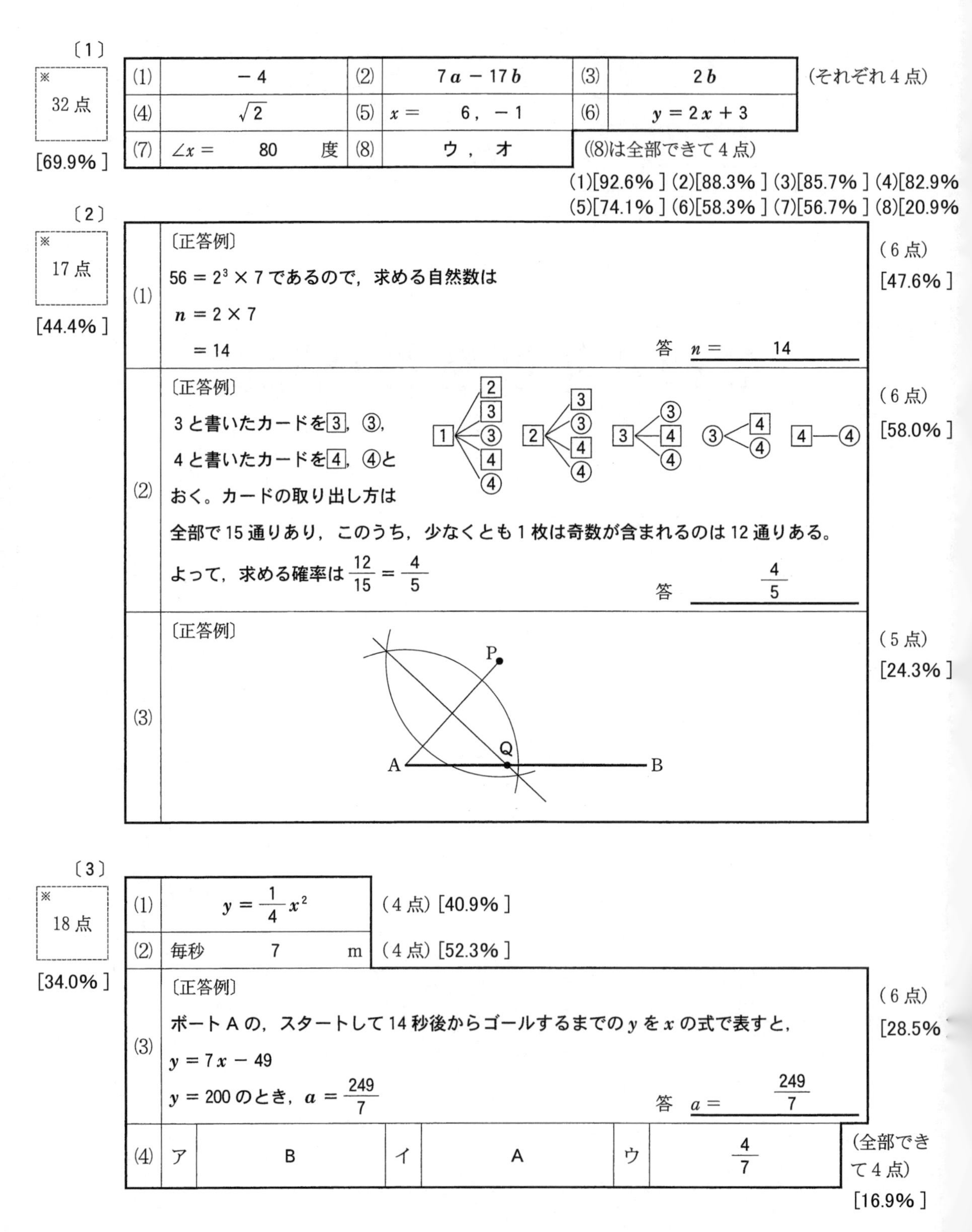

〔1〕

※ 32点

[69.9%]

(1)	-4	(2)	$7a-17b$	(3)	$2b$
(4)	$\sqrt{2}$	(5)	$x=$ 6，-1	(6)	$y=2x+3$
(7)	$\angle x=$ 80 度	(8)	ウ，オ		

（それぞれ4点）

((8)は全部できて4点)

(1)[92.6%] (2)[88.3%] (3)[85.7%] (4)[82.9%]
(5)[74.1%] (6)[58.3%] (7)[56.7%] (8)[20.9%]

〔2〕

※ 17点

[44.4%]

(1)〔正答例〕

$56=2^3\times7$ であるので，求める自然数は

$n=2\times7$

$=14$

答　$n=$ 14

（6点）[47.6%]

(2)〔正答例〕

3と書いたカードを[3]，③，

4と書いたカードを[4]，④と

おく。カードの取り出し方は

全部で15通りあり，このうち，少なくとも1枚は奇数が含まれるのは12通りある。

よって，求める確率は $\frac{12}{15}=\frac{4}{5}$

答　$\frac{4}{5}$

（6点）[58.0%]

(3)〔正答例〕

（5点）[24.3%]

〔3〕

※ 18点

[34.0%]

(1)	$y=\frac{1}{4}x^2$
(2)	毎秒 7 m

(1)（4点）[40.9%]

(2)（4点）[52.3%]

(3)〔正答例〕

ボートAの，スタートして14秒後からゴールするまでの y を x の式で表すと，

$y=7x-49$

$y=200$ のとき，$a=\frac{249}{7}$

答　$a=\frac{249}{7}$

（6点）[28.5%]

(4)	ア	B	イ	A	ウ	$\frac{4}{7}$

（全部できて4点）[16.9%]

（全日制受検者平均点）
[45.4点]

※ 100点

受検番号	

(1)ア[95.9%] イ[84.3%] (2)[72.7%]

〔4〕 ※17点 [38.3%]

(1)	ア	144	イ	12	(2)	3 cm^2

((1)それぞれ1点)
((2)2点)

(3)〔正答例〕
△PQR と △HQP において，
∠QPR ＝ ∠QHP ＝ 90°…①
∠PQR ＝ ∠HQP…②
①，②より，2組の角がそれぞれ等しいから，
△PQR ∽ △HQP

(4点) [47.4%]

(4) 12 (3点) [34.3%]

(5)〔正答例〕
点Hは，図4と同じ点とする。
△PQH と △ERD において，
QH ＝ RD…①，
∠PHQ ＝ ∠EDR ＝ 90°…②
∠QPH ＝ ∠PRH だから，
∠PQH ＝ 90° − ∠QPH
＝ 90° − ∠PRH
＝ ∠ERD…③
①，②，③より，1組の辺とその両端の角がそれぞれ等しいので，
△PQH ≡ △ERD
よって，PQ ＝ ER

(6点) [5.5%]

〔5〕 ※16点 [17.7%]

(1) 1 cm (4点) [40.3%]

(2)〔正答例〕
線分 PQ，EG の中点をそれぞれ M，N とおく。
PQ//EG，OM ＝ 1 cm，MN ＝ 2 cm であるから，
PQ：EG ＝ 1 ： 3
また，EG ＝ $4\sqrt{2}$ cm
よって，PQ ＝ $\frac{4\sqrt{2}}{3}$ cm

答 $\frac{4\sqrt{2}}{3}$ cm

(6点) [16.3%]

(3)〔正答例〕
△FPQ は FP ＝ FQ の二等辺三角形で，
PQ を底辺とすると高さは MF である。
△MNF において，
$MF^2 = MN^2 + NF^2 = 12$
MF ＝ $2\sqrt{3}$ cm
よって，△PFQ の面積は
$\frac{1}{2} \times \frac{4\sqrt{2}}{3} \times 2\sqrt{3} = \frac{4\sqrt{6}}{3}$ cm^2

答 $\frac{4\sqrt{6}}{3}$ cm^2

(6点) [4.1%]

令和4年度 解答・解説

数　　学

解説

〔1〕

(1) $2-11+5=7-11$

$=-4$

(2) $3(a-3b)-4(-a+2b)=3a-9b+4a-8b$

$=7a-17b$

(3) $8a^2b^3\div(-2ab)^2=8a^2b^3\div4a^2b^2$

$=2b$

(4) $\sqrt{6}\times2\sqrt{3}-5\sqrt{2}=2\sqrt{18}-5\sqrt{2}$

$=6\sqrt{2}-5\sqrt{2}$

$=\sqrt{2}$

(5) $x^2-5x-6=0$

$(x-6)(x+1)=0$

$x=6,\ -1$

(6) $y=ax+b$ に $(-1,\ 1)$ と $(2,\ 7)$ を代入し、

$\begin{cases}-a+b=1 & \cdots① \\ 2a+b=7 & \cdots②\end{cases}$ の連立方程式を解く。

①−②より、$-3a=-6$

$a=2$

$a=2$ を①に代入すると、$-2+b=1$

$b=3$

したがって、$y=2x+3$

《別解》傾き $a=\dfrac{7-1}{2-(-1)}$

$=\dfrac{6}{3}$

$=2$

$y=2x+b$ に、$(-1,\ 1)$ を代入して、
$1=-2+b$
$b=3$
したがって、$y=2x+3$

(7) $\angle COD=46°$ の円周角より、$\angle CAD=23°$
BDは直径なので、$\overset{\frown}{BD}$ の円周角より、$\angle BAD=90°$
$\angle BAC=90°-23°$
$=67°$
$\angle x=180°-(33°+67°)$
$=180°-100°$
$=80°$

(8) ア　A組の最大値は30cm未満なので正しくない。
イ　四分位範囲は、箱ひげ図では箱の部分の幅になる。Aの方が箱の部分の幅は長いので、正しくない。
ウ　範囲は、箱ひげ図では、ひげ部分も含めた端から端までの幅となる。B組の方が長いので正しい。
エ　最小値から第1四分位数、第1四分位数から第2四分位数、第2四分位数から第3四分位数、第3四分位数から最大値までの各ブロックで資料全体の25%ずつを占めることになる。
35人の25%は、$35\times0.25=8.75$
A組において、10m以上15m以下の範囲に35人の25%がおさまっているので、10m以上15m以下の生徒の人数は、8.75より多い人数となる。15m以上20m以下の範囲には25%分おさまっていないので、15m以上20m以下の生徒の人数は8.75より少ない人数となる。したがって正しくない。
オ　35人中だと、記録の小さいほうから数えて、第3四分位数は27番目の生徒となる。C組の生徒の記録は、27番目が25mより小さい記録となり、25m以下だった生徒が27人以上いるので正しい。
したがって、ウとオとなる。

〔2〕

(1) $\sqrt{56n}$ が自然数になるには、根号内の数 $56n$ が平方数（ある数の2乗）になればよい。56を素因数分解すると、$2^3\times7=2^2\times2\times7$ となり、これが $2^2\times2^2\times7^2$ となれば、$(2\times2\times7)^2$ となり、平方数となる。よって、足りない 2×7 が n となるので $n=14$ となる。

(2) カードを1, 2, 3_1, 3_2, 4_1, 4_2 とすると、取り出し方の樹形図は以下のようになる。

(樹形図) $1-2$, 3_1, 3_2, 4_1, 4_2　　$2-3_1$, 3_2, 4_1, 4_2

3_1-3_2, 4_1, 4_2　　3_2-4_1, 4_2　　4_1-4_2

すべての場合の数は15通り、少なくとも1枚のカードに奇数が書かれているのは12通り

よって、$\frac{12}{15}=\frac{4}{5}$

《別解》

6枚の中から2枚のカードを同時に取り出す場合の数は、$6\times5\times\frac{1}{2}=15$（通り）

2枚とも偶数が書かれている場合の数は$(2,\ 4_1)$、$(2,\ 4_2)$、$(4_1,\ 4_2)$の3通りより、2枚とも偶数の確率は$\frac{3}{15}=\frac{1}{5}$で、少なくとも1枚のカードに奇数が書かれている確率は、

$1-\frac{1}{5}=\frac{4}{5}$

(3) PQ＋QB＝AB より、PQ＋QB＝AQ＋QB なので、PQ＝AQ となる点Qを作図する。

2点から等距離にある点を探すには垂直二等分線を作図すればよいので、2点A，Pの垂直二等分線を作図し、線分ABとの交点をQとする。

〔3〕

(1) 図1の $0\leqq x\leqq14$ では放物線なので、$y=ax^2$ に、(14, 49) を代入する。

$49=196a$ より、$a=\frac{1}{4}$

よって、$y=\frac{1}{4}x^2$ となる。

(2) 図1の14秒後からは一次関数であるので、速さは一定であり、時間と道のりの関係の一次関数は、傾きが速さとなる。傾き$=\frac{91-49}{20-14}=\frac{42}{6}=7$ より、毎秒7m

(3) (2)より、図1の $14\leqq x\leqq a$ では一次関数 $y=7x+c$ となるので、(14, 49) か (20, 91) を代入する。

(20, 91) を代入すると、$91=140+c$ より $c=-49$、よって、$y=7x-49$ となる。

$y=7x-49$ に $(a,\ 200)$ を代入すると、$200=7a-49$ より、$a=\frac{249}{7}$ となる。

(4) 図２の $20 \leqq x \leqq b$ では一次関数の式は、傾き$=\dfrac{160-80}{30-20}=\dfrac{80}{10}=8$

$y=8x+d$ に (20, 80) か (30, 160) を代入する。

(20, 80) を代入すると、$80=160+d$ より、$d=-80$、よって、$y=8x-80$ となる。

(3)より、図１の $y=200$ の時の x の値は $x=\dfrac{249}{7}=35\dfrac{4}{7}$

Aは $35\dfrac{4}{7}$ 秒後にゴールに到着したことがわかる。

図２の $y=8x-80$ に $y=200$ を代入すると、$200=8x-80$ より、$x=35$

Bは35秒後にゴールに到着したことがわかる。

よって、先にゴールしたのはボートBであり、ボートAの $35\dfrac{4}{7}-35=\dfrac{4}{7}$ で、$\dfrac{4}{7}$ 秒前にゴールした。

〔４〕

(1) 長方形の面積は $9\times16=144$、144の正の平方根は12より、正方形の１辺は12cmとなる。

(2) １辺が12cmの正方形なので、図３の左下の長方形の縦の長さは $12-9=3$ (cm) となる。
よって、右下の３つの長方形のうち１つの長方形の縦の長さは、$3\div3=1$ (cm) となる。
また、右下の３つの長方形のうち１つの長方形の横の長さは、$12-9=3$ (cm)
したがって、最も面積の小さい長方形は、$1\times3=3$ (cm^2)

(3) △PQR と △HQP において
仮定より、∠QPR＝∠QHP＝90°…①
共通な角より、∠PQR＝∠HQP …②
①、②より、２組の角がそれぞれ等しいから、
△PQR∽△HQP

(4) (3)より、PQ$=x$ とすると、
△PQR∽△HQP なので、$16:x=x:9$ より、$x=\pm12$　$x>0$ なので、$x=12$ となる。

(5) 図4と同様に、PからRQへの垂線を下ろし、QRとの交点をHとする。

△PQHと△ERDにおいて、

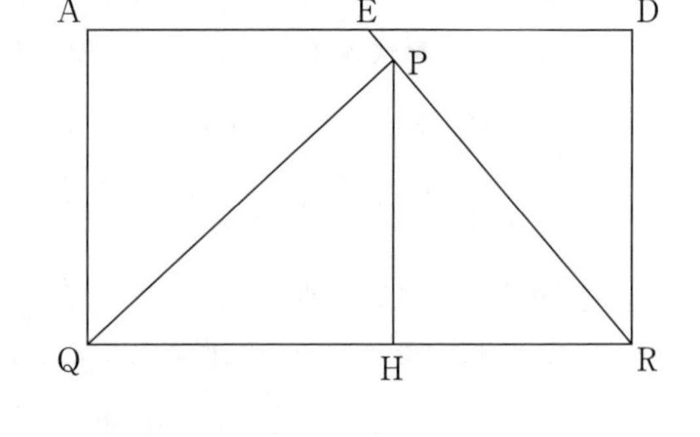

仮定より、QH＝RD＝9 cm …①

　　　∠PHQ＝∠EDR＝90° …②

△PQR∽△HQPより、

　　　∠QRP＝∠QPH …③

∠PQH＝180°－(90°＋∠QPH)

　　　＝90°－∠QPH …④

∠ERD＝90°－∠QRP …⑤

③、④、⑤より、∠PQH＝∠ERD …⑥

①、②、⑥より、1組の辺とその両端の角がそれぞれ等しいので、△PQH≡△ERD

したがって、PQ＝ER

《別解》

△PQRと△DREで、

仮定より、∠QPR＝∠RDE＝90° …①

AD∥QRで錯角は等しいから、

　　　∠PRQ＝∠DER …②

①②より2組の角がそれぞれ等しいから

　　　△PQR∽△DRE

相似な図形の対応する線分の比は等しいから、

　　　RQ：ER＝QP：RD

RQ＝16 cm、RD＝9 cm、(4)より、QP＝12 cmなので、

　　　16：ER＝12：9

$$\mathrm{ER}=\frac{16\times 9}{12}=12\,\mathrm{cm}$$

よって、PQ＝ER

〔5〕

(1) 正四角すいOABCDと直方体の断面である五角形OAEGCを考える。

PQの中点Mは、OからACに下ろした垂線の交点と一致する。

ACは1辺4cmの正方形ABCDの対角線より、$4\sqrt{2}$ cm

AMはACの中点なので、$2\sqrt{2}$ cm

$OM^2 = OA^2 - AM^2$ より、

$OM^2 = 3^2 - (2\sqrt{2})^2$
$= 9 - 8$
$= 1$

$OM^2 = 1$ より、$OM = \pm 1$　$OM > 0$ より、$OM = 1$ となる。

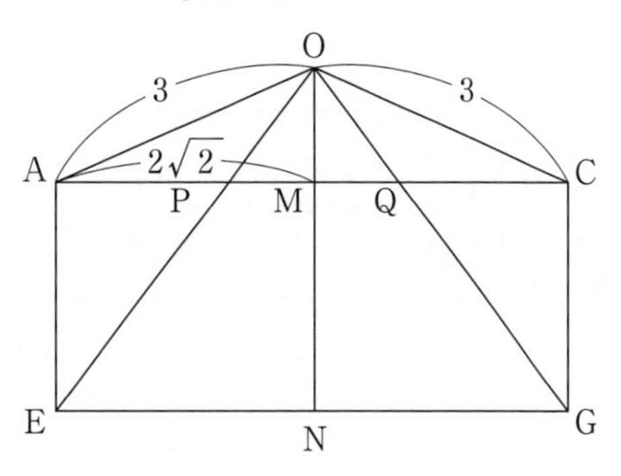

(2) EGとFHの交点をNとする。

AC∥EG より、△OPQ∽△OEG

OM＝1cm、ON＝3cm より相似比は1：3、

$EG = AC = 4\sqrt{2}$ cm

$PQ : 4\sqrt{2} = 1 : 3$ より、$PQ = \frac{4\sqrt{2}}{3}$ (cm)

となる。

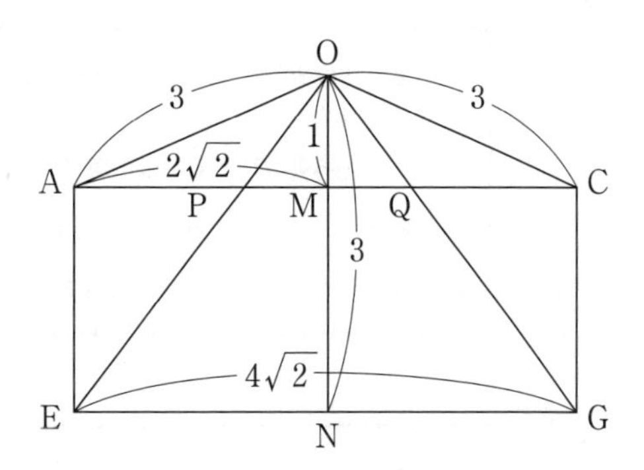

(3) 正四角すいOABCDと直方体の断面である五角形OBFHD（五角形OAEGCと合同）を考える。

△PFQは、FP＝FQの二等辺三角形であり、底辺をPQとすると、高さはMFとなる。

$MF^2 = MN^2 + FN^2$ より、

$MF^2 = 2^2 + (2\sqrt{2})^2$ より、$MF = \pm 2\sqrt{3}$

$MF > 0$より、$MF = 2\sqrt{3}$ となる。

(2)より、$PQ = \frac{4\sqrt{2}}{3}$ (cm) なので、

$\triangle PFQ = \frac{4\sqrt{2}}{3} \times 2\sqrt{3} \times \frac{1}{2} = \frac{4\sqrt{6}}{3}$

したがって、△PFQの面積は$\frac{4\sqrt{6}}{3}$ (cm^2)

となる。

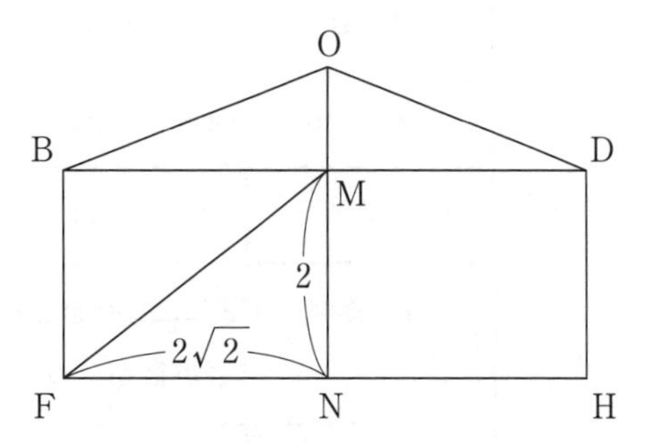

英語正答表，配点［　］は正答率

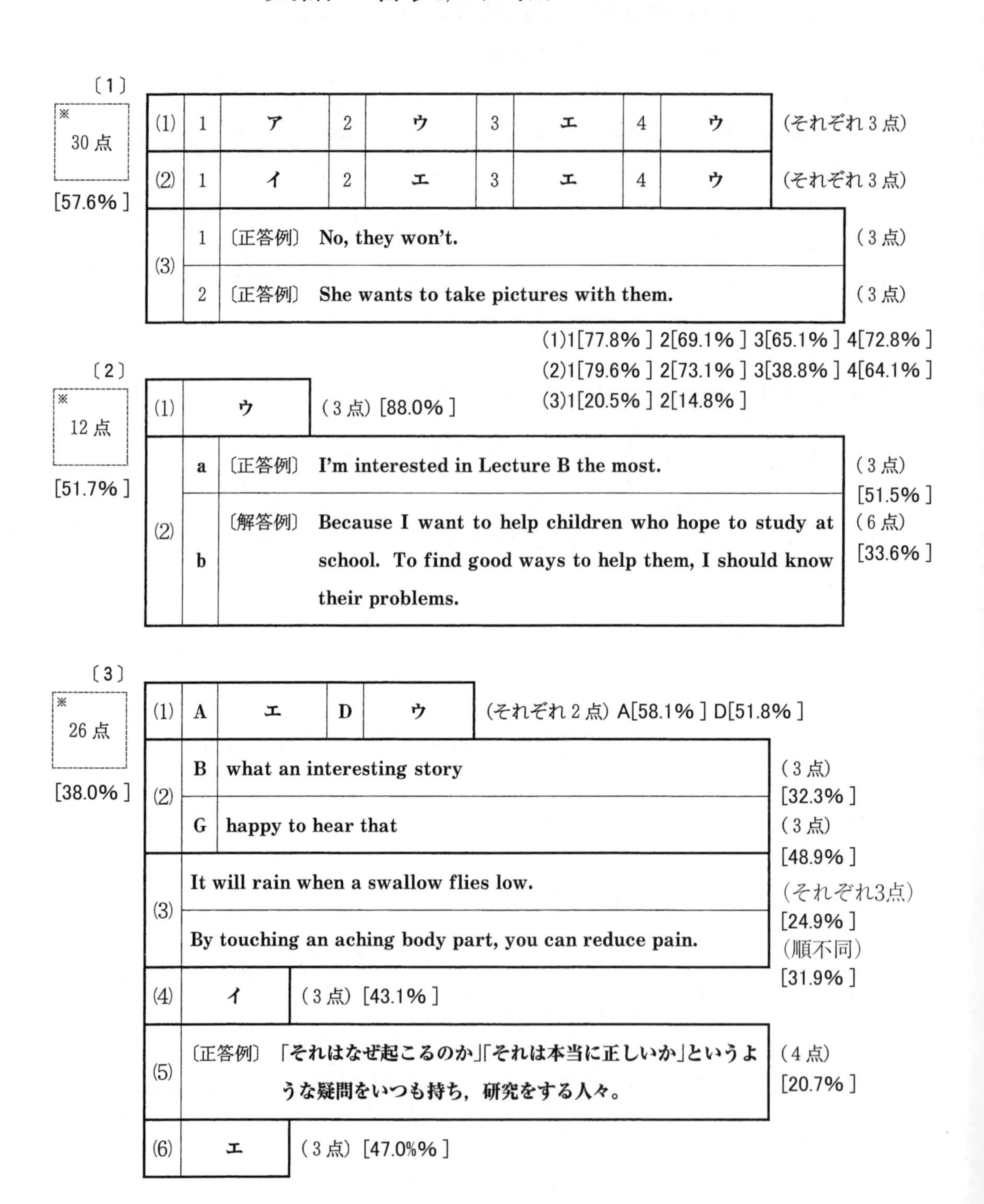

〔1〕 ※30点 [57.6%]

(1)	1	ア	2	ウ	3	エ	4	ウ	(それぞれ3点)
(2)	1	イ	2	エ	3	エ	4	ウ	(それぞれ3点)
(3)	1	〔正答例〕 **No, they won't.**							(3点)
	2	〔正答例〕 **She wants to take pictures with them.**							(3点)

(1)1[77.8%] 2[69.1%] 3[65.1%] 4[72.8%]
(2)1[79.6%] 2[73.1%] 3[38.8%] 4[64.1%]
(3)1[20.5%] 2[14.8%]

〔2〕 ※12点 [51.7%]

(1)	ウ		(3点) [88.0%]
(2)	a	〔正答例〕 **I'm interested in Lecture B the most.**	(3点) [51.5%]
	b	〔解答例〕 **Because I want to help children who hope to study at school. To find good ways to help them, I should know their problems.**	(6点) [33.6%]

〔3〕 ※26点 [38.0%]

(1)	A	エ	D	ウ

(それぞれ2点) A[58.1%] D[51.8%]

(2)	B	**what an interesting story**	(3点) [32.3%]
	G	**happy to hear that**	(3点) [48.9%]
(3)		**It will rain when a swallow flies low.**	(それぞれ3点) [24.9%]
		By touching an aching body part, you can reduce pain.	(順不同) [31.9%]
(4)		イ	(3点) [43.1%]
(5)		〔正答例〕 **「それはなぜ起こるのか」「それは本当に正しいか」というような疑問をいつも持ち，研究をする人々。**	(4点) [20.7%]
(6)		エ	(3点) [47.0%%]

（全日制受検者平均点）
[41.3点]

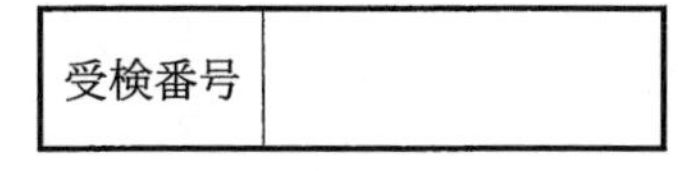

〔4〕

※ 32 点
[24.9%]

(1)	〔正答例〕 **レオは日本語をうまく話せず，ときどきカナたちの日本語を理解できないこと。**	(3 点) [42.9%]
(2)	**ア** (4 点) [33.6%]	
(3)	〔正答例〕 **talk with them in Japanese**	(4 点) [16.1%]
(4)	**エ** (4 点) [21.0%]	
(5) ①	〔正答例〕 **Yes, they can.**	(3 点) [61.3%]
(5) ②	〔正答例〕 **Because he doesn't look so happy when Kana and her classmates talk to him.**	(3 点) [15.1%]
(5) ③	〔正答例〕 **They can share ideas with people in the world.**	(3 点) [12.7%]
(6)	〔解答例〕 **Hello,〔 Kana 〕. I'm ＊＊＊.** **Why don't you ask him what he really wants? For example, he may like talking in Japanese because he is studying in Japan. You are kind, so you can help him better.** **Hello,〔 Leo 〕. I'm ＊＊＊.** **Your classmates will understand you if you tell them your true feelings. When I had an experience like yours and told my friends my feelings, we became better friends.**	(8 点) [14.7%]

令和4年度 解答・解説

英　　語

解説

〔1〕リスニング

〈放送文〉

(1) 1 When you want to see your face, you use this.
Question：What is this?

2 There are nine people in the park. Four of them are playing basketball. Two of them are playing soccer. Three of them are talking under the tree.
Question：How many people are playing sports in the park?

3 Hiroko is cleaning her room. Her father is cooking dinner. Her brother is helping him. Her mother is writing a letter in her room.
Question：Who is* cooking dinner?

4 Steve usually goes to the library by bike. Last Sunday, his mother wanted to read some books too, so they went there by car. Today, he went there by bus because it rained a lot. He left the library before noon, and he went to a big book store in the next town by train.
Question：How did Steve go to the library today?

(2) 1 A：Do we need an English dictionary today?
B：We have no English class today. But we have a Japanese class, so we need a Japanese dictionary.
A：OK.
Question：Do they need an English dictionary today?

2 A：Hi, Maki. Let's go to the movies on Saturday.
B：I'm going to go to my friend's house on Saturday morning. I'm also going to go to a swimming school in the afternoon.
A：How about on Sunday?
B：Well, I'm going to have a tennis game but I will come home before 11:30. Would you like to go in the afternoon?
A：Sounds good!
Question：When will they go to the movies?

*…実際の入試では are ですが、本書では文脈より is に改変しています。

3　A：Let's go now! We have only 20 minutes before the train leaves.

B：Don't worry. Look at my watch. It's still 9:00. We need only 10 minutes to go to the station.

A：Oh, your watch has stopped. Look at my watch. It's already 9:40.

B：Oh, no!

Question：What time does the train leave?

4　A：Excuse me, where is the art museum? My friend said it is next to a temple, but this is a book store, right?

B：Oh, yes. The art museum is next to another temple.

A：Oh, really? Can you tell me how to go to the art museum?

B：Sure. Go straight, and turn left when you see a flower shop. Then, turn left when you see a shoe shop and a science museum. Walk for about 3 minutes, and you'll see the art museum.

A：OK, thank you!

Question：Where are the two people talking now?

(3) Hello, everyone. I'm going to talk about the welcome party for Mary. We have been planning the party on September 24. However, on September 24, she can't come because she is going to have some activities for students from foreign countries. So, let's have the party on September 21. Well, we have already decided to sing some English songs. Mary wants to take pictures with us at the party. Do you have other ideas?

Question：1　Will the students have the welcome party on September 24?

2　What does Mary want to do with the students at the party?

〈放送文　日本語訳〉

(1)　1　自分の顔を見たいとき、これを使います。

■問題：これは何ですか。

2　公園に9人います。4人はバスケットボールをしています。2人はサッカーをしています。3人は木の下で話をしています。

■問題：公園でスポーツをしている人は何人ですか。

3　ヒロコは自分の部屋を掃除しています。彼女の父親は夕食を作っています。彼女の兄（弟）は彼を手伝っています。彼女の母は自分の部屋で手紙を書いています。

■問題：夕食を作っているのは誰ですか。

4　スティーブはたいてい自転車で図書館へ行きます。先週の日曜日、彼の母も本を読みたがっていたので、彼らは車でそこへ行きました。今日、雨がたくさん降っていたので、彼はバスでそこへ行きました。彼は正午前に図書館を出て、電車で隣町の大きな本屋へ行きました。

■問題：今日、スティーブはどうやって図書館へ行きましたか。

(2) 1 A：今日、私たちは英語の辞書が必要ですか。

B：今日は英語の授業がありません。しかし、国語の授業があるので、国語の辞書が必要です。

A：分かりました。

■問題：彼らは今日、英語の辞書が必要ですか。

2 A：やあ、マキ。土曜日に映画へ行きましょう。

B：土曜日の午前中、私は友人の家へ行く予定です。また、午後にはスイミング・スクールへ行くことになっています。

A：日曜日はどうですか。

B：そうですね、テニスの試合があるのですが、11時半前に帰っているでしょう。午後に行きませんか。

A：いいですね！

■問題：彼らはいつ映画へ行くつもりですか。

3 A：さあ、行きましょう。電車が出発するまで20分しかありません。

B：心配しないでください。私の時計を見てください。まだ9時です。駅へ行くのに10分しかかかりません。

A：あ、あなたの時計は止まっていますよ。私の時計を見てください。もう9時40分ですよ。

B：何ということでしょう！

■問題：何時に電車は出発しますか。

4 A：すみません、美術館はどこですか。私の友人がそこは寺の隣だと言っていたのですが、ここは本屋ですよね。

B：はい、そうです。その美術館は別の寺の隣にあります。

A：本当ですか。美術館への行き方を教えてもらえませんか。

B：いいですよ。まっすぐ行って、花屋が見えたら左に曲がってください。そして、靴屋と科学博物館が見えたら左に曲がってください。おおよそ3分歩くと、美術館が見えます。

A：わかりました、ありがとうございます。

■問題：二人は今どこで話をしているところですか。

(3) こんにちは、皆さん。メアリーの歓迎会について話そうと思います。私たちはその会を9月24日で計画していました。しかし、9月24日は、海外からきた学生たちのための活動があるため、彼女は来ることができません。ですから、9月21日に歓迎会を開きましょう。それで、私たちはすでに何曲か英語の歌を歌うことに決めています。メアリーはその会で私たちと一緒に写真を撮りたいと思っています。他にアイデアはありませんか。

■問題：1　生徒たちは9月24日に歓迎会を開くつもりですか。

2　メアリーはその会で生徒たちと何をしたいと思っていますか。

〈解説〉

(1)　短い英文を聞いて正解を選ぶ（選択型）

1　自分の顔を見たい時に使うものは鏡なので、アのA mirror.を選ぶ。

2　公園でスポーツをしている人の数が問われている。9人中4人がバスケットボール、2人がサッカーをしており、合計6人がスポーツをしていることになるので、ウのSix people.を選ぶ。

3　誰が料理をしているのかというと、ヒロコの父親と、それを手伝っている兄（弟）になるので、エのHiroko's father and brother.を選ぶ。

4　今日、スティーブがどのように図書館に行ったのかというと、バスで行ったと言っているので、ウのBy bus.を選ぶ。

(1)の2～4は、どれも多くの情報が盛り込まれている。問題用紙の余白にメモを取るなどして、情報整理をしながら聞くようにしよう。

(2)　対話文を聞いて正解を選ぶ（選択型）

1　今日は英語の授業がなく、国語の授業がある。英語の辞書は必要ではなく、国語の辞書が必要だと言っている。また、質問文がDo they ～?と現在形になっていることにも注意し、イのNo, they don't.を選ぶ。

2　マキは、土曜日の午前は友だちの家へ行き、午後はスイミング・スクールに行くと言っている。日曜日の午前中はテニスの試合があるが、11時半には帰宅するということで、日曜日の午後に映画へ行かないかという提案をし、それに対して相手は「いいね」と同意している。したがって、エのOn Sunday afternoonを選ぶ。

3　電車が出発するまであと20分しかないという話題から対話は始まる。相手はまだ9時だと思っていて余裕を見せているが、実はその時計は止まっていて、実際は9時40分。つまり、列車は10時に出発するということなので、エのAt 10:00.を選ぶ。

4　寺の隣にある美術館を探している。しかし、今いるところは寺の隣ではあるがそこは美術館ではない。「ここは本屋ですよね」「はい、そうです」というやり取りがあることから、ウを選ぶ。

(2)の1～3はいずれも解答になりそうなワードが混在している。1はEnglish dictionary、Japanese dictionary、English class、Japanese class。2はSaturday、Sunday、morning、afternoon。3は20 minutes、10 minutes、9:00、9:40。(1)同様、メモを取るなどして、情報を整理しながら放送文を聞く必要がある。4は地図を見ながら答える問題ではあるが、「どこへ行くのか」ではなく、「どこにいるのか」が問われている点で従来の地図を使った問題とは異なる。go straight、turn leftなど、道案内の際の定番表現をしっかり覚え、地図を追いかけられるようにしよう。

(3) 長めの英文を聞き、設問に対する回答を記述する（記述型）

1 Will the students have ～?という質問文なので、回答はYes, they will.もしくは、No, they won't (will not).となる。質問内容は「（メアリーの）歓迎会を9月24日に開くのか」というもの。当初計画していた9月24日はメアリーの都合がつかず、9月21日に歓迎会を開くということなので、正解はNo, they won't（will not).となる。

2 質問のWhat does Mary want to do with the students at the party?の下線部をよく聞きとること。この質問と合致する部分が、放送文の最後の方のMary wants to take pictures with us at the party.であると考えられるので、ここを使って解答とする。正解は、She wants to take pictures with them.となる。MaryをShe、usをthemと正しく代名詞に置き換えられるかどうかがポイント。

(3)では、放送文が流れた後に2つの質問を聞くことになる。したがって、何が問われるか不明なまま1度目の放送を聞くことになる。1度目の放送では、大まかな話の内容をつかむことと、2つの質問内容を理解することに努める。ここで解答作成を急ごうとせず、2回目の放送で、質問の回答となる部分を探し、解答を作成するようにしよう。

〔2〕資料活用問題

〈資料英文全訳〉

【案内】

講演会A：あらゆる人のための安全な水	講演会B：学校での勉強
約22億人がきれいで安全な水が飲めず、そのうちの多くの人が病気になっています。安全な水は人々の健康的な生活に必要です。	約16億人の子どもたちが学校へ通っていません。その子どもたちの多くが読み方、書き方、計算の仕方を学び、自分たちの生活を向上させることを望んでいます。
講演会C：食べ物を無駄にするな	**講演会D：森林が失われるだろう**
約20億人が十分な食べ物を食べることができていないのですが、世界の食べ物の30%以上は無駄になっています。私たちはどうやって食品廃棄を止めることができますか。	2030年までには、アマゾンの熱帯雨林の60%が失われるかもしれません。そして、そこで生きている多くの動植物が、その生息地を失うことになるでしょう。

【会話】

＊＊＊　：わぁ、どの講演会もおもしろそうですね。あなたはどれを聞くつもりですか。

オリバー：私は 講演会C を聞くつもりです。私の母はレストランで働いていて、多くの食べ物が無駄になっているとよく言います。私はそれをどうやって止めるべきか学んでみたいと思っています。あなたはどうですか。どの講演会に最も興味がありますか。

＊＊＊　：(　a　)

オリバー：どうしてそれを聞きたいのですか。

＊＊＊　：(　b　)

(1)　空欄の後に、My mother works at a restaurant and she often says a lot of food is wasted. I want to learn how to stop that.とある。オリバーは、多くの食べ物が無駄になっているのをどう止めることができるのかを学びたい、と言っている。つまり、食品廃棄に関することに興味があると考えられるので、ウのLecture Cを選ぶ。

(2)　(　a　) には、Which lecture are you interested in the most?に対する回答を入れる。つまり、どの講演会に興味があるのかを英語で答える。例えば、I am interested in Lecture A the most.のように書く。また、(　c　) には、(　a　) で選んだ講演会を

聞きたい理由を英語で書く。この問題は（　c　）に記入する理由が一番書きやすいものを（　a　）で選択するようにするといい。

【解答例の和訳】

私は講演会Bに最も興味があります。

なぜなら、私は学校で勉強することを望んでいる子どもたちを手助けしたいからです。彼らを手助けするための良い方法を見つけるために、私は彼らの問題を知るべきだと思います。

【別解答】

●Lecture Aの場合

I am interested in Lecture A the most.

Because I watched the TV program that showed poor people in Africa and Asia. They cannot get a lot of clean water and food. I want to help them in the future.

（私は講演会Aに最も興味があります。なぜなら、アフリカやアジアの貧しい人々を見せたテレビ番組を見たからです。彼らはたくさんの清潔な水や食料を得ることができません。私は将来、彼らを助けたいと思っています。）

●Lecture Cの場合

I am interested in Lecture C the most.

We can see a lot of food in supermarkets or convenience stores in Japan. I always wonder whether all of the food can be bought or not. So, I want to learn how to stop wasting food.

（私は講演会Cに最も興味があります。日本のスーパーやコンビニで、私たちはたくさんの食べ物を目にします。私はいつも、その食べ物の全てが購入されるのかどうか疑問です。だから、私は食品廃棄の止め方を学びたいと思っています。）

●Lecture Dの場合

I am interested in Lecture D the most.

Now I am studying about the global warming. One of the reasons is that the Amazon rainforest is lost. So, I want to know more about Amazon rainforest.

（私は講演会Dに最も興味があります。今、私は地球温暖化について勉強しています。その理由の１つは、アマゾンの熱帯雨林が失われているということです。だから、私はアマゾンの熱帯雨林についてもっと多くのことを知りたいと思っています。）

〔3〕対話文読解

〈日本語訳〉

ルリは中学生です。ジェーンはカナダ出身で、日本の大学で科学を研究しています。ジェーンはルリの家に滞在しています。彼女たちは公園で話をしています。

ジェーン　：見て、ツバメが飛んでいます。

ルリ　　　：あら、あのツバメは低く飛んでいますね。そうね、もし私のおばあさんがここにいたら、「雨が降る前に帰りなさい」と言うでしょうね。彼女は本当に迷信が大好きなのです。

ジェーン　：ルリ、あなたのおばあさんは正しいかもしれません。ツバメが低く飛んでいるとき、雨が降るんですよ。

ルリ　　　：何ですって？

ジェーン　：私は科学の本でそのことを読みました。ツバメは昆虫を食べます。雨が降り始める前は、湿気のために昆虫は高く飛ぶことができません。それらのA（飛んでいる）虫を食べるために、ツバメもまた低く飛ぶのです。

ルリ　　　：へえ。B［なんておもしろい話なんでしょう！］それは迷信ではないですね。

ジェーン　：あなたのおばあさんは、他にも役立つ話を知っているかもしれませんね。

ルリ　　　：そうですね。彼女に聞いてみます。

ジェーン　：私はまた別のおもしろい話を知っています。ルリ、もしあなたの弟がテーブルの脚に足をぶつけ泣きだしたら、あなたはどうしますか。

ルリ　　　：ええと、「大丈夫？」と言って、手で彼の足に触れると思います。

ジェーン　：あなたは素敵なお姉さんですね。でも、それで痛みが減ると思いますか？

ルリ　　　：いいえ。それは迷信ですからね、そうですよね？

ジェーン　：ルリ、科学者のなかには、それは迷信ではないという人もいるのです。痛んでいる身体の部分に触れることで、痛みを減らすことができるのです。私はこの話を、私の先生から聞きました。

ルリ　　　：本当ですか。それは驚きですね。

ジェーン　：C<u>それらの話</u>は人類が経験から学んできたことの２つの例です。人類は子孫にそれらのことをD（教えて）きているのです。なかにはそれらは迷信だと考える人もいるかもしれませんが、迷信の中には真実もあるのです。科学的な調査をすることで、私たちは多くのことを知ることができます。

ルリ　　　：すごいですね。科学はとてもおもしろいですね。

ジェーン　：はい。さて、もしあなたが科学が好きならば、私はあなたに一つ覚えておいて欲しいと思います。科学は完璧ではないということです。

ルリ　　　：E［どういうことですか。］科学的な調査をすることで、私たちは多くのことを知ることができると、あなたはたった今言ったばかりです。

ジェーン　：ええ。科学は有用で、多くのことを私たちに教えてくれることができます。しかし、何が本当に真実なのかを知ることはとても難しいのです。
ルリ　　　：一つ例をあげてもらえませんか。
ジェーン　：例えば、かつて、多くの科学者は全ての恐竜は絶滅したと信じていました。しかし現在では、恐竜の中には生き延びたものもいるという科学者もいます。この例のように、時には、科学者はある物事に関して様々な学説を持ちます。
ルリ　　　：分かりました。科学は有用ですが、真実を知ることは難しいということですね。
ジェーン　：そうです。科学者でさえ、真実を知ることは難しいのです。「なぜそれは起きるのか？」「それが本当に真実なのか？」科学者は常にそのような疑問を持ち、調査をします。長い間、F そういった人たちが科学を発展させてきているのです。
ルリ　　　：どうやったら、私はそのような人になれますか。
ジェーン　：常に多くのことを考え、日常生活から疑問を見つけようとするべきです。疑問を持ったら、それについてどうやって研究するか考え、そして調べてみてください。また、たくさんの科学の本を読むことも大切です。あなたはまだ中学生ですが、できることはたくさんあります。
ルリ　　　：分かりました。やってみます。そして、将来は科学を勉強します、あなたのようにね。
ジェーン　：私は G それを聞いて嬉しい です。きっと、あなたはもっと科学を楽しく学ぶことができます。

〈解説〉

(1)〔適語選択〕

A　To eat those (　A　) insects, は不定詞の副詞的用法。those (　A　) insectsは名詞のかたまりになっていてeatの目的語である。すると、Aに入るのは、insectsを修飾できる形容詞、もしくはその役割をする語が入ると考えられる。したがって、現在分詞であるエのflyingを選択する。アは原形、イは三単現のｓがついたもの、ウは過去形なので、いずれもinsectsを修飾できない。

D　選択肢はいずれも動詞の過去・過去分詞形。They have (　D　) とあるので、ここまでであれば、文法的にはどの選択肢も当てはまる。しかし、一文全体を眺めると、

They	have (　D　)	those things	to their children.
S	V	O	to 人

と、「SVO to 人」という英文構造であることが分かる。そして、この構造を取ることが可能な動詞はどれかというと、ウのtaught（teachの過去形）のみということになる。

teach O_1 O_2 = teach O_2 to O_1「O_1にO_2を教える」。第4文型と第3文型の書き換えの知識が問われた問題である。

(2)〔語句整序〕

B　Wow, [interesting, story, an, what] !の、whatと文末の！（エクスクラメーション・マーク）に注目すると、whatを使った感嘆文になるだろうと推測できる。そして並べ替えてみると、what an interesting story!「何ておもしろい話なんでしょう！」となる。前後の文の内容とも意味も通じるのでこれを解答とする。文の途中からの並べ替えなので、whatのwを大文字にしないように気をつけること。

G　I'm [to, that, hear, happy]. の、I'mに注目すれば、その後は形容詞のhappyが来る。そして感情の原因を表す不定詞の副詞的用法を思い出し、to hear thatがその後ろに続くと考える。

(3)〔英文抜き出し〕

まずは、Those stories are two examples of things humans have learned from experience.の一文を解釈する。are（be動詞）の働きは「＝」なので、

Those stories = two examples of things（humans have learned from experience）

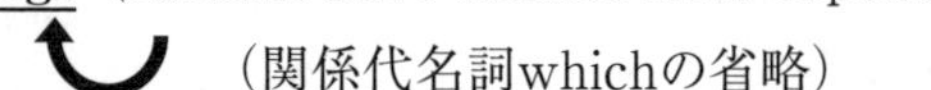

となる。Those stories＝「人類が経験から学んだことの２つの例」ということが分かる。そして、Those storiesと指示語が使われていることから、本文中でこの文の前に書かれているものであると考える。

では、ここまでの話の中で出てきた２つの例は何か。「雨が降るとツバメが低く飛ぶ」という話と、「身体の一部に触れると、痛みが軽減する」という２つの話である。したがって、It will rain when a swallow flies low.と、By touching an aching body part, you can reduce pain.を解答とすることになる。

注意点は、一文を抜き出す場合、必ず、ピリオド（．）のあとの大文字から、その次のピリオドまでを書くようにすることである。コンマ（，）のあとから抜き出すということがないように気をつけること。

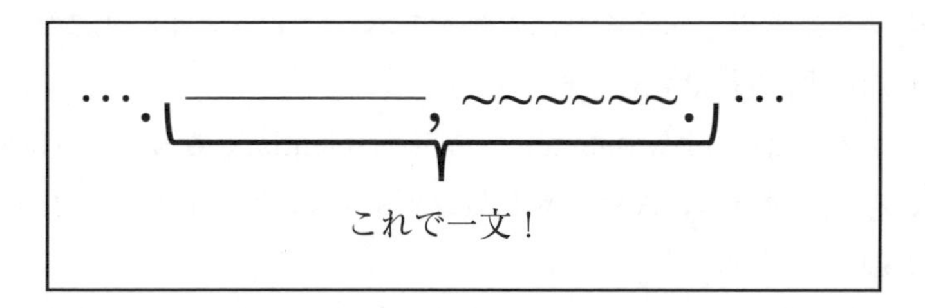

(4)〔適文選択〕

ジェーンのScience isn't perfect.という発言に対し、[E]をはさんで、ルリはYou have just said we can know many things by doing scientific research.と、ジェーンがそ

の前に言ったセリフと対極的なことを言っており、とまどっている様子であることが読み取れる。そこで、この状況に適した返答はどれかというと、イのWhat do you mean?「どういうことですか？」を選ぶ。

アのWhy do you remember it?「なぜ、それを覚えているのですか？」、ウのI'll never forget it.「私はそれを決して忘れないでしょう。」、エのI'm sure you are right.「きっとあなたが正しいと思います。」は、いずれも文意にそぐわない。

(5) 〔和文記述〕

指示語の問題。those peopleなので、複数形の人を表す語句がそれに相当する。すると、1行上にあるScientistsがそれに相当するだろうと考える。さらに「具体的に日本語で書きなさい」とあることから、Scientistsがどういう科学者なのかを説明する必要がある。そこで、Scientists always have such questions and do research.の一文を使って解答を作ることになる。

しかし、such questions（そのような疑問）も指示語になるので、この内容も明らかにする必要がある。どんな疑問のことを指しているのかを考えると、この英文の直前に、"Why does it happen?" "Is it really true?"と２つ疑問文があるので、この２つの疑問文を指すと考える。

(6) 〔内容選択〕

ア　ルリは、迷信は有用でないため、人々はそれを信じるべきではないと考えている。

→本文中で迷信を信じるか、信じないか、という話はないので×。

イ　ジェーンは彼女の祖母から学んだために、科学に関するおもしろい話をたくさん知っている。

→対話文中に出てくるgrandmotherはジェーンではなくルリの祖母のことなので×。

ウ　ジェーンは、科学者は常に何が真実であるかを知ることができ、様々な意見は持たないと考えている。

→ジェーンは、scientists sometimes have different theories about somethingと言っているので×。

エ　科学者でさえ真実を知ることは困難であるとジェーンはルリに教えたが、ルリは科学を勉強したいと思っている。

→ジェーンの発言に、It's difficult even for scientists to know true things.というのもあり、ルリの発言に、And I will study science in the future like you!というのもあるので○。

オ　ジェーンは、中学生はとても若いので彼らは調べることができない、と考えている。

→ジェーンの発言に、When you have a question, think how to study about it and do research. Also, it is important to read a lot of science books. You are still a junior high school student, but there are many things you can do.とある。下線部に注目す

ると×。

〔4〕長文読解

〈日本語訳〉

マイクはアメリカ出身で、彼は日本の大学で日本文化の研究をしていました。現在、彼はヒカリ高校のALTをしています。彼は職員室の前のテーブルの上に「質問箱」を置いています。学生たちは質問があると、そこに手紙を入れることができます。学生たちは、アメリカや、英語の学習の仕方などを、マイクに質問します。マイクは自分の「質問箱」が好きです。なぜなら、それは学生たちと意思を伝え合うための良い方法だからです。

10月のある日、彼は二通の長い手紙をもらいました。一通は英語クラブの女の子のカナからでした。もう一通は、フランスの学生であるレオからでした。

【カナからの手紙】

こんにちは、マイク。私はカナです。あなたは、フランスから来た学生のレオを知っていますか。彼は2か月間私たちのクラスにいます。彼は親切で、みんな彼のことが好きです。しかし、今、私は彼のことで少し悩んでいます。

彼は日本語を上手に話しませんし、時々私たちの日本語を理解できないこともあります。しかし、A<u>それ</u>が問題ではありません。私たちは彼と英語で意思を伝え合うことができます。彼は素晴らしい英語の話し手で、私たちは彼から多くを学びます。先月は、彼は私たちと話すととても楽しそうにしていました。しかし、最近では、私たちが彼に話しかけると、あまり楽しそうではありません。どうして彼はそのようなのでしょうか。

レオはとても速く話したり、難しい単語を使ったりするので、私たちは彼の英語を理解できないこともあります。また、英語であらゆることを表現するのは、私たちには難しいです。それが彼をがっかりさせているのでしょうか。もし、私たちが自分たちの英語を上達させたら、彼は楽しくなるでしょうか。

私は彼に「大丈夫ですか」と聞くと、彼はいつも大丈夫だと言います。しかし、もし彼が何か困っていたら、私は彼を助けてあげたいと思っています。マイク、B<u>彼の問題</u>は何だと考えられますか。私に何かアドバイスをください。そして、私たちが親友になるよう手を貸してください。

【レオからの手紙】

> こんにちは、マイク。私はレオです。私は8月に日本へ来ました。あなたは、私の気持ちを理解できる唯一の人かもしれないので、この手紙を書いています。
>
> 私は上手に日本語を話すことができないので、私のクラスメイトたちは、英語で私に話しかけてきます。彼らは、全ての外国の人たちが素晴らしい英語を話すと思っているかもしれません。私の英語は彼らよりも上手かもしれませんが、私は素晴らしい英語の話し手ではありません。私はクラスメイトたちと話すのが大好きなのですが、まるで、クラスメイトたちは、ただ英語の練習をしたいだけで私に話しかけているのではないかと感じることがあります。
>
> 私は日本語を学ぶために日本へ来ました。毎日、私は日本語を勉強し、いくつか単語も学んでいます。もし、私のクラスメイトたちがゆっくり話してくれたら、私は彼らの日本語を少しは理解できます。しかし、彼らはあらゆることを英語で言おうとします。
>
> 英語が私たちの共通語であることは分かっています。英語は私たちが普段話す言葉ではないですが、それでお互いに意思を伝え合うことができます。将来、私のクラスメイトたちも私も、英語を使うことで世界の人たちと考えを共有することができます。それは素晴らしいことですが、今私は日本語でクラスメイトたちと意思を伝え合いたいのです。もし、私が学校で日本語を使えなかったら、私は自分の日本語を上達させることができません。
>
> マイク、私は自分の気持ちをクラスメイトに伝えるべきでしょうか。彼らが私に親切にしようとしているのも分かっていますし、私も彼らの気持ちを傷つけたくはありません。もしあなたが私だったら、あなたならどうしますか。

マイクは彼の大学時代を思い出しました。彼は、本当に彼らの気持ちを理解できました。彼は、「私を手助けするために英語で私に話しかけてくれた友だちもいました。彼らは親友で、そして彼らのおかげで、私は日本での生活を楽しみました。しかし、私はC［日本語で彼らと話し］、自分の日本語を上達させたいと思いました。レオ、私も同じ願いを持っていたのですよ。」と思いました。

しかし、マイクはそんなに心配しませんでした。彼は自分自身に言いました。「他の人と意思を伝え合うことは難しいこともあるけれども、カナとレオの二人とも、D［お互いのことについて考えています］。そして彼らは親友になるでしょう」と。マイクは彼らに手紙を書き始めました。

〈解説〉

(1) 〔和文記述〕

thatの指示内容を日本語で説明する問題。But that is not the problem.（それが問題ではありません。）とあるので、何が問題なのかと考え、直前部分を確認すると、He doesn't speak Japanese well and sometimes cannot understand our Japanese.（彼は日本語を上手に話さないですし、私たちの日本語を理解できないこともあります。）とあり、この部分であればその後の文意も通じる。したがって、この部分を使って解答を作成する。

(2) 〔内容選択〕

与えられた条件から、カナがレオに対してどう考えているのかと、その理由の組み合わせを選択する問題。「カナの考えをまとめる」というのが問題の条件であるので、【The letter from Kana】の内容から解答を作成することになる。

カナが手紙内でレオに対して気になっていることは、Well, sometimes we cannot understand Leo's English because … からの一段落であり、そのなかで特に気にかけている部分は、Also it is difficult for us to express everything in English. Is it making him disappointed? If we improve our English, will he be happy?の部分である。この内容と合致する組み合わせは、「レオは私たちと話しているとき楽しそうでないのは、私たちの英語がレオほど上手ではないからだ」となるアが正答となる。

イ…「レオは私たちと話しているとき楽しそうでないのは、私たちが彼に英語で話しかけるからだ。」

→下線部は、レオが思っていることなので×。

ウ…「レオは日本語を上達することができないのは、私の英語がレオほど上手ではないから。」

→支離滅裂なので×。

エ…「レオは日本語を上達することができないのは、私たちが彼に英語で話しかけるからだ。」

→全体を通して、レオが思っていることなので×。

(3) 〔空所補充〕

But I wanted to [C] とあるので、[C] には「動詞の原形＋～」と不定詞句がくるのだろうと考えられる。そして、and improve my Japanese.とあるので、「[C] をして、そして日本語を上達させたい」という文意になることから、[C] には日本語を上達させるためにやりたいことがくるのだろうと考えられる。次に、Leo, I had the same wish.とあり、マイクはレオと同じ願いを持っていたことが分かる。では、レオの願いは何かと言えば、【The letter from Leo】に、I want to communicate with my classmates in Japanese. I cannot improve my Japanese if I don't use it at school.とあることから、日本語を使ってクラスメイトとコミュニケーションを取りたい、ということである。したがって、 C には、「友達と日本語で話す」「友達と日本語で意思を伝え合う」という内容の語句を入れることになる。解答例以外であれば、communicate with my friends in Japaneseや、use Japanese to talk with my friendsなども考えられる。

(4) 〔適文選択〕

but both Kana and Leo D .のbutに注目する。butは逆接の接続詞であるので、butの前後は対、もしくは反対の内容になる。butの前は、Sometimes it is difficult to communicate with other people「他の人と意思を伝え合うことは難しいこともある」なので、 D はその対、もしくは反対の内容になるので、エ「お互いについて考える」を選ぶ。

ア「英語を一生懸命に練習する」、イ「日本語を話すことを楽しむ」は、butの前の英文と対でも反対でもない。ウ「自分の本当の気持ちをお互いに伝え合う」は、マイクが手紙を読んでいる段階ではカナもレオもできていないので誤答となる。

(5) 〔英問英答〕

① 「生徒たちは、マイクの『質問箱』に手紙を入れることで、質問をすることができますか。」

本文の2行目～3行目の、He puts his "Question Box" on the table in front of the teachers' room. Students can put letters into it when they have questions.の内容と合致する。Can students ask ～?と、Yes / Noで答える疑問文なので、Yes, they can.と答える。

② 「なぜカナは最近レオのことを心配しているのですか。」

【The letter from Kana】の2行目～3行目にかけて、But now, I am worrying about him a little.とある。そして、心配している内容はどこかというと、その直後のHe doesn't speak Japanese well ～からの一段落になる。しかし、その段落内のどこを解答とすべきかを絞り込まなくてはならない。ヒントはthese daysである。But these days, <u>he doesn't look so happy when we talk to him.</u>の下線部分を解答として使用する。

しかし、そっくりそのままBecause he doesn't look so happy when we talk to him.と書いてはならない。Why is Kana worrying ～?と問われているのは解答する受験生であり、受験生の立場から見たレオやカナを代名詞化する必要があるからだ。Leoを指すであろうheはそのまま使用。しかしweはカナとカナの友達を指すので、Kana and her friendsに直して解答を作ることになる。

③ 「レオによると、レオと彼のクラスメイトたちは、英語を使うことで、将来何ができますか。」

According to Leo「レオによると」とあるので、【The letter from Leo】から解答となる部分を探す。そして、in the futureやby using in Englishをヒントにすると、【The letter from Leo】内の４段落目に、In the future, my classmates and I can share ideas with people in the world by using English.とあるので、この部分を解答として使う。ただし、②同様にどの語句をどの代名詞にするのか気をつけて解答しなくてはならない。what can Leo and his classmates do …?と聞かれたので、my classmates and Iをtheyにして答える。

⑹〔条件英作文〕

カナへの返事であれ、レオへの返事であれ、二人の相談内容を理解した上で英作文を書く。

カナの相談内容は、最近レオは元気がなく、何か困っていることがあるのではないか。彼を手助けしたいと思っている。何かアドバイスをして欲しい、ということ。

また、レオの相談内容は、日本語を勉強するために、クラスメイトたちと日本語で話をしたいが、彼らは英語を使う。彼らは自分に親切にしようとしているのは分かっているので、彼らを傷つけたくない。どうしたらいいか、ということ。

解答する上で２つの前提条件がある。１つは「上記の内容への返事として成り立っている」こと。また、マイクは二人から手紙をもらっていて、両者の気持ちを分かっている。したがって、２つ目の条件は「相手の手紙の内容も踏まえた回答」であること。このように、例年より書かなくてはならない内容が限定されているため、レベルの高い問題であると思われる。

【解答例の和訳】

〈カナへの返事〉

彼が本当に何を望んでいるのか聞いてみたらどうですか。例えば、彼は日本で勉強しているのだから、日本語を話すことが好きなのかもしれない。あなたは親切だから、もっと良く彼を手助けしてあげることができますよ。

〈レオへの返事〉

あなたが自分の本当の気持ちを言えば、クラスメイトはあなたを分かってくれますよ。私もあなたと同じような経験をし、自分の気持ちを友人に伝えたら、私たちはもっと仲良くなりました。

社会正答表，配点［　］は正答率

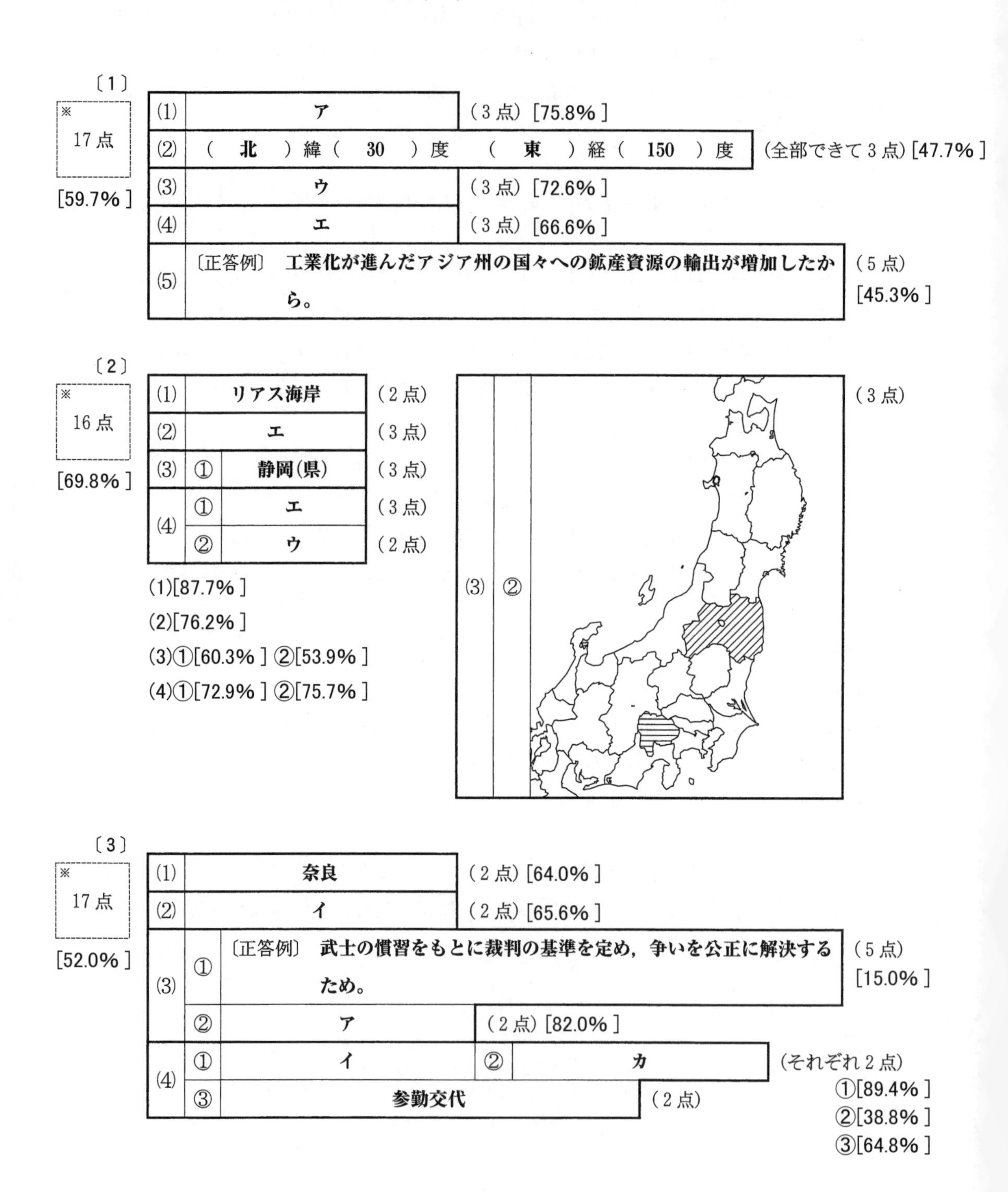

〔1〕

※ 17点

[59.7%]

(1)	ア	(3点) [75.8%]
(2)	（ 北 ）緯（ 30 ）度　（ 東 ）経（ 150 ）度	(全部できて3点) [47.7%]
(3)	ウ	(3点) [72.6%]
(4)	エ	(3点) [66.6%]
(5)	〔正答例〕 **工業化が進んだアジア州の国々への鉱産資源の輸出が増加したから。**	(5点) [45.3%]

〔2〕

※ 16点

[69.8%]

(1)		リアス海岸	(2点)
(2)		エ	(3点)
(3)	①	静岡(県)	(3点)
(4)	①	エ	(3点)
	②	ウ	(2点)
(3)	②	（地図）	(3点)

(1)[87.7%]

(2)[76.2%]

(3)①[60.3%] ②[53.9%]

(4)①[72.9%] ②[75.7%]

〔3〕

※ 17点

[52.0%]

(1)		奈良	(2点) [64.0%]
(2)		イ	(2点) [65.6%]
(3)	①	〔正答例〕 **武士の慣習をもとに裁判の基準を定め，争いを公正に解決するため。**	(5点) [15.0%]
	②	ア	(2点) [82.0%]
(4)	①	イ　② カ	(それぞれ2点)
	③	参勤交代	(2点)

①[89.4%]

②[38.8%]

③[64.8%]

（全日制受検者平均点）
[55.2点]

※ 100点

受検番号	

〔4〕 ※ 16点 [40.8%]

X[34.2%] Y[29.0%]

(1)	X	廃藩置県	Y	30	(それぞれ2点)
(2)	〔正答例〕 **欧米の進んだ技術を取り入れ，官営工場を設立した。**				(5点) [37.9%]
(3)	①	（ イ ）→（ ウ ）→（ ア ）			(2点) [31.6%]
	②	ウ			(2点) [59.1%]
(4)		イ			(3点) [51.7%]

〔5〕 ※ 23点 [52.3%]

(1)	①	子どもの権利条約（児童の権利に関する条約）		②	エ	(それぞれ2点) ①[39.0%] ②[67.2%]
(2)	①	ア				(2点) [78.9%]
	②	a	（ 3 ）議席	b	（ 2 ）議席	(全部できて3点) [44.2%]
		c	（ 1 ）議席	d	（ 0 ）議席	
	③	〔正答例〕 **衆議院の議決が国会の議決となる。**				(3点) [28.4%]
(3)	①	エ	②	イ		(それぞれ2点)
	③	ア				(3点) ①[41.9%] ②[66.8%] ③[55.1%]
(4)	①	平和維持活動（PKO）	②	ウ		(それぞれ2点) ①[50.7%] ②[65.6%]

〔6〕 ※ 11点 [59.2%]

(1)	イ		オ	(それぞれ2点，順不同) イ[93.2%] オ[97.8%]
(2)	X	エ	(2点) [64.3%]	
	Y	〔正答例〕 **民法の未成年者を保護するための規定が適用されず，悪質な手口による被害が増加する**		(5点) [28.1%]

社　　会

解説

〔1〕世界地理の総合問題

(1) 地図中aは北アメリカ大陸西部を北西から南東に連なる山脈を示しているので、アが正解。イは南アメリカ大陸西部。ウはユーラシア大陸にあり、ブータン、中国、インド、ネパール、パキスタンの5つの国にまたがる山脈。エはユーラシア大陸に位置し、ヨーロッパとアジアに分ける境界線を形成している。

(2) 問題文中に赤道と本初子午線を基準として30度間隔に経線緯線が引かれていると書かれているので、赤道と本初子午線を確認する。Xは赤道から北に1つ目であるから北緯30度、本初子午線から東に5つ目なので東経150度である。

(3) バンコクは熱帯のサバナ気候に属し、5～10月が雨季、11～2月が乾季という特徴があるので、ウが正解。アは冬の平均気温が0℃を下回るので冷帯のイルクーツク、イは平均気温のグラフの形がU字になっているので南半球に位置することがわかるので、ケープタウン。エは降水量がほとんどないことから砂漠気候であるカイロ。

(4) 地図中Aの国がアルゼンチンであること、また南アメリカ大陸にはパンパと呼ばれる平原が広がっていることから、答えはエ。アの世界で最初に産業革命が始まったのはイギリス。イはギニア湾とカカオの生産からガーナ。ウはシリコンバレーと情報技術産業の語句からアメリカ。

(5) オーストラリアの貿易相手国が1969年は欧米諸国が中心であったのに対し、2019年はアジア諸国に変わっていることに着目する。アジア諸国は近年の工業化によって経済発展していることから、工業化とアジア諸国を結びつける。

〔2〕日本地理の総合問題

(1) 東北地方の三陸海岸では、海岸まで山や谷がせまり、入り江が連なるリアス海岸が形成されている。

(2) P地点が千葉県であることから、Xは成田国際空港である。航空機を利用して運ぶものは軽量で小型、高付加価値の工業製品や部品、または鮮度が重要視されるものが中心であるので、答えはエ。

(3) ①a～dの各項目で数値が最も高い所から特定していく。米の産出額が最も多いbが秋田県。果実の産出額が最も多いcが、ももとぶどうの生産量で全国1位の山梨県。製造品出荷額が高いaとdのうち、野菜の産出額が多いことからdが群馬県、aが静岡県となる。

②①よりcが山梨県である。山梨県の人口密度は181.6人/km^{2}と記載されているので、

150人以上250人未満を選ぶ。

⑷　①市役所は「◎」、高等学校は「㊫」の地図記号で表示される。市役所の右方向（東）に高等学校が見えるので答えはエ。アの美術館の標高は80メートルではなく５メートル。イのＡからＢまでの距離は５cm×25000=125000cmとなり、これは1.25kmと換算される。ウの「河井町」付近に広がっているのは広葉樹ではなく住宅地である。

②輪島市で作られている伝統工芸品は漆器。アの鉄器は南部鉄器として岩手県。イの将棋の駒は天童将棋駒として山形県。エのたんすは福島県。

〔３〕歴史総合問題（古代～近世）

⑴　唐招提寺は鑑真和上によって759年に設立された。飛鳥時代は593年から710年、奈良時代は710年から794年である。

⑵　平等院は藤原頼通が1052年に創建した寺院で、翌1053年に鳳凰堂が建立された。10世紀半ばに社会が乱れ、人々の不安が高まったことから、念仏を唱え阿弥陀如来にすがり、死後に極楽浄土へ生まれ変わることを願う浄土信仰が起こった。

アは栄西、座禅とあるので鎌倉時代。ウは空海、真言宗とあるので平安時代初期。エは国分寺、国分尼寺とあるので聖武天皇と光明皇后の政策であるので奈良時代。

⑶　①御成敗式目は1232年に武士の慣習に基づいて制定された幕府運営と武士たちの統制・裁判のための法律。内容は土地や守護・地頭の職務内容、裁判など多岐にわたるが、これにより個人的な主観ではなく公正に裁判が行われた。

⑷　①江戸時代初め、幕府や藩は年貢を増やすため海や沼地の干拓を行い、大規模な新田開発を進めた。これにより耕地面積は約２倍に増加した。また備中ぐわ、千歯こきなど新しい農具も開発された。千歯こきは脱穀を効率的に行うための道具である。唐箕は米と籾を分けるための道具である。

②Ｘの桜田門外の変が起きたのは1860年。井伊直弼が元水戸藩士たちによって暗殺された。Ｙの日米和親条約は1854年に締結された。これにより下田、函館の２港を開き、長い間続いた鎖国政策がくずれ、開国することとなった。Ｚの異国船（外国船）打払令が出されたのが1825年。のちに通商を求めたアメリカ商船を砲撃する事件（モリソン号事件：1837年）へとつながる。

③大名に対して、領地と江戸に一年おきに住むことを命じた制度を参勤交代という。第３代将軍徳川家光の時に、武家諸法度に追加された。移動の費用や江戸での生活のための出費は大名にとって大きな負担となった。

〔平等院鳳凰堂の画像：©平等院〕

〔千歯こきの絵：『老農夜話』（東京大学史料編纂所所蔵）〕

〔4〕歴史総合問題（近代～現代）

(1) 明治政府は1871年に藩を廃止して県を置き、各県に県令、東京、大阪、京都には府知事を派遣した。現在の都道府県知事の被選挙権は満30歳以上と定められている。

(2) 近代産業の育成を目的として、欧米の進んだ技術を取り入れた官営模範工場が作られた。このような殖産興業政策を進めることで政府は国内経済の資本主義化を図った。

(3) ①アの加藤高明内閣が成立したのは1924年。この内閣のもとで普通選挙法が成立し選挙制度が改正されたのは1925年。イの第一次護憲運動は1912年、藩閥の桂太郎が首相になったことからはじまり、民衆の支持を得て全国に広がった結果、翌1913年に第3次桂内閣を総辞職へ追い込んだ。ウの米騒動とは1918年、シベリア出兵をみこした米の買い占めから、米の値段が大幅に上がり、米の安売りを求める運動が全国に広がったこと。

②アのテレビ放送が始まったのは1953年2月。東京のNHK放送会館で日本初のテレビ本放送が始まった。イのパソコンが販売されたのは1970年代後半から。インターネットが普及したのは1995年から2000年にかけてのこと。ウのラジオ放送が始まったのは1925年、日本初のラジオ放送が社団法人東京放送局（現NHK東京放送局）によって発信された。エの新聞や雑誌の発行と欧米思想が紹介されたのは1870年代から1890年代にかけてのこと。

(4) 1973年に第4次中東戦争をきっかけに、石油危機が発生した。これにより石油価格が大幅に上昇したことに連動して一般生活物資の物価が上昇した。先進工業国の経済は深刻な不況におちいったが、日本は早期に不況を乗り越え、自動車や電気機械などの輸出を伸ばした。しかし、これによりアメリカなどとの貿易摩擦が深刻化していくこととなった。

〔5〕公民総合問題（政治・人権分野）

(1) ①1989年に国際連合で採択された「子ども（児童）の権利条約」に、日本は1994年に批准した。この条約は、こどもにも人権が保障されることを確認し、生きる権利や守られる権利、意見を表明する権利などを定めている。

②人権には他人の人権を侵害しない範囲で保障されるという限界がある。また多くの人々が同じ社会で生活するために制限されることがある。これを公共の福祉と表現している。表現の自由は認められているが、他人の名誉を傷つけるような発言や文章は許されない。アの生存権は社会権の中で最も基本的な権利。イの請求権は人権を侵害された人々が国に要求できる権利である。ウの身体の自由は法律上の手続によらず、かつ正当な理由がなくては、逮捕・拘禁・処罰などを受けることのないことをいう。

(2) ①国民や住民の代表機関である議会が、立法という形で意思決定を行う政治制度のことを議会制民主主義という。イの立憲主義は法の支配に基づき、憲法によって政治権力を制限して人権を保障する考え方のこと。ウの多党制は政権を担当するだけの勢力をもたない多数の政党が競合している政治状況をいう。エの三審制は裁判を慎重に行い間違った判決を防ぎ、人権を守るため、一つの内容について3回まで裁判を受けられる制度のこと。

②ドント式の計算方法は、各政党の得票数を1、2、3…の整数で割り、その答え（商）の大きな順に、定数（ここでは6人）まで各政党に分配する。

③予算について、両院協議会で意見が一致しなかったときや、衆議院で可決された予算を参議院が受け取って30日以内に議決しなかったときは、衆議院の議決が優先されて成立する。このようにいくつかの議決では衆議院が参議院よりも優先される衆議院の優越が認められている。

⑶ ①直接税とは納税者と担税者が同じ税金のこと。選択肢のエ以外はすべて、納税者が生産者や販売者、担税者が消費者であるので間接税。

②公共事業の歳出を減らすことで企業の仕事を減らし、増税によって企業や家計の消費も減らすことで、経済活動が抑制される。それらにより景気の過熱（好景気）を抑え、物価に押し下げ圧力をかけることができる。

③日本の社会保障は、1960年代には失業対策や生活保護などが中心であったが、近年は医療保険や年金制度などの社会保険や、老人福祉を中心とする社会福祉、介護などに重点が移っている。そのため、社会保障関係費は年々増加している。

⑷ ①国際平和協力法に基づいて日本は国際連合の平和維持活動（PKO）に参加している。

②東南アジア諸国連合（ASEAN）は1967年に地域の安定と発展を目指して発足した。加盟国は10か国。アのアジア太平洋経済協力会議（APEC）は1989年に発足したアジア太平洋地域の21の国と地域が参加する経済協力の枠組みのこと。アジア太平洋地域の持続可能な成長と繁栄に向けて、貿易・投資の自由化・円滑化や地域経済統合の推進、経済・技術協力等の活動を行なっている。イのアフリカ連合（AU）は、2002年に発足したアフリカ55の国と地域が加盟する世界最大級の地域機関。エの北米自由貿易協定（NAFTA）は 1994年に発足した米国・カナダ・メキシコの3か国で結ばれた経済協定。2020年7月に失効し、同時に新たに米国・メキシコ・カナダ協定（USMCA）として発効した。

〔6〕公民総合問題（経済・社会分野）

⑴ 売買契約は、消費者の申し出と事業者の承諾というお互いの合意で成立する。契約が成立すると、法律的な義務として消費者は「代金を払う義務」、事業者は「商品を渡す義務」と消費者は「商品を受け取る権利」、事業者は「代金を受け取る権利」が発生する。

⑵ Xは資料Ⅱの各年度における「18・19歳」と「20～24歳」の消費生活相談件数の倍率を求める。「20～24歳」の件数÷「18・19歳」の件数で計算すると、それぞれ2018年度が1.83倍、2019年度が1.65倍、2020年度が1.61倍となるので答えはエ。

Ｙは資料Ⅲと資料Ⅳから読みとれることを的確にまとめる。「20～24歳」は成年ではあるものの、契約に関する知識や経験があまりなく、契約内容を理解しないまま、安易に契約を結んでしまう傾向にある。一方で「18・19歳」は未成年者*なので、親権者の同意なく結んだ契約は、原則、取り消すことができるため相談件数が少ない。社会経験に乏しく、保護のない成人を狙い打ちにする悪質な業者もおり、このようなことが、若者の消費生活相談件数の増加の背景にあると考えられる。

＊…民法の一部改正により、2022年４月からは「18・19歳」も成年となりました。

理科正答表，配点［　］は正答率

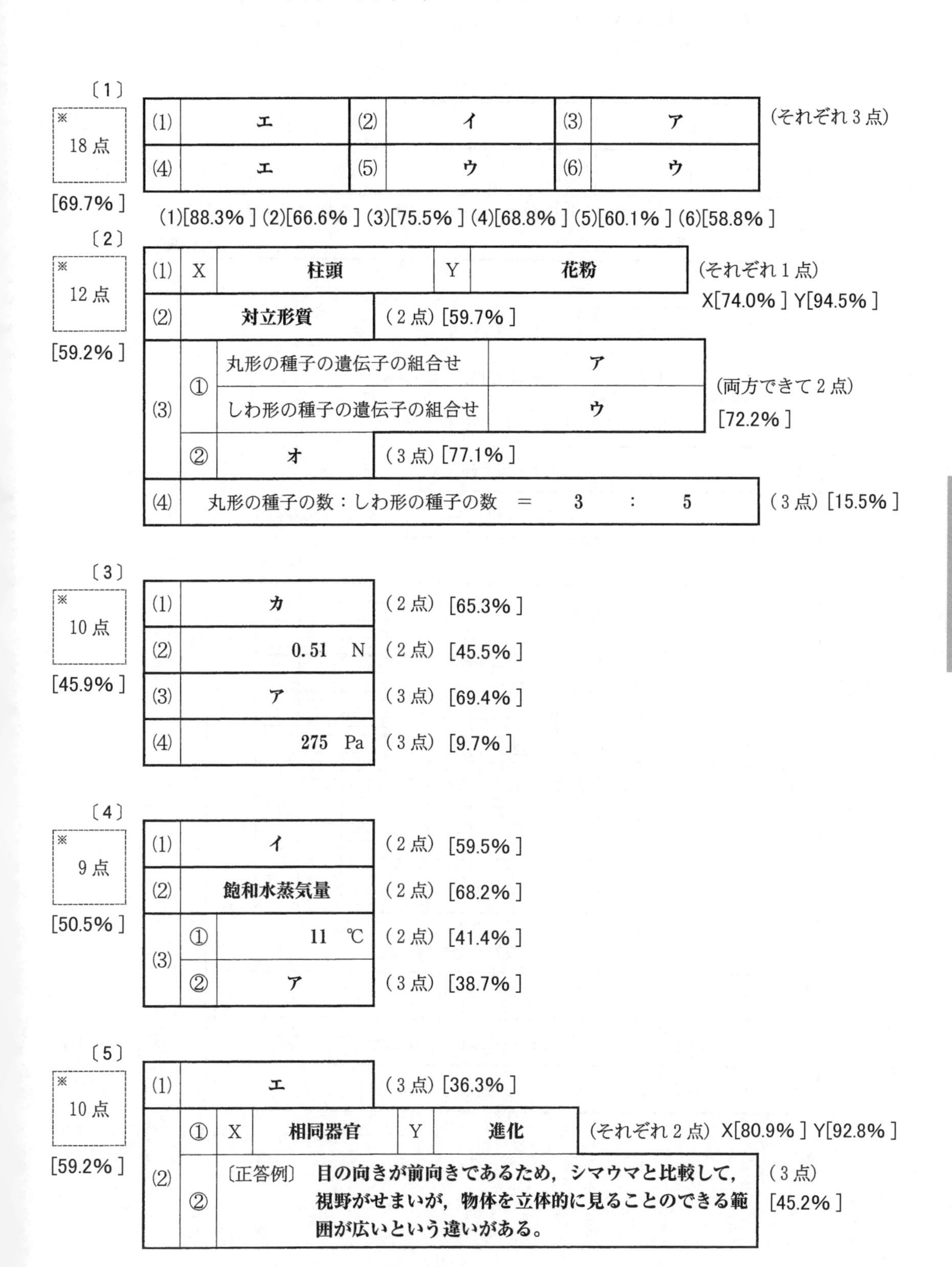

〔1〕

※ 18点

[69.7%]

(1)	エ	(2)	イ	(3)	ア
(4)	エ	(5)	ウ	(6)	ウ

（それぞれ3点）

(1)[88.3%] (2)[66.6%] (3)[75.5%] (4)[68.8%] (5)[60.1%] (6)[58.8%]

〔2〕

※ 12点

[59.2%]

(1)	X	柱頭	Y	花粉

（それぞれ1点） X[74.0%] Y[94.5%]

(2)	対立形質	（2点）[59.7%]

(3)	①	丸形の種子の遺伝子の組合せ	ア	（両方できて2点）[72.2%]
		しわ形の種子の遺伝子の組合せ	ウ	
	②	オ		（3点）[77.1%]

(4)	丸形の種子の数：しわ形の種子の数　＝　3　：　5	（3点）[15.5%]

〔3〕

※ 10点

[45.9%]

(1)	カ	（2点）[65.3%]
(2)	0.51 N	（2点）[45.5%]
(3)	ア	（3点）[69.4%]
(4)	275 Pa	（3点）[9.7%]

〔4〕

※ 9点

[50.5%]

(1)	イ		（2点）[59.5%]
(2)	飽和水蒸気量		（2点）[68.2%]
(3)	①	11 ℃	（2点）[41.4%]
	②	ア	（3点）[38.7%]

〔5〕

※ 10点

[59.2%]

(1)	エ					（3点）[36.3%]
(2)	①	X	相同器官	Y	進化	（それぞれ2点）X[80.9%] Y[92.8%]
	②	〔正答例〕	目の向きが前向きであるため，シマウマと比較して，視野がせまいが，物体を立体的に見ることのできる範囲が広いという違いがある。			（3点）[45.2%]

令和4年度 解答・解説

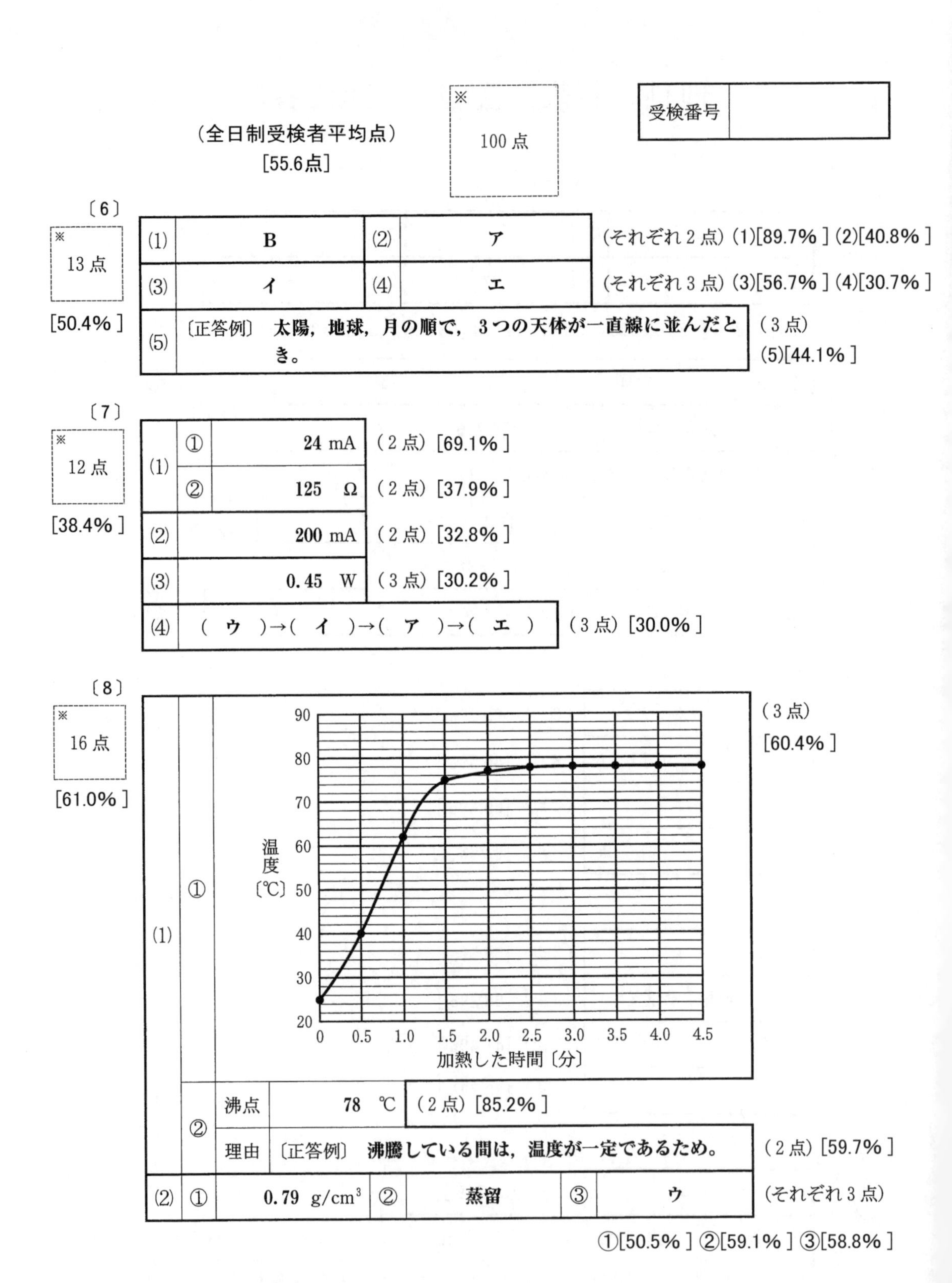

(全日制受検者平均点)
[55.6点]

※ 100点

受検番号	

〔6〕

※ 13点

[50.4%]

(1)	B	(2)	ア
(3)	イ	(4)	エ
(5)	〔正答例〕 **太陽，地球，月の順で，3つの天体が一直線に並んだとき。**		

(それぞれ2点) (1)[89.7%] (2)[40.8%]
(それぞれ3点) (3)[56.7%] (4)[30.7%]
(3点) (5)[44.1%]

〔7〕

※ 12点

[38.4%]

(1)	①	24 mA	(2点) [69.1%]
	②	125 Ω	(2点) [37.9%]
(2)		200 mA	(2点) [32.8%]
(3)		0.45 W	(3点) [30.2%]
(4)		(ウ)→(イ)→(ア)→(エ)	(3点) [30.0%]

〔8〕

※ 16点

[61.0%]

(1) ① (3点) [60.4%]

(1)	②	沸点	78 ℃	(2点) [85.2%]	
		理由	〔正答例〕 **沸騰している間は，温度が一定であるため。**	(2点) [59.7%]	

(2)	①	0.79 g/cm^3	②	蒸留	③	ウ

(それぞれ3点)
①[50.5%] ②[59.1%] ③[58.8%]

理　　　科

解説

〔1〕

(1) 化石には2つの種類がある。
示相化石…地層が堆積した当時の環境が分かる化石。
示準化石…地層が堆積した年代が分かる化石。
サンゴは示相化石に分類でき、「浅くてあたたかい海」であったことが分かる。ほかにもいくつか挙げておく。
アサリ…浅い海　　シジミ…河口や湖　　ブナの葉…やや寒冷な地域

(2) シダ植物とコケ植物の共通の特徴
　種子をつくらない。胞子で増える。光合成を行う。
共通しない特徴
　シダ植物…根・茎・葉の区別がつく。維管束を持つ。
　コケ植物…根・茎・葉の区別がつかない。維管束を持たない。

(3) ア：放射能とは、放射線を出す能力のことである。
イ：治療などで用いられるγ（ガンマ）線や、レントゲンなどで用いられるX線は、うすい金属板を通りぬけることができる。
ウ：私たち人類は、自然界の放射線を常に受けながら生活しているが、量が少ないので問題はない。
エ：放射線の人体に対する影響を表す単位はSv（シーベルト）である。

(4) 4つの物質を化学式で表す。
水…H_2O　硫黄…S　酸化銅…CuO　炭酸水素ナトリウム…$NaHCO_3$
よって、2種類の原子でできている物質は水と酸化銅であることが分かるので、正答はエとなる。

(5) 砂糖、食塩、デンプンの3つを有機物と無機物に分類する。
有機物…砂糖、デンプン
無機物…食塩
有機物は加熱すると燃焼し、最後には炭素が残るため黒色になる。これにより、粉末Aが食塩であることが分かる。
水溶性について　砂糖…水に溶ける　デンプン…水に溶けない
よって、粉末Bが砂糖で、粉末Cがデンプンであることが分かる。よって正答はウとなる。

(6) 水溶液について

・酸性の水溶液　青色リトマス紙→赤色

・アルカリ性の水溶液　赤色リトマス紙→青色

この問題においては、赤色リトマス紙を青色に変えるものを見ているので、ある水溶液はアルカリ性であることが分かる。さらにアルカリ性の水溶液は共通して、水酸化物イオン（OH^-）を持っており、－の電気を持っているため、陽極に引っ張られる。よって、正答はウとなる。なお、酸性の水溶液は共通して、水素イオン（H^+）を持っており、＋の電気を持っている。

〔2〕

まず実験ごとの種子の遺伝子を確認する。

・実験1より

自家受粉させて丸形としわ形の種子（子）ができたので、親の丸形の種子の遺伝子はAaである。そしてできた種子（子）の遺伝子は、丸形…AAとAa、しわ形…aaである。

・実験2より

実験1でできた種子（子）の丸形としわ形の種子をかけ合わせてできた種子（孫）がすべて丸形になったことから、選んだ丸形の種子（子）の遺伝子はAAであることが分かる。そしてできた種子（孫）の遺伝子はすべてAaである。

・実験3より

実験2で選んだ方とは異なる丸形の種子（子）の遺伝子はAaであり、これとしわ形aaの種子をかけ合わせでできた種子（孫）は丸形がAaで、しわ形がaaである。

以上を踏まえた上で、

(1) 受粉…めしべの先端の柱頭に花粉がつくこと。

受精…雄と雌の生殖細胞が結びつくこと。

(2) 対立形質…どちらか一方の形質しか現れない2つの形質どうしのこと。

(3) ①上記より、下線部分Ⅰの遺伝子はAAであり、下線部分Ⅱの遺伝子はaaである。

②上記より、実験2で得られた種子（孫）の遺伝子はAaであることから、この自家受粉でできる種子は割合として、AA：Aa：aa＝1：2：1　AAとAaが丸形で、aaがしわ形を表すので、丸形：しわ形＝3：1となる。よって正答はオである。

(4) 実験3で得られた種子（孫）Aaとaaをそれぞれ自家受粉させると

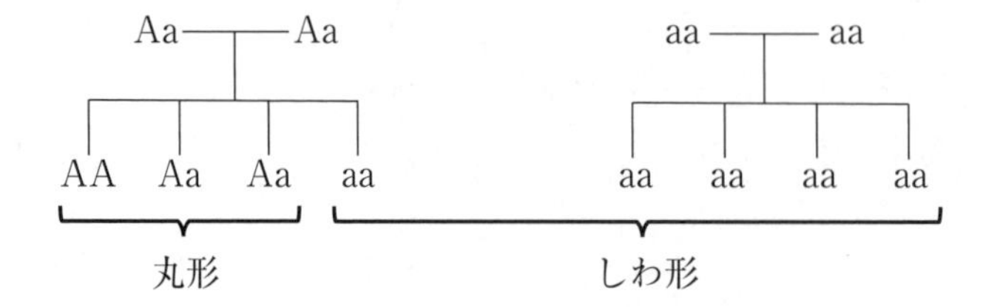

よって、丸形：しわ形＝３：５

〔３〕

⑴　①の値は円筒形の容器と入れたおもりの重力を表しており、②の値は①から浮力を引いたものである。よって、浮力は①の値と②の値の差となる。

⑵　はじめの花子さんの発言から浮力の大きさと沈んだ部分の体積に関係があると予想できる。容器全体を沈めると、容器半分を沈めたときの２倍の体積が沈むことになるので、浮力も２倍になる。容器半分を沈めたときの浮力は⑴から0.95－0.73＝0.22（N）となることが分かる。よって、容器全体を沈めたときの浮力は0.22×２＝0.44（N）となり、③の値は0.95－0.44＝0.51（N）となる。

⑶　物体の重さに関係しないことを確かめたいので、重さ以外の条件は変えてはいけない。よって、沈めた体積を変えないようにする必要がある。したがって、沈めた体積が変化するイ、ウ、エは該当しないので、正答はアとなる。

⑷　下半分を沈めたときの浮力は0.22Nで、それを受ける容器の下面の面積は８cm^2より、容器の下面にはたらく水圧の大きさは0.22÷８＝0.0275（N／cm^2）となる。これは１cm^2あたりの力になるので、１m^2あたりの力に換算すると0.0275×10000＝275（N／m^2）＝275（Pa）となる。

〔４〕

⑴　X…高度が上がると、自分より上にある空気が少なくなる。Y…空気が上昇すると気圧が下がるため周りから押される力が小さくなるため空気は膨張する。

⑵　飽和水蒸気量…１m^3の空気が含むことのできる水蒸気の最大質量

⑶　①950mの地点は50mの地点から900m上昇したところにあるため、気温が9.0℃下がる。よって、950mの地点の気温は20－9.0＝11（℃）
950mの地点で雲ができたことから、この値がこの空気の露点となる。

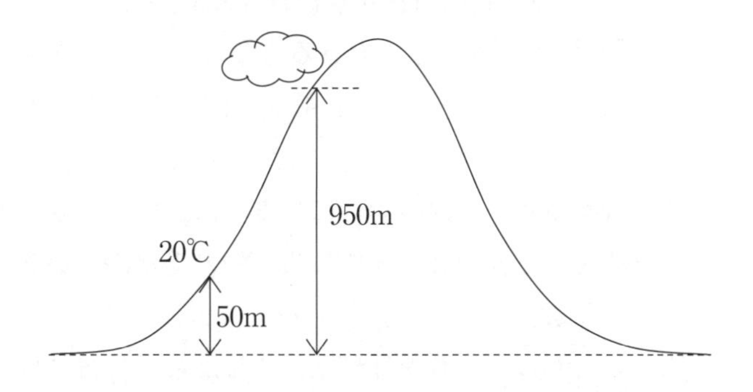

②20℃、11℃での飽和水蒸気量はそれぞれ、約17.3g／m^3、約10.0g／m^3で、11℃で露点に達することから、湿度は、
10.0÷17.3×100＝57.8
小数第１位を四捨五入すると58となるので、正答はアとなる。

〔5〕

(1) 化石が発見された地質年代から、最初に魚類が出現し、魚類から陸上生活のできる特徴をもった両生類へと進化した。やがて両生類のあるものから、陸上の乾燥に耐えられるしくみをもった動物が現れて、ハチュウ類やホニュウ類に進化し、ハチュウ類である恐竜からは、空を飛ぶのに適したからだのつくりをもつ鳥類が進化したと考えられる。

(2) ①X：相同器官…現在の形やはたらきが異なっていても、もとは同じ器官であったと考えられる器官のこと。

　また、相同器官のうち、そのはたらきを失って痕跡のみになっているものを痕跡器官という。

Y：進　　化…生物の形質が長い年月をかけて世代を重ねるうちにしだいに変化していくこと。

②草食動物と肉食動物の目の向きについて

・草食動物…目が横向きについているので、広い範囲を見渡せ、危険を素早く見つけられる。

・肉食動物…目が前向きについているので、立体的に見える範囲が広く、えものとの距離をはかりやすい。

　以上のことから、シマウマと比較すると、ライオンは目の向きが前向きなので、視野の広さはせまいが立体的に見える範囲は広い。

〔6〕

(1) A、B、C、Dの順にそれぞれ、A：半月（上弦の月）、B：満月、C：半月（下弦の月）、D：新月

(2) 午後7時頃は、右図の【あ】の部分である。

　【あ】の位置から①を見る方角は南で、②を見る方角は東にあたり、②を見る方向にB：満月がある。

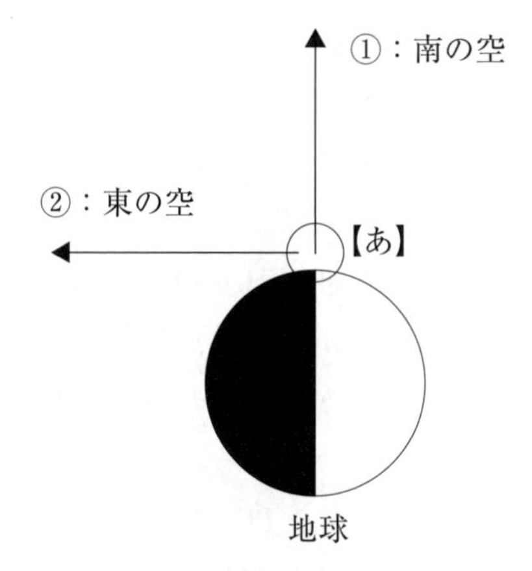

(3) 月が新月から次の新月になるのに、約30日かかるため、8日経つと、全体の約4分の1進んでいることになる。

　したがって、Bの月が見える日から8日後には月はCの場所に進んでいる。よって、(1)で前述したとおり、下弦の月になる。

(4) 月の公転により、DからAへ、またAからBへ見える方向を移していくので、方角で言うと、【西から東へ】ということになる。

(5) 月食は満月のときに起こる。太陽－地球－月の並びのときに満月になり、さらにそれら

が一直線上に並ぶと月食が起こる。

〔7〕

(1) ①図3から50mAの－端子につないでいるので、目盛りを読むと24mAであることが分かる。

②流れている電流は24（mA）=0.024（A）で電熱線aの両端に3.0Vの電圧がかかっているため、抵抗は3.0÷0.024＝125（Ω）となる。

(2) 2つの電熱線bそれぞれに流れる電流は3.0÷30＝0.1（A）であるため、電流計には0.1×2＝0.2（A）＝200（mA）の電流が流れている。

(3) P、Q間にかかる電圧は3.0V、電熱線cを2つ直列につなぐと抵抗は10×2＝20（Ω）になる。このとき流れる電流は3.0÷20＝0.15（A）となり、2つの電熱線cの合計の電力は3.0×0.15＝0.45（W）となる。

(4) ア、イ、ウ、エそれぞれのときの流れる電流を求める。

アのとき　3.0÷30＝0.1（A）

イのとき　3.0÷10＝0.3（A）

ウのとき　3.0÷30＋3.0÷10＝0.4（A）

エのとき　3.0÷（30＋10）＝0.075（A）

したがって、ウ、イ、ア、エの順になる。

〔8〕

(1) ①グラフのかき方のポイントは2つ。

・実験によって得られたデータの点をきちんとグラフ上に点を打つこと（プロットするという）。

・点をすべてなめらかな線で結ぶ（点どうしを直線で結んではいけない）。

②純粋な物質は沸点に達すると状態変化に熱を使うので、その間温度は上がらない。よって、温度が一定になったところの温度を読めばよい。

(2) ①エタノール3.0cm^3の質量が2.37gなので、密度は2.37÷3.0＝0.79（g／cm^3）として求めることができる。

②蒸　留…液体を沸騰させて得られた気体を冷やし、再び液体を得る操作のこと。似たような用語で、下記もチェックしておきたい。

再結晶…固体の物質をいったん水に溶かし、再び結晶としてとり出すこと。

③エタノールの沸点は78℃で水の沸点は100℃なので、エタノールの方が先に沸点に達し、気体となって試験管にたまる。そのため、試験管Aの段階ではエタノールの方が多く含まれている（水も蒸発して試験管Aに少量は含まれている）。また、エタノールと水では、エタノールの方が密度が小さい。

〔三〕

※ 30点

㈠ おもう （2点）［98.8%］

㈡ イ （4点）［80.8%］

㈢ ア （4点）［73.3%］

㈣ 〔正答例〕その場では、何も言わなかったということ。 （5点）［26.2%］

㈤ エ （5点）［76.8%］

㈥ 〔正答例〕中国の故事を踏まえて竜が和歌に詠まれていることに考えが及ばなかったということ。 （10点）［11.3%］

〔四〕

※ 35点

㈠ はじめ 風景とは、 終わり 貌である。 （4点）［43.3%］

㈡ イ （4点）［53.6%］

㈢ ウ （4点）［70.2%］

㈣ 〔正答例〕風景は、外界からの刺激により身体に属する感覚器官に対して空間が感覚的に立ち現れ、心が動かされることで出現するということ。 （8点）［23.9%］

㈤ エ （3点）［74.3%］

㈥ 〔正答例〕人が風景と出会うという出来事は、自己の存在を了解するという本質的契機を提供することであり、風景についての考察を深めるということは、風景とともにある自分という存在がこの世界に存在していることを実感し、人間の自己理解を深めることになるから。 （12点）［21.6%］

国語正答表、配点［　］は正答率

〔一〕[76.0%]
〔二〕[60.0%]
〔三〕[48.1%]
〔四〕[38.3%]

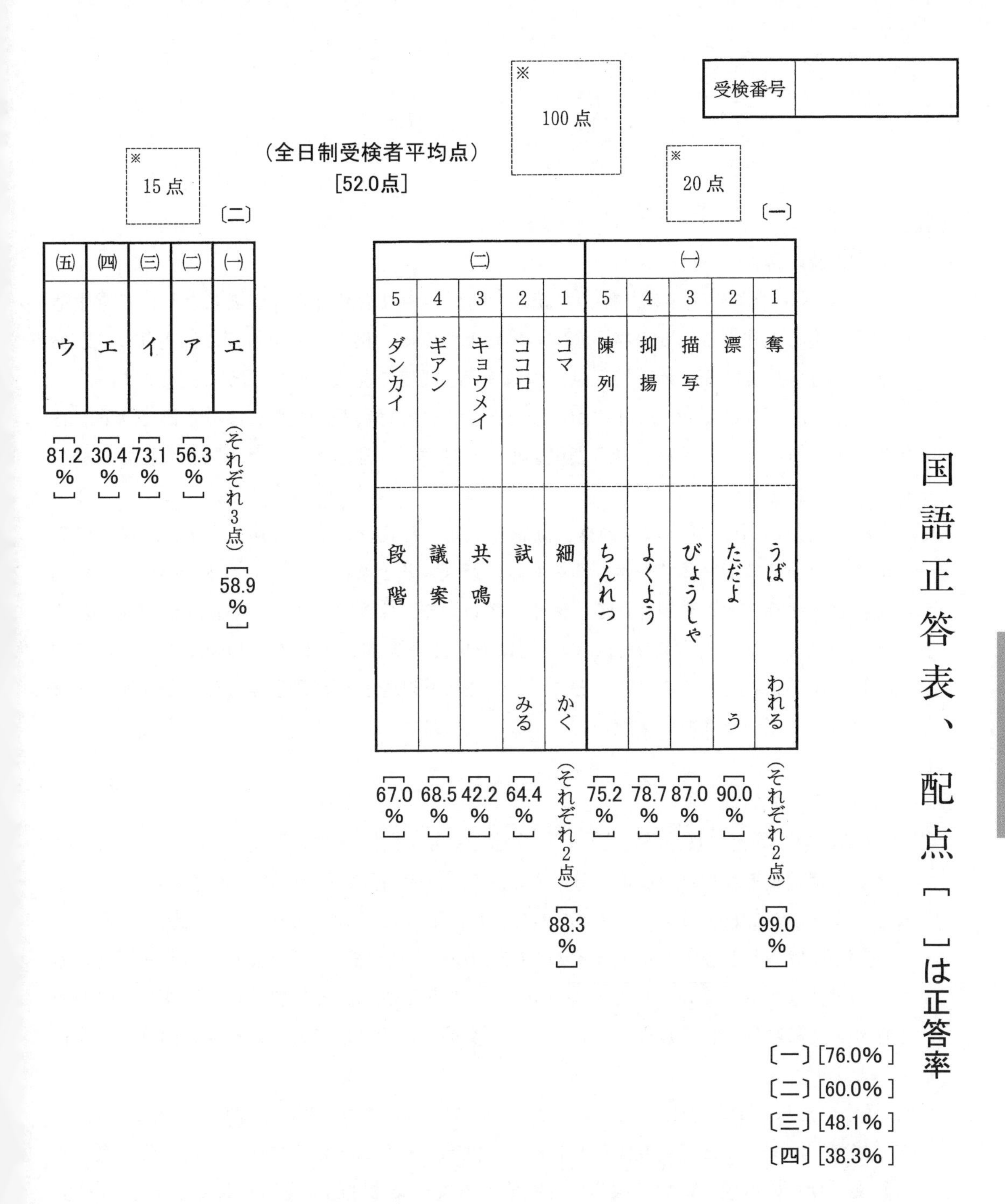

受検番号	

※100点

（全日制受検者平均点）
[52.0点]

〔一〕 ※20点

	番号	解答	読み・送り	正答率
(一)	1	奪	うば・われる	(それぞれ2点) [99.0%]
	2	漂	ただよ・う	[90.0%]
	3	描写	びょうしゃ	[87.0%]
	4	抑揚	よくよう	[78.7%]
	5	陳列	ちんれつ	[75.2%]
(二)	1	コマ	細・かく	(それぞれ2点) [88.3%]
	2	ココロ	試・みる	[64.4%]
	3	キョウメイ	共鳴	[42.2%]
	4	ギアン	議案	[68.5%]
	5	ダンカイ	段階	[67.0%]

〔二〕 ※15点

	解答	正答率
(一)	エ	(それぞれ3点) [58.9%]
(二)	ア	[56.3%]
(三)	イ	[73.1%]
(四)	エ	[30.4%]
(五)	ウ	[81.2%]

国　語

解説

〔一〕 漢字の読み書き

㈠ 〈漢字の読み取り〉訓読み2問、音読み3問。いずれも教科書に登場したり、日常生活において接したりする頻度の高い漢字の出題といえる。例年通り解答欄には送り仮名があらかじめ付されているため、傍線以外の送り仮名までを記入しないように注意したい。

「心を」奪（うば）われる、「雲が」漂（ただよ）うは前後の文脈により推測できる。日常生活を送る中で多く用いられる表現を正しく理解し、運用することが語彙の拡張に結び付くはずである。

㈡ 〈漢字の書き取り〉読み取り同様、訓読み2問、音読み3問の出題であった。漢字の書き取りにおいては楷書体で一点一画を明瞭に記入すると共に、トメ・ハネ・ハライにも細心の注意を払うことが重視される。例年「部首」や「字形」の似ている漢字が出題されることも少なくない。そのため日々の学習において意識的に手を動かし筆記することに加え、単に漢字を暗記することにとどめず、言葉の意味を正確に理解することから漢字を書き分けることにつなげていきたい。

〔二〕 言語・国語の知識

㈠ 〈文節の数〉与えられた【短文】は4文節であり、「休日に/図書館で/本を/借りる」と分ける。選択肢それぞれを文節に分けると、ア「虫の/音に/秋の/気配を/感じる」、イ「こまやかな/配慮に/感謝する」、ウ「あの/山の/向こうに/海が/ある」、エ「風が/入るように/窓を/開ける」となる。選択肢イの「感謝する」（複合語）を「感謝/する」と間違えやすいので注意する。また、ウ「あの/山の」のような連体詞と名詞は修飾・被修飾の関係となり2文節に分かれる点もミスしやすい。文節分けの問題では文節相互の関係にも注目するとよい。

㈡ 〈漢字の意味〉「眺望」は「遠くまで広く見渡すこと、眺め」という意味である。よって、ア「展望」が「遠くまで見渡すこと」という意味をもつことからアが正答となる。選択肢の短文「今後の展望」という表現は「眺望」のような物理的な見晴らしではなく、「社会や組織・人の行く末」という意味で使われているが、どちらも「見渡す」の意味をもつ。

㈢ 〈品詞の識別〉例文「聞こえない」は「聞こえる」＋「ない」であり、「ない」は動詞を打ち消す助動詞である。「ない」には大きく三つの種類がある。①助動詞、②形容詞・補助形容詞、③形容詞の一部である。助動詞は「ぬ」に置き換えられる。「聞こえない」は「聞こえぬ」、イの「届かない」は「届かぬ」と置き換えることができる。また、形容詞「ない」はその直前に「は」を入れられる。アの「遠くない」は「遠くはない」とすることができるため形容詞（ここでは補助形容詞）である。ウは形容詞「少ない」の一部であり、エは形容詞である。

(四)〈俳句の季語〉与えられた正岡子規の俳句の季語「若葉」は夏（初夏）の季語である。選択肢それぞれの季語は以下のとおりである。ア「山茶花」は冬、イ「鳥渡る」は北国からやってくる渡り鳥をあらわす秋の季語。また、ウ「水ぬるむ」は春、エ「噴水」は夏の季語である。季節の風物については教科書に掲載されているものに関しては覚えておきたい。また、名詞でなく「鳥渡る」や「水ぬるむ」といった動詞形の季語も存在する。季語は七夕が秋の季語であるように旧暦の季節区分を用い、現代の季節感とは異なる場合があるため注意したい。

(五) 昨年までの出題ではほとんど見られなかった手紙文についての出題である。しかし、今回は手紙文の知識を必要とする出題ではなく、「次の【説明】にしたがって」という書き出しから始まる問題文のとおり、【説明】部分を読み、そこに書かれた内容「相手を気づかう言葉」を選択すればよいというものであった。入試においては問題の指示は必ず守らなければならない。この問題に限らず、問題文は注意深く読む必要がある。

〔三〕 古文読解（鴨長明『無名抄』）

ジャンルは歌論書である。和歌に関する故実や歌人の逸話を随筆風に述べている。

【現代語訳】

俊恵が、藤原忠通殿の邸で歌合わせがあった時に、俊頼、基俊の二人が判者として、作者の名を隠してその場で勝負を判定したが、俊頼はこのような歌を詠んだ。

口惜しや雲井隠れに棲むたつも思う人にはみえけるものを
（残念なことだなあ、雲の中に隠れ住む「たつ」でさえも、強く願っている人には姿が見えたというのに）

この歌の「たつ」を、基俊が、「鶴（たづ）」だと勘違いして、「田鶴（たづ）は沢に住むが、雲の中に住むことなどあるものか」と非難し、負けにしてしまった。しかし、俊頼は、その場では、判詞を加えることもなかった。そしてその後、忠通殿が、「今晩の判定の詞をそれぞれ書いて差し出しなさい」とおっしゃった時、俊頼が「これは、鶴（たづ）ではなくて、竜（たつ）である。中国の誰それといった人が、竜を見たいという気持ちが深かったので、その人のために本物の竜が出現して姿を見せたということがありましたが、その故事をふまえて読んだ歌である」と判詞に書いた。

(一)〈歴史的仮名づかい〉語頭以外の「は・ひ・ふ・へ・ほ」は、それぞれ「わ・い・う・え・お」に改める。「すべてひらがな」で書くという指定を読み飛ばさぬこと。

㈡ 〈意味・選択〉「口惜しや」は形容詞「口惜し」(残念だ・あきらめられない) と詠嘆 (〜だなあ) を表す助詞からなる。「口惜し」の意味を漢字の知識と結び付けて引き出すことができれば、答えやすい出題である。

㈢ 〈心情把握・選択〉基俊が俊頼の和歌に登場する「たつ (竜)」を「たづ (田鶴)」と勘違いして非難する場面である。場面の把握については、生徒と先生の会話であるBからも判断できる。Aの情報を補完する情報は必ずBや (注) に存在する。融合文における出題では必ず、二つ (以上) の文章の両方から、互いに情報を補うことを意識することが大切である。さらに、傍線⑵直前の「田鶴は沢にこそ棲め」の「こそ」同様に「やは」は係助詞である。強調 (反語) を意味する。場面と係り結びの法則の両方から判断したい。

㈣ 〈意味・記述〉こうした出題では傍線部分を短く区切って、そのひとつひとつを現代語に直すことから始めるとよい。文法的には「加へ/ず」の「ず」は打ち消しを意味することから「(詞を) 加えなかった」という意味になる。基俊に非難されたことに対し、基俊が勘違いしているのだということに気づきながらも、その場では「何も言わなかった」のである。

㈤ Bの会話文から判断する。傍線⑷の直前にある「彼のなにがしとかやが、竜を見むと思へる心ざしの深かりけるによりて、」の「見む」は「見たい」という強い意志を表す。そして傍線部の「かれがため」は「竜を見たいと願うその人のために」と解釈できる。

㈥ 〈内容理解・記述〉「思ひ量りもなく」とは「深く考えることなく」という意味である。この設問では「具体的に」どういうことかを記述することを求められているため、基俊はどんなことを「深く考えず・考えが及ばず」非難したのかを具体的に表現する必要がある。本問においては、会話文の文脈から判断をしやすいため、40字という限られた文字数にまとめる力を試されている。普段の勉強でも記述問題はひとつの設問もいろいろな文字数で書いてみる訓練をしておくのがよい。

〔四〕 説明的文章読解 (桑子 敏雄『生命と風景の哲学』による)

Iの文章は七段落構成である。「風景」という誰にとってもなじみのあるテーマを扱いながらも、四段落において風景と「出会う (遭遇する)」ことはどういうことかを、「選ぶ (選択する)」と区別することにより、私たち人間と風景とのかかわりを述べている。大まかな内容は以下のとおりである。

私たちは外界からの刺激 (環境) により心 (身体) が動かされる。そのことを風景と「出会う」とし、私たち人間は風景と出会うことを通し、「自己の存在」を実感する。それゆえ人間にとって存在するとは「風景とともに」歩むことである。

説明的文章読解においては、筆者がキーワードについて独自の意味付け、定義付けを行う場合が少なくない。日常的になじみ深く、知識として意味を知っていることばであっても、文章内ではどのような前提の下、どのような意味でその語が用いられているかは、注意深く読み取る必要がある。

㈠〈言い換え・書き抜き〉第三段落に「風景とは」から始まる一文こそが本文における「風景」の定義を示す文である。「〜とは」という特徴的な表現から判断したい。

㈡〈適語補充・選択肢〉概念的とは個別・具体性を伴わず、抽象的に物事を捉えることである。ここでは A の後に、私たちが自己の存在を了解するとは「自己の存在を感じること」であるとあり、また、第四段落には具体的に海の風景との出会いが挙げられている。海との出会いに感動するというのは、概念的ではなく具体的である。「概念」・「抽象」・「具体」といったことばは説明的文章の読解にはよく出てくる語句である。こうしたことばとの出会いの経験は貴重である。あいまいなままにせず、辞書を引いて意味を知っておきたい。

㈢〈内容理解・選択肢〉傍線(2)は第四段落の最終文であり、まとめである。傍線部の「風景を選択する」は行為の選択である。人は風景を見るために目を開ける行為はできるが、「風景に出会う」というのは選択の領域からは外れるということである。すなわちその時々で異なる立ち現れた風景と出会う選択はできないのである。また、「風景は行為を選択できないこと」も同じ段落に述べられている。よって「人は行為を選択できない」ことを示す選択肢を選ぶ。

㈣〈内容理解・記述〉「風景の出現」がいかに成立するのかについての記述である。傍線直前に着目すると①「外界からの刺激によって心が動かされる。」、②「その刺激によって成立するのが空間の相貌の立ち現れであり、風景である。」と述べられている。①の外界からの刺激を受け取るのは、例えば目であるが、それは第三段落においては、「身体に属する感覚器官」と表現され、③「身体に属する感覚器官に対して感覚的に立ち現れるとき、そこに風景が出現する」としている。よって、①〜③を整理すると、外界からの刺激を身体に属する感覚器官で受け取り、心が動かされることによって風景が現れるのである。傍線前後以外の箇所もチェックする必要がある。

㈤〈適語補充・選択肢〉 a の直前部では私たちは日々特別な風景に「出会っているわけではない」ということが述べられている。また a 直後には、生まれた時から絶えず風景に「出会っている」という内容が続く。前後の内容は逆接でつなぐことが適切であるため、a には逆接の接続詞「しかし」を入れる。接続語の問題では、「何」と「何」をつなぐのかを捉えること、さまざまな接続語の働きを理解していることの両方が試されているのである。

㈥〈内容理解・記述〉 Ⅰの文章と同じ著書の別の一部分を文章Ⅱとして示している。Ⅰ・Ⅱの二つの文章を統合し読解する問題である。こうした出題パターンは令和3年度入試にも見られた。Ⅱの文章は二段落から成る。一段落目では見慣れた風景への出会いは、その風景の出現を促した自己の変化によるものであるということが述べられている。また、二段落目では風景について考えることは人間が風景のうちに生きているということに気づくことの契機となると述べている。波線部分は第二段落のまとめの役割を果たしており、「風景への思索」＝「自己の存在に対する思索」というものである。

設問ではⅠとⅡの文章を踏まえるという指示が与えられているため、Ⅰの文章から波線部分に示されている内容と共通する部分や関連部分がないかを探すことで、Ⅰ・Ⅱを統合する接点を見つける。すると、Ⅰの文章の第一段落において、「自己の存在を了解するということが、自己の存在の本質的契機である。風景との出会いは、そのような契機を提供する」という内容に行き着く。換言すると「風景との出会いが自己の存在を了解することの契機を提供する」ということである。また、同段落に「自己の存在の了解」とは「自分という存在がこの世界に存在している・生きていると感じ、意識すること」であるという点にも言及されている。よって、これらの内容を組み立てることで解答できる。大きくは「風景と出会うこと＝自己の存在を了解するという本質的契機の提供」、「風景についての思索＝自己の存在への思索」である。このことは共に「人間の自己理解」を深めているという解釈が成り立つ。記述を解答する際には、一気にすべてを書き切ろうとするのではなく、本文中に見られる言い換えなどにも気を配りながら、手直しをしながら答案の完成に近づけていくとともに、設問を正確に読み取ることが重要である。本問においては「なぜ」と理由を問うものであったので、答案の文末の処理は「〜から。」とする。制限字数が多くなるほど、解答の構成力が大切になる。完成させた答案は必ず読み直すようにしたい。

令和３年度入試問題

国語は353ページ～345ページに掲載。

実際の入試は下記の順で行われました。

国 語　10時00分～10時50分（50分間）
数 学　11時10分～12時00分（50分間）
英 語　13時00分～13時50分（50分間）
社 会　14時10分～15時00分（50分間）
理 科　15時20分～16時10分（50分間）

WEBサイト「新潟日報メディアネットブックストア」からダウンロードできます。

解答用紙ダウンロード➡

数　学

〔1〕 次の(1)~(8)の問いに答えなさい。

(1) $6-13$ を計算しなさい。

(2) $2(3a+b)-(a+4b)$ を計算しなさい。

(3) $a^3b^5 \div ab^2$ を計算しなさい。

(4) $\sqrt{14}\times\sqrt{2}+\sqrt{7}$ を計算しなさい。

(5) 2次方程式$x^2+7x+5=0$ を解きなさい。

(6) y は x の 2 乗に比例し，$x=-2$ のとき $y=12$ である。このとき，y を x の式で表しなさい。

(7) 右の図のように，円 O の円周上に 3 つの点 A，B，C があり，線分 OA の延長と点 B を接点とする円 O の接線との交点を P とする。$\angle APB=28^\circ$ であるとき，$\angle x$ の大きさを答えなさい。

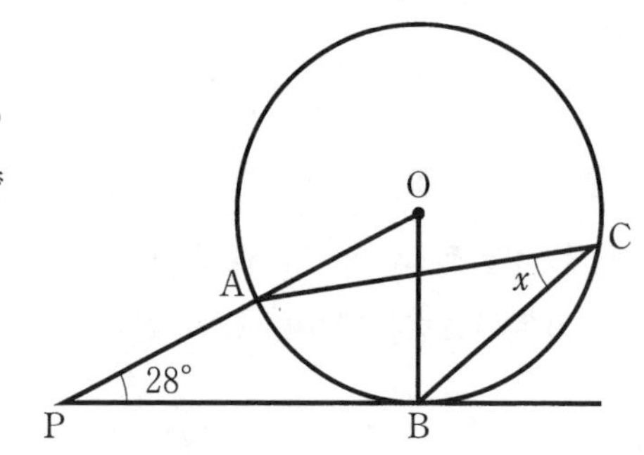

(8) 右の表は，ある中学校の生徒 80 人の通学距離を調べ，度数分布表にまとめたものである。このとき，次の①，②の問いに答えなさい。

① 200 m 以上 400 m 未満の階級の相対度数を，小数第 2 位まで答えなさい。

② 通学距離の中央値がふくまれる階級を答えなさい。

階級(m)	度数(人)
以上　　未満	
0 ～ 200	3
200 ～ 400	20
400 ～ 600	16
600 ～ 800	12
800 ～ 1000	23
1000 ～ 1200	6
計	80

〔2〕 次の⑴～⑶の問いに答えなさい。

⑴ 連続する 2 つの自然数がある。この 2 つの自然数の積は，この 2 つの自然数の和より 55 大きい。このとき，連続する 2 つの自然数を求めなさい。

⑵ 赤玉 1 個，白玉 2 個，青玉 2 個が入っている袋 A と，赤玉 2 個，白玉 1 個が入っている袋 B がある。袋 A，袋 B から，それぞれ 1 個ずつ玉を取り出すとき，取り出した 2 個の玉の色が異なる確率を求めなさい。

⑶ 下の図のような，正三角形 ABC があり，辺 BC の中点を M とする。辺 BC 上にあり，$\angle BDA = 105^\circ$ となる点 D を，定規とコンパスを用いて作図しなさい。ただし，作図は解答用紙に行い，作図に使った線は消さないで残しておくこと。

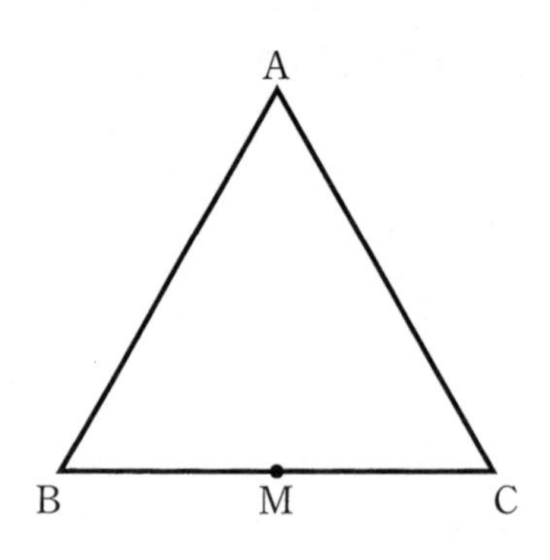

〔3〕 下の図1のように空(から)の水そうがあり，P，Qからそれぞれ出す水をこの中に入れる。最初に，P，Qから同時に水を入れ始めて，その6分後に，Qから出す水を止め，Pからは出し続けた。さらに，その4分後に，Pから出す水も止めたところ，水そうの中には230 Lの水が入った。

P，Qから同時に水を入れ始めてから，x分後の水そうの中の水の量をy Lとする。下の図2は，P，Qから同時に水を入れ始めてから，水そうの中の水の量が230 Lになるまでの，xとyの関係をグラフに表したものである。このとき，次の(1)~(3)の問いに答えなさい。ただし，P，Qからは，それぞれ一定の割合で水を出すものとする。

図1

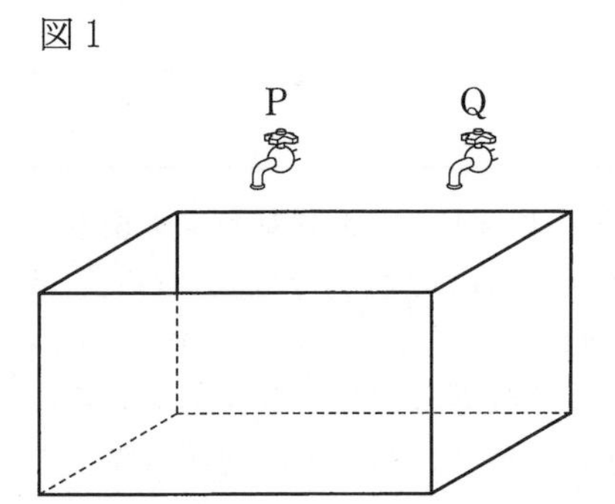

図2

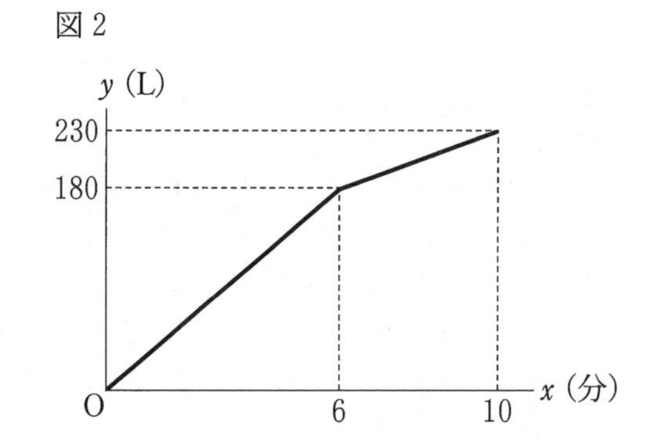

(1) 図2について，$0 \leqq x \leqq 6$のとき，直線の傾きを答えなさい。

(2) 図2について，$6 \leqq x \leqq 10$のとき，xとyの関係を$y = ax + b$の形で表す。このとき，次の①，②の問いに答えなさい。

① bの値を答えなさい。

② 次の文は，bの値について述べたものである。このとき，文中の［　　］に当てはまる最も適当なものを，下のア～エから1つ選び，その符号を書きなさい。

> bの値は，P，Qから同時に水を入れ始めてから，水そうの中の水の量が230 Lになるまでの間の，［　　］と同じ値である。

ア 「Pから出た水の量」と「Qから出た水の量」の和

イ 「Pから出た水の量」から「Qから出た水の量」を引いた差

ウ Pから出た水の量

エ Qから出た水の量

(3) Pから出た水の量と，Qから出た水の量が等しくなるのは，P，Qから同時に水を入れ始めてから何分何秒後か，求めなさい。

〔4〕 右の図1のように，AB＝4 cm，BC＝2 cm の長方形 ABCD があり，△ACD≡△FBE となるように，対角線 BD 上に点 E を，辺 BA の延長上に点 F をそれぞれとる。
このとき，次の(1)，(2)の問いに答えなさい。

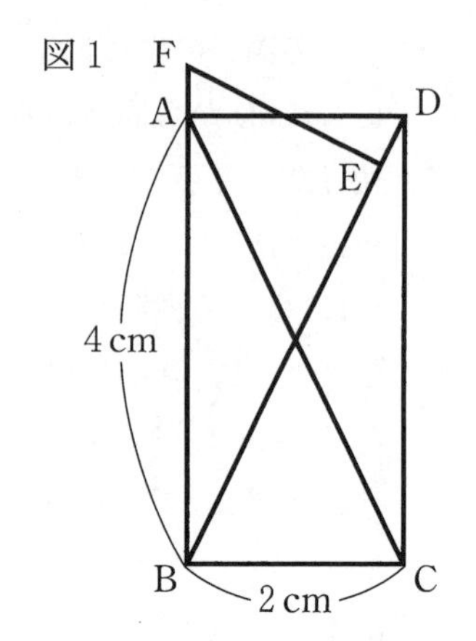

(1) 線分 DE の長さを答えなさい。

(2) 次の文は，ある中学校の数学の授業での，先生と生徒の会話の一部である。この文を読んで，あとの①～④の問いに答えなさい。

先生： 厚紙に，上の図1の △FBE と合同な △PQR を作図し，これを切り取ります。また，次のページの図2のように，半直線 OX と，OX に垂直な半直線 OY を紙にかきます。この紙の上に，切り取った △PQR を，次のページの図3のように，頂点 Q を点 O と，辺 PQ を半直線 OY と，それぞれ重ねて置き，次の手順 I，II に従って動かします。このとき，頂点 R の動きについて，何か気づくことはありますか。

> 手順
> I 図3の △PQR の位置から，頂点 P を半直線 OY 上で，頂点 Q を半直線 OX 上で，それぞれ矢印の向きに動かす。次のページの図4は，頂点 P が半直線 OY 上のある点を，また，頂点 Q が半直線 OX 上のある点を，それぞれ通るときのようすを表したものである。
> II 次のページの図5のように，頂点 P が点 O と重なったとき，△PQR を動かすことを終了する。

ケン： 頂点 R は，ある1つの直線上を動いているような気がします。不思議ですね。

ナミ： ある1つの直線上を動くのなら，その直線は点 O を通りそうです。

先生： それが正しいかどうかを確かめるために，∠ROX に注目してみましょう。

ナミ： 図3では，∠QRP の大きさが［ ア ］度だから，∠ROX の大きさは ∠RPQ の大きさと等しくなります。

先生： そうですね。では，図4で，点 O と頂点 R を結ぶと同じことが言えるでしょうか。

リエ： 図4で，3点 P，Q，R を通る円をかくと，∠QRP の大きさは［ ア ］度だから，△PQR の辺［ イ ］はその円の直径になります。

先生： 今のリエさんの考え方を使って，∠ROX の大きさは ∠RPQ の大きさと等しくなることが証明できます。この証明をノートに書いてみましょう。

ナミ： できました。

ケン：　私もできました。図5でも，∠ROX の大きさは ∠RPQ の大きさと等しくなるので，頂点 R は，点 O を通る 1 つの直線上を動くと言えます。

先生：　そのとおりです。よくできました。次に，手順Ⅰ，Ⅱに従って △PQR を動かしたときの頂点 R の道のりを，頂点 R の動きをふまえて求めてみましょう。

リエ：　はい。頂点 R が動いた道のりは [ウ] cm です。

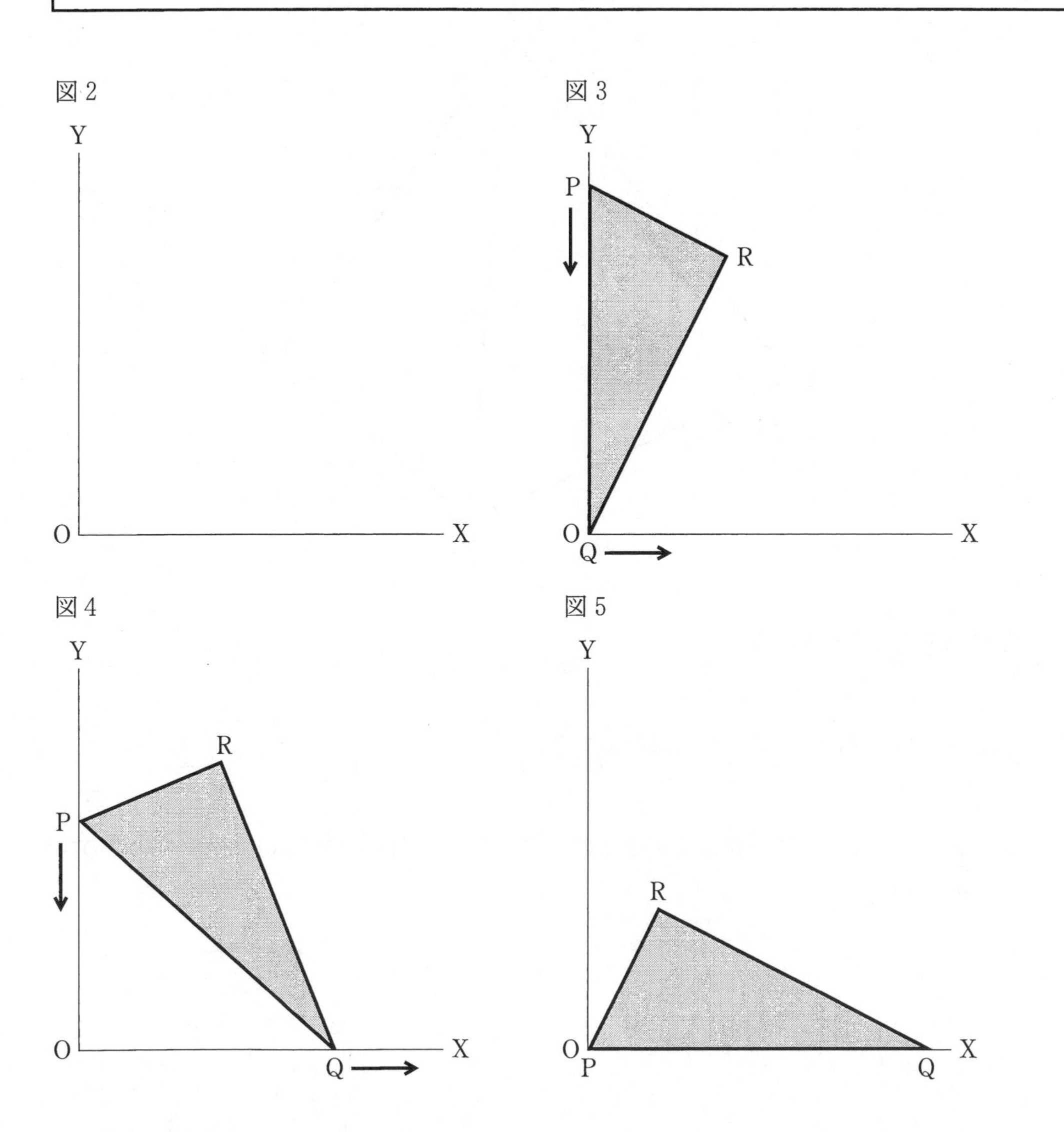

① [ア] に入る値を答えなさい。

② [イ] に入る，△PQR の辺はどれか，答えなさい。

③ 下線部分について，リエさんの考え方を使って，図4で ∠ROX の大きさが ∠RPQ の大きさと等しくなることを証明しなさい。

④ [ウ] に入る値を求めなさい。

〔5〕 下の図のような1辺の長さが8 cmの正四面体ABCDがあり，辺AC，ADの中点をそれぞれM，Nとする。また，辺AB上にAE = 2 cmとなるような点Eをとり，辺BC上にBF = 3 cmとなるような点Fをとる。このとき，次の⑴~⑶の問いに答えなさい。

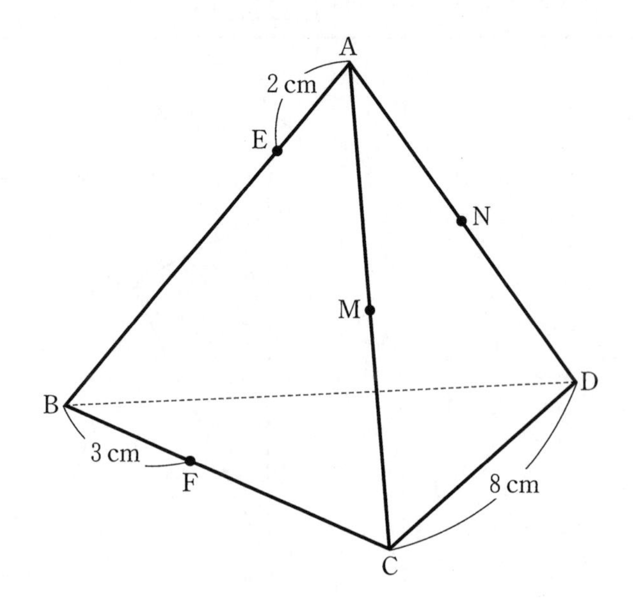

⑴ 線分MNの長さを答えなさい。

⑵ △AEM ∽ △BFEであることを証明しなさい。

⑶ 5点F，C，D，N，Mを結んでできる四角すいの体積は，三角すいEAMNの体積の何倍か，求めなさい。

数学解答用紙

（注１） 解答は，横書きで記入すること。

〔１〕

(1)		(2)		(3)	
(4)		(5)	$x=$	(6)	
(7)	$\angle x=$　　　　度				
(8)	①	②	m以上　　m未満		

〔２〕

(1) 〔求め方〕

答 ＿＿＿＿

(2) 〔求め方〕

答 ＿＿＿＿

(3)

A

B　M　C

〔３〕

(1)			
(2)	①	$b=$	②

(3) 〔求め方〕

答 ＿＿分＿＿秒後

受検番号	

〔4〕

(1)		cm
(2)	①		②	
	③	〔証明〕
	④	〔求め方〕 答 ＿＿＿＿＿＿ cm

〔5〕

(1)	cm
(2)	〔証明〕
(3)	〔求め方〕 答 ＿＿＿＿＿＿ 倍

英　語

※リスニング音声はWEBサイト
「新潟日報メディアネットブックストア」から聞けます。
令和３年度リスニング音声➡

〔1〕 放送を聞いて，次の(1)～(3)の問いに答えなさい。

(1) これから英文を読み，それについての質問をします。それぞれの質問に対する答えとして最も適当なものを，次のア～エから一つずつ選び，その符号を書きなさい。

1　ア　On Sunday, November 22.　　イ　On Monday, November 23.
　　ウ　On Tuesday, November 24.　　エ　On Wednesday, November 25.

2　ア　Here you are.　　イ　How about you?
　　ウ　No, thank you.　　エ　See you later.

3　ア　Baseball.　　イ　Basketball.
　　ウ　Tennis.　　エ　Volleyball.

4　ア　Betty and her brother.　　イ　Betty and her father.
　　ウ　Betty and her mother.　　エ　Betty's father and mother.

(2) これから英語で対話を行い，それについての質問をします。それぞれの質問に対する答えとして最も適当なものを，次のア～エから一つずつ選び，その符号を書きなさい。

1　ア　Yes, he has.　　イ　No, he hasn't.
　　ウ　Yes, he will.　　エ　No, he won't.

2　ア　About music.　　イ　About school.
　　ウ　About the station.　　エ　About the weather.

3　ア　The blue T-shirt.　　イ　The red T-shirt.
　　ウ　The white T-shirt.　　エ　The yellow T-shirt.

4

(3) これから，留守番電話に録音された，ケビン(Kevin)からのあなたへのメッセージを再生します。そのメッセージについて，二つの質問をします。それぞれの質問の答えを，3語以上の英文で書きなさい。

〔2〕 次の英文は，ボランティア活動(volunteer activity)への参加募集の【広告】の一部と，それについて，アン(Anne)とマーク(Mark)が話をしている【会話】です。【広告】と【会話】を読んで，下の(1)，(2)の問いに答えなさい。

【広告】

WE NEED VOLUNTEERS!

We are looking for volunteers in this town. We have four activities.

Volunteer Activity A	Volunteer Activity B
Planting flowers in the park 9:00 − 11:00, Sunday	Helping young children when they study 16:00 − 17:00, Friday
Volunteer Activity C	**Volunteer Activity D**
Cleaning the beach 15:00 − 17:00, Saturday or Sunday	Talking with people at the nursing home 16:00 − 17:00, Monday or Wednesday

(注) plant～ ～を植える　beach 浜辺　nursing home 高齢者福祉施設

【会話】

Anne: Which volunteer activity are you interested in?
Mark: I'm interested in all of them, but I'm busy from Monday to Friday. I want to plant flowers in the park.
Anne: Wait. You and I have a piano lesson in the morning every Sunday.
Mark: That's right. OK, so I will take part in [　　　].

(1) 【会話】の[　　　]の中に入る最も適当なものを，次のア～エから一つ選び，その符号を書きなさい。

ア Volunteer Activity A　　イ Volunteer Activity B
ウ Volunteer Activity C　　エ Volunteer Activity D

(2) 【広告】の四つの "Volunteer Activity" について，あなたが参加するとしたら，どのボランティア活動に参加しますか。解答用紙の(　　)の中に，A～Dから一つ選んでその符号を書き，それに続けて，その理由を4行以内の英文で書きなさい。

〔3〕 次の英文を読んで，あとの(1)～(6)の問いに答えなさい。

Akari is a Japanese high school student. Now she is talking with Steve, a high school student from Australia. Steve is studying at Akari's school.

Akari: Hi, Steve. How was your weekend?

Steve: Hello, Akari. It was nice. Last Sunday, I went skiing with my host family. It was my first time. I was excited to see a lot of snow. How was your weekend?

Akari: It was nice, too. I didn't go out, but I (**A**) a good time at home.

Steve: That's good. What did you do at home?

Akari: I enjoyed listening to music, reading books, and watching TV. Well, last Saturday, I watched a TV program about three Japanese people (**B**) in other countries. It was interesting. Did you watch it?

Steve: No, I didn't. What do the Japanese people do in other countries?

Akari: They do different jobs. One person is a teacher of Japanese in India. She gives her students great lessons. She also takes part in local events and introduces traditional Japanese culture to the people.

Steve: That's nice. I think she can make the people in India more interested in Japan.

Akari: I think so, too. Well, another person is an architect in America. He studies hard and knows a lot about the environment. The buildings he designs are beautiful and eco-friendly. So, [by, he, respected, is]$_{\text{C}}$ the people around him.

Steve: Wow, that's nice, too! What does the last person do?

Akari: The last one is a farmer who works with people in Africa. He [them, to, teaches, how]$_{\text{D}}$ grow rice and vegetables well. He works hard for the people, so they trust him.

Steve: That's great.

Akari: But the Japanese farmer had a problem when he first came to Africa. It was hard for him to grow rice and vegetables well.

Steve: Why?

Akari: Because the soil was not rich. [**E**], he couldn't make the soil rich in his own way. Then, he talked a lot with the local people. He got some useful ideas from them and found a good way to make the soil rich. Finally, he solved <u>the problem</u>$_{\text{F}}$. He said, "That was a good experience to me. I'm glad to work in Africa because I can share such good experiences with the local people."

Steve: I see. As for me, since I came to Japan, I've had many kinds of experiences with Japanese people. <u>I think these experiences are important</u>$_{\text{G}}$.

Akari: Why do you think so?

令和3年度 入試問題

Steve: Because I've found some differences between Japan and Australia through my experiences with Japanese people. This has given me a chance to think about my own country.

Akari: I understand. I've never been to any other countries. In the future, I want to go abroad and have many experiences like you.

(注) go skiing　スキーに行く　　host family　ホストファミリー　　local　地元の
introduce～　～を紹介する　　culture　文化　　environment　環境
eco-friendly　環境にやさしい　　vegetable　野菜　　trust～　～を信頼する　　soil　土壌
rich　肥沃な　　solve～　～を解決する　　as for～　～に関して言えば
go abroad　外国に行く

⑴　文中のA，Bの(　　　)の中に入る最も適当な語を，次のア～エからそれぞれ一つずつ選び，その符号を書きなさい。

A　ア　did　　イ　had　　ウ　played　　エ　was

B　ア　work　　イ　works　　ウ　worked　　エ　working

⑵　文中のC，Dの［　　　］の中の語を，それぞれ正しい順序に並べ替えて書きなさい。

⑶　文中のEの［　　　］の中に入る最も適当なものを，次のア～エから一つ選び，その符号を書きなさい。

ア　At first　　イ　By the way　　ウ　Each other　　エ　Excuse me

⑷　下線部分Fの内容として最も適当なものを，次のア～エから一つ選び，その符号を書きなさい。

ア　The Japanese farmer couldn't talk with the local people in Africa.

イ　The Japanese farmer couldn't take part in the local events in Africa.

ウ　The Japanese farmer couldn't grow rice and vegetables well in Africa.

エ　The Japanese farmer couldn't share good experiences with the local people in Africa.

⑸　下線部分Gについて，スティーブ(Steve)がそのように思う理由を，具体的に日本語で書きなさい。

⑹　本文の内容に合っているものを，次のア～エから一つ選び，その符号を書きなさい。

ア　The Japanese teacher is so busy with her students every day that she can't take part in local events in India.

イ　The Japanese architect in America knows many things about the environment, and he designs beautiful and eco-friendly buildings.

ウ　The Japanese farmer was able to make the soil rich without getting any ideas from the local people in Africa.

エ　Akari had a good experience with her friends when she went to Australia, so she wants to go there again.

〔4〕 次の英文を読んで，あとの(1)～(6)の問いに答えなさい。

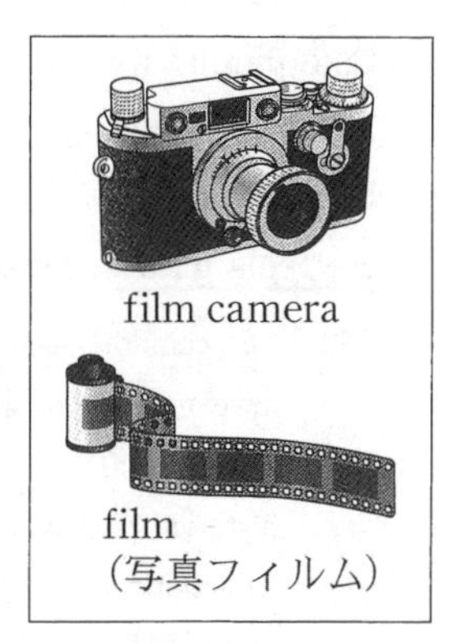

Sakura was a junior high school student. She liked walking around the town with an old film camera. When she was ten years old, her grandfather gave her the film camera that he used. Of course, it wasn't easy for her to use it and take pictures. The camera couldn't show images. She could see them when the pictures were developed. Using such an old film camera needed more time and effort than using digital cameras. But, through using the old film camera, she learned <u>one thing</u> (A) about taking pictures. She learned to look at things carefully before taking one picture. She liked the old film camera.

Sakura saw a lot of things and people through the camera lens. She took pictures of beautiful flowers, cute animals, historic buildings, and her family.

One Sunday morning, Sakura went out with the old film camera. It was a nice day and she felt a warm wind. Soon, when she started to take pictures, she couldn't push the button of the camera. She thought something was wrong with it.

Sakura went back home and told her grandfather about the old film camera. He said, "Sakura, I'm sorry but I can't repair this old camera." She looked sad. He said, "Why don't you visit Mr. Suzuki? I'm sure he can repair this camera." Mr. Suzuki worked at a camera shop. She often went there to ask him to develop pictures.

(B) <u>In the afternoon, Sakura went to the camera shop</u>. When she went into the shop, Mr. Suzuki looked at her and said, "Hi, Sakura, how are you? What can I do for you today?" She said to him, "I can't push this button of the camera. Please repair it." He said, "OK. Can I look at it?" He took the camera from her and went to his desk. There were many parts and tools there. He looked into the camera very carefully. She watched him without saying any words. "I see. I have to change some parts," he said. She asked, "Can you repair this camera?" He said, "Sure. Well, it'll take some time. Sakura, can you wait for two weeks?" She said, "Yes."

Two weeks later, when Sakura visited the camera shop, Mr. Suzuki was waiting for her. When she took the old film camera from him, she said, "(C) <u>I'm really glad</u>. I'll always use this camera with care." He said, "I'm glad to hear that. If you have any trouble, please come to me." "Thank you, Mr. Suzuki," she said. "I also want to ask you a question. Why do you work at a camera shop?"

Mr. Suzuki smiled and then he said, "Because I like cameras very much. When I was a child, I enjoyed taking a lot of pictures with my father. When I was a high school student, he bought me a new camera. After that, I became more interested in cameras, and I decided to work at a camera shop."

Mr. Suzuki also said to Sakura, "About thirty years ago, I started working at this camera shop. Since then many customers have come here with some trouble. When I can help them, they smile. I'm glad to see their happy faces. Working at this camera shop makes me happy."

Now Sakura is a high school student. She usually goes to the lake or the mountain to take pictures when she is free. After taking many pictures, she visits the camera shop to ask Mr. Suzuki to develop them. When she finds a very wonderful picture, she says to him, "Look, Mr. Suzuki. How beautiful!" She likes talking about her pictures with him. He feels glad because he knows she keeps using the old film camera with love.
D

（注） film camera　写真フィルムを用いて撮影するカメラ　　image　画像
develop～　～を現像(撮影した写真フィルムを化学的に処理し，画像として現すこと)する
effort　労力　　digital camera　デジタルカメラ　　camera lens　カメラレンズ
historic　歴史的な　　button　押しボタン
something was wrong with～　～はどこか故障があった　　repair～　～を修理する　　part　部品
tool　道具　　look into～　～の中を見る　　with care　大切に　　keep ～ing　～し続ける

⑴ 下線部分**A**について，その内容を，具体的に日本語で書きなさい。

⑵ 下線部分**B**について，サクラ(Sakura)はなぜカメラ屋に行ったのか。その理由として最も適当なものを，次のア～エから一つ選び，その符号を書きなさい。

ア　To ask Mr. Suzuki to develop pictures.
イ　To ask Mr. Suzuki to repair the old film camera.
ウ　To ask Mr. Suzuki to show Sakura the parts of the camera.
エ　To ask Mr. Suzuki to take pictures of the cute animals.

⑶ 下線部分**C**について，サクラはなぜそのように感じたのか。その理由として最も適当なものを，次のア～エから一つ選び，その符号を書きなさい。

ア　Because Sakura could use the old film camera again.
イ　Because Sakura found a beautiful picture at the camera shop.
ウ　Because Sakura got a new film camera from Mr. Suzuki.
エ　Because Sakura learned a new way to take pictures from Mr. Suzuki.

⑷ 次の①～③の問いに対する答えを，それぞれ3語以上の英文で書きなさい。

① Did Sakura get the old film camera from her father?
② Who told Sakura to visit Mr. Suzuki when something was wrong with the old film camera?
③ What does Sakura usually do in her free time?

⑸ 本文の内容に合っているものを，次のア～エから一つ選び，その符号を書きなさい。

ア　Sakura could use the old film camera easily to take pictures when she was ten years old.
イ　Sakura took pictures of only flowers because she really liked them.
ウ　Mr. Suzuki felt glad when he made his customers happy at the camera shop.
エ　Mr. Suzuki started a new camera shop when Sakura became a high school student.

⑹ 下線部分**D**とあるが，あなたがこれまでにうれしいと感じたことを一つあげ，その理由も含め，4行以内の英文で書きなさい。

英 語 解 答 用 紙

（注１） 解答は，横書きで記入すること。

〔１〕

(1)	1		2		3		4	
(2)	1		2		3		4	
(3)	1							
	2							

〔２〕

(1)	
(2)	I want to take part in Volunteer Activity (　　　).

〔３〕

(1)	A		B	
(2)	C			
	D			
(3)				
(4)				
(5)				
(6)				

令和３年度 入試問題

受検番号	

〔4〕

<table>
<tr><td>(1)</td><td colspan="2"></td></tr>
<tr><td>(2)</td><td colspan="2"></td></tr>
<tr><td>(3)</td><td colspan="2"></td></tr>
<tr><td rowspan="3">(4)</td><td>①</td><td></td></tr>
<tr><td>②</td><td></td></tr>
<tr><td>③</td><td></td></tr>
<tr><td>(5)</td><td colspan="2"></td></tr>
<tr><td>(6)</td><td colspan="2"></td></tr>
</table>

社　会

〔1〕 次の地図1，2を見て，下の(1)～(3)の問いに答えなさい。なお，地図中の緯線は赤道を基準として，また，経線は本初子午線を基準として，いずれも30度間隔で表している。

地図1

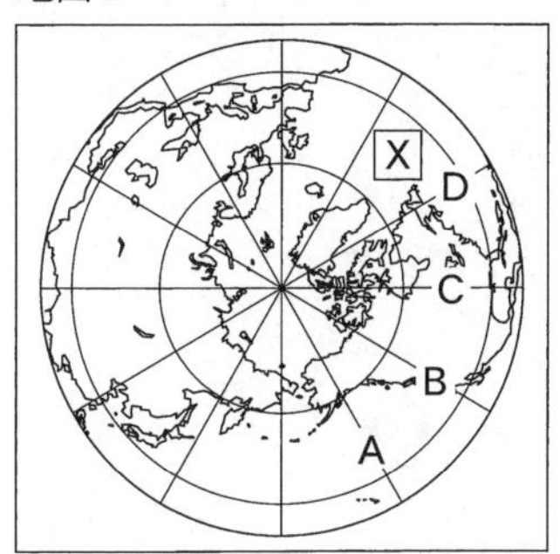

地図2

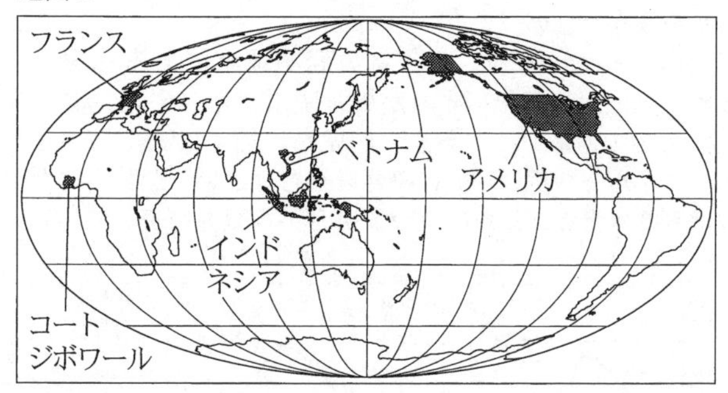

(1) 地図1は，北極点を中心に北半球を表したものである。この地図について，次の①，②の問いに答えなさい。

① 地図1中の X は，三つの海洋(大洋)の一つである。 X の海洋の名称を書きなさい。

② 地図1中のA～Dで示した経線のうち，南アメリカ大陸を通るものはどれか。A～Dから一つ選び，その符号を書きなさい。

(2) 地図2で示したベトナムについて，この国で最も多く栽培される農作物を主な材料に用いた料理を示したものとして，最も適当なものを，下の**Ⅰ群**のア～エから一つ選び，その符号を書きなさい。また，この国のようすについて述べた文として，最も適当なものを，下の**Ⅱ群**のカ～ケから一つ選び，その符号を書きなさい。

Ⅰ群

ア

とうもろこしの粉をねって焼いたものに肉や野菜をはさんだ料理

イ

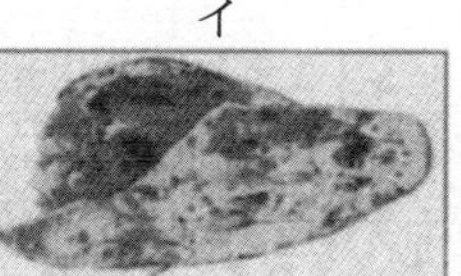

小麦粉をうすくのばして焼いた料理

ウ

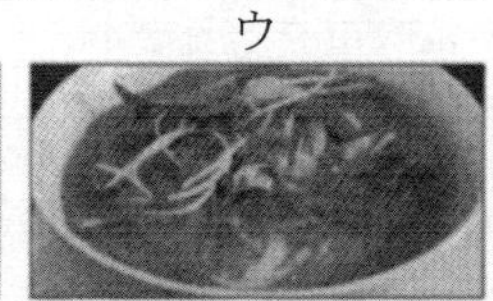

米の粉からつくっためんをスープで食べる料理

エ

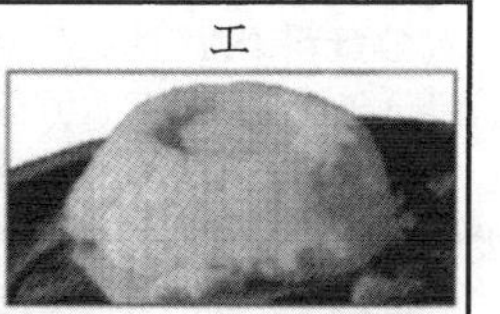

キャッサバの粉を熱湯でこねた料理

Ⅱ群

カ　ペルシア湾岸地域でとれる原油の収入により，生活や産業を支える施設が整えられている。
キ　EUに加盟し，ユーロが導入されて，仕事や観光のための人々の移動が活発になった。
ク　標高4000 m付近の作物が育たない地域では，リャマやアルパカを放牧している。
ケ　ASEANに加盟し，日本を含む外国の企業を受け入れて，工業化を進めた。

(3) 次の表は，地図2で示したコートジボワール，フランス，インドネシア，アメリカについて，それぞれの国の人口，人口密度，主な輸出品目と金額を示したものであり，表中のa～dは，これらの四つの国のいずれかである。このうち，a，dに当てはまる国名の組合せとして，最も適当なものを，次のア～エから一つ選び，その符号を書きなさい。

	人口(千人)	人口密度(人/km^2)	主な輸出品目と金額(百万ドル)					
			第1位		第2位		第3位	
a	65,274	118	機械類	113,661	自動車	54,647	航空機	51,999
b	26,378	82	カカオ豆	3,253	野菜・果実	1,399	石油製品	1,003
c	331,003	34	機械類	398,033	自動車	126,117	石油製品	103,192
d	273,524	143	石炭	23,979	パーム油	16,528	機械類	14,813

(「世界国勢図会」2020/21年版による)

ア〔a　フランス，d　コートジボワール〕　イ〔a　フランス，d　インドネシア〕
ウ〔a　アメリカ，d　コートジボワール〕　エ〔a　アメリカ，d　インドネシア〕

〔2〕 右の地図を見て，次の(1)～(4)の問いに答えなさい。

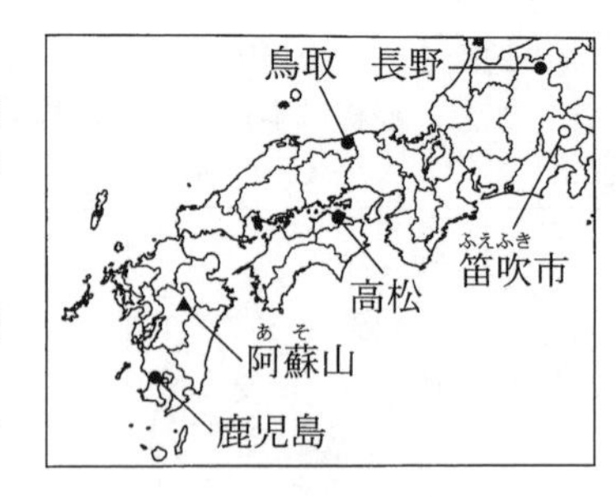

(1) 地図中の阿蘇山にみられる，火山の爆発や噴火による陥没などによってできた巨大なくぼ地のことを何というか。その用語を書きなさい。

(2) 次のア～エのグラフは，気象観測地点である鹿児島，高松，鳥取，長野のいずれかの月降水量と月平均気温を表したものである。このうち，鹿児島に当てはまるものを，ア～エから一つ選び，その符号を書きなさい。なお，棒グラフは月降水量を，折れ線グラフは月平均気温を表している。

ア

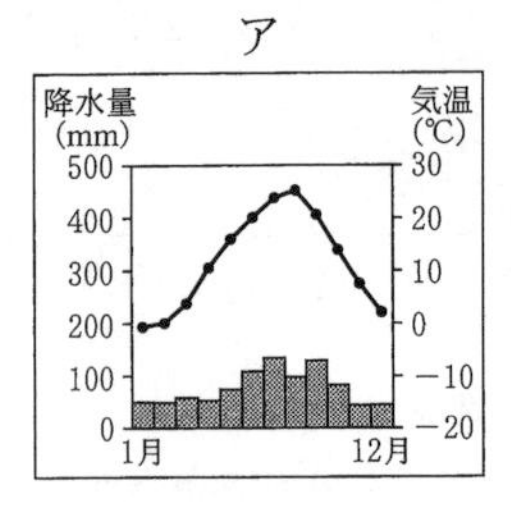

イ

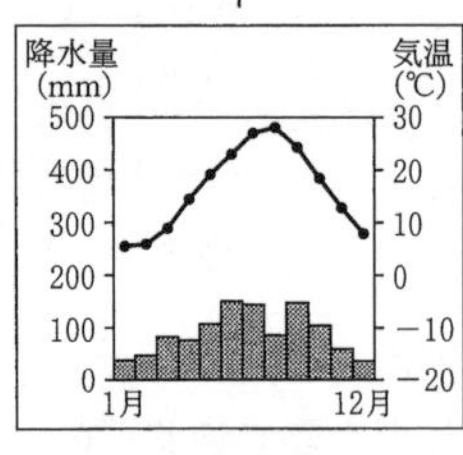

ウ

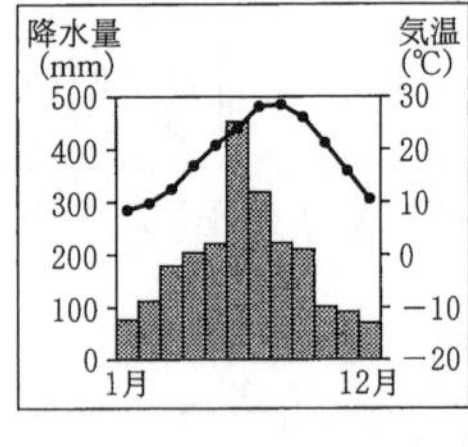

エ

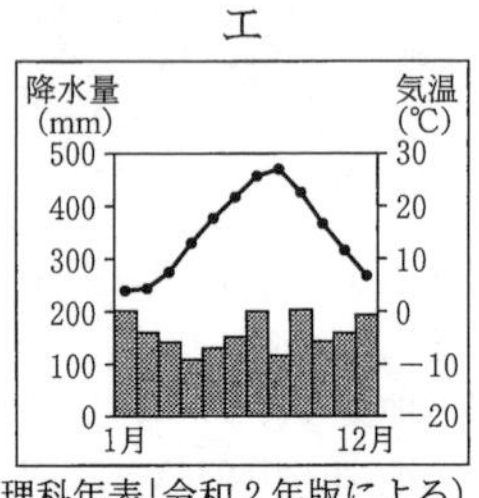

(「理科年表」令和2年版による)

(3) 右のグラフは，愛知県，大阪府，宮崎県，それぞれの府県の工業生産額と農業生産額を示したものであり，グラフ中の点X～Zは，これら三つの府県のいずれかのものである。グラフ中の点Yに当てはまる府県を［斜線］で，解答用紙の地図中に示しなさい。

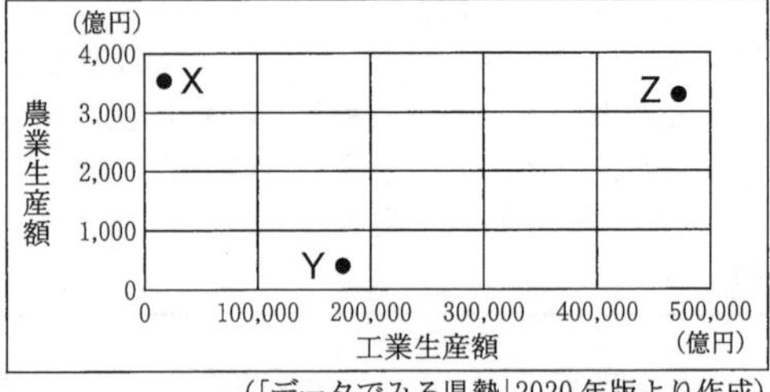

(「データでみる県勢」2020年版より作成)

(4) 次の**資料1**は，地図中の笛吹市を，明治44(1911)年と平成27(2015)年にそれぞれ測量し，作成された同一地域の2万5千分の1の地形図の一部であり，**資料2**はこの地域の養蚕業の変化について述べたものである。この二つの資料について，次の①，②の問いに答えなさい。

① **資料1**には，川が山間部から平野や盆地に出たところに土砂がたまってできた地形がそれぞれみられる。このような地形を何というか。その用語を書きなさい。

② **資料1**から読みとることができる，明治時代と平成時代における土地利用方法の違いを，**資料2**の養蚕業の変化と関連づけて書きなさい。

資料1

明治44年に測量した地形図

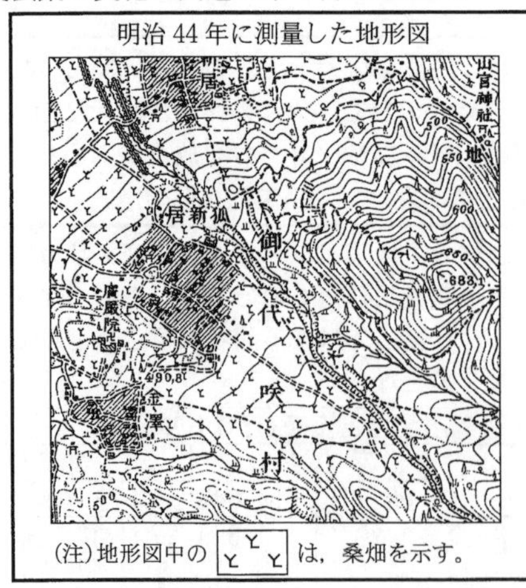

平成27年に測量した地形図

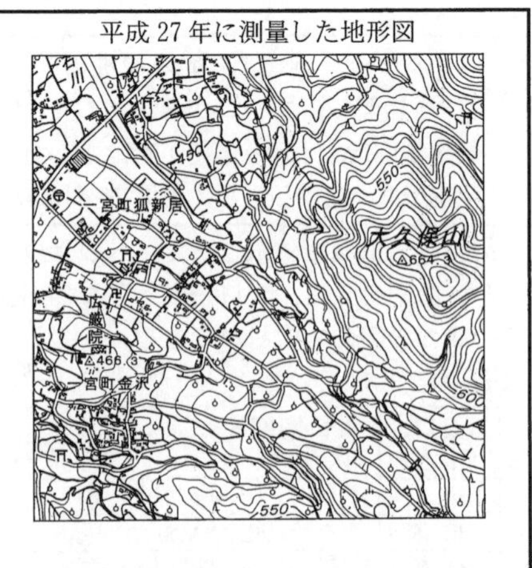

(注)地形図中の［桑畑の記号］は，桑畑を示す。

(国土地理院1：25,000地形図「石和」より作成)

資料2

開国により生糸の輸出が増え，明治時代に養蚕業が発展した。しかし，昭和時代から平成時代にかけて，化学繊維の普及などにより，養蚕業は衰退していった。

〔3〕 右の略年表を見て，次の(1)～(6)の問いに答えなさい。

年代	我が国のできごと
607	a 小野妹子を遣隋使として派遣する。
894 ┐	b 遣唐使を停止する。
A	
1274 ┘	文永の役が起こる。
1429	c 琉球王国が成立する。
1467	d 応仁の乱が起こる。
1603	e 江戸幕府が開かれる。

(1) 下線部分aについて，このころの世界のできごととして，最も適当なものを，次のア～エから一つ選び，その符号を書きなさい。

ア マゼランの船隊が世界一周に出発する。
イ ムハンマドがイスラム教を開く。
ウ ルターが宗教改革を始める。
エ 秦の始皇帝が中国を統一する。

(2) 下線部分bのできごとのあと，10～11世紀に我が国で栄えた文化を何というか。次のア～エから一つ選び，その符号を書きなさい。

ア 飛鳥文化　　イ 天平文化　　ウ 国風文化　　エ 元禄文化

(3) 次のX～Zは，年表中のAの時期のできごとである。年代の古い順に並べ，その符号を書きなさい。

X 平清盛は，娘を天皇の后にし，朝廷との関係を深めた。
Y 北条泰時は，裁判を公平に行うための基準として，御成敗式目を制定した。
Z 藤原頼通は，阿弥陀仏を信仰し，平等院鳳凰堂をつくった。

(4) 下線部分cについて，**資料Ⅰ**は，琉球王国の都であった首里の位置と，15世紀ごろの琉球王国の交易路を示したものであり，**資料Ⅱ**は，15世紀ごろの琉球王国の主な交易品をまとめたものである。この二つの資料から読みとることができることをもとに，15世紀ごろに琉球王国が栄えた理由を書きなさい。

資料Ⅰ 15世紀ごろの琉球王国の交易路

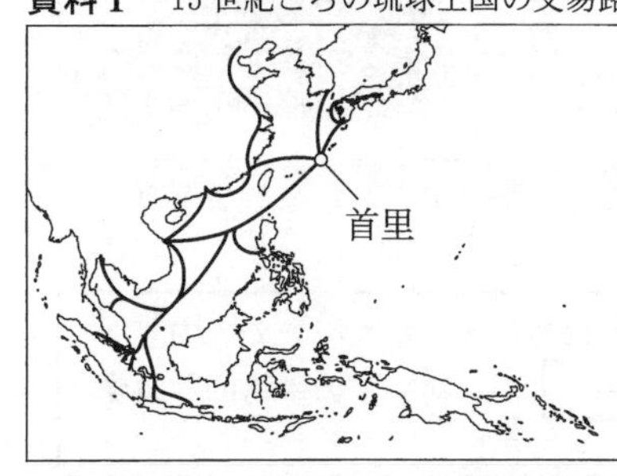

資料Ⅱ 15世紀ごろの琉球王国の主な交易品

産　地	産　物
琉球	硫黄
日本	武具，屏風
東南アジア	香辛料，象牙
中国	生糸，絹織物，陶磁器，銅銭
朝鮮	朝鮮人参

(5) 次の表は，下線部分dの【できごと】の【背景・原因】，【結果・影響】をまとめたものである。表中の［X］，［Y］に当てはまる文として，最も適当なものを，下のア～エからそれぞれ一つずつ選び，その符号を書きなさい。

【背景・原因】		【できごと】		【結果・影響】
X	➡	応仁の乱が起こる。	➡	Y

ア 実力のある者が，身分の上の者に打ちかつ下剋上の風潮が広がった。
イ 勢力をのばした徳川家康に対し，豊臣政権を守ろうとした石田三成らの大名が兵をあげた。
ウ 農村では百姓一揆が起こり，都市では打ちこわしが起こった。
エ 将軍のあとつぎ問題をめぐり，守護大名の細川氏と山名氏が対立した。

(6) 下線部分eについて，江戸幕府が大名を統制するために1615年に定めた，次のような内容を含む法律を何というか。その名称を書きなさい。

> 一 諸国の居城はたとえ修理であっても，必ず幕府に報告せよ。まして，新規に築城することは厳重に禁止する。
> 一 幕府の許可を受けない結婚はしてはならない。

〔4〕 社会科の授業で，班ごとに，次のⅠ～Ⅳのテーマを設定して，調べ学習を行った。これらのテーマについて，下の(1)～(4)の問いに答えなさい。

テーマⅠ：幕末以降，我が国の近代化はどのように進められたのだろうか。	テーマⅡ：明治時代の我が国の文化は，どのような特色をもっていたのだろうか。
テーマⅢ：第一次世界大戦前後に，我が国の社会はどのように変化したのだろうか。	テーマⅣ：第二次世界大戦後，我が国はどのような改革を行ったのだろうか。

(1) テーマⅠについて調べると，立憲制の国家が成立して議会政治が始まるとともに，我が国の国際的地位が向上したことがわかった。このことについて，次の①，②の問いに答えなさい。

① 1881年に，板垣退助が，国会の開設に備えて結成した政党の名称を書きなさい。

② 次のア～ウは，日露戦争の前後に我が国で起きたできごとについて述べたものである。日露戦争の前後に起きたできごとを，年代の古いものから順に並べ，その符号を書きなさい。

ア 関税自主権を完全に回復する。
イ 大日本帝国憲法を発布する。
ウ 下関条約を結ぶ。

(2) テーマⅡについて調べると，この時期の文化は，伝統的文化の上に欧米文化を受容して形成されたことがわかった。右の彫刻は，仏像などの伝統的な彫刻の技法に，ヨーロッパの写実的な技法を取り入れたものである。この彫刻を制作したのは誰か。次のア～エから一つ選び，その符号を書きなさい。

ア 黒田清輝　　イ 尾形光琳　　ウ 高村光雲　　エ 歌川広重

(3) テーマⅢについて調べると，我が国の国民の政治的自覚の高まりがみられたことがわかった。次の文は，第一次世界大戦中の我が国のようすについて述べたものである。文中の［X］，［Y］に当てはまる語句の組合せとして，最も適当なものを，下のア～エから一つ選び，その符号を書きなさい。

> ［X］を当てこんだ米の買い占めなどにより米騒動が起こると，軍人出身の寺内正毅首相は責任をとって辞職した。その後，立憲政友会の［Y］が，初めての本格的な政党内閣を組織した。

ア 〔X 満州事変，　Y 伊藤博文〕　　イ 〔X 満州事変，　Y 原敬〕
ウ 〔X シベリア出兵，Y 伊藤博文〕　　エ 〔X シベリア出兵，Y 原敬〕

(4) テーマⅣについて調べると，新しい日本の建設に向けた様々な改革が進められたことがわかった。次のグラフは，新潟県における1941年と1949年の，自作地と小作地の割合，自作農と自小作農及び小作農の割合を示したものである。1949年の自作地の割合と自作農の割合が，1941年に比べてどちらも増えている理由を，「地主」，「政府」の二つの語句を用いて書きなさい。

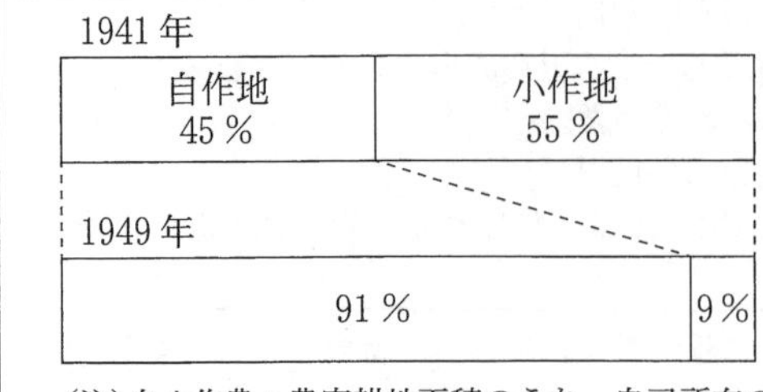

(注)自小作農：農家耕地面積のうち，自己所有の耕地が10％以上，90％未満の農家

(農地改革記録委員会「農地改革顛末概要」より作成)

〔5〕 中学校3年生のあるクラスの社会科の授業では，次のA～Dのテーマについて学習を行うことにした。これらのテーマについて，あとの(1)～(4)の問いに答えなさい。

テーマ
A　現代社会と私たちの生活について　　B　日本国憲法について
C　民主政治と社会について　　D　私たちの暮らしと経済について

(1) Aのテーマについて，次の①，②の問いに答えなさい。

① 次の資料は，内閣府が実施している「カエル！ジャパン」キャンペーンについて示したものである。文中の［X］に当てはまる語句として，最も適当なものを，下のア～エから一つ選び，その符号を書きなさい。

－こんな思いで，キャンペーンははじまります－
自分にとって心地いい働き方が周りのみんなにも心地よく響くといいね。ひとりひとりが，仕事も，人生も，めいっぱいたのしめるそんな会社や社会になるといいね。……(略)……

「［X］」の実現に向けて，仕事のやり方を何かひとつ，今日から変えてみませんか？

(内閣府ホームページより作成)

ア　メディアリテラシー　　イ　インフォームド・コンセント
ウ　ワーク・ライフ・バランス　　エ　クーリング・オフ

② 我が国の社会保障制度のしくみにおいて，国民年金などの年金制度が含まれるものとして，最も適当なものを，次のア～エから一つ選び，その符号を書きなさい。

ア　公衆衛生　　イ　公的扶助　　ウ　社会福祉　　エ　社会保険

(2) Bのテーマについて，次の①～③の問いに答えなさい。

① 次の文は，日本国憲法の三つの基本原理についてまとめたものの一部である。文中の［X］に当てはまる語句を書きなさい。

日本国憲法は，［X］，平和主義，基本的人権の尊重の三つの考え方を基本原理としている。このうち，［X］は，国の政治の決定権は国民がもち，政治は国民の意思に基づいて行われるべきであるという原理である。

② 日本国憲法で国民に保障される基本的人権のうち，自由権に当たるものを，次のア～オから二つ選び，その符号を書きなさい。

ア　教育を受ける権利
イ　自分の考えを表現する権利
ウ　権利が侵害された場合に裁判を受ける権利
エ　法律の定める手続きによらなければ逮捕されない権利
オ　健康で文化的な最低限度の生活を営む権利

③ 日本国憲法で規定されている国会の仕事として，正しいものを，次のア～エから一つ選び，その符号を書きなさい。

ア　法律の制定　　イ　予算の作成　　ウ　法令の違憲審査　　エ　条約の締結

(3) Cのテーマについて，次の表は，第188回～第191回国会のそれぞれにおける，召集日，会期終了日，種類を示したものであり，表中の [X] ～ [Z] は，常会(通常国会)，臨時会(臨時国会)，特別会(特別国会)のいずれかである。また，下の資料は，平成21年～令和元年に実施された衆議院と参議院における選挙の期日をまとめたものである。資料を参考にして，表中の [X] ～ [Z] のうち，特別会(特別国会)であるものを一つ選び，その符号を書きなさい。また，そのように判断した理由を書きなさい。

表　国会の召集日，会期終了日，国会の種類(第188回～第191回)

	召集日	会期終了日	種　類
第188回	平成26年12月24日	平成26年12月26日	[X]
第189回	平成27年 1 月26日	平成27年 9 月27日	常会(通常国会)
第190回	平成28年 1 月 4 日	平成28年 6 月 1 日	[Y]
第191回	平成28年 8 月 1 日	平成28年 8 月 3 日	[Z]

資料　衆議院と参議院における選挙の期日(平成21年～令和元年)

衆議院議員総選挙	参議院議員選挙
平成21年 8 月30日	平成22年 7 月11日
平成24年12月16日	平成25年 7 月21日
平成26年12月14日	平成28年 7 月10日
平成29年10月22日	令和元年 7 月21日

(4) Dのテーマについて，次の①，②の問いに答えなさい。

① 次の文は，日本銀行が行う金融政策について述べたものである。文中の [a] ， [b] に当てはまる語句の組合せとして，正しいものを，下のア～エから一つ選び，その符号を書きなさい。

> 不景気(不況)のときに，日本銀行が [a] と，銀行が保有する資金量は [b] ため，企業に貸し出す資金が [b] ので，経済活動が活発になり，景気は回復へ向かうと考えられる。

ア〔a　銀行から国債を買う，b　減る〕　イ〔a　銀行から国債を買う，b　増える〕
ウ〔a　銀行に国債を売る，　b　減る〕　エ〔a　銀行に国債を売る，　b　増える〕

② 右の図は，自由な競争が維持されている市場における，ある商品の需要量と供給量と価格の関係を表したものである。この商品の価格が図中のP円であるとき，次の文中の [X] ， [Y] に当てはまる語句の組合せとして，正しいものを，下のア～エから一つ選び，その符号を書きなさい。

価格(円)
需要曲線
供給曲線
高い
P
低い
0
0
少ない ←→ 多い　数量(個)

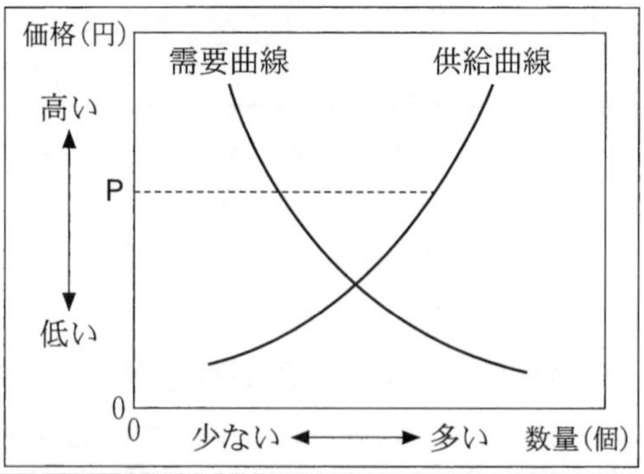

> 価格がP円のときは，需要量が供給量よりも [X] から，一般に，その後の価格は [Y] と考えられる。

ア〔X　多い，　Y　上がる〕　イ〔X　多い，　Y　下がる〕
ウ〔X　少ない，Y　上がる〕　エ〔X　少ない，Y　下がる〕

〔6〕 中学校の職場体験をとおして農業に興味をもったＫさんは，日本の農業について調べ，クラスで発表することになった。次の**資料Ⅰ**～**資料Ⅴ**は，Ｋさんが集めたものの一部である。また，下はＫさんの発表原稿の一部である。このことについて，あとの(1)～(3)の問いに答えなさい。

資料Ⅰ 米，野菜，果実，肉類の，国内で生産された量（生産量）と国内で消費に回された量（消費量）

（千ｔ）

		米	野菜	果実	肉類
1955年	生産量	12,385	9,234	1,815	275
	消費量	11,275	9,233	1,751	276
2015年	生産量	8,429	11,856	2,969	3,265
	消費量	8,600	14,777	7,263	6,030

資料Ⅱ 米，野菜，果実，肉類の，自給率の推移

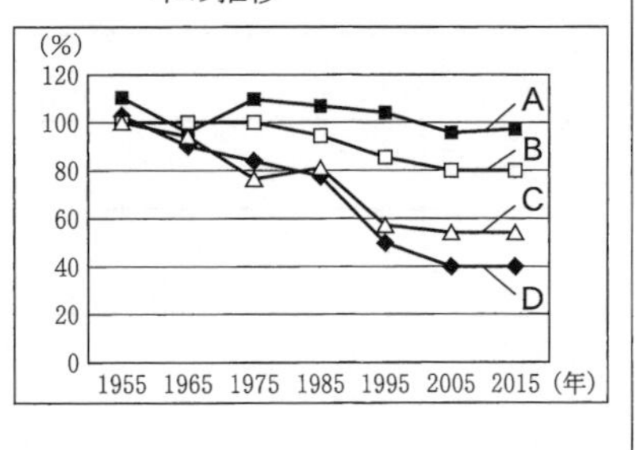

（「数字でみる日本の100年」改訂第7版より作成）

資料Ⅲ 農産物が消費者に届くまでの主な経路

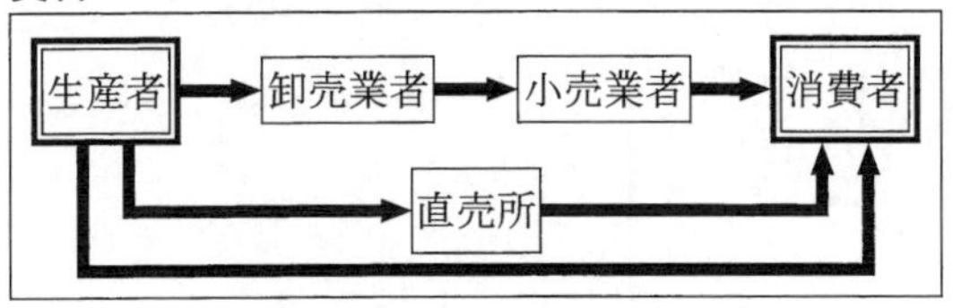

資料Ⅳ 高齢者を対象にしたアンケートの一部

「現在，住んでいる地域の問題点として『日常の買い物に不便である』と答えた人の割合」

2005年	2010年	2015年
13.5％	14.9％	15.7％

（内閣府ホームページより作成）

資料Ⅴ 65歳以上の人口の推移

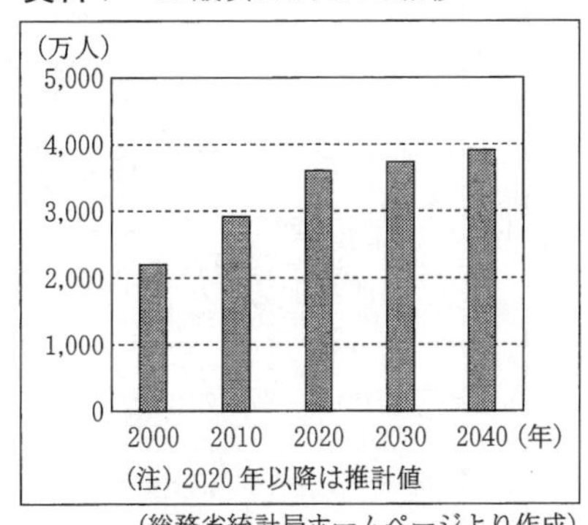

（総務省統計局ホームページより作成）

Ｋさんの発表原稿の一部

> 私は農家で職場体験を行い，日本の農業について調べました。**資料Ⅰ**の農産物は，2015年においていずれも生産量に対して消費量が大きいことから，外国からの輸入量が増えていると考え，消費量に対する生産量の割合である自給率を調べました。調べたものが**資料Ⅱ**で，1955年と2015年を比較すると，2015年の方がいずれも自給率が下がっていることがわかります。近年は，「地産地消」とよばれる，地元で生産されたものを地元で消費する取組が注目されていて，［ X ］を通さずに生産者から直接商品を仕入れることが多い，農産物の直売所の設置は，その取組の１つです。また，私の職場体験先の農家では，農産物を消費者に直接届ける産地直送を始めました。これらのことから，商品の［ Y ］のしくみが多様化していることがわかりました。**資料Ⅳ**と**資料Ⅴ**から［ Z ］と考えられるため，農産物が消費者のもとに届くサービスを必要とする人は，今後，増えるのではないかと思います。

(1) 発表原稿の下線部分について，**資料Ⅰ**から読みとることができることをもとに，**資料Ⅱ**のＡ～Ｄのうち，野菜の自給率を示したものを一つ選び，その符号を書きなさい。

(2) **資料Ⅲ**から読みとることができることをもとに，発表原稿の［ X ］，［ Y ］に当てはまる語句の組合せとして，最も適当なものを，次のア～エから一つ選び，その符号を書きなさい。

ア 〔X 卸売業者，Y 開発〕　　イ 〔X 卸売業者，Y 流通〕
ウ 〔X 小売業者，Y 開発〕　　エ 〔X 小売業者，Y 流通〕

(3) **資料Ⅳ**と**資料Ⅴ**から読みとることができることをもとに，発表原稿の［ Z ］に当てはまる内容を，40字以内で書きなさい。

社 会 解 答 用 紙

(注1) 解答は，横書きで記入すること。

〔1〕

⑴	①		②	
⑵	Ⅰ群		Ⅱ群	
⑶				

〔2〕

⑴		
⑵		
⑶		
⑷	①	
	②	

〔3〕

⑴				
⑵				
⑶	(　　)→(　　)→(　　)			
⑷				
⑸	X		Y	
⑹				

受検番号

〔4〕

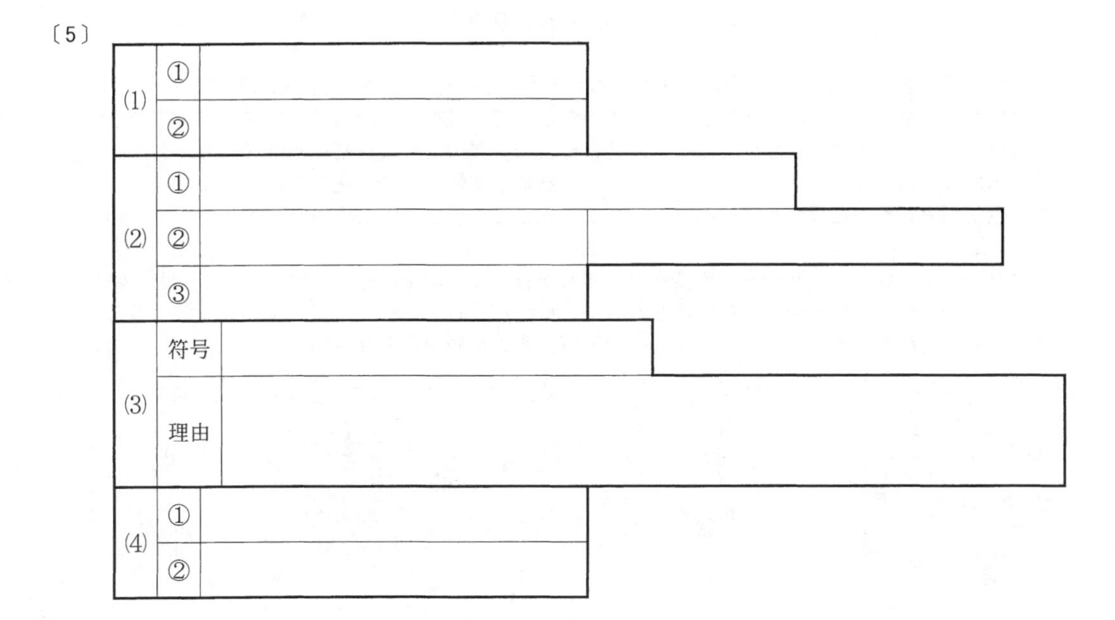

(1)	①	
	②	(　　　) → (　　　) → 日露戦争 → (　　　)
(2)		
(3)		
(4)		

〔5〕

(1)	①	
	②	
(2)	①	
	②	
	③	
(3)	符号	
	理由	
(4)	①	
	②	

〔6〕

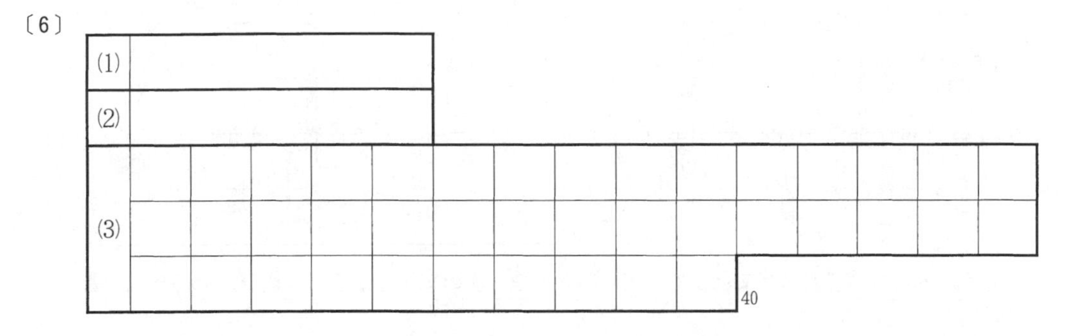

(1)	
(2)	
(3)	40

令和3年度 入試問題

理　科

〔1〕 次の(1)～(6)の問いに答えなさい。

(1) 次のア～エは，植物の葉をスケッチしたものである。アサガオの葉を示したものとして，最も適当なものを，ア～エから一つ選び，その符号を書きなさい。

ア 
イ 
ウ 
エ 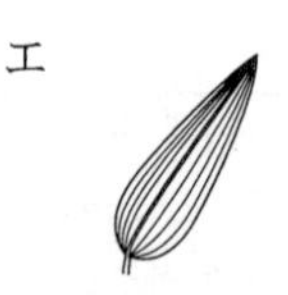

(2) 右の図は，傾斜がゆるやかで，広く平らに広がっている火山の断面を模式的に表したものである。この火山のマグマのねばりけと噴火のようすを述べた文として，最も適当なものを，次のア～エから一つ選び，その符号を書きなさい。

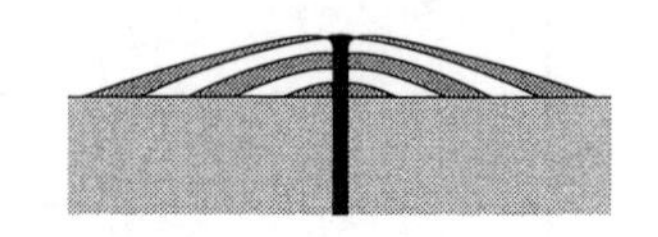

ア　マグマのねばりけが弱く，爆発的な噴火が起こりやすい。
イ　マグマのねばりけが弱く，おだやかな噴火が起こりやすい。
ウ　マグマのねばりけが強く，爆発的な噴火が起こりやすい。
エ　マグマのねばりけが強く，おだやかな噴火が起こりやすい。

(3) 体積の異なる，3つの球状の金属のかたまりがあり，それぞれ単体の金，銀，銅でできている。この中から，金でできたかたまりを見分ける方法として，最も適当なものを，次のア～エから一つ選び，その符号を書きなさい。ただし，それぞれの金属のかたまりに空洞はないものとする。

ア　重さの違いを調べる。
イ　液体の水銀に浮くか沈むかを調べる。
ウ　電気が流れるかどうかを調べる。
エ　磁石にくっつくかどうかを調べる。

(4) エタノール，レモン，砂糖水，食塩水のいずれかと，2枚の金属板，導線を用いて，電子オルゴールが鳴るかどうかを確かめる実験を行った。電流が流れ，電子オルゴールが鳴ったものとして，最も適当なものを，次のア～エから一つ選び，その符号を書きなさい。

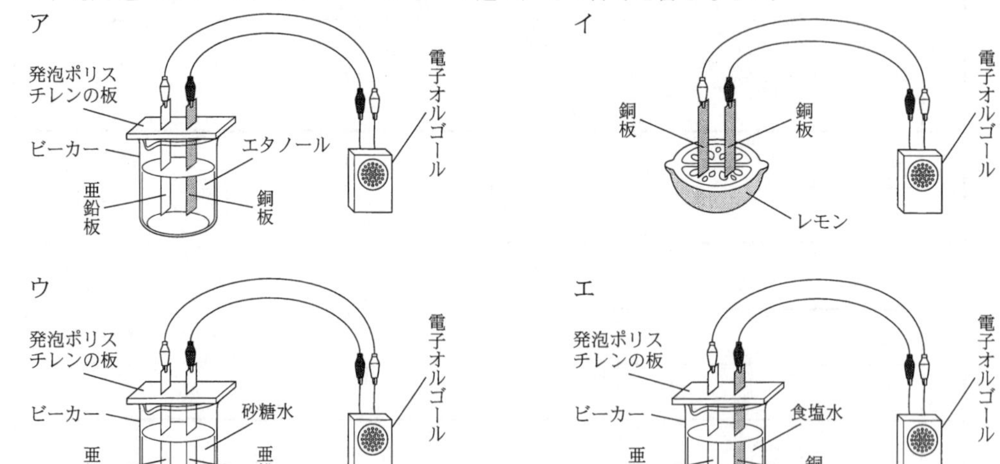

(5) 力や圧力について述べた文として，正しいものを，次のア～オから二つ選び，その符号を書きなさい。

ア　物体にはたらく重力の大きさは，物体が置かれている場所によって変化することがある。
イ　物体が静止している状態を続けるのは，その物体に力がはたらいていないときのみである。
ウ　圧力の単位は，ニュートン(記号N)が用いられる。
エ　変形した物体が，もとにもどろうとする力を，弾性力という。
オ　大気圧は，標高が高い場所ほど大きくなる。

(6) 右の図のように，小球を，水平面からの高さ50 cmの，斜面上に静かに置いたところ，小球は斜面上を移動し，水平面上のA点を通り，さらに斜面を上がって，水平面からの高さ30 cmの，斜面上のB点を通過した。小球がA点を通るときの運動エネルギーの大きさは，B点を通るときの運動エネルギーの大きさの何倍か。求めなさい。ただし，小球がもつ位置エネルギーの大きさは，水平面からの高さに比例し，小球には摩擦力がはたらかないものとする。

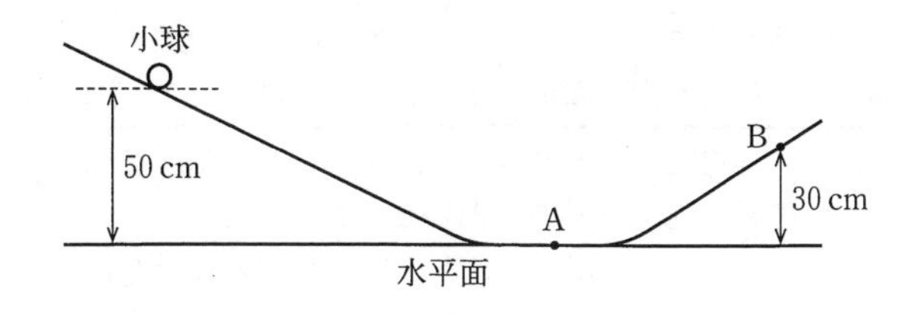

〔2〕 図1は，ヒトの腕の骨格と筋肉のようすを，図2は，ヒトの神経系をそれぞれ模式的に表したものである。このことに関して，次の(1)，(2)の問いに答えなさい。

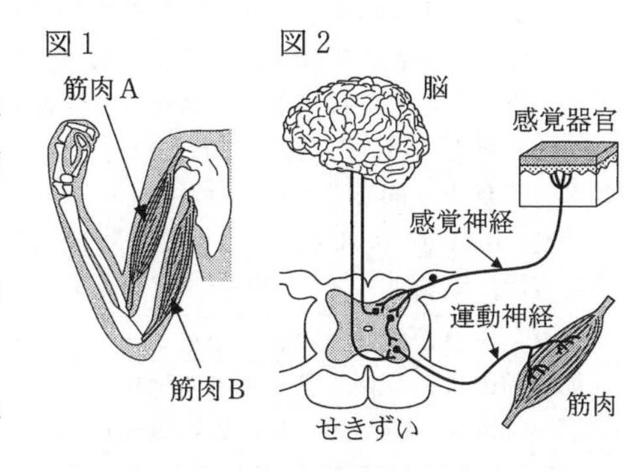

(1) 図1について，腕を曲げるときの，筋肉Aと筋肉Bの動きとして，最も適当なものを，次のア～エから一つ選び，その符号を書きなさい。

ア 筋肉Aと筋肉Bがともに縮む。　イ 筋肉Aと筋肉Bがともにゆるむ。
ウ 筋肉Aが縮み，筋肉Bがゆるむ。　エ 筋肉Aがゆるみ，筋肉Bが縮む。

(2) 図2について，次の①～③の問いに答えなさい。

① 次の文は，刺激に対する反応について述べたものである。文中の［X］，［Y］に最もよく当てはまる用語をそれぞれ書きなさい。

> 感覚器官が刺激を受け取ると，刺激の信号が，感覚神経を通して脳やせきずいに伝わる。脳やせきずいは，［X］神経と呼ばれ，刺激に応じた反応のための命令を，運動神経を通して筋肉に伝える。感覚神経と運動神経は，脳やせきずいから枝分かれし，からだ全体に広がっている神経で，まとめて［Y］神経と呼ばれる。

② 熱いものにさわると，熱いと感じる前に，とっさに手を引っ込める反応が起こる。このように，意識とは無関係に決まった反応が起こることを何というか。その用語を書きなさい。

③ 意識とは無関係に起こる反応は，意識して起こる反応よりも，刺激を受けてから反応が起こるまでの時間が短くなる。その理由を，「せきずい」という用語を用いて書きなさい。

〔3〕 マグネシウムの粉末を空気中で加熱し，酸化させたときの質量の変化を調べるために，次の実験1，2を行った。この実験に関して，下の(1)，(2)の問いに答えなさい。

実験1　次の[I]，[II]の手順で，ステンレス皿全体の質量を電子てんびんで，それぞれ測定した。

[I]　電子てんびんでステンレス皿の質量を測定したところ，21.30gであった。次に，図1のように，このステンレス皿に入れるマグネシウムの粉末の質量が0.30gになるように，ステンレス皿全体の質量が21.60gになるまで，マグネシウムの粉末を入れた。

[II]　図2のように，0.30gのマグネシウムの粉末をステンレス皿全体に広げ，しばらくガスバーナーで加熱したのち，よく冷やしてから，ステンレス皿全体の質量を測定した。この操作を，ステンレス皿全体の質量が変化しなくなるまで繰り返し，ステンレス皿全体の質量を測定したところ，21.80gであった。

図1

図2

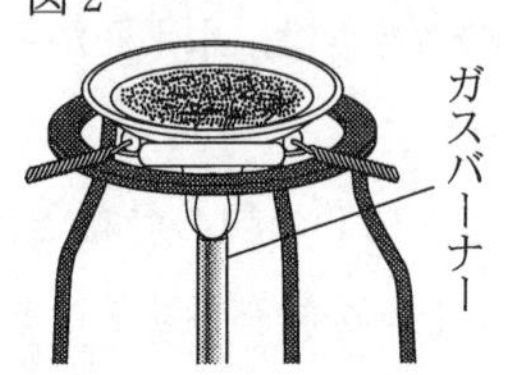

実験2　実験1と同じ[I]，[II]の手順で，ステンレス皿に入れるマグネシウムの粉末の質量を，0.60g，0.90g，1.20gに変えて，ステンレス皿全体の質量を，それぞれ測定した。

下の表は，実験1，2の結果をまとめたものである。

マグネシウムの粉末の質量〔g〕	0.30	0.60	0.90	1.20
加熱前のステンレス皿全体の質量〔g〕	21.60	21.90	22.20	22.50
加熱後のステンレス皿全体の質量〔g〕	21.80	22.30	22.80	23.30

(1)　実験1，2について，次の①～③の問いに答えなさい。

①　次の[X]，[Y]，[Z]の中に化学式を書き入れて，マグネシウムが酸化して，酸化マグネシウムができるときの化学変化を表す化学反応式を完成させなさい。

2[X] + [Y] → 2[Z]

②　加熱したマグネシウムの粉末の酸化のようすを表したものとして，最も適当なものを，次のア～エから一つ選び，その符号を書きなさい。

ア　光を出さないで，黒色に変色した。　イ　光を出さないで，白色に変色した。
ウ　光を出して，黒色に変色した。　エ　光を出して，白色に変色した。

③　表をもとにして，マグネシウムの粉末の質量と，マグネシウムの粉末と化合した酸素の質量との関係を表すグラフをかきなさい。

(2)　2.10gのマグネシウムの粉末を空気中で加熱して，完全に酸化させたとき，得られる酸化マグネシウムの質量は何gか。求めなさい。

〔4〕 図1は，カエルの生殖のようすを，図2は，ミカヅキモの生殖のようすをそれぞれ模式的に表したものである。あとの(1)，(2)の問いに答えなさい。

図1

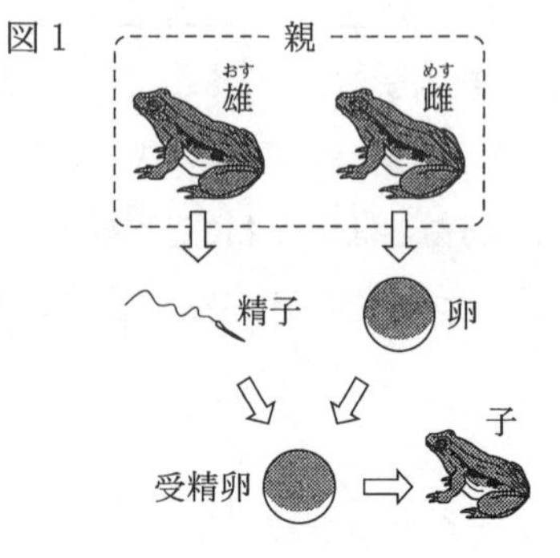

(1)　図1について，次の①，②の問いに答えなさい。

①　カエルの生殖のように，生殖細胞が受精することによって子をつくる生殖を何というか。その用語を書きなさい。

②　カエルの親が，精子や卵などの生殖細胞をつくるときに，生殖細胞の染色体の数は，親の細胞の染色体の数と比べてどのようになるか。最も適当なものを，次のア～エから一つ選び，その符号を書きなさい。

ア　4分の1になる。　イ　2分の1になる。　ウ　変化しない。　エ　2倍になる。

⑵　図2について，次の①，②の問いに答えなさい。

図2

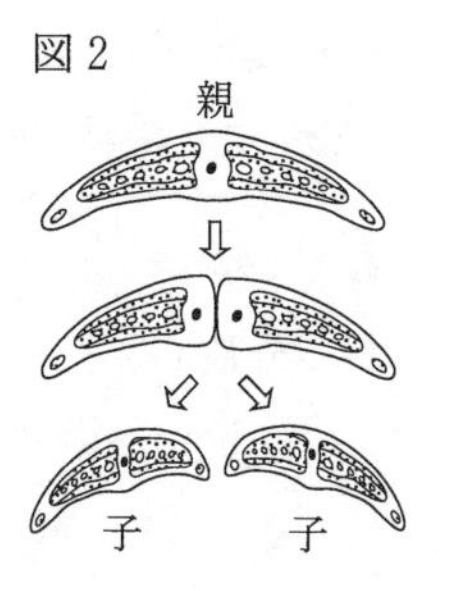

①　ミカヅキモのように，からだが一つの細胞でできている生物として，最も適当なものを，次のア～エから一つ選び，その符号を書きなさい。

ア　ミジンコ　　イ　アオミドロ

ウ　ゾウリムシ　　エ　オオカナダモ

②　ミカヅキモの生殖では，親と子の形質がすべて同じになる。その理由を，「体細胞分裂」，「染色体」という用語を用いて書きなさい。

〔5〕　太陽系とその天体について，次の⑴～⑶の問いに答えなさい。

⑴　太陽の表面温度として，最も適当なものを，次のア～エから一つ選び，その符号を書きなさい。

ア　3000℃　　イ　6000℃　　ウ　30000℃　　エ　60000℃

⑵　太陽系について述べた文として，最も適当なものを，次のア～エから一つ選び，その符号を書きなさい。

ア　衛星を持つ惑星は，地球以外にはない。　　イ　大気を持つ惑星は，地球だけである。

ウ　小惑星は，火星と木星の間に多く存在する。　　エ　海王星は，地球型惑星である。

⑶　ある年の4月から9月にかけて，日本のある場所で，金星のようすを観察した。図1は，この年の4月から9月の太陽，金星，地球の位置関係を模式的に表したものである。この図をもとにして，次の①～③の問いに答えなさい。

図1

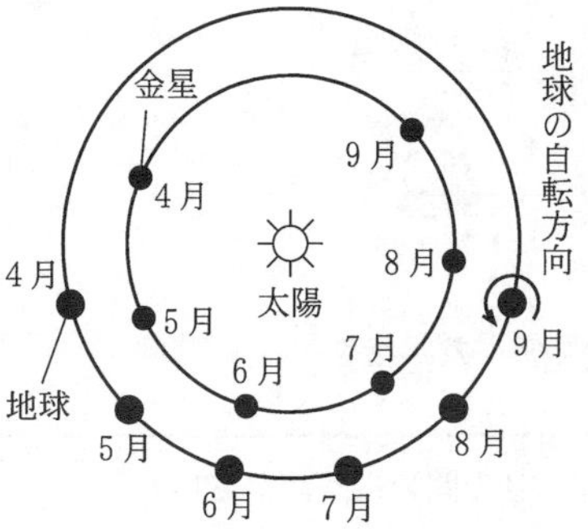

図2

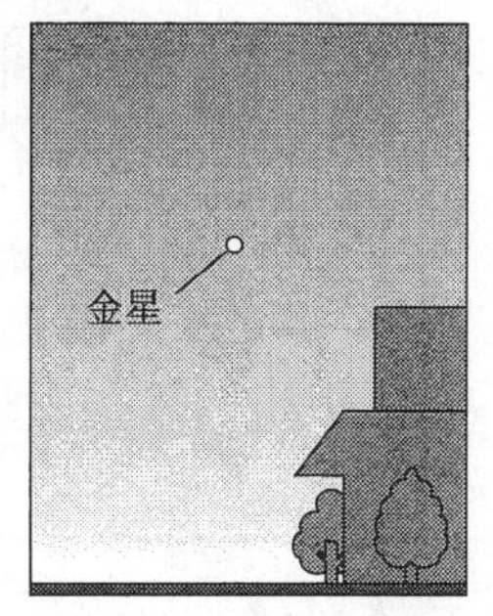

①　図2は，この年の4月10日のある時間に，この場所で，金星を撮影したものである。金星を撮影した時間と見えた方向を述べた文として，最も適当なものを，次のア～エから一つ選び，その符号を書きなさい。

ア　明け方に，西の空に見えた。　　イ　明け方に，東の空に見えた。

ウ　夕方に，西の空に見えた。　　エ　夕方に，東の空に見えた。

②　この年の7月から9月にかけて，この場所で，同倍率の望遠鏡で金星を観察すると，どのように見られるか。最も適当なものを，次のア～エから一つ選び，その符号を書きなさい。ただし，金星の形は白色の部分で，肉眼で見たときのように上下左右の向きを直して示してある。

ア

7月　8月　9月

イ

7月　8月　9月

ウ

7月　8月　9月

エ

7月　8月　9月

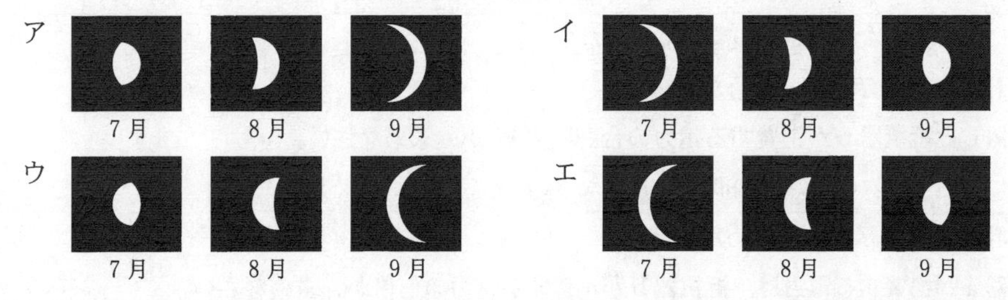

③　金星は，真夜中に見ることができない。その理由を，「公転」という用語を用いて書きなさい。

〔6〕 電流とそのはたらきを調べるために，抵抗器 a，b を用いて回路をつくり，次の実験 1 ～ 3 を行った。この実験に関して，下の(1)～(3)の問いに答えなさい。

実験 1 図 1 のような回路を使い，抵抗器 a と抵抗器 b のそれぞれについて，抵抗器の両端に加わる電圧と回路を流れる電流を測定した。図 2 は，その結果をグラフに表したものである。

図 1

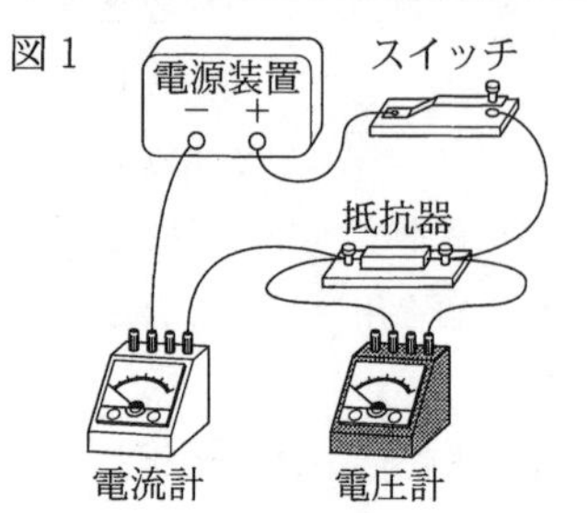

図 2

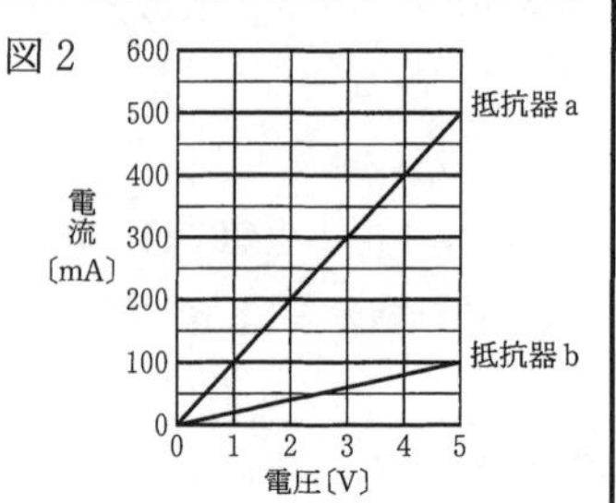

実験 2 図 3 のように，抵抗器 a と抵抗器 b を直列につないで回路をつくり，スイッチを入れて，電流計が 100 mA を示すように電源装置を調節した。

実験 3 図 4 のように，抵抗器 a と抵抗器 b を並列につないで回路をつくり，スイッチを入れて，電流計が 300 mA を示すように電源装置を調節した。

図 3　　　図 4

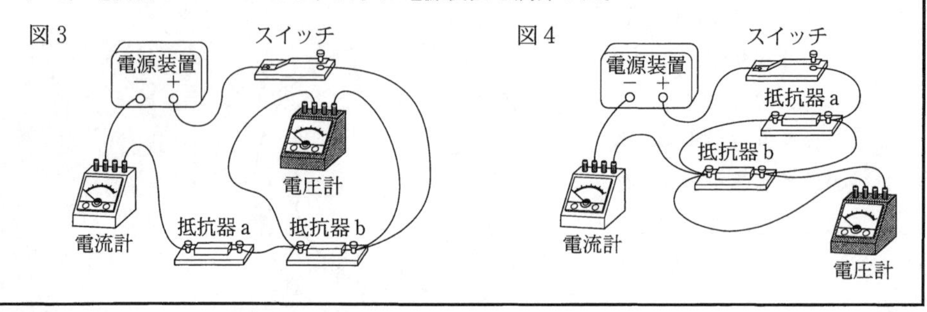

(1) 実験 1 について，次の①，②の問いに答えなさい。

① 図 1 の回路図を，図 5 の電気用図記号をすべて用いて解答用紙にかきなさい。

図 5 ⊣⊢ ─▭─ Ⓐ Ⓥ ─╱ ─ ─┬─

② 図 2 のグラフについて述べた文として，最も適当なものを，次のア～エから一つ選び，その符号を書きなさい。

ア 電流の値と電圧の値は比例している。

イ 抵抗器 a の電気抵抗は，電流の値が大きくなるほど増加する。

ウ 抵抗器 a は抵抗器 b より電流が流れにくい。

エ グラフの傾きは，それぞれの抵抗器の電気抵抗を表している。

(2) 実験 2 について，次の①，②の問いに答えなさい。

① 電圧計は何 V を示すか。求めなさい。

② 抵抗器 a と抵抗器 b が消費する電力の合計は何 W か。求めなさい。

(3) 実験 3 について，次の①，②の問いに答えなさい。

① 電圧計は何 V を示すか。求めなさい。

② 抵抗器 a が消費する電力は，抵抗器 b が消費する電力の何倍か。求めなさい。

〔7〕 気象について，次の(1)，(2)の問いに答えなさい。

(1) 北極と赤道における大気の動きを模式的に表したものとして，最も適当なものを，次のア～エから一つ選び，その符号を書きなさい。ただし，ア～エの図中の ⟶ は地表付近を吹く風を，⟹ は熱による大気の循環を表している。

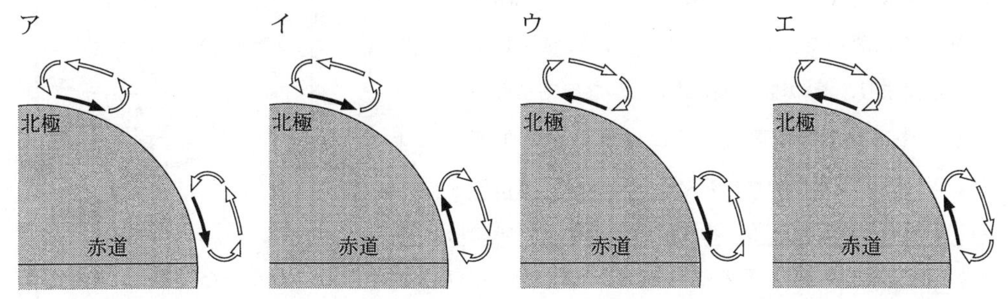

(2) 下の図は，ある年の8月7日午前9時の天気図であり，天気図中の，江差（えさし），青森，新潟，父島，那覇は，気象要素の観測地点である。また，下の表は，このときの，天気図中の5つの観測地点における気象要素を示しており，表中のA～Cは，江差，父島，那覇のいずれかを表している。これらの天気図と表をもとにして，あとの①～③の問いに答えなさい。

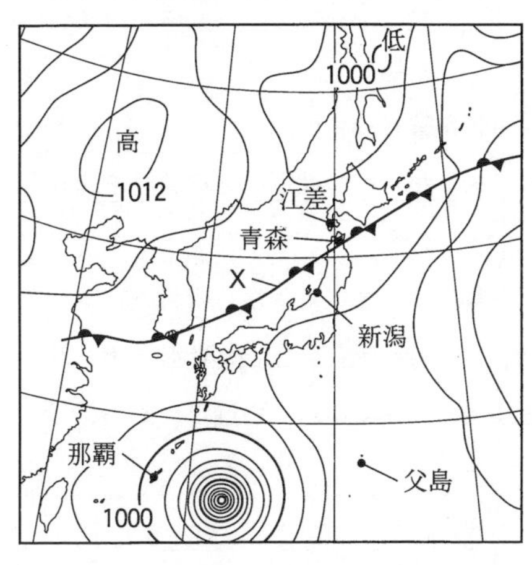

観測地点	新潟	A	B	C	青森
気温〔℃〕	31.0	29.5	28.7	23.9	21.7
湿度〔%〕	67	76	71	92	99
気圧〔hPa〕	1007	998	1010	1007	1007
風速〔m/s〕	3.0	8.7	1.2	2.1	1.3
風向	南南西	北	南南東	西	南南西
天気	◎	◎	◎	◎	●

① 天気図中のXで示される前線を，何前線というか。その名称を書きなさい。

② このときの，青森の天気を表から読みとり，最も適当なものを，次のア～エから一つ選び，その符号を書きなさい。

ア 快晴　　イ 晴れ　　ウ くもり　　エ 雨

③ 表中のA～Cに当てはまる観測地点の組合せとして，最も適当なものを，次のア～カから一つ選び，その符号を書きなさい。

ア〔A 江差，B 父島，C 那覇〕　　イ〔A 江差，B 那覇，C 父島〕
ウ〔A 父島，B 江差，C 那覇〕　　エ〔A 父島，B 那覇，C 江差〕
オ〔A 那覇，B 江差，C 父島〕　　カ〔A 那覇，B 父島，C 江差〕

〔8〕 炭酸水素ナトリウムを加熱したときの化学変化について調べるために，次の[Ⅰ]～[Ⅲ]の手順で実験を行った。この実験に関して，下の(1)～(3)の問いに答えなさい。

[Ⅰ] 右の図のように，炭酸水素ナトリウムの粉末を乾いた試験管Ａに入れて加熱し，発生する気体を試験管Ｂに導いた。しばらくすると，試験管Ｂに気体が集まり，その後，気体が出なくなってから，加熱をやめた。試験管Ａの底には白い粉末が残り，口の方には液体が見られた。この液体に塩化コバルト紙をつけたところ，塩化コバルト紙の色が変化した。

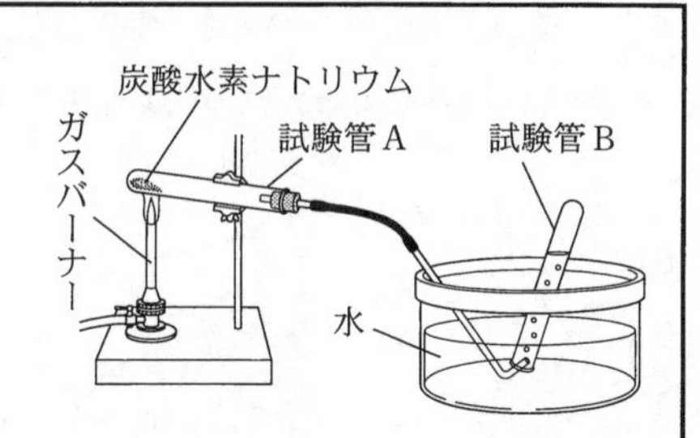

[Ⅱ] [Ⅰ]で加熱後の試験管Ａに残った白い粉末を取り出し，水溶液をつくった。また，炭酸水素ナトリウムの水溶液を用意し，それぞれの水溶液に，フェノールフタレイン溶液を加えると，白い粉末の水溶液は赤色に，炭酸水素ナトリウムの水溶液はうすい赤色に変わった。

[Ⅲ] [Ⅰ]で試験管Ｂに集めた気体に，水でしめらせた青色リトマス紙をふれさせたところ，赤色に変わった。

(1) [Ⅰ]について，次の①，②の問いに答えなさい。

① 図のようにして気体を集める方法を何というか。その用語を書きなさい。

② 下線部分の色の変化として，最も適当なものを，次のア～エから一つ選び，その符号を書きなさい。

ア 青色から桃色　　イ 桃色から青色　　ウ 青色から黄色　　エ 黄色から青色

(2) [Ⅱ]について，[Ⅰ]で加熱後の試験管Ａに残った白い粉末の水溶液の性質と，炭酸水素ナトリウムの水溶液の性質を述べた文として，最も適当なものを，次のア～エから一つ選び，その符号を書きなさい。

ア どちらも酸性であるが，白い粉末の水溶液の方が酸性が強い。

イ どちらも酸性であるが，炭酸水素ナトリウムの水溶液の方が酸性が強い。

ウ どちらもアルカリ性であるが，白い粉末の水溶液の方がアルカリ性が強い。

エ どちらもアルカリ性であるが，炭酸水素ナトリウムの水溶液の方がアルカリ性が強い。

(3) [Ⅲ]について，試験管Ｂに集めた気体の性質を，書きなさい。

理 科 解 答 用 紙

(注1) 解答は，横書きで記入すること。

〔1〕

(1)		(2)			(3)	
(4)		(5)			(6)	倍

〔2〕

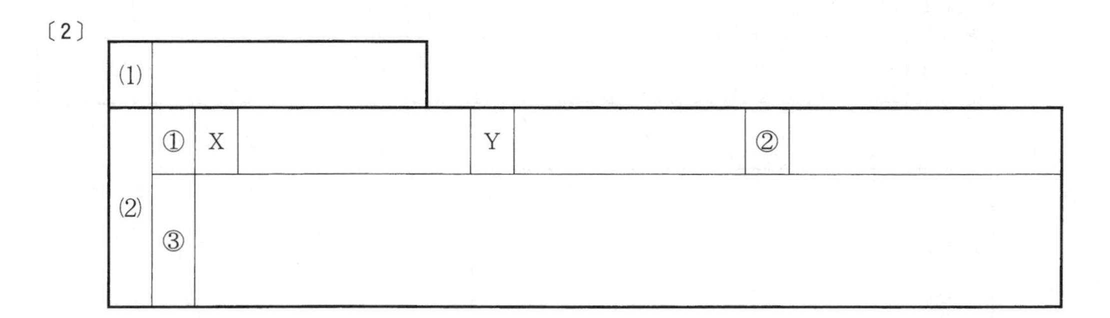

〔3〕

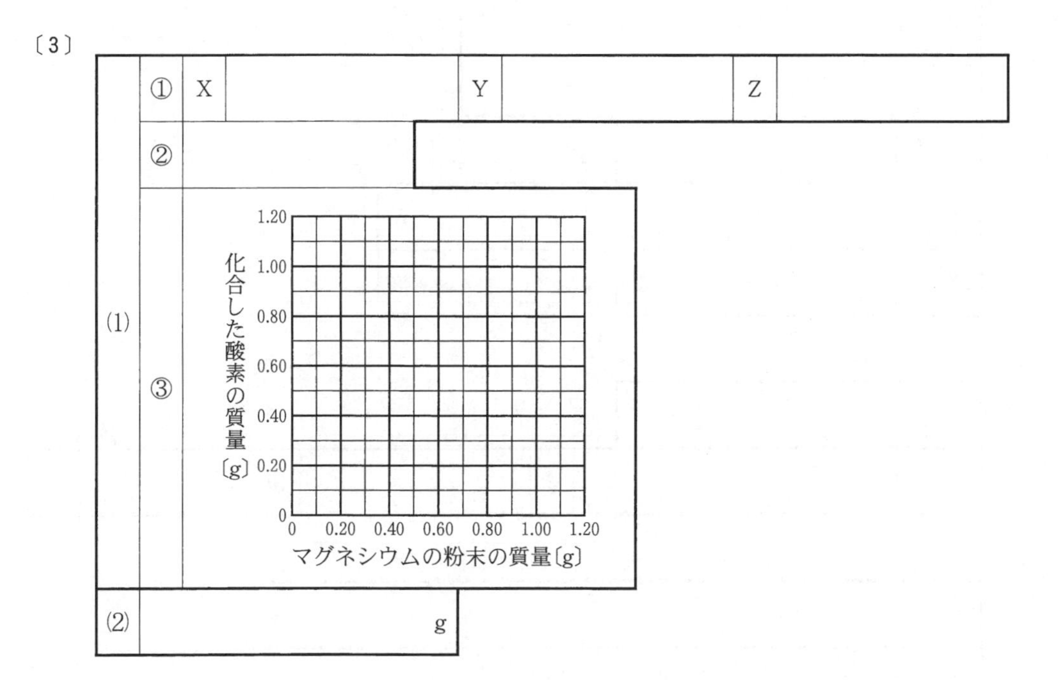

〔4〕

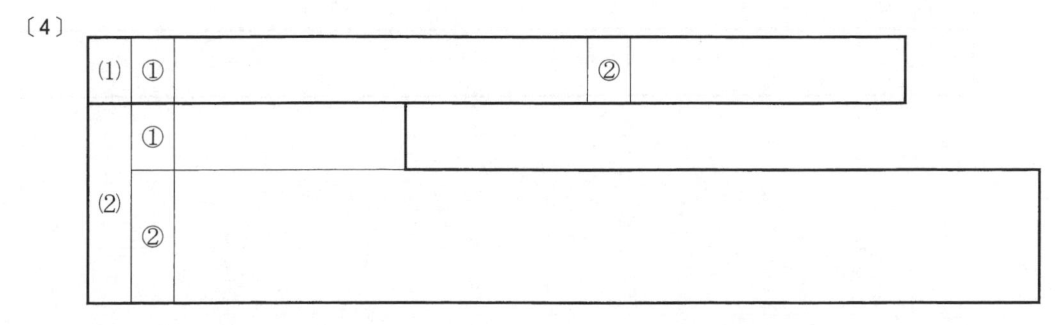

受検番号	

〔5〕

(1)				
(2)				
(3)	①		②	
	③			

〔6〕

(1)	①			
	②			
(2)	①	V	②	W
(3)	①	V	②	倍

〔7〕

(1)						
(2)	①		②		③	

〔8〕

(1)	①		②	
(2)				
(3)				

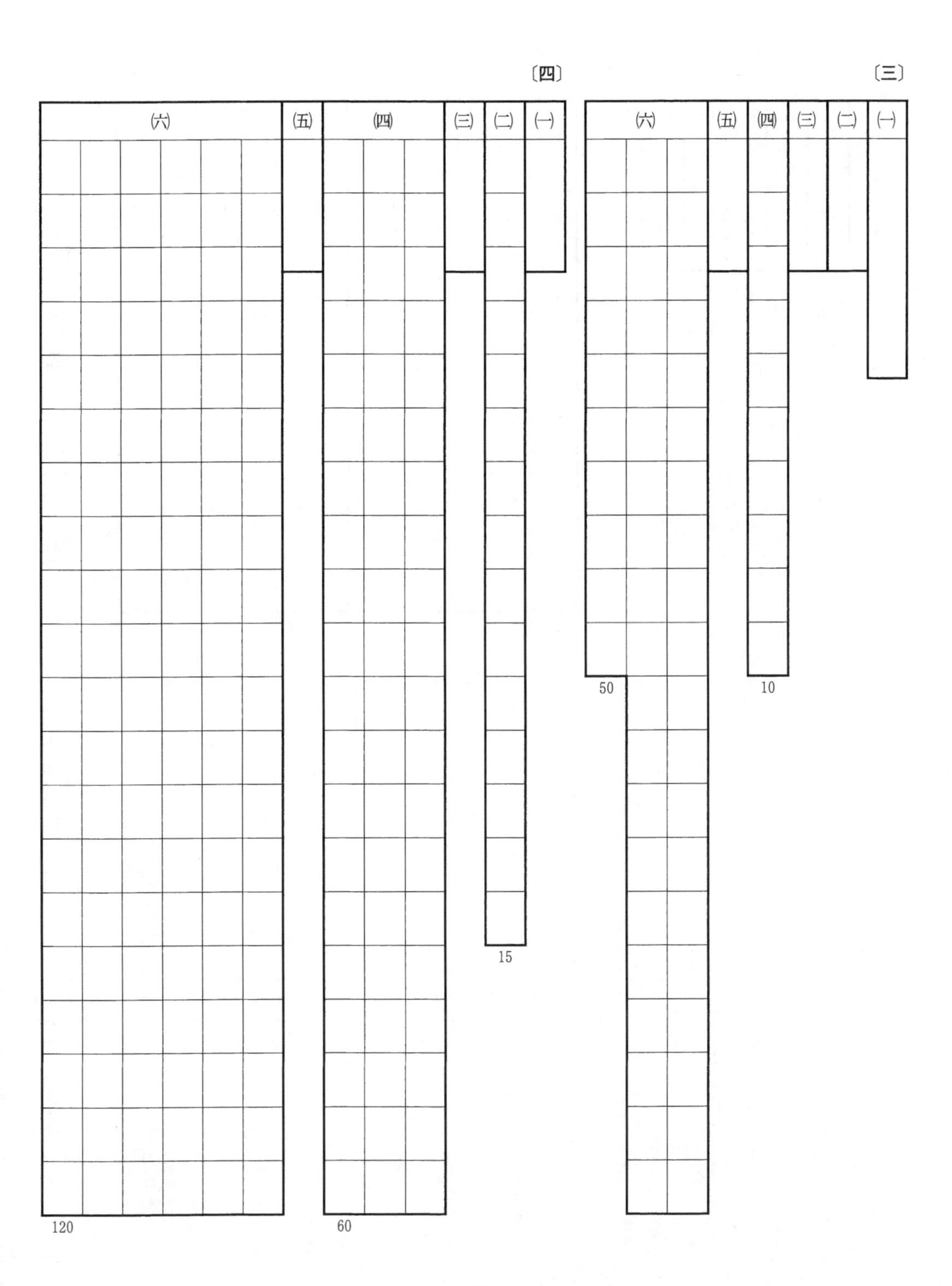
〔四〕
(一)
(二)
(三)
(四)
(五)
(六)
15
60
120
〔三〕
(一)
(二)
(三)
(四)
(五)
(六)
10
50

受検番号	

国語解答用紙

（注1）解答は、縦書きで記入すること。

〔一〕

(一)					(二)				
1	2	3	4	5	1	2	3	4	5
緩　む	帯　びる	均衡	披露	脳裏	ミキ	イトナ　む	ヤクワリ	トウケイ	コウリツ

〔二〕

(一)	(二)	(三)	(四)	(五)

(六) 次のⅡの文章は、Ⅰの文章と同じ著書の一部である。筆者は、わたしたちが生きている社会をどのようにとらえ、その社会を構築しなおすためにはどのようなことが必要だと述べているか。ⅠとⅡの文章を踏まえ、百二十字以内で書きなさい。

Ⅱ

ぼくらはひとりでは生きていけない。だから、いろんな他者と関わりながら「社会」をつくりあげている。親しくなりたいと感じる人もいれば、できれば避けたいと思う人もいる。その「思い」はかならずしも互いに一致しない。すれ違うことも多い。

いろんな「思い」が交差するなかで、ときに共感/感情を増大させたり、せっせと抑圧したりして、さまざまな他者と関係の網の目がつくりあげられる。それが、いまぼくらの生きている社会の姿だ。

みんなでたくさんのモノや言葉、行為をやりとりしながら、共感/感情のスイッチをONにしたり、OFFにしたりして、人との「関係」がつくられていく。「経済」も「感情」も、このスイッチの動きと密接に関わっている。その動きを理解すれば、この社会の複雑に絡み合った糸をほどいて、見晴らしをよくすることができる。

行為。そこで見えてくる「わたし―あなた」という関係、「わたしたち／かれら」という存在のかたち。そのどれをとっても、一時も動きを止めているものはない。

ぼくらが動かし、動かされ、そのつどある「かたち」を浮かび上がらせている「関係としての社会」。とどまることなく、否応なしに、誰もがこの運動の連鎖のただなかにいるからこそ、ぼくらは、その社会を同じように動かし、ずらし、変えていく a に開かれている。

与える。受けとめる。いま「わたし」と「あなた」をつなぎ、つくりだしている動きを見定める。もしそれを変えたいのであれば、それまでとは違うやり方で与え、受けとり、その関係の磁場を揺さぶり、ずらし続ければいい。

（松村　圭一郎「うしろめたさの人類学」による）

（注）　磁場＝磁石や電流のまわりに生じる磁気力の作用する場所。ここでは、比喩的に、あるものごとの影響力などが強く及ぶ場をいう。

㈠　文章中の A に最もよく当てはまる言葉を、次のア～エから一つ選び、その符号を書きなさい。

ア　しかし　　イ　つまり　　ウ　むしろ　　エ　ところで

㈡　――線部分⑴について、「社会」とは何か。具体的に説明している部分を、Ⅰの文章中から十五字以内で抜き出して、書きなさい。

㈢　――線部分⑵とはどういうことか。その説明として最も適当なものを、次のア～エから一つ選び、その符号を書きなさい。

ア　わたしたちの心や人との関係は、他者との言葉やモノ、行為のやりとりから独立して存在しているということ。

イ　わたしたちの心や人との関係によって、他者との言葉やモノ、行為のやりとりの方法が選択されるということ。

ウ　わたしたちの心や人との関係は、他者との言葉やモノ、行為のやりとりの方法によって変わるということ。

エ　わたしたちの心や人との関係によって、他者との言葉やモノ、行為によるやりとりが制限されるということ。

㈣　――線部分⑶とはどういうことか。六十字以内で書きなさい。

㈤　文章中の a に最もよく当てはまる言葉を、次のア～エから一つ選び、その符号を書きなさい。

ア　可能性　　イ　安全性　　ウ　独自性　　エ　客観性

〔四〕　次のⅠ、Ⅱの文章を読んで、㈠～㈥の問いに答えなさい。

Ⅰ　ぼくたちは、どうやって社会を構築しているのか？
　いったいどうしたら、その社会を構築しなおせるのか？
　(1)「社会」というと、自分たちには手の届かない大きな存在に思えるかもしれない。でも、それはたぶん違う。
　誰もが、さまざまな人やモノとともに「社会」をつくる作業にたずさわっている。そこでの自分や他人のあり方は、最初から「かたち」や「意味」が決まっているわけではない。他人の内面にあるように思える「こころ」も、自分のなかにわきあがるようにみえる「感情」も、ぼくらがモノや言葉、行為のやりとりを積み重ねるなかで、ひとつの現実としてつくりだしている。この、人や言葉やモノが行き来する場、それが「社会」なのだ。
　人との言葉やモノのやりとりを変えれば、感情の感じ方も、人との関係も変わる。商品交換は、感情に乏しい関係をつくりだし、贈与は、感情にあふれた、でもときに面倒な親密さを生み出す。「経済」―「感情」―「関係」は、こうして人にモノをどう与え、受けとり、いかに交換／返礼するかという行為の連鎖からできている。
　愛情も、怒りも、悲しみも、自分だけのもののように思える「こころ」も、他者との有形・無形のやりとりのなかで生み出される。そして、(2)そのやりとりの方法が、社会を心地よい場所にするかどうかを決めている。
　だから、ひとつめの問いへの答えはこうだ。
　ぼくらは、人にいろんなモノを与え、与えられながら、ある関係の「かたち」をつくりだす。そして同時に、その関係／つながりをとおして、ある精神や感情をもった存在になることができる。 A 関係の束としての「社会」は、モノや行為を介した人と人との関わり合いのなかで構築される。そこで取り結ばれた関係の輪が、今度は「人」をつくりだす。
　(3)ぼくらが何者であるかは他者との関係のなかで決まる。身近な他者が何者なのかも、あなたがなにをどのように相手に投げかけるかによって変わる。あなたの行為によって相手は何者かになり、相手からの呼びかけや眼差し(まなざ)しによって、あなたは何者かであることを強いられたり、何者かになれたりする。
　ぼくらは、強固なかたちで最初から「何者か」であるわけではない。ぼくらが他の人にいかに与え、受けとるのか。それによって生じる関係のなかから「わたし」や「わたしたち」が生まれ、「かれ」や「かれら」が生まれている。
　だから、ふたつめの問いへの答えはこうなる。
　社会の現実は、ぼくらが日々、いろんな人と関わり合うなかでつくりだしている。あなたが、いまどのように目の前の人と向き合い、なにを投げかけ、受けとめるのか。そこに「わたし」をつくりだし、「あなた」という存在をつくりだす社会という「運動」の鍵がある。
　相手に投げかけられる言葉、与えられるモノ、投げ返される

㈢ ━━線部分⑵の「一芸も習ひ得ることなし」の意味として最も適当なものを、次のア～エから一つ選び、その符号を書きなさい。

ア 一つの芸能しか身につけることがない。
イ 一度も芸能を習おうと思ったことはない。
ウ 一つの芸能さえ習い覚えることはない。
エ 一度も芸能を習う機会を得たことがない。

㈣ ━━線部分⑶の「その人」が指す部分を、文章中から十字以内で抜き出して、書きなさい。

㈤ ━━線部分⑷の「諸道かはるべからず」とはどういうことか。最も適当なものを、次のア～エから一つ選び、その符号を書きなさい。

ア 作者が述べる芸能を身につける上での心得は、長い年月を経ても決して変わらないものであるということ。
イ 作者が述べる芸能を身につける上での心得は、芸能のあらゆる分野で共通するものであるということ。
ウ 作者が述べる芸能を身につける上での心得は、どのような分野でも通用すると思ってはならないということ。
エ 作者が述べる芸能を身につける上での心得は、世間ではまだ誰も知っている者がいないということ。

㈥ 作者は、芸能を身につける上で、どのようなことが大切だと述べているか。文章全体を踏まえ、五十字以内で書きなさい。

〔三〕 次の文章は、兼好法師の「徒然草（つれづれぐさ）」の一部である。この文章を読んで、㈠～㈥の問いに答えなさい。

能をつかんとする人（芸能ヲ身ニツケヨウトスル人ハ）、「よくせざらんほどは（ヨクデキナイヨウナ時期ニハ）、なまじひに（ナマジッカ）人に知られじ（人ニ知ラレマイ）。うちうちよく習ひ得（え）てさし出でたらんこそ（人前ニ出テ行クヨウナコトコソ）、いと⑴心にくからめ」と常に言ふめれど（イツモ言ウヨウデアルガ）、かく（コノヨウニ）言ふ人、⑵一芸も習ひ得（う）ることなし。いまだ堅固（けんご）かたほなるより（マダマッタクノ未熟ナウチカラ）、上手（じやうず）の中にまじりて、毀（そし）り笑はるるにも（ケナサレテモ笑ワレテモ）恥ぢず、つれなく（平然ト）過ぎて嗜（たしな）む人（押シ通シテ稽古ニ励ム人ハ）、天性（てんせい）その骨（こつ）なけれども、道になづまず（稽古ノ道ニ停滞セズ）、みだりにせずして（勝手気ママニシナイデ）年を送れば、堪能（かんのう）の嗜（たしな）まざるよりは（芸ガ達者デアッテモ稽古ニ励マナイ人ヨリハ）、終（つひ）に上手の位にいたり、徳たけ（人望モ十分ニソナワリ）、人に許されて（人ニ認メラレテ）、双（ならび）なき名を得（う）る事なり。

天下のものの上手といへども、始めは不堪（ふかん）の聞（きこ）えもあり、無下（むげ）の瑕瑾（かきん）もありき。されども、⑶その人、道の（芸道ノ）掟（おきて）正しく（規律ヲ正シク守リ）、これを重くして放埒（はうらつ）せざれば、世の博士（はかせ）にて（模範トナリ）、万人（ばんにん）の師となる事、⑷諸道かはるべからず。

（注）
上手＝名人。
天性＝生まれつき。
骨＝器量。天分。
不堪の聞え＝下手だという評判。
無下の瑕瑾＝ひどい欠点。
放埒＝勝手気ままなこと。

㈠ 〰〰線部分の「いへども」を現代かなづかいに直し、すべてひらがなで書きなさい。

㈡ ――線部分⑴の「心にくからめ」の意味として最も適当なものを、次のア～エから一つ選び、その符号を書きなさい。

ア 奥ゆかしいだろう
イ 憎らしいだろう
ウ 待ち遠しいだろう
エ 見苦しいだろう

(三) ——線部分の敬語の使い方として最も適当なものを、次のア〜エから一つ選び、その符号を書きなさい。

ア 姉が描いた絵を拝見してください。

イ あなたが私に申したことが重要です。

ウ 私が資料を受け取りにまいります。

エ 兄は先に料理を召し上がりました。

(四) 次の文中の「起きる」と活用の種類が同じ動詞を、あとのア〜エの——線部分から一つ選び、その符号を書きなさい。

朝起きると、すぐに散歩に出かけた。

ア 目を閉じると、次第に気持ちが穏やかになった。

イ 家に帰ると、妹と弟が部屋の掃除をしていた。

ウ 山を眺めると、頂上に白い雲がかかっていた。

エ 姉が来ると、家がいつもよりにぎやかになった。

(五) 次の文中の「から」と同じ意味で使われている「から」がある文を、あとのア〜エから一つ選び、その符号を書きなさい。

できることから始めてみる。

ア 新年度からバスで学校に行く。

イ 豆腐は主に大豆から作られる。

ウ 過去の経験から状況を判断する。

エ 練習が終わった人から帰宅する。

国語

〔一〕 次の㈠、㈡の問いに答えなさい。

㈠ 次の１～５について、――線をつけた漢字の部分の読みがなを書きなさい。

1 春が近づくと寒さが緩む。
2 観客の応援が熱気を帯びる。
3 収入と支出の均衡を保つ。
4 新作の映画を披露する。
5 名案が脳裏にひらめく。

㈡ 次の１～５について、――線をつけたカタカナの部分に当てはまる漢字を書きなさい。

1 木のミキから枝が伸びる。
2 文房具店をイトナむ。
3 重要なヤクワリを果たす。
4 漁獲量のトウケイをとる。
5 作業のコウリツを高める。

〔二〕 次の㈠～㈤の問いに答えなさい。

㈠ 次の文中の――線部分と～～線部分の関係として最も適当なものを、あとのア～エから一つ選び、その符号を書きなさい。

川沿いをゆっくり歩く。

ア 主・述の関係
イ 修飾・被修飾の関係
ウ 並立の関係
エ 補助の関係

㈡ 次の文中の「細かく」と同じ品詞であるものを、あとのア～エの――線部分から一つ選び、その符号を書きなさい。

野菜を細かく刻む。

ア 流れる音楽にじっと耳を傾ける。
イ 静かな場所で集中して学習する。
ウ しばらく休んでから出発する。
エ 楽しい時間はあっという間に過ぎる。

令和３年度解答・解説

数学正答表，配点［　］は正答率

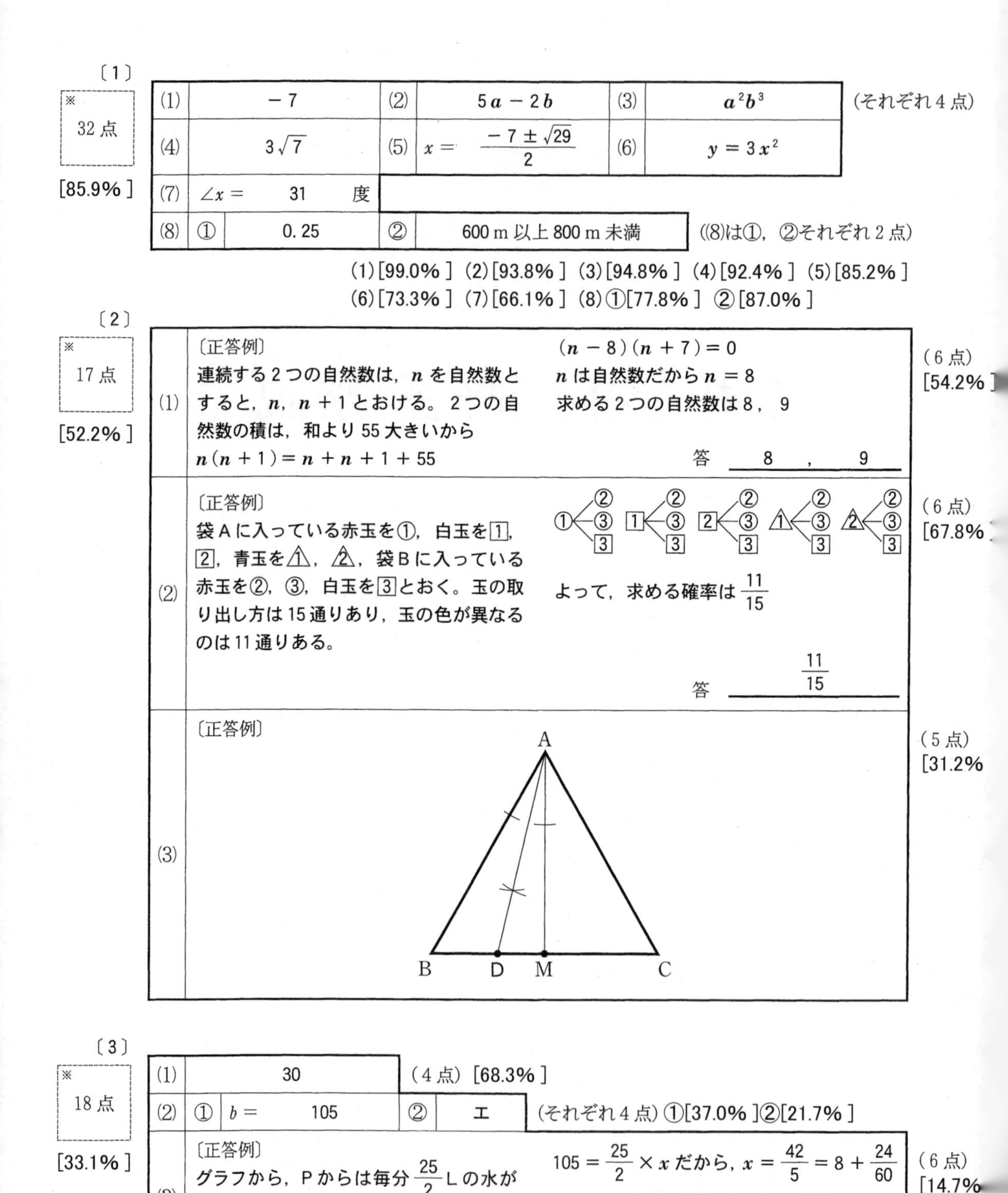

〔1〕

※ 32点

［85.9%］

(1)	-7	(2)	$5a-2b$	(3)	a^2b^3
(4)	$3\sqrt{7}$	(5)	$x=\dfrac{-7\pm\sqrt{29}}{2}$	(6)	$y=3x^2$
(7)	$\angle x=$ 31 度				
(8)	① 0.25	②	600 m 以上 800 m 未満		

（それぞれ4点）　((8)は①，②それぞれ2点)

(1)［99.0%］(2)［93.8%］(3)［94.8%］(4)［92.4%］(5)［85.2%］
(6)［73.3%］(7)［66.1%］(8)①［77.8%］②［87.0%］

〔2〕

※ 17点

［52.2%］

(1) 〔正答例〕（6点）［54.2%］

連続する2つの自然数は，n を自然数とすると，n，$n+1$ とおける。2つの自然数の積は，和より55大きいから

$n(n+1)=n+n+1+55$

$(n-8)(n+7)=0$

n は自然数だから $n=8$

求める2つの自然数は8，9

答　8，9

(2) 〔正答例〕（6点）［67.8%］

袋Aに入っている赤玉を①，白玉を$\boxed{1}$，$\boxed{2}$，青玉を$\triangle\!1$，$\triangle\!2$，袋Bに入っている赤玉を②，③，白玉を$\boxed{3}$とおく。玉の取り出し方は15通りあり，玉の色が異なるのは11通りある。

①—②，③，$\boxed{3}$　$\boxed{1}$—②，③，$\boxed{3}$　$\boxed{2}$—②，③，$\boxed{3}$　$\triangle\!1$—②，③，$\boxed{3}$　$\triangle\!2$—②，③，$\boxed{3}$

よって，求める確率は $\dfrac{11}{15}$

答　$\dfrac{11}{15}$

(3) 〔正答例〕（5点）［31.2%］

〔3〕

※ 18点

［33.1%］

(1)	30		
(2)	① $b=$ 105	②	エ

(1)（4点）［68.3%］

(2)（それぞれ4点）①［37.0%］②［21.7%］

(3) 〔正答例〕（6点）［14.7%］

グラフから，Pからは毎分 $\dfrac{25}{2}$ Lの水が出ていることがわかる。求める時間を x 分とすると

$105=\dfrac{25}{2}\times x$ だから，$x=\dfrac{42}{5}=8+\dfrac{24}{60}$

よって，求める時間は8分24秒後

答　8分24秒後

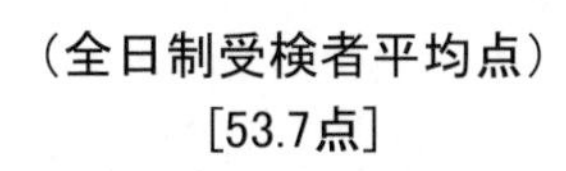
（全日制受検者平均点）
[53.7点]

※ 100点

受検番号	

〔4〕

※ 18点 [26.1%]

(1) $2\sqrt{5}-4$ cm （4点）[31.8%]

(2) ① 90 ② PQ （それぞれ2点）① [87.4%] ② [68.4%]

③ 〔正答例〕
3点P，O，Qを通る円をかくと，$\angle POQ=90^\circ$だから，辺PQはこの円の直径になる。3点P，Q，Rを通る円もPQが直径になるので，4点P，O，Q，Rは同じ円周上にあることがわかる。したがって，円周角の定理から，
$\angle ROX=\angle RPQ$

（5点）[5.9%]

④ 〔正答例〕
線分ORの長さが最も長くなるのは，$\angle RQO=90^\circ$になるときである。このときの頂点P，Q，RをそれぞれP'，Q'，R'とおく。辺PQと半直線OYが重なっているときのRを考えると，$RR'=2\sqrt{5}-4$である。また，辺PQと半直線OXが重なっているときのRをR''とおくと，
$R'R''=2\sqrt{5}-2$
よって，求める道のりは，
$2\sqrt{5}-4+2\sqrt{5}-2=4\sqrt{5}-6$

答 $4\sqrt{5}-6$ cm

（5点）[0.4%]

〔5〕

※ 15点 [44.7%]

(1) 4 cm （5点）[87.9%]

(2) 〔正答例〕
△AEMと△BFEにおいて，
△ABCは正三角形だから，
$\angle MAE=\angle EBF=60^\circ$…①
AE＝2 cmで，点MはACの中点だから，
AM＝4 cm　また，BF＝3 cm，
BE＝AB－AE＝6 cm
よって，
AE：BF＝AM：BE＝2：3…②
①，②より2組の辺の比とその間の角がそれぞれ等しいから，
△AEM∽△BFE

（5点）[44.9%]

(3) 〔正答例〕
中点連結定理よりMN//CDだから，
△AMN∽△ACDであり，相似比は1：2で，面積比は1：4となる。
よって，△AMNと四角形CDNMの面積比は1：3である。
また，CF＝5 cmだから，
AE：CF＝2：5＝1：$\frac{5}{2}$
したがって，四角すいFCDNMの体積は，三角すいEAMNの体積の
$3\times\frac{5}{2}=\frac{15}{2}$倍である。

答 $\frac{15}{2}$ 倍

（5点）[1.5%]

令和3年度 解答・解説

数　　　学

解説

〔1〕

(1) $6-13=-7$

(2) $2(3a+b)-(a+4b)$

$=6a+2b-a-4b$

$=5a-2b$

(3) $a^3b^5 \div ab^2$

$=\dfrac{a^3b^5}{ab^2}$

$=a^2b^3$

(4) $\sqrt{14}\times\sqrt{2}+\sqrt{7}$

$=2\sqrt{7}+\sqrt{7}$

$=3\sqrt{7}$

(5) $x^2+7x+5=0$

2次方程式　$ax^2+bx+c=0$　における解の公式 $x=\dfrac{-b\pm\sqrt{b^2-4ac}}{2a}$ に代入する。

$x=\dfrac{-7\pm\sqrt{49-20}}{2}$

$x=\dfrac{-7\pm\sqrt{29}}{2}$

(6) y は x の2乗に比例するので、$y=ax^2$（a は比例定数）に $x=-2$、$y=12$ を代入する。

$12=4a$

$a=3$

よって、$y=3x^2$

(7) 点Bは接点なので、$\angle \mathrm{OBP}=90^\circ$

三角形OPBの内角より、$\angle \mathrm{POB}=180^\circ-(90^\circ+28^\circ)=62^\circ$

円周角の定理より、$\overset{\frown}{\mathrm{AB}}$ に対する円周角より、$\angle \mathrm{ACB}=31^\circ$

(8) ① 相対度数＝度数÷全体の度数より、
　20÷80＝0.25

② 80人の中央値は、40番目と41番目（短い方からでも長い方からでもどちらでも可）
　累積度数は階級値の小さい方から順に、3，23，39，51，74，80なので、
　40番目と41番目が含まれるのは、累積度数が51の600m 以上800m 未満

〔2〕

(1) 連続する２つの自然数をn、$n+1$とする。
　２つの自然数の積は、和より55大きいので、
　$n(n+1)=n+(n+1)+55$
　$n^2-n-56=0$
　$(n-8)(n+7)=0$
　$n=8,\ n=-7$
　nは自然数なので、
　$n>0$より、$n=8$
　よって、連続する２つの自然数は、８，９

(2) 袋Ａ、袋Ｂからの取り出し方は、
　袋Ａの玉をＲ１、Ｗ１、Ｗ２、Ｂ１、Ｂ２、袋Ｂの玉をｒ１、ｒ２、ｗ１とすると、
（樹形図）Ｒ１－ｒ１，ｒ２，ｗ１
　Ｗ１－ｒ１，ｒ２，ｗ１
　Ｗ２－ｒ１，ｒ２，ｗ１
　Ｂ１－ｒ１，ｒ２，ｗ１
　Ｂ２－ｒ１，ｒ２，ｗ１
　すべての場合の数は15通り
　玉の色が異なるのは11通り
　よって、$\frac{11}{15}$

(3) （考え方）
　正三角形の60°の角を利用して、∠BDA＝105°を作図する。
　∠ABD＝60°で、∠BDA＝105°となるように点Ｄを作図するので、
　△ABD内のもう１つの角∠BADは、180°−(60°＋105°)＝15°となる。
　∠BAD＝15°となるように点Ａから直線を引くと、直線BCとの交点が点Ｄとなる。

（解き方）

正三角形のBC上に中点Mがあるので、

AMを結ぶと△ABMは3つの内角が30°、60°、90°の直角三角形となる。

∠BAM＝30°なので、∠BAMの二等分線によって、

15°、60°、105°の三角形と15°、75°、90°の三角形ができる。

よって、この二等分線とBCとの交点が求める点Dとなる。

〔3〕

(1) 原点(0, 0)と(6, 180)を通る比例のグラフなので、傾きは、$\frac{180}{6}=30$

(2) ① (6, 180)と(10, 230)を通る一次関数のグラフなので、

傾き $a=\frac{230-180}{10-6}=\frac{50}{4}=\frac{25}{2}$

$y=\frac{25}{2}x+b$ に、(6, 180)と(10, 230)のどちらかを代入する。

(6, 180)を代入すると、$180=75+b$ より、$b=105$

② $y=\frac{25}{2}x+105$ の、$\frac{25}{2}x$ は水を入れ始めてから x 分間にPから出た水の量を表し、

$6 \leqq x \leqq 10$ においては、

(水そうの水の量)＝(x 分間にPから出た水の量)＋(6分間にQから出た水の量)

なので、105は最初の6分間にQから出た水の量を表すことになる。

したがって、エとなる。

(3) (1)のグラフの傾きより、PとQからは毎分30Lの水が入っていることがわかり、

(2)のグラフの傾きより、Pは毎分 $\frac{25}{2}$ Lの水が入っていることがわかる。

よって、Qからは $30-\frac{25}{2}=\frac{35}{2}$ より、毎分 $\frac{35}{2}$ Lの水が入っていることがわかる。

したがって、最初の6分間はQから入る水の量が多いので、

Pから出た水の量とQから出た水の量が等しくなるのは、Qの水を止めた後になる。

水を入れ始めてから x 分後($6 \leqq x$)にPから出た水の量とQから出た水の量が等しくなるとすると、Pから出た水の量は $\frac{25}{2}x$ L、Qから出た水の量は105Lなので、

$\frac{25}{2}x=105$

$x=\frac{42}{5}=8\frac{2}{5}$ (分)

$\frac{2}{5}$(分)$\times 60=24$(秒)より、8分24秒後

〔4〕

(1) $DB = \sqrt{4^2+2^2}$

$= \sqrt{16+4}$

$= \sqrt{20}$

$= 2\sqrt{5}$

△ACD ≡ △FBE なので BE = CD = 4 cm

$DE = BD - BE = 2\sqrt{5} - 4$

(2) ① △FBE ≡ △PQR で、∠FEB = ∠PRQ = 90° の直角三角形なので、アは90

② 円周角の定理より直径に対する円周角は 90° であり、
∠PRQ = 90° から PQ が点 P, Q, R を通る円の直径となる。よってイは PQ

③ 右の図 6 は問題文の図 4 に PQ を直径とする円を書き入れたものである。
②より、△PQR は PQ を直径とする円周上に、3 点 P, Q, R がある。
図 4 の △POQ も円周角の定理から、PQ が直径で、∠POQ = 90° の直角三角形となるので、
同じ円周上に、3 点 P, O, Q がある。
よって、P, O, Q, R は同一円周上にあり、
弧 RQ に対する円周角より ∠ROX = ∠RPQ となる。
《または解答参照》

図 6

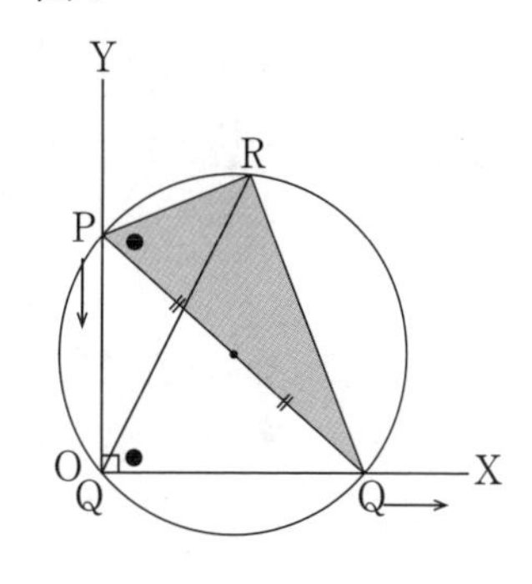

④ 以下の図は、図 7 を追加して △PQR が動くようすを順番に並べたものである。
図 3 のときの点 R を R_1 とし、図 7 のときの点 R を R_2 とし、
図 4 のときの点 R を R_3 とし、図 5 のときの点 R は R_4 とする。

図 7（∠RQO = 90° となるとき）

図 3　図 4　図 5

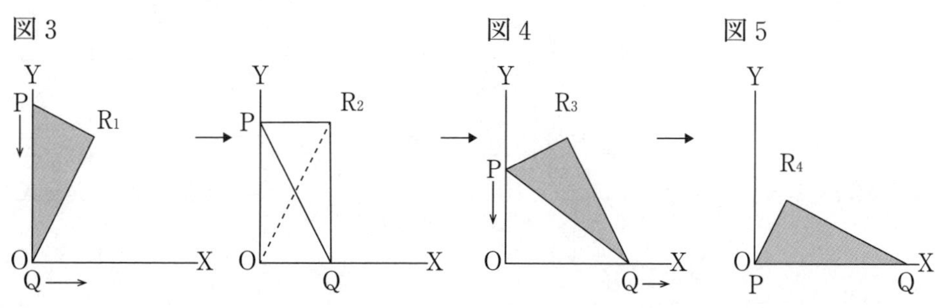

図形を移動しただけなので、$\angle QPR_1 = \angle QPR_2 = \angle QPR_3 = \angle QPR_4$

図3のとき、$\angle QPR_1 = 180^\circ - 90^\circ - \angle POR_1 = 90^\circ - \angle POR_1 = \angle R_1OX$

図7のとき、四角形 $POQR_2$ は長方形なので、$\angle QPR_2 = \angle R_2OX$

図4のとき、③より、$\angle QPR_3 = \angle R_3OX$

図5のとき、$\angle QPR_4 = \angle R_4OX$

したがって、$\angle R_1OX = \angle R_2OX = \angle R_3OX = \angle R_4OX$ となり、

図3、図7、図4、図5のどの状態でも、

R_1O、R_2O、R_3O、R_4O の長さは変化するが、

$\angle R_1OX$、$\angle R_2OX$、$\angle R_3OX$、$\angle R_4OX$ の大きさは変化しない。

よって、直線 OR_1、OR_2、OR_3、OR_4 は一直線上にあるので、直線 l とすると

R_1、R_2、R_3、R_4 は直線 l 上を移動する。

図3から図7までにおいては、

R_1 は直線 l 上に沿って R_2 まで移動する。

R_1R_2 の長さは(1)の DE と同じ長さになる。

よって $R_1R_2 = 2\sqrt{5} - 4$

その後、図7、図4、図5においては、

R_2 は直線 l 上に沿って $R_3 \to R_4$ と移動していく。

R_2R_4

$= OR_2 - OR_4$

$= 2\sqrt{5} - 2$

よって、移動したすべての長さは

$R_1R_2 + R_2R_4$

$= (2\sqrt{5} - 4) + (2\sqrt{5} - 2)$

$= 2\sqrt{5} - 4 + 2\sqrt{5} - 2$

$= 4\sqrt{5} - 6$

〔5〕

(1) △ACD の中点連結定理より、$8\times\frac{1}{2}=4$　MN = 4 cm

(2) △AEM と△BFE において、

AE : BF = 2 : 3…①

AM = $8\times\frac{1}{2}=4$(cm)、BE = 8 − 2 = 6(cm)より、

AM : BE = 4 : 6 = 2 : 3…②

①、②より、AE : BF = AM : BE = 2 : 3…③

△ABC は正三角形なので、

∠MAE = ∠EBF = 60°…④

③、④より、2組の辺の比とその間の角がそれぞれ等しいので、

△AEM∽△BFE

《または解答参照》

(3) 三角すいE−AMN と四角すいF−CDNM の底面積と高さの比を比べる。

中点連結定理より、△AMN∽△ACD であり、相似比は1∶2、面積比は1∶4となる。

よって、△AMN : 四角形CDNM = 1 : (4 − 1) = 1 : 3

また、∠EAM = ∠FCM = 60°、EA = 2(cm)、FC = 8 − 3 = 5(cm)

図より、B から△ACD に垂直に下ろした長さを h とおくと、E から△AMN に垂直に下ろした長さアは $\frac{2}{8}h$、F から四角形CDNM に垂直に下ろした長さ、イは $\frac{5}{8}h$ となる。

三角すいE−AMN と四角すいF−CDNM の高さの比は $\frac{2}{8}h:\frac{5}{8}h=2:5$ となる。

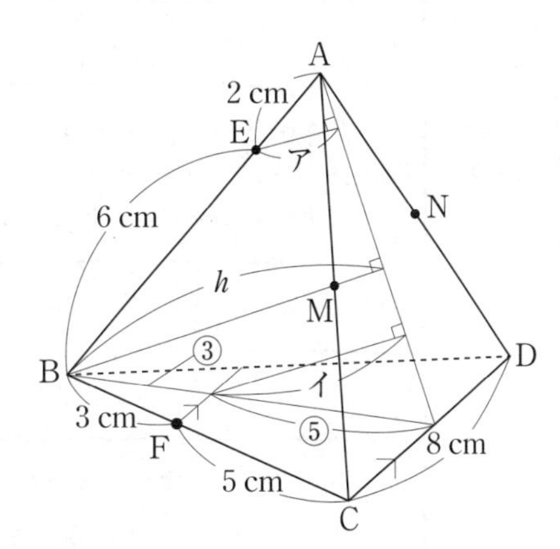

したがって、三角すいE−AMN と四角すいF−CDNM の体積の比は底面積×高さの比となるので、1×2 : 3×5 = 2 : 15

したがって、四角すいF−CDNM の体積は三角すいE−AMN の $15\div2=\frac{15}{2}$　$\frac{15}{2}$倍となる。

英語正答表，配点［　］は正答率

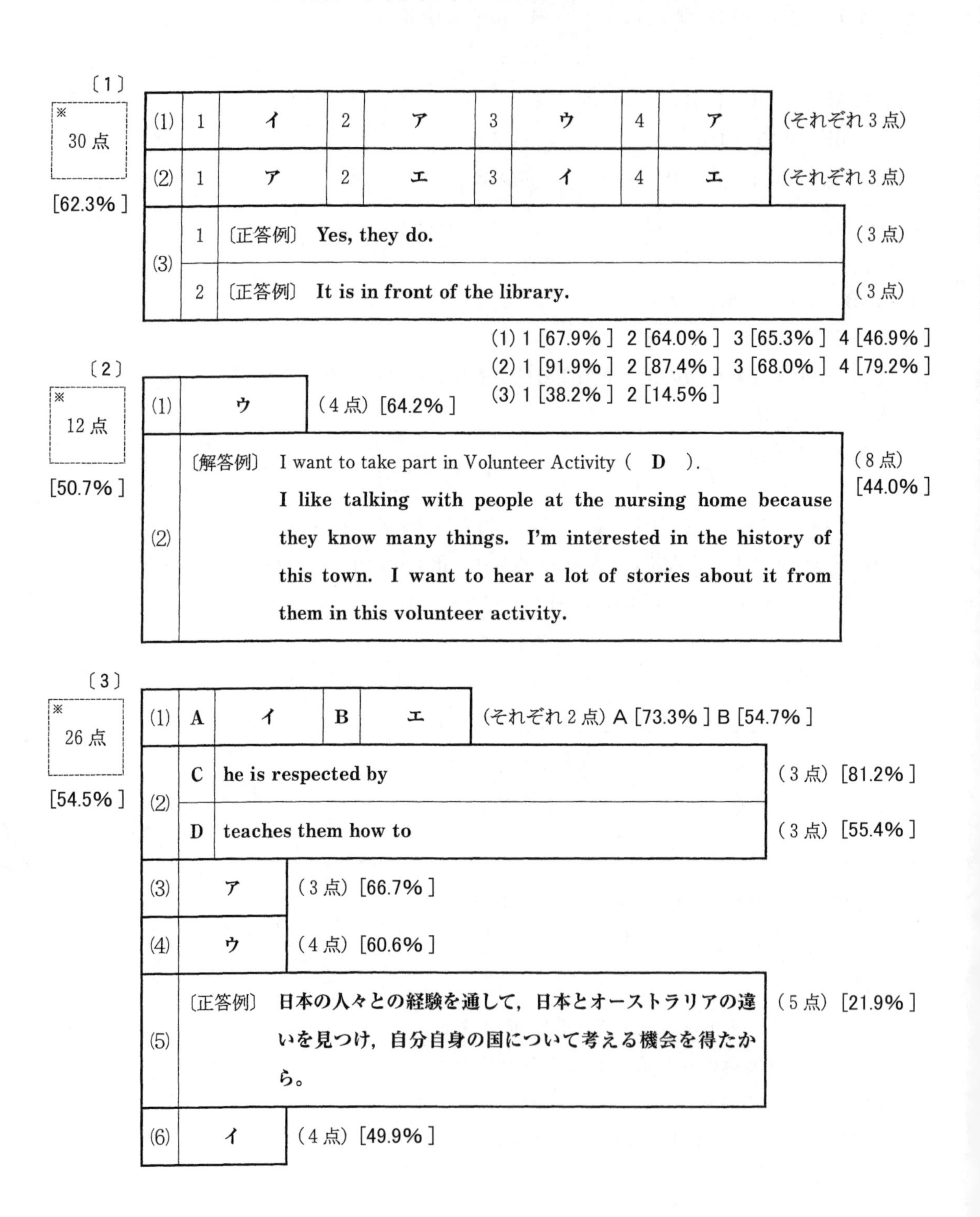

〔1〕 ※30点 [62.3%]

(1)	1	イ	2	ア	3	ウ	4	ア	(それぞれ3点)
(2)	1	ア	2	エ	3	イ	4	エ	(それぞれ3点)

(3)	1	〔正答例〕 **Yes, they do.**	(3点)
	2	〔正答例〕 **It is in front of the library.**	(3点)

(1) 1 [67.9%] 2 [64.0%] 3 [65.3%] 4 [46.9%]
(2) 1 [91.9%] 2 [87.4%] 3 [68.0%] 4 [79.2%]
(3) 1 [38.2%] 2 [14.5%]

〔2〕 ※12点 [50.7%]

(1)	ウ	(4点) [64.2%]
(2)	〔解答例〕 I want to take part in Volunteer Activity (**D**). **I like talking with people at the nursing home because they know many things. I'm interested in the history of this town. I want to hear a lot of stories about it from them in this volunteer activity.**	(8点) [44.0%]

〔3〕 ※26点 [54.5%]

(1)	A	イ	B	エ	(それぞれ2点) A [73.3%] B [54.7%]

(2)	C	**he is respected by**	(3点) [81.2%]
	D	**teaches them how to**	(3点) [55.4%]

(3)	ア	(3点) [66.7%]
(4)	ウ	(4点) [60.6%]
(5)	〔正答例〕 **日本の人々との経験を通して，日本とオーストラリアの違いを見つけ，自分自身の国について考える機会を得たから。**	(5点) [21.9%]
(6)	イ	(4点) [49.9%]

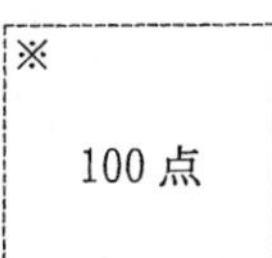

（全日制受検者平均点）
[53.7点]

※ 100点

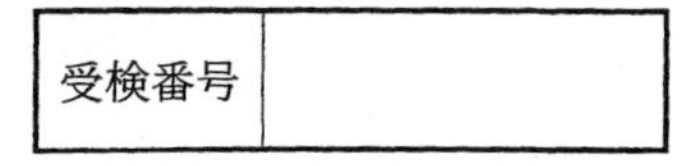

受検番号

〔4〕 ※ 32点 [46.0%]

			配点
(1)		〔正答例〕 **一枚の写真を撮る前に，注意深く物を見ること。**	（3点） [21.7%]
(2)		**イ**	（4点） [70.8%]
(3)		**ア**	（4点） [62.8%]
(4)	①	〔正答例〕 **No, she didn't.**	（3点） [66.4%]
	②	〔正答例〕 **Her grandfather did.**	（3点） [31.1%]
	③	〔正答例〕 **She goes to the lake or the mountain to take pictures.**	（3点） [46.5%]
(5)		**ウ**	（4点） [57.0%]
(6)		〔解答例〕 **I felt glad when I helped a woman. She asked me the way to the station in English. I used some English words and told her how to get there. She understood me and said, "Thank you."**	（8点） [26.7%]

英　　語

解説

〔1〕 リスニング

〈放送文〉

(1) 1 Today is Tuesday, November 24. My sister Yuzuki went to Kyoto yesterday.
Question : When did Yuzuki go to Kyoto?

2 You are doing homework with Hiroki. He says to you, "Can I use your dictionary?"
Question : What will you say to Hiroki if you want him to use your dictionary?

3 Yamato asked his classmates about their favorite sports. Baseball, basketball, tennis, and volleyball were popular in his class. Basketball was more popular than baseball and volleyball, and tennis was more popular than basketball.
Question : Which sport was the most popular in Yamato's class?

4 Betty wanted to go to the museum last Sunday. Her father and mother were too busy to go there, so Betty asked her brother to come there with her. They enjoyed looking at beautiful pictures in the museum.
Question : Who went to the museum last Sunday?

(2) 1 A : John, have you finished your homework?
B : Sure. I did it last night.
A : That's good.
Question : Has John finished his homework?

2 A : It's raining.
B : Yes, but today's morning news said, "It will be sunny in the afternoon,"
A : Really? I'm glad to hear that.
Question : What are these two people talking about?

3 A : What will you buy, Ken?
B : I want a new T-shirt. This blue one is nice, but too large for me.
A : Look, this yellow T-shirt is cool. Wait, this is large, too. This white one is not so good. Well, how about this red T-shirt? This is nice, and smaller than those blue and yellow ones.
B : Can I see it? Wow, it looks so nice. I'll take it.
Question : Which T-shirt will Ken buy?

4　A：What are you doing, Nick?
B：Hi, Mom. I'm looking for my watch. Have you seen it?
A：No. Where did you put it last night?
B：I think I put it on the table, but there isn't anything on the table.
A：Did you look under the chairs?
B：Yes, but I couldn't find it there. And I couldn't find it in my bag.
A：Let me see. Oh, look! There is something by the soccer ball.
B：Really? That's my watch! Thank you.
Question：Where has Nick found his watch?

(3)　Hello. This is Kevin. Are you free next Saturday? I'm going to go out with Saki. We'll be glad if you can join us. We'll meet at the station at ten o'clock and then go shopping. After that, we're going to have lunch at my favorite restaurant. The food is good, so you'll like it. The restaurant is in front of the library. Please call me back later. Bye.

Question　1　Do Kevin and Saki want to go out with you next Saturday?
　　　　　2　Where is Kevin's favorite restaurant?

〈放送文　日本語訳〉

(1)　1　今日は火曜日で、11月24日です。私の姉のユズキは昨日京都に行きました。
■問題：ユズキはいつ京都に行きましたか。
2　あなたはヒロキと宿題をしているところです。彼はあなたに「君の辞書を使ってもいいですか。」と言います。
■問題：あなたが彼に、あなたの辞書を使ってほしいならば、ヒロキに何と言いますか。
3　ヤマトはクラスメイトたちに好きなスポーツについて尋ねました。野球、バスケットボール、テニスそしてバレーボールが彼のクラスでは人気でした。バスケットボールは野球とバレーボールよりも人気があり、テニスはバスケットボールよりも人気がありました。
■問題：どのスポーツがヤマトのクラスで最も人気がありましたか。
4　ベティーは先週の日曜日に美術館に行きたかったです。彼女の父と母はあまりに忙しく、そこに行くことができなかったので、ベティーは彼女の兄に一緒に来るように頼みました。彼らは美術館で美しい絵を見て楽しみました。
■問題：誰が先週の日曜日に美術館へ行きましたか。

(2)　1　A：ジョン、宿題はもう終わりましたか。
B：もちろん。昨日の夜すませたよ。
A：それはいいですね。
■問題：ジョンは宿題を既に終えましたか。

2　A：雨が降っていますね。
B：ええ、ですが今朝のニュースでは「午後は晴れるでしょう。」と言っていました。
A：本当ですか。それを聞いてうれしいです。
■問題：これら二人の人々は何について話していますか。

3　A：何を買うんだい、ケン。
B：新しいTシャツが欲しいんだ。この青いのはいいね、でもぼくには大きすぎるな。
A：見て、この黄色いＴシャツかっこいいよ。待って、これも大きすぎるな。この白いのはあまり良くない。えーと、この赤いＴシャツはどうかな。これは素敵だし、さっきの青と黄色のものより小さいよ。
B：見てもいいかい。わあ、とても良いね。これにするよ。
■問題：どのＴシャツをケンは買うでしょうか。

4　A：何をしているの、ニック。
B：やあ、お母さん。時計を探しているんだ。見かけたかい。
A：いいえ。昨日の夜、どこに置いたのよ。
B：ぼくはテーブルに置いたと思うんだけど、テーブルの上には何もないんだ。
A：椅子の下も見たの。
B：うん、でもそこでは見つからなかったよ。あとぼくのカバンにも見当たらなかった。
A：ちょっと待って。あら、見て！サッカーボールのそばに何かあるわ。
B：本当かい。あれはぼくの時計だ！ありがとう。
■問題：ニックはどこで彼の時計を見つけましたか。

(3)　こんにちは。もしもし、ケビンです。来週の土曜日は空いていますか。ぼくはサキと出掛けるつもりなんだ。君が参加してくれたらうれしいな。ぼくたちは10時に駅で会って、それから買い物に行くつもりだ。その後、ぼくのお気に入りのレストランで昼食をとるよ。そこの料理はおいしいから、君も気に入るだろう。そのレストランは図書館の向かいにあるよ。後でかけなおしてね。さようなら。

■問題：1　ケビンとサキは来週の土曜日あなたと一緒に出掛けたいと思っていますか。
2　ケビンのお気に入りのレストランはどこにありますか。

〈解説〉

(1) 短い英文を聞いて正解を選ぶ（選択型）

1 冒頭の曜日、日付を聴き、正解を選ぶ。ユズキが京都に行ったのは11月24日火曜日の前日であるため、イが正解。

2 質問文がやや長いが、辞書を貸す表現を選択すればよい。正解はア。

ア：はい、どうぞ。

イ：あなたはどうですか。

ウ：いいえ、結構です。

エ：ではまた後程。

3 前置きが長く、比較が多用されるため、放送文自体の難度は高い。1回目で正確な順列を捉えるのは難しいが、聞かれているのは1番人気のスポーツである。①バスケットボール＞野球・バレーボール ②テニス＞バスケットボールという二つの情報を整理しよう。正解はウ。

4 両親が忙しいため、兄に同行を頼んだことがわかる。too は形容詞の前につくと「～すぎる」という意味になり、too ～ to …で「あまりに～すぎて…できない（…するには～すぎる)」となる。正解はア。

(2) 対話文を聞いて正解を選ぶ（選択型）

1 ジョンは昨夜宿題を終わらせたと言っている。疑問文が Has Jon …?と現在完了形となっているため、アを選択する。

2 二人が何について会話しているのかを捉える。rainy、sunny などの単語から推測できる。正解はエ。

3 順を追っていくと、青＝良いが、大きすぎる。黄色＝青同様、良いが、大きすぎる。白＝あまり良くない。赤＝良い、かつ青・黄より小さい（つまり丁度よい)。よって正解は赤いTシャツのイ。1度目の放送では会話の展開を大まかにとらえ、質問の文に集中しよう。2度目の放送で、最終的に購入した色に注目し、解答を選べばよい。

4 テーブルにも椅子にもカバンにもなく、最終的にサッカーボールのそばから発見された。よって正解はエ。

(3) 長文を聞いて、設問に対する回答を記述する（記述型）

留守番電話のメッセージを聴き、質問に対する回答を自分で記述するという問題が初登場した。答えは「3語以上の英文」でなければならない。つまり、主語と動詞を含む3語以上で答える必要がある。

1 質問文が Do Kevin and Saki want ～?の形なので、おのずと回答は Yes, they do. または No, they don't. の2択に絞られる。ケビンはサキと出掛ける予定であり、あなたの同行を望んでいる。よって正解はYes, they do. 主語を代名詞theyに直し忘れないように注意。

2　ケビンのお気に入りのレストランの場所を答える。In front of the libraryでも3語以上ではあるが、主語と動詞がないため、英文にならない。質問文のKen's favorite restaurantを代名詞itに直して主語とし、正解はIt is（＝It's）in front of the library. となる。

質問：　Where is Ken's favorite restaurant?

解答：　It is in front of the library.

〔2〕資料活用問題

〈資料英文全訳〉

ボランティア募集！
私たちはこの町のボランティアを探しています。4つの活動があります。

ボランティア活動A	ボランティア活動B
公園に花を植える 9：00～11：00　日曜日	小さい子の勉強の手助け 16：00～17：00　金曜日

ボランティア活動C	ボランティア活動D
浜辺の清掃 15：00～17：00　土曜日または日曜日	高齢者福祉施設でお話 16：00～17：00　月曜日または水曜日

【会話】

アン　：あなたはどのボランティア活動に興味がありますか。

マーク：ぼくは全部に興味がありますが、月曜日から金曜日は忙しいです。ぼくは公園で花を植えたいと思います。

アン　：待って、あなたと私は毎週日曜日の午前中はピアノのレッスンがありますよ。

マーク：そうでしたね。わかりました、ぼくは ボランティア活動C に参加します。

【解答例】

私はボランティア活動Dに参加したいです。

高齢者福祉施設の人々は多くのことを知っているので、私は彼らと話すことが好きです。私はこの町の歴史に興味があります。このボランティア活動を通して、彼らからそれについてのたくさんの話を聞きたいと思っています。

〈解説〉

⑴〔適語選択〕

マークが参加するボランティア活動を選択する。会話文によると、マークは月曜日から金曜日までは忙しく、更に毎週日曜日の午前はピアノのレッスンで活動には参加できない。そのため、土曜日または、日曜日の午後に参加できる活動を表から探す。よって正解は、土日で参加できる Volunteer Activity C のウとなる。

⑵〔条件英作文〕

広告内の４つの活動の中で参加したいものとその理由を記述する。実際に参加したいかどうかではなく、理由が思いつきやすいかどうかで選択していこう。解答例以外だと、下記のような理由はどうだろうか。また、マークのように、自身の予定について説明してもいいだろう。

【活動Ａ：花を植える】…花（植物）が好きである、公園を美しくしたい、美しくなると周辺に住む人たちが喜ぶ など

【活動Ｂ：勉強の手伝い】…子供が好き、教えることが好き、特に○○が得意だ など

【活動Ｃ：浜辺清掃】…清掃によって、人も魚も喜ぶ、現状浜辺に多くのゴミがある など

【活動Ｄ：お年寄りと話す】…話すことでお年寄りを元気にしたい など

〔３〕 対話文

〈全訳〉

アカリは日本の高校生です。今、彼女はオーストラリアから来ている高校生のスティーブと話をしているところです。スティーブはアカリの学校で勉強しています。

アカリ　　：こんにちは、スティーブ。週末はどうでしたか。

スティーブ：こんにちは、アカリ。素敵でしたよ。先週の日曜日、ぼくのホストファミリーと一緒にスキーに行きました。それはぼくにとって初めてのことでした。ぼくはたくさんの雪を見てとてもわくわくしました。あなたの週末はどうでしたか。

アカリ　　：こちらも素敵でしたよ。私はどこへも出掛けませんでしたが、家で良い時間を$_A$(過ごしました)。

スティーブ：それはいいですね。家で何をしたのですか。

アカリ　　：音楽を聴き、本を読み、テレビを観て楽しみました。ええと、先週の土曜日は、他の国々で$_B$(働いている) ３人の日本人についてのテレビ番組を観ました。興味深かったです。あなたは観ましたか。

スティーブ：いいえ、観ませんでした。その日本人たちは他の国々で何をするのですか。

アカリ　　：彼らは異なった仕事をしています。一人はインドで日本語の先生をしています。彼女は自身の生徒たちに素晴らしい授業をしています。彼女は地元のイベント

にも参加し、人々に伝統的な日本の文化を紹介しています。

スティーブ：素敵ですね。彼女はインドの人々に、日本に興味をもたせることができると思います。

アカリ　　：私もそう思います。えーと、もう一人の人はアメリカで建築家をしています。彼は一生懸命勉強し、環境について多くのことを知っています。彼がデザインする建物は美しく、環境にやさしいです。なので、C 彼は 周囲の人々 に尊敬されています 。

スティーブ：わあ、それも素敵ですね！最後の人は何をしているのですか。

アカリ　　：最後の人は、アフリカの人々と一緒に働く農家の一人です。彼は米と野菜の上手な育てD 方を彼らに教えています 。彼は人々のために一生懸命に働いていて、そのため、彼らは彼を信頼しています。

スティーブ：偉大ですね。

アカリ　　：ですが、その日本人の農家は、初めてアフリカに来た時に、ある問題を抱えていました。上手く米と野菜を育てることは彼にとって困難だったのです。

スティーブ：なぜですか。

アカリ　　：土壌が肥沃でなかったからです。E 初め 、彼は彼自身のやり方ではその土壌を肥沃にすることはできませんでした。そこで、彼は地元の人々とたくさん話をしました。彼はいくつかの役立つ考えを彼らから得て、土壌を肥沃にするための良い方法を発見しました。ついに、彼はF その問題を解決したのです。彼は、「あれは自分にとって良い経験でした。そのような良い経験を地元の人々と共有することができたので、アフリカで働いてとてもうれしく思っています。」と言っていました。

スティーブ：わかりました。ぼくに関して言えば、日本に来て以来、日本の人々と多くの種類の経験をしてきました。G それらの経験はとても大切だと思います。

アカリ　　：なぜそう思うのですか。

スティーブ：日本の人々との経験を通して、日本とオーストラリアの違いを見つけたからです。このことはぼくに、自分自身の国について考える機会を与えてくれました。

アカリ　　：わかりました。私は他のどの国にも行ったことがありません。将来、海外に行って、あなたのように多くの経験をしたいです。

〈解説〉

(1)〔語形変化〕

A　have a good time で「良い時間を過ごす（楽しむ)」。よって正解はイ。

B　現在分詞の working で、後置修飾する。

(2) 〔語句整序〕

C [ ] 内の単語や、前後のつながりから「彼は周囲の人々に尊敬されている」という一文にする。be 動詞＋過去分詞＋by〜で「〜に…される」という受動態となる。よって he is respected by の形にする。he は文頭ではないので、大文字にしないよう注意。

D [ ] 直前にある He につながる動詞は teaches。三人称単数の(e)s が目印となる。

[ ] 直後に動詞の原形 grow があるため、how to grow 〜「〜の育て方」とする。

よって（He）teaches them how to（grow rice and …）となる。teaches to them としても「彼らに教える」とはなるが、そうすると how to 〜の形が作れず、grow に続けられない。意味だけでなく、動詞の形にも注意しながら文を作っていこう。

(3) 〔適語選択〕

ア　はじめに　　イ　ところで　　ウ　互いに　　エ　すみませんが

前後の文脈から判断し、正解はア。

(4) 〔内容選択〕

下線部分 F の the problem の内容を捉える。下線部分 F を含む一文を訳すと、「ついに彼はその問題を解決した」。彼（日本人の農家）が何の問題にずっと取り組んできたのかを読み取ればよい。

ア　その日本人の農家はアフリカの地元の人々と話すことができませんでした。

イ　その日本人の農家はアフリカの地元の行事に参加できませんでした。

ウ　その日本人の農家はアフリカで上手く米と野菜を育てることができませんでした。

エ　その日本人の農家はアフリカの地元の人々と良い経験を共有することができませんでした。

24〜28行目のアカリのセリフから、日本人の農家は、アフリカの土壌が肥沃でないため、米と野菜が育たないという問題に直面し、それを打開するため地元の人々と対話を重ねている。よって解決した問題は、ウ。

(5) 〔和文記述〕

32行目、スティーブが「それらの経験はとても大切だと思う」理由を、本文中から探し、日本語で記述する。スティーブのセリフに続き、アカリが「なぜそう思うのか」と理由を尋ねているので、続きを追っていく。すると35行目（44ページ1行目）でスティーブが理由を説明してくれている。Because に続く I' ve found 〜 Japanese people. はもちろん、This has 〜 own country. の内容も、他国の人々と様々な経験をすることの大切さの根拠となるため、解答に盛り込むこと。和文記述の問題では、次の問題に移る前に、再度問いを読み直し、「何を答える問題なのか」を考え、解答の過不足がないかを見直す必要がある。

(6) 〔内容選択〕

ア　その日本人教師は毎日生徒と接するのに忙しすぎて、インドの地元の行事に参加できません。

→13行目 She also takes part in local events　とあり、彼女がインドで教師をしながらも地元の行事に参加していたことがわかる。よって×。

なお、be busy with ～で「～で忙しい」、so … that S V で、「とても…で S が V」。

イ　アメリカの日本人建築家は、環境について多くのことを知っており、彼は美しく、かつ環境にやさしい建物をデザインしています。

→16～18行目のアカリのセリフに注目。He studies hard ～ eco-friendly. とある。よって○。

ウ　その日本人農家は、アフリカの地元の人々から何の考えも得ることなしに土壌を肥沃にすることができました。

→27～29行目参照。彼自身のやり方ではうまくいかず、地元の人から考えを得ることで、土壌を肥沃にすることに成功している。よって×。

エ　アカリはオーストラリアに行った際、友人たちとともに良い経験をしたため、再びそこに行きたいと考えています。

→本文最後のアカリのセリフ、I've never been to any other countries. より、彼女は外国に行ったことがない。当然オーストラリアにも行ったことがないため×。オーストラリアはスティーブの出身国である。

〔４〕 **長文**

〈本文全訳〉

サクラは中学生でした。彼女は、一台の古いフィルムカメラとともに町を歩き回ることが好きでした。彼女が10歳のとき、彼女の祖父が、彼が使っていたそのフィルムカメラをくれました。もちろん、彼女にとってそれを使い写真を撮ることは簡単ではありませんでした。そのカメラは画像を表示することができなかったのです。彼女は、写真が現像されたときに、それを見ることができたのです。そのような古いフィルムカメラを使うことは、デジタルカメラを使うより、多くの時間と労力を必要としました。ですが、その古いフィルムカメラを使うことを通して、彼女は写真を撮ることに関する、一つのことを学びました。彼女は、１枚の写真を撮る前に注意深く物を見られるようになったのです。彼女はその古いフィルムカメラが好きでした。

サクラはたくさんのものと人々を、そのカメラのレンズを通して見ました。美しい花々、可愛い動物たちや歴史的な建物、そして彼女の家族の写真を撮りました。

ある日曜日の朝、サクラはその古いフィルムカメラとともに出掛けました。その日は素敵な日で、彼女は暖かい風を感じました。彼女が写真を撮り始めてまもなく、カメラのボタンを押すことができませんでした。彼女はカメラの調子が悪いのだと思いました。

サクラは家に戻り、祖父に古いフィルムカメラについて伝えました。彼は言いました。「サクラ、すまない、私にはこの古いカメラを直すことはできないんだ。」彼女は悲しそうに見えました。彼は「スズキさんを訪ねてはどうだろうか。彼ならきっとこのカメラを修理できるだろう。」と言いました。スズキさんはカメラ屋で働いていました。彼女は、彼に写真を現像してもらうように依頼するために、しばしばそこへ行っていました。

午後、サクラはそのカメラ屋へ行きました。彼女が店へ入ったとき、スズキさんは彼女を見て、「こんにちは、サクラ。お元気ですか。今日はどういったご用件ですか。」と言いました。彼女は彼に、「カメラのこのボタンが押せないのです。修理してください。」と言いました。彼は「いいですよ。見てもいいですか。」と言いました。彼は非常に注意深くそのカメラの中を見ました。彼女は彼を、一言も発せず見つめました。「わかりました。いくつかの部品を交換する必要があります。」と彼は言いました。彼女は尋ねました。「このカメラを修理できるのですか。」彼は「もちろん。えーと、少し時間がかかりますよ。サクラ、2週間待ってくれませんか。」と言いました。彼女は「はい。」と言いました。

2週間後、サクラがカメラ屋を訪れると、スズキさんは彼女を待っていました。彼から古いフィルムカメラを受け取ったとき、彼女は「私は本当に、うれしいです。私はいつも大切にこのカメラを使っていきます。」と言いました。彼は「それを聞いてうれしいです。もし何か困ったことがあれば、私のところに来てください。」と言い、「ありがとうございます、スズキさん。」と、彼女は言いました。「私はまた、あなたに1つ聞きたいことがあります。なぜあなたはカメラ屋で働いているのですか。」

スズキさんは微笑み、そして言いました。「なぜなら、私はカメラがとても好きだからです。子どものとき、私は父親とたくさんの写真を撮ることを楽しみました。高校生のとき、彼は私に新しいカメラを買ってくれました。その後、私はカメラにもっと興味をもつようになり、カメラ屋で働こうと決めたのです。」

スズキさんはまた、サクラに言いました。「約30年前、私はこのカメラ屋で働き始めました。それ以来、多くのお客さんたちが、問題を抱えて、ここにやって来ました。私が彼らを助けると、彼らは笑顔になります。私は彼らの幸せそうな顔を見てうれしくなります。このカメラ屋で働くことは私を幸せにしてくれるのです。」

現在、サクラは高校生です。彼女は時間があると、たいてい、写真を撮るために湖か山へ行きます。たくさんの写真を撮った後は、彼女はスズキさんに写真を現像してもらうためにあのカメラ屋を訪れます。とても素晴らしい写真を見つけると、彼女は彼に「見てください、スズキさん。なんて美しいのでしょう。」と言います。彼女は自分が撮った写真について、彼と話すのが好きです。彼女が愛情をもってその古いフィルムカメラを使い続けているのがわかるため、彼もまたうれしいと感じています。

〈解説〉

(1) 〔和文記述〕

本文7行目より、古いフィルムカメラを使うことを通して、写真を撮ることについてサクラが学んだことが何かを記述する。続く9行目にShe learned to look at things carefully before taking one picture.「彼女は、1枚の写真を撮る前に注意深く物を見られるようになった」とあるので、ここを解答とする。a pictureではなくone pictureと表記されているため、「1枚の」ときちんと訳しておきたい。なおlearn to原形で「～できるようになる」(不定詞の副詞的用法の1つで、learnした結果どうなったかをto以下が表す)。

(2)〔内容選択〕

本文20行目、サクラがカメラ屋に行った理由を選択する。第3段落でカメラの不調に気付いたサクラは、第4段落で祖父に相談する。そこで祖父から、カメラ屋のスズキさんに修理を依頼することを提案される。よって目的はカメラの修理である。

ア　スズキさんに、写真を現像してもらうよう頼むため。

イ　スズキさんに、古いフィルムカメラを修理してもらうよう頼むため。

ウ　スズキさんに、カメラの部品をサクラに見せてもらうように頼むため。

エ　スズキさんに、可愛い動物の写真を撮ってもらうよう頼むため。

19～20行目より、いつもは現像を頼みにカメラ屋に行っているとあるが、今回は修理の依頼である。よってイが正解。

(3)〔内容選択〕

第6段落の2文目のサクラのセリフI'm really glad. の理由を選択する。彼女自身から直接的な理由は述べられていないため、直前の出来事に注目。修理の依頼から2週間後、古いフィルムカメラが無事に手元に戻ってきたときに、先ほどのセリフが発せられている。よって、理由は、カメラが戻ってきたからであると考えられる。

ア　サクラが、再び古いフィルムカメラを使うことができたから。

イ　サクラが、カメラ屋で美しい写真を見つけたから。

ウ　サクラが、スズキさんから新しいカメラを手に入れたから。

エ　サクラが、スズキさんから新しい写真の撮り方を学んだから。

よって正解はア。

(4)〔英問英答〕

① サクラは、父親から古いフィルムカメラを入手したのですか。

→Did Sakura get ～?という疑問文であるので、回答はYes, she did. またはNo, she didn't. のいずれかとなる。本文3行目、her grandfather gave her the film cameraとあるので、カメラをあげたのは父ではなく祖父である。よってNo, she didn't.
father と grandfather の見間違いに注意。

② 古いフィルムカメラの調子が悪くなったとき、誰がサクラにスズキさんのもとを訪れるように言いましたか。

→第4段落(本文17行目)で、サクラの祖父がWhy don't you visit Mr. Suzuki?とサクラに提案している。よってHer grandfather did. が正解。WhoやWhatなどの疑問詞が主語となる疑問文への答え方は完璧にしておきたい。

③ サクラは、時間があるとき、たいてい何をしますか。

→疑問文の時制に注目。過去形ではなく、現在形となっている。本文中で、現在形でストーリーが描かれるのは第9段落のみである。よって、解答は第9段落から探す。間違って本文冒頭から読み直し解答を探すと、大幅な時間のロスとなってしまう。第9段落の2文目を見ると、She usually goes to the lake or the mountain to take pictures when she is free. とあり、下線箇所をそのまま解答とすればよい。

(5) 〔内容選択〕

ア サクラは、10歳のとき、写真を撮るために古いフィルムカメラを簡単に使うことができました。

→2～3行目より、カメラをもらったのは10歳のときではあるが、古いフィルムカメラで写真を撮ることは簡単ではなかったと書かれている。よって×。

イ サクラは、花が本当に好きなので、花の写真しか撮りませんでした。

→第2段落（本文11行目）、She took pictures of beautiful flowers, cute animals …とあり、花以外の写真も多数撮っているとわかる。よって×。

ウ スズキさんは、カメラ屋でお客さんを幸せにできたときに、うれしいと感じました。

→第8段落（本文38行目）のスズキさんのセリフに「私が彼らを助けると、彼らは笑顔になる。私は彼らの幸せそうな顔を見てうれしくなる」とあるため、○。

エ スズキさんは、サクラが高校生になると、新しいカメラ屋を始めました。

→本文中にそのような記述はない。よって×。

(6) 〔英作文〕

自分がこれまでにうれしいと感じたことを理由とともに一つ記述する、というかなり抽象的なテーマである。解答例のように、自身がうれしかった体験を簡単な英文で書いていく。参考にしたいのが、理由を示す際に because を使用していないこと。because を使わなくとも、出来事の詳細を記すことで、うれしいと感じた理由を伝えることができる。

【解答例全訳】

私はある女性を助けたときにうれしいと感じました。彼女は私に、英語で駅までの道を尋ねました。私はいくつかの英単語を使い、彼女に駅への行き方を伝えました。彼女は私の言うことを理解し、「ありがとう。」と言ってくれました。

社会正答表，配点［　］は正答率

〔1〕 ※15点 [62.0%]

(1)	① 大西洋	② D		(それぞれ3点) ①[79.3%] ②[51.3%]
(2)	Ⅰ群 ウ	Ⅱ群 ケ		(それぞれ3点) Ⅰ群[48.3%] Ⅱ群[68.6%]
(3)	イ			(3点) [62.6%]

〔2〕 ※14点 [61.2%]

(1)		カルデラ	(2点) [75.6%]
(2)		ウ	(2点) [71.9%]
(3)		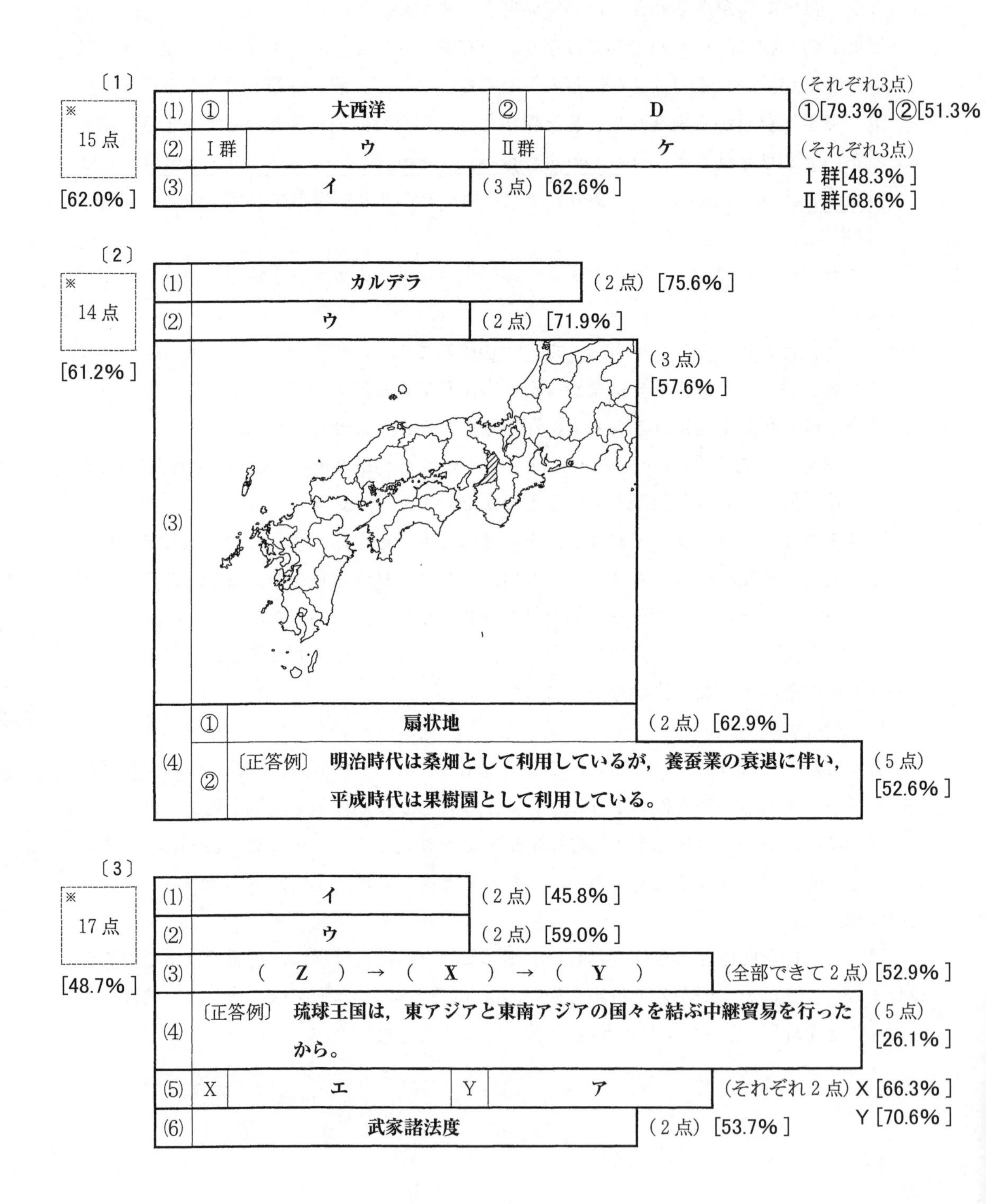	(3点) [57.6%]
(4)	①	扇状地	(2点) [62.9%]
	②	〔正答例〕 明治時代は桑畑として利用しているが，養蚕業の衰退に伴い，平成時代は果樹園として利用している。	(5点) [52.6%]

〔3〕 ※17点 [48.7%]

(1)	イ	(2点) [45.8%]
(2)	ウ	(2点) [59.0%]
(3)	(Z) → (X) → (Y)	(全部できて2点) [52.9%]
(4)	〔正答例〕 琉球王国は，東アジアと東南アジアの国々を結ぶ中継貿易を行ったから。	(5点) [26.1%]
(5)	X エ　Y ア	(それぞれ2点) X [66.3%] Y [70.6%]
(6)	武家諸法度	(2点) [53.7%]

（全日制受検者平均点）
[55.7点]

※ 100点

受検番号	

〔4〕 ※ 17点 [49.2%]

(1)	①	自由党	（3点）[60.5%]
	②	（ イ ）→（ ウ ）→ 日露戦争 →（ ア ）	（全部できて3点）[39.2%]
(2)		ウ	（3点）[41.6%]
(3)		エ	（3点）[74.0%]
(4)		〔正答例〕 **地主が持つ小作地を政府が買いあげて，小作農に安く売りわたしたから。**	（5点）[38.2%]

〔5〕 ※ 28点 [55.4%]

(1)	①	ウ		（2点）[94.3%]
	②	エ		（2点）[64.2%]
(2)	①	国民主権		（3点）[79.1%]
	②	イ	エ	（それぞれ2点）（順不同） イ[83.0%] エ[49.1%]
	③	ア		（3点）[55.2%]
(3)	符号	X		（3点）[49.3%]
	理由	〔正答例〕 **衆議院議員総選挙の期日から30日以内に開かれているから。**		（5点）[16.9%]
(4)	①	イ		（3点）[62.6%]
	②	エ		（3点）[49.0%]

〔6〕 ※ 9点 [62.7%]

(1)	B	（2点）[65.1%]
(2)	イ	（2点）[71.9%]
(3)	〔正答例〕 **日常の買い物に不便を感じる高齢者の割合が増えており，今後も高齢者の人口が増える**	（5点）[58.0%]

社　　会

解説

〔1〕 世界地理の総合問題

(1) ① 北極点をはさんでXの対面に日本があるため、地図中の下部が太平洋となる。

② 問題文中に本初子午線を基準として30度間隔と書かれているので、A西経150度、B西経120度、C西経90度、D西経60度。南アメリカ大陸の最西端は西経81度、最東端は西経34度である。

(2) ベトナムで多く栽培されている農作物が米であることから、Ⅰ群「米の粉からつくっためん」と紹介されているウを選ぶ。Ⅱ群ではベトナムは近年工業化が進む東南アジアに属する国であること、またASEANに加盟していることからケを選択する。

(3) おもな輸出品目に着目する。aは第3位に航空機があるのでフランス。cは第1位に機械類があること、また人口が最も多いことからアメリカ。bは第1位にカカオ豆があることからコートジボワールとわかる。またdにはパーム油があることからインドネシアと判断する。

〔2〕 日本地理の総合問題

(1) カルデラは火山の活動によってできた巨大なくぼ地のこと。

(2) アは年間を通じて降水量が少なく冬の最低気温が0℃近くであることから長野。イはアと同様に年間の降水量は少ないが、最低気温が高いため高松。ウは太平洋側の気候なので鹿児島。エは日本海側の気候なので鳥取。

(3) Xは、農業生産額は高いが工業生産額が低いため畜産や促成栽培を行う宮崎県。Yは、中小の工場が多く集まる大阪府。Zは豊田市を中心として中京工業地帯を擁する愛知県である。愛知県は渥美半島で温室メロンや電照菊、濃尾平野や知多半島では野菜などの施設園芸農業が盛んである。

(4) ① 扇状地は河川が山地から平野に流れ出るところに土砂が堆積してできた扇形の傾斜地のこと。

② 地形図左半面の緩やかな傾斜で栽培されているものに着目する。明治期では養蚕業が発展していたため、傾斜地では蚕の餌となる桑を栽培していた。化学繊維の普及により養蚕業が衰退したため、現在では果樹園にその姿を変えている。

〔3〕 歴史総合問題（古代～近世）

(1) ムハンマドがイスラム教を開いたのは紀元後610年の7世紀である。アのマゼラン隊が世界一周をしたのは1519年から1522年にかけての16世紀のできごと。ウの宗教改革はアと同じく16世紀の1517年、ドイツのルターがヴィッテンベルク城内の教会の門扉に『95ヶ条の論題』を発表し、教会を批判したことから宗教改革が始まった。エの始皇帝の中国統一は紀元前221年のこと。

(2) アの飛鳥文化が栄えたのは飛鳥時代。仏教渡来から大化の改新までの仏教文化のこと。イの天平文化は飛鳥時代、奈良時代にまたがって奈良を中心とした貴族・仏教文化。ウは平安時代、藤原氏の摂関政治が行われていたころを中心として12世紀の院政期まで栄えた。エの元禄文化は江戸時代、17世紀から18世紀にかけて京都・大坂を中心に栄えた町人文化。

(3) Xは平安時代末1167年のこと。Yは鎌倉時代後期。御成敗式目は1232年に制定。Zの藤原頼道が平等院鳳凰堂を建立したのは1053年のこと。

(4) 琉球王国は日本・中国（明・清）・朝鮮・東南アジア（南海諸国）などの各国間を結んで行われた中継貿易によって繁栄していく。

(5) 室町時代の1467年、細川氏や山名氏の権力闘争に、将軍足利義政のあとつぎ問題がからみ、1477年までの約11年間にわたって継続した内乱のこと。これにより戦乱は全国に拡大し下克上の風潮が広まっていく。

(6) 武家諸法度は1615年に２代将軍の徳川秀忠が諸大名に発布した。また1635年には３代将軍徳川家光によって参勤交代の制度が義務として加えられた。

〔４〕 歴史総合問題（近代～現代）

(1) ① 板垣退助は1881年、国会開設の詔が出されたのを機に、自由党を結成して党首となる。以後、全国を遊説して回り党勢拡大に努めた。

② アは1911年小村寿太郎外相のときにアメリカとの交渉に成功した。イは1889年に発布された。ウは1895年に日本と清で結ばれた講和条約。これにより日本は清に朝鮮の独立を認めさせ、遼東半島・台湾などを手に入れた。

(2) アは明治時代から大正時代に活躍した画家。イは江戸時代中期を代表する画家。ウはアと同様に明治時代から大正時代に活躍した彫刻家。エは江戸時代後期に活躍したの浮世絵師。

(3) 米騒動は1918年、米価の暴騰が1918年８月のシベリア出兵開始期に合わせて激化したため、米の安売りを求める動きが全国化した民衆暴動のこと。この米騒動の直後、立憲政友会総裁の原敬が、陸軍・海軍・外務以外の大臣を立憲政友会党員から出す本格的な政党内閣を組織した。

(4) 地主の土地を政府が買い上げ、小作農に安く売り渡した農地改革によって、自作農が増加した。

〔５〕公民総合問題（政治・人権分野）

(1) ① アはメディアから得た情報を自分で考え、確認するなどをして見極めるスキルのこと。イは患者・家族が病状や治療について十分に理解し、また、医療職も患者・家族の意向や様々な状況や説明内容をどのように受け止めたか、どのような医療を選択するか、患者・家族、医療職、ソーシャルワーカーやケアマネジャーなど関係者と互いに情報共有し、皆で合意するプロセスのこと。ウはひとりひとりの人が自分の時間を、仕事とそれ以外で、どのような割合で分けているか、どのようなバランスにしているか、ということ。エは一定の契約に限り、一定期間、説明不要で無条件で申込みの撤回または契約を解除できる法制度のこと。

② アは伝染病予防などの活動のこと。イは生活保護法を中心に運営される社会保障のこと。ウは社会生活を送る上でハンディキャップを負った人々に対して各種支援サービスを提供すること。エは医療保険、年金保険、雇用保険、労災保険、介護保険の5つからなる社会保障のこと。

(2) ① 日本国憲法は国民主権、基本的人権の尊重、平和主義を三大原則とし、基本的人権を「犯すことのできない永久の権利」として保証している。

② アは社会権の中の教育を受ける権利。イは精神の自由の中の表現の自由。ウは基本的人権を守るための権利の請求権。エは身体の自由の中の法定手続きの保障。オは社会権の中の生存権。

③ アは国会の仕事。国の政治は法律に基づいて行われる。イは内閣の仕事。ウは裁判所の仕事。エは内閣の仕事。

(3) 通常国会は1月から150日間開かれるためYは通常国会。臨時国会は内閣が必要と認めたとき、またどちらかの議員の1／4以上の要求があったときに召集される。特別国会は衆議院解散後の総選挙の日から、30日以内に召集される。Xは資料中の衆議院議員総選挙の期日である平成26年12月14日の後、30日以内に召集されていることから、特別国会と判断できる。Zは参議院議員選挙の期日である平成28年7月10日の後、30日以内ではあるが衆議院議員総選挙ではないので、特別国会ではなく、また通常国会の期間でもないため臨時国会である。

(4) ① 日本銀行の公開市場操作（オープン・マーケット・オペレーション）からの出題。一般の銀行と公債・手形・証券などを売買して、通貨量を調整する。

② 需要量が多ければ価格は上がり、反対に供給量のほうが多ければ、価格は下がる。

〔6〕 公民総合問題（経済・社会分野）

(1) 資料Ⅰの生産量と消費量を比較し、生産量÷消費量で概ねの自給率を計算する問題。Aは自給率が100%前後であるために米。Bは自給率が80%となるために野菜。Cは自給率が54%となるため肉類。Dは自給率が40%となるため果実。

(2) 商品が生産者から消費者に届くまでの流れのことを流通という。流通経路を簡素化し、経費を抑える合理化が進んでいる。

(3) 資料Ⅳより買い物に不便さを感じている高齢者が増加していることを読み取り、資料Ⅴより今後も65歳以上の人口が増えることを読み取る。読み取った二つの内容をまとめていく。

理科正答表，配点［　］は正答率

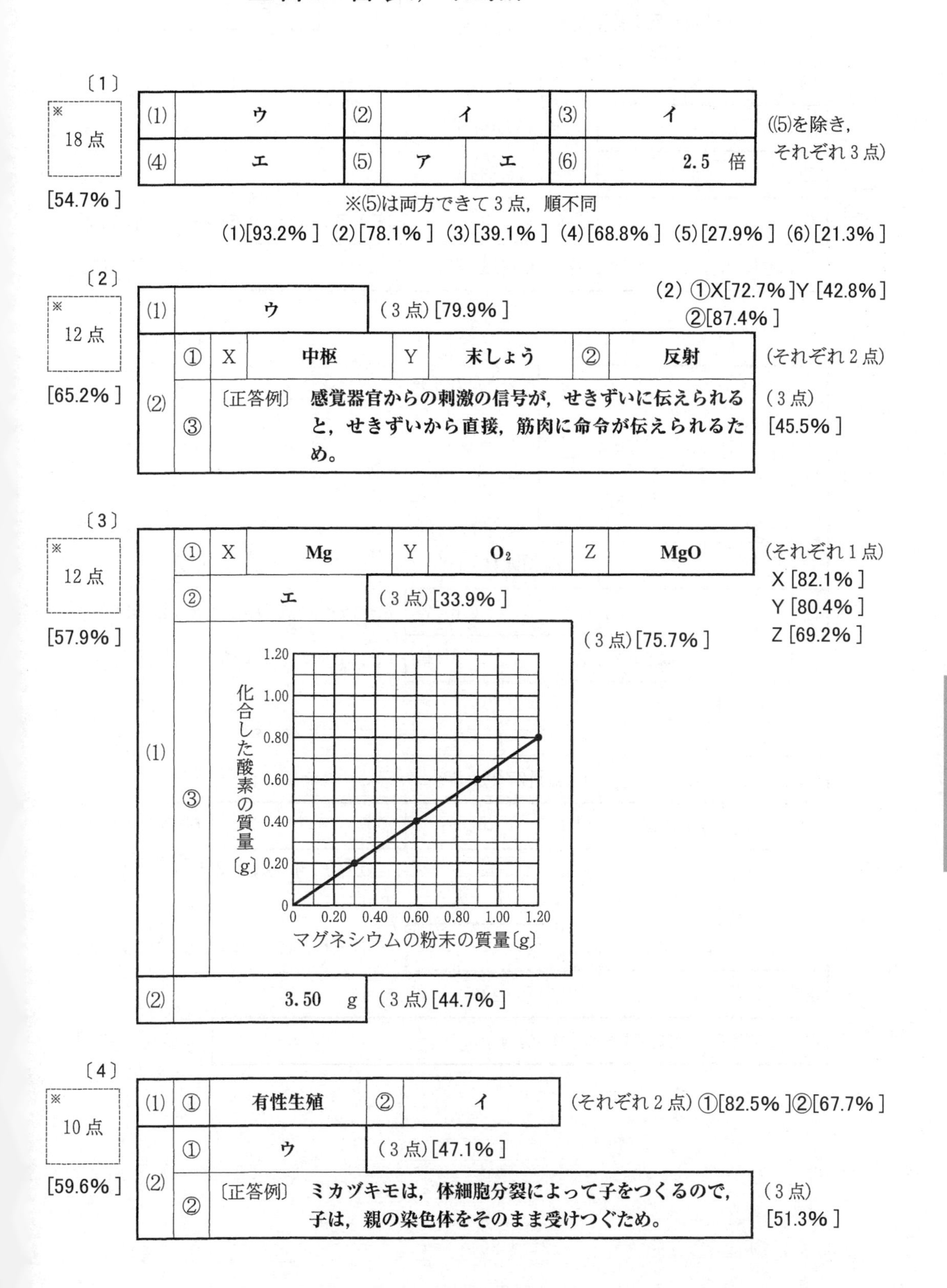

〔1〕

※18点

［54.7%］

(1)	ウ	(2)	イ		(3)	イ
(4)	エ	(5)	ア	エ	(6)	2.5　倍

((5)を除き，それぞれ3点)

※(5)は両方できて3点，順不同

(1)［93.2%］(2)［78.1%］(3)［39.1%］(4)［68.8%］(5)［27.9%］(6)［21.3%］

〔2〕

※12点

［65.2%］

(1)	ウ					
(2)	①	X	中枢	Y	末しょう	② 反射
	③	〔正答例〕 感覚器官からの刺激の信号が，せきずいに伝えられると，せきずいから直接，筋肉に命令が伝えられるため。				

(1)(3点)［79.9%］

(2)①②(それぞれ2点)

(2) ①X［72.7%］Y［42.8%］②［87.4%］

(2)③(3点)［45.5%］

〔3〕

※12点

［57.9%］

(1)	①	X	Mg	Y	O_2	Z	MgO
	②	エ					
	③	(グラフ)					
(2)	3.50　g						

(1)①(それぞれ1点) X［82.1%］ Y［80.4%］ Z［69.2%］

(1)②(3点)［33.9%］

(1)③(3点)［75.7%］

(2)(3点)［44.7%］

〔4〕

※10点

［59.6%］

(1)	①	有性生殖	②	イ
(2)	①	ウ		
	②	〔正答例〕 ミカヅキモは，体細胞分裂によって子をつくるので，子は，親の染色体をそのまま受けつぐため。		

(1)(それぞれ2点) ①［82.5%］②［67.7%］

(2)①(3点)［47.1%］

(2)②(3点)［51.3%］

（全日制受検者平均点）
[56.2点]

※ 100点

受検番号	

〔5〕
※ 13点
[65.9%]

(1)	イ				(2点) [67.4%]
(2)	ウ				(2点) [75.3%]
(3)	①	ウ	②	エ	(それぞれ3点) ①[58.4%] ②[61.3%]
	③	〔正答例〕 **金星は，地球の内側を公転しているため。**			(3点) [70.7%]

〔6〕
※ 16点
[44.3%]

(1)	①	（回路図：電池・スイッチ・電流計A・抵抗・電圧計V）			(2点) [72.7%]
	②	ア			(2点) [64.1%]
(2)	①	5 V	②	0.6 W	(それぞれ3点) ①[31.3%] ②[50.6%]
(3)	①	2.5 V	②	5 倍	(それぞれ3点) ①[18.2%] ②[44.8%]

〔7〕
※ 9点
[52.0%]

(1)	ア						(3点) [27.2%]
(2)	①	停滞前線	②	エ	③	カ	(それぞれ2点) ①[49.1%] ②[88.2%] ③[56.1%]

〔8〕
※ 10点
[53.2%]

(1)	①	水上置換法	②	ア	(それぞれ2点) ①[87.0%] ②[70.1%]
(2)	ウ				(3点) [54.2%]
(3)	〔正答例〕 **水に溶けると酸性を示す。**				(3点) [18.3%]

理　　　　科

解説

〔1〕

(2) マグマのねばりけと噴火のようすと火山の形の関係は以下の通りである。

ねばりけ	噴火のようす	火山の形
強い	爆発的な噴火	傾斜が急
弱い	おだやかな噴火	傾斜がゆるやか

(3) ア：体積が異なるため、質量の違いは、物質を区別する要素にはならない。

ウ：この方法は金属であるかどうかを見分ける場合に使うが、3つとも金属であるため区別できない。

エ：3つともに磁石にはくっつかないため区別できない。磁石にくっつく身近な物質は鉄であり、ここはしっかり押さえておくべきである。

イ：金だけが、水銀より密度が高いので、沈む。よって、この方法で区別できる。

金・銀・銅・水銀の密度をすべて知る必要がある問題なため、判断するのが難しいが、まずこの方法が密度で区別をするという方法であることを理解する。その上で、選択肢アウエが適当ではないと判断をし、イとなる。

(4) 電池になるための条件

・ビーカーの中の液体が電解質の水溶液であること。
・金属板が異なる種類の物質であること。

エタノールと砂糖水は非電解質の水溶液であるため、アとウは不適切である。イは金属板が同じであるため、不適切である。エのみが、上記の条件を満たす。

(5) ア：重力の大きさは場所によって変わる。質量は場所によって変わらない。

イ：物体に力がはたらいていないときだけでなく、力がはたらいているときであっても、つりあっている場合なら、静止している状態をさす。

ウ：圧力の単位はPaやN/m^2、N/cm^2である。Nは力の単位である。

オ：大気圧は、標高が低い場所ほど高くなる。

(6) はじめに置いた場所の高さが50cmなので、この場所での位置エネルギーを50とすると、B点の位置エネルギーは高さが30cmなので30になる。力学的エネルギー保存則より、はじめにあった50の位置エネルギーのうち$50-30=20$が運動エネルギーにかわった。またA点では、はじめに置いた場所での50の位置エネルギーが全て運動エネルギーにかわるから、運動エネルギーは50となる。よって、(A点での運動エネルギー)÷(B点での運動エネルギー)$=50\div20=2.5$

〔2〕

(1) 筋肉が縮むのは、曲げるときは筋肉Aであり、伸ばすときは筋肉Bである。

(2) ① 脳、せきずい→中枢神経　感覚神経、運動神経→末しょう神経

② 「暗いところから明るいところに出るとひとみが小さくなる」ことや「体温が上がると汗が出る」ことも反射である。

〔3〕

(1) ① 単体のマグネシウムが2つと酸素分子が1つで酸化マグネシウムが2つできる。そのことを踏まえて、問題の式にある係数に当てはめる必要がある。反応前と反応後においては、原子の組み合わせは変わるが、数が増えたり減ったりはしない。

② マグネシウムを加熱すると光や熱を出しながら酸化する。つまり燃焼という現象が起こる。また酸化マグネシウムは白色である。

③ 表より、マグネシウム粉末が0.3gのとき加熱前後でのステンレス皿の質量の差が21.80－21.60＝0.20となり、これがマグネシウム粉末0.3gと完全に反応する酸素の質量であることが分かる。マグネシウム粉末の質量を変えていったときも同様に酸素の質量を求めて、グラフに点を打っていく。それらの点と原点を直線で結ぶ。

(2) (1)③よりマグネシウム粉末とそれと化合する酸素の質量は比例することが分かる。そこから、マグネシウム粉末の質量とマグネシウム粉末と完全に反応する酸素の質量の比は3：2であることが分かるので、マグネシウム粉末の質量とできた酸化マグネシウムの質量の比は$3:(3+2)=3:5$であることが分かる。よって、マグネシウム粉末が2.10gのとき、できる酸化マグネシウムは$2.10\times\frac{5}{3}=3.50\,(g)$となる。

〔4〕

(1) ② 精子や卵などの生殖細胞をつくるときに、染色体は親の半分になる。このような細胞分裂を減数分裂という。

(2) ① ゾウリムシが唯一単細胞生物である。微生物の中で代表的な単細胞生物を覚えておくとよい。例：ミカヅキモ・ゾウリムシ・ミドリムシ・ハネケイソウ・アメーバ

② ミカヅキモのような単細胞生物は体細胞分裂によって増える。このように受精を必要としない生殖を無性生殖という。

〔5〕

(1) 太陽の表面温度は約6000℃で、黒点の温度は約4000℃である。

(2) ア　水星と金星以外の惑星は衛星を持つ。イ　大気とは惑星のまわりをとりまく気体の層のことであり、惑星はすべて大気を持つ。ただし、水星は大気がわずかしかない。エ　海

王星は木星型惑星である。

(3) ① 図1の4月の地球と金星の位置関係を見ると、金星が太陽より東側にあるため、太陽が沈んだ後の西の空に残って見える。

② 図1の7月の地球と金星の位置関係から、金星は太陽の西側にあるので、金星の東側が明るくなる。7月から8月、9月と時間が経過するにつれて金星は地球から遠ざかっていく。よって、見かけの大きさが小さくなっていく。また満ち欠けについては、7月は三日月で、時間の経過とともに明るい部分の割合が多くなる。

③ 真夜中は太陽と反対の方向を見ていることになるので、その間、地球より内側を公転している金星を見ることはできない。

〔6〕

(1) ② ア オームの法則より、電流と電圧の値は比例していることがいえる。イ 電気抵抗は電流の値によらず一定である。ウ 例えば、5Vの電圧を抵抗器aとbにかけると、aでは500mAの電流が流れるのに対して、bでは100mAの電流が流れることが分かるので、aはbより電流は流れやすい。エ 傾きは、ある電圧に対して流れる電流の大きさを表すので、電気抵抗とは異なる。

(2) ① 抵抗bはグラフから、5(V)÷0.1(A)＝50(Ω)。実験2では電圧計は抵抗器bにのみつながっているため、抵抗器bに流れる電流が100mA＝0.1Aから、電圧は50(Ω)×0.1(A)＝5(V)となる。

② 抵抗器aとbを合わせた抵抗が全体の抵抗になるので10＋50＝60(Ω)。電源装置から流れる電流が0.1Aなので、電源装置の電圧は60(Ω)×0.1(A)＝6(V)。電源装置での消費電力は6(V)×0.1(A)＝0.6(W)となる。

(3) ① 実験3における抵抗器aとbの全体の抵抗Rは図4が並列回路であるので、$\frac{1}{R}=\frac{1}{10}+\frac{1}{50}$が成り立ち、$R=\frac{25}{3}$(Ω)。電流計は300mA＝0.3Aの電流が流れているので、$0.3\times\frac{25}{3}=2.5$(V)

② 図4が並列回路であるので、抵抗器aとbの電圧は同じ(2.5V)。流れる電流は、抵抗器aが2.5(V)÷10(Ω)＝0.25(A)で、抵抗器bが2.5(V)÷50(Ω)＝0.05(A)となる。よって電力の比はa：b＝2.5×0.25：2.5×0.05＝5：1 よって、aが消費する電力はbが消費する電力の5倍になる。

〔7〕

(1) 赤道上は周りより空気の温度が高いため、上昇気流が起こる。また北極では周りより空気の温度が低いため、下降気流が起こる。それらを両方とも満たしている図は、アである。

(2) ① 日本付近においては、南のあたたかい空気(おもに小笠原気団)が北上し、北の冷たい空気（おもにオホーツク海気団）が南下して、それらがぶつかり停滞する。

そのため、停滞前線の は下（南）を向き（冷たい空気の進行方向）、停滞前線の は上（北）を向く。

② 表の天気記号より、雨であることが分かる。快晴は○、晴れは⦶

③ 表より気圧から判断する。那覇は熱帯低気圧が近くにあり、かつ1000hPaの等圧線のすぐ内側にあるため、998hPaであるAが該当する。父島は熱帯低気圧の中にある1000hPaを基準にして、その外側に2本、1004hPaと1008hPaがあり、その外側に位置するので、1010hPaであるBが該当する。江差は、樺太付近にある低気圧が1000hPaでその一本外側の等圧線が1004hPaで、その付近に位置するので、1007hPaであるCが該当する。

〔8〕

(1) ② 塩化コバルト紙は水に反応して桃色（赤色）になる。

(2) 炭酸水素ナトリウムは水に少しとけるのに対して、炭酸ナトリウムはよくとける。水にとけた際に、炭酸水素ナトリウムの水溶液は弱いアルカリ性を示し、フェノールフタレイン溶液はうすい赤色を示す。また炭酸ナトリウムの水溶液は強いアルカリ性を示し、フェノールフタレイン溶液は濃い赤色を示す。

(3) 酸性は、青色リトマス紙を赤色に、アルカリ性は赤色リトマス紙を青色に変える。試験管Bにたまった二酸化炭素が水で湿らせたリトマス紙の水に溶けて炭酸となり、リトマス紙の色を変化させた。

〔三〕 ※30点

問	解答	配点	正答率
(一)	いえども	(2点)	[97.7%]
(二)	ア	(4点)	[20.3%]
(三)	ウ	(4点)	[72.8%]
(四)	天下のものの上手	(5点)	[30.6%]
(五)	イ	(5点)	[40.6%]
(六)	〔正答例〕未熟なうちから名人の中にまじって、芸道の規律を正しく守り、勝手気ままにしないで、稽古を継続すること。	(10点)	[34.9%]

〔四〕 ※35点

問	解答	配点	正答率
(一)	イ	(3点)	[92.3%]
(二)	人や言葉やモノが行き来する場	(4点)	[89.3%]
(三)	ウ	(4点)	[90.6%]
(四)	〔正答例〕「社会」における自分のあり方の「かたち」や「意味」は、他者とのやりとりによって生じる関係のなかで決まるということ。	(8点)	[27.2%]
(五)	ア	(4点)	[71.9%]
(六)	〔正答例〕わたしたちの社会は、モノや言葉、行為をやりとりしながら、共感や感情を増大させたり、抑圧したりすることで生じる人との関係の連鎖により成り立っていることを理解し、現状の他者との関係を見定め、状況に応じて他者とのやりとりの方法を変えていくこと。	(12点)	[22.6%]

国語正答表、配点［　］は正答率

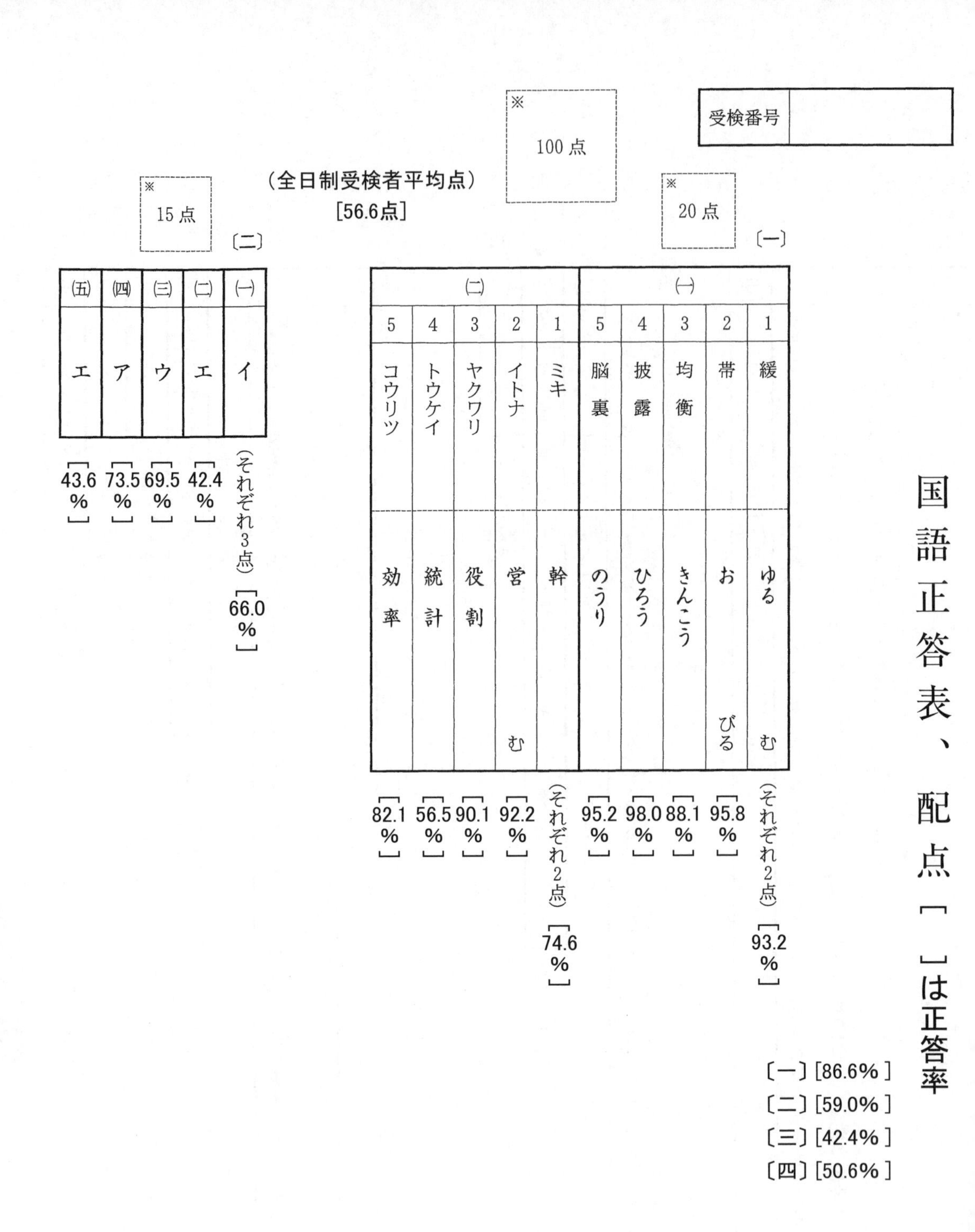

受検番号	

※ 100点

（全日制受検者平均点）
［56.6点］

〔一〕 ※ 20点

	番号	正答	配点	正答率
(一)	1	ゆるむ	それぞれ2点	93.2％
	2	おびる		95.8％
	3	きんこう		88.1％
	4	ひろう		98.0％
	5	のうり		95.2％
(二)	1	幹	それぞれ2点	74.6％
	2	営む		92.2％
	3	役割		90.1％
	4	統計		56.5％
	5	効率		82.1％

問題文：(一) 1 緩む　2 帯びる　3 均衡　4 披露　5 脳裏　／　(二) 1 ミキ　2 イトナむ　3 ヤクワリ　4 トウケイ　5 コウリツ

〔二〕 ※ 15点

	正答	配点	正答率
(一)	イ	それぞれ3点	66.0％
(二)	エ		42.4％
(三)	ウ		69.5％
(四)	ア		73.5％
(五)	エ		43.6％

〔一〕［86.6％］
〔二〕［59.0％］
〔三〕［42.4％］
〔四］［50.6％］

国　　　語

解説

〔一〕 漢字の読み書き

㈠ 〈漢字の読み取り〉合計5問の出題は、訓読みが2問、音読み（二字熟語）が3問である。訓読みの漢字については解答欄に送り仮名が書かれているので、送り仮名まで記入してしまうなどのミスがないように注意したい。いずれの出題も与えられた文章中の該当箇所を読む形式ではなく、短文中の該当漢字を読む出題形式なので、出題には自由度がある。「同訓異字」や「同音異義語」などのいわゆる入試出題傾向の強い漢字の出題ではなく、「日常の使用頻度が高い」漢字の出題となっている。

㈡ 〈漢字の書き取り〉読み取り同様に、訓読みが2問、音読み（二字熟語）が3問の出題バランスである。漢字の書き取りでは、楷書体で記入することは言うまでもないが、普段から文字を書く時には留意したい点である。文字を書く時、日常的に一点一画を意識せずに表記していると、いざという時に「点の位置」や「数」などを曖昧に覚えていたことに気づかされることがある。そこで「部首」や「字形」の似ている漢字のほか、トメ・ハネ・ハライにも細心の注意を払うことが大切になる。

〔二〕 言語・国語の知識

㈠ 〈文節相互の関係〉**【例文】**は、「修飾・被修飾の関係」である。文法的に詳しく見ると、「ゆっくり」は状態の副詞で、「歩く」という動詞を連用修飾している。連用・連体というところまで識別させる選択肢ではなかったが、他の選択肢にある文節同士の関係も合わせて「例文」をいくつか確認しておくとよいだろう。

㈡ 〈品詞の識別〉「細かく」は「刻む」を連用修飾している。終止形は「細かい」なので、例文中の「細かく」は、形容詞「細かい」の連用形である。ア「流れる」は「動詞」の連体形で「音楽」を修飾、イ「静かな（だ）」は「形容動詞」の連体形で「場所」を修飾、ウ「しばらく」は「休ん（む）」を修飾している「（程度の）副詞」、エ「楽しい」は「形容詞」の連体形で、「時間」を修飾している。

㈢ 〈敬語表現〉ア「拝見し（謙譲語）」→「ご覧になっ（尊敬語）」に、イ「申し（謙譲語）」→「おっしゃっ（尊敬語）」に、エ「召し上がり（尊敬語）」→「いただき（謙譲語）」に、それぞれ直す必要がある。ウは「私が」という主語に対して「まいります」という「謙譲」の述語表現と呼応しているので、正しい使い方である。

㈣ 〈動詞の「活用の種類」〉ア「閉じる」は「上一段活用」、イ「帰る」は「五段活用」、ウ「眺める」は「下一段活用」、エ「来る」は「カ行変格活用（カ変）」である。

㈤ 〈付属語の識別〉イは「大豆」という「材料や原料」となるものを表し、ウは「状況を判断する」理由が「過去の経験」であるという「動作の理由」を表している。迷うとすればアとエだろうか。一見すると両者は共に「始点や起点」の使い方である。詳しく見ると、アは「(学校に) 行く」という「動作」を、「新年度（から)」ということで、動作・作用・状態の「開始時点」を表してる。エは「帰宅する（できる)」のが、「(練習が) 終わった人（から)」とすることで、「複数の行為者」における「順番の起点」を表している。

〔三〕 古文読解（兼好法師『徒然草』の一部）

【口語訳】

芸能を身につけようとする人は、「(まだ) よくできないような時期には、なまじっか人に知られまい。ひそかによく習得して（それから）人前に出て行くようなことこそ、たいへん奥ゆかしいだろう」といつも言うようであるが、このように言う人は、一つの芸能さえ習い覚えることはない。まだまったくの未熟なうちから、名人の中に交じって、けなされても笑われても恥じることなく、平然と押し通して稽古に励む人は、生まれつきの天分はなくても、稽古の道に停滞せず、勝手気ままにしないで年月を送ると、芸が達者であっても稽古に励まない人よりは、しまいには名人の域に達し、人望も十分にそなわり、人に認められて、並ぶ者がない（ほどの）名声を得ることである。

天下のものの名人と言っても、初め（の頃）は下手だという評判もあり、ひどい欠点もあった。けれどもその人は、芸道の規律を正しく守り、これを重んじて勝手気ままにしなかったので、世の中の模範となり、多くの人の師範となることは、あらゆる分野で変わることはなかった。

㈠ 〈歴史的かなづかい〉語頭以外の「は・ひ・ふ・へ・ほ」は、それぞれ「わ・い・う・え・お」に直す。

㈡ 〈意味・選択〉 —— 線部分(1)「心にくからめ」を分解すると「心にくし（形容詞)」＋「む（助動詞)」となる。「心にくし」＝「奥ゆかしい」で、「む」は「推量」なので、「〜だろう」となり、「奥ゆかしいだろう」という意味になる。また「心にくから」は「未然形」で、「め」は「む」の已然形なのだが、直前にある「こそ」という「係助詞」に気づいただろうか。文末の助動詞が「已然形」で結んであるのは、ここに「係り結びの法則」が用いられている（「〜こそ、〜め（活用語の已然形)」）ためである。古文法の学習を本格的に深めるのは高校に進学してからだが、ある程度の知識は、今から身につけておくとよいだろう。いずれにせよ、現段階では —— 線部分の前後の口語訳を手がかりにして、文脈上の「つながり」としてふさわしい意味を選択できる「読解力」を優先的に身につけたい。

㈢ 〈意味・選択〉 —— 線部分(2)「一芸も習ひ得ることなし」の部分は、ほぼ「現代語」の表現と変わりない。ここでも語句や文法の知識よりも、公立入試古文の出題傾向を理解し、内容を正しく読み取る方法を実践できるかどうかがカギを握る。特に古文の右隣の要所にある漢字とカナで書かれた口語訳は、大きな手がかりとなる。また〈注（注釈）〉も、時に参考にする必要がある。内容を正確に把握するために不可欠な要素は、この形式の中に十分に用意されているのである。

㈣　〈内容理解・書き抜き〉――線部分⑶「その人」が指す部分を探すためには――線部分の直前後に手がかりを求めるのが第一歩である。この設問の場合、――線部分のあとに続く文脈から、「その人」はのちに「芸道の規律を正しく守り～『多数の人々の師範』となる事」とある。そこから「どのような人」を指すのかを考える。

㈤　〈内容理解・選択〉選択肢のア～エは、前半の読点まですべて同じで、この――線部分は「芸能を身につける上での『心得』」について述べていることは容易に確認できる。選択肢の後半部分をどう読み取るかについては、１つはこの段落の大意を理解していることが重要である。ただし、もう１つ今後のために文法的な知識も合わせて確認しておくとよいだろう。――線部分の文末「べからず」は、よく出てくる表現で、「べし」＋「ず」の組み合わせで、それぞれ「推量（＝～はずだ）」＋「打消し（＝～ない）」の助動詞である。組み合わせたときの意味は「～はずがない」となるので覚えておこう。

㈥　〈内容理解（主題）・記述〉『徒然草』のような「随筆」では、基本的には作者の「思想」を読み取るという目的があり、その前段階では「何に対する」思想なのかを捉える必要がある。いわゆる本文中に提示されている「話題」を捉えることである。この設問は「何に対する」の部分は、「芸能を身につける上で」と限定されていて、その点においては最初から注目すべきポイントは提示されているといえる。芸能を身につける上で「大切だ」と述べている箇所を過不足なく探すことになる。文章は二段落構成になっていて、第一段落には「～終に上手の位にいたり…」とあることから、この部分よりも前に「どのようなことが大切か」が述べられていることがわかる。また第二段落では「～されども（＝けれども）…」以下が、「大切だと述べている」ことに該当する部分なので、大きくはその二箇所を限定して制限字数以内で表現するとよい。引用すべき箇所は、漢字＋カナのルビか、注釈で口語訳されているので、表現すること自体はそれほど難易度は高いとはいえない。

〔四〕 説明的文章読解（松村　圭一郎『うしろめたさの人類学』による）

各設問の解説を読む前に、まずはⅠの文章の構成を確認しよう。この文章は全15段落で構成されていて、冒頭の２つの段落が問題提起である。１つは「ぼくたちは、どうやって社会を構築しているのか」、もう１つは「どうしたら、その社会を構築しなおせるのか」という２点である。第３段落から第６段落までは、この２つの問題提起に対する答えを導く前置きとして、第３・４段落で「『社会』というものを定義づけ」、さらに第５・６段落で「人と人との『関係』が社会のあり様を決定づけていることを確認して」いる。

その上で第７段落～第10段落で、１つめの問いに対する答えを導き、第11段落～第15段落で、

2つめの問いに対する答えを詳細に追究している。このように各形式段落を、意味上のまとまり（意味段落）として文章構成を捉えておくことは、より正確な読解に不可欠な要素である。

㈠　〈適語補充・選択肢〉［A］の前2文から、「人と人との関係やつながりの『かたち』」をとおして「人は精神や感情をもった存在となる」という文脈を読み取る。その内容を［A］直後の文で、「関係の束としての『社会』」は「人と人との関わり合いのなかで構築される」とまとめていることから、「説明」の接続語を補充する。

㈡　〈内容理解・書き抜き〉――線部分⑴「社会」はキーワードの1つなので「　」でくくられている。第4段落が、この「社会」というものの筆者の考察であり、第4段落の最後には、「～それが「社会」なのだ」とまとめられていることから、指示語の「それ」が指す内容を抜き出すことになる。書き抜きの問題では、本文の言葉づかいを一言一句そのまま正確に記述することも大切である。

㈢　〈内容理解・選択〉――線部分⑵には「～そのやりとりの方法が～」の部分に「その」という指示語がある。この内容を具体化すれば「『他者との言葉やモノ、行為の』やりとりの方法が、社会の心地よさを左右する」という意味であることが明確になる。その意味合いとして、最も適当な選択肢を選ぶ。

㈣　〈内容理解・記述〉Ⅰの文章の構成を捉えているかどうかを確認しよう。内容理解（――線部分とは「どういうことか」）の記述式問題では、基本的に――線部分の語句の言い換えという見方もできる。要は、その内容を「具体的に説明」することを試される。第9段落冒頭の1文――線部分⑶は、Ⅰの文章中の第1段落「どうやって社会を構築しているのか？」に対する「答え」である。ただし、――線部分⑶は具体的ではないので、ここを「説明せよ」という設問が成り立つ。――線部分「ぼくらが何者であるか」とは第4段落の冒頭にもあるように「『社会』において、ある特定の『かたち』や『意味』となる自分自身のあり方」のことである。では、それはどのようにして決定づけられるのか。そこが――線部分の後半「他者との関係の中で決まる」の部分である。第7段落を読めば、第8段落がⅠの文章中の第1段落の具体的・直接的な「答え」であることがわかり、「人と人との関わり合いによって構築される関係のなかで」決まるというのである。

㈤　〈適語補充・選択肢〉ポイントは3つある。①［a］の直後、②［a］の直前、そして③選択肢の語句の意味である。左記①②の係り受けによって、③の選択すべき語句が決まる。①『何』に「開かれている」のか。②「～とどまることなく～連鎖のただなかに～動かし、ずらし、変えていく」ことのできるのは『何』か。①②より、③として「～動かし、ずらし、変えていく［可能性］に開かれている」と読み取ることができる。

㈥　〈内容理解・記述〉「Ⅰの文章」に「Ⅱの文章」が追加で与えられて、2つの文章を統合して読解する問題である。これによって、設問も他の㈠～㈤とは切り離され、この㈥のみ単独の設問となっている。複数の文章や、資料・図などが与えられた場合は、読み取るべきいくつかの観点が存在する。たとえば複数の情報から、「共通点」を見出したり、「異なる点」を指摘したり、あるいは「一方が他方の追加説明または根拠」となっているというような観点である。しかし、与えられた情報の数が多く、その情報の関連性が多岐にわたっていたとしても、その解き方は基本的に１つである。その解き方とは『設問を正確に読み解く』ということである。つまり、文章や資料などの情報が複数あったとしても、その情報の中から設問で問われていることだけを抽出するイメージである。ここで問われているのは２点である。１つは筆者は「わたしたちが生きている『社会』を『どのようにとらえているか』」、もう１つは「その『社会』を『構築しなおす』ためには『どのようなことが必要だと述べているか』」である。この２つの点に的を絞って、ⅠとⅡの文章中から該当する箇所を見つけることが、まずは重要になる。

令和２年度入試問題

国語は437ページ～430ページに掲載。

実際の入試は下記の順で行われました。

国 語	9時30分～10時20分（50分間）
数 学	10時40分～11時30分（50分間）
英 語	11時55分～12時45分（50分間）
社 会	13時40分～14時30分（50分間）
理 科	14時50分～15時40分（50分間）

WEBサイト「新潟日報メディアネットブックストア」から
ダウンロードできます。

解答用紙ダウンロード➡

数　学

〔1〕　次の(1)〜(10)の問いに答えなさい。

(1)　$7 \times 2 - 9$　を計算しなさい。

(2)　$3(5a + b) + (7a - 4b)$　を計算しなさい。

(3)　$6a^2b \times ab \div 2b^2$　を計算しなさい。

(4)　連立方程式 $\begin{cases} x - 4y = 9 \\ 2x - y = 4 \end{cases}$　を解きなさい。

(5)　$\sqrt{24} \div \sqrt{3} - \sqrt{2}$　を計算しなさい。

(6)　2次方程式 $x^2 + 3x - 1 = 0$　を解きなさい。

(7)　関数 $y = \dfrac{3}{x}$ について，x の変域が $1 \leqq x \leqq 6$ のとき，y の変域を答えなさい。

⑻ 右の図のような，AD = 2 cm，BC = 5 cm，AD//BC である台形ABCD があり，対角線AC，BD の交点をE とする。点E から，辺DC 上に辺BC と線分EF が平行となる点F をとるとき，線分EF の長さを答えなさい。

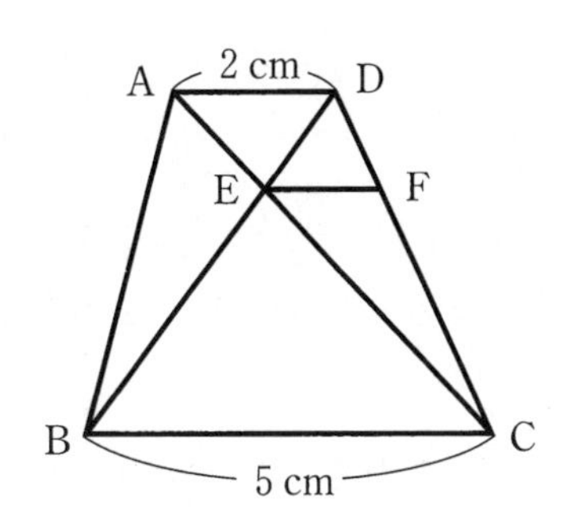

⑼ 右の図のように，円O の円周上に4 つの点A，B，C，D があり，線分AC は円O の直径である。$\angle BOC = 72°$，$\overset{\frown}{CD}$ の長さが $\overset{\frown}{BC}$ の長さの $\frac{4}{3}$ 倍であるとき，$\angle x$ の大きさを答えなさい。ただし，$\overset{\frown}{BC}$，$\overset{\frown}{CD}$ は，いずれも小さいほうの弧とする。

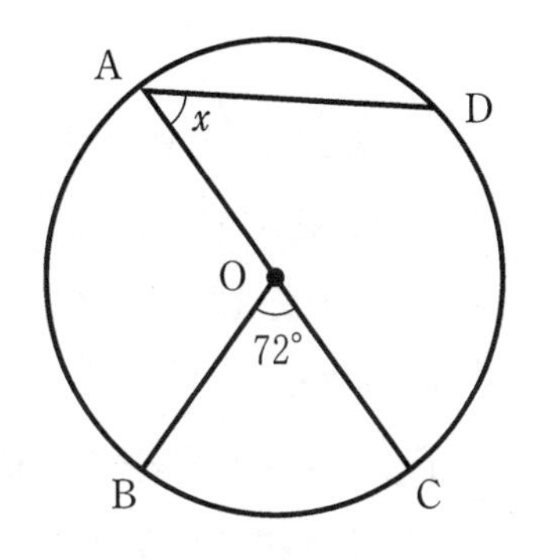

⑽ 袋の中に，赤色，青色，黄色，白色のいずれか1 色で塗られた，同じ大きさの玉が480 個入っている。標本調査を行い，この袋の中にある青色の玉の個数を推定することにした。下の表は，この袋の中から40 個の玉を無作為に取り出して，玉の色を1 個ずつ調べ，表にまとめたものである。この袋の中には，およそ何個の青色の玉が入っていると推定されるか，答えなさい。

玉の色	赤色	青色	黄色	白色	計
玉の個数(個)	17	7	10	6	40

令和2年度 入試問題

〔2〕 次の(1)~(4)の問いに答えなさい。

(1) x 枚の空(から)の封筒と y 本の鉛筆がある。封筒の中に鉛筆を，4本ずつ入れると8本足りず，3本ずつ入れると12本余る。このとき，x，y の値を求めなさい。

(2) 1から6までの目のついた大，小2つのさいころを同時に投げたとき，大きいさいころの出た目の数を a，小さいさいころの出た目の数を b とする。このとき，出た目の数の積 $a \times b$ の値が25以下となる確率を求めなさい。

(3) 右の図のように，関数 $y = x^2$ のグラフ上に，x 座標が -3 となる点Aをとる。点Aを通り，傾きが -1 となる直線と y 軸との交点をBとする。このとき，次の①，②の問いに答えなさい。

① 2点A，Bを通る直線の式を答えなさい。

② △OABの面積を求めなさい。

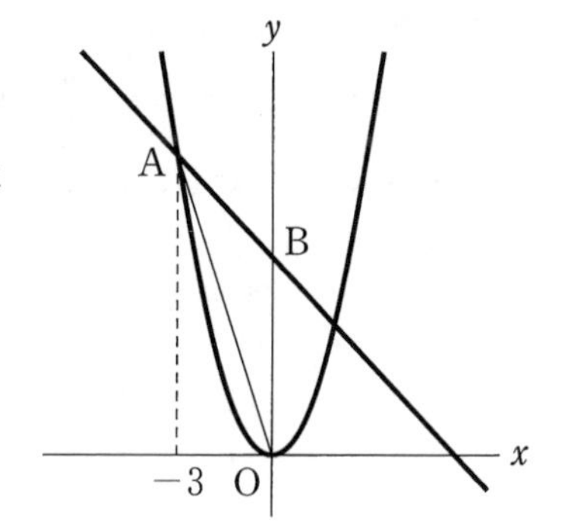

(4) 下の図のように，直線 ℓ と2つの点A，Bがある。直線 ℓ 上にあって，2つの点A，Bを通る円の中心Pを，定規とコンパスを用いて作図しなさい。ただし，作図は解答用紙に行い，作図に使った線は消さないで残しておくこと。

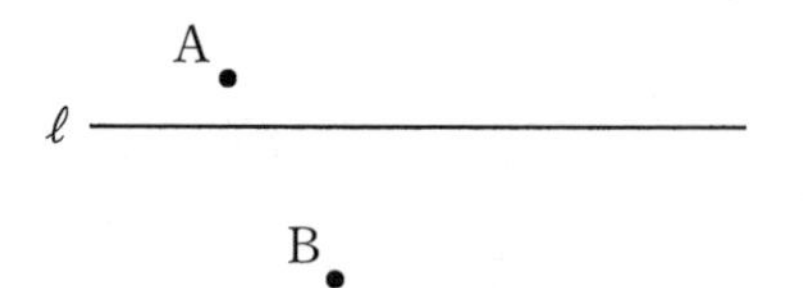

〔3〕 右の図のように，平行四辺形ABCDがあり，対角線ACと対角線BDとの交点をEとする。辺AD上に点A，Dと異なる点Fをとり，線分FEの延長と辺BCとの交点をGとする。このとき，△AEF ≡ △CEGであることを証明しなさい。

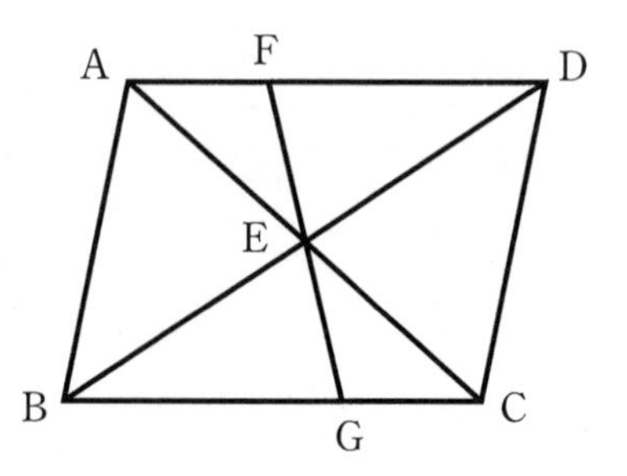

〔4〕 下の図のように，円周の長さが24 cmである円Oの円周上に，点Aがある。点P，Qは，点Aを同時に出発し，点Pは毎秒1 cmの速さで ⬅ の向きに，点Qは毎秒3 cmの速さで ⇨ の向きに，それぞれ円周上を動き，いずれも出発してから10秒後に止まるものとする。点P，Qが，点Aを出発してから，x秒後の$\overset{\frown}{PQ}$の長さをy cmとする。このとき，次の(1)～(3)の問いに答えなさい。ただし，$\overset{\frown}{PQ}$は，180°以下の中心角∠POQに対する弧とする。また，中心角∠POQ = 180°のとき，$\overset{\frown}{PQ}$ = 12 cmとする。

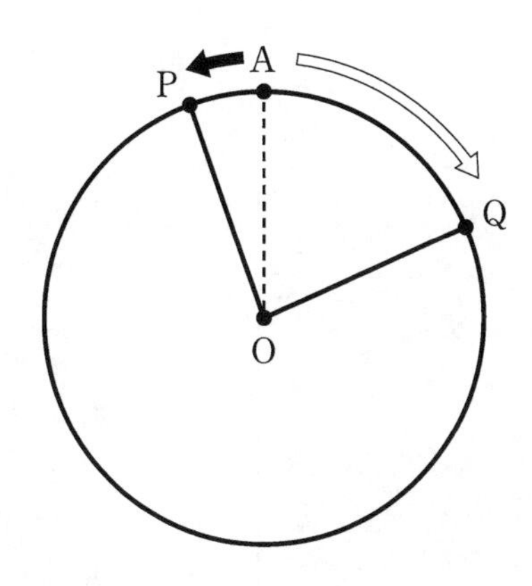

(1) 点P，Qを結んだ線分PQが円Oの直径となるとき，xの値をすべて答えなさい。

(2) 次の①，②の問いに答えなさい。

① 点P，Qが，点Aを同時に出発してから初めて重なるときのxの値を答えなさい。

② 点P，Qを結んだ線分PQが初めて円Oの直径となるときから，点P，Qが重なるときまでのyをxの式で表しなさい。

(3) $0 \leqq x \leqq 10$のとき，yの値が10以下となるのは何秒間か，グラフを用いて求めなさい。

令和2年度 入試問題

〔5〕 下の図1のように，縦の長さが x cm，横の長さが y cm である，白色で縁(ふち)取られた灰色の長方形の紙がある。この紙を，図2のように，1辺の長さが1 cm の正方形の紙に切ると，$x \times y$ 枚の正方形に分けられ，2辺が白色の正方形，1辺が白色の正方形，どの辺も灰色の正方形の3種類があり，これらのうち，1辺が白色の正方形の枚数を a 枚，どの辺も灰色の正方形の枚数を b 枚とする。このとき，次の(1)～(3)の問いに答えなさい。ただし，x，y は整数である。また，x は3以上で，y は x より大きいものとする。

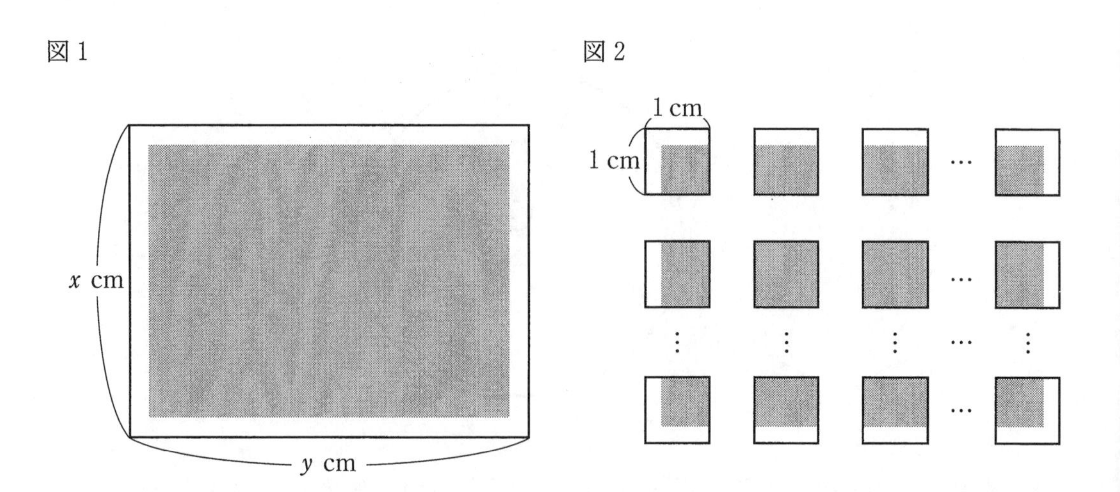

(1) 次の①，②の問いに答えなさい。

① $x = 4$，$y = 5$ のとき，a の値を答えなさい。

② $x = 12$，$y = 18$ のとき，a の値を答えなさい。

(2) b を，x，y を用いて表しなさい。

(3) y が x より5大きく，b が a より20大きいとき，x，y の値を求めなさい。

〔6〕 下の図のように，1辺の長さが6 cmの正方形を底面とし，AB＝AC＝AD＝AE＝6 cmの正四角すいABCDEがある。辺AC上に∠BPC＝90°となる点Pをとり，辺AB上に∠BQP＝90°となる点Qをとる。また，点Qから△APEに引いた垂線と，△APEとの交点をHとする。このとき，次の(1)～(3)の問いに答えなさい。

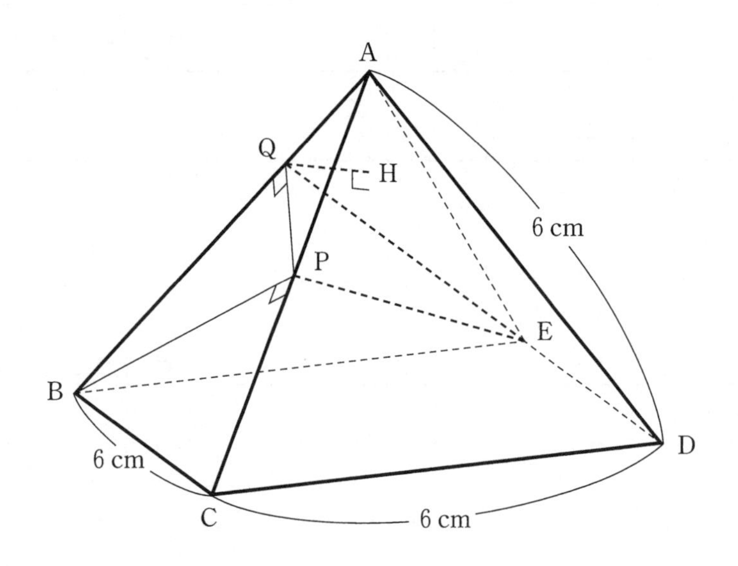

(1) 次の①，②の問いに答えなさい。

① 線分BPの長さを答えなさい。

② △ABCの面積を答えなさい。

(2) 線分AQの長さを求めなさい。

(3) 次の①，②の問いに答えなさい。

① 線分QHの長さを求めなさい。

② 四面体APEQの体積を求めなさい。

数学解答用紙

（注１） 解答は，横書きで記入すること。

〔１〕

(1)		(2)		(3)	
(4)	$x=$ ， $y=$	(5)		(6)	$x=$
(7)		(8)	cm	(9)	$\angle x=$ 度
(10)	およそ 個				

〔２〕

(1) 〔求め方〕

答 $x=$ ， $y=$

(2) 〔求め方〕

答

(3) ① ② 〔求め方〕

答

(4)

A
ℓ
B

〔３〕

〔証明〕

受検番号	

〔4〕

(1)	$x =$	(2)	①	$x =$	②	
(3)	〔求め方〕 答 ＿＿＿＿ 秒間					

〔5〕

(1)	①	$a =$	②	$a =$
(2)	〔求め方〕 答 $b =$			
(3)	〔求め方〕 答 $x =$ ， $y =$			

〔6〕

(1)	①	cm	②	cm^2
(2)	〔求め方〕 答 ＿＿＿＿ cm			
(3)	①	〔求め方〕 答 ＿＿＿＿ cm		
	②	〔求め方〕 答 ＿＿＿＿ cm^3		

英　語

※リスニング音声はWEBサイト
「新潟日報メディアネットブックストア」から聞けます。
令和２年度リスニング音声➡

〔1〕 放送を聞いて，次の(1)～(3)の問いに答えなさい。

(1) これから英文を読み，それについての質問をします。それぞれの質問に対する答えとして最も適当なものを，次のア～エから一つずつ選び，その符号を書きなさい。

1 ア　イ　ウ　エ

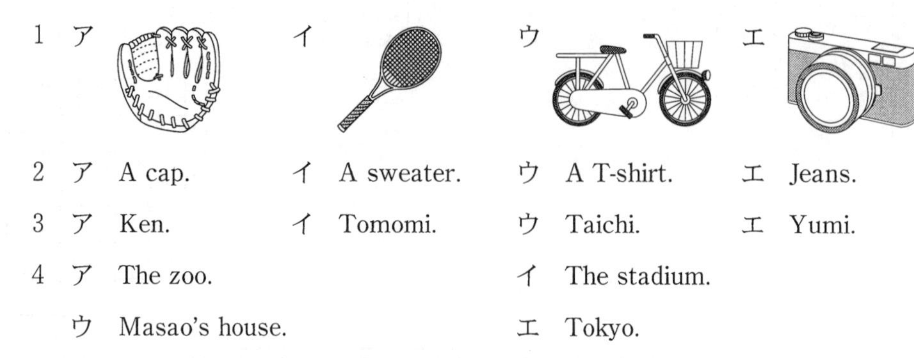

2 ア A cap.　イ A sweater.　ウ A T-shirt.　エ Jeans.

3 ア Ken.　イ Tomomi.　ウ Taichi.　エ Yumi.

4 ア The zoo.　イ The stadium.
　ウ Masao's house.　エ Tokyo.

(2) これから英語で対話を行い，それについての質問をします。それぞれの質問に対する答えとして最も適当なものを，次のア～エから一つずつ選び，その符号を書きなさい。

1 ア Yes, he did.　イ No, he didn't.
　ウ Yes, he was.　エ No, he wasn't.

2 ア At 3:40.　イ At 3:50.
　ウ At 4:00.　エ At 4:10.

3 ア He came to school by train.　イ He came to school by bike.
　ウ He came to school by car.　エ He came to school by bus.

4

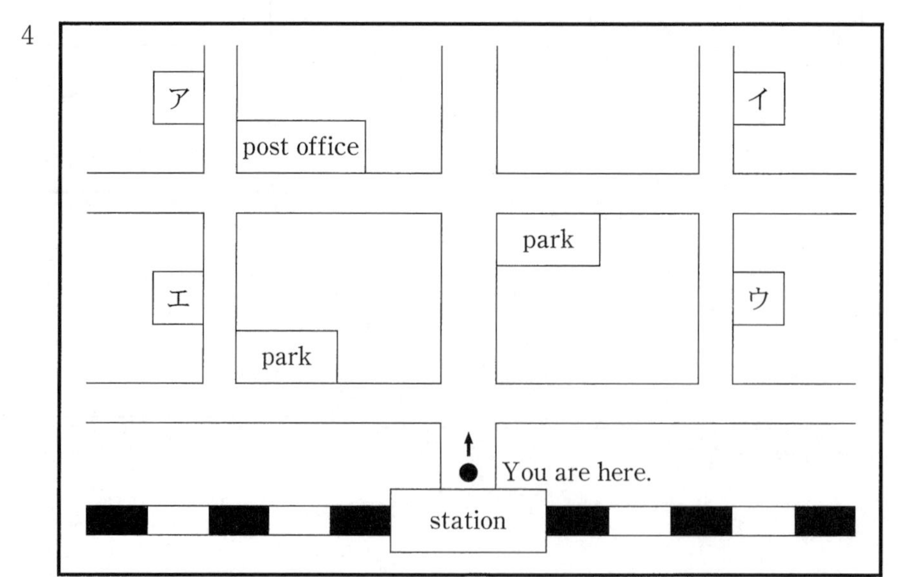

(3) これから，あなたのクラスの英語の授業で，グリーン先生(Mr. Green)が英語のスピーチをします。そのスピーチについて，四つの質問をします。それぞれの質問の答えとなるように，次の１～４の [ ] の中に当てはまる英語を１語ずつ書きなさい。

1 He has played basketball for [ ] years.

2 He drinks Japanese [ ] .

3 Because she helps a lot of sick people as a [ ] .

4 He wants to learn the [ ] of Japan.

令和２年度 入試問題

〔2〕 次の英文を読んで，あとの(1)～(7)の問いに答えなさい。

Yuka is a Japanese high school student. Now she is talking with Ben, a high school student from America. Ben is studying at Yuka's school.

Yuka：Good morning, Ben.

Ben ：Hi, Yuka. How are you today?

Yuka：I'm fine, thank you. How about you?

Ben ：I'm fine, too, thank you. What did you do last Sunday?

Yuka：I played the violin with my grandfather at home.

Ben ：Oh, wonderful! When did you start to play it?

Yuka：Ten years ago. My grandfather [violin, me, a, bought] (A) on my birthday. Then I started to play the violin, and I practiced it every day.

Ben ：I see. Has your grandfather [teach] (B) you how to play the violin?

Yuka：Yes, sometimes he gives me advice. We enjoy playing the violin together. But I learn how to play the violin from Ms. Saito, my mother's friend. She lives near my house. She is interested in a lot of things. Her stories are very interesting. I go to her house and she teaches me how to play the violin.

Ben ：(C) do you learn how to play the violin from her?

Yuka：Every Saturday. Ms. Saito is a good teacher, and I can play the violin better than before. After my violin lessons, we usually listen to many kinds of music and talk together. Saturday is my favorite day of the week. (D)

Ben ：You have a good time with her. Do you like playing the violin?

Yuka：Yes. But last year I didn't feel like playing the violin for one week.

Ben ：What happened?

Yuka：Last spring I took part in a contest. I wanted to get a prize. So, I tried to play difficult music. I practiced hard. But I couldn't play it well, and I didn't get any prizes. After that, [E].

Ben ：But now you like playing the violin. Why did you change your mind?

Yuka：Because I learned one important thing from my grandfather.

Ben ：One important thing? (F) What is it?

Yuka：One day, after the contest, my grandfather asked me to play the violin with him. I didn't want to do it because I didn't think I could play the violin well. But after playing the violin with him, I felt happy. I enjoyed playing the violin again. My grandfather said to me, "I'm happy to play the violin with you. You look really happy when you play the violin. Of course, it is important to get a prize at a contest, but it is more important to enjoy playing the violin." This is [thing, learned, the, I] (G) from my grandfather.

Ben ：Oh, your grandfather is really nice. Do you want to take part in a contest again?

Yuka：Yes. Now I'm [practice] (H) the difficult music which I played at the contest. It is not easy to play it, but I enjoy playing it.

Ben　：I hope you can enjoy playing the violin at the next contest.

（注） advice 助言　than before 以前よりも　music 曲　feel like～ing ～したい気持ちがする
happen 起こる　change your mind 考えを変える

(1) 文中のA，Gの［　　］の中の語を，それぞれ正しい順序に並べ替えて書きなさい。

(2) 文中のB，Hの［　　］の中の語を，それぞれ最も適当な形に直して書きなさい。

(3) 文中のCの（　　）の中に入る最も適当な語を，次のア～エから一つ選び，その符号を書きなさい。

ア How　　イ What　　ウ When　　エ Why

(4) 下線部分Dについて，サイトウ先生(Ms. Saito)の家で行うことを，具体的に日本語で書きなさい。

(5) 文中のEの［　　］の中に入る最も適当なものを，次のア～エから一つ選び，その符号を書きなさい。

ア I didn't want to play the violin
イ I didn't think playing the violin was difficult
ウ I decided to practice the violin hard
エ I enjoyed playing the violin with my grandfather

(6) 下線部分Fについて，ユカ(Yuka)はおじいさんからどのようなことを学んだか。具体的に日本語で書きなさい。

(7) 本文の内容に合っているものを，次のア～オから一つ選び，その符号を書きなさい。

ア Yuka's grandfather gives Yuka violin lessons every Saturday.
イ Ms. Saito enjoys singing many kinds of songs with Yuka.
ウ Yuka was able to play difficult music well at the contest last spring.
エ Yuka and her grandfather have a good time when they play the violin.
オ Yuka practiced very hard after the contest and got a prize at the next contest.

〔3〕 次の英文は，アメリカでの研修旅行中に友達になったジョン(John)からあなたに来たメールです。このメールに対する返事を，解答用紙の "Hi, John," に続けて，［　　］の中に，5行以内の英文で書きなさい。ただし，＊＊＊の部分には，あなたの名前が書かれているものとします。

> Hello ＊＊＊,
> Did you have a good time in America? I really enjoyed the time with you. You told me about the food in your country. It was very interesting. Now I want to know events and festivals in your country. So could you tell me about events or festivals in your country?
> Your friend, John

令和2年度 入試問題

〔4〕 次の英文を読んで，あとの(1)～(7)の問いに答えなさい。

My name is Miki. I'm a Japanese junior high school student. Every fall, we have a marathon race in our town. About three thousand runners come to our town and run 42.195 km. Last year I worked for it as a volunteer all day. At first I didn't want to do it because I wasn't good at sports. But Kenta, one of my friends, said to me, "Miki, let's work as volunteers. It will be a good experience for us." So I decided to do it.

It was sunny on the day of the marathon race. <u>I was nervous</u> (A) because working for the marathon race as a volunteer was my first experience. A lot of runners gathered at the starting point, and they looked excited. The race started at 8:00 in the morning.

Kenta and I were near the goal with other volunteers. Our volunteer job was to give runners bottles of water when they finished running. I was surprised because there were a lot of bottles of water in large boxes in front of us. [a] We carried the boxes, took the bottles from them, and put them on the tables. It was hard work and we needed a lot of time to get ready. One of the volunteers said to us, "Thank you for working hard. The runners will be very glad." <u>Kenta and I were happy</u> (B) to hear that.

At about 10:30, the first runner got to the goal, and everyone near the goal gave him applause. Many people gathered around him. They looked very excited and one of them said to him, "You are a great runner! I'm proud of you." The runner shared his joy with them. [b]

Then, one tired runner started running faster near the goal and smiled. Other runners looked satisfied when he finished running. [c]

Next, my uncle got to the goal. I was surprised because I didn't know he joined this marathon race. [d] When he finished, I gave him a bottle of water. My uncle said to me, "When I was running, I didn't think I could run 42.195 km. I wanted to stop running. But I tried hard. I was able to get to the goal, so I feel very happy." He also said to me, "I practiced hard for today's marathon race and many friends supported me. I want to thank them."

In the afternoon, a lot of runners got to the goal. We were very busy. I gave them bottles of water. Some of them said to me, "Thank you for working as a volunteer." (C)

After the marathon race, I talked with Kenta. [e] He said to me, "How was the volunteer work today?" I said to him, "It was nice. It was a long day and I was really tired. But I'm happy to work as a volunteer because I learned it was important to do something for other people. It's wonderful to help and support other people. I enjoyed working as a volunteer for the marathon race today."

Now I'm interested in sports. There are some ways to enjoy sports.(D) Some people enjoy playing sports. Some people enjoy watching sports. And there are other people who enjoy supporting sports. I enjoyed sports by supporting people. I think sports have the power to change people. I saw people who tried hard, and I was moved by them and now I want to try new things. If we try to do new things, we will be able to find things to enjoy. How about enjoying sports?

(注) marathon race　マラソン大会　　runner　ランナー　　be good at～　～が得意である
nervous　緊張して　　gather　集まる　　starting point　スタート地点　　goal　ゴール地点
a bottle of water　水の入ったペットボトル　　take～from…　～を…から取り出す　　applause　拍手
be proud of～　～を誇りに思う　　joy　喜び　　satisfied　満足して　　be moved by～　～に感動する

(1) 下線部分**A**について，ミキ(Miki)が緊張していた理由を，具体的に日本語で書きなさい。

(2) 次の英文は，文中の**a**～**e**の［　　］のどこに入れるのが最も適当か。当てはまる符号を書きなさい。

They looked really happy after running.

(3) 下線部分**B**について，ケンタ(Kenta)とミキがそのように感じた理由を，具体的に日本語で書きなさい。

(4) 文中の**C**の(　　)の中に入る最も適当なものを，次のア～エから一つ選び，その符号を書きなさい。

ア　I was glad to run with Kenta in the marathon race today.
イ　I was happy to know I could help runners by working as a volunteer.
ウ　I was surprised to know the runners could get to the goal before noon.
エ　I was really tired and I wanted to stop working for the marathon race.

(5) 下線部分**D**について，その内容を，具体的に日本語で書きなさい。

(6) 次の①～③の問いに対する答えを，それぞれ3語以上の英文で書きなさい。

① Was it rainy on the day of the marathon race?
② What did Miki do with Kenta as a volunteer job when runners finished running?
③ What does Miki think about the power of sports?

(7) 本文の内容に合っているものを，次のア～オから一つ選び，その符号を書きなさい。

ア　Miki and Kenta worked for the marathon race in their town because they liked playing sports.
イ　Miki was surprised when she knew her uncle also worked for the marathon race as a volunteer on that day.
ウ　In the afternoon, there were a lot of other volunteers, so Miki didn't feel busy and talked a lot with Kenta.
エ　Miki thought it was good to work for the marathon race and now she is interested in sports.
オ　Working for the marathon race as a volunteer was very hard and Miki didn't want to go to sports events again.

英 語 解 答 用 紙

（注１） 解答は，横書きで記入すること。

〔１〕

(1)	1		2		3		4	
(2)	1		2		3		4	
(3)	1							
	2							
	3							
	4							

〔２〕

(1)	**A**			
	G			
(2)	**B**		**H**	
(3)				
(4)				
(5)				
(6)				
(7)				

受検番号	

〔3〕

Hi, John,

Your friend, ＊＊＊

〔4〕

(1)		
(2)		
(3)		
(4)		
(5)		
(6)	①	
	②	
	③	
(7)		

令和2年度 入試問題

社　会

〔1〕 次の地図を見て，下の(1)～(5)の問いに答えなさい。なお，地図中の緯線は赤道を基準として，また，経線は本初子午線を基準として，いずれも30度間隔で表している。

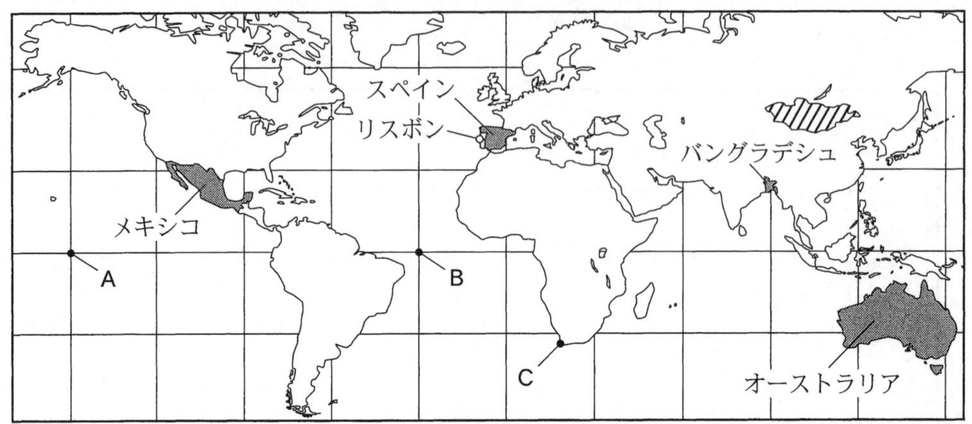

(1) 南極大陸を除く5大陸のうち，その最南端の地点が最も南にあるのはどの大陸か，その大陸の名称を書きなさい。

(2) 地図中の地点A，Bは，それぞれ赤道上にある。地点A，B間の距離は，実際には約何kmか。最も適当なものを，次のア～エから一つ選び，その符号を書きなさい。ただし，赤道の全周は，約4万kmとする。

ア　約3,000 km　　イ　約13,000 km　　ウ　約23,000 km　　エ　約33,000 km

(3) 地図中の ▨ で示した国でみられるようすについて述べた文として，正しいものを，次のア～エから一つ選び，その符号を書きなさい。

ア　年間をとおして凍土が広がっているため，建物の多くが高床になっている。
イ　年間をとおして気温が高く雨も多いため，森林が広がっている。
ウ　乾燥した草原が広がり，遊牧民の移動式テントがみられる。
エ　夏になると，一日じゅう太陽が沈まない現象が起こる。

(4) 次の表は，地図で示したメキシコ，スペイン，バングラデシュ，オーストラリアについて，それぞれの国の人口，穀物生産量，主要輸出品の輸出額の割合を示したものである。このうち，オーストラリアに当てはまるものはどれか。表中のア～エから一つ選び，その符号を書きなさい。

	人　口 (千人)	穀物生産量 (千t)	主要輸出品の輸出額の割合(%)		
			第1位	第2位	第3位
ア	46,737	16,660	自動車(17.3)	機械類(12.7)	野菜・果実(6.1)
イ	163,046	53,332	衣類(84.2)	繊維品(5.1)	はきもの(2.2)
ウ	25,203	50,049	鉄鉱石(21.1)	石炭(18.8)	液化天然ガス(8.5)
エ	127,576	37,487	機械類(36.1)	自動車(24.8)	原油(4.9)

(「世界国勢図会」2019/20年版による)

(5) 地図中の地点Cに関するできごとについて述べた次の文中の X ， Y に当てはまる語句の組合せとして，最も適当なものを，下のア～エから一つ選び，その符号を書きなさい。

> ポルトガルの港であるリスボンを出航した X の船隊が，大西洋を南下し，地点Cをまわって，1498年に Y に到達し，アジアへの航路が開かれた。

ア 〔X　バスコ＝ダ＝ガマ，Y　インド〕　　イ 〔X　バスコ＝ダ＝ガマ，Y　中国〕
ウ 〔X　コロンブス，　Y　インド〕　　エ 〔X　コロンブス，　Y　中国〕

〔2〕 右の地図を見て，次の(1)～(5)の問いに答えなさい。

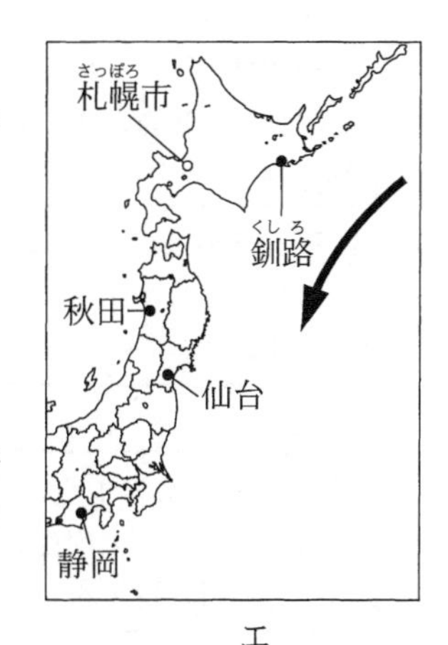

(1) 地図中の矢印でおおよその位置を示した海流の名称として，最も適当なものを，次のア～エから一つ選び，その符号を書きなさい。

ア 北大西洋海流　　イ 対馬（つしま）海流

ウ 千島海流(親潮)　　エ 日本海流(黒潮)

(2) 次のア～エのグラフは，気象観測地点である釧路，秋田，仙台，静岡のいずれかの気温と降水量の月別平年値を表したものである。このうち，仙台に当てはまるものを，ア～エから一つ選び，その符号を書きなさい。なお，棒グラフは月降水量を，折れ線グラフは月平均気温を表している。

ア

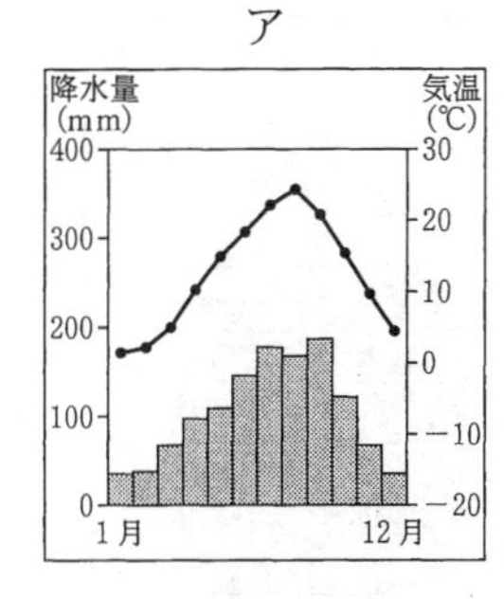

イ

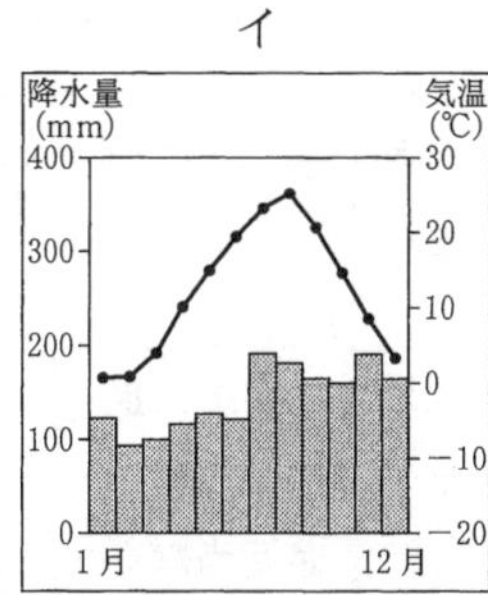

ウ

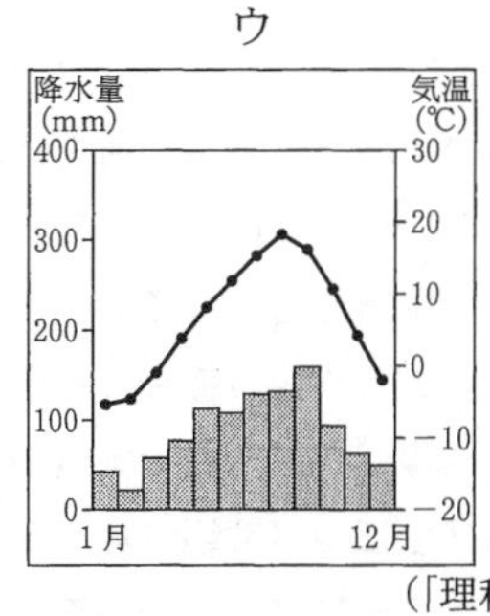

エ

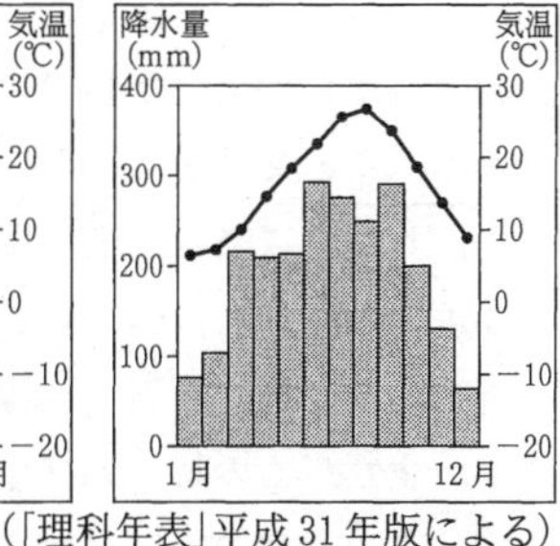

(「理科年表」平成31年版による)

(3) 右の写真は，札幌市中心部の景観を示したものである。この景観について述べた次の文中の［X］，［Y］に当てはまる語句の組合せとして，最も適当なものを，下のア～エから一つ選び，その符号を書きなさい。

> ［X］時代に，北海道の開拓のために，北方の警備の役割を兼ねた［Y］などが集められた。札幌市中心部は，組織的に開拓が行われ，碁盤の目状に規則正しく区画された。

ア〔X 江戸，Y 防人（さきもり）〕　イ〔X 江戸，Y 屯田兵〕

ウ〔X 明治，Y 防人〕　エ〔X 明治，Y 屯田兵〕

(4) 北海道は，漁業生産量が全国1位である。かつては北洋漁業がさかんであったが，沿岸国が排他的経済水域を設定したことなどから，現在は栽培漁業や養殖業がさかんになっている。この排他的経済水域とはどのような水域か。「200海里」という語句を用いて書きなさい。

(5) 次の表は，北海道，青森県，山形県，千葉県の，それぞれの道県の宿泊施設での延べ宿泊者数，米の産出額，野菜の産出額，果実の産出額，製造品出荷額等を示したものであり，表中のA～Cは，青森県，山形県，千葉県のいずれかである。表中のAに当てはまる県を［格子模様］で，Cに当てはまる県を［斜線模様］で，解答用紙の地図中に，それぞれ示しなさい。

	宿泊施設での延べ宿泊者数(千人泊)	米の産出額(億円)	野菜の産出額(億円)	果実の産出額(億円)	製造品出荷額等(億円)
A	24,637	666	1,927	185	114,664
B	5,242	804	423	690	26,875
C	4,624	466	863	854	18,318
北海道	35,557	1,167	2,206	61	61,414

(注)延べ宿泊者数：宿泊した人の泊数の合計

(「データでみる県勢」2019年版による)

〔3〕 社会科の授業で，歴史における文字の役割について，A～Dの四つの班に分かれ，調べたことをカードにまとめた。これらのカードを読んで，下の(1)～(5)の問いに答えなさい。

A班のカード

a漢字を書きくずしてかな文字がつくられ，このかな文字を用いて，優れた文学作品が生まれた。

B班のカード

唐の法律にならい，701年に［ b ］がつくられ，全国を支配するしくみが整備された。

C班のカード

藩校では武士の子らが学問や武道を学び，寺子屋では町人や百姓の子らが読み・書き・そろばんなどを学んだ。

D班のカード

村では有力な農民を中心にして，惣（そう）とよばれるc自治的な組織がつくられ，村のおきてが定められた。

(1) 下線部分aについて，右の写真は，紀元前1600年ごろにおこった殷（いん）の遺跡から出土したものであり，漢字のもとになった文字が記されている。この文字を何というか。その名称を書きなさい。

(2) ［ b ］に当てはまる用語を書きなさい。

(3) C班のカードについて，この時代のできごとを述べた文として，最も適当なものを，下のⅠ群のア～エから一つ選び，その符号を書きなさい。また，この時代の文化について述べた文として，最も適当なものを，下のⅡ群のカ～ケから一つ選び，その符号を書きなさい。

Ⅰ群

ア　イエズス会の宣教師ザビエルが鹿児島に来て，日本にキリスト教を伝えた。 イ　ロシアのラクスマンが根室に来航し，漂流民の大黒屋光太夫（だいこくやこうだゆう）を送り届け，通商を求めた。 ウ　元のフビライが博多（はかた）湾に上陸させた軍勢は，火薬を使った武器で幕府軍を苦しめた。 エ　日本に招かれた唐の鑑真（がんじん）によって唐招提寺（とうしょうだいじ）がつくられ，寺院や僧の制度も整えられた。

Ⅱ群

カ　武士の活躍をえがいた軍記物の平家物語は，琵琶法師（びわほうし）によって語り伝えられた。 キ　大名や豪商たちは，茶の湯をとおして交流を深め，千利休（せんのりきゅう）は，わび茶を大成させた。 ク　多色刷りの版画が人気を集め，美人画や歌舞伎の役者絵，風景画に優れた作品が生まれた。 ケ　万葉集には，万葉がなが用いられ，天皇や貴族，民衆の和歌がおさめられた。

(4) 下線部分cについて，右の資料は，自治が行われた京都のようすを示したものである。このことについて述べた次の文中の［ X ］，［ Y ］に当てはまる語句の組合せとして，最も適当なものを，下のア～エから一つ選び，その符号を書きなさい。

この時代の京都では，［ X ］とよばれる有力な商工業者によって都市の政治が行われた。守護大名が争った11年にわたる［ Y ］で中断していた祇園祭（ぎおんまつり）は，［ X ］によって復興された。

ア 〔X　町衆，　Y　応仁の乱〕　　イ 〔X　町衆，　Y　保元（ほうげん）の乱〕
ウ 〔X　株仲間，Y　応仁の乱〕　　エ 〔X　株仲間，Y　保元の乱〕

(5) A～D班のカードを，年代の古いものから順に並べ，その符号を書きなさい。

〔4〕 右の略年表を見て，次の(1)～(4)の問いに答えなさい。

年代	できごと
1858	a 日米修好通商条約が結ばれる。
1890 ┐	第1回帝国議会が開かれる。
A	
1914 ┘	b 第一次世界大戦が始まる。
1945 ┐	ポツダム宣言を受諾する。
B	
2001 ┘	アメリカで同時多発テロが起こる。

(1) 下線部分aは，我が国にとって不利な内容を含む不平等な条約であった。どのような内容が不平等であったか，二つ書きなさい。

(2) 年表中のAの時期に，我が国で起きたできごととして，正しいものを，次のア～エから一つ選び，その符号を書きなさい。

ア 政府が議会の承認なしに労働力や物資を動員できる，国家総動員法が制定された。

イ 普通選挙法が成立し，満25歳以上のすべての男子に衆議院議員の選挙権が与えられた。

ウ 板垣退助らにより，民撰(みんせん)議院設立建白書が政府に提出された。

エ 護憲運動が民衆の支持を集め，桂(かつら)太郎内閣は辞職に追いこまれた。

(3) 次の表は，年表中の下線部分bについて，この【できごと】の【背景・原因】，【日本の動き】及び【結果・影響】をまとめたものである。この表を見て，下の①，②の問いに答えなさい。

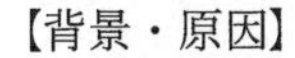

【背景・原因】
・ ドイツがオーストリア，イタリアと三国同盟を結ぶと，c イギリスはフランス，ロシアと三国協商を結び，両陣営とも，植民地の拡大をめざし対立する。
・ 「ヨーロッパの火薬庫」とよばれた［X］では，民族問題も加わって激しく対立し，1914年，サラエボで事件が起こる。

【できごと】
・ 第一次世界大戦が始まる。

【日本の動き】
・ 日本は，日英同盟を理由に参戦する。

【結果・影響】
・ 各国が，国力のすべてを戦争に総動員した総力戦となる。
・ 第一次世界大戦後，国際平和をめざして［Y］が設立される。

① 表中の［X］，［Y］に当てはまる語句の組合せとして，正しいものを，次のア～エから一つ選び，その符号を書きなさい。

ア〔X イベリア半島，Y 国際連合〕　イ〔X イベリア半島，Y 国際連盟〕

ウ〔X バルカン半島，Y 国際連合〕　エ〔X バルカン半島，Y 国際連盟〕

② 1930年代になると，表中の下線部分cのイギリスでは，ブロック経済が行われた。このブロック経済について，その【背景・原因】，【ブロック経済の内容】及び【結果・影響】を，解答用紙の表が完成するように，それぞれ書きなさい。

(4) 次のX～Zは，年表中のBの時期のできごとである。年代の古い順に並べたものとして，正しいものを，下のア～カから一つ選び，その符号を書きなさい。

X 毛沢東(もうたくとう)を主席とする中華人民共和国が成立する。

Y 冷戦の象徴であった「ベルリンの壁」が取りこわされる。

Z 沖縄が日本に復帰する。

ア X→Y→Z　イ X→Z→Y　ウ Y→X→Z

エ Y→Z→X　オ Z→X→Y　カ Z→Y→X

〔5〕 政治に関する内容について，次の(1)～(5)の問いに答えなさい。

(1) 日本国憲法について，次の①，②の問いに答えなさい。

① 日本国憲法が保障する社会権に当たるものを，次のア～エから一つ選び，その符号を書きなさい。

ア 生存権　　イ 財産権　　ウ 居住，移転及び職業選択の自由　　エ 学問の自由

② 次の日本国憲法の条文について，文中の［ A ］に当てはまる語句を書きなさい。

> すべて国民は，個人として尊重される。生命，自由及び幸福追求に対する国民の権利については，［ A ］に反しない限り，立法その他の国政の上で，最大の尊重を必要とする。

(2) 次の表は，我が国における，現在の選挙の原則とその内容をまとめたものである。この表を見て，下の①，②の問いに答えなさい。

選挙の原則	内容
［ X ］選挙	一人一票の選挙権を持つ。
秘密選挙	無記名で投票する。
普通選挙	一定の年齢以上のすべての国民が選挙権を持つ。
直接選挙	候補者に直接投票する。

① ［ X ］に当てはまる語句を書きなさい。

② 表中の下線部分について述べた次の文中の［ Y ］に当てはまる数字を書きなさい。

> 公職選挙法が改正されて，平成28(2016)年から，選挙権を行使できる年齢が［ Y ］歳以上に引き下げられた。

(3) 我が国の議院内閣制はどのようなしくみか。「信任」，「責任」の二つの語句を用いて書きなさい。

(4) 我が国では，平成21(2009)年から裁判員制度が導入された。この裁判員制度の説明として，正しいものを，次のア～エから一つ選び，その符号を書きなさい。

ア 裁判官の人数を減らすために導入され，裁判員は，民事裁判に参加する。

イ 裁判官の人数を減らすために導入され，裁判員は，刑事裁判に参加する。

ウ 国民の裁判への参加を進めるために導入され，裁判員は，民事裁判に参加する。

エ 国民の裁判への参加を進めるために導入され，裁判員は，刑事裁判に参加する。

(5) 世界の人権保障に向けた取組について，次の①，②の問いに答えなさい。

① 人権保障に向けて，各国が達成すべき共通の基準を示すため，1948年に採択されたものとして，正しいものを，次のア～エから一つ選び，その符号を書きなさい。

ア 国際人権規約　　イ 世界人権宣言

ウ 子ども(児童)の権利条約　　エ 女子差別撤廃条約

② 人権保障をはじめ，軍縮，環境などの問題に取り組むために活動する，非政府組織の略称として，最も適当なものを，次のア～オから一つ選び，その符号を書きなさい。

ア NGO　　イ PKO　　ウ WTO　　エ WHO　　オ ILO

〔6〕 中学校3年生のあるクラスでは，社会科の授業で，班ごとに，次のA～Dのテーマについて調べることにした。これらのテーマについて，下の(1)～(4)の問いに答えなさい。

テーマ	
A　私たちの暮らしと経済	B　私たちの暮らしと社会の変化
C　企業のしくみ	D　資源・エネルギー問題

(1) Aのテーマについて，次の①，②の問いに答えなさい。

① 右の図は，家計，企業，政府とそれぞれの間の経済的結びつきについて表したものである。図中の［a］，［b］に当てはまる語句の組合せとして，最も適当なものを，次のア～エから一つ選び，その符号を書きなさい。

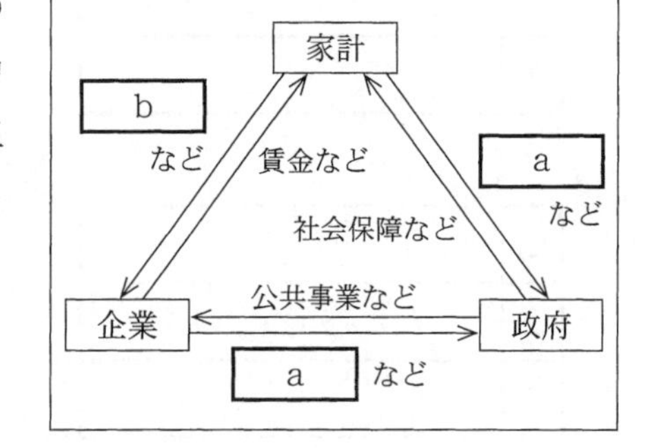

ア〔a　配当，b　労働力　〕
イ〔a　配当，b　サービス〕
ウ〔a　税金，b　労働力　〕
エ〔a　税金，b　サービス〕

② 次の文は，消費生活について述べたものである。文中の［A］に当てはまる語句を書きなさい。

> 商品を売りたい人と，買いたい人の意思が一致し，売買が成立することを，［A］という。一度成立すると，お互いに［A］を守る責任が生じるため，事前に，内容を慎重に検討することが大切である。

(2) Bのテーマについて，第二次世界大戦後の高度経済成長のころの，我が国の社会のようすについて述べた文として，最も適当なものを，次のア～エから一つ選び，その符号を書きなさい。

ア　携帯電話やインターネットが普及し，社会の情報化がいっそう進展した。
イ　東京オリンピックが開催され，家庭電化製品が急速に普及した。
ウ　循環型社会をめざして様々なリサイクル法が制定され，資源の再利用が進んだ。
エ　日本国憲法が施行され，婚姻は両性の合意のみにもとづいて成立することとなった。

(3) Cのテーマについて，大企業の多くが株式会社の形態をとっているのはなぜか。その理由を，「株式」，「資金」という二つの語句を用いて書きなさい。

(4) Dのテーマについて，新しい資源・エネルギーの開発やその利用が必要であるため，世界各国で，再生可能エネルギーの開発が進められている。このようなエネルギーとして，最も適当なものを，次のア～オから二つ選び，その符号を書きなさい。

ア　太陽光　　イ　石炭　　ウ　天然ガス　　エ　バイオマス　　オ　石油

社会解答用紙

（注１）　解答は，横書きで記入すること。

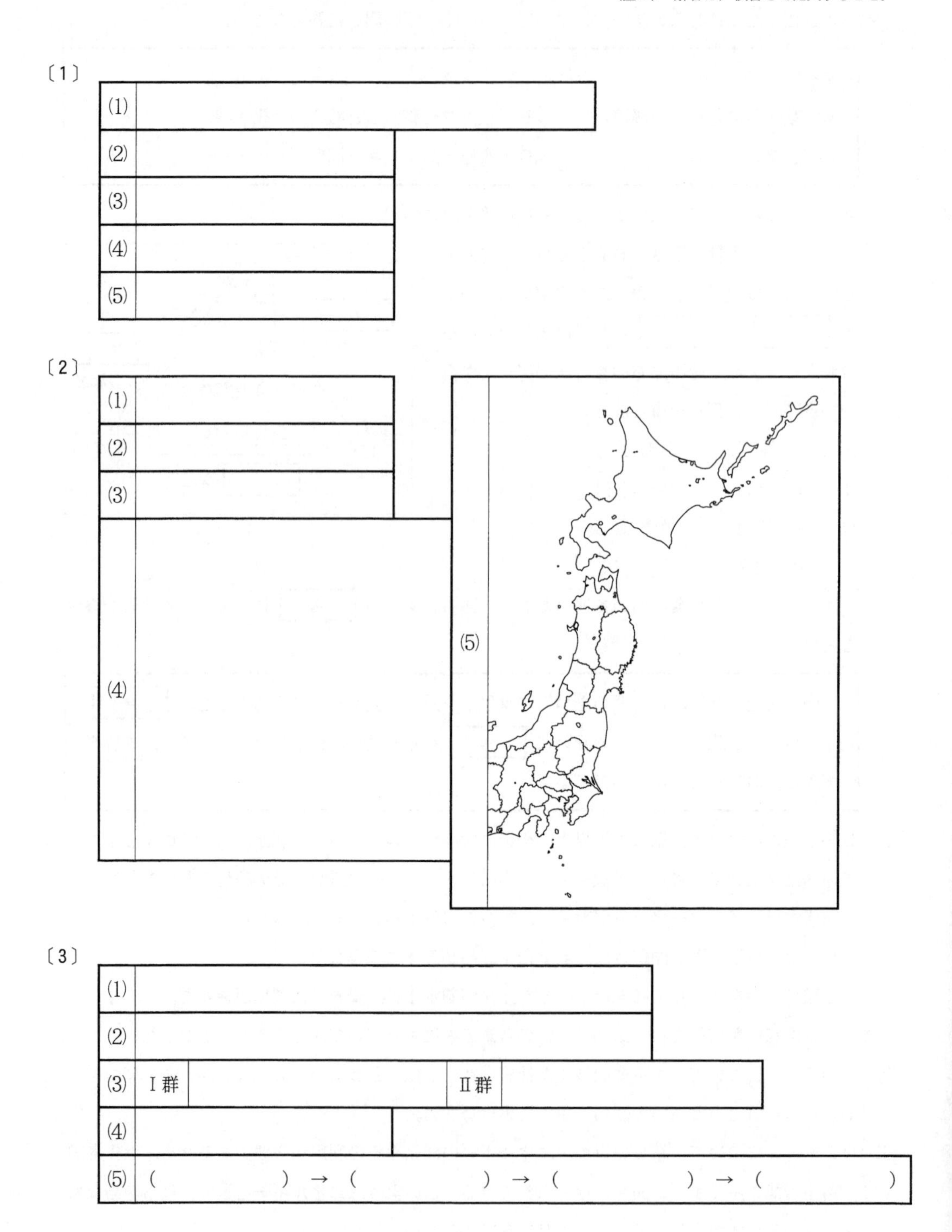

受検番号	

〔4〕

(1)		
(2)		
(3)	①	
	②	【背景・原因】 ↓ 【できごと】 イギリスではブロック経済が行われた。 / 【ブロック経済の内容】 ↓ 【結果・影響】
(4)		

〔5〕

(1)	①		②	
(2)	①		②	
(3)				
(4)				
(5)	①		②	

〔6〕

(1)	①		②	
(2)				
(3)				
(4)				

令和2年度 入試問題

理　科

〔1〕 下の図は，新潟市における平成30年4月3日から4月4日までの2日間の気象観測の結果をまとめたものである。この図をもとにして，あとの(1)～(3)の問いに答えなさい。

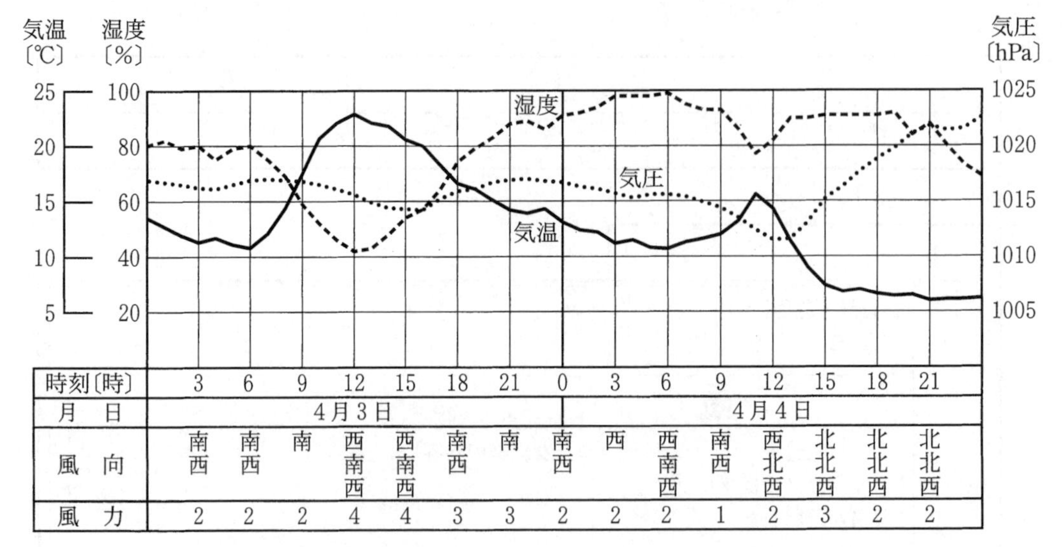

時刻〔時〕	3	6	9	12	15	18	21	0	3	6	9	12	15	18	21
月　日	4月3日							4月4日							
風　向	南西	南西	南	西南西	西南西	南西	南	南西	西	西南西	南西	西北西	北北西	北北西	北北西
風　力	2	2	2	4	4	3	3	2	2	2	1	2	3	2	2

(1) 新潟市の4月3日18時における天気は晴れであった。このときの，風向，風力，天気のそれぞれを表した記号として，最も適当なものを，次のア～エから一つ選び，その符号を書きなさい。

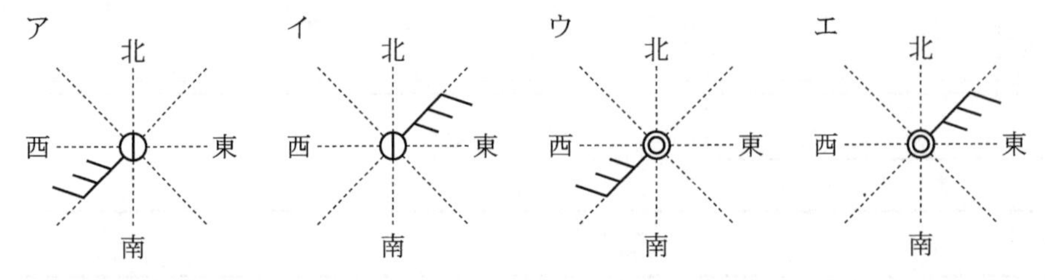

(2) 日本の春の天気の特徴について述べた文として，最も適当なものを，次のア～エから一つ選び，その符号を書きなさい。

ア　発達したシベリア気団の影響で，強い北西の風が吹き，太平洋側では晴れることが多い。

イ　太平洋高気圧が勢力を増し，暖かく湿った気団におおわれ，高温多湿で晴れることが多い。

ウ　高気圧と低気圧が西から東へ向かって交互に通過するため，同じ天気が長く続かない。

エ　南の湿った気団と北の湿った気団の間に停滞前線ができ，雨やくもりの日が多くなる。

(3) 前線の通過について，あとの①，②の問いに答えなさい。

① 新潟市を寒冷前線が通過した時間帯として，最も適当なものを，次のア～エから一つ選び，その符号を書きなさい。

ア　4月3日　3時から9時　　　イ　4月3日　9時から15時

ウ　4月4日　3時から9時　　　エ　4月4日　9時から15時

② 西から東に向かって進んでいる寒冷前線を南から見たときの，地表面に対して垂直な断面を考える。このとき，前線付近の大気のようすを模式的に表すとどのようになるか。最も適当なものを，次のア～エから一つ選び，その符号を書きなさい。ただし，ア～エの図中の ⇨ は冷たい空気の動きを，➡ は暖かい空気の動きを表している。

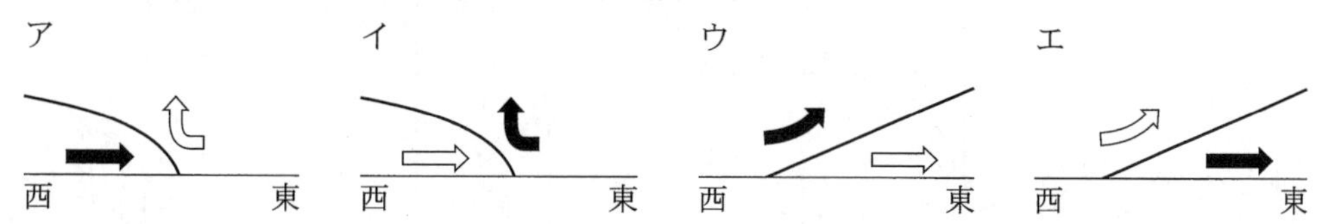

〔2〕 物体を引き上げるときの仕事について調べるために，水平な床の上に置いた装置を用いて，次の実験1，2を行った。この実験に関して，下の(1)～(3)の問いに答えなさい。ただし，質量100 g の物体にはたらく重力を1 N とし，ひもと動滑車の間には，摩擦力ははたらかないものとする。また，動滑車およびひもの質量は，無視できるものとする。

実験1　図1のように，フックのついた質量600 g の物体をばねばかりにつるし，物体が床面から40 cm 引き上がるまで，ばねばかりを10 cm/s の一定の速さで真上に引き上げた。

実験2　図2のように，フックのついた質量600 g の物体を動滑車につるし，物体が床面から40 cm 引き上がるまで，ばねばかりを10 cm/s の一定の速さで真上に引き上げた。

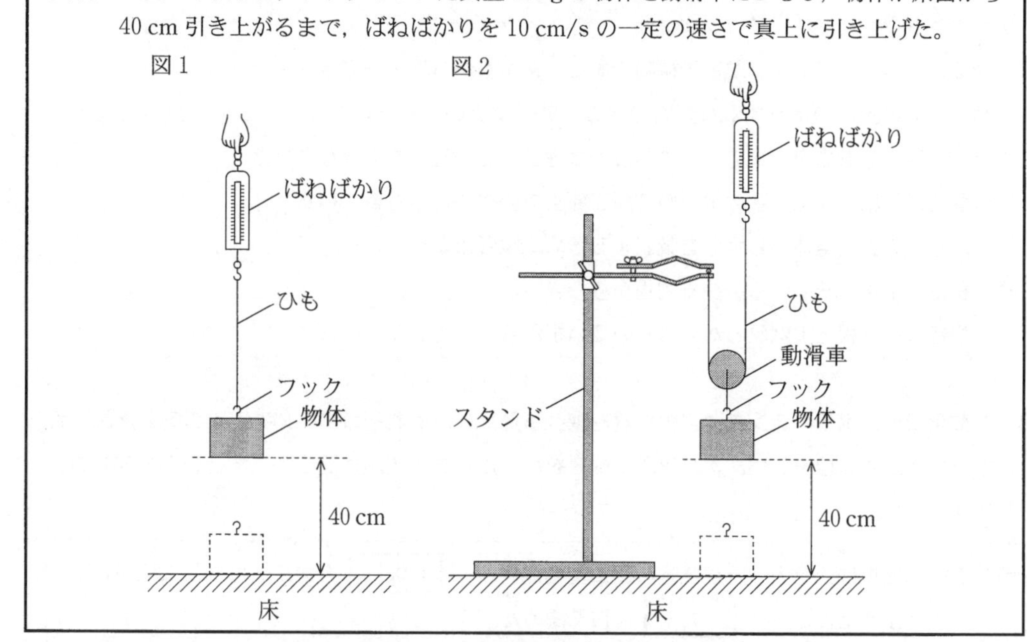

(1) 実験1について，次の①，②の問いに答えなさい。

① ばねばかりを一定の速さで引き上げているとき，ばねばかりが示す値は何Nか。求めなさい。

② 物体を引き上げる力がした仕事は何Jか。求めなさい。

(2) 実験2について，次の①，②の問いに答えなさい。

① ばねばかりを一定の速さで引き上げているとき，ばねばかりが示す値は何Nか。求めなさい。

② 物体を引き上げる力がした仕事の仕事率は何Wか。求めなさい。

(3) 物体を引き上げる実験1，2における仕事の原理について，「動滑車」という語句を用いて，書きなさい。

〔3〕 アブラナのからだのつくりを調べるために，アブラナの観察を行った。図1はアブラナの花のつくりを，図2はアブラナのめしべの子房の断面を，また，図3はアブラナの葉のようすを，それぞれ模式的に表したものである。このことに関して，下の(1)～(4)の問いに答えなさい。

図1

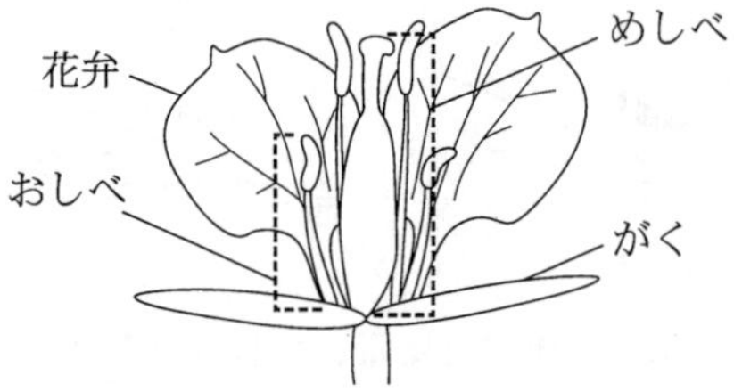

図2

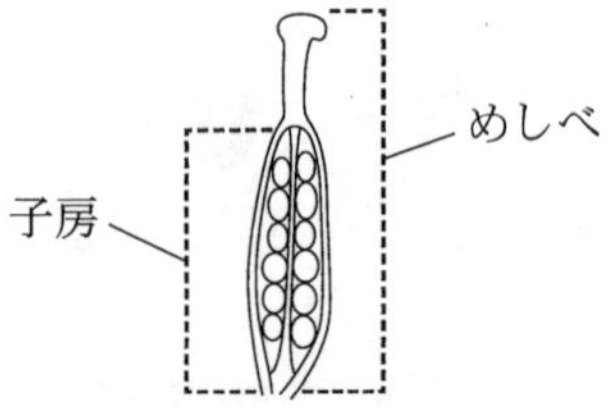

図3

(1) 図1について，おしべの先端の袋状になっている部分の中に入っているものとして，最も適当なものを，次のア～エから一つ選び，その符号を書きなさい。

ア 果実　　イ 種子　　ウ 胞子　　エ 花粉

(2) アブラナは，花のつくりから離弁花類に分類される。離弁花類に分類される植物として，最も適当なものを，次のア～エから一つ選び，その符号を書きなさい。

ア エンドウ　　イ ツユクサ　　ウ ツツジ　　エ アサガオ

(3) 図2について，アブラナが被子植物であることがわかる理由を書きなさい。

(4) 図3の葉の葉脈のようすから判断できる，アブラナのからだのつくりについて述べた文として，最も適当なものを，次のア～エから一つ選び，その符号を書きなさい。

ア 茎を通る維管束は，茎の中心から周辺部まで全体に散らばっている。

イ からだの表面全体から水分を吸収するため，維管束がない。

ウ 根は，主根とそこからのびる側根からできている。

エ 根は，ひげ根とよばれるたくさんの細い根からできている。

〔4〕 二酸化炭素，水素，アンモニアの性質を調べるために，それぞれの気体を別々の乾いた試験管にとった後，ゴム栓をして，次の実験1～3を行った。この実験に関して，あとの(1)～(3)の問いに答えなさい。

実験1 二酸化炭素が入った試験管のゴム栓をはずし，［X］を加え，再びゴム栓をしてよく振ったところ，［X］は白く濁った。

実験2 水素が入った試験管のゴム栓をはずし，試験管の口にマッチの炎を近づけたところ，ポンと音をたてて燃えた。

実験3 アンモニアが入った試験管を，フェノールフタレイン溶液を加えた水の中で，試験管の口を下に向けて立て，ゴム栓をはずしたところ，試験管の中に勢いよく水が入り，<u>試験管の中の水の色は赤くなった</u>。

(1) 実験1について，［X］にあてはまる液体として，最も適当なものを，次のア～エから一つ選び，その符号を書きなさい。

ア 食塩水　　イ 石灰水　　ウ 砂糖水　　エ 炭酸水

(2) 実験 2 について，次の①，②の問いに答えなさい。

① この実験で生じた物質は何か。その物質の化学式を書きなさい。

② 水素を発生させる方法として，最も適当なものを，次のア～エから一つ選び，その符号を書きなさい。

ア 石灰石にうすい塩酸を加える。　　イ 二酸化マンガンにオキシドールを加える。

ウ 亜鉛にうすい硫酸を加える。　　エ 酸化銀を加熱する。

(3) 実験 3 について，次の①，②の問いに答えなさい。

① 下線部分のことからわかるアンモニアの性質を，書きなさい。

② 右の図のように，水酸化カルシウムの粉末と塩化アンモニウムの粉末を混ぜたものを，乾いた試験管に入れて十分に加熱し，発生するアンモニアを乾いた試験管に集めることができる。このようにして集めるのは，アンモニアのどのような性質のためか。書きなさい。

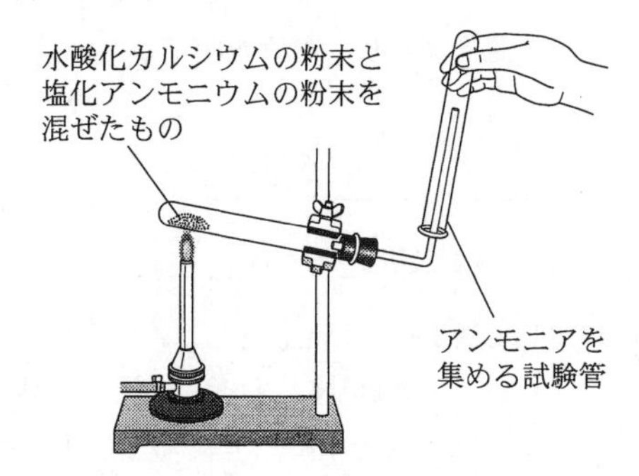

〔5〕 右の図は，生態系における炭素の循環を模式的に表したものである。図中の ➡ は有機物の流れを，また，⇨ は無機物の流れを表している。この図をもとにして，次の(1)～(5)の問いに答えなさい。

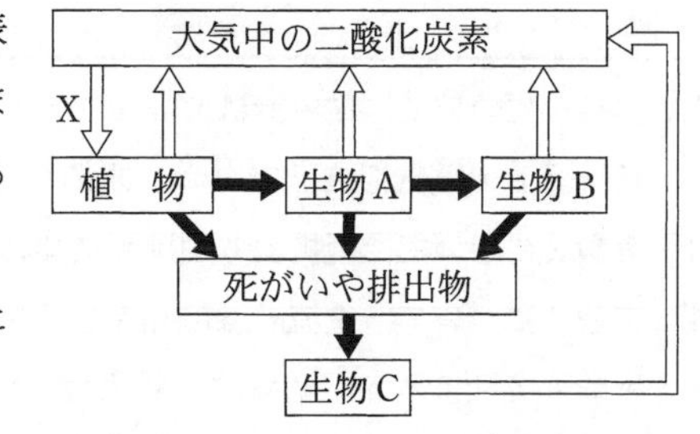

(1) 図中の X で示される流れは，植物の何というはたらきによるものか。その用語を書きなさい。

(2) 生態系において，生物 A や生物 B を消費者，生物 C を分解者というのに対し，植物を何というか。その用語を書きなさい。

(3) 植物，生物 A，生物 B は，食べる，食べられるという関係でつながっている。このつながりを何というか。その用語を書きなさい。

(4) 何らかの原因で，生物 A の数量が急激に減少すると，植物や生物 B の数量はその後，一時的にどのようになるか。最も適当なものを，次のア～エから一つ選び，その符号を書きなさい。

ア 植物は増加し，生物 B は減少する。　　イ 植物は増加し，生物 B も増加する。

ウ 植物は減少し，生物 B も減少する。　　エ 植物は減少し，生物 B は増加する。

(5) 生物 A～C に当てはまる生物の組合せとして，最も適当なものを，右のア～エから一つ選び，その符号を書きなさい。

	生物A	生物B	生物C
ア	ミミズ	ヘビ	バッタ
イ	ウサギ	イヌワシ	ミミズ
ウ	ヘビ	ウサギ	シロアリ
エ	バッタ	シロアリ	イヌワシ

〔6〕 電流とそのはたらきを調べるために，抵抗器a，bを用いて回路をつくり，次の実験1～3を行った。この実験に関して，下の(1)～(5)の問いに答えなさい。ただし，抵抗器aの電気抵抗は30Ωとする。

実験1　図1のように，回路をつくり，スイッチを入れ，電圧計が6.0Vを示すように電源装置を調節し，電流を測定した。

実験2　図2のように，回路をつくり，スイッチを入れ，電圧計が6.0Vを示すように電源装置を調節したところ，電流計は120mAを示した。

実験3　図3のように，回路をつくり，スイッチを入れ，電圧計が6.0Vを示すように電源装置を調節し，電流を測定した。

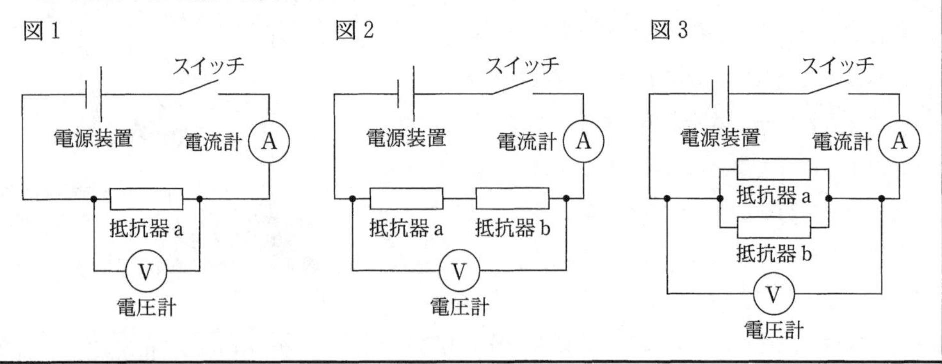

(1) 実験1について，電流計は何mAを示すか。求めなさい。

(2) 抵抗器bの電気抵抗は何Ωか。求めなさい。

(3) 実験2について，抵抗器bの両端に加わる電圧は何Vか。求めなさい。

(4) 実験3について，電流計は何mAを示すか。求めなさい。

(5) 実験2で抵抗器aが消費する電力は，実験3で抵抗器aが消費する電力の何倍か。求めなさい。

〔7〕 濃度の異なる塩酸と水酸化ナトリウム水溶液の中和について調べるために，次の[Ⅰ]～[Ⅲ]の手順で実験を行った。この実験に関して，あとの(1)～(4)の問いに答えなさい。

[Ⅰ] ビーカーA，B，Cを用意し，ビーカーAにはうすい塩酸を，ビーカーBにはうすい水酸化ナトリウム水溶液を，それぞれ60 cm^3ずつ入れた。ビーカーCに，ビーカーAのうすい塩酸10 cm^3を注ぎ，ある薬品を数滴加えたところ，ビーカーCの水溶液は黄色になった。

[Ⅱ] [Ⅰ]で黄色になったビーカーCの水溶液に，ビーカーBのうすい水酸化ナトリウム水溶液10 cm^3を加え，よく混ぜたところ，ビーカーCの水溶液は青色になった。

[Ⅲ] [Ⅱ]で青色になったビーカーCの水溶液に，ビーカーAのうすい塩酸2 cm^3を加え，よく混ぜたところ，ビーカーCの水溶液は緑色になった。

(1) [Ⅰ]について，ビーカーCに数滴加えた薬品は何か。最も適当なものを，次のア～エから一つ選び，その符号を書きなさい。

ア　ベネジクト液　　イ　ヨウ素液　　ウ　酢酸カーミン液　　エ　BTB溶液

(2) Ⅱについて，青色になったビーカーCの水溶液中で最も数が多いイオンは何か。そのイオン式を書きなさい。

(3) Ⅲについて，次の □ の中に化学式を書き入れて，塩酸と水酸化ナトリウム水溶液が中和したときの化学変化を表す化学反応式を完成させなさい。

(4) Ⅲのあとに，ビーカーAに残っているうすい塩酸 48 cm^3 を中性にするためには，ビーカーBのうすい水酸化ナトリウム水溶液が何 cm^3 必要か。最も適当なものを，次のア～オから一つ選び，その符号を書きなさい。

ア　16 cm^3　　イ　24 cm^3　　ウ　32 cm^3　　エ　40 cm^3　　オ　48 cm^3

〔8〕 ある丘陵に位置する3地点A，B，Cで，ボーリングによって地下の地質調査を行った。次の図1は，地質調査を行ったときの，各地点A～Cの地層の重なり方を示した柱状図である。また，図2は，各地点A～Cの地図上の位置を示したものである。図1，2をもとにして，下の(1)～(4)の問いに答えなさい。ただし，地質調査を行ったこの地域の各地層は，それぞれ同じ厚さで水平に積み重なっており，曲がったり，ずれたりせず，地層の逆転もないものとする。また，図1の柱状図に示した火山灰の層は，同じ時期の同じ火山による噴火で，堆積したものとする。

図1

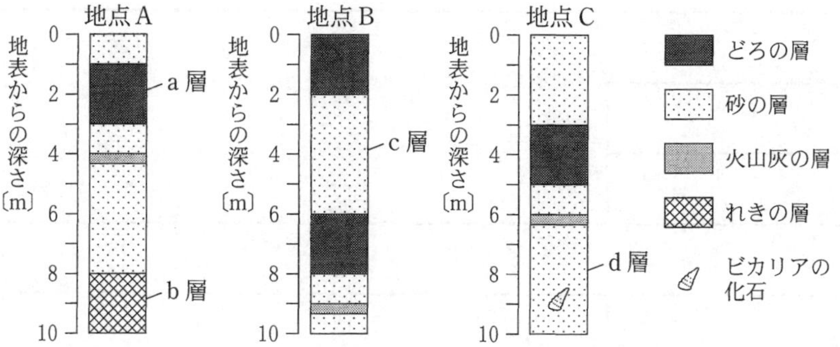

地点A　地点B　地点C

地表からの深さ〔m〕

a 層　b 層　c 層　d 層

どろの層　砂の層　火山灰の層　れきの層　ビカリアの化石

図2

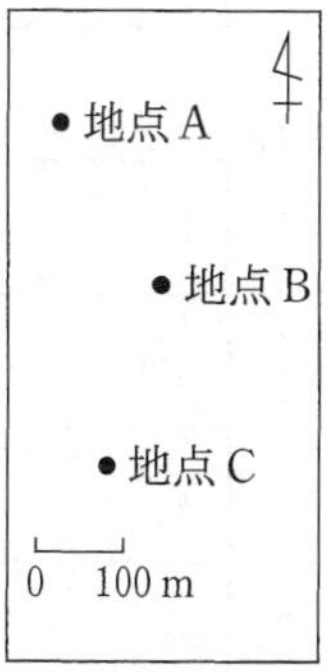

地点A　地点B　地点C　0　100 m

(1) 図1のa層～d層は，どのような順序で堆積したか。古い方から順に，その符号を書きなさい。

(2) 地点Bの標高は40 mであった。このとき，地点Cの標高は何mか。求めなさい。

(3) 火山灰が固まってできた岩石の名称として，最も適当なものを，次のア～エから一つ選び，その符号を書きなさい。

ア　花こう岩　　イ　玄武岩（げんぶがん）　　ウ　凝灰岩（ぎょうかいがん）　　エ　石灰岩

(4) 地点Cの砂の層に含まれていたビカリアの化石から，地層が堆積した時代を推定することができる。このビカリアのように，地層が堆積した時代の推定に利用することができる化石となった生物は，どのような生物か。「期間」，「分布」という語句を用いて書きなさい。

理科解答用紙

(注1)　解答は，横書きで記入すること。

〔1〕

(1)		
(2)		
(3)	①	
	②	

〔2〕

(1)	①	N
	②	J
(2)	①	N
	②	W
(3)		

〔3〕

(1)	
(2)	
(3)	
(4)	

〔4〕

(1)		
(2)	①	
	②	
(3)	①	
	②	

受検番号	

〔5〕

(1)	
(2)	
(3)	
(4)	
(5)	

〔6〕

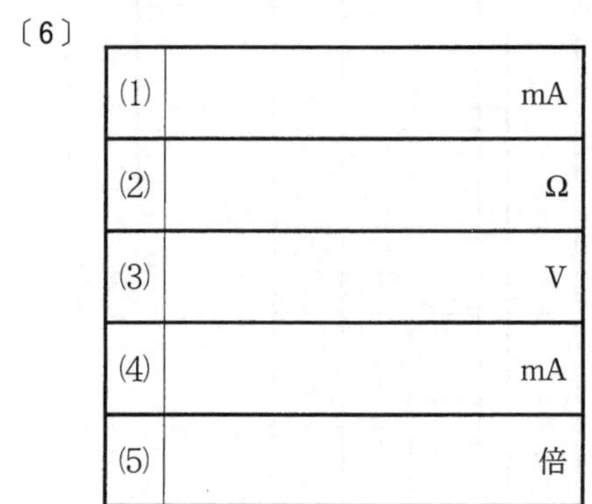

(1)	mA
(2)	Ω
(3)	V
(4)	mA
(5)	倍

〔7〕

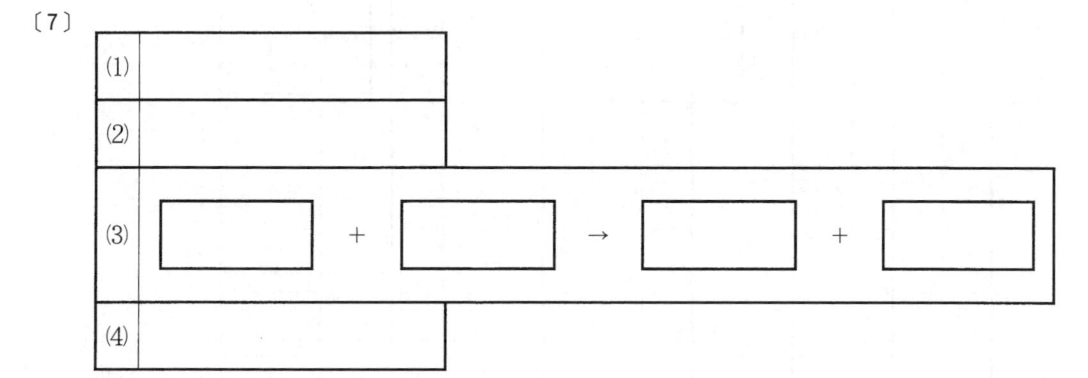

(1)	
(2)	
(3)	＋ → ＋
(4)	

〔8〕

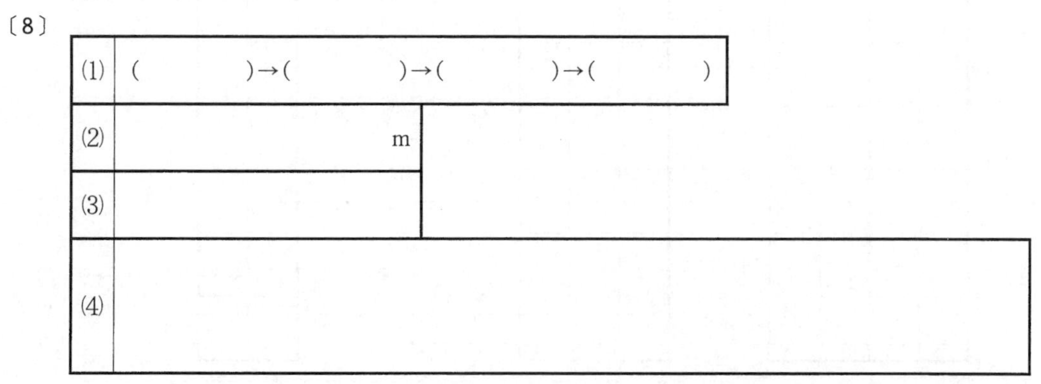

(1)	(　　　)→(　　　)→(　　　)→(　　　)
(2)	m
(3)	
(4)	

〔三〕

〔四〕

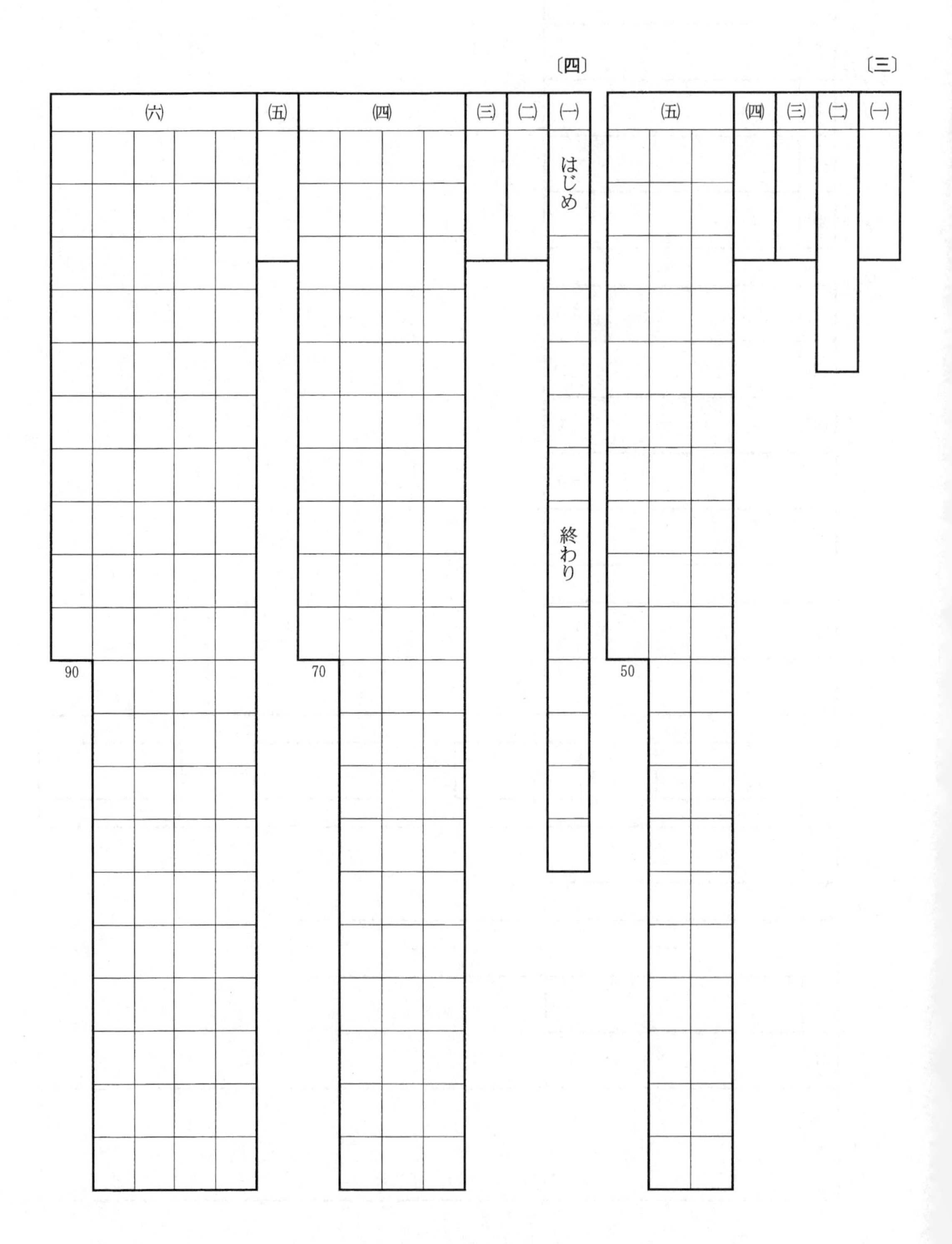

受検番号	

国語解答用紙

（注1）解答は、縦書きで記入すること。

〔一〕

(一)						(二)					
1	2	3	4	5	6	1	2	3	4	5	6
優　れた	費　やす	練　る	快挙	救護	卵黄	タ　れる	サ　まして	タネ	チョウシャ	ホウソウ	チョゾウ

〔二〕

(一)	(二)	(三)	(四)	(五)
		はじめ　／　終わり		

り、他者の目で自分を定義するようになった。ひとりでいても、親しい仲間のことを考えるし、隣人たちの喜怒哀楽に大きく影響される。ゴリラ以上に、人間は時間を他者と重ね合わせて生きているのである。仲間に自分の時間をさしだし、仲間からも時間をもらいながら、互酬性にもとづいた暮らしを営んできたのだ。幸福は仲間とともに感じるもので、信頼は金や言葉ではなく、ともに生きた時間によって強められるものだからである。

世界は今、多くの敵意に満ちており、孤独な人間が増えている。それは経済的な時間概念によってつくりだされたものだ。それを社会的な時間に変えて、(4)いのちをつなぐ時間をとりもどすことが必要ではないだろうか。ゴリラと同じように、敵意はともにいる時間によって解消できると思うからである。

(山極　寿一「ゴリラからの警告「人間社会、ここがおかしい」」による)

(注)　固執＝心がとらわれること。
隔絶＝かけ離れていること。
互酬性＝他者から受けたことに見合うことをして返すことで、お互いの関係が保たれること。

(一)　――線部分(1)について、筆者がこのように考えるのはなぜか。その理由を述べている部分を、文章中から四十字以内の一つの文で抜き出し、そのはじめと終わりの五字をそれぞれ書きなさい。

(二)　文章中の［A］に最もよく当てはまる言葉を、次のア～エから一つ選び、その符号を書きなさい。

ア　もし　　イ　しかし　　ウ　だから　　エ　なぜなら

(三)　――線部分(2)について、「互いの存在を認め合っている時間の大切さ」とは具体的にどういうことか。最も適当なものを、次のア～エから一つ選び、その符号を書きなさい。

ア　ゴリラは、人間に敵意をもっているので、人間が信頼されることはないということ。
イ　いっしょに暮らす時間が経過するにしたがい、ゴリラとの信頼関係が増すということ。
ウ　ゴリラは互いの存在を認め合う時間を好むため、人間を信頼したがる傾向があるということ。
エ　ゴリラは信頼できる仲間といっしょに暮らし、その群れから決して離れることはないということ。

(四)　――線部分(3)とはどういうことか。七十字以内で書きなさい。

(五)　文章中の［a］に最もよく当てはまる言葉を、次のア～エから一つ選び、その符号を書きなさい。

ア　技術　　イ　創造　　ウ　表現　　エ　共感

(六)　――線部分(4)とはどういうことか。文章全体を踏まえ、九十字以内で書きなさい。

〔四〕 次の文章を読んで、㈠～㈥の問いに答えなさい。

今、私たちは経済的な時間を生きている。そして、自分が自由に使える時間を欲しがっている。しかし、自分の時間とはいったいどういう状態のことをいうのだろう。それをどう過ごしたら、幸せな気分になれるのだろうか。

どこの世界でも、⑴人は時間に追われて生活している。私がゴリラを追って分け入ったアフリカの森でもそうだ。晩に食べる食料を集めに森へ出かけ、明後日に飲む酒を今日仕込む。昨日農作業を手伝ってもらったので、そのお礼として明日ヤギをつぶす際に肉をとり分けて返そうとする。それは、つきつめて考えれば、人間の使う時間が必ず他者とつながっているからである。時間は自分だけでは使えない。ともに生きている仲間の時間と速度を合わせ、どこかで重ね合わせなければならない。 A 、森の外から流入する物資や人の動きに左右されてしまう。

ゴリラといっしょに暮らしてみて私が教わったことは、⑵互いの存在を認め合っている時間の大切さである。野生のゴリラは長い間人間に追い立てられてきたので、私たちに強い敵意をもっている。しかし、辛抱強く接近すれば、いつかは敵意を解き、いっしょにいることを許してくれる。それは、ともにいる時間が経過するにしたがい、信頼関係が増すからである。

ゴリラたち自身も、信頼できる仲間といっしょに暮らすことを好む。食物や繁殖相手をめぐるトラブルによって信頼が断たれ、離れていくゴリラもいるが、やがてまた別の仲間といっしょになって群れをつくる。とくに、子どもゴリラは周囲のゴリラたちを引きつける。子どもが遊びにくれば、大きなオスゴリラでも喜んで背中を貸すし、悲鳴をあげれば、すっ飛んでいって守ろうとする。ゴリラたちには、自分だけの時間がないように見える。

人間も実はつい最近まで、自分だけの時間にそれほど固執していなかったのではないだろうか。とりわけ、木や紙でつくられた家に住んできた日本人は、隣人の息遣いから完全に隔絶することはできず、常にだれかと分かち合う時間のなかで暮らしてきた。それが原因で、うっとうしくなったり、ストレスを高めたりすることがあったと思う。だからこそ、戦後に高度経済成長をとげた日本人は、他人に邪魔されずに自分だけで使える時間をひたすら追い求めた。そこで、効率化や経済化の観点から時間を定義する必要が生じた。つまり、時間はコストであり、金に換算できるという考え方である。

しかし、物資の流通や情報技術の高度化を通じて時間を節約した結果、⑶せっかく得た自分だけの時間をも同じように効率化の対象にしてしまった。自分の欲求を最大限満たすために、効率的な過ごし方を考える。映画を見て、スポーツを観戦し、ショッピングを楽しんで、ぜいたくな食事をする。自分で稼いだ金で、どれだけ自分がやりたいことが可能かを考える。でも、それは自分が節約した時間と同じ考え方なので、いつまでたっても満たされることがない。そればかりか、自分の時間が増えれば増えるほど、孤独になって時間をもてあますようになる。

それは、そもそも人間がひとりで時間を使うようにできていないからである。700万年の進化の過程で、人間は高い a 力を手に入れた。他者のなかに自分を見るようにな

〈Ⅰ〉の和歌には一つの言葉にもう一つの意味が掛けられており、「ふみ」という言葉には、「手紙」を表す「文（ふみ）」という意味と、「踏み渡る（歩いて渡る）」を表す「踏み」という意味が掛けられています。

（注） 国司＝地方を治めるために派遣された役人。

㈠ ――線部分⑴の「奈半の泊を追はむ」の意味として最も適当なものを、次のア～エから一つ選び、その符号を書きなさい。

ア　奈半の港を思い出そう
イ　奈半の港を目指そう
ウ　奈半の港を歌に詠もう
エ　奈半の港を探そう

㈡ ――線部分⑵の「さかひ」を現代かなづかいに直し、すべてひらがなで書きなさい。

㈢ ――線部分⑶の「この人々の深き志はこの海にも劣らざるべし」について、作者がこのように考えるのはなぜか。その理由として最も適当なものを、次のア～エから一つ選び、その符号を書きなさい。

ア　他の人とは違い、館の前で見送りをやめたから。
イ　他の人と同じく、出航までの準備を手伝ったから。
ウ　他の人と同じく、丁寧な別れの儀式を行ったから。
エ　他の人とは違い、国境を越えて見送りに来たから。

㈣ ――線部分⑷の「船の人も見えずなりぬ」とはどういうことか。最も適当なものを、次のア～エから一つ選び、その符号を書きなさい。

ア　船が海岸から遠ざかり、見送りに来た人たちからは船の人たちの姿が見えなくなったということ。
イ　船が海岸から遠ざかるにしたがい、見送りに来た人たちの真心がはっきりと分かるようになったということ。
ウ　船が見えなくなると、見送りに来た人たちはどのように帰ったらよいか、分からなくなったということ。
エ　船旅が長くなるにしたがい、船の人には土佐国でのできごとが遠い昔のことのように思われたということ。

㈤ ――線部分⑸の「船にも思ふことあれど、かひなし」とはどういうことか。〈Ⅰ〉の和歌を踏まえ、五十字以内で書きなさい。

〔三〕 次のAの文章は、『土佐日記』の一部である。また、Bの文章は、Aの文章について述べたものである。この二つの文章を読んで、(一)～(五)の問いに答えなさい。

A

九日のつとめて（早朝）、大湊（おほみなと）より、(1)奈半の泊（なはのとまり）を追はむとて、漕（こ）ぎ出（い）でけり。

これかれ互ひに、国の(2)さかひのうちはとて（内マデハト）、見送りに来る人あまたが中に（タクサンイル中デ）、藤原（ふぢはら）のときざね、橘（たちばな）のすゑひら、長谷部（はせべ）のゆきまさ等（ら）なむ、御館（みたち）（館ヲ）より出で給（た）うびし日（出発ナサッタ日）より（カラ）、ここかしこに（アチラコチラト）追ひ来る。この人々ぞ、志（こころざし）ある人なりける。(3)この人々の深き志はこの海にも劣らざるべし（劣ラナイダロウ）。

これより、今は漕ぎ離れて行（ゆ）く。これを見送らむと（見送ロウト）てぞ（シテ）、この人どもは追ひ来ける。かくて漕ぎ行（ゆ）くまにまに、海のほとりにとまれる人も遠くなりぬ。(4)船の人も見えずなりぬ。岸にもいふことあるべし（アルダロウ）。(5)船（船ノ人）にも思ふことあれど（アルガ）、かひなし（ドウショウモナイ）。かかれど（コウデハアルケレド）、この歌をひとりごとにして、やみぬ（ヤメニシタ）。

〈I〉 思ひやる（見送ル人ヲ思ウ）心は海をわたれどもふみしなければ知らずやあるらむ（気持チハワカラナイダロウ）

（注）
九日＝一月九日。
奈半の泊＝奈半の港。
国＝当時の行政上の区画。
藤原のときざね、橘のすゑひら、長谷部のゆきまさ＝いずれも人名。

B

『土佐日記』は、作者の紀貫之（きのつらゆき）が土佐国（現在の高知県）の国司の役目を終えて京へ帰るまでの旅のようすを記した日記です。貫之は、この日記を、ある女性が筆者であるという設定で記しました。

貫之の一行は、十二月二十一日に、住んでいた国司の館を出発し、お世話になった人たちとの別れの儀式を行ったり、挨拶を交わしたりしながら、十二月二十八日、大湊という土地までやって来ました。大湊から先は海岸沿いに船を進め、本格的な帰京の旅を始める予定でした。天候不順が続き、なかなか出航することができずにいましたが、一月九日、ようやく出航しました。

黒板にわが文字のこす夏休み　　福永耕二

これは一学期の終業式の日に、教室の黒板(4)になにか書いて帰るのですが、四十日間という長い夏休みが終わるまで、本人はまるでタイムカプセルでもセットした気持ちなのです。これはやはり小学校の思い出でしょう。夏休みそのものを詠まずに、そのはじまりのある行為をとらえて、夏休みの長さと、それがいよいよはじまるときの嬉(うれ)しさを表しています。

いま引いた「運動会」や「夏休み」にしても、その場面は多かれ少なかれ、だれもが思い当たるのではないでしょうか。新しい季語を使うことも、やはりそれを解釈することに変わりありません。そこでだれにも心当たりがあるような、しかも今までだれも気づかなかった場面がとらえられれば、そのつど魅力的な新しい解釈が生まれるのです。

（仁平　勝「俳句をつくろう」による）

（注）本意＝季語が本来持っている意味。
歳時記＝俳句の季語を分類し、整理して記した書物。

(一)　――線部分(1)の「の」と同じ意味で使われている「の」がある文を、次のア～エから一つ選び、その符号を書きなさい。

ア　昨年会ったのを覚えている。
イ　友人の勧める本を読んだ。
ウ　母校の校歌を口ずさむ。
エ　初夏の高原を散策する。

(二)　――線部分(2)の「ゆずっ」を、終止形（言い切りの形）に直して書きなさい。

(三)　――線部分(3)について、「会社の夏休み」が季語にならないのは、何が足りないためか。適切な部分を、文章中から二十字以上二十五字以内で抜き出し、そのはじめと終わりの五字をそれぞれ書きなさい。

(四)　――線部分(4)の「黒板」と、構成が同じ熟語を、次のア～オから一つ選び、その符号を書きなさい。

ア　重複　　イ　未完　　ウ　緩急　　エ　暖冬　　オ　入浴

(五)　この文章の内容を説明したものとして最も適当なものを、次のア～エから一つ選び、その符号を書きなさい。

ア　新しい季語を使ってつくる俳句には、子供の頃にだれもが味わうような心情を込めることが必要である。
イ　だれも味わったことがない心情のイメージが成立する言葉であれば、新しい季語として認められる。
ウ　新しい季語を使って擬似的な本意として成立したイメージをとらえられれば、魅力的な解釈が生まれる。
エ　今までだれも気づかず、表現されなかった場面を新しい季語を用いて表すことが俳句の本質である。

国語

〔一〕 次の(一)、(二)の問いに答えなさい。

(一) 次の1～6について、――線をつけた漢字の部分の読みがなを書きなさい。

1 優れた作品が展示されている。
2 長い年月を研究に費やす。
3 文章の構想を練る。
4 快挙を成し遂げる。
5 けが人を救護する。
6 料理に卵黄を使う。

(二) 次の1～6について、――線をつけたカタカナの部分に当てはまる漢字を書きなさい。

1 窓に付いた水滴が夕れる。
2 熱いお湯をサまして飲む。
3 朝顔のタネをまく。
4 市役所のチョウシャを見学する。
5 贈り物をきれいにホウソウする。
6 農作物をチョゾウする。

〔二〕 次の文章を読んで、(一)～(五)の問いに答えなさい。

子を走らす運動会後の線の上　　矢島渚男(なぎさお)

これは会社や町内の運動会でもいいのですが、やはり「運動会」の本意ということになれば、多くの人がまずイメージするのは小学校のそれでしょう。この句もおそらく小学校の運動会で、作者はそこに、まだ学校に上がらない下の子を連れて行ったのです。

その子は、大勢の子供たちが走るのを見て、自分も走りたくてたまらなくなったのでしょう。それで運動会が終わった後に、親がグラウンドに出て、その子の手を引いて走っているのです。「線の上」というのが(1)とても重要で、その子が運動会に参加したような気持ちにさせています。

「運動会」と同じく行事の新しい季語では、たとえば「夏休み」があります。これが季語として通用するには、たんにそれが夏の行事というだけでなく、だれもが夏休みにたいして抱く普遍的なイメージが必要になります。だとすればこれも、やはり小学校の夏休みでしょう。そのイメージが、いわば擬似的な本意として成立しているのです。

少し(2)ゆずって中学か高校くらいまでは、そうした本意の範囲に入ると思いますが、(3)会社の夏休みでは季語にはなりません。もっとも手元の歳時記は、その季語を解説して会社の夏休みも含めていますが、実際にそれで句をつくるのは無理があると思います。

令和２年度解答・解説

数学正答表，配点［　］は正答率

〔1〕

※ 30点

[75.4%]

(1)	5	(2)	$22a-b$	(3)	$3a^3$
(4)	$x=1$，$y=-2$	(5)	$\sqrt{2}$	(6)	$x=\dfrac{-3\pm\sqrt{13}}{2}$
(7)	$\dfrac{1}{2}\leqq y\leqq 3$	(8)	$\dfrac{10}{7}$ cm	(9)	$\angle x=48$ 度
(10)	およそ 84 個				

（それぞれ3点）

(1)[97.2%] (2)[92.6%] (3)[92.0%] (4)[87.0%] (5)[89.4%]
(6)[76.2%] (7)[68.9%] (8)[23.9%] (9)[47.9%] (10)[79.0%]

〔2〕

※ 16点

[54.2%]

(1) 〔正答例〕
封筒の中に鉛筆を，4本ずつ入れると8本足りないから，
$4x-8=y$ …①
また，3本ずつ入れると鉛筆が12本余るから，
$3x+12=y$ …②
①，②を解いて，$x=20$，$y=72$

答 $x=20$，$y=72$

（4点）[45.7%

(2) 〔正答例〕
大，小2つのさいころの目の出方は，全部で36通りある。このうち，出た目の数の積が26以上となるのは3通りある。
よって，求める確率は，$1-\dfrac{3}{36}=\dfrac{11}{12}$

答 $\dfrac{11}{12}$

（4点）[56.5%

(3) ① $y=-x+6$

② 〔正答例〕
辺OBを底辺とすると，求める△OABの面積は，$\dfrac{1}{2}\times 6\times 3=9$

答 9

（それぞれ2点）
①[56.1%]
②[52.6%]

(4) 〔正答例〕

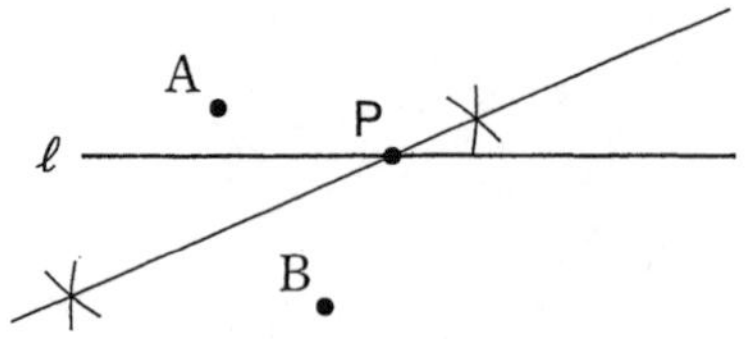

A，P，B，ℓ

（4点）[60.0%

〔3〕

※ 6点

[45.0%]

〔正答例〕
△AEFと△CEGにおいて，
AD//BCより，∠EAF＝∠ECG …①
また，対頂角より
∠AEF＝∠CEG …②
四角形ABCDは平行四辺形だから
AE＝CE …③
①，②，③より，1組の辺とその両端の角がそれぞれ等しいから，
△AEF≡△CEG

（6点）[45.0%

(全日制受検者平均点)
[45.3点]

※ 100点

受検番号	

〔4〕

※ 15点 [26.4%]

(1)[41.1%] (2)①[53.3%]②[11.1%]

(1)	$x =$ 3, 9	(2)	①	$x =$ 6	②	$y = -4x + 24$

(それぞれ3点)

(3) 〔正答例〕

$0 \leqq x \leqq 10$ の範囲で y をグラフで表すと右のようになる。$0 \leqq x \leqq 3$ のとき，$y = 4x$ となる。

この式に $y = 10$ を代入すると，$x = \frac{5}{2}$ となる。

よって，グラフから y の値が10以下となるのは，

$\frac{5}{2} \times 3 + \frac{1}{2} = 8$ 秒間である。

答 8 秒間

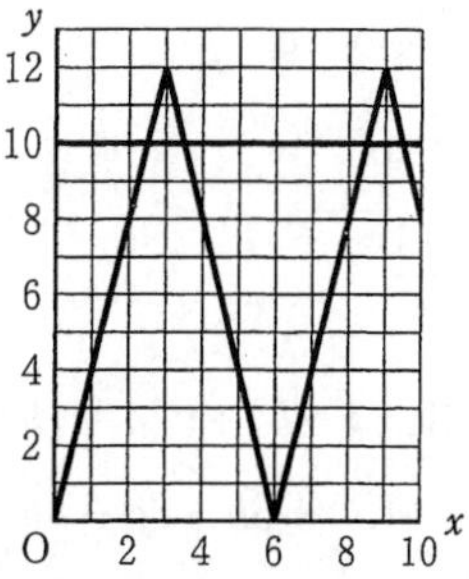

(6点) [13.3%]

〔5〕

※ 16点 [26.9%]

(1)	①	$a =$ 10	②	$a =$ 52

(それぞれ3点) ①[51.0%]②[38.8%]

(2) 〔正答例〕

正方形は全部で $x \times y$ 枚になり，2辺が白色の正方形は4枚，1辺が白色の正方形の枚数は $a = 2x + 2y - 8$

よって，$b = xy - (2x + 2y - 8) - 4$
$= xy - 2x - 2y + 4$

答 $b = xy - 2x - 2y + 4$

(5点) [26.4%]

(3) 〔正答例〕

b が a より20大きいから，$b - a = 20$

よって，$xy - 4x - 4y + 12 = 20$ …①

y が x より5大きいので，$y = x + 5$ …②

②を①に代入すると，$x^2 - 3x - 28 = 0$

因数分解すると，$(x - 7)(x + 4) = 0$

x は3以上だから，$x = 7$

これを②に代入して，$y = 12$

答 $x =$ 7，$y =$ 12

(5点) [5.8%]

〔6〕

※ 17点 [18.1%]

(1)	①	$3\sqrt{3}$ cm	②	$9\sqrt{3}$ cm^2

(それぞれ3点) ①[40.4%]②[45.0%]

(2) 〔正答例〕

BPは∠ABCの二等分線だから，PはACの中点である。よって，AP = 3cm

また，∠AQP = 90°で∠BAC = 60°より，

AQ : AP = 1 : 2

よって，AQ : 3 = 1 : 2

$AQ = \frac{3}{2}$

答 $\frac{3}{2}$ cm

(3点) [13.4%]

(3) ① 〔正答例〕

CEとBDの交点をIとする。

∠AIB = 90°でBD⊥CEよりBI//QH

よって，△ABI ∽ △AQH

$AQ : AB = \frac{3}{2} : 6 = 1 : 4$

$BD = 6\sqrt{2}$ だから，

$BI = \frac{1}{2} \times BD = 3\sqrt{2}$

QH : BI = AQ : ABより

$QH : 3\sqrt{2} = 1 : 4$

よって，$QH = \frac{3\sqrt{2}}{4}$

答 $\frac{3\sqrt{2}}{4}$ cm

(4点) [1.9%]

(3) ② 〔正答例〕

三平方の定理より

$AI^2 = AB^2 - BI^2$ よって，$AI = 3\sqrt{2}$

△ACEの面積は $\frac{1}{2} \times CE \times AI = 18$

また，点PはACの中点だから，

△APEの面積は9 よって，

四面体APEQの体積は

$\frac{1}{3} \times 9 \times \frac{3\sqrt{2}}{4} = \frac{9\sqrt{2}}{4}$

答 $\frac{9\sqrt{2}}{4}$ cm^3

(4点) [0.7%]

数　　　学

解説

〔1〕

(1) $7\times2-9$

$=14-9$

$=5$

(2) $3(5a+b)+(7a-4b)$

$=15a+3b+7a-4b$

$=22a-b$

(3) $6a^2b\times ab\div2b^2$

$=\dfrac{6a^2b\times ab}{2b^2}$

$=3a^3$

(4) $\begin{cases} x-4y=9 & \cdots① \\ 2x-y=4 & \cdots② \end{cases}$

①×2－②

$$\begin{array}{rr} & 2x-8y=18 \\ -) & 2x-\ \ y=\ \ 4 \\ \hline & -7y=14 \\ & y=-2 \end{array}$$

$y=-2$ を①に代入すると、

$x+8=9$

$x=1$

(5) $\sqrt{24}\div\sqrt{3}-\sqrt{2}$

$=\sqrt{8}-\sqrt{2}$

$=2\sqrt{2}-\sqrt{2}$

$=\sqrt{2}$

(6) $x^2+3x-1=0$

解の公式に代入

$x=\dfrac{-3\pm\sqrt{9+4}}{2}$

$x=\dfrac{-3\pm\sqrt{13}}{2}$

(7) $x=1$ のとき $y=\dfrac{3}{1}=3$、$x=6$ のとき $y=\dfrac{3}{6}=\dfrac{1}{2}$

よって、$\dfrac{1}{2}\leqq y\leqq 3$

(8) AD∥BC より、△AED∽△CEB

AD : CB = DE : BE = 2 : 5

EF∥BC より、△DEF∽△DBC

DE : DB = 2 : 7

EF = x とすると、

$x:5=2:7$

$7x=10$

$x=\dfrac{10}{7}$

(9) $\text{CD}=\text{BC}\times\dfrac{4}{3}$ より、CD × 3 = BC × 4

BC : CD = 3 : 4

∠BOC : ∠COD = 3 : 4

円周角の定理より、∠COD = $2x$

$72:2x=3:4$

$6x=288$

$x=48$

(10) 袋の中に x 個の青玉が入っているとすると、

$x:480=7:40$

$40x=3360$

$x=84$

〔2〕

(1) $\begin{cases} y=4x-8 & \cdots① \\ y=3x+12 & \cdots② \end{cases}$

①を②に代入すると、

$4x-8=3x+12$

$4x-3x=12+8$

$x=20$

①に $x=20$ を代入すると、

$y=4\times20-8$

$y=80-8$

$y=72$

(2) 大小2つのさいころの目の出方は、$6\times6=36$（通り）

$a\times b$ の値が25より大きくなる確率を考える。

$(a,\ b)=(5,\ 6),\ (6,\ 5),\ (6,\ 6)$ のときだけなので、

$\frac{3}{36}=\frac{1}{12}$

よって、25以下となる確率は、$1-\frac{1}{12}=\frac{11}{12}$

(3) ①　Aの座標は $y=x^2$ に $x=-3$ を代入して、$(-3,\ 9)$

A$(-3,\ 9)$ を通り傾き -1 の直線は、

$y=-x+b$ に $(-3,\ 9)$ を代入して、

$9=3+b$

$b=9-3=6$

よって、$y=-x+6$

②　①より、Bの座標が $(0,\ 6)$ となるので、

$\triangle OAB=6\times3\times\frac{1}{2}=9$

(4) 2点A，Bを通る円の中心Pは、2点から等しい距離にあるので、

ABの垂直二等分線上にある。→垂直二等分線を作図する。

円の中心は直線 ℓ 上にあるので、垂直二等分線と直線 ℓ の交点がPとなる。

〔３〕

解答参照

〔４〕

図１

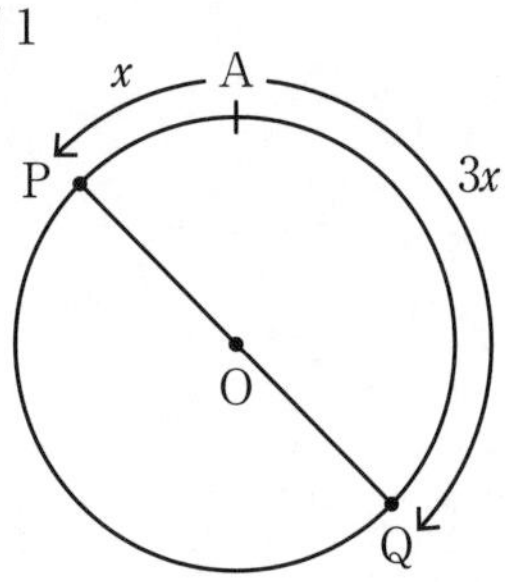

図２

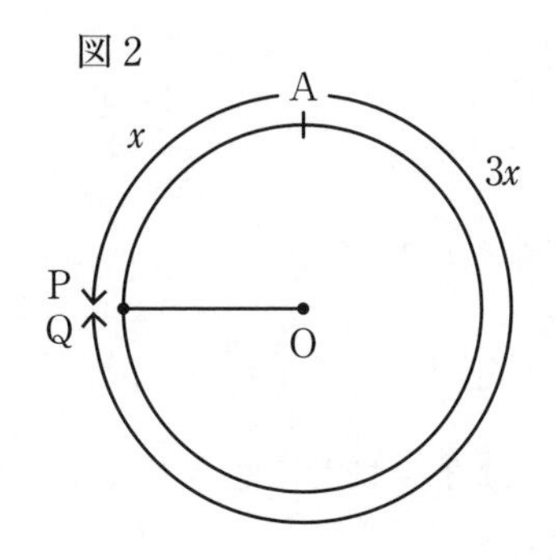

図３

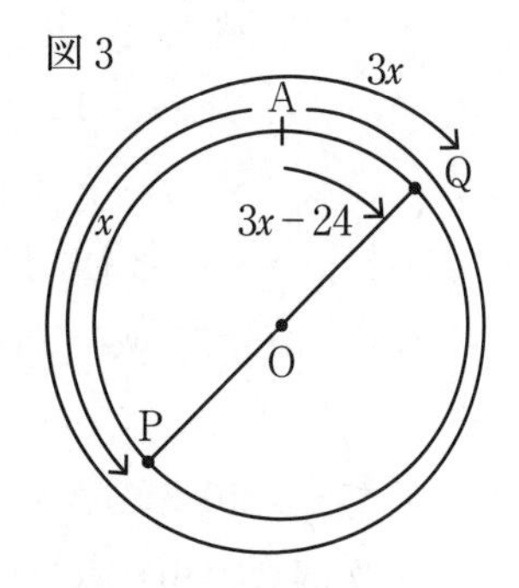

⑴　中心角 $\angle POQ = 180^\circ$ のとき、弧 PQ の長さは12cm になるので、

x 秒後の弧 AP＋弧 AQ の長さが12cm になるときに、

初めて図１のように線分 PQ が円Ｏの直径となる。

弧 $AP = x$、弧 $AQ = 3x$ より、

$x + 3x = 12$

$4x = 12$

$x = 3$

次に初めて重なるのは、図２のようになるときである。

$x + 3x = 24$

$4x = 24$

$x = 6$

さらに、重なってから PQ が直径となるのは、図３のようになるときである。

$(3x - 24) + x = 12$

$4x = 36$

$x = 9$

このことから、３秒おきに点Ｐと点Ｑは直径、重なる、直径、重なるを繰り返すことが分かる。よって、$0 \leqq x \leqq 10$ の間に直径となるのは、$x = 3$ と $x = 9$ のときとなる。

⑵　①　⑴より、$x = 6$ のとき初めて重なる。

②　⑴、⑵①から、

初めて直径となる……$x = 3$ のとき $y = 12$

初めて重なる……$x = 6$ のとき $y = 0$

この間、一定数の増減となるので、一次関数 $y = ax + b$ の式に代入し、整理すると、

$$\begin{cases} 3a+b=12 & \cdots① \\ 6a+b=0 & \cdots② \end{cases}$$

①－②

$$\begin{array}{r} 3a+b=12 \\ -)\ 6a+b=\ \ 0 \\ \hline -3a=12 \end{array}$$

$a=-4$

$a=-4$ を①に代入すると、$b=24$

よって、$y=-4x+24$

(3) $0 \leqq x \leqq 10$ のときのグラフは3秒おきに傾きが4と-4の1次関数の繰り返しになる。

$0 \leqq x \leqq 3$ のときは $y=4x$ より、

y の値が10以下になるのは、$10=4x$　$x=\frac{5}{2}$ より、x が 0 〜 $\frac{5}{2}$ までの $\frac{5}{2}$ 秒間

$0 \leqq x \leqq 3$，$3 \leqq x \leqq 6$，$6 \leqq x \leqq 9$ のそれぞれの変域に対して $\frac{5}{2}$ 秒間ずつ y の値は10以下となる。

また、$9 \leqq x \leqq 10$ の $1-\left(3-\frac{5}{2}\right)=1-\frac{1}{2}=\frac{1}{2}$ の $\frac{1}{2}$ 秒間に

y の値は10以下となる。

よって、$\frac{5}{2}\times 3+\frac{1}{2}=8$　8秒間

〔別解〕y の値が10以上になるのが、

$0 \leqq x \leqq 3$，$3 \leqq x \leqq 6$，$6 \leqq x \leqq 9$，$9 \leqq x \leqq 10$ の各変域において、

それぞれ $3-\frac{5}{2}=\frac{1}{2}$ の $\frac{1}{2}$ 秒間ずつとなる。

よって、y の値が10以下になるのは、

$10-\frac{1}{2}\times 4=8$　8秒間

〔5〕

(1) ① 角の4枚が、2辺が白色の正方形なので、その4枚を除いて数えると

縦で1辺が白色の枚数は $(4-2)\times 2$ 枚

横で1辺が白色の枚数は $(5-2)\times 2$ 枚

$a=(4-2)\times 2+(5-2)\times 2=10$

② ①と同様に、

$a=(12-2)\times 2+(18-2)\times 2=52$

(2) どの辺も灰色の正方形の枚数bは、外側の紙を取り除いたときの枚数なので、外側の枚数を除くと残った灰色のみの部分は、縦が$(x-2)$枚、横が$(y-2)$枚となる。

$b=(x-2)\times(y-2)$

よって、$b=xy-2x-2y+4$

(3) $y=x+5$より、a、bをxだけの式で表すと、

$a=(x-2)\times2+\{(x+5)-2\}\times2$

$a=2x-4+2x+6$

$a=4x+2$

$b=(x-2)\{(x+5)-2\}$

$b=(x-2)(x+3)$

$b=x^2+x-6$

bがaより20大きいので、

$x^2+x-6=(4x+2)+20$

$x^2+x-4x-6-2-20=0$

$x^2-3x-28=0$

$(x-7)(x+4)=0$

$x=7,\ -4$

$x>0$より、$x=7$

$y=7+5=12$

〔6〕

(1) ① △ABCは1辺6cmの正三角形であり、△BCPはBC＝6cmの30°，60°，90°の直角三角形なので、BPをxとすると、

$2:\sqrt{3}=6:x$

$2x=6\sqrt{3}$

$x=3\sqrt{3}$

② ①より、△ABCは底辺が6cm、高さが$3\sqrt{3}$ cm正三角形なので、

$\triangle ABC=6\times3\sqrt{3}\times\frac{1}{2}=9\sqrt{3}$

(2) △AQPも30°，60°，90°の直角三角形

AP＝3cmより、AQの長さをxとすると、

$2:1=3:x$

$2x=3$

$x=\dfrac{3}{2}$

(3) ① △APE は△ACE と同じ平面なので、

QH の長さは、 Q から△ACE までの距離と等しい。

BD の中点を I として、

真上からこの立体を見ると右図のようになる。

真上から見た正方形は 1 辺 6 cm なので、

$BD=6\sqrt{2}$ cm, $IB=3\sqrt{2}$ cm,

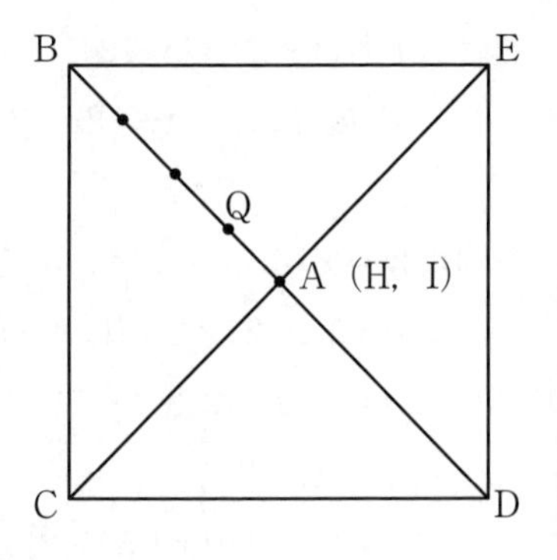

また△ABD の断面は右図のようになり、

$\triangle AQH \backsim \triangle ABI$ となる。

(2)より、$AQ:AB=\dfrac{3}{2}:6=1:4$

よって、$QH=x$ とすると、

$1:4=x:3\sqrt{2}$

$4x=3\sqrt{2}$

$x=\dfrac{3\sqrt{2}}{4}$

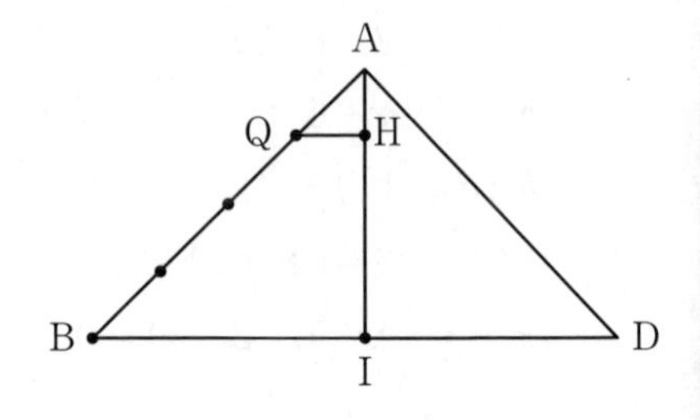

② △ACE は、$AC=6$ cm, $AE=6$ cm,

$CE=6\sqrt{2}$ cm なので、

$\angle CAE=90^\circ$ の直角二等辺三角形となる。

よって△APE の面積は

$3\times6\times\dfrac{1}{2}=9$

四面体 APEQ は、底面が△APE、高さが QH

となるので、

$9\times\dfrac{3\sqrt{2}}{4}\times\dfrac{1}{3}=\dfrac{9\sqrt{2}}{4}$

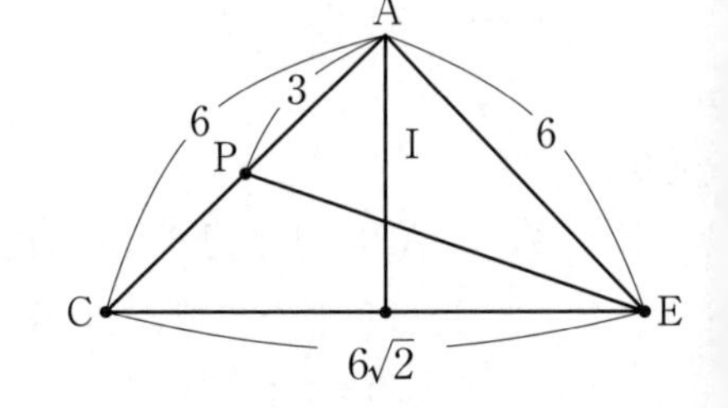

英語正答表，配点［　］は正答率

〔1〕

※ 32点

［77.2%］

(1)	1	イ	2	エ	3	ア	4	ウ
(2)	1	イ	2	ウ	3	エ	4	ア
(3)	1	fifteen						
	2	tea						
	3	doctor						
	4	history						

(1)（それぞれ2点）
(2)（それぞれ3点）
(3)（それぞれ3点）

(1) 1［99.7%］ 2［95.6%］
3［88.6%］ 4［84.0%］
(2) 1［60.6%］ 2［58.6%］
3［75.4%］ 4［89.6%］
(3) 1［70.2%］ 2［84.9%］
3［66.9%］ 4［72.2%］

〔2〕

※ 28点

［58.4%］

(1)	A	bought me a violin	（それぞれ3点）A［71.5%］
	G	the thing I learned	G［47.6%］
(2)	B	taught / H practicing	（それぞれ2点）B［38.3%］ H［52.0%］
(3)	ウ		（2点）［83.6%］
(4)	〔正答例〕	バイオリンの弾き方を教えてもらい，一緒にたくさんの種類の曲を聞き，話をすること。	（6点）［56.7%］
(5)	ア		（3点）［62.5%］
(6)	〔正答例〕	コンテストで賞を取ることは大切なことだが，バイオリンを楽しんで弾くことの方がより大切であること。	（4点）［52.1%］
(7)	エ		（3点）［64.4%］

（全日制受検者平均点）
[59.5点]

※ 100点

受検番号	

〔3〕

※ 10点
[30.4%]

Hi, John,

〔解答例〕 **I will tell you about New Year's Day in Japan. We think the day is important, and do some special things. For example, we eat traditional Japanese food, and get New Year's cards. We enjoy talking with family members, and hope that we will have a happy life.**

Your friend, ＊＊＊

(10点)
[30.4%]

〔4〕

※ 30点
[51.3%]

(1)		〔正答例〕 **マラソン大会のためにボランティアとして働くことは初めての経験だったから。**	(4点) [58.8%]
(2)		**c**	(3点) [61.0%]
(3)		〔正答例〕 **「一生懸命に働いてくれてありがとう。ランナーたちはとても喜ぶだろう。」とボランティアの一人が言ったことを聞いたから。**	(4点) [39.9%]
(4)		**イ**	(3点) [77.9%]
(5)		〔正答例〕 **スポーツをしたり，スポーツを見たり，スポーツを支えたりするという楽しみ方。**	(4点) [44.9%]
(6)	①	〔正答例〕 **No, it wasn't.**	(3点) [64.2%]
	②	〔正答例〕 **She gave runners bottles of water.**	(3点) [24.7%]
	③	〔正答例〕 **She thinks sports have the power to change people.**	(3点) [31.6%]
(7)		**エ**	(3点) [62.0%]

英　　　語

解説

〔1〕 リスニング

〈放送文〉

(1) 1 When you play tennis, you use this.
Question : What is this?

2 Taro went shopping with his family. Taro bought a cap, and his mother bought a sweater. His father bought a T-shirt and his sister bought jeans.
Question : What did Taro's sister buy?

3 Ken is 14 years old. Tomomi is 17 years old. Taichi and Yumi are as old as Tomomi.
Question : Who is the youngest of the four?

4 I'm Satoshi. I enjoyed this winter vacation. On December 26, I went to the zoo and saw many animals. On December 27, I went to the stadium to play soccer. The next day, I went to Masao's house and practiced the guitar with him. On December 29, I went to Tokyo to see my uncle.
Question : Where did Satoshi go on December 28?

(2) 1 A : Hi, Yuta. What did you do yesterday?
B : I wanted to play baseball with my friends, but I couldn't, because my brother was sick. So, I stayed at home and helped him.
Question : Did Yuta play baseball yesterday?

2 A : The movie will begin soon. Can I buy something to drink?
B : It's 3:50. Come back soon.
A : We have ten minutes before the movie begins. I'll be back soon.
Question : What time will the movie begin?

3 A : How do you come to school, Kate?
B : I come to school by train. How about you, Paul?
A : I usually come to school by bike.
B : But it's rainy today. Did you come to school by car or by bus?
A : I came here by bus.
Question : How did Paul come to school today?

4 A : Excuse me, I want to go to the library. Do you know where it is?

B : Yes. Go straight, and turn left when you see the park on your right.

A : OK.

B : Then, go straight and turn right at the post office.

A : Turn right at the post office?

B : That's right. You'll see the library on your left.

A : Thank you.

Question : Which is the library?

(3) Hello, everyone. This year I'll teach you English. First, I'll talk about my life. I was born in Canada, and I like basketball. I have played it for fifteen years. I also like drinking tea. So, I drink Japanese tea every day. Next, I'll talk about my sister. Her name is Kate. I think she is great because she helps a lot of sick people as a doctor. Finally, I'll talk about my experience. I went to many countries before coming to Japan. When I visited many places, people talked to me in English. I learned many things from them. In Japan, I want to learn the history of Japan from you. Please tell me about Japan. I hope you'll enjoy my class. Thank you.

Question 1 How long has Mr. Green played basketball?

2 What does Mr. Green drink every day?

3 Why does Mr. Green think Kate is great?

4 What does Mr. Green want to learn in Japan?

〈放送文　日本語訳〉

(1) 1 あなたはテニスをするとき、これを使います。

■問題：これとは何ですか。

2 タロウは家族と一緒に買い物に行きました。タロウは帽子を買い、彼のお母さんはセーターを買いました。お父さんはTシャツを買い、妹（姉）はジーンズを買いました。

■問題：タロウの妹（姉）は何を買いましたか。

3 ケンは14歳です。トモミは17歳です。タイチとユミは、トモミと同じくらいの年齢です。

■問題：4人の中で誰が一番若いですか。

4 ぼくはサトシです。ぼくは冬休みを楽しみました。12月26日、動物園へ行き、たくさんの動物たちを見ました。12月27日には、サッカーをするために競技場へ行きました。その次の日は、マサオの家へ行き、彼と一緒にギターを練習しました。12月29日は、叔父さんに会うために東京へ行きました。

■問題：サトシは12月28日にどこへ行きましたか。

(2) 1 A：こんにちは、ユウタ。昨日は何をしましたか。

B：友達と野球をしたかったのだけれど、できなかったんだ、なぜなら、弟（兄）が具合が悪かったからね。だから、家にいて、彼の手助けをしたよ。

■問題：ユウタは昨日野球をしましたか。

2 A：映画がもうすぐ始まるね。何か飲み物を買ってもいいかな。

B：３時50分だよ。すぐに戻って来てね。

A：映画が始まるまで、10分あるね。すぐに戻ってくるよ。

■問題：映画は何時に始まりますか。

3 A：君はどうやって学校に来るんだい、ケイト。

B：私は電車で学校に来ます。あなたはどうですか、ポール。

A：僕はたいてい自転車で来るよ。

B：ですが、今日は雨ですよ。あなたは学校まで、車かバスで来たのですか。

A：バスで来たのさ。

■問題：ポールは今日どうやって学校に来たのですか。

4 A：すみません、私は図書館へ行きたいのですが。どこにあるか知っていますか。

B：はい。真っすぐ行って、右手に公園が見えたら左に曲がってください。

A：わかりました。

B：それから、真っすぐ進み、郵便局を右に曲がります。

A：郵便局で右に曲がるのですか。

B：そうです。左手に図書館が見えますよ。

A：ありがとうございます。

■問題：どれが図書館ですか。

(3) こんにちは、皆さん。今年、私はあなたたちに英語を教えます。まず、私の人生についてお話ししましょう。私はカナダ生まれで、バスケットボールが好きです。私はそれを15年間しています。私はまた、お茶を飲むことが好きです。だから、日本茶を毎日飲みます。次に、私の姉（妹）についてお話しします。彼女の名前はケイトです。彼女は医師として多くの病気の人々を助けているので、私は、彼女は偉大だと思っています。最後に、私の経験についてお話しします。日本に来る前、私は多くの国に行きました。私が多くの場所を訪れると、人々は私に英語で話しかけてくれました。私は彼らからたくさんのことを学びました。日本では、私はあなたたちから日本の歴史を学びたいです。私に日本について教えてください。あなたたちが私の授業を楽しんでくれるといいと思います。ありがとうございました。

■問題：１．グリーン先生はどのくらいの間バスケットボールをしていますか。
２．グリーン先生は何を毎日飲みますか。
３．グリーン先生はなぜケイトが偉大であると思っているのですか。
４．グリーン先生は何を日本で学びたがっていますか。

〈解説〉

(1) 短い英文を聞いて正解を選ぶ（選択型）

1 tennisが聞き取れれば解答できる。

2 人名と買ったものが複数登場するため、１回目の放送で質問文の主語を注意深く聴く必要がある。タロウの姉（妹）が買ったものを聞かれているので、正解はエ。

3 「A as （原級） as B」で「AはBと同じくらい（～）である」。ケンは14歳。トモミが17歳で、タイチとユミは、トモミと同年齢である。よって一番若いのはケン。

4 １回目の放送で、大体の行動の流れを把握し、質問文のDecember 28を聞き取る。「28日」という直接的な言い方はないが、27日の行動を話した後、「その次の日、マサオの家に行き…」と続く。よって正解はウ。

(2) 対話文を聞いて正解を選ぶ（選択型）

1 ユウタが昨日野球をしたかどうかを聞かれている。放送文でbaseballが出てきたからといって、安易にYesを選んではいけない。その後but I couldn't と続くので、実際にはできなかったのである。よってNo。さらにDid ～? で聞かれているので、正解はイ。

2 映画が始まる時間を聞かれている。Bのセリフから、二人が話しているのは３時50分であることが、最後Aのセリフで、映画が始まるまであと10分であることがわかる。よって正解はウ。

3 ポールの今日の通学手段を聞かれている。普段はバスであるが、今日は雨なのでバスで来たと最後に言っている。正解はエ。質問文は最後まで注意深く聴こう。

4 道案内の英文を聞きながら、地図を追っていく。右手に公園が見えたら、左に曲がる。そのまままっすぐ進み、郵便局で右に曲がると、左手に図書館がある。これに当てはまるアを選択する。

(3) 長文を聞いて、穴埋めをする（適語補充型）

スピーチ形式の英文を聞き、前後にある単語をヒントに回答する問題。数字・月・曜日・季節など、基礎的ながらおろそかにしがちな教科書レベルの単語が例年出題される。

1 彼は[15]年間バスケットボールをしています。

自己紹介の冒頭で、バスケットボールが好きであると述べ、その直後にI have played it for fifteen years.とある。問題の指示通り「当てはまる英語」を書かなければないので、誤って「15」と書かないように。

2　彼は日本[茶]を飲みます。
「drink」「tea」が聞き取れれば解答が可能。

3　彼女は[医者]として多くの病気の人を助けているからです。
asには複数の意味が存在するが、高校入試において、今回のように前置詞として使う場合、「〜として」と訳すことが多い。ケイトが何として多くの病気の人々を助けているのかを聞き取る。

4　彼は日本の[歴史]を学びたがっています。
グリーン先生が日本で何を学びたがっているのかを聞き取る。終盤の一文でI want to learn the history of Japanとあり、ここを解答根拠とする。

〔2〕 対話文

〈本文全訳〉

ユカは日本の高校生です。今、彼女がアメリカから来た高校生であるベンと話しているところです。ベンはユカの学校で勉強しています。

ユカ：おはよう、ベン。
ベン：やあ、ユカ。今日は元気かな。
ユカ：元気よ、ありがとう。あなたはどうですか。
ベン：僕も元気です、ありがとう。先週の日曜日はなにをしたのですか。
ユカ：私は、家で祖父と一緒にバイオリンを演奏しました。
ベン：わあ、素敵だね！いつそれをし始めたのですか。
ユカ：10年前です。祖父が私の誕生日に、A[私にバイオリンを買ってくれました]。それから、私はバイオリンをし始めて、毎日練習しました。
ベン：なるほど。君のおじいさまが、バイオリンの弾き方をB[教えている]のですか。
ユカ：はい。時々彼は私に助言をくれます。私たちは一緒にバイオリンを弾くことを楽しみます。ですが、私は、母の友人であるサイトウ先生からバイオリンの弾き方を習っています。彼女は私の家の近くに住んでいます。彼女はたくさんのことに興味があります。彼女の話はとても面白いです。私は彼女の家に行き、彼女が私にバイオリンの弾き方を教えてくれます。
ベン：(C いつ) 君は彼女からバイオリンの弾き方を習うのですか。
ユカ：毎週土曜日です。サイトウ先生は良い先生で、私は以前よりも上手にバイオリンを弾くことができます。バイオリンのレッスンの後、私たちはたいてい、一緒にたくさんの種類の曲を聞き、話をします。D土曜日は、一週間で私のお気に入りの日なのです。
ベン：君は彼女と楽しい時間を過ごしているのですね。君はバイオリンを弾くことが好きですか。
ユカ：はい。ですが、昨年、私は一週間、バイオリンを弾きたい気持ちがしなくなってしまったのです。

ベン：何があったのですか。

ユカ：昨年の春、私はあるコンテストに参加しました。私は賞を取りたかった。そのため、私は難しい曲を演奏しようとしました。私は一生懸命に練習しました。ですが、上手く演奏することができず、何の賞も取ることはできませんでした。その後、E 私はバイオリンを弾きたくなくなってしまったのです。

ベン：でも、今君はバイオリンを弾くことが好きです。なぜ考えを変えたのですか。

ユカ：祖父から１つの大切なことを学んだからです。

ベン：F １つの大切なこと？それは何ですか。

ユカ：ある日、コンテストの後、祖父が私に一緒にバイオリンを弾くようにお願いしてきました。私はバイオリンを上手に弾くことができないと思っていたので、そうしたくはありませんでした。ですが、彼と一緒にバイオリンを弾いた後、私は幸せを感じました。私は再びバイオリンを弾くことを楽しんでいたのです。祖父は私に言いました。「私はお前と一緒にバイオリンが弾けて幸せだ。お前はバイオリンを弾いているとき、本当に幸せそうに見える。もちろん、コンテストで賞を取ることは大切だが、バイオリンを楽しんで弾くことの方がより大切なんだ。」と。これが、G 私が祖父から学んだことです。

ベン：わあ、君のおじいさまはとても素敵だね。君はもう一度コンテストに参加したいと思っていますか。

ユカ：はい。今私は、私がコンテストで演奏した難しい曲をH 練習している ところです。それを演奏するのは簡単ではありませんが、楽しんで弾いていますよ。

ベン：君が次のコンテストでバイオリンを弾くことを楽しめるように願っています。

〈解説〉

(1)〔語句整序〕

A ［　　］内の単語や、前後のつながりから「私の祖父が誕生日に私にバイオリンを買ってくれた」という一文にする。「A（人）にB（もの）を買う」の表し方は２通り。第４文型を用いて「buy A + B」。第３文型を用いて「buy B for A」。今回は［　　］内に前置詞 for がないため、第４文型であると判断し bought me a violin とする。冠詞の a を書き忘れないように。

buy のように「A に B を〜する」の形をとる動詞は多いが、第４文型で用いる前置詞が for であるときと、to であるときとある。

・動詞 B to A…give、show、teach、tell など、相手がいて初めて成り立つ動詞

・動詞 B for A…buy、make、find、get など、一人でも成り立つ動詞

G ［　　］内の語句だけで文を作ろうとして I learned the thing と書いてはいけない。

前後のつながりを必ず確認しなければならない。This is につながる形にするには、直後を learned にして be 動詞＋過去分詞で受動態にし「これは学ばれる」とするか、the thing にして「これは、もの（こと）である」とするが、後者である。残った I と learned であるが、下記のようにし、「これは、私が祖父から学んだことです。」という後置修飾の文となる。

This is the thing (I learned from my grandfather).
これは　ことです　（私が祖父から学んだ）

(2)〔語形変化〕

B ［　　］を含む一文全体を見ると、文頭に Has があることから現在完了の疑問文であることがわかる。よって have（has）＋過去分詞の形にするので、teach の過去分詞形である taught にする。教科書巻末に掲載されている不規則変化動詞は全て書けるようにしておきたい。

H　直前に be 動詞があることから、①進行形（be 動詞＋～ing：～している）②受動態（be 動詞＋過去分詞：～される）のどちらかである。主語である「私」は練習「している」ので、practicing とする。なお、e で終わる動詞に ing をつける場合は e を取って ing をつける。

(3)〔適語選択〕

（　C　）の疑問文に対する、ユカの返答に注目。Every Saturday「毎週土曜日」という時（頻度）を答えていることから、ウ　When を選択する。

(4)〔和文記述〕

サイトウ先生の家でユカが行っていることを記述する。

14～15行目 I go to her house and she teaches me how to play the violin より、①バイオリンの弾き方を教わっている。また18～19行目 After my violin lessons, we usually listen to many kinds of music and talk together. から、一緒に②たくさんの種類の曲を聴き③話をしている。①②③をまとめて解答とする。傍線部 D の直前だけを見て①を抜かすことのないように注意したい。次の問題に移る前に、再度問いを読み直し、「何を答える問題なのか」を考え、解答の過不足がないかを見直す必要がある。

(5)〔適文選択〕

前後の展開から考える。

23～25行目　賞を取りたくて一生懸命練習したが、上手く弾けず賞を逃した

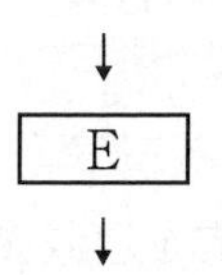

26行目　でも、今はバイオリンを弾くのが好き

よって、Eにはバイオリンを弾くことに対し後ろ向きになっている文が入ると考える。正解はア。

ア　私はバイオリンを弾きたくありませんでした。

イ　私はバイオリンを弾くことは難しいと思いませんでした。

ウ　私はバイオリンを一生懸命練習しようと決心しました。

エ　私は祖父とバイオリンを弾くのを楽しみました。

(6)〔和文記述〕

27行目より、one important thingはユカが祖父から学んだことである。下線部分F直後のベンの問いに対するユカの回答（29～35行目）に目を向けると、祖父とのエピソードが7行に渡って語られるが、そこからone important thingの内容を抜粋する必要がある。祖父の語った内容をまとめると、

①ユカとバイオリンを弾くことができて幸せだ

②ユカはバイオリンを弾いているとき本当に幸せに見える

③賞を取ることは大切だが、

④バイオリンを弾くことを楽しむことのほうがもっと大切だ

ユカの学びとなるのは③④なので、これを解答とする。また、④は③と比較して初めて成り立つ話であるので、④だけを解答とするのは不足。34～35行目 This is the thing I learned from my grandfather.（これが、私が祖父から学んだことです。）とあるので、その直前部分に注目し、解答を作成することもできる。

(7)〔内容選択〕

ア　ユカの祖父が毎週土曜日にユカにバイオリンのレッスンをします。

→14～17行目より、毎週土曜日にレッスンをしてくれるのはサイトウ先生である。よって×。(4)とも大きく関係するので、判断しやすい。

イ　サイトウ先生はユカと一緒にたくさんの種類の曲を歌うことを楽しみます。

→18～19行目より、we usually listen to music many kinds of musicとあり、サイトウ先生はユカと一緒にたくさんの種類の音楽を聴くが、歌うとは書かれていない。よって×。

ウ　ユカは昨年の春のコンテストで難しい曲を上手に弾くことができました。

→23～25行目より、昨年の春、ユカは賞を取りたいがために難しい曲に挑戦したが、上手に弾くことはできず、賞も取ることもできなかった。よって×。

エ　ユカと彼女の祖父はバイオリンを弾くとき、とても良い時間を過ごします。

→12行目 We enjoy playing the violin together.とあり、祖父とユカは一緒にバイオリンを弾いて楽しんでいる＝良い時間を過ごしていることがわかる。よって○。

オ　ユカはコンテストの後とても一生懸命練習し、その次のコンテストで賞を取りました。

→36〜38行目より、ユカは再びコンテストに参加したいと思っていて、以前弾いた難しい曲を練習していると述べている。またベンも39行目で「次のコンサート」の応援をしている。つまり、まだ次のコンテストには出ておらず、賞も取っていない。よって×。

〔3〕 条件英作文

〈問題文日本語訳〉

こんにちは、＊＊＊

君はアメリカで楽しい時間を過ごしたかな。僕は君と一緒の時間を本当に楽しんだよ。君は僕に君の国の食べ物について話してくれたね。それはとても興味深かったよ。今僕は君の国の行事や祭りを知りたいと思っているんだ。だから、君の国の行事や祭りについて、僕に教えてくれないだろうか。

君の友人、ジョン

〈解答例日本語訳〉

こんにちは、ジョン

私はあなたに、日本の元旦について話します。私たちはその日が大切だと考えていて、いくつかの特別なことをします。例えば、私たちは伝統的な日本の食べ物を食べ、年賀状を受け取ります。私たちは家族と話すことを楽しみ、幸せな生活を送ることを祈ります。

あなたの友達、＊＊＊

〈解説〉

日本の行事か祭りについて英語で説明する。国を挙げての行事・祭りなので、学校の運動会や文化祭は不可。解答例の元旦以外にも、以下のものが考えられる。

春…花見、ひな祭り、七五三

夏…夏祭り、花火大会、盆踊り大会、甲子園、七夕

秋…紅葉狩り

冬…お正月、雪まつり、節分　など

いずれも、最初にどの行事を紹介するかを述べ、その後具体的に、その日に人々が何をするかを書いていくとよい。さらにそこに自らの経験（その行事に自分がいつ参加し、どう感じたかなど）を加えると、4行はあっという間のはずだ。関係代名詞や比較など、難度の高い表現を無理に使う必要はない。ミスなく、論理的に、を心がけることが必要だ。見直しの際は①動詞のミス（時制・三人称単数のｓなど）②冠詞ぬけ③複数形のミス④代名詞のミス⑤スペル・記号のミス　に注意。

〔4〕 **長文**

〈本文全訳〉

私の名前はミキです。日本の中学生です。毎年秋に、私たちの町ではマラソン大会があります。約3000人のランナーたちが私たちの町に来て、42.195kmを走ります。昨年、私はボランティアとして1日そのために働きました。はじめは、私はスポーツが得意ではないため、したくはありませんでした。しかし、私の友人の一人であるケンタが私に、「ミキ、ボランティアとして働こう。僕たちにとって良い経験になるよ。」と言いました。そのため、私は、しようと決心しました。

マラソン大会の日は快晴でした。ボランティアとしてマラソン大会のために働くことは私の初めての経験だったので、私は緊張していました。たくさんのランナーがスタート地点に集まると、彼らはわくわくしているように見えました。大会は午前8時に始まりました。

ケンタと私は、他のボランティアたちと一緒にゴールの近くに居ました。私たちのボランティア活動とは、彼ら（ランナーたち）が走り終えたときに、水の入ったペットボトルを渡すことでした。私たちの正面にある大きな箱の中には水の入ったペットボトルがたくさん入っていたので、私は驚きました。私たちはその箱を運び、そこからペットボトルを取り出し、テーブルの上に置きました。それは大変な作業であり、私たちは準備をするために多くの時間が必要でした。ボランティアの一人が私たちに「一生懸命働いてくれてありがとう。ランナーたちはとても喜ぶだろう。」と言ってくれました。B ケンタと私はそれを聞いて幸せでした。

10時30分頃、最初のランナーがゴール地点に到着し、ゴール地点近くにいた皆が彼に拍手を送りました。たくさんの人々が彼の周りに集まりました。彼らはとても興奮しているように見えました、そしてその中の一人が彼に言いました。「あなたは偉大なランナーだ！私はあなたを誇りに思うよ。」そのランナーは彼の喜びを彼らと分かち合いました。

そのとき、一人の疲れていたランナーがゴールの近くでより速く走り始め、そして微笑みました。他のランナーたちは、彼が走り終わったとき、満足そうに見えました。C 彼らは走り終えた後、本当に幸せそうに見えました。

次に、私のおじがゴールに到着しました。私は彼がこのマラソン大会に参加していることを知らなかったので驚きました。彼がゴールインすると、私は彼に水の入ったペットボトルをあげました。おじは私に言いました。「走っているとき、僕は自分が42.195kmを走ることができると思っていなかったよ。僕は走ることをやめたかった。でも、僕は一生懸命努力した。僕はゴールにたどり着くことができた、だから僕はとても幸せを感じているんだ。」彼はまた、私に「僕は一生懸命今日のマラソン大会のために練習して、多くの友人たちが僕を支えてくれた。僕は彼らに感謝したい。」とも言ったのでした。

午後、多くのランナーたちがゴールに着きました。私たちはとても忙しかったです。私は彼らに水の入ったペットボトルを渡しました。彼らのうちの何人かは私に「ボランティアとして働いてくれてありがとう。」と言ってくれました。(C ボランティアとして働くことによって、私がランナーたちを助けることができたと知って、幸せでした。)

マラソン大会の後、私はケンタと話しました。彼は私に言いました。「今日ボランティアの仕事はどうだったかな。」私は、「よかったです。長い一日で、私は本当に疲れました。けれど、他の人々の為に何かをすることは大切だということを私は学んだので、ボランティアとして働いて、幸せです。他の人々を助け、支えることは、素晴らしいことです。私は今日、マラソン大会のボランティアとして働いて楽しみました。」と言いました。

今、私はスポーツに興味があります。スポーツを楽しむにはいくつかの方法があります。スポーツをするのを楽しむ人がいます。スポーツを観て楽しむ人がいます。そして、スポーツを支えることを楽しむ人もいるのです。私は人々を支えることによって、スポーツを楽しみました。私は、スポーツには人々を変える力があると思っています。私は、一生懸命頑張る人たちを見て、彼らに感動し、今、新しいことを始めたいと思っています。新しいことを始めれば、私たちは楽しみを見つけることができるでしょう。スポーツを楽しむのはいかがですか。

〈解説〉

(1) 〔和文記述〕

直後の because working for the marathon race as a volunteer was my experience でミキが緊張した理由が述べられている。理由を聞かれているので、文末を「～から。」や「～ため。」にするのを忘れないように。

(2) 〔脱文補充〕

脱文「彼らは走り終えた後、本当に幸せそうに見えた。」に注目し、複数の人間が走っているシーンが直前に描かれている箇所を選択する。19～20行目 one tired runner と other runners が走っている場面が直前に書かれた c が正解。b は、一見当てはまりそうではあるが、b の時点では、走り終えたのは1位でゴールしたランナーだけであり、複数の人間が走り終えていないので不可。d は直前に出てくるランナーがおじのみであり、they が指すものが見つからないので不可である。

(3) 〔和文記述〕

下線部分Bを含む一文 Kenta and I were happy **to hear that.** (ケンタと私は**それを聞いて**幸せでした。) より、二人が幸せに感じた理由は「**それを聞いた**から。」である。続いて「それ」の内容を明らかにする。13行目でケンタとミキは、ボランティアの一人に「一生懸命働いてくれてありがとう。ランナーたちはとても喜ぶだろう。」と言われている。

以上をまとめ、「一生懸命働いてくれてありがとう。ランナーたちはとても喜ぶだろう。とボランティアの一人が言ったことを**聞いたから**。」が解答となる。下線箇所は、訳し忘れやすい箇所である。本文中から解答となる箇所を見つけて満足せずに、なるべく精密な訳を心掛けたい。

(4) 〔適文選択〕

（　C　）の前後を読み、つながりを考える。第7段落で、ミキが水の入ったペットボトルをランナーたちに渡したところ、そのうちの何人かにお礼を言われ、（　C　）に続く。（　C　）を受け、その次の第8段落で、ケンタに感想を聞かれたミキは「よかったです。長い一日で、私は本当に疲れました。けれど、他の人々の為に何かをすることは大切だということを私は学んだので、ボランティアとして働いて、幸せです。他の人々を助け、支えることは、素晴らしいことです。私は今日、マラソン大会のボランティアとして働いて楽しみました。」と述べている。以上のことから、（　C　）にはポジティブな内容が入ることがわかる。

ア　私は、今日マラソン大会でケンタと一緒に走ってうれしかったです。

イ　私は、ボランティアとして働くことによって私がランナーたちを助けることができたと知って、幸せでした。

ウ　私は、正午前にランナーたちがゴールに着くことができたと知って驚きました。

エ　私は、本当に疲れ、マラソン大会のために働くことをやめたかったです。

まず、ネガティブな内容であるエが×。ア・ウはランナーからお礼を言われるという（　C　）直前の場面から逸脱するので×。よって正解はイ。

(5) 〔和文記述〕

35行目「スポーツを楽しむにはいくつかの方法があります。」スポーツの楽しみ方を複数本文から探し、具体的に記述する。下線部分D直後の文から、①Some people enjoy playing sports ②Some people enjoy watching sports ③there are other people who enjoy supporting sports と3つの楽しみ方が書かれているので、それをすべて記述する。①②③の要素がすべて入っていれば、まとめ方はやや自由だが、聞かれているのは「スポーツを楽しむ方法（楽しみ方）」である。文末は「～という楽しみ方。」や「～楽しむ方法」。でなければならない。

(6) 〔英問英答〕

①　マラソン大会の日は雨でしたか。

2段落目冒頭（6行目）It was sunny on the day of the marathon race. より、マラソン大会の日は晴れである。よってNoで答える。あとは、疑問文の主語、時制に合わせて、No, it wasn't. と解答を作る。

②　ランナーたちが走り終えたとき、ミキはボランティアの仕事としてケンタと一緒に何をしましたか。

9行目 Our volunteer job was to give runners bottles of water when they finished running. より、ランナーたちが走り終えた後の二人の仕事は、ランナーたちに水の入ったペットボトルを渡すことである。ここでTo give…と始めては×。疑問文の形に合わせて解答を作成する。

疑問文　ミキは　何をしましたか

解答　ミキは　ランナーたちにペットボトルを渡しました

→Miki **gave** runners bottles of water.

→Miki を代名詞に直し

She gave runners bottles of water.　が正解。

疑問文の時制に合わせ、give を gave にするのも忘れないように。

③　ミキはスポーツの力についてどう思っていますか。

37行目 I think sports have the power to change people. より、ミキはスポーツには人々を変える力があると考えている。

疑問文　ミキは　どう思っていますか

解答　ミキは　スポーツは人々を変える力がある　と思っています

→**Miki** thinks sports have the power to change people.

→Miki を代名詞に直し

She thinks sports have the power to change people. が正解。

①②が過去形での質疑であるので、それに釣られて過去形 thought にしないように。

①②③ともに主語と時制に注目することで、答え方を決めることができる。

(7)〔内容選択〕

ア　ミキとケンタはスポーツが好きなので、彼らの町のマラソン大会のために働きました。

→3～4行目、At first I didn't want to do it because I wasn't good at sports. とあり、ミキはスポーツを得意とはしていないことがわかる。また、ケンタがスポーツを好きであるという記載は本文中にはない。よってスポーツが好きであることが、二人がマラソン大会で働いた動機とは考えられないので、×。

イ　ミキは、彼女のおじもまた、その日マラソン大会のボランティアとして働いていたと知って驚きました。

→21～22行目より、ミキが驚いたのはおじがマラソン大会に参加していたからである。ただし、その後のおじのセリフからも分かるように、おじはランナーとして参加していたのであり、ボランティアとし参加したわけではない。よって×。

ウ　午後は多くの他のボランティアがいたので、ミキは忙しさを感じず、ケンタとたくさん話してしまいました。

→27行目から午後の場面となる。We were very busy. とあるので×。

エ　マラソン大会のために働くことは良いことだったとミキは思い、今ではスポーツに興味をもっています。

→30～31行目、ケンタの「今日ボランティアの仕事はどうだったかな。」という問いに対しミキは It was nice. と答えている。また、35行目で Now, I'm interested in sports. とあり、現在は興味をもっていることもわかる。よって○。

オ　ボランティアとしてマラソン大会のために働くことはとても大変で、ミキは二度とスポーツのイベントには行きたくないと思っています。

→31～32行目より、ミキはボランティアとして働いてとても疲れたと書かれており、とても大変だったことはうかがえる。しかし、スポーツのイベントに二度と行きたくないという記載はない。よって×。

社会正答表，配点［　］は正答率

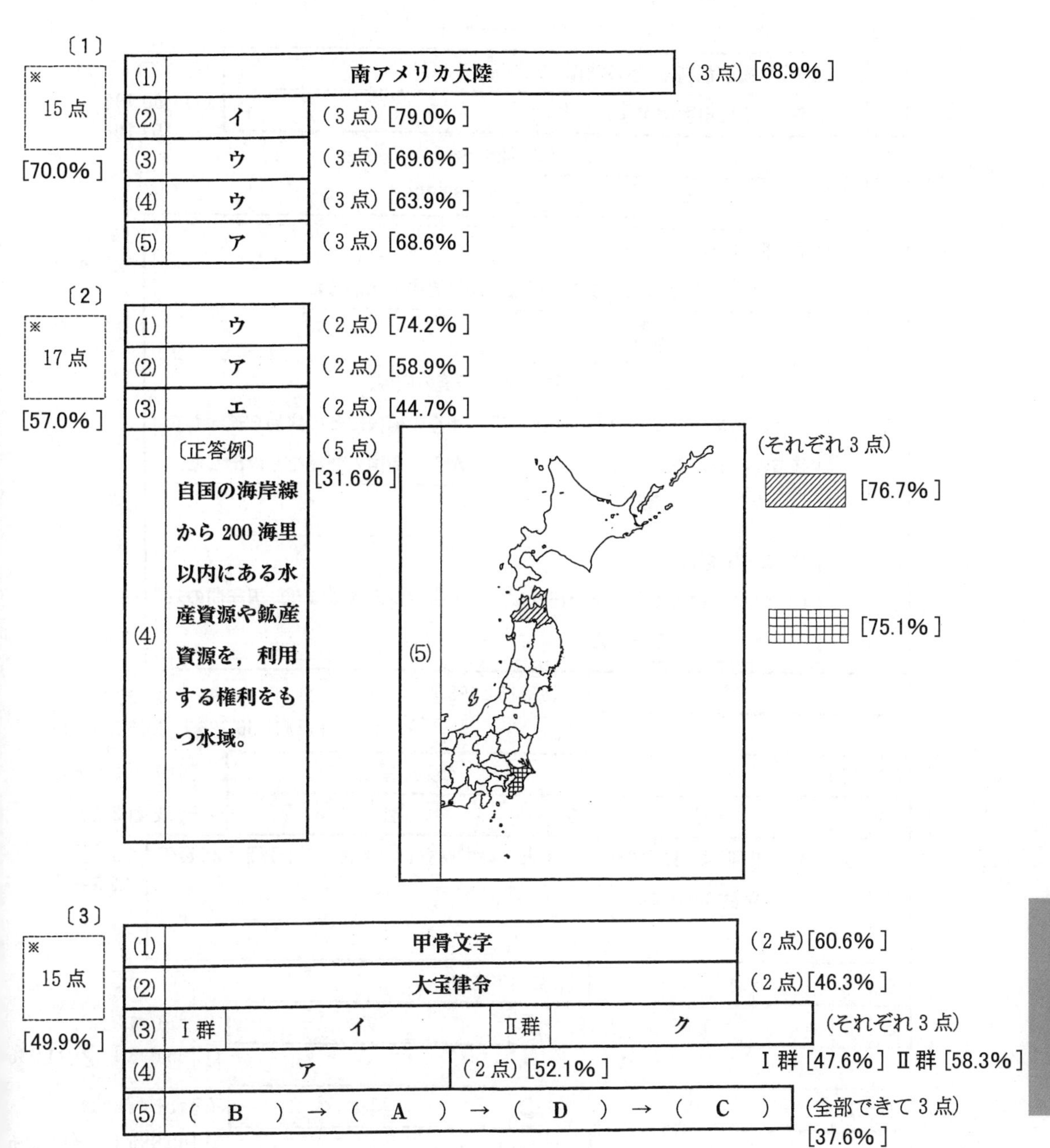

〔1〕 ※15点 ［70.0%］

	解答	配点・正答率
(1)	南アメリカ大陸	(3点) [68.9%]
(2)	イ	(3点) [79.0%]
(3)	ウ	(3点) [69.6%]
(4)	ウ	(3点) [63.9%]
(5)	ア	(3点) [68.6%]

〔2〕 ※17点 ［57.0%］

	解答	配点・正答率
(1)	ウ	(2点) [74.2%]
(2)	ア	(2点) [58.9%]
(3)	エ	(2点) [44.7%]
(4)	〔正答例〕 自国の海岸線から200海里以内にある水産資源や鉱産資源を，利用する権利をもつ水域。	(5点) [31.6%]
(5)	（地図）	(それぞれ3点) 斜線 [76.7%] 格子 [75.1%]

〔3〕 ※15点 ［49.9%］

	解答	配点・正答率
(1)	甲骨文字	(2点) [60.6%]
(2)	大宝律令	(2点) [46.3%]
(3)	Ⅰ群 イ　Ⅱ群 ク	(それぞれ3点) Ⅰ群 [47.6%] Ⅱ群 [58.3%]
(4)	ア	(2点) [52.1%]
(5)	(B) → (A) → (D) → (C)	(全部できて3点) [37.6%]

（全日制受検者平均点）
[55.1点]

※ 100点

受検番号	

〔4〕

※ 19点 [38.2%]

(1)	〔正答例〕 **領事裁判権(治外法権)を認めたこと。**	(それぞれ2点) (1) [50.7%]
	〔正答例〕 **関税自主権がないこと。**	[57.1%]
(2)	**エ**	(2点)[26.0%]
(3) ①	**エ**	(2点)[66.8%]
(3) ②	【背景・原因】〔正答例〕 **世界恐慌となり，不景気が世界中に広がった。** ↓ 【できごと】イギリスではブロック経済が行われた。【ブロック経済の内容】〔正答例〕 **多くの植民地との貿易を拡大しながら，他国の商品をしめ出した。** ↓ 【結果・影響】〔正答例〕 **植民地の少ない国々は，不満を持つようになり，国家間の対立が生まれた。**	(9点) [24.7%]
(4)	**イ**	(2点)[51.3%]

(1)①[69.3%] ②[20.1%]
(2)①[66.3%] ②[83.8%]

〔5〕

※ 19点 [52.9%]

(1)	① **ア**	② **公共の福祉**	(それぞれ2点)
(2)	① **平等**	② **18**	(それぞれ2点)
(3)	〔正答例〕 **内閣は，国会の信任にもとづいて成立し，国会に対し連帯して責任を負うしくみ。**		(5点) [22.3%]
(4)	**エ**		(2点)[70.8%]
(5)	① **イ**	② **ア**	(それぞれ2点) ①[65.6%] ②[71.0%

〔6〕

※ 15点 [67.6%]

(1)	① **ウ**	② **契約**	(それぞれ2点) ①[89.9%] ②[52.2%
(2)	**イ**		(2点)[73.6%]
(3)	〔正答例〕 **株式を発行することにより，多くの資金を集めることができるから。**		(5点) [44.6%]
(4)	**ア**	**エ**	(それぞれ2点) (4) [92.8%] [87.2%]

社　　会

解説

〔1〕 世界地理の総合問題

(1) 南極大陸を除く5大陸はユーラシア大陸、アフリカ大陸、オーストラリア大陸、北アメリカ大陸、南アメリカ大陸。

(2) A、B間は経度で表すと120°。全周が40,000kmであるから、
40,000×120/360(1/3)≒13,333と考える。

(3) 斜線の国はモンゴルで、ステップ気候。

(4) 人口が1億を超える国は世界で13か国。日本（10位）を基準に考えると、バングラディシュは日本よりも多いのでイ、メキシコは日本よりも若干少ないのでエとなる。主要輸出品目で見ると、ウは鉄鉱石、石炭であるからオーストラリアと考えられる。

(5) アフリカ最南端を通る航路はインド航路でバスコ＝ダ＝ガマ。ポルトガルが東回り航路を先に開拓したため、スペインは西回り航路での航路開拓(コロンブス・マゼラン)となった。

〔2〕 日本地理の総合問題

(1) 千島列島（北海道本島の東からカムチャッカ半島の南端）を通る海流。

(2) イは冬の降水量（降雪量）が多いことから、日本海側の気候なので秋田県。ウは最低気温が0℃以下であることから釧路。アとエは同じ太平洋側の気候なので、気温から緯度的に考え、アが仙台でエが静岡。

(3) 北海道の開拓がはじまったのは明治時代、北方の警備の役割を兼ねた農民（兵士）は屯田兵。

(4) 排他的経済水域は、海上・海中・海底及び海底下に存在する水産資源（魚介藻類）と鉱産資源（金属資源）に対する権利をもつ水域。

(5) 宿泊者数の数値からAは千葉。BとCについては米の産出額から考えるとBが山形、Cが青森と判断する。

〔3〕 歴史総合問題（古代～近世）

(1) 中国文明で生まれたのは甲骨文字。占いの際に牛の骨や亀の甲羅に書かれていたことが由来。

(2) 天皇中心の律令国家体制をつくるために制定された法律。

(3) 藩校、寺子屋というキーワードから江戸時代ということが分かる。Ⅰ群のアは室町（安土桃山）時代、イが江戸時代、ウは鎌倉時代、エは奈良時代。Ⅱ群のカは鎌倉時代、キは

室町（安土桃山）時代、クが江戸時代、ケは奈良時代。

(4) 資料は「洛中洛外図屏風（上杉本）」で16世紀に制作されたもの。Xについて、この時代の京都の有力な商工業者を町衆といい、祇園祭を執行した。Yについては、守護大名の11年にわたる争いから応仁の乱となる。

(5) A班はかな文字から平安時代、B班は唐と701年から飛鳥時代、C班は(3)の通りで江戸時代、D班は惣（農民が中心の自治組織）から室町時代。

〔4〕 歴史総合問題（近代～現代）

(1) 不平等な2点は、①領事裁判権（治外法権）を認める、②関税自主権がない、である。

(2) アは1938年、イは1925年、ウは1874年、エは第3次桂内閣の総辞職が1913年。

(3) ① Xについて、第一次大戦時のヨーロッパの火薬庫はバルカン半島。Yについて、第一次大戦後に設立されたのは国際連盟。

② ヨーロッパ諸国がブロック経済（政策）を実施した原因は、1929年の世界恐慌のため。ブロック経済（政策）は、主要国の経済通貨を軸としてグループ（ブロック）を作り、グループ内の関税を軽減し、グループ外からの輸入には高関税をかけて自国産業を保護する政策。結果として、植民地を持たない国々は軍事的侵略の道を選ぶことになった。

(4) Xは1949年、Yが1989年、Zが1972年。

〔5〕 公民総合問題（政治・人権分野）

(1) ① アは社会権、イ・ウ・エは自由権。

② 本文は憲法第13条の条文。公共の福祉とは、社会全体の共通の利益であり、他の人の人権との衝突を調整するための原理のことである。

(2) ① 選挙の4原則に関する問題。平等選挙は一人が1票を持つということだけでなく、1票の価値が平等であることも指している。

② 2016年（平成28年）6月に施行された。国政選挙では7月10日投票の参議院議員選挙の時から、18歳以上の男女に選挙権が与えられることになった。

(3) 内閣のトップである内閣総理大臣は、国会によって国会議員の中から指名され、また閣僚の過半数も国会議員の中から選ばれる。内閣は国会を母体として成立し、国会からの信任のもと、仕事をしているということになる。

(4) 裁判員制度は、特定の刑事裁判において、満20歳以上の国民から事件ごとに選ばれた裁判員（6名）が裁判官（3名）とともに審理に参加する制度。国民の司法参加により市民の感覚を裁判に反映すること、司法に対する国民の理解と信頼の向上を図ることが目的とされる。

(5) ① この問題における人権保障に関する条約等の流れは、1948年の世界人権宣言(イ)、

1966年の国際人権規約（ア）、1979年の女性差別撤廃条約（エ）、1989年の子ども（児童）の権利条約（ウ）となる。世界人権宣言は、この後に国際連合で採択された人権条約の基礎となっており、世界の人権に関する規律の中で最も基本的な意義を有している。

② イは平和維持活動、ウは世界貿易機関、エは世界保健機関、オは世界労働機関。

〔6〕 公民総合問題（経済・エネルギー分野）

(1) ① 家計と企業の関係としては、家計が労働力を提供し、企業はその対価として賃金を払う。家計と政府の関係では、家計からは税金を納入し、政府が集めた税金から社会保障などの公共サービスを提供する。企業と政府の関係では、企業が税金を納入し、政府は公共事業などの依頼を企業に行う。

② 契約とは2人以上の当事者が合意することによって、法的な権利義務関係が発生する行為。法的に保護される約束のことである。

(2) 高度経済成長とは、1950年代半ばから1973年までの日本の経済規模が継続して拡大していった時期のこと。この時期にあてはまるのはイの東京オリンピック（1964年）である。

(3) 企業の多くが株式会社という形態をとる理由としては、社会的信用が得られること、株式を発行することで資金を広い範囲から集めることができること、などが挙げられる。

(4) 再生可能エネルギーとは、太陽光、風力、波力、潮力、流水、地熱、バイオマス等の自然界によって補充されるエネルギー全般を指す。

理科正答表，配点［　］は正答率

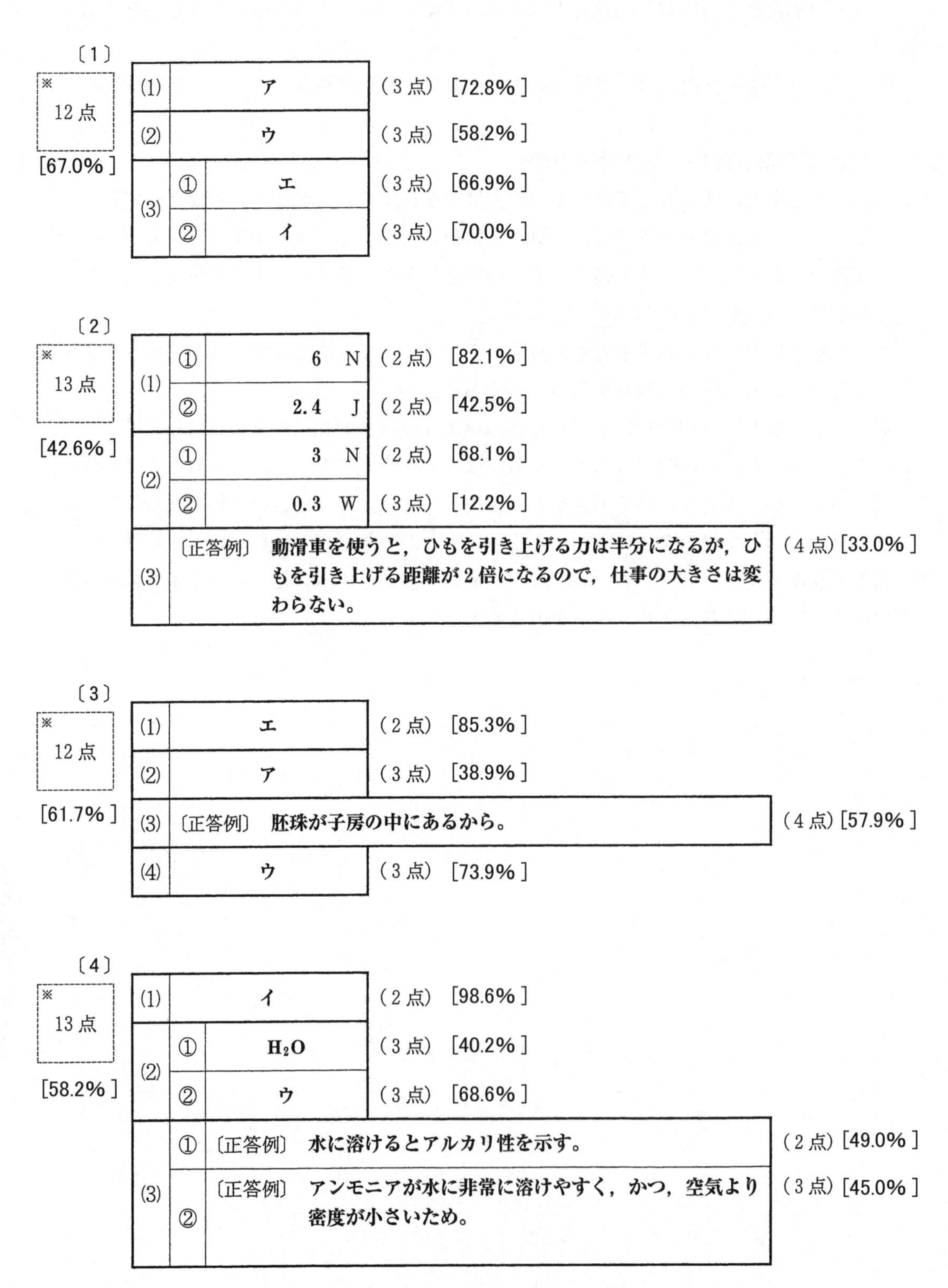

〔1〕 ※12点 [67.0%]

問		解答	配点	正答率
(1)		ア	(3点)	[72.8%]
(2)		ウ	(3点)	[58.2%]
(3)	①	エ	(3点)	[66.9%]
	②	イ	(3点)	[70.0%]

〔2〕 ※13点 [42.6%]

問		解答	配点	正答率
(1)	①	6 N	(2点)	[82.1%]
	②	2.4 J	(2点)	[42.5%]
(2)	①	3 N	(2点)	[68.1%]
	②	0.3 W	(3点)	[12.2%]
(3)		〔正答例〕 動滑車を使うと，ひもを引き上げる力は半分になるが，ひもを引き上げる距離が2倍になるので，仕事の大きさは変わらない。	(4点)	[33.0%]

〔3〕 ※12点 [61.7%]

問	解答	配点	正答率
(1)	エ	(2点)	[85.3%]
(2)	ア	(3点)	[38.9%]
(3)	〔正答例〕 胚珠が子房の中にあるから。	(4点)	[57.9%]
(4)	ウ	(3点)	[73.9%]

〔4〕 ※13点 [58.2%]

問		解答	配点	正答率
(1)		イ	(2点)	[98.6%]
(2)	①	H_2O	(3点)	[40.2%]
	②	ウ	(3点)	[68.6%]
(3)	①	〔正答例〕 水に溶けるとアルカリ性を示す。	(2点)	[49.0%]
	②	〔正答例〕 アンモニアが水に非常に溶けやすく，かつ，空気より密度が小さいため。	(3点)	[45.0%]

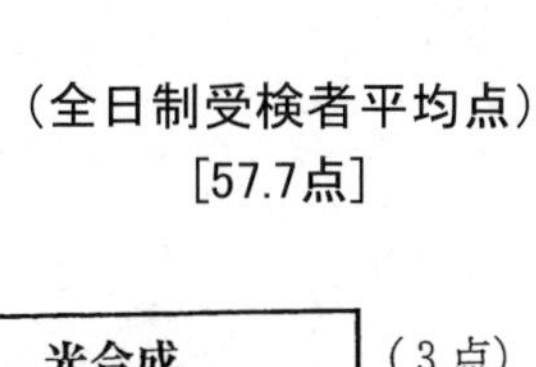

（全日制受検者平均点）
[57.7点]

※ 100点

受検番号	

〔5〕

※ 13点 [84.3%]

	解答	配点	正答率
(1)	**光合成**	（3点）	[79.4%]
(2)	**生産者**	（3点）	[92.0%]
(3)	**食物連鎖**	（3点）	[84.0%]
(4)	**ア**	（2点）	[82.6%]
(5)	**イ**	（2点）	[82.4%]

〔6〕

※ 12点 [42.6%]

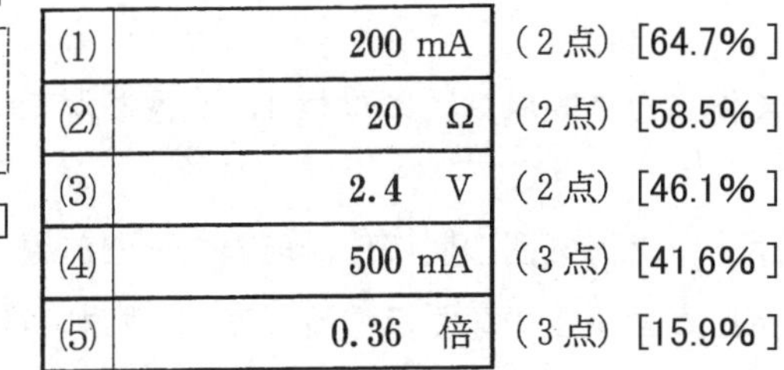

	解答	配点	正答率
(1)	**200** mA	（2点）	[64.7%]
(2)	**20** Ω	（2点）	[58.5%]
(3)	**2.4** V	（2点）	[46.1%]
(4)	**500** mA	（3点）	[41.6%]
(5)	**0.36** 倍	（3点）	[15.9%]

〔7〕

※ 12点 [50.3%]

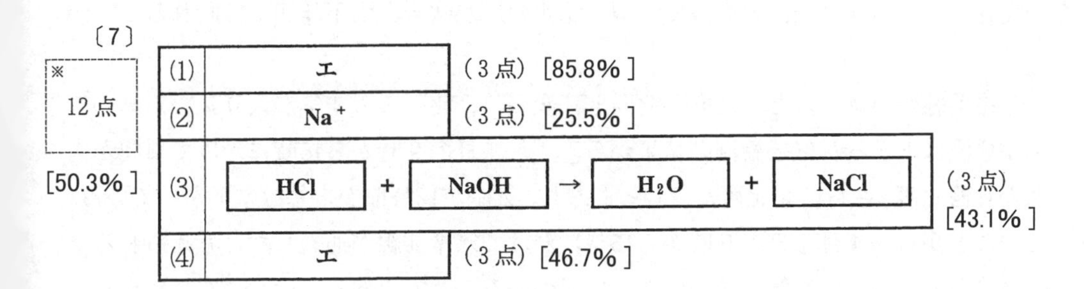

	解答	配点	正答率
(1)	**エ**	（3点）	[85.8%]
(2)	**Na^+**	（3点）	[25.5%]
(3)	**HCl** + **NaOH** → **H_2O** + **NaCl**	（3点）	[43.1%]
(4)	**エ**	（3点）	[46.7%]

〔8〕

※ 13点 [54.4%]

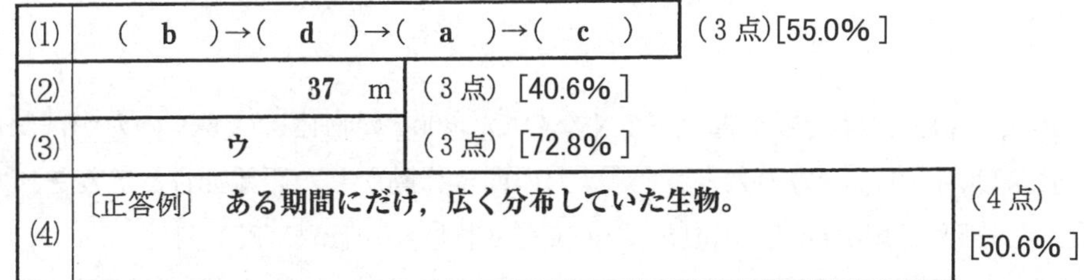

	解答	配点	正答率
(1)	（ **b** ）→（ **d** ）→（ **a** ）→（ **c** ）	（3点）	[55.0%]
(2)	**37** m	（3点）	[40.6%]
(3)	**ウ**	（3点）	[72.8%]
(4)	〔正答例〕 **ある期間にだけ，広く分布していた生物。**	（4点）	[50.6%]

理　　　科

解説

〔1〕

(1)　4月3日18時の天気を見ると、風向は南西、風力は3である。風向は風が吹いてくる方角を示していることに注意する。

(2)　日本の天気の特徴は以下の通り。

春…移動性高気圧と低気圧が西から東へ向かって交互に通過するため、天気が長続きしない。春の天気が「三寒四温」と呼ばれるのもこのためである。

梅雨…南の湿った小笠原気団と北の湿ったオホーツク海気団の間に停滞前線（梅雨前線）ができ、雨や曇りの日が多くなる。

夏…太平洋高気圧が勢力を増し、暖かく湿った小笠原気団に覆われ、高温多湿で晴れることが多い。

秋…はじめは南の小笠原気団と北のオホーツク海気団の間に停滞前線（秋雨前線）ができ、その後は春と同じように移動性高気圧と低気圧が交互にやってきて、晴れの日と雨の日をくり返す。

冬…発達したシベリア気団の影響で、強い北西の風が吹き、太平洋側では晴れることが多い。

(3)　①　寒冷前線が通過すると、風向が北向きに変わり、北からの空気が入り込むため、気温が急激に下がる。気象観測の結果から、4月4日の9時から15時にかけて風向が南西から西北西、さらに北北西に変わっており、気温が12時前から急激に下がっている。このことから、4月4日の9時から15時にかけて寒冷前線が通過したと考えられる。

②　寒冷前線は冷たい空気が暖かい空気にぶつかることでできる。冷たい空気は暖かい空気に比べて密度が大きいため、暖かい空気を上に押し上げる。

〔2〕

(1)　①　100gの物体にはたらく重力が1Nなので、600gの物体には6Nの力がはたらく。

②　仕事は、仕事[J]=力の大きさ[N]×力の向きに動かした距離[m]と定義されている。動かした距離は40[cm]＝0.4[m]なので、6[N]×0.4[m]＝2.4[J]

(2)　①　図2では物体の重さがスタンドとばねばかりにかかっているため、ばねばかりには物体の重さの半分、つまり3Nの力がはたらく。

②　仕事率［W］は一定時間（1秒間）あたりにする仕事の大きさである。

動滑車の場合、ひもにかかる力は半分になるが、ひもを引いた長さは2倍になるため、40[cm]×2＝80[cm]、つまり0.8mとなる。よって、3[N]×0.8[m]＝2.4[J]

この仕事を80[cm]÷10[cm/s]＝8[秒]で行っているから、2.4[J]÷8[秒]＝0.3[W]

(3) 仕事をするとき、動滑車などの道具を使うと、物体を動かすために加える力を小さくすることができる。しかし、力を加えて動かす距離が長くなるため、仕事の大きさは変わらない。このことを仕事の原理という。

〔3〕

(1) おしべの先端は袋状になっていて、やくとよばれ、やくの中に花粉が入っている。ア果実は子房が成長したもの、イ種子は胚珠が成長したもの、ウ胞子はシダ植物やコケ植物にあるもの。

(2) 離弁花類(花弁がはなれている)はホウセンカ、バラ、エンドウなど。ツユクサはイネ、トウモロコシ、ユリなどと同じく単子葉類（子葉の数が1枚)、ツツジはアサガオ、タンポポと同じく合弁花類（花弁がくっついている)。

(3) 裸子植物は子房がなく、胚珠がむき出しになっており、被子植物は胚珠が子房の中に包まれている。

(4) アブラナは双子葉類なので、根は主根と側根からできており、茎は輪状、葉脈は網目状である。ア、エは単子葉類、イはコケ植物のことである。

〔4〕

(1) 二酸化炭素は石灰水を白く濁らせる性質がある。

(2) ① 水素にマッチの炎を近づけると、ポンという音がして燃え、水滴ができる。

② 水素を発生させるには、亜鉛や鉄、マグネシウムなどの金属に、うすい塩酸やうすい硫酸を加えることで発生する。

(3) ① フェノールフタレイン溶液は弱いアルカリ性の水溶液では無色から赤色に変化する(pHの値が13.4より大きい強いアルカリ性の場合は無色のまま)。

② 空気より密度が小さいだけであれば、水上置換法でも集めることができるが、アンモニアは水に非常に溶けやすいため、乾いた試験管を用いた上方置換法でないと集めることはできない。

〔5〕

(1) 植物が二酸化炭素を吸収するのは光合成のはたらきによるためである。

(2) 光合成をする生物は、太陽の光エネルギーを利用して無機物（二酸化炭素と水など）から有機物を生産している。この生物を生産者という。

(3) 「食べる・食べられる」の関係は鎖のようにつながっており、この関係のつながりを食物連鎖という。

(4) 生物Ａが減少すると、植物は食べられる数が減るので、一時的に増加する。逆に生物Ｂは食べる数が減るため、一時的に減少する。

(5) ミミズは落ち葉や生物の死がいを食べる。ヘビはミミズなどの小動物を、バッタ、ウサギは植物を、イヌワシはウサギやヘビを、シロアリは植物や動物の死がいを食べる。

〔6〕

(1) 電圧が6.0V、抵抗が30Ωであるから、オームの法則より、

6.0［V］÷30［Ω］＝0.2［A］

0.2［A］＝200［mA］

(2) 図２は直列回路であるから、電流が一定である。よって、抵抗器ａ、抵抗器ｂ、そして全体の電流は全て120［mA］＝0.12［A］である。また、全体の電圧は6.0Vであるため、オームの法則より、

6.0［V］÷0.12［A］＝50［Ω］となる。

よって、抵抗器ｂの電気抵抗は、

50［Ω］－30［Ω］＝20［Ω］

(3) 抵抗器ａは30Ωであるため、抵抗器ａにおける電圧は、

0.12［A］×30［Ω］＝3.6［V］になる。

また、全体の電圧が6.0Vであるから、抵抗器ｂにおける電圧は、

6.0［V］－3.6［V］＝2.4［V］となる。

(4) 図３より、電流計は全体の電流を示す。図３は並列回路であるから、電圧が一定である。よって、抵抗器ａ、抵抗器ｂ、そして全体の電圧が全て6.0Vである。抵抗器ａの電気抵抗が30Ωであるから、抵抗器ａにおける電流はオームの法則より、

6.0［V］÷30［Ω］＝0.2［A］

抵抗器ｂの電気抵抗が20Ωであるから、抵抗器ｂにおける電流はオームの法則より、

6.0［V］÷20［Ω］＝0.3［A］

よって、電流計が示す全体の電流は、

0.2［A］＋0.3［A］＝0.5［A］

0.5［A］＝500［mA］

(5) 実験２で抵抗器ａが消費する電力［W］は、

0.12［A］×3.6［V］
実験３で抵抗器ａが消費する電力［W］は、
0.2［A］×6.0［V］
よって、
$$\frac{0.12［A］\times 3.6［V］}{0.2［A］\times 6.0［V］}=0.36（倍）$$

〔７〕

(1) ビーカーＣの水溶液は塩酸であり、酸性である。その水溶液が黄色になったことから、ビーカーＣに数滴加えた薬品はBTB溶液であることが分かる。

(2) 塩酸は塩化水素（HCl）が水に溶けた水溶液。塩化水素が水に溶けると電離して、
$HCl \rightarrow H^{+} + Cl^{-}$…①
となる。また、水酸化ナトリウムは水溶液の中で電離して、
$NaOH \rightarrow Na^{+} + OH^{-}$…②
となる。
このとき、H^{+}とOH^{-}が
$H^{+} + OH^{-} \rightarrow H_2O$…③
となり、H^{+}とOH^{-}はH_2Oになる。
水酸化ナトリウム水溶液を加え、BTB溶液が黄色から青色に変化していることから、水溶液が酸性からアルカリ性に変化したことがわかる。よってCl^{-}よりもNa^{+}の方が多くなっている。③より、OH^{-}はH^{+}とH_2Oになっているので、イオンの数はNa^{+}より少なくなっている。このことから、Na^{+}が最も多いことがわかる。

(3) (2)の①②③より、うすい塩酸とうすい水酸化ナトリウム水溶液を混ぜると、

$HCl \rightarrow H^{+} + Cl^{-}$
$NaOH \rightarrow Na^{+} + OH^{-}$

となり、H^{+}とOH^{-}はH_2Oに、Na^{+}とCl^{-}は$NaCl$になるから、
$HCl + NaOH \rightarrow NaCl + H_2O$
となる。

(4) 実験Ⅰ～Ⅲの結果より、ビーカーＣはうすい塩酸10cm³＋２cm³＝12cm³とうすい水酸化ナトリウム水溶液10cm³が入っており、BTB溶液が緑色になったことから、中性であることがわかる。
うすい塩酸48cm³を中性にするには、うすい塩酸12cm³を中性にしたときの４倍のうすい水酸化ナトリウム水溶液が必要だから、10cm³×４＝40cm³の水酸化ナトリウム水溶液が必要である。

令和２年度 解答・解説

〔8〕

(1) 問題文より、「曲がったり、ずれたりせず、地層の逆転もないものとする。また図1の柱状図に示した火山灰の層は、同じ時期の同じ火山による噴火で、堆積したものとする。」と記載されているので、地点A～Cの火山灰の層が同じ時期の地層であることがわかる。a層が火山灰よりも1～3m上にあり、b層が火山灰の層の4～6m下の層、c層が3～7m上の層、d層が火山灰のすぐ下の層であることがわかる。よって、古い順に並べると、b→d→a→c

図1

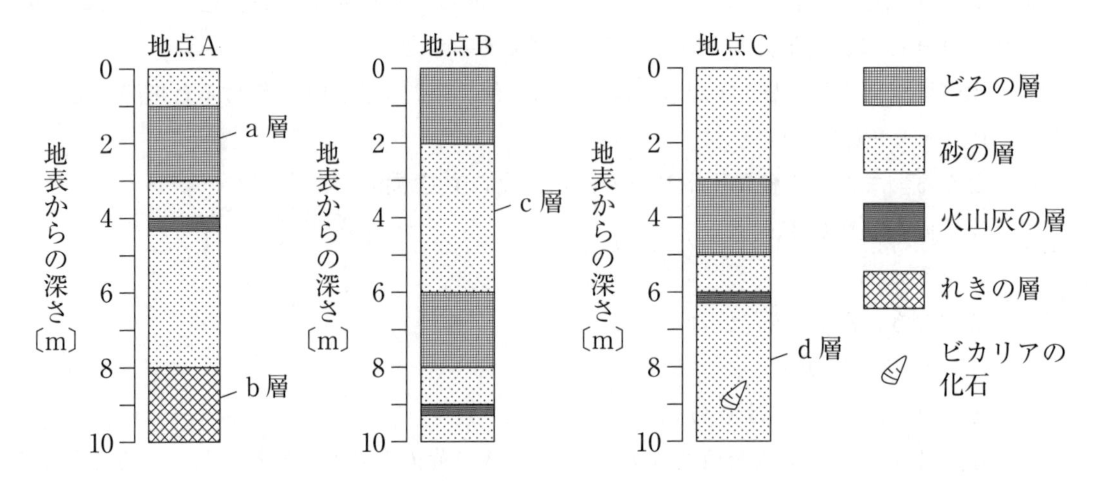

(2) 地点Bの標高が40mであるから、地点B火山灰の層が地表からの深さ9mの位置にあるので、火山灰の層の標高が、

40［m］－9［m］＝31［m］となる。

地点Cでは、地表からの深さ6mに火山灰の層があるので、地点Cの標高は、

31［m］＋6［m］＝37［m］となる。

(3) 火山灰が固まってできた岩石は凝灰岩である。花こう岩は深成岩、玄武岩は火山岩、石灰岩は生物の死がいが固まってできた岩石。

(4) 地層が堆積した当時の時代が推定できるのが示準化石、地層が堆積した当時の環境が推定できるのが示相化石である。示準化石の特徴は、短い期間に繁栄し、広く分布されていることである。

〔三〕

※ 30点

㈠	イ　（4点）［90.4％］
㈡	さかい　（2点）［99.0％］
㈢	エ　（6点）［79.9％］
㈣	ア　（6点）［88.1％］
㈤	〔正答例〕船の人は見送る人々に自分の思いを伝えたいが、手紙を渡すことも海を歩いて渡ることもできないということ。　（12点）［17.7％］

〔四〕

※ 34点

㈠	はじめ　それは、つ　終わり　らである。　（4点）［43.3％］
㈡	ウ　（4点）［76.1％］
㈢	イ　（4点）［94.6％］
㈣	〔正答例〕効率化や経済化の観点からだれかと分かち合う時間を節約して得た自分だけの時間までも、効率的に過ごそうと考えるようになったということ。　（8点）［16.2％］
㈤	エ　（4点）［49.1％］
㈥	〔正答例〕多くの敵意に満ち、孤独な人間が増えている状況を解消するためには、他者と時間を重ね合わせて生きていくことで信頼関係を深め、互酬性にもとづいた暮らしをとりもどすことが必要だということ。　（10点）［23.1％］

国語正答表、配点［　］は正答率

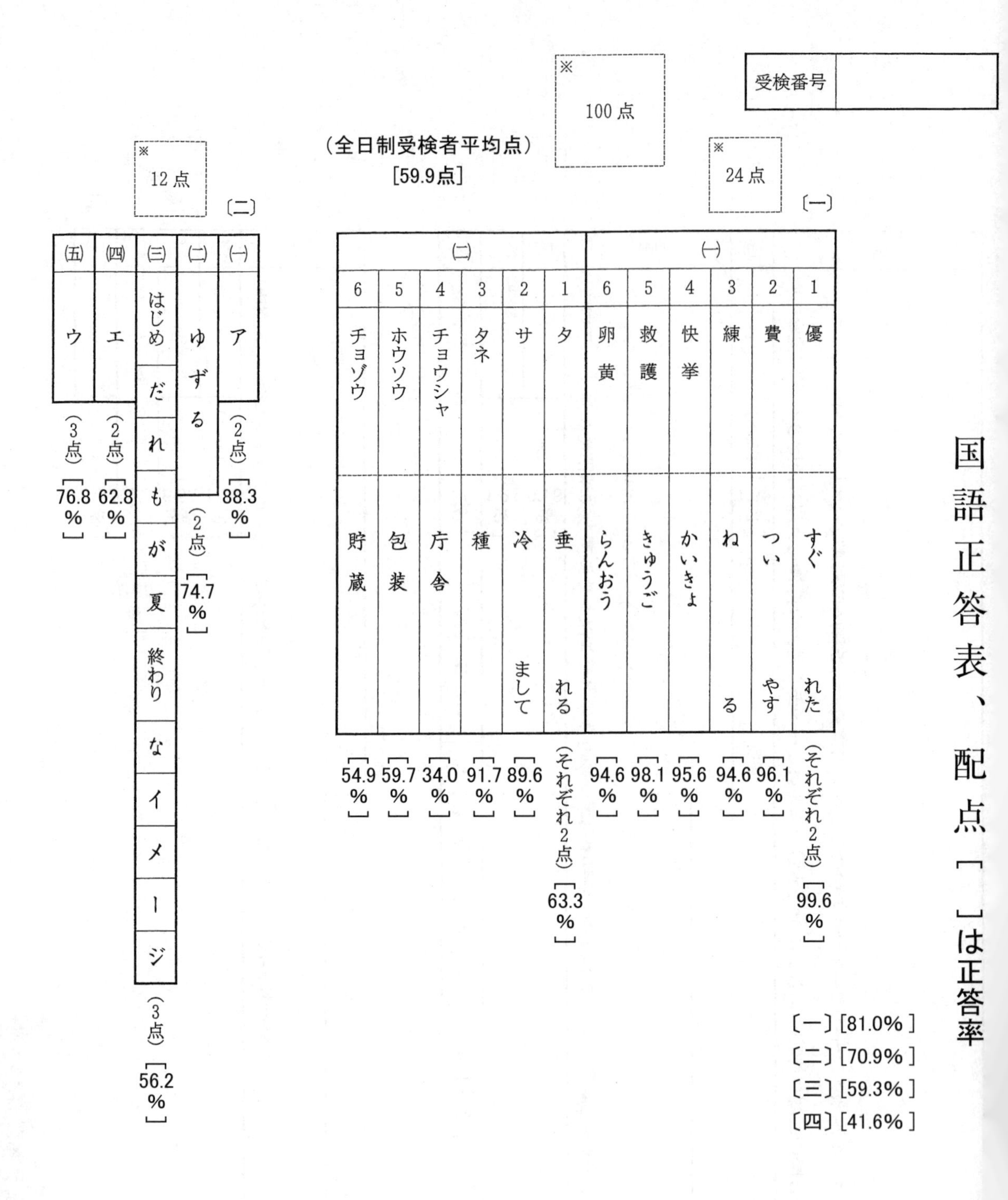

受検番号

※100点

（全日制受検者平均点）
［59.9点］

〔一〕［81.0%］
〔二〕［70.9%］
〔三］［59.3%］
〔四〕［41.6%］

〔一〕 ※24点

問	番号	正答	正答率
(一)	1	優れた	［99.6%］
(一)	2	費やす	［96.1%］
(一)	3	練る	［94.6%］
(一)	4	快挙　かいきょ	［95.6%］
(一)	5	救護　きゅうご	［98.1%］
(一)	6	卵黄　らんおう	［94.6%］
(二)	1	タれる　垂れる	［63.3%］
(二)	2	サまして　冷まして	［89.6%］
(二)	3	タネ　種	［91.7%］
(二)	4	チョウシャ　庁舎	［34.0%］
(二)	5	ホウソウ　包装	［59.7%］
(二)	6	チョゾウ　貯蔵	［54.9%］

（それぞれ2点）

〔二〕 ※12点

問	正答	配点	正答率
(一)	ア	（2点）	［88.3%］
(二)	ゆずる	（2点）	［74.7%］
(三)	はじめだれもが夏終わりなイメージ	（3点）	［56.2%］
(四)	エ	（2点）	［62.8%］
(五)	ウ	（3点）	［76.8%］

国　　語

解説

〔一〕 漢字の読み書き

㈠ 〈漢字の読み取り〉合計６問の出題は、訓読みが３問、音読み（二字熟語）が３問である。訓読みの漢字については解答欄に送り仮名が書かれている場合、送り仮名まで記入してしまうなどのミスがないように注意したい。いずれの出題も与えられた文章中の該当箇所を読む形式ではなく、短文中の該当漢字を読む出題形式なので、出題には自由度がある。今年度の出題では、「同訓異字」や「同音異義語」などのいわゆる受験漢字ではなく、極めて「日常的」である。日常の生活を送る中で、デジタル機器に「変換」を任せることなく、新聞などの活字に慣れ親しみ、辞書を引く習慣なども語彙力の定着に大きな影響があり、実力の差に結びつくはずである。

㈡ 〈漢字の書き取り〉読み取り同様に、訓読みが３問、音読み（二字熟語）が３問の出題である。漢字の書き取りでは、楷書体で記入することは言うまでもない。「部首」や「字形」の似ている漢字のほか、トメ・ハネ・ハライにも細心の注意を払うことが大切である。短文の内容を読み取り「同音異義語」や「同訓異字」に配慮することもまた必要である。漢字の読み取りでも大切なことだが、訓の出題では、その漢字を用いた熟語をいくつか書いてみたり、熟語の出題では、１文字ずつを訓で読んでみたりすることが力をつけることにつながる。漢字の読み書きに止めず、文字は常に一点一画を重視した書き方を心がけることも肝要である。

〔二〕 現代文読解（仁平　勝『俳句をつくろう』による）

㈠ 〈「の」の識別・選択肢〉――線部分⑴は「体言（名詞）の代用」で「こと・とき・ところ・もの」などに置き換えることができる。アが「体言（名詞）の代用」。イは「主格」を表し、「が」に置き換えることができるもの。ウとエは直後の体言（名詞）を修飾する「連体修飾」の用法である。

㈡ 〈動詞の終止形〉終止形（言い切りの形）というのは、辞書で調べるときの形をいう。――線部分⑵は「動詞」なので、「ゆずる」という形に変化して、単語の最後の文字（る）が母音の「ウ音」になっていることを確認する。

㈢ 〈内容理解・書き抜き〉――線部分⑶「会社の夏休み」について。この部分が「季語」にならない理由ではなく、この部分が季語にならないのは「何が足りないか」と問われている。前段落の２行目に「季語として通用するためには」という記述があることに注目する。

㈣ 〈二字熟語の構成・選択肢〉――線部分⑷「黒板」は「黒い板」という意味なので、上の漢字「黒（い）」が、下の漢字「板」を修飾している関係にある。これと同じ組み立てになっているのが、エの「暖冬」で、「暖（かい）冬」という意味の関係にあたる。アとオは「上の漢字が動詞、下の漢字がその目的語」、イは「上の漢字が下の漢字を打ち消し」、ウは「反対の意味」の組み立ての二字熟語である。

㈤〈内容理解（要旨）・選択肢〉ア〜エの選択肢にあるように、この文章のキーワードは「季語」である。この文章は、俳句における「季語」の果たす役割やその可能性に言及している。文章の最終段落の要点を正確に読み取りたい。

〔三〕古文読解（『土佐日記』の一部とそれを解説した文章との融合文）

【口語訳】

九日の早朝に、大湊から奈半の港を目指して行こうというので、船を漕ぎ出した。この人もあの人も、互いに国の境の内部におられるうちは、お見送り申しあげようというので、見送りに来る人が大勢いる中に、藤原のときざね・橘のすえひら・長谷部のゆきまさらが、館を出発なさった日から、あちらこちらと追って来る。この（三人の）人々は、ほんとうに誠意のある人なのであった。この人々の深い真心は、この海の深さにも劣らないだろう。

ここから、今まさに（土佐の国の内を）漕いで離れて行く。これを見送ろうとして、その土地の人々も、あとを追ってきた。こうして、漕ぎすすむにつれて、海のほとりに立ち止まって見送っている人々の姿も遠くなり、浜のほうからは船に乗っている人の姿も見えなくなってしまった。岸にいる人々においても、きっと何かこちらのことについて言っているであろう。船に乗っている人々においても、心中思うことがあるが、もはや姿が見えないほど遠く離れてしまったので、いまさらどうしようもない。けれども、この歌を一人で口ずさんであきらめた。

〈Ⅰ〉見送る人を思う（土佐の国の誠意ある人々のことをあれこれ考える）心（私のその気持ち）は海をわたるけれども、手紙もなければ、ましてや歩いて渡ることもできないので、（相手には）この気持ちはわからないだろう。

㈠〈意味・選択〉——線部分の「む」は助動詞で、活用語の未然形に付いて「推量（…だろう）」や「意志（…（し）よう）」と訳す。選択肢のア〜エを確認すると、「追は（「終止形は『追ふ』」）」という動詞が、「思い出す」、「目指す」、「詠む」、「探す」のうちいずれかの意味となる。「大湊」は地名であり、「奈半の泊」は注釈にあるように「奈半の『港』」であるから、状況として「大湊」⇒「奈半の港」へ「向かう」ということが読み取れる。

㈡〈歴史的かなづかい〉語頭以外の「は・ひ・ふ・へ・ほ」は、それぞれ「わ・い・う・え・お」に直す。

㈢〈理由・選択肢〉——線部分⑶の「この人々」とは、具体的に「藤原のときざね」、「橘のすゑひら」、「長谷部のゆきまさ」等を指す。この段落には古文中の特定箇所に「漢字」と「カタカナ」でルビがふられていて、大切な箇所がすべて口語（現代語）訳されている。

その部分を手がかりにして、この人々がどのような行動をとったのかを読み取る。

㈣ 〈内容理解・選択肢〉 —— 線部分⑷の直前の1文に注目する。船が海岸から離れていくことで、海岸から見送る人々と船に乗っている人々との距離が、次第に離れていく情景を読み取る。助動詞「ず」は「打消し（〜ない)」、「ぬ」は「完了（〜てしまった)」の意。 —— 線部分⑷は「船の人も見えなくなってしまった」と訳す。

㈤ 〈内容理解・記述〉 まず最初に —— 線部分⑸の意味を押さえる。「船の人にも思うことはあるがどうしようもない(伝えようがない)」というのである。さらにBの文章中の〈Ⅰ〉の和歌の解釈を読み取ると、「伝えようがないこと」の具体的な内容が「掛詞」で表されているのである。この和歌の「ふみ」の部分は「手紙」という意味と、「踏み渡る（歩いて渡る)」という2つの意味が掛けられている。この2つのことが、遠く離れた今となっては、もはやどうしようもないというのである。

四〕 現代文読解（山極　寿一「ゴリラからの警告『人間社会、ここがおかしい』」による）

㈠ 〈理由・書き抜き〉 —— 線部分⑴の直後の3文は具体的な例を挙げている。その具体例の直後文の文頭を「それは」という指示語で受けて、この文の文末が「〜からである」となっていることから、理由の文であることがわかる。設問に「40字以内の1つの文」とあることから、書き抜くときは、文字の他に「句読点」や「その他の記号」にも気をつけたい。

㈡ 〈適語補充・選択肢〉 選択肢のアは副詞で、文中の「〜なら（ば)」や「〜たら」と呼応する。他は接続語で、それぞれイ逆接、ウ順接、エ説明である。［ A ］の前後は、「時間は自分だけでは使えず、仲間と共有する必要がある」だから、「物質や人の動きに左右されてしまう」のである。

㈢ 〈内容理解・選択肢〉 —— 線部分⑵のある段落は「ゴリラといっしょに暮らしてみて」筆者が学んだことが述べられている。この段落の最終文に「時間が経過するにしたがい、信頼関係が増す」とまとめられていることに注目する。段落の要点を読み取る問題である。

㈣ 〈内容理解・記述〉内容理解（ —— 線部分とは「どういうことか」）の記述式問題では、基本的に —— 線部分の語句の言い換えと考えるとよい。 —— 部分の「せっかく得た自分だけの時間」とは「だれかと分かち合う時間の節約」によって得られるものである。また「同じように」というのは「物質の流通や情報技術の高度化」のことで、それによって「得られた（節約できた）時間」さえ、「効率的に過ごすこと」を考えるようになったというのである。 —— 線部分⑶を含む1文の冒頭は逆接の接続語「しかし」であることからも、前段落との相互関係から、この部分の意味をとらえることになる。「効率化や経済化の観点」→「だれかと分かち合う時間の節約によって得た自分の時間」→「効率的に過ごそうと考えるようになった」という流れで記述するとよいだろう。

㈤ 〈適語補充・選択肢〉［ a ］の後に続く、3文に注目する。「人間は時間を他者と重ね合わせて生きている」と述べている。

㈥ 〈内容理解・記述〉指示語に注目して、まずは文の前後関係を読み取る。—— 線部分「いのちをつなぐ時間」を「社会的な時間」によって「とりもどすことが必要」だと述べている。この「社会的な時間」というのは、直前文の「経済的な時間（概念）」と対の関係にあり、「経済的な時間概念」は「敵意や孤独」をつくりだしたというのである。つまり、この「敵意や孤独」とは反対の意味を持つのが「いのちをつなぐ（時間）」であり、それは「時間を他者と重ね合わせて生きること」や「互酬性にもとづいた暮らし」と読み取ることができる。設問に「文章全体を踏まえ」とあることからも、中心段落（意見や考えがまとめられている段落）を限定することが重要である。

入試直前 模擬問題

国語は527ページ～519ページに掲載。

この内容は2023年2月に実施された「新潟県合格もぎ」（CKT販売）の問題を使用しています。

WEBサイト「新潟日報メディアネットブックストア」からダウンロードできます。

解答用紙ダウンロード➡

数　学

〔1〕 次の(1)～(8)の問い に答えなさい。

(1) $(-2)^2-(-8)\div(-4)$ を計算しなさい。

(2) $5a-11b+2(a+7b)$ を計算しなさい。

(3) $28ab^2\div(-21a^2)\times3ab$ を計算しなさい。

(4) 2次方程式 $2x^2-3x-1=0$ を解きなさい。

(5) $\sqrt{48}-\sqrt{24}\times\sqrt{8}$ を計算しなさい。

(6) yはxの2乗に比例し，$x=-4$のとき，$y=-2$である。このとき，yをxの式で表しなさい。

(7) 右の図のように，△ABCがあり，点Dは辺BC上の点である。点Eは直線AD上の，点Dよりも下側の点である。AB = AC，∠BAD = 72°，∠EDC = 76°のとき，∠xの大きさを答えなさい。

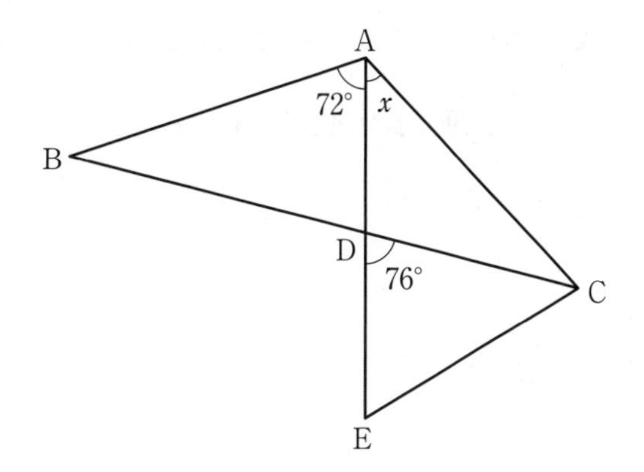

(8) 右の表は，ある農園で収穫したりんご20個の重さを調べ，度数分布表にまとめたものである。この表から求められるりんご20個の重さの平均値が350gのとき，x，yの値をそれぞれ答えなさい。ただし，x，yは自然数である。

階級（g）			度数（個）
以上		未満	
280	～	300	1
300	～	320	x
320	～	340	4
340	～	360	5
360	～	380	y
380	～	400	3
計			20

〔2〕 次の(1)〜(3)の問いに答えなさい。

(1) $\sqrt{19}$の小数部分をaとするとき，a^2+8aの値を求めなさい。

(2) 1枚の100円硬貨，1枚の10円硬貨，1から6までの目のついた1つのさいころを同時に投げる。2枚の硬貨がいずれも表のときは，さいころの出た目の数の2倍を得点とする。1枚の硬貨が表，1枚の硬貨が裏のときは，さいころの出た目の数を得点とする。2枚の硬貨がいずれも裏のときは，得点を0点とする。このとき，得点が4点以上となる確率を求めなさい。

(3) 下の図のように，線分ABがあり，点Mは線分ABの中点である。線分AB上にあり，AP：PB＝5：3となる点Pを，定規とコンパスを用いて作図しなさい。ただし，作図は解答用紙に行い，作図に使った線は消さないで残しておくこと。

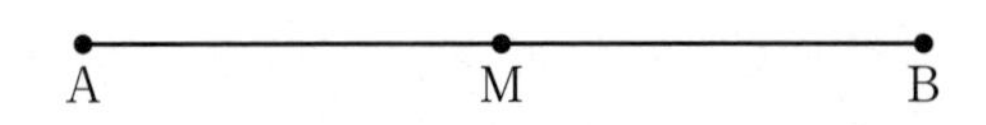

〔**3**〕 下の図1のように，AB＜BCの長方形ABCDがある。点Pは点Aを出発し，毎秒3cmの速さで辺AB，BC上をA→B→Cの向きに動き，点Cで止まる。点Qは，点Pが点Aを出発するのと同時に点Bを出発し，毎秒2cmの速さで辺BC上をB→Cの向きに動き，点Cで止まる。点P，Qが，それぞれ点A，Bを同時に出発してから，x秒後の△APDと△DQCの面積をそれぞれ$y$cm^{2}とする。下の図2は，△APDと△DQCについて，xとyの関係をそれぞれグラフに表したものである。このとき，次の(1)〜(4)の問いに答えなさい。

図1

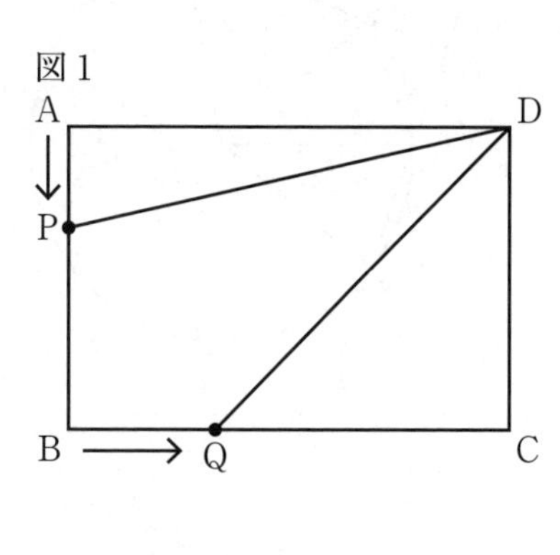

図2

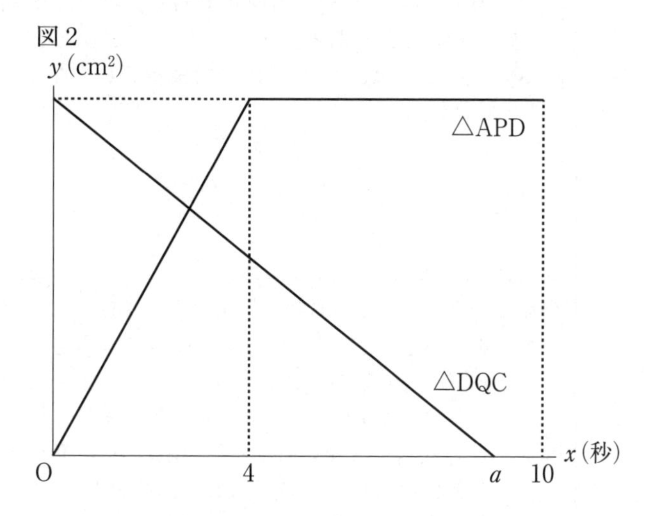

(1) 辺ABの長さを答えなさい。

(2) 図2のグラフ中のaの値を答えなさい。

(3) △DQCについて，$0 \leqq x \leqq a$のとき，yをxの式で表しなさい。

(4) 点P，Qが，それぞれ点A，Bを同時に出発してから，△APDの面積と△DQCの面積が等しくなるのは何秒後か，求めなさい。

〔4〕 次の文は，ある中学校の数学の授業での課題と，その授業での先生と生徒の会話の一部である。この文を読んで，あとの(1)〜(3)の問いに答えなさい。

課題

図1のように，円Oと2本の直線ℓ，mがある。点A，Bは円Oと直線ℓとの交点である。点C，Dは円Oと直線mとの交点である。点Pは直線ℓ，mの交点である。また，$\ell \perp m$である。このとき，△OACと△OBDの面積が等しくなることを示す。

図1

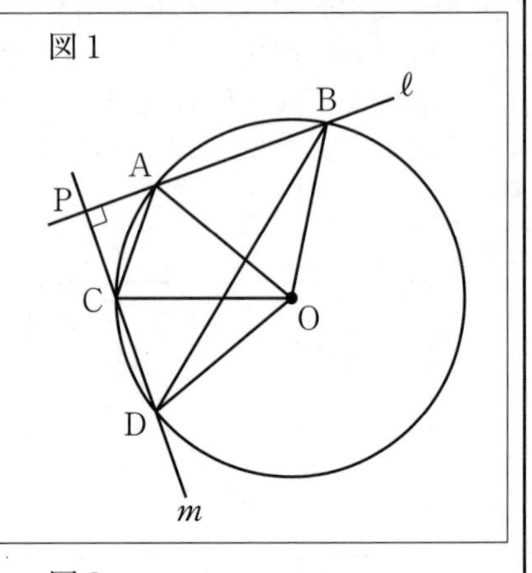

先生：図2のように，点Cをふくまない$\overset{\frown}{BD}$上に点Qをとると，△BCDの内角∠BCDの大きさと△BQDの内角∠BQDの大きさの和は180°になります。まずはこのことを示してみましょう。

ケン：点Qをふくまないおうぎ形OBDの中心角の大きさを$a°$，点Qをふくむおうぎ形OBDの中心角の大きさを$b°$とします。このとき，∠BCD，∠BQDについて，円周角の定理から，∠BCD＝[i]°…㋐，∠BQD＝[ii]°…㋑が成り立ちます。また，$a° + b° = 360°$…㋒だから，㋐，㋑，㋒より，∠BCD＋∠BQD＝180°…㋓となります。

先生：そのとおりです。では次に，△OACの内角∠AOCの大きさと△OBDの内角∠BODの大きさの和が180°になることの証明をノートに書いてみましょう。

ナミ：できました。∠AOCの大きさと∠BODの大きさの和が180°になることと，線分OAと線分ODの長さが等しいことから，図3のように，△OACの辺OAと△OBDの辺ODを重ねて，1つの△ABCを作ることができます。△OACと△OBDは，それぞれの底辺OC，OBの長さが等しく，高さが共通の三角形だから，その面積も等しいです。

先生：そのとおりです。課題はこれで解決しましたが，ほかに何か気づいたことはありますか。

ケン：図4のように，直線OCと円Oとの交点のうち，Cと異なるほうをEとすると，図4の△ACEは図3の△ACBと合同な図形であり，∠CAEの大きさがわかります。

図2

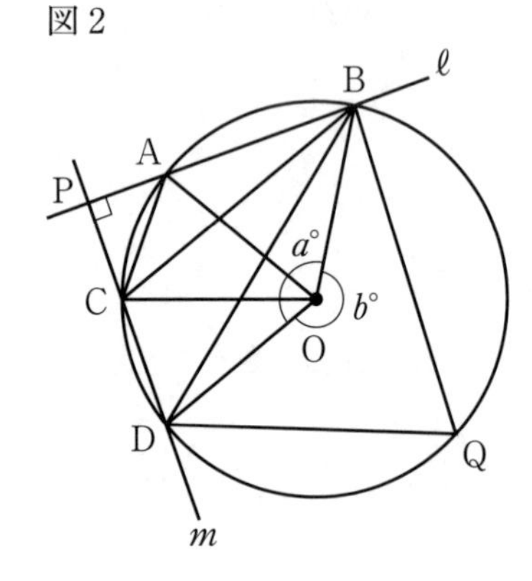

図3

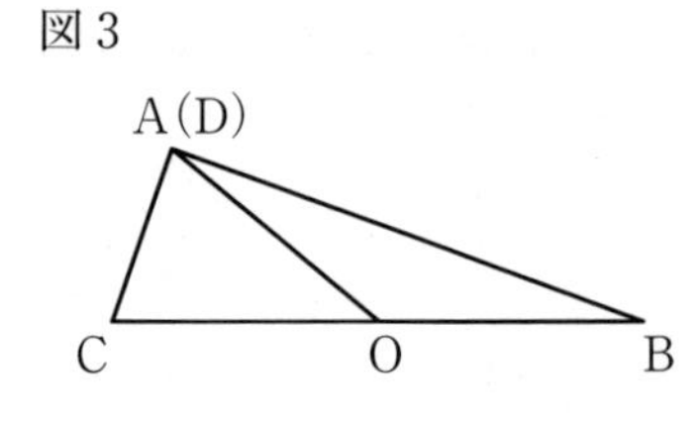

図4

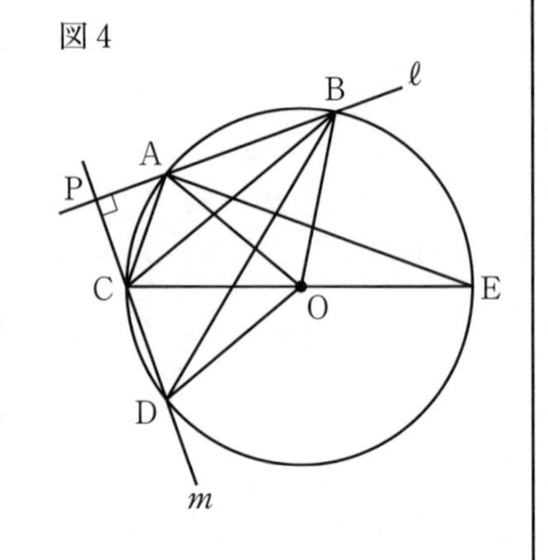

(1) [i], [ii]に当てはまる最も適当なものを，次のア～エからそれぞれ1つずつ選び，その符号を書きなさい。ただし，同じものを繰り返し選んでもよい。

ア $\frac{1}{2}a$　　イ $2a$　　ウ $\frac{1}{2}b$　　エ $2b$

(2) 下線部分について，∠AOC + ∠BOD = 180°であることを証明しなさい。ただし，∠BCD + ∠BQD = 180°であることは証明せずに用いてよい。

(3) 図4において，OA = 3cm，AC = 2cm，∠PBC = ∠CBDのとき，次の①，②の問いに答えなさい。

① 線分BDの長さを答えなさい。

② 線分ADの長さを答えなさい。

〔5〕 下の図のように，$AD /\!/ BC$，$AB = CD = \sqrt{37}$ cm，$BC = 2$cm，$DA = 4$cm の台形を底面とし，高さが $AE = 6$cm の四角柱 ABCD − EFGH がある。辺 CD の中点を M とする。また，3 点 B，M，H を通る平面と辺 EF との交点を I とすると，$BM /\!/ IH$ である。また，直線 FG と直線 IH との交点を J とする。このとき，次の(1)〜(3)の問いに答えなさい。

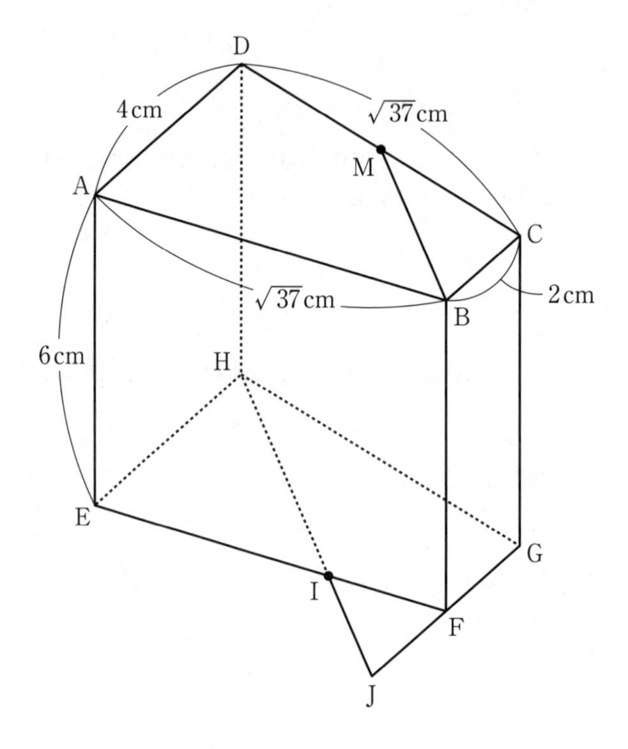

(1) $\triangle EIH \backsim \triangle FIJ$ であることを証明しなさい。

(2) 台形 ABCD の面積を答えなさい。

(3) 7 点 B，C，M，F，G，H，I を結んでできる立体の体積を答えなさい。

入試直前模擬問題

数学 解答用紙

受検番号	

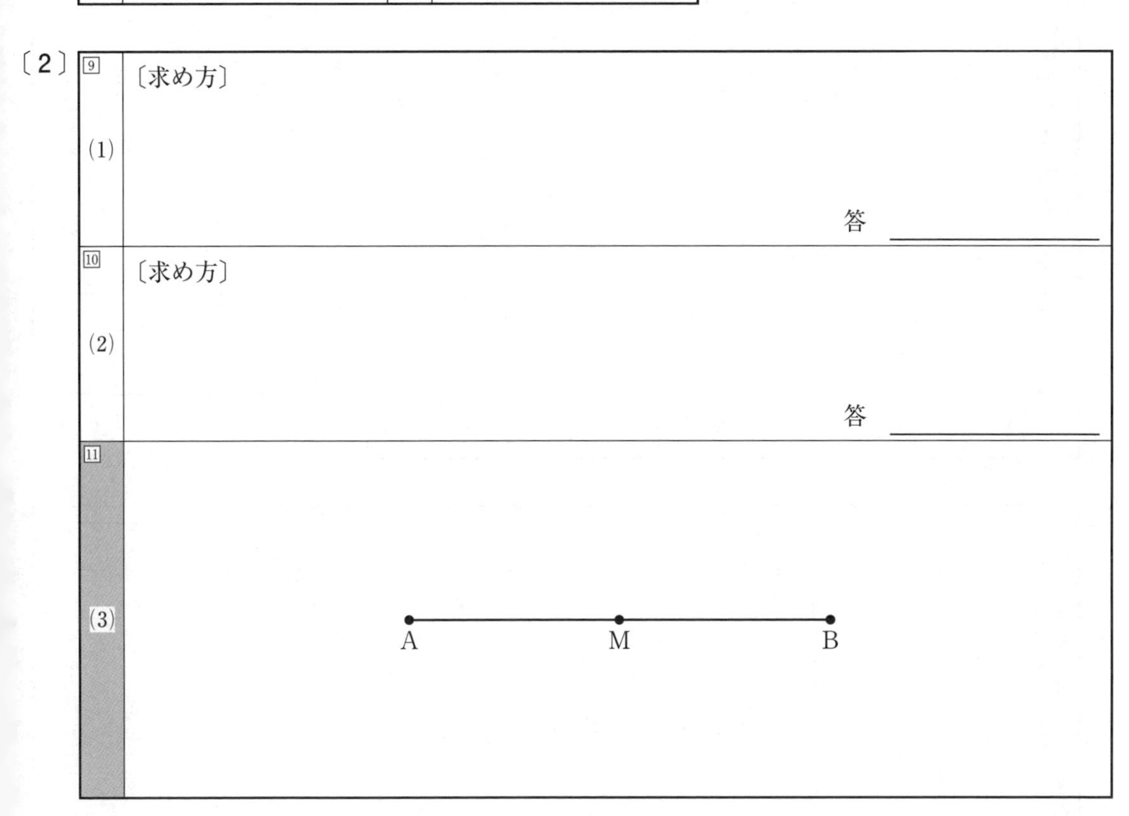

〔1〕

1 (1)		2 (2)		3 (3)	
4 (4)	$x =$	5 (5)		6 (6)	$y =$
7 (7)	$\angle x =$ 度	8 (8)	$x =$, $y =$		

〔2〕

9 (1)	〔求め方〕 答
10 (2)	〔求め方〕 答
11 (3)	A M B

〔3〕

12 (1)	cm	13 (2)	$a =$	14 (3)	$y =$
15 (4)	〔求め方〕 答 秒後				

入試直前 模擬問題

〔4〕

(1)	16 i		17 ii	

18 (2)	〔証明〕

(3)	19 ①	cm	20 ②	cm

〔5〕

21 (1)	〔証明〕

22 (2)	cm^2	23 (3)	cm^3

英　語

※リスニング音声はWEBサイト
「新潟日報メディアネットブックストア」から聞けます。
模擬問題リスニング音声➡

〔**1**〕 放送を聞いて，次の(1)～(3)の問いに答えなさい。

(1) これから英文を読み，それについての質問をします。それぞれの質問に対する答えとして最も適当なものを，次のア～エから一つずつ選び，その符号を書きなさい。

1 ア A watch.　イ A T-shirt.
　ウ A map.　エ A letter.
2 ア May I help you?　イ How much is it?
　ウ You're welcome.　エ I'll take it.
3 ア In spring.　イ In summer.
　ウ In fall.　エ In winter.
4 ア Sunny all day.　イ Sunny then cloudy.
　ウ Cloudy then rainy.　エ Rainy all day.

(2) これから英語で対話を行い，それについての質問をします。それぞれの質問に対する答えとして最も適当なものを，次のア～エから一つずつ選び，その符号を書きなさい。

1 ア Yes, she does.　イ No, she doesn't.
　ウ Yes, she is.　エ No, she isn't.
2 ア Jane.　イ Kevin.
　ウ Lily.　エ Mike.
3 ア At 3:30.　イ At 3:40.
　ウ At 3:50.　エ At 4:00.
4

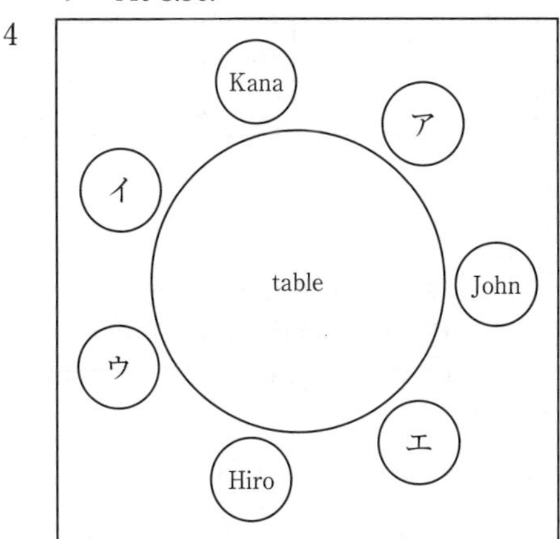

(3) これから，留守番電話に録音された，メアリー（Mary）からアヤカ（Ayaka）へのメッセージを再生します。そのメッセージについて，二つの質問をします。それぞれの質問に対する答えを，3語以上の英文で書きなさい。

入試直前 模擬問題

〔2〕 次の英文は，ジャック（Jack）が通うアメリカの中学校の学校行事の【案内】の一部と，それについて，ジャックとあなたが話をしている【会話】です。【案内】と【会話】を読んで，下の(1)，(2)の問いに答えなさい。ただし，【会話】の＊＊＊の部分には，あなたの名前が書かれているものとします。

【案内】

To be Green in 2023

The school events, "To be Green," are coming soon! These events are loved by many students and teachers. Please join us and have fun. There are different events every week in May. See below and think about the events you want to join. Any student and teacher in ABC Junior High School can join these events. You can join all of the events. Please visit our website for more information.

No.	Week	What to do	Other Information
1	The first week (from Monday to Friday)	wear something green	Every student and teacher must join this event.
2	The second week (after school on Monday)	clean the river near our school	Please bring gloves and trash bags.
3	The third week (on Saturday)	Group Tour： go to the beach by bike	Please bring some food you make and share it with other people.
4	The fourth week (from Monday to Friday)	Book Volunteer Work： send books to Africa, and collect money from students	Books for children are the best.

【会話】

＊＊＊：“To be Green” are coming soon. Which event do you want to join?
Jack　：I want to join [　　　] . I like cooking very much and I want other students to eat what I cook. I think my wish will come true at this event. How about you? Which event are you interested in the most?
＊＊＊：（ **a** ）
Jack　：Why do you want to join it?
＊＊＊：（ **b** ）

（注） glove 手袋　　come true かなう

(1) 【会話】の [　　　] の中に入る最も適当なものを，次のア～エから一つ選び，その符号を書きなさい。

ア Event 1　　イ Event 2　　ウ Event 3　　エ Event 4

(2) 【会話】の **a**，**b** の（　　）の中に，それぞれ直前のジャックの質問に対するあなたの答えを，**a** は3語以上の英文で，**b** は3行以内の英文で書きなさい。

〔３〕 次の英文を読んで，あとの(1)〜(6)の問いに答えなさい。

Taichi is a high school student. He is talking with Ryoko. She is also a high school student, but they go to different schools.

Taichi：Every year, a special teacher who plays an active role in the global society visits our school and talks about his or her own experiences as a special message to us.

Ryoko：Really? Who came this year?

Taichi：A woman who works as a scientist in the U.S. Twenty years ago she (**A**) Japan to study science at a university in Canada. She has communicated with people from a lot of countries since then. Her talk was very interesting.

Ryoko：Oh, I **B** [know, like, would, to] more about her story because I want to study abroad in the future, too. But I am worried a little because I cannot speak English very well.

Taichi：She said that of course it is very important to be able to use English well, but she also believes that there are some other important things for living in a global society.

Ryoko：[**C**]

Taichi：One of them is to try hard to understand other people even if their ideas and yours are different. There are many kinds of cultures in the world, and different cultures have different ways of thinking. She said, "(**D**) with the people from many different countries gave me a chance to understand the importance of respecting other cultures and learn a lot of interesting ways of thinking."

Ryoko：What is next?

Taichi：She said, "It is also important to try to speak our own opinions clearly." In Japan, when we don't show what we think, other people often try to guess and understand it, but in many other countries, people don't do **E** <u>that</u>. She said, "We are in a global society, and I think we need to speak aloud what we think and what we want. Then we will be able to share our ideas and communicate better with each other."

Ryoko：In a global society, you can communicate nothing if you don't say anything, right?

Taichi：Yes, she also believes that we need to know much about our own culture and history before we go to foreign countries.

Ryoko：Did she **F** [advice, to, any, give] Japanese high school students?

Taichi：She said, "To play an active role in the future world, you should make your interest larger and never give up even if you fail."

Ryoko：It is easy to follow her advice, isn't it? We can do the things which she said here in our own country now.

Taichi：That's right. I will never forget her words at the end of the talk. She said, "I just want to make myself better and make other people happier through my job, and I believe I can do **G** <u>this</u> in any place in the world."

Ryoko：Great! Now, I understand that my "job" is to try my best in everything in my high school life before going out into the world like her.

（注） special 特別な　play an active role 活躍する　global society 国際社会
university 大学　be able to 〜 〜できる　aloud 声に出して
interest 関心　give up 諦める　fail 失敗する　follow 〜 〜に従う

(1) 文中のA，Dの（　　　）の中に入る最も適当な語を，次のア～エからそれぞれ一つずつ選び，その符号を書きなさい。

A　ア　left　　イ　visited　　ウ　lived　　エ　came

D　ア　Communicate　　イ　Communicates
　　ウ　Communicating　　エ　Communicated

(2) 文中のB，Fの［　　］の中の語を，それぞれ正しい順序に並べ替えて書きなさい。

(3) 文中のCの［　　］の中に入る最も適当なものを，次のア～エから一つ選び，その符号を書きなさい。

ア　Who was she?　　イ　When did she go?
ウ　What are they?　　エ　What's your goal?

(4) 下線部分Eについて，その内容を，具体的に日本語で書きなさい。

(5) 下線部分Gについて，その内容を，具体的に日本語で書きなさい。

(6) 本文の内容に合っているものを，次のア～オから一つ選び，その符号を書きなさい。

ア　Every year, a scientist visits Taichi's school to talk about his or her own experiences as a special message to the students.
イ　The scientist studied science in the U.S., and she works at a university in Canada now.
ウ　Taichi wants to study abroad in the future but he is not good at speaking English.
エ　The scientist thinks it's important for us to know about our own culture and history before going abroad.
オ　Ryoko understands she can't make her interest larger in her own country.

〔4〕 次の英文を読んで，あとの(1)〜(6)の問いに答えなさい。

My name is Mariko. I was a member of the soccer club. Today, I will talk about my experiences in the club. One day in July last year, I was going back home from school with my friend Yumi after we practiced soccer. We were in the eighth grade and she was also a member of the club. I said, "We're going to have a game next week. It may be the last game for the three students who are in the ninth grade. So, A I want to play well in the game and win, especially for them." Yumi agreed with me. We kept talking about the game on the way. Suddenly, a car came straight to me. It hit me and I fell down on the road. My legs were injured. I was taken to a hospital quickly. In the hospital, I said to the doctor, "Can I play in the game next week?" He said, "No, you have to be here for about two weeks." I was sad. Our soccer club had only eleven members, and I couldn't play. One week later, ten players in our team played. At that time, I was still in the hospital, and I heard that our team wasn't able to win though they played hard. I thought, "Our team lost because I was not there. I don't want to see other members." They often called me after I left the hospital, but I didn't talk with them. My legs got well, but I didn't go back to the team.

However, one month later, something began to change in my mind. I had nothing to do every day during summer vacation, and one day I was walking in a park near my house. Little children were playing soccer there. I stopped walking and watched them, and after a while I wanted to [B]. I said, "Can I join you?" They said, "Sure." We played soccer for about twenty minutes, and we had a good time. I taught the children some skills in soccer. They said, "Thank you." I remembered the happy time I had with other members of the team.

At the end of the summer vacation, a letter came to me. I was surprised because it was from Mr. Yamamoto, the teacher of our soccer club. He wrote about his own experiences of soccer in the letter. He was injured when he was a university student. He thought he gave other members a lot of trouble and stopped playing soccer. After he left his team, he tried to return to it many times, but he couldn't. He is now very sorry. He didn't want me to have such a sad experience. He continued, "All your teammates need you. You know that your teammates are important. If you love soccer, come back and enjoy playing soccer with them." I was moved by his letter. [C]

I never talked with my teammates after I was injured, so I thought, "They may be angry." However, when I joined the team again last September, they welcomed me with a smile and encouraged me to play soccer again.

Seven new members joined the team in April this year, so we had enough players to have a game. Three months later, we had a soccer game. It was my last game in junior high school. We played very hard in the game, but we lost. Winning was the most important for me, but after I returned to the team, I found that enjoying soccer with my teammates was more important. After the game, Mr. Yamamoto said, "Losing is not a bad experience. Don't feel sad. D What will you do after this if you want to win the next game? Thinking like this will make you stronger. The same can be said for many things in life." I will never forget this experience.

入試直前 模擬問題

（注） eighth grade　中学２年生　　ninth grade　中学３年生
injure ～　～にけがをさせる　　mind　心　　after a while　しばらくして
move ～　～を感動させる　　encourage ～ to …　～が…するように元気づける

(1) 下線部分 **A** について，マリコ（Mariko）はなぜそのように考えたのか，具体的に日本語で書きなさい。

(2) 文中の **B** の [　　] に当てはまる内容を，4 語以上の英語で書きなさい。

(3) 文中の **C** の [　　] の中に入る最も適当なものを，次のア～エから一つ選び，その符号を書きなさい。

ア I started to study hard to enter a university.
イ I decided to return to the club.
ウ I realized I was a good player.
エ I thought I had to meet the little children again.

(4) 次の①～③の問いに対する答えを，それぞれ 3 語以上の英文で書きなさい。

① Did the doctor tell Mariko to stay in the hospital for about two weeks?
② Who wrote the letter to Mariko?
③ Why did Mariko think her teammates might be angry?

(5) 本文の内容に合っているものを，次のア～エから一つ選び，その符号を書きなさい。

ア Mariko was hit by a car on her way to school.
イ Mariko felt sad because her soccer team won the game without her.
ウ During summer vacation, Mariko saw children who were playing soccer.
エ In Mariko's last game in junior high school she played hard, and the team was able to win the game.

(6) 下線部分 **D** とあるが，あなたがマリコなら，この質問にどのように答えますか。4 行以内の英文で書きなさい。

入試直前模擬問題

英語 解答用紙

受検番号	

〔1〕

(1)	1 1		2 2		3 3		4 4	
(2)	5 1		6 2		7 3		8 4	
(3)	9 1							
	10 2							

〔2〕

11 (1)		
(2)	12 a	
	13 b	

〔3〕

(1)	14 A		15 D	
(2)	16 B			
	17 F			
18 (3)				
19 (4)				
20 (5)				
21 (6)				

入試直前 模擬問題

〔4〕

22 (1)		
23 (2)		
24 (3)		
(4)	25 ①	
	26 ②	
	27 ③	
28 (5)		
29 (6)		

社　会

〔1〕　次の地図1，2を見て，下の(1)～(3)の問いに答えなさい。

地図1

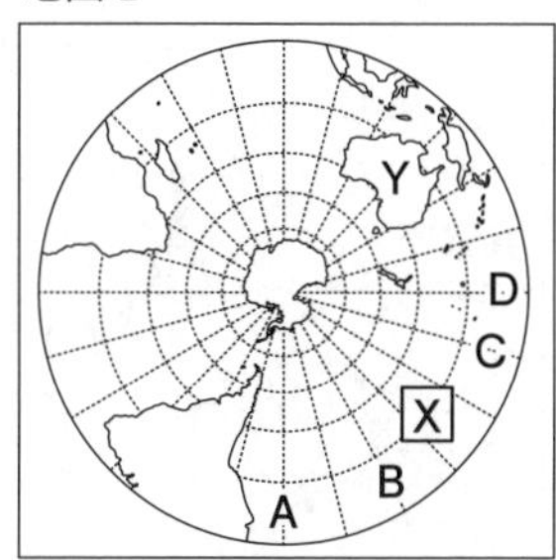

地図2

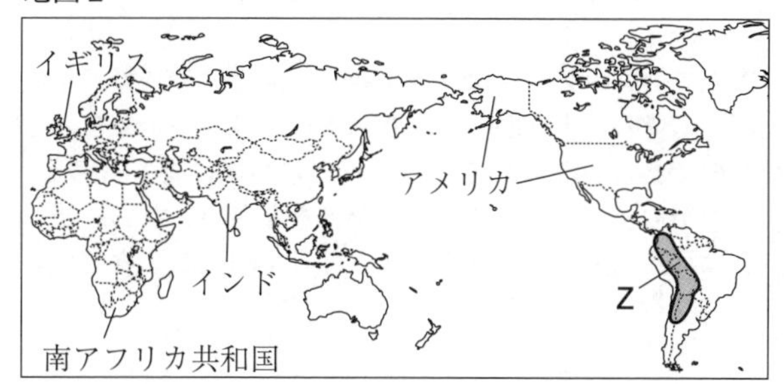

(1)　地図1は，南極点を中心に南半球を表したものである。この地図について，次の①～③の問いに答えなさい。なお，地図1の経線は本初子午線を基準として，15度間隔で表している。

①　地図1中のXは，三つの海洋（大洋）の一つである。Xの海洋の名称を書きなさい。

②　地図1中のA～Dで示した経線のうち，経度180度の線を示すものはどれか。A～Dから一つ選び，その符号を書きなさい。

③　地図1中のYで示した国に住む先住民は何と呼ばれているか。その名称として，最も適当なものを，次のア～エから一つ選び，その符号を書きなさい。

ア　イヌイット　　イ　ヒスパニック　　ウ　マオリ　　エ　アボリジニ

(2)　地図2で示したZの地域で主に放牧されている動物として，最も適当なものを，下のⅠ群のア～エから一つ選び，その符号を書きなさい。また，この地方のようすについて述べた文として，最も適当なものを，下のⅡ群のカ～ケから一つ選び，その符号を書きなさい。

Ⅰ群

ア

イ

ウ

エ

Ⅱ群

カ　1年の多くが雪と氷におおわれ，夏の一時期だけ地表にこけ類が育つ。
キ　1年を通して降水量が少なく，一面に砂や岩が広がっている。
ク　四季の変化がはっきりしており，冬に雨が多く，夏は乾燥している。
ケ　同じ緯度の標高の低い地域よりも気温が低く，また昼と夜の気温差が大きい。

(3)　右の表は，地図2で示したイギリス，南アフリカ共和国，インド，アメリカについて，それぞれの国の人口，一人当たり国民総所得，輸出品上位3位とその割合を示したものであり，表中のa～dは，これらの四つの国のいずれかである。このうち，b，dに当てはまる国名の組合せとして，最も適当なものを，次のア～エから一つ選び，その符号を書きなさい。

	人口（千人）	一人当たり国民総所得（ドル）	輸出品上位3位とその割合（%）					
			第1位		第2位		第3位	
a	1,380,004	2,092	石油製品	13.5	機械類	11.5	ダイヤモンド	6.8
b	67,886	41,149	機械類	22.0	自動車	10.4	医薬品	6.1
c	331,003	65,897	機械類	23.5	自動車	7.9	石油製品	5.7
d	59,309	5,832	自動車	12.8	白金族	9.3	機械類	8.1

（「世界国勢図会」2021/22年版による）

ア［b　イギリス　　d　インド］　　イ［b　イギリス　　d　南アフリカ共和国］
ウ［b　アメリカ　　d　インド］　　エ［b　アメリカ　　d　南アフリカ共和国］

入試直前　模擬問題

〔2〕 右の地図を見て，下の(1)～(5)の問いに答えなさい。

(1) 地図中のAで示した三つの山脈の総称を書きなさい。

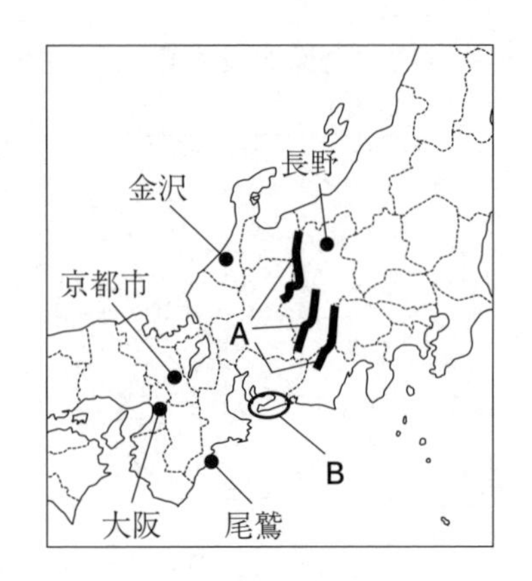

(2) 次のア～エのグラフは，気象観測地点である長野，金沢，大阪，尾鷲のいずれかの気温と降水量の月別平年値を表したものである。これらのうち，長野に当てはまるものを，ア～エから一つ選び，その符号を書きなさい。なお，棒グラフは月降水量を，折れ線グラフは月平均気温を表している。

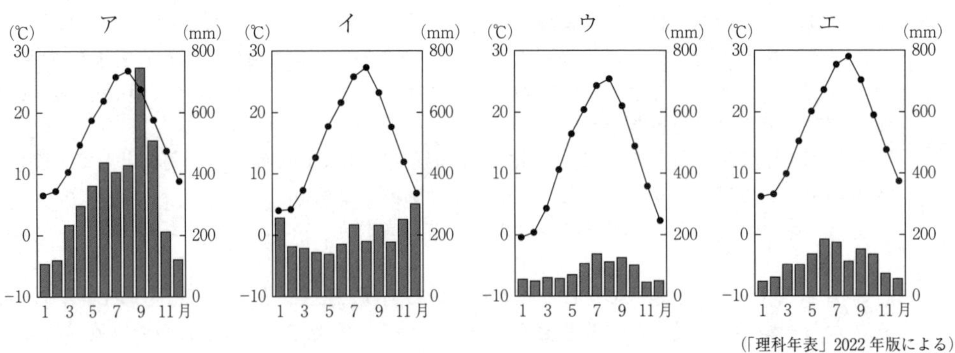

(「理科年表」2022年版による)

(3) 右の図は，今の京都市にあった都のようすを示したものである。この都について述べた次の文中の X ， Y に当てはまる語句の組合せとして，最も適当なものを，下のア～エから一つ選び，その符号を書きなさい。

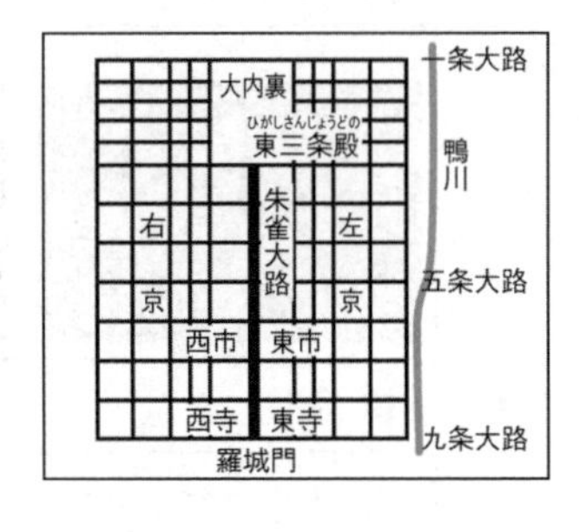

この都の道路は，遷都を命じた X の時代から，碁盤の目のように整然と並んでいる。また，古くから都であったことから， Y のような伝統的工芸品が生まれ，今でも生産が続けられている。

ア［X 桓武天皇　Y 西陣織　］　イ［X 聖武天皇　Y 西陣織　］
ウ［X 桓武天皇　Y 加賀友禅］　エ［X 聖武天皇　Y 加賀友禅］

(4) 右のグラフは，富山県，静岡県，奈良県の輸送用機械器具の製造品出荷額等と米の生産農業所得を示したものであり，グラフ中のP～Rは，これら三つの県のいずれかのものである。グラフ中の点Pに当てはまる県を▨で，解答用紙の地図中に示しなさい。

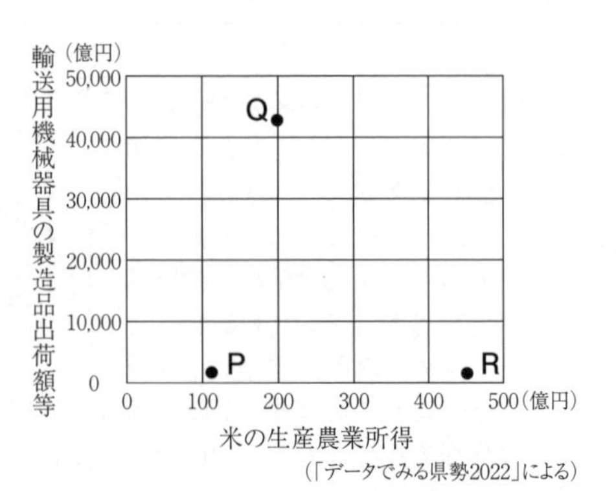

(「データでみる県勢2022」による)

(5) 地図中のBで示した渥美半島では，トマトやみつばなどの促成栽培が盛んに行われている。この促成栽培とはどのような栽培方法か。「出荷時期」，「価格」という二つの語句を用いて書きなさい。

〔3〕 右の略年表を見て，下の(1)〜(6)の問いに答えなさい。

年代	できごと
538 年	a百済から仏教が伝来する。
645 年	b大化の改新が始まる。
743 年	c墾田永年私財法が制定される。
1297 年	d幕府が徳政令を出す。
1334 年	e建武の新政が始まる。
1603 年	徳川家康がf江戸幕府を開く。

(1) 下線部分aについて，このころに中国や朝鮮半島から日本に移住した人々を何というか。その名称を漢字で書きなさい。

(2) 下線部分bについて，次の文中の X ，Y に当てはまる語句の組合せとして，最も適当なものを，下のア〜エから一つ選び，その符号を書きなさい。

> 645 年，中大兄皇子（後の X ）らは蘇我氏を倒し，政治改革を始めた。663 年，中大兄皇子は百済を支援するために大軍を朝鮮半島に送ったが，唐と新羅の軍に Y で敗れた。

ア［X 天武天皇 Y 壬申の乱 ］ イ［X 天智天皇 Y 壬申の乱 ］
ウ［X 天武天皇 Y 白村江の戦い］ エ［X 天智天皇 Y 白村江の戦い］

(3) 下線部分cについて，このころの文化を代表する建物として，最も適当なものを，次のア〜エから一つ選び，その符号を書きなさい。

ア

イ

ウ

エ

(4) 次の表は，下線部分dの【できごと】の【背景・原因】，【結果・影響】をまとめたものである。表中の X ，Y に当てはまる文として，最も適当なものを，下のア〜エからそれぞれ一つずつ選び，その符号を書きなさい。

【背景・原因】		【できごと】		【結果・影響】
X	⇒	幕府が徳政令を出す。	⇒	Y

ア 御家人の生活を改善できず，幕府は信用を失った。
イ 近江の馬借や京都の農民たちが酒屋や土倉をおそった。
ウ 領地の分割相続が続き，御家人の生活が苦しくなった。
エ 山城国の南部で，武士と農民たちが協力し，数年間にわたり自治を行った。

(5) 下線部分eは，わずか2年ほどでくずれた。その理由を，「武士」，「公家」という二つの語句を用いて書きなさい。

(6) 次のX〜Zは，下線部分fが政権をにぎっていた時代のできごとである。年代の古い順に並べたものとして，正しいものを，あとのア〜カから一つ選び，その符号を書きなさい。
X 杉田玄白，前野良沢らが「解体新書」を出版した。
Y キリスト教に関係のない洋書の輸入を許した。
Z 幕領でのキリスト教の布教を禁止した。
ア X → Y → Z イ X → Z → Y ウ Y → X → Z
エ Y → Z → X オ Z → X → Y カ Z → Y → X

〔4〕 社会科の授業で研究発表をするため，ある班では時代ごとのできごとについて調べ学習を行い，調べたことを表にまとめた。この表を見て，下の(1)～(6)の問いに答えなさい。

時代	調べたこと
江戸時代	・開国後，aイギリスから安い綿織物が輸入され，生産地が打撃を受けた。
明治時代	・岡倉天心やフェノロサにより，b日本の伝統的な美術が見直された。 ・朝鮮半島に日本と清が出兵し，c日清戦争が始まった。
大正時代	・富山県の漁村の主婦たちがd米の安売りを求めた騒動が，全国に広がった。
昭和時代	・eニューヨークの株式市場で株価が大暴落した。 ・資本主義の国々と共産主義の国々が対立する状態であるf冷戦が始まった。

(1) 下線部分aについて，イギリスが安い綿織物を生産できた理由には，大量生産をするための技術改良や機械の開発が行われたことが挙げられる。それにともない，イギリスの産業や社会のしくみは大きく変化したが，この変革を何というか，適当な語句を漢字で書きなさい。

(2) 下線部分bについて，右の資料は．欧米の技術を日本画に取り入れた人物が描いたものである。この絵画を描いた人物は誰か。次のア～エから一つ選び，その符号を書きなさい。

ア　森鷗外　　イ　横山大観　　ウ　高村光雲　　エ　樋口一葉

(ColBase による)

(3) 下線部分cについて，この戦争について述べた次の文中の[X]，[Y]に当てはまる語句の組合せとして，最も適当なものを，下のア～エから一つ選び，その符号を書きなさい。

> この戦争は，朝鮮半島の南部で起こった[X]をしずめるために日本と清が出兵し，両軍が衝突したことで始まった。翌年の4月に[Y]が結ばれ，この戦争は終わった。

ア［X　義和団事件　Y　ポーツマス条約］　イ［X　甲午農民戦争　Y　ポーツマス条約］
ウ［X　義和団事件　Y　下関条約］　エ［X　甲午農民戦争　Y　下関条約］

(4) 下線部分dについて，この騒動のきっかけとなったできごととして，最も適当なものを，次のア～エから一つ選び，その符号を書きなさい。

ア　シベリア出兵　　イ　日中戦争　　ウ　満州事変　　エ　五・四運動

(5) 下線部分eをきっかけとして世界恐慌が始まったが，その際に各国がとった政策として，最も適当なものを，次のア～エから一つ選び，その符号を書きなさい。

ア　ドイツなどを警戒したイギリスは，ロシアなどと三国協商を結んで対抗した。
イ　インドネシアはアジア・アフリカ会議を開催し，平和共存と緊張緩和を訴えた。
ウ　アメリカでは，公共事業などで景気回復を図るニューディール政策が行われた。
エ　ソ連はキューバ国内にミサイル基地を建設し，アメリカに対抗しようとした。

(6) 下線部分fについて，冷戦の影響で，現在も日本には多くの在日米軍施設が存在している。右の表は沖縄県と沖縄県を除く全国の在日米軍施設の面積とその割合を示したものである。この表を見て，沖縄県の在日米軍施設の問題について書きなさい。

区分	在日米軍施設の面積（千㎡）	在日米軍施設全体面積に占める割合（%）
全国（沖縄県を除く）	78,102	29.7
沖縄県	184,833	70.3
全体	262,935	100.0

※数値は2021年3月の値　（防衛省HPによる）

〔5〕 中学３年のあるクラスの社会科の授業では，次のＡ～Ｃのテーマについて学習を行うことにした。下の(1)～(3)の問いに答えなさい。

テーマ　Ａ　現代社会と私たちについて　　Ｂ　人権の尊重と日本国憲法について 　　　　Ｃ　民主政治と社会について

(1) Ａのテーマについて，次の①，②の問いに答えなさい。

① 次の文は，右の図のようなドローンを用いた物資輸送の実証実験についてまとめたものである。文中の□に当てはまる語句を漢字４字で書きなさい。

ドローンの活用は，□化による生産年齢人口（15歳以上65歳未満の人口）の減少の解決策の一つと考えられている。

② 新聞やテレビなどが発する情報をうのみにせず，必要な情報を選び，活用する能力のことを何というか。最も適当なものを，次のア～エから一つ選び，その符号を書きなさい。

ア　メディアリテラシー　　イ　情報モラル　　ウ　グローバル化　　エ　ＳＮＳ

(2) Ｂのテーマについて，次の①，②の問いに答えなさい。

① 次の表は「公共の福祉」により人権が制約される例と，その根拠とされる法律をまとめたものである。Ｘ，Ｙに当てはまる語句として，最も適当なものを，下のア～カからそれぞれ一つずつ選び，その符号を書きなさい。

人権	制約される例	根拠とされる法律
Ｘ	無資格者による医療行為の禁止	医師法など
Ｙ	不備な建築に対する規制	建築基準法

ア　表現の自由　　イ　集会・結社の自由　　ウ　職業選択の自由
エ　労働基本権　　オ　財産権の保障　　　　カ　勤労の権利

② 日本国憲法改正の国民投票は，有効投票のうちどのくらいが賛成すれば国民が承認したことになるか。最も適当なものを，下のア～エから一つ選び，その符号を書きなさい。

ア　50分の１以上　　イ　３分の１以上　　ウ　半数　　エ　過半数

(3) Ｃのテーマについて，次の①，②の問いに答えなさい。

① 日本の国会において衆議院で総選挙が行われ，右の図の選挙結果となった場合，どのような内閣が形成されると考えられるか，「総議席の過半数」という語句を用いて説明しなさい。なお，Ａ党とＢ党からは国務大臣が選ばれている。

総議席数　465

Ａ党	Ｂ党	Ｃ党	Ｄ党	Ｅ党	無所属
202	124	78	33	12	16
43.4%	26.7%	16.8%	7.1%	2.6%	3.4%

※図中の整数は議席数を示す。

② 内閣について述べた文として，最も適当なものを，次のア～エから一つ選び，その符号を書きなさい。

ア　内閣は国政調査権を行使して，国会の運営について調査することができる。
イ　内閣は条約の締結などの外交関係の処理を行う。
ウ　内閣は法律案を審議し，法律を制定する。
エ　国務大臣は，その３分の１以上が国会議員でなければならない。

〔6〕 中学3年のNさんは，「安心してくらせる社会」，「国際社会と私たち」という課題に関する，次のA，Bのテーマについて調べることにした。次の資料は，Nさんが興味をもったことについてまとめたものの一部である。この資料を見て，下の(1)～(4)の問いに答えなさい。

テーマA　安心してくらせる社会

・a社会保障は労働者の生活を保障する制度として始まった。
・日本のb社会保障制度の財源には，大きな課題がある。
・高度経済成長期の日本では，各地で公害などのc環境問題が発生した。

テーマB　国際社会と私たち

・世界の平和と安全を維持することを目的として，d国際連合が発足した。

(1) 下線部分aについて，日本の社会保障制度は社会保険，公的扶助，社会福祉，公衆衛生を基本的な柱としている。日本の社会保障制度の内容を示した次のア～エの文のうち，社会保険に当たるものを一つ選び，記号で答えなさい。

ア　新型コロナウイルス感染症への対策を行う。
イ　毎月保険料を支払うことで，病気などのときに現金の給付などを受ける。
ウ　高齢者や障がいのある人々，子どもなどへの支援を行う。
エ　最低限の生活を送ることができない人々に対して，生活費などを支給する。

(2) 下線部分bについて，次の表1は，1990年と2022年の歳出額と歳出に占める社会保障関係費の割合を，表2は1990年，2020年，2040年の日本の人口と高齢化率（2040年は予測）を示したものである。二つの表から読みとれることをもとに，日本の将来の財政における課題を書きなさい。

表1

	1990年	2022年
歳出額（兆円）	66.2	107.6
歳出に占める社会保障関係費の割合	17.5%	33.7%

（財務省資料による）

表2

	人口（万人）	高齢化率
1990年	12,361	12.1%
2020年	12,532	28.9%
2040年	11,092	35.3%

（財務省資料による）

(3) 下線部分cについて，日本における環境問題への対策の進展について述べた次の文中の［X］，［Y］に当てはまる語句の組合せとして，最も適当なものを，下のア～エから一つ選び，その符号を書きなさい。

日本では人々の生活の中で発生する公害が増え，またごみ処理やリサイクルの問題のような新たな環境問題が発生した。そのため国は1993年に［X］を制定し，リサイクルや地球温暖化の抑制などの取り組みを強化した。また根本的な環境問題への対策として，天然資源の消費を抑え，環境への影響を最小限にする［Y］の構築が求められている。

ア［X　公害対策基本法　Y　ダイバーシティ］　イ［X　環境基本法　Y　ダイバーシティ］
ウ［X　公害対策基本法　Y　循環型社会］　エ［X　環境基本法　Y　循環型社会］

(4) 下線部分dの国際連合について述べた次の文中の［X］，［Y］に当てはまる語句を，それぞれ漢字で書きなさい。

国際連合の［X］は，常任理事国5か国と非常任理事国10か国の合計15か国で構成されている。常任理事国は［Y］を持つため，重要な問題については1か国でも反対すると決定できない。

入試直前模擬問題

社会 解答用紙

受検番号	

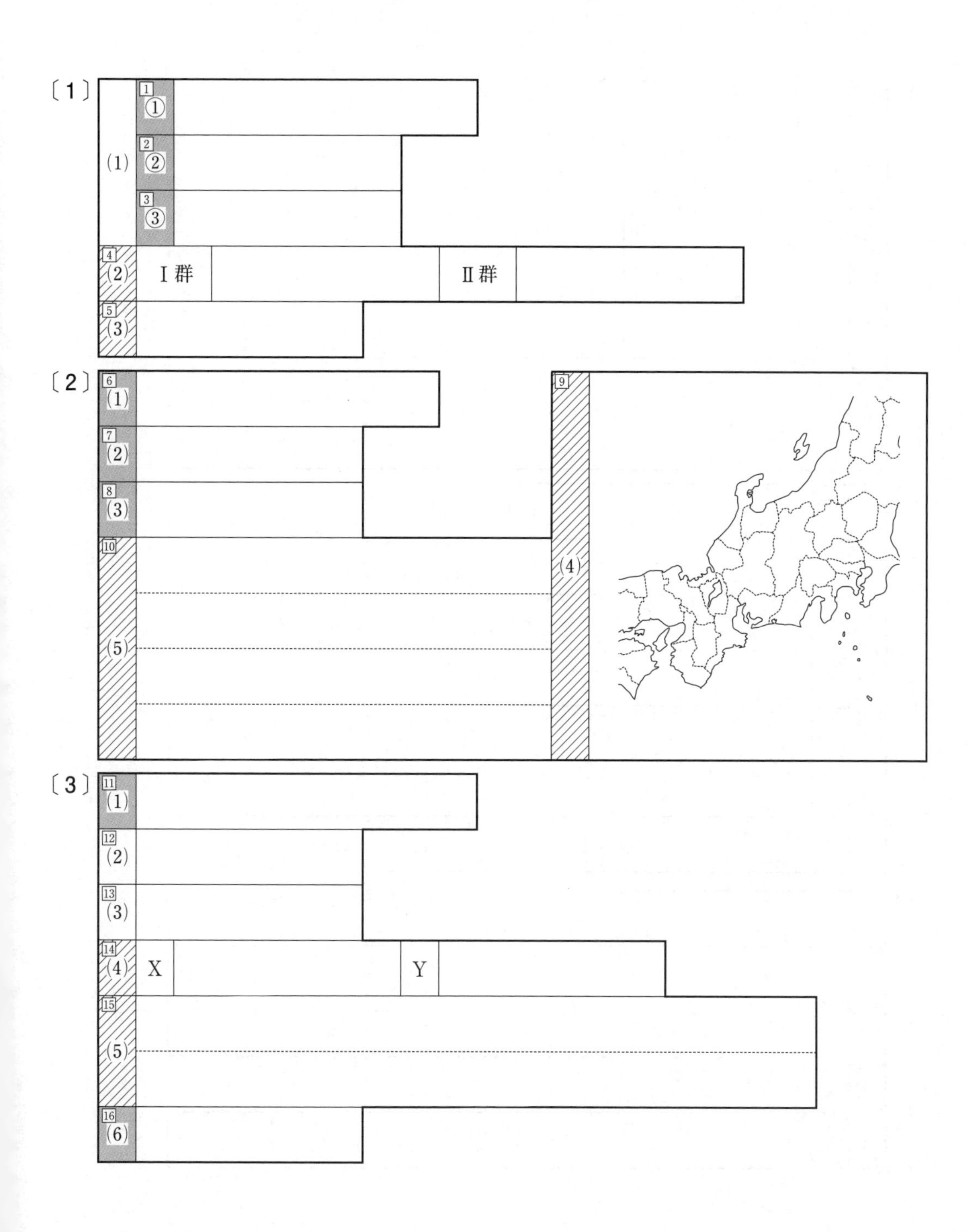

〔1〕
(1) 1 ①
2 ②
3 ③
4 (2) Ⅰ群 Ⅱ群
5 (3)

〔2〕
6 (1)
7 (2)
8 (3)
9 (4)
10 (5)

〔3〕
11 (1)
12 (2)
13 (3)
14 (4) X Y
15 (5)
16 (6)

入試直前 模擬問題

〔4〕

17 (1)	
18 (2)	
19 (3)	
20 (4)	
21 (5)	
22 (6)	

〔5〕

(1)	23 ①		化
	24 ②		
(2)	25 ①	X	Y
	26 ②		
(3)	27 ①		
	28 ②		

〔6〕

29 (1)		
30 (2)		
31 (3)		
(4)	32 X	33 Y

理　科

〔1〕 次の(1)～(6)の問いに答えなさい。

(1) ゼニゴケのからだのつくりについて述べた文として，最も適当なものを，次のア～エから一つ選び，その符号を書きなさい。

ア　花を咲かせる植物である。　　　　イ　根のような部分は仮根とよばれている。
ウ　種子を用いてなかまをふやす。　　エ　雄株には花粉のうがある。

(2) 次の図は，高さや大きさの異なる音をコンピュータで調べて得られた波形である。最も小さい音を表しているものはどれか。最も適当なものを，次のア～エから一つ選び，その符号を書きなさい。ただし，選択肢の縦軸は振れ幅を，横軸は時間を表すものとし，1目盛りの大きさはすべて同じものとする。

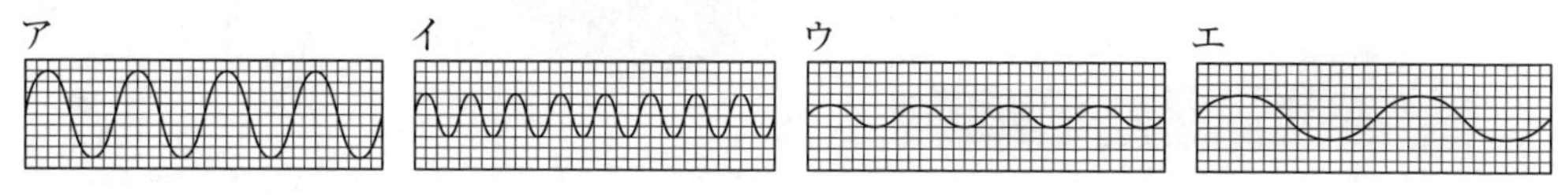

(3) 太陽の特徴について述べた文として，最も適当なものを，次のア～エから一つ選び，その符号を書きなさい。

ア　太陽の表面に見えるガスの層をプロミネンスという。
イ　太陽は1年かけて公転している。
ウ　太陽の表面に見える黒点は，まわりより温度が低いため黒く見える。
エ　太陽は太陽系の惑星の一つである。

(4) 炭酸水素ナトリウムを熱分解すると，液体と気体が発生した。この液体について調べるための操作と結果の組合せとして，最も適当なものを，次のア～エから一つ選び，その符号を書きなさい。

ア　緑色のBTB溶液を加えて，青色に変化することを確かめる。
イ　酢酸オルセイン溶液を加えて，赤紫色に変化することを確かめる。
ウ　青色の塩化コバルト紙の端に液体をつけて，赤色に変化することを確かめる。
エ　ろ紙で液体を吸収した後，マッチの火をろ紙に近づけて，液体が炎を上げて燃えることを確かめる。

(5) 右の図は，カエルの生殖と発生の一部を模式的に表したものであり，Aは卵，Bは精子，Cは受精卵，DとEは受精卵が分裂してできた一部の細胞を示している。この中で，生殖細胞はどれか。最も適当なものを，次のア～エから一つ選び，その符号を書きなさい。

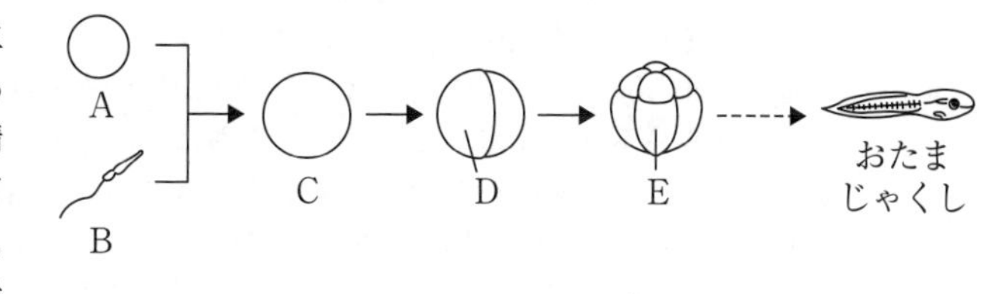

ア　AとB　　イ　AとBとC　　ウ　Cのみ　　エ　DとE

(6) さまざまな岩石や鉱物などの特徴について述べた文として，最も適当なものを，次のア～エから一つ選び，その符号を書きなさい。

ア　チャートにうすい塩酸をかけると，二酸化炭素が発生する。
イ　深成岩における等粒状組織では，斑晶や石基などの結晶が見られる。
ウ　れき，砂，どろの中で，最も粒の大きさが大きいのは砂である。
エ　火成岩では，有色の鉱物を多く含むほど，岩石は黒っぽい色になる。

〔2〕 達也さんは，ある日，日本国内のある地点で金星や恒星の観察を行った。図1は，西の空にかがやく金星の位置を記録したものである。図2は，図1の金星を天体望遠鏡で観察したときのようすを模式的に表したもので，肉眼で見たときと上下左右が逆になっている。また，図3は，金星を観察した日の地球の北極側から見た太陽と地球，金星の位置関係を模式的に表したものである。これに関して，下の(1)～(5)の問いに答えなさい。

図1

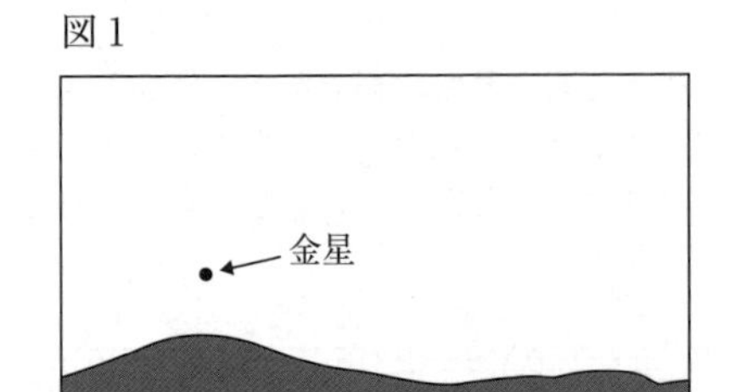

西の空

図2

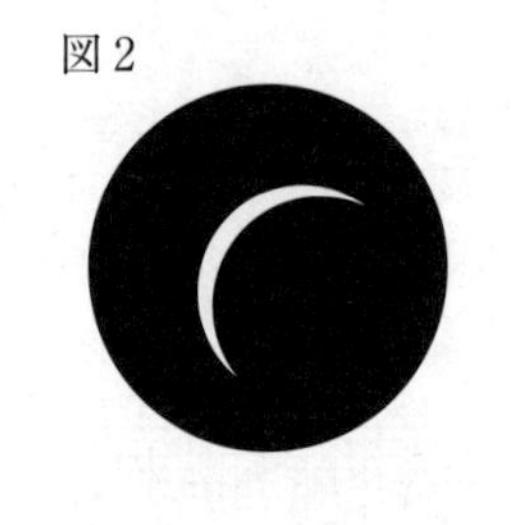

図3

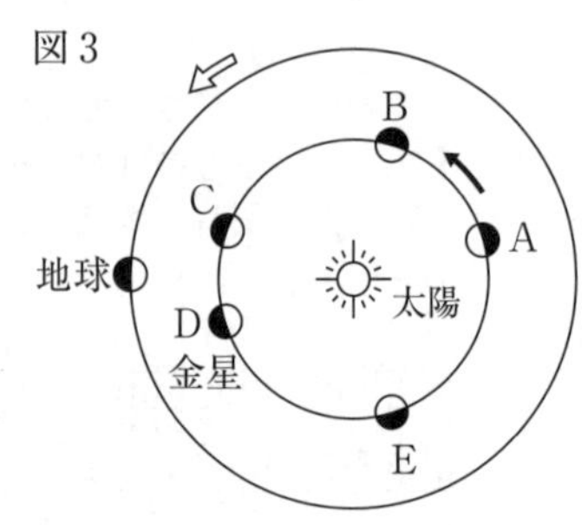

(1) 図1の金星が見えた時間帯として，最も適当なものを，次のア～エから一つ選び，その符号を書きなさい。

ア　明け方　　イ　昼　　ウ　夕方　　エ　真夜中

(2) この日の金星の位置として，最も適当なものを，図3のA～Eから一つ選び，その符号を書きなさい。なお，図3の ➞ は金星の公転の向き，⇨ は地球の公転の向きを表すものとする。

(3) 次の文は，達也さんが観察した金星のようすについてまとめたものである。文中の［ X ］，［ Y ］に最もよく当てはまるものを，下のア～エからそれぞれ一つずつ選び，その符号を書きなさい。

> 観察を続けていくと，数週間後，金星は太陽に近づいて見えにくくなった。再び金星がかがやいて見えたのは，［ X ］の時間帯で，［ Y ］であった。

ア　日の出前　　イ　日の出後　　ウ　西の空　　エ　東の空

(4) 金星について述べた文として，適当なものを，次のア～エからすべて選び，その符号を書きなさい。

ア　図3において，地球から見た金星は太陽から大きくはなれることがある。
イ　金星は地球から真夜中に見ることはできない。
ウ　金星のまわりには氷や岩石などからできた環がある。
エ　地球から見ると，金星の見かけの大きさはつねに同じではない。

(5) 達也さんは，金星を観察した日に恒星の動きについても観察した。図4はその日の午後11時のカシオペヤ座をスケッチしたものである。この観察について，次の①，②の問いに答えなさい。

図4

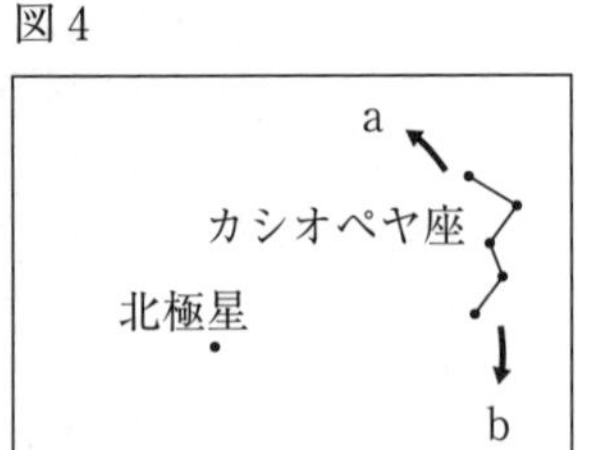

① カシオペヤ座は，1か月後の午後11時には北極星を中心にどの向きに移動して見えるか。適当なものを，図4のa，bから一つ選び，その符号を書きなさい。

② 2か月後，図4と同じ位置にカシオペヤ座を見るためには，午後何時ごろに観察すればよいか。求めなさい。

〔3〕 図1，図2の装置は，GHの長さが一定で床に垂直であり，xの角度を変えることによって，斜面の傾きを自由に変えることができる。この装置を使って，次の実験1～4を行った。この実験に関して，下の(1)～(4)の問いに答えなさい。ただし，100gの物体にはたらく重力の大きさを1Nとし，ひもと滑車の間や台車と斜面の間の摩擦は考えないものとする。

実験1　図1のように，Hに取りつけた滑車にのび縮みしないひもを通し，ひもの両端に台車Xと600gの物体Yをそれぞれつないだところ，ひもはぴんと張り，台車Xと物体Yは静止したままであった。

実験2　実験1の後，斜面を図1の矢印の方向にゆっくり動かして，xの角度が小さくなるようにしていったところ，xの角度が60°になったところで台車Xが動き出し，同時に物体Yがもち上がった。

実験3　図2のように，台車Xと反対側のひもの先を200gの動滑車に通してから天井につなぎ，動滑車には質量のわからない物体Zをつないだところ，ひもはぴんと張り，台車Xと物体Zは静止したままであった。

実験4　実験3の後，斜面を図2の矢印の方向にゆっくり動かして，xの角度が小さくなるようにしていったところ，xの角度が60°になったところで台車Xが動き出し，同時に物体Zがもち上がった。

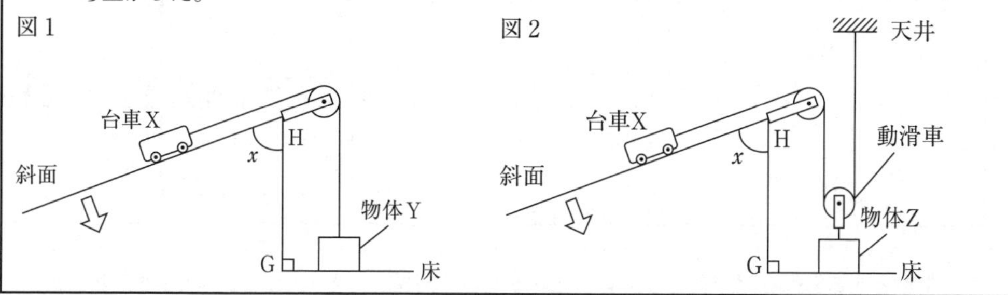

(1)　実験1の状態から，台車Xを手でおして斜面下向きに80cm動かした。このとき，物体Yがされた仕事は何Jか。求めなさい。

(2)　実験2について，次の①，②の問いに答えなさい。

①　実験2で物体Yがもち上がったとき，台車Xと物体Yの位置エネルギーは，それぞれ実験1のときと比べてどのようになるか。最も適当なものを，次のア～エからそれぞれ一つずつ選び，その符号を書きなさい。ただし，位置エネルギーの基準面を物体Yが接する床とする。

ア　大きくなる。　　イ　小さくなる。
ウ　変わらない。　　エ　これだけの条件ではわからない。

②　実験2で，xの角度を60°のままにしておくと，台車Xはそのまま斜面上を動き続けた。このとき，台車Xの速さはどのようになるか。最も適当なものを，次のア～エから一つ選び，その符号を書きなさい。

ア　だんだん速くなる。　　イ　だんだん遅くなる。
ウ　変わらない。　　エ　これだけの条件ではわからない。

(3)　実験4で，台車Xが斜面上を1.4m動いたとき，物体Zが床からもち上がる距離は何mか。求めなさい。

(4)　実験3と4で使った物体Zの質量は何gか。求めなさい。

入試直前 模擬問題

〔4〕 美咲さんは，自然界の生物どうしのつながりについて観察を行い，レポートを作成した。これに関して，下の(1)~(4)の問いに答えなさい。

身近な生物の観察

〔目的〕 自然界の生物どうしのつながりを調べる。

〔方法〕 学校の校庭の入り口付近にある池の周辺の生物のようすを観察する。

〔結果〕 Ⅰ サクラやツバキなどの樹木があり，その周辺にはナズナ，オオイヌノフグリ，カタバミ，スズメノカタビラ，ハコベなどの多くの植物が生えていた。

Ⅱ 植物の花や葉には，チョウやバッタなどの多くの昆虫の成虫や幼虫がおり，葉には食べられたようなあとがあった。また，木の枝にはクモの巣があり，その巣には昆虫の死がいがついていた。さらに，池の近くにはカエルが見られた。

Ⅲ 落ち葉がたまっている場所では，落ち葉を上のものから順に取り除いていくと，下の方にある落ち葉がくだかれて小さくなっていた。また，落ち葉の下には，ダンゴムシやミミズ，ムカデなどがいた。

※ 図1は，自然界の炭素の循環についてまとめたものであり，図中の矢印の向きは，炭素の移動する方向を示している。

図1

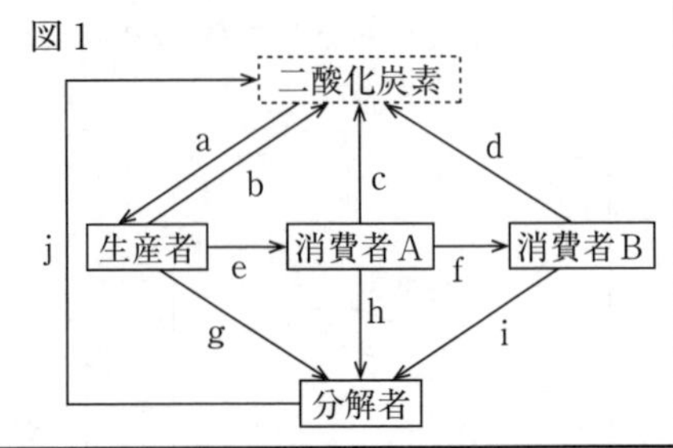

(1) 生物どうしをつなぐ，食べる・食べられるという関係を何というか。その用語を書きなさい。

(2) 光合成による炭素の流れを表しているものとして，最も適当なものを，図1のa～jから一つ選び，その符号を書きなさい。

(3) 次の文は，観察で見つけた生物について述べたものである。文中の X ， Y に最もよく当てはまる数字をそれぞれ書きなさい。

> 観察で見られたチョウ，バッタ，ムカデ，クモ，カエルの5種類の生物のうち，節足動物に当てはまる生物は X 種類ある。さらに，5種類の生物のうち，図1の消費者Bに分類される生物は Y 種類ある。

(4) 図1の自然界の生物の個体数のつり合いを図2のように示し，図3のように消費者Bの個体数が何らかの原因で増加したとき，図2の個体数のつり合いの関係にどのようにして戻るか。図3をはじめとして，次のア～ウを適当な順に左から並べ，その符号を書きなさい。なお，選択肢の図の点線は，図2におけるそれぞれの個体数を表したものである。

図2

消費者B
消費者A
生産者

図3

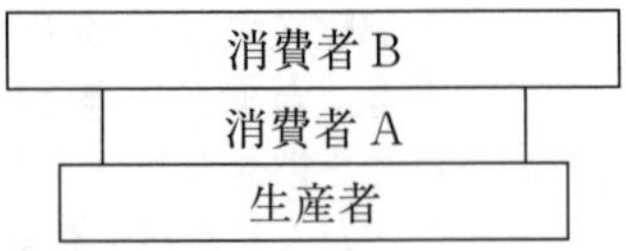

消費者B
消費者A
生産者

ア

消費者B
消費者A
生産者

イ

消費者B
消費者A
生産者

ウ

消費者B
消費者A
生産者

〔５〕 前線のでき方と性質について調べるために，次のような実験と資料収集を行った。これに関して，下の(1)～(5)の問いに答えなさい。

実験　図１のように水槽を仕切り，空気Ｐを氷水で冷やし，線香の煙で満たした。また，空気Ｑはあたたかい空気であり，空気Ｑの側には氷水が移動してこないように水槽の底に台を置いている。水槽の仕切りを上げると，図２のように空気Ｐが移動した。また，点Ｒは空気ＰとＱの境界が，台と接している点である。

資料　図３は，日本付近を通過している低気圧とそれにともなう２つの前線ａ，ｂからなる天気図で，点Ａ～ＤおよびＳは太平洋上の地点を示している。また，図４は図３から24時間後の天気図である。

図１

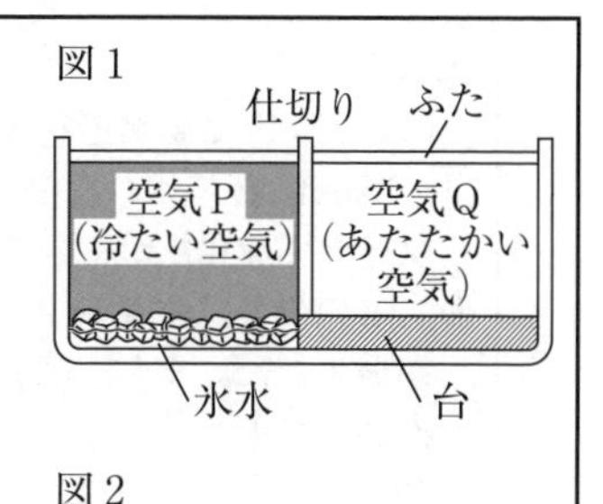

図２

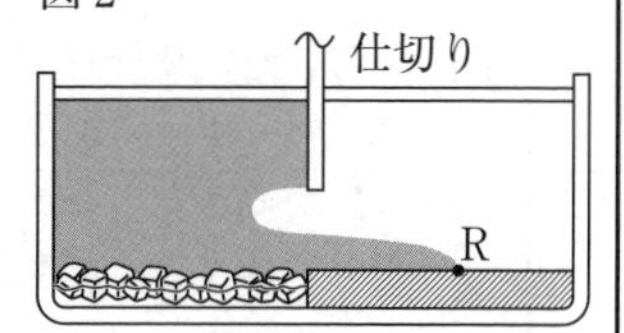

図３

1022
低
高
1024
1002
A
B
C
D
S
a
b

図４

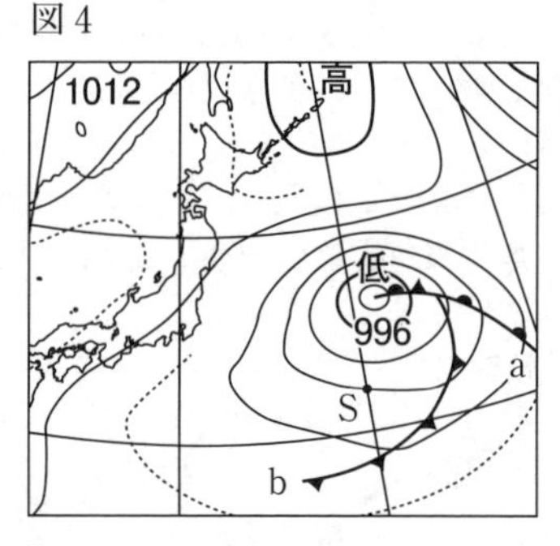

(1) 図１の空気ＰとＱは，大陸や海上などにある，気温や湿度がほぼ一様な空気の大きなかたまりのモデルである。このように性質が一様な空気の大きなかたまりを何というか。その用語を書きなさい。

(2) 図２の水槽の底に置いた台の表面を地表や海面と考えると，点Ｒに相当する地点は図３ではどこか。最も適当なものを，図３のＡ～Ｄから一つ選び，その符号を書きなさい。

(3) 図３や図４に見られる高気圧付近では雲ができにくい。その理由を正しく述べている文として，最も適当なものを，次のア～エから一つ選び，その符号を書きなさい。

ア　空気が膨張して温度が上がるため，雲ができにくい。
イ　空気が膨張して温度が下がるため，雲ができにくい。
ウ　空気が圧縮されて温度が上がるため，雲ができにくい。
エ　空気が圧縮されて温度が下がるため，雲ができにくい。

(4) 次の文は，図３と図４の天気図について述べたものである。文中の［　Ｘ　］，［　Ｙ　］に当てはまる語句の組合せとして，最も適当なものを，下のア～エから一つ選び，その符号を書きなさい。

> 図３に見られた低気圧が図４のように移動したのは，日本の上空に［　Ｘ　］が吹いているためである。また，図４に ●▲ で表される［　Ｙ　］前線ができると，地表付近はすべて寒気におおわれて，低気圧は消滅してしまうことが多い。

ア〔Ｘ　季節風，Ｙ　停滞〕　イ〔Ｘ　季節風，Ｙ　閉そく〕
ウ〔Ｘ　偏西風，Ｙ　停滞〕　エ〔Ｘ　偏西風，Ｙ　閉そく〕

(5) 図３と図４の地点Ｓでは，２つの前線ａ，ｂが通過するとき，雨が降った。前線ａ，ｂが通過するときの雨のようすとして最も考えられるものはどれか。適当なものを，次のア～エからそれぞれ一つずつ選び，その符号を書きなさい。

ア　積乱雲が発達して激しい雨が降った。　イ　乱層雲が発達しておだやかな雨が降った。
ウ　乱層雲が発達して激しい雨が降った。　エ　積乱雲が発達しておだやかな雨が降った。

〔6〕 鉄粉と硫黄の粉末の反応や，酸化銀の化学変化について調べるために，次の実験1，2を行った。この実験に関して，下の(1)～(3)の問いに答えなさい。

実験1

Ⅰ 鉄粉14gと硫黄の粉末8gをよく混ぜ合わせ，それぞれ試験管AとBに半分ずつ入れた。

Ⅱ 試験管Aに入れた混合物の上部をガスバーナーで加熱し，しばらく放置すると，過不足なく反応して硫化鉄ができた。

Ⅲ Ⅱの後の試験管Aにうすい塩酸を少量加えたところ，卵が腐ったようなにおいのする気体Xが発生した。また，試験管Bにも同様にうすい塩酸を少量加えたところ，無臭の気体Yの発生が確認できた。

実験2

Ⅳ かわいた試験管Cに，黒色の酸化銀の粉末を1.00g入れ，図のような装置を用意した。

Ⅴ ガスバーナーで加熱し，出てきた気体Zを試験管Dに集めた。また，試験管Cには白色の固体の銀ができた。なお，気体Zに火のついた線香を入れると，線香は炎を上げて燃えた。

Ⅵ 十分に加熱し，酸化銀がすべて銀に変化したところで，ガラス管を水の中から出し，その後でガスバーナーの火を消した。

Ⅶ 試験管Cが冷めてから，試験管Cに残っている銀をすべて取り出し，質量をはかった。

Ⅷ Ⅳで試験管Cに入れる酸化銀の質量を2.00g，3.00g，4.00gに変えて，それぞれⅤ～Ⅶを行ったところ，表のような結果となった。

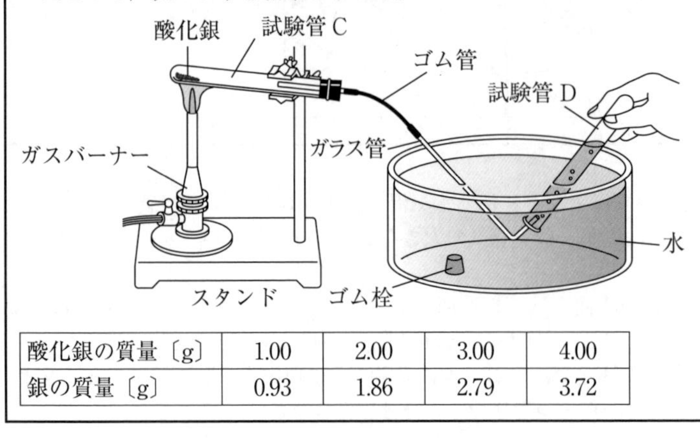

酸化銀の質量〔g〕	1.00	2.00	3.00	4.00
銀の質量〔g〕	0.93	1.86	2.79	3.72

(1) 実験1，2で生じた物質の中で，化合物であるものはどれか。適当なものを，次のア～エからすべて選び，その符号を書きなさい。

ア Ⅱでできた硫化鉄　　イ Ⅲの試験管Aから発生した気体X

ウ Ⅲの試験管Bから発生した気体Y　　エ Ⅴで発生した気体Z

(2) 実験1について，鉄粉21gと十分な量の硫黄の粉末をよく混ぜ合わせて加熱したとき，得られる硫化鉄の質量は何gか。求めなさい。

(3) 実験2について，次の①～③の問いに答えなさい。

① Ⅴにおいて，発生した気体Zを図のような方法で集めたが，このような方法を用いるのは，一般に集める気体にどのような性質があるときか，書きなさい。

② 酸化銀を加熱したときに起こる化学変化を化学反応式で表しなさい。

③ 酸化銀7.00g中に含まれている気体Zの質量の割合は何%か。求めなさい。

〔7〕 ばねにはたらく力について調べるために，次の実験1～3を行った。この実験に関して，下の(1)～(3)の問いに答えなさい。ただし，実験1～3において，ばね自体の重さは考えないものとする。

実験1　ばねA，Bについて，それぞれ図1のように，質量30gのおもりを1個から5個まで順につるし，おもりの数とばねの長さの関係を調べたところ，表のような結果になった。

実験2　図2のように，実験1で用いたばねBの両側に，質量の等しいおもりを1個ずつつるすと，ばねBの長さは27.5cmになった。

実験3　図3のように，実験1で用いたばねAとBをつなぎ，質量が45gのおもりを3個つるした。

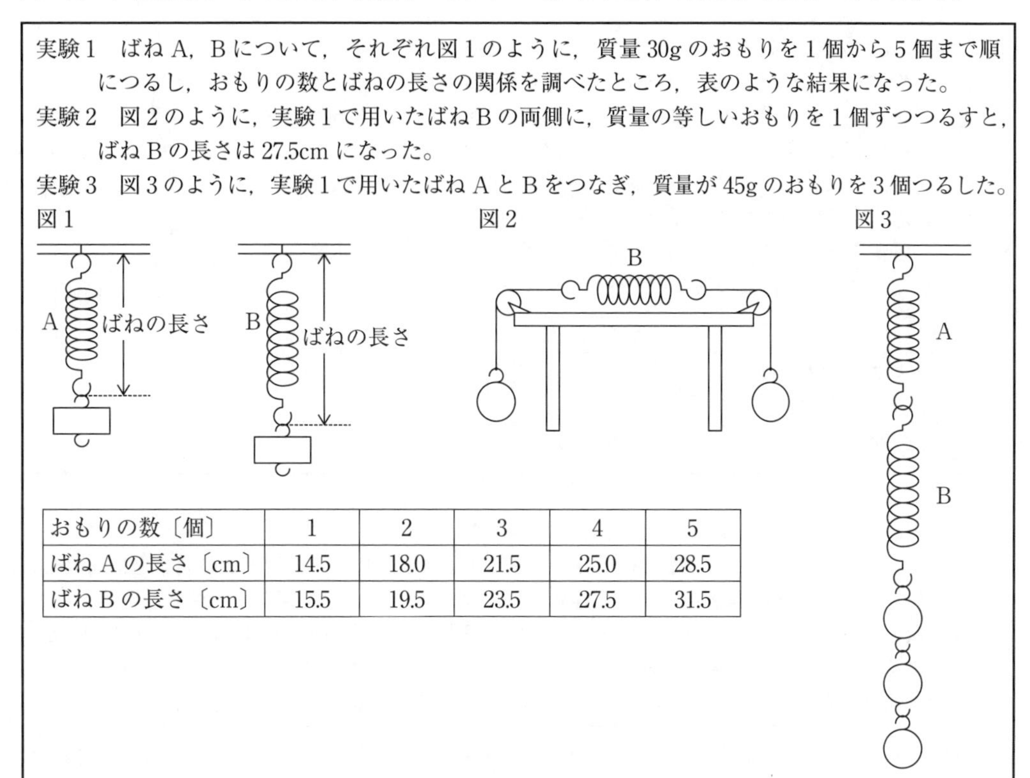

おもりの数〔個〕	1	2	3	4	5
ばねAの長さ〔cm〕	14.5	18.0	21.5	25.0	28.5
ばねBの長さ〔cm〕	15.5	19.5	23.5	27.5	31.5

(1) 表から，それぞれのばねののびは，おもりの数に比例することがわかった。このような関係を何というか。その用語を書きなさい。

(2) 実験1について，次の①，②の問いに答えなさい。

① ばねAに1個のおもりをつるして，おもりが静止したとき，おもりにはたらくすべての力を，解答用紙の図に矢印でかき入れなさい。ただし，方眼1目盛りは0.1Nの力の大きさを表すものとし，作用点には黒丸(●)をつけること。また，100gの物体にはたらく重力の大きさを1Nとする。

② おもりをつるしていないときのばねBの長さは何cmか。求めなさい。

(3) 次の文は，実験2と実験3について述べたものである。文中の［X］，［Y］に最もよく当てはまる数字をそれぞれ書きなさい。

> 実験2で，片側につるしたおもり1個の質量は［X］gである。また，実験3で，ばねBの長さは［Y］cmになる。

〔8〕 酸とアルカリの溶液の混合物について調べるために，次の実験を行った。この実験に関して，下の(1)〜(6)の問いに答えなさい。

実験　6つのビーカーA〜Fにうすい硫酸を20mLずつ入れ，図のように，それぞれのビーカーに，異なる体積のうすい水酸化バリウム水溶液を$_{\text{I}}$<u>こまごめピペット</u>で加えると，水溶液ににごりが生じた。その後，放置したまま十分に時間がたつと，それぞれのビーカーの底に$_{\text{II}}$<u>白色の沈殿</u>が生じた。表は，加えたうすい水酸化バリウム水溶液の体積と，生じた沈殿の質量をまとめたものである。なお，実験で用いたうすい水酸化バリウム水溶液の濃度はすべて同じものとする。

ビーカー	A	B	C	D	E	F
うすい水酸化バリウム水溶液の体積〔mL〕	20	40	60	80	100	120
沈殿の質量〔g〕	0.14	0.28	0.42	0.49	0.49	0.49

(1) 実験で起こった化学変化を化学反応式で表しなさい。

(2) 下線部Iについて，こまごめピペットを使用するときには，ピペットの先を上に向けないように注意しなければならない。その理由を，「ゴム球」という語句を用いて，書きなさい。

(3) 次の文は，下線部IIの白色の沈殿が生じた理由について述べたものである。文中の［ X ］に最もよく当てはまる物質名を書きなさい。また，［ Y ］，［ Z ］に当てはまる語句の組合せとして，最も適当なものを，下のア〜エから一つ選び，その符号を書きなさい。

> 下線部IIのような白色の沈殿が生じたのは，反応によって生じた［ X ］が［ Y ］物質であり，水に［ Z ］ためである。

ア〔Y　電離しやすい，Z　溶けやすい〕　イ〔Y　電離しやすい，Z　溶けにくい〕
ウ〔Y　電離しにくい，Z　溶けやすい〕　エ〔Y　電離しにくい，Z　溶けにくい〕

(4) うすい硫酸20mLと過不足なく反応するうすい水酸化バリウム水溶液の体積は何mLか。求めなさい。

(5) ビーカーAの水溶液に緑色のBTB溶液を加えたところ，水溶液が黄色に変化した。ビーカーB〜Fの水溶液にそれぞれ緑色のBTB溶液を加えたとき，水溶液が青色に変化するものはどれか。最も適当なものを，次のア〜オから一つ選び，その符号を書きなさい。

ア　ビーカーB，C，D，E，F
イ　ビーカーC，D，E，F
ウ　ビーカーD，E，F
エ　ビーカーE，F
オ　ビーカーFのみ

(6) 実験の後，ビーカーAとビーカーEの水溶液を混ぜたとき，新たに沈殿が生じた。このとき生じた沈殿の質量は何gか。求めなさい。

入試直前模擬問題

理科 解答用紙

受検番号	

〔1〕

1 (1)		2 (2)		3 (3)	
4 (4)		5 (5)		6 (6)	

〔2〕

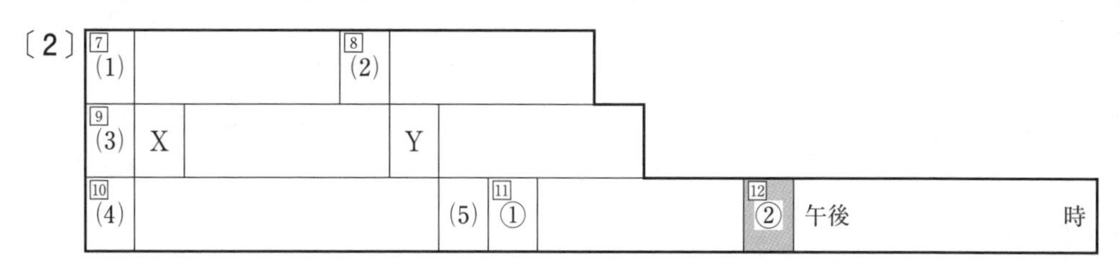

〔3〕

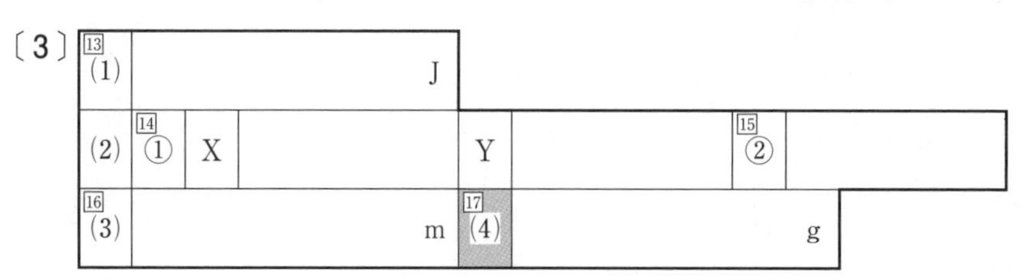

〔4〕

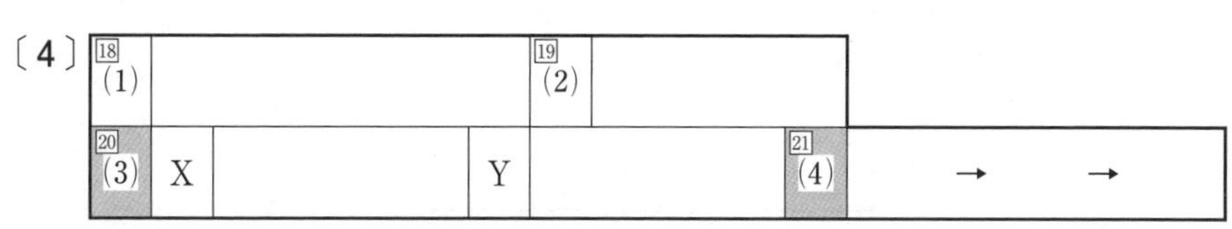

〔5〕

22 (1)		23 (2)		24 (3)	
25 (4)		26 (5) 前線 a		前線 b	

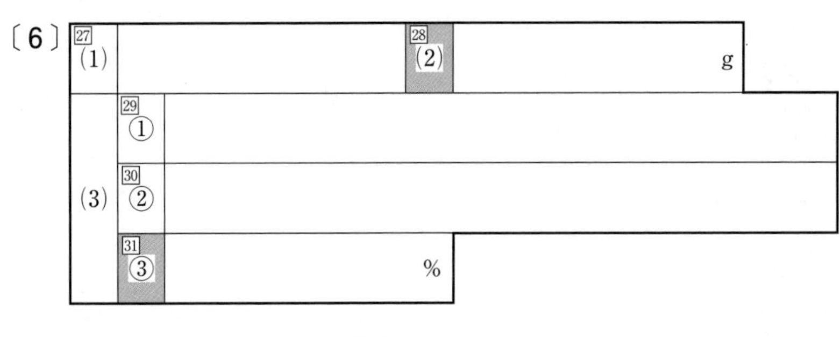
〔6〕
27 (1)
28 (2)
g
(3)
29 ①
30 ②
31 ③
%

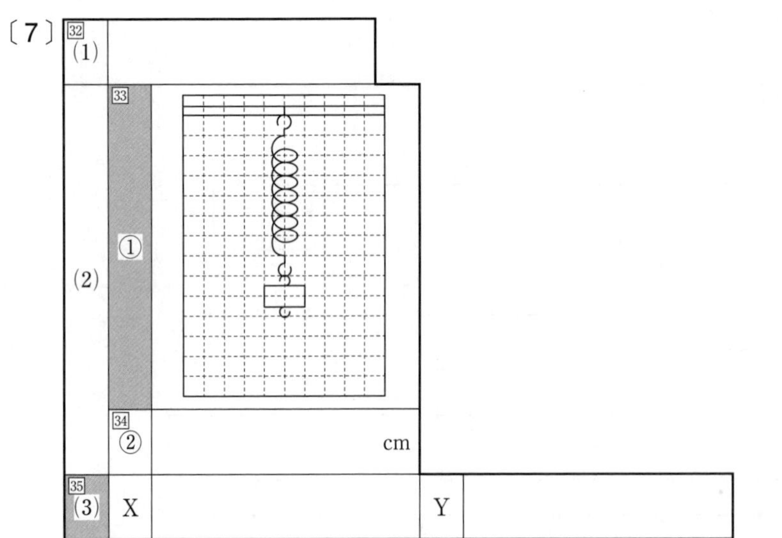
〔7〕
32 (1)
(2)
33 ①
34 ②
cm
35 (3)
X
Y

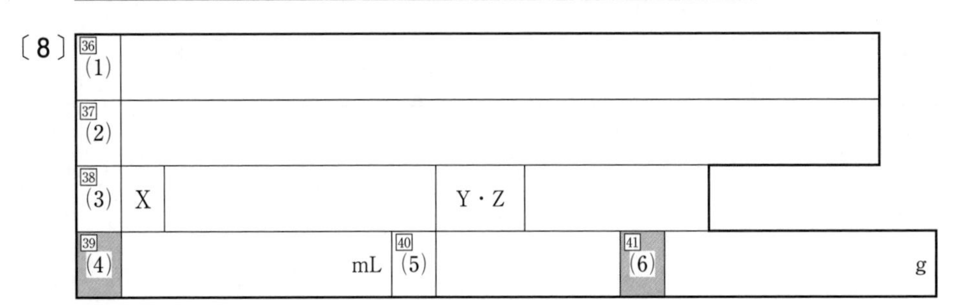
〔8〕
36 (1)
37 (2)
38 (3)
X
Y・Z
39 (4)
mL
40 (5)
41 (6)
g

〔四〕

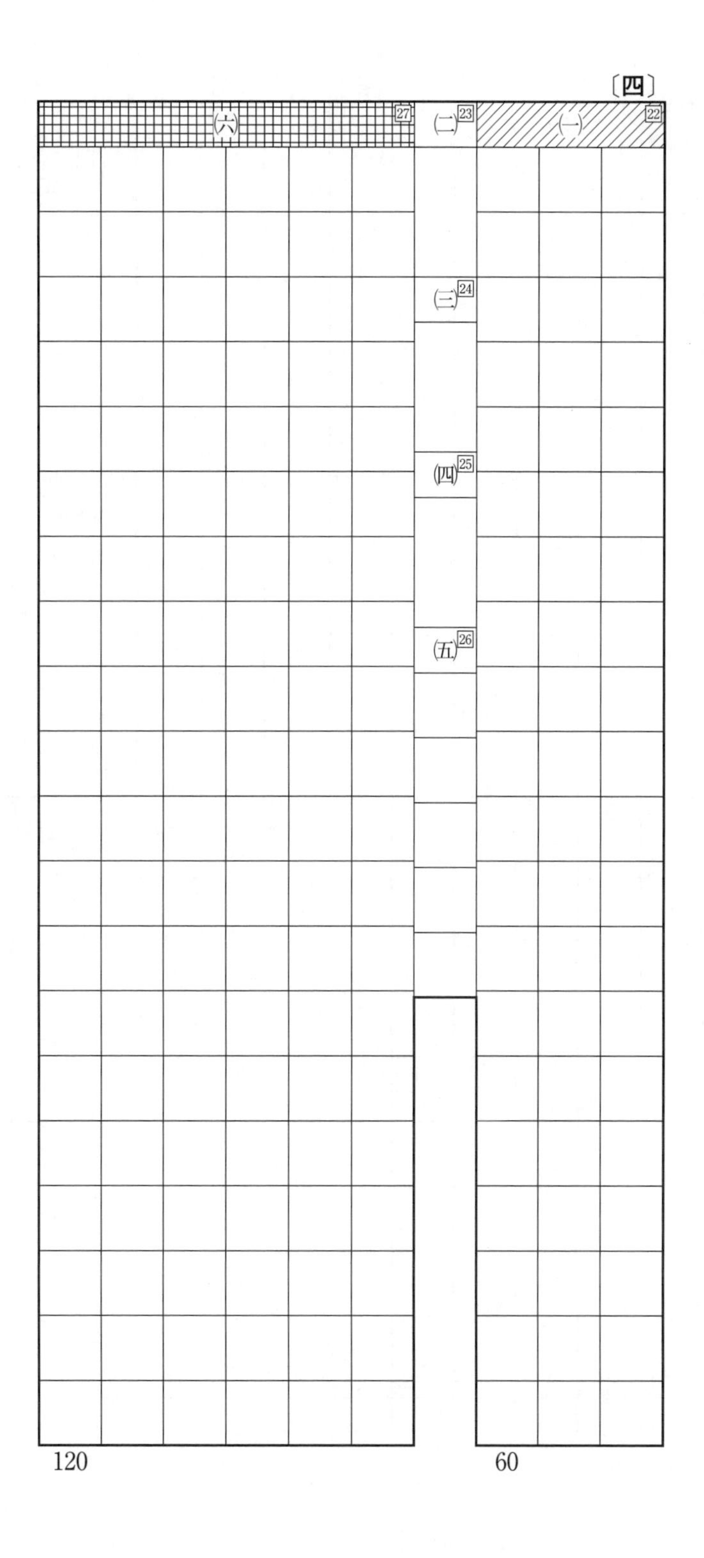

入試直前 模擬問題

入試直前模擬問題

国語 解答用紙

受検番号

〔一〕

(一) 1[1] る 2[2] 3[3] 4[4] 5[5]

(二) 1[6] く 2[7] る 3[8] 4[9] 5[10]

〔二〕

(一)[11]

(二)[12]

(三)[13]

(四)[14]

(五)[15]

〔三〕

(一)[16]

(二)[17]

(三)[18]

(四)[19] 20 50

(五)[20] ～

(六)[21]

(六) 次のⅡの文章は、Ⅰの文章と同じ著書の一部である。〰〰線部分について、筆者がこのように考えるのはなぜか。ⅠとⅡの文章を踏まえ、『文化』という言葉を用いて、百二十字以内で書きなさい。

Ⅱ

この中間地帯としての文化とは、文化人類学において、〈広義の文化〉と言われるものとほぼ同じです。そこにはどんなものが含まれるのかを具体的にあげますと、第一は食物を加工し食べやすくするための『道具』『火』の使用、そして寒さを防ぐための『衣服』、さらには雨露を防ぐための何らかの構造物、つまり『家』などです。

石や金属の刃物があれば、動物のように、獲物に直接噛み付いて肉や骨を噛み砕くための丈夫な牙や歯を持つ必要はありませんし、何らかの動物を殺して、その皮で体を覆うことができれば、一般の動物がするように長い毛を体に生やすことで、寒さを防がなくともよくなります。さらに言語を使うことなども、人間を他の生物とは異なった特殊な生物にしている重要な文化の要素です。

なかでも言語は道具や衣服と違って、触ったり目に見えたりするものではありませんが、環境からの刺激や情報を人間が感知した結果を処理し、そのことを仲間に伝えることで、肉体的には強靭(きょうじん)さを欠く人間が、集団的に協力して様々な環境にうまく対処することに役立っています。この文化にはさらに各民族集団に特有の風俗習慣、儀礼や宗教など様々なものが含まれますが、これらが生物としての人間を言わばすっぽりと包んで覆い、自然環境との間にあって環境の直接の影響から人間を守っていると考えるのです。したがって言語や風俗習慣、そして宗教までが、住む場所の環境によって違わざるを得ないのです。

そうではありません。私の考えでは、(3)人間だけが他の生物とは違って、自分の体を環境に直接曝していないから、が答えです。人間は他の全ての生物のようには、環境に密着して生きていないからなのです。

以上のことを簡単にまとめると、一般の生物は環境との関係が直接であるために、常に自分を取り巻く環境の変化に巧(うま)く適合するようにと、自分の体や性質を少しずつ変化変形させて生きているのだということになります。ところが人間という生物だけは、他の生物のように自分の体や性質を環境の変化に応じて変化させることをせずに、環境と自分との間に『文化』という名の言わば中間地帯を介在させ、この中間地帯を自然環境の変化に応じて変化変形させる、つまり自然環境の変化をそれに吸収させることで、自分自身は環境の変化を直接には受けずに生き延びていく生物なのです。だから人間は甚だしく異なった環境に分かれて住むようになっても、体や性質はそれほど変化せずに済んでいるのです。

その代わり人間を取り巻くこの文化という中間地帯の形状や性質は、住む地域の様々な条件に応じて変化変貌(へんぼう)しなければならないために、結果として世界には、多種多様な相互に異なる『文化』が必然的に存在することになるのです。

（鈴木孝夫(すずきたかお)「日本の感性が世界を変える　言語生態学的文明論」による）

(注)　雲霧林＝湿度が高く冷涼で、よく雲や霧がかかる場所に発達する森林。

(一)　——線部分(1)とあるが、何がどのようになったことを指しているのか。理由も含めて、六十字以内で書きなさい。

(二)　文章中の[A]に最も当てはまる言葉を、次のア～エから一つ選び、その符号を書きなさい。

ア　あるいは　　イ　たとえば　　ウ　また　　エ　つまり

(三)　——線部分(2)のフィンチの変化に関する説明として最も適当なものを、次のア～エから一つ選び、その符号を書きなさい。

ア　嘴が様々な形に変化したことで食べることができるものが増え、近隣の島々へ徐々に分布を広げていった。

イ　住み着いた島の環境に合わせる形で、食べることができる物の種類が増えて生物としての性質が変化していった。

ウ　住み着いた島で入手しやすいものを食べるのに合うように、嘴の形が変化していった。

エ　食べる物のとり方に合わせて嘴の形を変えながら分布を広げ、体に合った島に定着していった。

(四)　文章中の[a]に最もよく当てはまる言葉を、次のア～エから一つ選び、その符号を書きなさい。

ア　細身の　　イ　硬めの　　ウ　鋭角の　　エ　太めの

(五)　——線部分(3)とあるが、何に対する「答え」か。対応する問いが書かれた一文を文章中から抜き出し、そのはじめの五字を書きなさい。

〔四〕　次のⅠ、Ⅱの文章を読んで、㈠～㈥の問いに答えなさい。

Ⅰ　考えてみれば当たり前のことですが、人間以外のすべての動植物は、自分を取り巻く環境に、自分の体を直接曝して生きています。そのためもし環境が変われば、その新しい環境に適応できるようにと、いま持っている体の形状や性質自体を変化変容させなければ、生き延びることができないのです。ところがもしそれに成功した場合には、元の種とは様々な点で異なった別種の生物になってしまうのです。

　たとえば日本ではごく普通の草でしかない菊の類は、アフリカの最高峰であるキリマンジャロの麓の乾燥地帯では、ちょっと見ると巨大な柱サボテンかなと思うほど、茎が一面棘に覆われた、まさに砂漠でみるサボテンの仲間のような形をしているのです。花を詳しく見なければ、(1)これが日本の菊の仲間だとは誰も思いません。

　この菊は太古の昔に、日本の菊と同じ先祖から分れたものが、この地の過酷な風土条件に適応して、水分の蒸散を少なくするため皮をサボテンのように厚く硬く変化させ、動物に食われないようにと葉の変形した棘を一面に生やし、しかも根は少ない水分を求めて、地下深く何メートルにもわたって広がっているのです。

　[A]自由には動けない植物が、環境の変化に順応して生き延びてゆくためには、自分の体の形や性質そのものを変えることが必要なのです。そしてこのように新たな環境に適応することに成功した時には、元の仲間とは性質や姿かたちの全く違う別の種に分化してしまうのです。

　このことは動物の場合でも起こっています。(2)元来は一種だった南米大陸のあるフィンチ（小鳥の一種）が、大昔大陸から遥か彼方に位置するガラパゴス諸島に偶然漂着したとき、硬い木の実の多い島にたどり着いたフィンチは、それを噛み砕くための太くて硬い嘴を徐々に発達させ、反対に柔らかい果実や虫などが豊富な島に住み着いたものの嘴は、それを食べるに適した[a]嘴となっています。また樹皮の下や細い割れ目などに潜む虫などを掘り出して食べるようになったフィンチは、細くて長い嘴をもつように変化しているのです。このようにして元は一種だったものが、今では十四種もの、それぞれ独特の形態変化を遂げたダーウィンフィンチ類に分化してしまっているのです。

　このように一般の生物は、もし性質の異なる様々な環境に分布が広がった場合には、生き延びるために行く先々で出会う新しい環境に順応して、それぞれが自らの体や性質を変化変形させてしまう結果、元々の種の同一性（specific identity）が失われ、互いに別の生物種に分化してしまうのです。

　ところで我々人間は、現在南極大陸を除くすべての大陸の、あらゆる異なった環境条件の下で生活しています。極寒の北極圏にも人間は住んでいますし、灼熱の砂漠という極度の乾燥地帯や、それとは反対の極めて雨量の多い雲霧林にも人類は分布しています。また周りを海で囲まれた絶海の孤島に住み着いている人々もいるのです。それなのに一体どうして人間という生物だけは、このように極端に異なる環境の下に広がっても、どこでも同じ人間としてあまり変化せずに生きていくことが出来るのでしょうか。もしかしたら人間という生物は体のどこかに、他の生物には見られない、体や性質が変化変容することを妨げる、何か独特な平衡維持（ホメオスタシス）を司る器官でも持っているのでしょうか。

(一) ～～～線部分「あうて」を現代かなづかいに直し、すべてひらがなで書きなさい。

(二) ――線部分(1)「その値、多くの絹にあたれり」の意味として最も適当なものを、次のア～エから一つ選び、その符号を書きなさい。

ア　その価値は、絹を買うことでわかる
イ　その値は、たくさんの絹に相当する
ウ　その値段は、たくさんの絹より高い
エ　その値は、絹ではかれるものではない

(三) ――線部分(2)「おほきにうやまひけり」とあるが、誰がどうしたことに対して人々は敬ったのか。二十字以内で書きなさい。

(四) ――線部分(3)「つひに受けず」とはどういうことか。「震」「役人」という言葉を用いて五十字以内で書きなさい。

(五) ――線部分(4)「はかなくうたてき心」とあるが、何を指しているか。「……こと。」に続くように、当てはまる言葉を、Aの古文中から二十五字で抜き出して、はじめと終わりの五字を書きなさい。

(六) Bの文章中の[a]に当てはまる言葉として最も適当なものを、次のア～エから選び、記号で答えなさい。

ア　人間は、外見や体裁を気にしてしまうと、人から尊敬されるような行為を恥ずかしがってしまうということ
イ　人間は、欲に目がくらんでしまいがちなので、常に自己の愚かさや弱さを恥ずかしく思うべきだということ
ウ　人間は、人の優れた行動や考えを素直に受け入れられないことが多く、愚かで情けないものであるということ
エ　人間は、日頃から誘惑に負けることなく、どこから見られても恥ずかしくないような言動をとるべきだということ

〔三〕 次のAの文章は、鎌倉時代の説話集である「十訓抄（じっきんしょう）」の一部である。また、Bの文章は、Aの文章を鑑賞した二人の生徒と先生の会話である。この二つの文章を読んで、㈠～㈥の問いに答えなさい。

A

ある文にいはく、趙柔（てうじう）といふ人、路（みち）にあうて、人の残せるところの金珠（きんしゅ）〔金ノ宝物〕、ひとつらぬき〔一束〕を得たり。(1)その値（あたひ）、多くの絹にあたれりといへども、主（ぬし）を呼びて、返し取らせたりければ、人これを聞きて、(2)おほきにうやまひけり。

またいはく、漢の楊震（やうしん）、東萊（とうらい）の太守（たいしゅ）〔長官〕として、昌邑（しやういふ）といふところを過ぎけるに、そのところの司（つかさ）〔役人〕、古意（こい）〔昔ノ縁ガアッタノデ〕あるによりて、金を忍びやかに震にあたふ。震がいはく、「天も知り、地も知れり。我も知り、人も知る」といひて、(3)つひに受けず。

「四知（しち）を恥づ」とはこれなり。おろかなるたぐひは、人の見るばかりを憚（はばか）りて、天のかがみ給（たま）ふ〔ゴ覧ニナル〕ことを恥ぢぬなり。(4)はかなくうたてき心〔愚カデ情ケナイ〕なり。

（注）楊震＝人名。本文中の「震」も同じ人物。
東萊＝地名。

B

先生　「十訓抄」は、鎌倉時代の作品で、教訓的な話を集めたものです。今回の文章では、二人の人物の話が入っていましたね。

サヤカ　最初の趙柔は、「人が残していった金の宝物」を見つけたのですね。

ワタル　同じような場面にあった時に、欲を出して誤った行動を取らないように気をつけなければと思いました。

サヤカ　次の楊震には、「昔の縁」があった役人からの誘惑があったのですね。

ワタル　きっぱりとした態度を見習いたいと思いました。

先生　「四知を恥づ」とありますが、［　a　］を伝えているのですね。

入試直前　模擬問題

㈢　次のア〜エの――線部分の敬語のうち、他と種類が違うものを一つ選び、その符号を書きなさい。

ア　手紙を差し上げる。

イ　三時にうかがう。

ウ　紅茶をいただく。

エ　ケーキを召し上がる。

㈣　次の文中の「寒く」と同じ活用形であるものを、あとのア〜エの――線部分から一つ選び、その符号を書きなさい。

> 今日はあまり寒くない。

ア　梅の花が咲けば春が近い。

イ　年末に大掃除をした。

ウ　明らかな誤りに気づく。

エ　五時までに通過すればいい。

㈤　次の文中の「だ」と同じ品詞・用法であるものを、あとのア〜エの――線部分から一つ選び、その符号を書きなさい。

> 今年の優勝はA組だ。

ア　音楽を聴くことが趣味だ。

イ　校庭の後片付けが大変だ。

ウ　縄跳びで連続百回跳んだ。

エ　相手の猛攻をしのいだ。

国　語

〔一〕　次の㈠、㈡の問いに答えなさい。

㈠　次の1～5について、——線をつけた漢字の部分の読みがなを書きなさい。

1　鉛筆を削る。
2　稲作が盛んな地方。
3　偉人が埋葬される。
4　なつかしい玩具で遊ぶ。
5　詳しい状況を伝える。

㈡　次の1～5について、——線をつけたカタカナの部分に当てはまる漢字を書きなさい。

1　将来を思いエガく。
2　記念写真をトる。
3　代表チームをヘンセイする。
4　コウイキに注意報が出される。
5　未知のものにキョウフを感じる。

〔二〕　次の㈠～㈤の問いに答えなさい。

㈠　次の文中の——線部分と〰〰線部分の関係と同じ関係をもつものを、あとのア～エから一つ選び、その符号を書きなさい。

大きくて円い月が水面に映る。

ア　白く積もった雪を眺める。
イ　急いでいるのにバスが来ない。
ウ　まろやかで上品な味のスープを飲む。
エ　調子もいいので遠くまで走る。

㈡　次の文中の「ゆっくり」と同じ品詞であるものを、あとのア～エの——線部分から一つ選び、その符号を書きなさい。

幼児に合わせてゆっくり歩く。

ア　いわゆるカフェに初めて行った。
イ　練習よりもっと大きい声で歌う。
ウ　しゃっくりが止まらない。
エ　休憩するときに声をかける。

入試直前模擬問題解答・解説

数学正答表

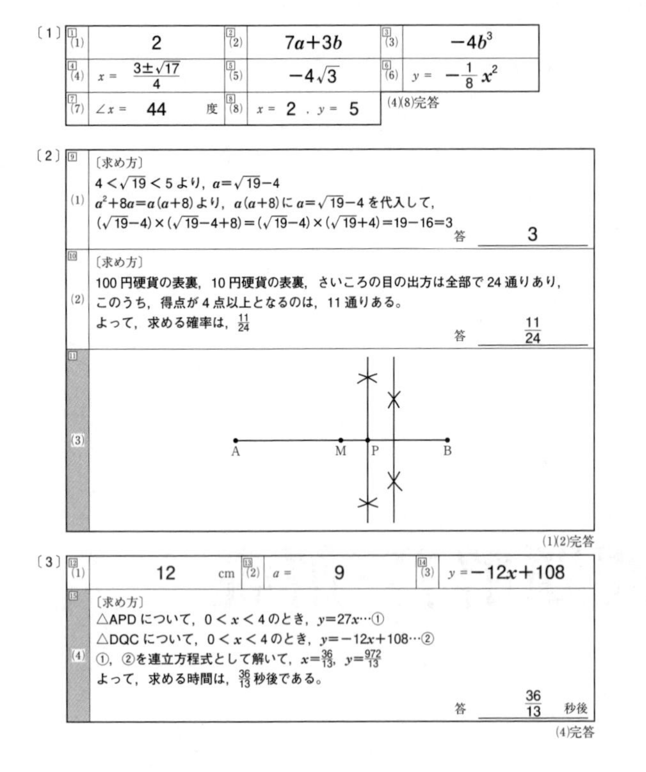

〔1〕

(1)	2	(2)	$7a+3b$	(3)	$-4b^3$
(4)	$x=\frac{3\pm\sqrt{17}}{4}$	(5)	$-4\sqrt{3}$	(6)	$y=-\frac{1}{8}x^2$
(7)	$\angle x=$ 44 度	(8)	$x=$ 2, $y=$ 5		

(4)(8)完答

〔2〕

(1) 〔求め方〕
$4<\sqrt{19}<5$ より，$a=\sqrt{19}-4$
$a^2+8a=a(a+8)$ より，$a(a+8)$ に $a=\sqrt{19}-4$ を代入して，
$(\sqrt{19}-4)\times(\sqrt{19}-4+8)=(\sqrt{19}-4)\times(\sqrt{19}+4)=19-16=3$
答 3

(2) 〔求め方〕
100円硬貨の表裏，10円硬貨の表裏，さいころの目の出方は全部で24通りあり，
このうち，得点が4点以上となるのは，11通りある。
よって，求める確率は，$\frac{11}{24}$
答 $\frac{11}{24}$

(3)

(1)(2)完答

〔3〕

(1)	12 cm	(2)	$a=$ 9	(3)	$y=-12x+108$

(4) 〔求め方〕
△APDについて，$0<x<4$ のとき，$y=27x$…①
△DQCについて，$0<x<4$ のとき，$y=-12x+108$…②
①，②を連立方程式として解いて，$x=\frac{36}{13}$，$y=\frac{972}{13}$
よって，求める時間は，$\frac{36}{13}$ 秒後である。
答 $\frac{36}{13}$ 秒後

(4)完答

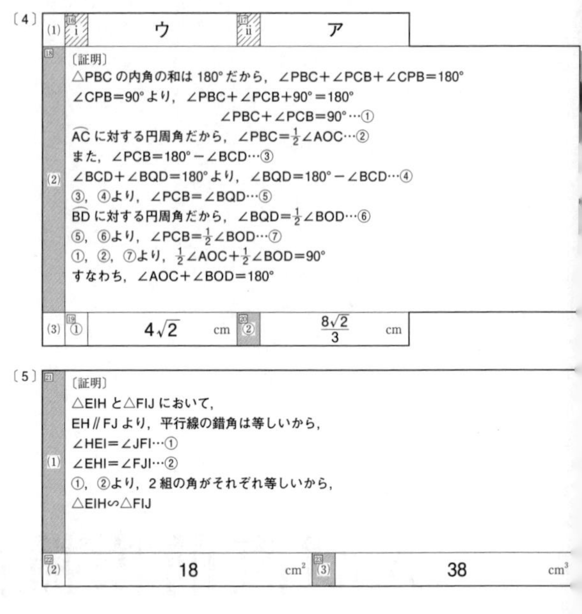

〔4〕

(1) i ウ　ii ア

(2) 〔証明〕
△PBCの内角の和は180°だから，∠PBC＋∠PCB＋∠CPB＝180°
∠CPB＝90°より，∠PBC＋∠PCB＋90°＝180°
∠PBC＋∠PCB＝90°…①
$\overset{\frown}{AC}$ に対する円周角だから，∠PBC＝$\frac{1}{2}$∠AOC…②
また，∠PCB＝180°－∠BCD…③
∠BCD＋∠BQD＝180°より，∠BQD＝180°－∠BCD…④
③，④より，∠PCB＝∠BQD…⑤
$\overset{\frown}{BD}$ に対する円周角だから，∠BQD＝$\frac{1}{2}$∠BOD…⑥
⑤，⑥より，∠PCB＝$\frac{1}{2}$∠BOD…⑦
①，②，⑦より，$\frac{1}{2}$∠AOC＋$\frac{1}{2}$∠BOD＝90°
すなわち，∠AOC＋∠BOD＝180°

(3) ① $4\sqrt{2}$ cm　② $\frac{8\sqrt{2}}{3}$ cm

〔5〕

(1) 〔証明〕
△EIHと△FIJにおいて，
EH∥FJより，平行線の錯角は等しいから，
∠HEI＝∠JFI…①
∠EHI＝∠FJI…②
①，②より，2組の角がそれぞれ等しいから，
△EIH∽△FIJ

(2) 18 cm^2　(3) 38 cm^3

配点と正答率（※は部分点あり）

正答率は2023年2月に実施された「新潟県合格もぎ」（CKT販売）で正解だった受検生の割合です。

項目	内容	配点	チェック欄	正答率
〔1〕数量と図形の基本問題	(1) 正負の数の計算	4		91.0%
	(2) 多項式の計算	4		93.2%
	(3) 単項式の計算	4		75.9%
	(4) 2次方程式	4		81.2%
	(5) 平方根の計算	4		86.5%
	(6) 2乗に比例する関数	4		76.7%
	(7) 三角形の角度	4		72.9%
	(8) 度数分布表	4		36.8%
〔2〕平方根・確率・作図	(1) 平方根と式の値	※4		20.1%
	(2) 確率	※4		41.5%
	(3) 作図	※6		60.2%

項目	内容	配点	チェック欄	正答率
〔3〕関数の応用	(1) グラフの読み取り	4		81.2%
	(2) グラフの読み取り	4		72.9%
	(3) xとyの関係	4		39.8%
	(4) グラフの利用	※6		26.1%
〔4〕平面図形	(1) i 円周角の定理	2		75.9%
	(1) ii 円周角の定理	2		75.9%
	(2) 証明	※6		0.4%
	(3)① 三平方の定理の利用	4		9.0%
	(3)② 円周角の定理の利用	6		1.5%
〔5〕空間図形	(1) 相似の証明	※6		54.3%
	(2) 台形の面積	4		31.6%
	(3) 立体の体積	6		0.0%

受検者平均点　48.0点

■ 解　説 ■

〔2〕 **平方根・確率・作図**

(3) 線分 MB の垂直二等分線をかき，線分 MB との交点を N とする。次に，線分 MN の垂直二等分線をかき，線分 MN との交点を P とする。

〔3〕 **関数の応用**

(2) $4 \leqq x \leqq 10$ のとき，点 P は辺 BC 上にあるから，
$BC=3\times(10-4)=18$(cm)
a の値は，点 Q が点 B から点 C まで動くのにかかる時間であり，$a=18\div2=9$

〔4〕 **平面図形**

(3)① CE は円 O の直径だから，$\angle CAE=90°$
よって，$AE=\sqrt{CE^2-AC^2}=\sqrt{(3+3)^2-2^2}=4\sqrt{2}$ (cm)
$\triangle OBD \equiv \triangle OEA$ より，$BD=EA=4\sqrt{2}$ cm
② 線分 AD と線分 OC との交点を R とすると，$\angle PBC=\angle CBD$ のとき，それぞれの円周角に対応する中心角の大きさは等しく，$\angle AOR=\angle DOR$
よって，線分 OR は二等辺三角形 OAD の頂角の二等分線となり，線分 AD を垂直に二等分する。
ここで，$\triangle ACE=\frac{1}{2}\times AC\times AE=\frac{1}{2}\times2\times4\sqrt{2}=4\sqrt{2}$ (cm^2)
$\triangle OAC=\frac{1}{2}\triangle ACE=\frac{1}{2}\times4\sqrt{2}=2\sqrt{2}$ (cm^2)
また，△OAC の底辺を OC としたときの高さは AR だから，
$\triangle OAC=\frac{1}{2}\times OC\times AR=\frac{1}{2}\times3\times AR=\frac{3}{2}AR$(cm^2)
これが $2\sqrt{2}$ cm^2 だから，$\frac{3}{2}AR=2\sqrt{2}$　$AR=\frac{4\sqrt{2}}{3}$cm
よって，$AD=2AR=2\times\frac{4\sqrt{2}}{3}=\frac{8\sqrt{2}}{3}$ (cm)

〔5〕 **空間図形**

(2) 点 B，C をそれぞれ通る辺 AD の垂線と辺 AD との交点をそれぞれ K，L とすると，$\triangle ABK \equiv \triangle DCL$ より，AK = DL
よって，$AK=(AD-BC)\div2=(4-2)\div2=1$(cm)
$\angle AKB=90°$ だから，
$BK=\sqrt{AB^2-AK^2}=\sqrt{(\sqrt{37})^2-1^2}=6$(cm)
求める面積は，$(AD+BC)\times BK\div2=(4+2)\times6\div2=18$(cm^2)

(3) 3 点 B，F，M を通る平面と辺 GH との交点を N とすると，点 N は辺 GH の中点となり，NF // HJ となる。
よって，JF：FG = HN：NG = 1：1　ゆえに，JF = FG = 2cm
直線 BJ，CG，MH は 1 点で交わる。この交点を O とする。
BC // JG より，OC：OG = BC：JG = 2：(2 + 2) = 1：2
よって，OC：CG = 1：(2 − 1) = 1：1
ゆえに，OC = CG = 6cm，OG = 2OC = 2 × 6 = 12(cm)
三角すい OJGH の体積は，

$$\frac{1}{3}\times\triangle OJG\times BK=\frac{1}{3}\times\frac{1}{2}\times JG\times OG\times BK=\frac{1}{3}\times\frac{1}{2}\times4\times12\times6=48(\text{cm}^3)$$

三角すい OBCM と三角すい OJGH は相似な立体で，その相似比は 1：2 だから，その体積比は，$1^3:2^3=1:8$
よって，6 点 B，C，M，J，G，H を結んでできる立体の体積は，$48\times\frac{8-1}{8}=42$(cm^3)…①
点 I を通る線分 JF の垂線と線分 JF，辺 EH との交点をそれぞれ P，Q とすると，PQ = BK = 6cm
JF // EH より，JI：HI = JF：HE = 2：4 = 1：2
PJ // QH より，PI：QI = JI：HI = 1：2
よって，$PI=\frac{1}{1+2}PQ=\frac{1}{3}\times6=2$(cm)
よって，三角すい IBJF の体積は，

$$\frac{1}{3}\times\triangle BJF\times PI=\frac{1}{3}\times\frac{1}{2}\times JF\times BF\times PI=\frac{1}{3}\times\frac{1}{2}\times2\times6\times2=4(\text{cm}^3)\cdots②$$

求める立体の体積は，① − ②より，42 − 4 = 38(cm^3)

英語正答表

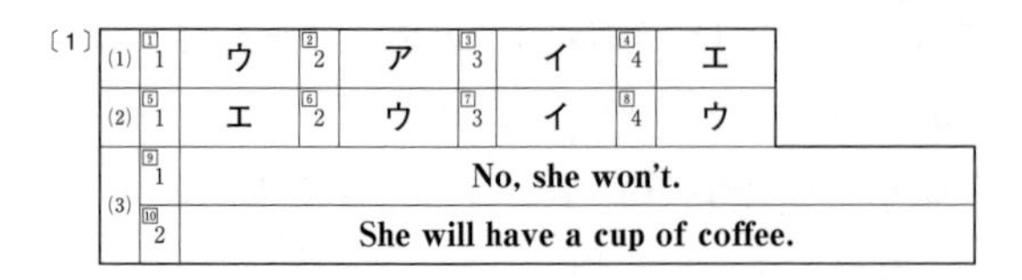

〔1〕

(1)	1	ウ	2	ア	3	イ	4 エ
(2)	1	エ	2	ウ	3	イ	4 ウ
(3)	1	No, she won't.					
	2	She will have a cup of coffee.					

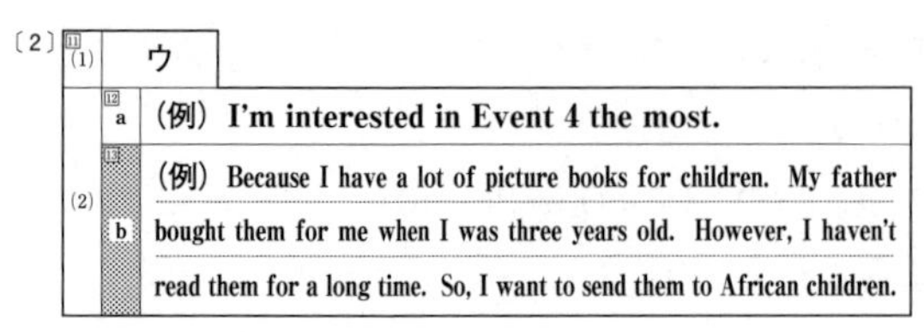

〔2〕

(1)		ウ
(2)	a	(例) I'm interested in Event 4 the most.
	b	(例) Because I have a lot of picture books for children. My father bought them for me when I was three years old. However, I haven't read them for a long time. So, I want to send them to African children.

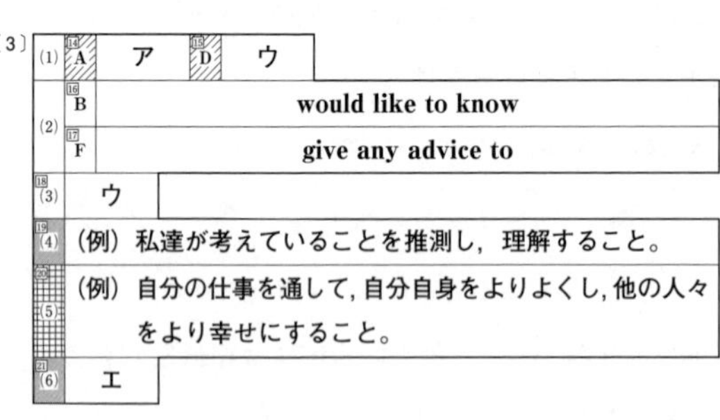

〔3〕

(1)	A	ア
	D	ウ
(2)	B	would like to know
	F	give any advice to
(3)		ウ
(4)		(例) 私達が考えていることを推測し，理解すること。
(5)		(例) 自分の仕事を通して，自分自身をよりよくし，他の人々をより幸せにすること。
(6)		エ

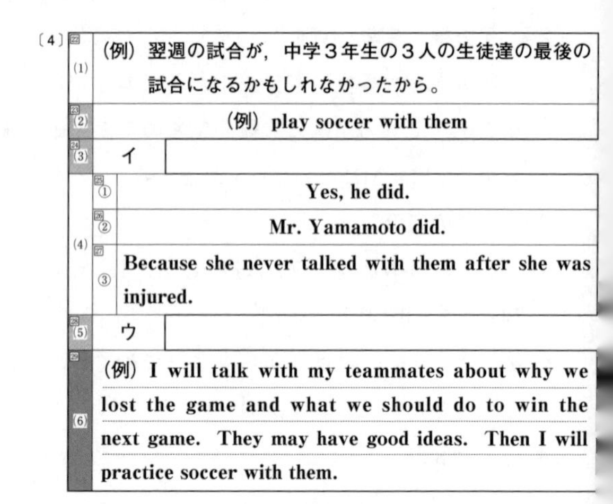

〔4〕

(1)		(例) 翌週の試合が，中学３年生の３人の生徒達の最後の試合になるかもしれなかったから。
(2)		(例) play soccer with them
(3)		イ
(4)	①	Yes, he did.
	②	Mr. Yamamoto did.
	③	Because she never talked with them after she was injured.
(5)		ウ
(6)		(例) I will talk with my teammates about why we lost the game and what we should do to win the next game. They may have good ideas. Then I will practice soccer with them.

配点と正答率（※は部分点あり）

正答率は2023年２月に実施された「新潟県合格もぎ」（CKT販売）で正解だった受検生の割合です。

項目	内容	配点	チェック欄	正答率
〔1〕リスニング	(1) 1 適語句選択	3		85.7%
	(1) 2 適文選択	3		48.9%
	(1) 3 適語句選択	3		93.2%
	(1) 4 適語句選択	3		81.2%
	(2) 1 適文選択	3		89.5%
	(2) 2 適語選択	3		64.7%
	(2) 3 適語句選択	3		34.6%
	(2) 4 座席選択	3		60.9%
	(3) 1 英問英答	※3		36.3%
	(3) 2 英問英答	※3		8.5%
〔2〕読解・英作文	(1) 適語句選択	3		94.7%
	(2) a 英作文	※3		41.1%
	(2) b 英作文	※6		51.1%

項目	内容	配点	チェック欄	正答率
〔3〕会話文読解	(1) A 適語選択	2		28.6%
	(1) D 適語選択	2		69.9%
	(2) B 語順整序	※3		63.9%
	(2) F 語順整序	※3		45.9%
	(3) 適文選択	3		72.9%
	(4) 内容理解	※4		22.6%
	(5) 内容理解	※5		50.8%
	(6) 内容理解	4		35.3%
〔4〕長文読解・英作文	(1) 内容理解	※3		46.9%
	(2) 内容理解	※4		39.8%
	(3) 適文選択	4		80.5%
	(4)① 英問英答	※3		76.7%
	(4)② 英問英答	※3		57.6%
	(4)③ 英問英答	※3		25.6%
	(5) 内容理解	4		61.7%
	(6) 英作文	※8		21.1%

受検者平均点　52.7点

■ 解　説 ■

〔2〕 **読解・英作文**

⑴　空所直後の2文を参照。「私は料理がとても好きで，私が料理したものを他の生徒に食べてほしい。このイベントで，私の願いはかなうだろうと思う」とある。Event 3のOther Informationに，「あなたが作った食べ物を持ってきて，他の人々と分け合ってください」とあるので，ウのEvent 3が適当。

⑵　掲載されている学校行事の中で，最も興味があるものがどれかを答える。次に，その行事に参加したい理由を3行以内の英文で書く。

〔3〕 **会話文読解**

⑴**A**　空所直後に，「カナダの大学で科学を勉強するために」とあるので，leftを入れて，「日本を離れた」とするのが適当。

D　空所を含む文には，主語が不足しているので，動名詞Communicatingを入れて，これを主語として扱う。

⑵**B**　〈would like to 動詞の原形〉で，「～したいのですが」という意味。

F　〈give 物 to 人〉で，「人に物をあげる」という意味。

⑶　空所前後のやり取りを確認する。タイチは，空所直前に言及した「国際社会で生活するための他の大切なこと」について，空所の後で説明していることがわかる。よって，リョウコはウ What are they?「それらは何ですか」と尋ねたと推測できる。

⑷　下線部分を含む文のguess and understand itが解答部分。itは，同文中のwhat we thinkを指している。

⑸　下線部分を含む文のmake myself better ～ through my jobが解答部分。

⑹　ア「毎年，タイチの学校には，生徒達への特別なメッセージとして，自身の経験について話すために科学者が訪問する」。タイチの1番目の発言を参照。毎年訪問する人物が科学者だという記述はない。イ「その科学者はアメリカで科学を勉強し，現在はカナダの大学で働いている」。タイチの2番目の発言の1文目を参照。現在はアメリカで働いていることがわかる。ウ「タイチは，将来は留学したいと思っているが，彼は英語を話すのがうまくない」。リョウコの2番目の発言を参照。留学したいと考えているのはリョウコだとわかる。エ「その科学者は，私達にとって，海外に行く前に自分達自身の文化や歴史について知ることが大切だと考えている」。タイチの最後から3番目の発言を参照。オ「リョウコは，母国にいては，自分の関心を広げることはできないことを理解している」。リョウコの最後から2番目の発言を参照。科学者の助言にある「自分の関心を広げること」について，今，私達の国で実行することができると言っている。

〔4〕 **長文読解・英作文**

⑴　下線部分直前の1文が解答部分。

⑵　空所直後の3文から，マリコは「子供達と一緒にサッカーをしたかった」のだと推測できる。

⑶　空所前後の内容を確認する。部に戻るように促す先生からの手紙を読んで感動したマリコは，実際に部に戻ったことがわかる。イ「私は部に戻ることに決めた」が適当。

⑷　①「医者はマリコに約2週間入院するように言ったか」。第1段落16文目No, you have to be here for about two weeksを参照。②「誰がマリコに手紙を書いたか」。第3段落の2文目を参照。③「マリコはなぜチームメイトが怒っているかもしれないと考えたか」。第4段落の1文目を参照。

⑸　ア「マリコは学校に向かう途中，車にはねられた」。第1段落の4文目を参照。車にはねられたのは，学校からの帰宅途中のことだったと読み取れる。イ「サッカーチームはマリコ抜きで試合に勝ったので，彼女は悲しく感じた」。第1段落の最後から5文目を参照。マリコの入院中，チームは試合で勝てなかったことがわかる。ウ「夏休み中，マリコはサッカーをしている子供達を見かけた」。第2段落の3文目を参照。エ「マリコの中学校最後の試合で，彼女は一生懸命プレーし，チームは勝利することができた」。最終段落の4文目を参照。マリコの中学校最後の試合で，チームは負けたことがわかる。

⑹　「サッカーの試合に負けた後，次の試合に勝ちたいなら何をするか」という質問に対する答えを書く。

リスニング問題の放送台本

〔1〕 リスニング

(1) 1 You want to go to the city library but you don't know where it is.
Question：What will you use to find where the city library is?

2 Izumi wants to buy a bag. One day, she goes to a store. At the store, she is looking at some bags. Then a man working at the store comes to her.
Question：What will the man say to Izumi?

3 Emily's family often goes to foreign countries. Every summer, they visit their grandmother in China. Sometimes, they go skiing in France during winter. Next spring, they will go to the U.S. for the first time.
Question：When does Emily visit her grandmother?

4 Now the weather for this week in Niigata. From Monday to Wednesday morning, it will be sunny and warm. On Wednesday afternoon it will be cloudy. On Thursday it will be cloudy and cool in the morning and it will begin to rain in the afternoon. The next day it will be rainy all day. It will be sunny on Saturday and Sunday.
Question：How will the weather be in Niigata on Friday?

(2) (M：男性，F：女性)

1 M：Hi, Miku. I'm going to go to a movie this Sunday. Will you go with me?
F：Sorry, Jim. I want to go, but I can't. I'm going to visit my friend on that day.
Question：Is Miku going to go to a movie with Jim this Sunday?

2 M：Do you know how to use this computer, Jane?
F：No, I'm sorry, Kevin. I don't.
M：Then, do you know someone who can use it?
F：Yes. Lily can. She uses it every day.
M：Really? Then, I'll ask her.
F：Mike also knows how to use it. But he only uses it sometimes.
M：OK. Thank you.
Question：Who uses the computer every day?

3 F：Let's hurry! It's three thirty.
M：OK, but the meeting starts at four o'clock. We still have thirty minutes.
F：No, it will start earlier today. We only have ten minutes before it starts.
Question：What time will the meeting start today?

4 M：Ryoko, what's your plan for John's party tomorrow? Will Hiro and Kana come to the party?
F：Yes. John's mother and father will join the party, too. Where do you want to sit, Bob?
M：Let's see. I will sit next to Hiro. How about the other people?
F：John will sit between his mother and father. And I will sit next to you.
Question：Where will Bob sit at the party?

(3) Hi, Ayaka. This is Mary. I'm sorry. I'm going to be late for the party at your house this evening. I got of the train at the wrong station. The next train will come to this station at five p.m. I have to wait until then. So, I will go to the department store near here and have a cup of coffee in the restaurant. See you later.
Question No.1：Will Mary arrive at Ayaka's house at five p.m.?
No.2：What will Mary do in the restaurant?

読解問題の全訳

〔3〕 会話文読解

タイチは高校生です。彼はリョウコと話しています。彼女も高校生ですが，彼らは違う学校に通っています。

タイチ：毎年，国際社会で活躍する特別な先生が私達の学校を訪れ，私達に向けた特別なメッセージとして先生自身の経験について話してくれます。

リョウコ：本当ですか。今年は誰が来たのですか。

タイチ：アメリカで科学者として働く女性です。20年前，彼女はカナダの大学で科学を勉強するために日本を離れました。それ以来，彼女はたくさんの国々の人々とコミュニケーションを取ってきました。彼女の話はとても興味深かったです。

リョウコ：まぁ，私も将来は留学したいので，彼女の話についてもっと知りたいのですが。でも，私は英語をあまりうまく話すことができないので，少し心配です。

タイチ：彼女は，英語をうまく使うことができることは，もちろんとても大切だと言っていましたが，国際社会で生きるためには，他に大切なことがあるとも信じています。

リョウコ：それらは何ですか。

タイチ：それらの一つは，他の人々の考えがあなたの考えと違っていたとしても，彼らのことを一生懸命理解しようとすることです。世界にはたくさんの種類の文化があり，異なる文化には異なる考え方があります。彼女は，「たくさんの様々な国々の人々とコミュニケーションを取ることで，私は他の文化を尊敬することの重要性を理解し，たくさんの興味深い考え方を学ぶ機会を得ることができました」と言いました。

リョウコ：次は何ですか。

タイチ：彼女は，「私達自身の意見を明確に話そうとすることも大切です」と言いました。日本では，私達が考えていることを示さないと，しばしば他の人が推測し理解しようとしてくれますが，他の多くの国々では，人々はそれをしません。彼女は，「私達は国際社会にいるので，私達が考えていることや私達が欲しいものは声に出して話す必要があると思います。そうすれば，私達はお互いに考えを共有し，よりよくコミュニケーションを取ることができます」と言いました。

リョウコ：国際社会では，何も言わなければ，何も伝えることができない，ということですね。

タイチ：そうです，彼女は，外国に行く前に，私達は自身の文化や歴史についてたくさん知る必要があるとも信じています。

リョウコ：彼女は日本の高校生に何か助言をしましたか。

タイチ：彼女は，「将来世界で活躍するために，あなたは自分の関心を広げるべきです，そして，失敗しても決して諦めるべきではありません」と言いました。

リョウコ：彼女の助言に従うのは簡単ですよね。私達は，今，私達の国で，彼女が言ったことを実行することができます。

タイチ：その通りです。話の終わりに彼女が言った言葉を，私は決して忘れないでしょう。彼女は，「私はただ，自分の仕事を通して，自分自身をよりよくし，他の人々をより幸せにしたいだけなのです，そして，世界のどこにいても，私はこれができると信じています」と言いました。

リョウコ：すばらしいですね。私の「仕事」は彼女のように世界に飛び出す前に，高校生活で全てのことに全力を尽くそうとすることなのだと，今ならわかります。

4〕 長文読解・英作文

私の名前はマリコです。私はサッカー部のメンバーでした。今日は，部活での経験について話そうと思います。昨年7月のある日，私と友人のユミは，サッカーの練習の後，学校から家に向かっていました。私達は中学2年生で，彼女も部活のメンバーでした。私は，「来週は試合があるね。中学3年生の3人にとっては最後の試合になるかもしれないよ。だから，私は試合でうまくプレーして，特に彼女達のために勝ちたいな」と言いました。ユミも私に賛成しました。道中，私達は試合について話し続けました。突然，私に向かって車が突っ込んできました。車は私をはね，私は道に倒れました。私は脚をけがしました。私はすぐに病院に連れていかれました。病院で，私は医者に，「私は来週の試合でプレーできますか」と言いました。彼は，「いいえ，あなたは約2週間ここにいなければなりません」と言いました。私は悲しかったです。私達のサッカー部には11人しかメンバーがおらず，私はプレーできませんでした。1週間後，チームの10人がプレーしました。当時，私はまだ病院にいて，私達のチームは一生懸命プレーしたが勝てなかったと聞きました。私は，「私がそこにいなかったから，チームは負けた。他のメンバーに会いたくない」と思いました。私が退院した後，彼女達はしばしば私に電話をくれましたが，私は彼女達とは話しませんでした。私の脚はよくなりましたが，私はチームには戻りませんでした。

しかし，1か月後，私の心の中で何かが変わり始めました。夏休み中，私は毎日何もすることがなく，ある日，家の近くの公園の中を歩いていました。幼い子供達がそこでサッカーをしていました。私は歩くのをやめ，彼らを見ました，しばらくして，彼らとサッカーをしたくなりました。私は，「参加してもいいかな」と言いました。彼らは，「もちろんだよ」と言いました。私達は約20分間サッカーをして，楽しく過ごしました。私は子供達にサッカーの技術を教えました。彼らは，「ありがとう」と言いました。私はチームの他のメンバーと一緒に過ごした楽しい時間を思い出しました。

夏休みの終わり頃，1通の手紙が私のもとに届きました。それは私達のサッカー部のヤマモト先生からだったので，驚きました。彼は彼自身のサッカーの経験について書いていました。彼は大学生の時にけがをしました。彼は他のメンバーにたくさん迷惑をかけたと考え，サッカーをやめました。彼はチームを抜けた後，何度もそこに戻ろうとしましたが，彼にはできませんでした。今では，彼はとても残念に思っています。彼は私にそのような悲しい経験をしてほしくなかったのです。彼は，「きみのチームメイト全員が，きみを必要としている。きみは，チームメイトが大切だと知っている。サッカーが好きなら，戻ってきて彼女達と一緒にサッカーを楽しみなさい」と続けていました。私は彼の手紙に感動しました。私は部活に戻ることに決めました。

私はけがをした後，一度もチームメイトと話していなかったので，「彼女達は怒っているかもしれない」と思いました。しかし，昨年の9月に私が再びチームに参加した時，彼女達は笑顔で私を迎え，もう一度サッカーをプレーするように私を励ましてくれました。

今年の4月，7人の新メンバーがチームに加わり，私達は試合をするのに十分な選手を得ました。3か月後，私達はサッカーの試合をしました。それは，中学校での私の最後の試合でした。試合中，私達は一生懸命プレーしましたが，負けました。私にとって，勝利は最も大切でしたが，私はチームに戻った後，チームメイトと一緒にサッカーを楽しむことの方が大切だと気づきました。試合後，ヤマモト先生は，「負けは悪い経験ではない。悲しむことはない。次の試合で勝ちたいなら，この後に何をするか。このように考えることがきみ達を強くするだろう。人生の中で，たくさんのことに同じことが言える」と言いました。私はこの経験を決して忘れないでしょう。

社会正答表

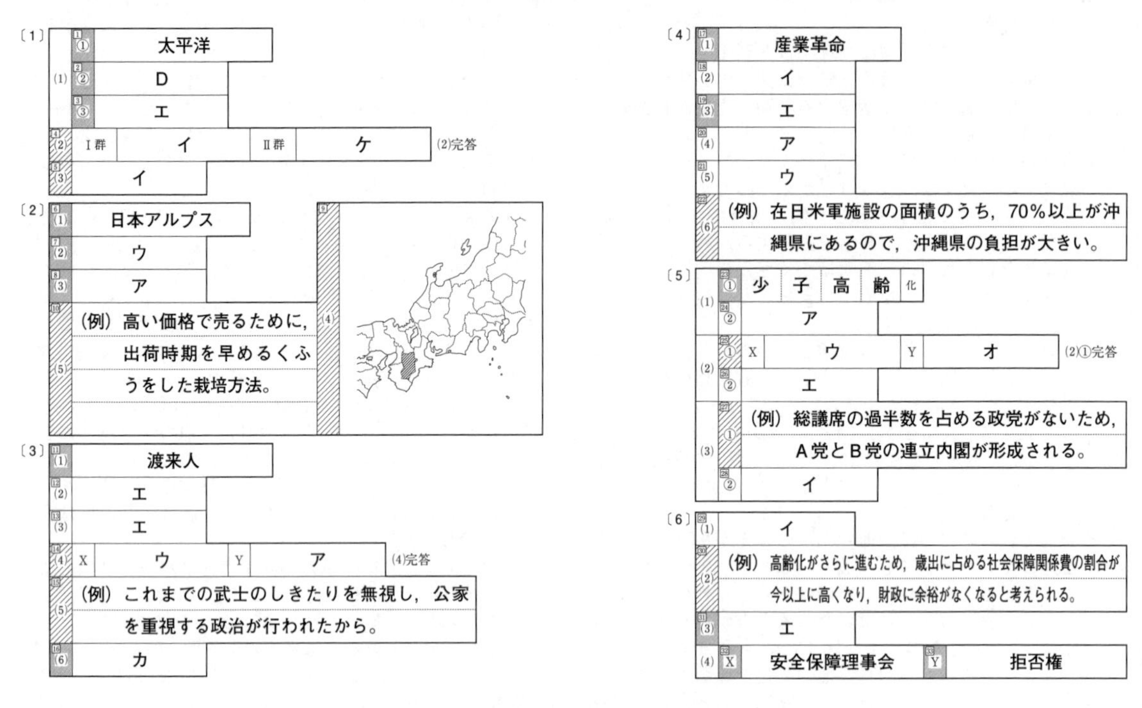

〔1〕
(1) ① 太平洋
(1) ② D
(1) ③ エ
(2) Ⅰ群 イ　Ⅱ群 ケ　(2)完答
(3) イ

〔2〕
(1) 日本アルプス
(2) ウ
(3) ア
(4) （地図）
(5) (例) 高い価格で売るために，出荷時期を早めるくふうをした栽培方法。

〔3〕
(1) 渡来人
(2) エ
(3) エ
(4) X ウ　Y ア　(4)完答
(5) (例) これまでの武士のしきたりを無視し，公家を重視する政治が行われたから。
(6) カ

〔4〕
(1) 産業革命
(2) イ
(3) エ
(4) ア
(5) ウ
(6) (例) 在日米軍施設の面積のうち，70%以上が沖縄県にあるので，沖縄県の負担が大きい。

〔5〕
(1) ① 少子高齢化
(1) ② ア
(2) ① X ウ　Y オ　(2)①完答
(2) ② エ
(3) ① (例) 総議席の過半数を占める政党がないため，A党とB党の連立内閣が形成される。
(3) ② イ

〔6〕
(1) イ
(2) (例) 高齢化がさらに進むため，歳出に占める社会保障関係費の割合が今以上に高くなり，財政に余裕がなくなると考えられる。
(3) エ
(4) X 安全保障理事会　Y 拒否権

配点と正答率（※は部分点あり）

正答率は2023年2月に実施された「新潟県合格もぎ」（CKT販売）で正解だった受検生の割合です。

項目	内　容	配点	チェック欄	正答率
〔1〕世界地理総合問題	(1)① Xの海洋名・太平洋	3		92.5%
	(1)② 経度180度線の位置	3		51.1%
	(1)③ オーストラリアの先住民	3		72.9%
	(2) アンデス山脈での放牧と気候	4		65.4%
	(3) 各国の人口や輸出品の特徴	4		86.5%
〔2〕日本地理総合問題	(1) 山脈の総称・日本アルプス	3		98.5%
	(2) 長野の雨温図	3		72.2%
	(3) 桓武天皇・西陣織	3		65.4%
	(4) 各県の米の生産農業所得等	4		77.4%
	(5) 促成栽培の説明	※4		53.6%
〔3〕古代から近世までの歴史	(1) 大陸から移住してきた人々	3		88.0%
	(2) 中大兄皇子とその業績	2		78.2%
	(3) 奈良時代の建物	2		22.6%
	(4) 徳政令発布の背景と結果	4		66.2%
	(5) 建武の新政が崩れた理由	※4		45.5%
	(6) 江戸時代の出来事並び替え	3		46.6%

項目	内　容	配点	チェック欄	正答率
〔4〕近代から現代までの歴史	(1) イギリス産業の変革	3		84.2%
	(2) 無我を描いた人物	2		54.1%
	(3) 日清戦争の要因と講和条約	3		79.7%
	(4) 米騒動のきっかけ	2		94.7%
	(5) 世界恐慌時の各国の政策	2		97.7%
	(6) 沖縄県の米軍施設の問題点	※4		71.4%
〔5〕公民総合問題	(1)① ドローン活用の利点	3		97.7%
	(1)② 情報を選び，活用する能力	2		92.5%
	(2)① 公共の福祉に制約される例	4		34.6%
	(2)② 日本国憲法改正の国民投票	2		80.5%
	(3)① 連立政党の形成	※4		5.1%
	(3)② 内閣の説明	2		64.7%
〔6〕公民総合問題	(1) 社会保険の説明	2		75.9%
	(2) 日本の将来の財政課題	※4		56.4%
	(3) 環境問題への対策の進展	3		57.1%
	(4) X 国連機関・安全保障理事会	3		9.8%
	(4) Y 常任理事国が持つ権利	3		22.6%

受検者平均点　63.8点

■ 解 説 ■

〔１〕 **世界地理総合問題**

(1)② 経度180度の線はニュージーランドの近くを通るので，正解はＤである。

③ アはカナダの北部に住む先住民，イはメキシコや西インド諸島などからアメリカに移住してきた，スペイン語を話す移民とその子孫，ウはニュージーランドの先住民である。

(2) Ｚの地域は高山気候に位置している。高山気候では，リャマやアルパカの放牧が盛んである。

(3) ａは人口が最も多いのでインド，ｂは一人当たり国民総所得が２番目に多いのでイギリス，ｃは人口が３億人を超え，一人当たり国民総所得が最も多いのでアメリカ，ｄは輸出品上位の第２位にレアメタルの一つである白金族があるので南アフリカ共和国である。

〔２〕 **日本地理総合問題**

(2) アは夏から秋の降水量が最も多いので，太平洋側の気候に位置する尾鷲，イは冬の降水量が多いので，日本海側の気候に位置する金沢，ウは夏と冬の気温差が大きく，１年を通じて降水量が少ないので，中央高地の気候に位置する長野，エはウよりも夏と冬の気温差が小さく，また１年を通じて降水量が少ないので，瀬戸内の気候に位置する大阪である。

(3) 加賀友禅は石川県の金沢市を中心とした地域でつくられる着物で，伝統的工芸品の一つである。

(4) Ｑは輸送用機械器具の製造品出荷額等が最も多いので静岡県，Ｒは米の生産農業所得が最も多いので富山県，残るＰは奈良県である。

〔３〕 **古代から近世までの歴史**

(3) アは平安時代につくられた平等院鳳凰堂，イは飛鳥時代につくられた法隆寺，ウは室町時代につくられた金閣，エは奈良時代につくられた東大寺の大仏殿である。

(4) イは室町時代に徳政を求めて起こった正長の土一揆，エも室町時代に起こった山城国一揆の説明である。

(5) 武士の間に不満が高まる中，足利尊氏が新政に反対して兵を挙げ，京都に新たな天皇を立てた。後醍醐天皇は吉野に逃れ，京都と吉野に二つの朝廷が並び立つことになった。

(6) Ｘは1774年，Ｙは享保の改革で行われたことの一つで1720年，Ｚは1612年のできごとである。Ｙのできごとから蘭学が発達し，「解体新書」が出版されることにつながった。

〔４〕 **近代から現代までの歴史**

(2) アは明治～大正時代の小説家，ウは明治時代～昭和時代初期の彫刻家，エは明治時代の小説家である。

(3) 義和団事件は日清戦争より後の1900年のできごと，ポーツマス条約は日露戦争の講和条約である。

(5) アは第一次世界大戦前の国際関係，イは第二次世界大戦後の1955年のできごと，エも第二次世界大戦後の1962年のできごとである。

〔５〕 **公民総合問題**

(1)① ドローンによる荷物の運搬には，人手不足の解消の他にも，外出の難しい人や過疎地に住んでいる人にとっての利便性の向上が期待されている。しかし，悪天候時の運搬が困難な問題や，記録用のカメラを悪用することによるプライバシーの保護に関する問題などを解決する必要がある。

② イは情報を扱う上で必要とされる道徳のことである。

(3)① 「Ａ党とＢ党からは国務大臣が選ばれている」という文から，Ａ党とＢ党が与党であるとわかる。

② アとウは国会の役割である。また，エの国務大臣は過半数が国会議員から選ばれなければならない。

〔６〕 **公民総合問題**

(1) アは公衆衛生，ウは社会福祉，エは公的扶助に当たる。

(3) 公害対策基本法は四大公害病の発生を受けて1967年に制定された公害対策に関する法律，ダイバーシティは「多様性」という意味で用いられる語句である。

(4) 拒否権は常任理事国の反対を押し切って決定をすれば戦争が起こるおそれがあるために認められた権利であるが，頻繁に行使されると国際連合の様々な活動の障害になる。

理科正答表

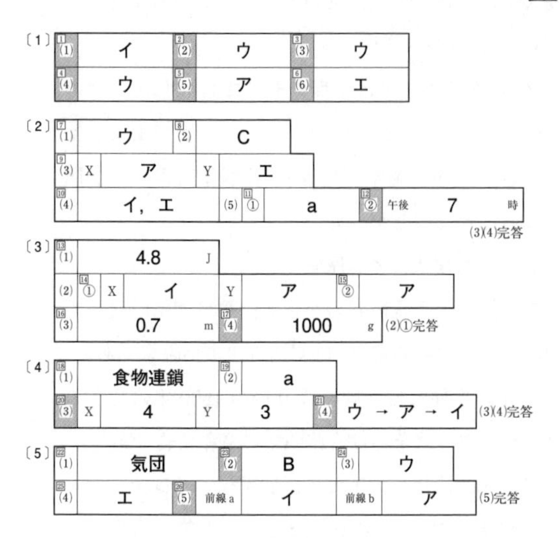

〔1〕					
(1)	イ	(2)	ウ	(3)	ウ
(4)	ウ	(5)	ア	(6)	エ

〔2〕				
(1)	ウ	(2)	C	
(3)	X ア	Y エ		
(4)	イ，エ	(5) ① a	② 午後 7 時	

(3)(4)完答

〔3〕				
(1)	4.8 J			
(2)	① X イ	Y ア	② ア	
(3)	0.7 m	(4)	1000 g	

(2)①完答

〔4〕				
(1)	食物連鎖	(2)	a	
(3)	X 4	Y 3	(4)	ウ → ア → イ

(3)(4)完答

〔5〕				
(1)	気団	(2)	B	(3) ウ
(4)	エ	(5) 前線a イ	前線b ア	

(5)完答

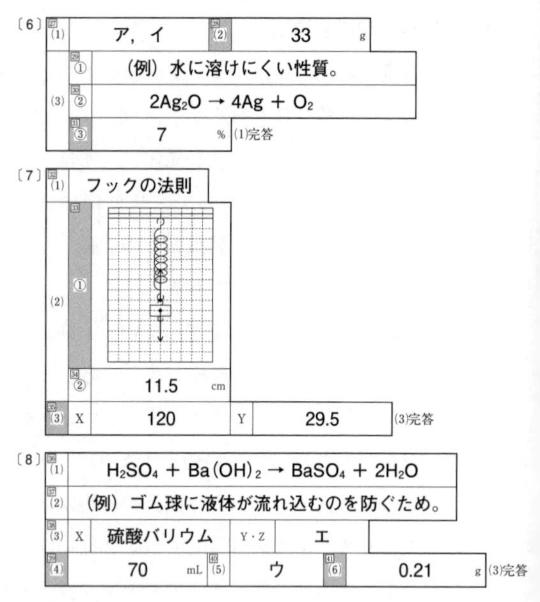

〔6〕		
(1)	ア，イ	(2) 33 g
(3) ①	(例) 水に溶けにくい性質。	
(3) ②	$2Ag_2O \rightarrow 4Ag + O_2$	
(3) ③	7 %	

(1)完答

〔7〕			
(1)	フックの法則		
(2) ①	(図)		
(2) ②	11.5 cm		
(3)	X 120	Y 29.5	

(3)完答

〔8〕			
(1)	$H_2SO_4 + Ba(OH)_2 \rightarrow BaSO_4 + 2H_2O$		
(2)	(例) ゴム球に液体が流れ込むのを防ぐため。		
(3)	X 硫酸バリウム	Y・Z エ	
(4)	70 mL	(5) ウ	(6) 0.21 g

(3)完答

配点と正答率（※は部分点あり）

正答率は2023年2月に実施された「新潟県合格もぎ」（CKT販売）で正解だった受検生の割合です。

項目	内容	配点	チェック欄	正答率
〔1〕小問集合	(1) ゼニゴケのからだのつくり	3		93.2%
	(2) 最も小さい音の波形	3		89.5%
	(3) 太陽の特徴	3		85.0%
	(4) 水と塩化コバルト紙の変化	3		66.2%
	(5) カエルの生殖細胞	3		79.7%
	(6) 岩石や鉱物などの特徴	3		80.5%
〔2〕金星の見え方と地球の動き	(1) 図1の金星が見えた時間帯	2		62.4%
	(2) この日の金星の位置	2		39.1%
	(3) 金星の現れた時間帯と方位	2		35.3%
	(4) 金星の特徴	2		60.2%
	(5)① 星の年周運動	2		78.9%
	(5)② 星の年周運動	3		54.9%
〔3〕仕事	(1) 物体Yがされた仕事	2		66.9%
	(2)① 位置エネルギーの変化	2		57.1%
	(2)② 台車Xの速さの変化	2		60.9%
	(3) 物体Zがもち上がる距離	2		49.6%
	(4) 物体Zの質量	3		6.0%
〔4〕自然界の生物のつり合い	(1) 食物連鎖	2		96.2%
	(2) 光合成による炭素の流れ	2		60.9%
	(3) 節足動物・消費者	3		6.0%
	(4) 生物の個体数のつり合い	3		81.2%
〔5〕前線と天気の変化	(1) 気団	2		77.4%
	(2) 点Rに相当する地点	3		47.4%
	(3) 高気圧付近の特徴	2		63.9%
	(4) 偏西風・閉そく前線	2		48.1%
	(5) 前線a，bによる気象の変化	3		57.1%
〔6〕さまざまな化学変化	(1) 化合物に分類されるもの	2		42.9%
	(2) 硫化鉄の質量	3		57.9%
	(3)① 水上置換法と気体の性質	※2		81.6%
	(3)② 酸化銀の熱分解の化学変化	2		24.8%
	(3)③ 気体Zの質量の割合	3		38.3%
〔7〕ばねにはたらく力	(1) フックの法則	2		88.7%
	(2)① おもりにはたらく力の作図	3		18.8%
	(2)② ばねBの長さ	2		78.2%
	(3) 実験2，3からわかること	3		0.0%
〔8〕酸・アルカリと塩	(1) 中和反応を示す化学反応式	2		9.8%
	(2) こまごめピペットの注意点	※2		59.4%
	(3) 硫酸バリウムの性質	2		33.1%
	(4) 過不足なく反応する体積	3		26.3%
	(5) アルカリ性を示すビーカー	2		63.9%
	(6) 新たに生じた沈殿の質量	3		4.5%

受検者平均点　53.6点

■ 解 説 ■

〔1〕 **小問集合**

(2) 小さい音ほど，その音の波形の振幅は小さくなる。

〔2〕 **金星の見え方と地球の動き**

(5)② 2か月後の午後11時には，星の年周運動によって，カシオペヤ座は次の大きさだけ移動して見える。
$30°\times2=60°$　また，星の日周運動より，60°移動するのにかかる時間は，$60°\div15°=4$(時間)　よって，午後11時の4時間前の午後7時ごろに観察すればよい。

〔3〕 **仕事**

(1) $6.0\times0.8=4.8$(J)

(3) 仕事の原理と動滑車の性質より，物体Zがもち上がった距離は，1.4mの半分の0.7mである。

(4) 実験2の結果をふまえると，実験4では，600gの物体Yをもち上げる力と同じ大きさの力が台車Xの進行方向にはたらき，動滑車によって物体Zをもち上げたと考えてよい。動滑車の性質より，求める物体Zの質量をmgとすると，$6.0\times2=m\div100+2.0$　$m=1000$(g)

〔4〕 **自然界の生物のつり合い**

(4) 図3の個体数の関係だと，消費者Aは消費者Bによって食べられて個体数が減少する(ウ)。その後，生産者の個体数は増加し，消費者Bは食べるものが少ないため個体数が減少するが(ア)，その結果，消費者Aの個体数は増加し，生産者の個体数は減少する(イ)。時間が経過すると，最終的に図2のようなつり合いのとれた個体数の関係に戻る。

〔5〕 **前線と天気の変化**

(2) 図3の前線aは温暖前線，前線bは寒冷前線である。図2は寒冷前線と同じ大気の流れのようすを表しているため，点Rに相当するのは図3のBである。

〔6〕 **さまざまな化学変化**

(2) 実験1において，鉄粉21gと過不足なく反応する硫黄の粉末の質量をxgとおくと，$21:x=14:8$　$x=12$(g)　よって，求める硫化鉄の質量は，$21+12=33$(g)

(3)③ 表から，酸化銀1.00gより発生した気体Z(酸素)の質量は，$1.00-0.93=0.07$(g)　酸化銀7.00g中に含まれる酸素の質量をygとすると，$1.00:0.07=7.00:y$　$y=0.49$(g)　よって，求める割合は，$\frac{0.49}{7.00}\times100=7$(%)

〔7〕 **ばねにはたらく力**

(2)② $15.5-(19.5-15.5)=11.5$(cm)

(3) 図2のように，ばねBの両端から同じ大きさの力で引かれている場合，ばねBののびはおもり1個分をつるしたときと等しい。表から，ばねBの長さが27.5cmのとき，30gのおもりの数は4個であるため，求めるおもり1個の質量は，$30\times4=120$(g)　また，実験3において，ばねAとBの長さは，それぞれに45gのおもりを3個つるしたときの長さと等しい。(2)②より，求めるばねBの長さは，$11.5+4.0\times\frac{45\times3}{30}=29.5$(cm)

〔8〕 **酸，アルカリと塩**

(4) 表から，2つの水溶液を過不足なく反応させたとき，沈殿は0.49g生じる。沈殿0.49gが生じるのに必要なうすい水酸化バリウム水溶液の体積をxmLとすると，$x:0.49=20:0.14$　$x=70$(mL)

(6) (4)より，ビーカーEで未反応のうすい水酸化バリウム水溶液の体積は，$100-70=30$(mL)　求める質量は，うすい硫酸20mLにうすい水酸化バリウム水溶液50mLを加えたときに生じる沈殿の質量と，実験のビーカーAで生じた沈殿の質量の差に等しい。うすい水酸化バリウム水溶液50mLから生じる沈殿の質量をygとすると，$50:y=20:0.14$　$y=0.35$(g)　以上より，求める質量は，$0.35-0.14=0.21$(g)

国語正答表

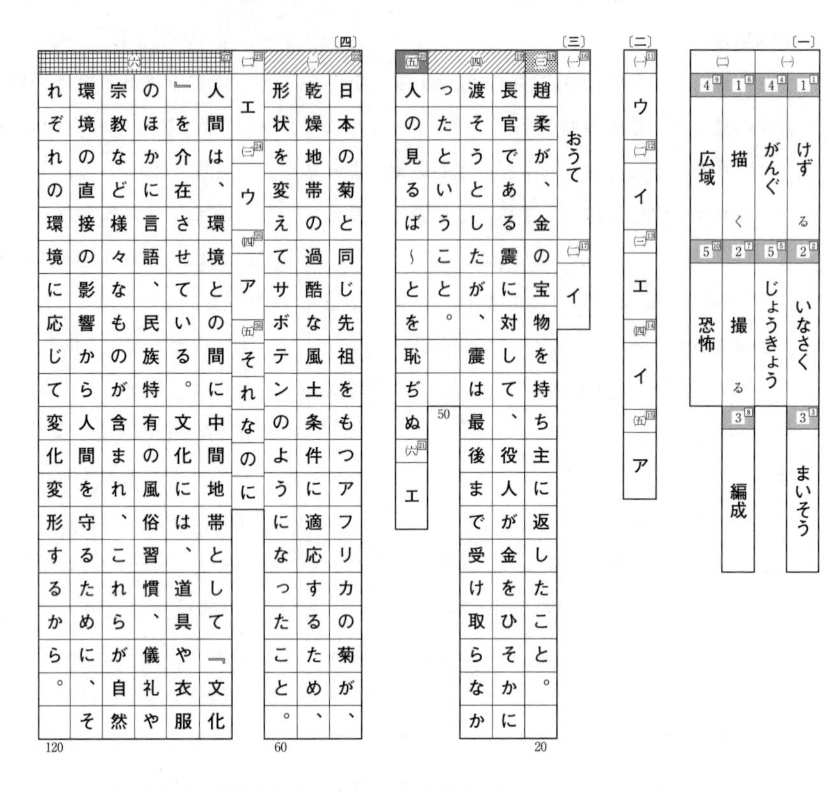

〔一〕
(一) 1 けずる　2 いなさく　3 まいそう　4 がんぐ　5 じょうきょう
(二) 1 描く　2 撮る　3 編成　4 広域　5 恐怖

〔二〕
(一) ウ　(二) イ　(三) エ　(四) イ　(五) ア

〔三〕
(一) おうて
(二) イ
(三) 趙柔が、金の宝物を持ち主に返したこと。
(四) 長官である震に対して、役人が金をひそかに渡そうとしたが、震は最後まで受け取らなかったということ。
(五) 人の見るば～とを恥ぢぬ
(六) エ

〔四〕
(一) 日本の菊と同じ先祖をもつアフリカの菊が、乾燥地帯の過酷な風土条件に適応するため、形状を変えてサボテンのようになったこと。
(二) エ
(三) ウ
(四) ア
(五) それなのに
(六) 人間は、環境との間に中間地帯として「文化」を介在させている。文化には、道具や衣服のほかに言語、民族特有の風俗習慣、儀礼や宗教など様々なものが含まれ、これらが自然環境の直接の影響から人間を守るために、それぞれの環境に応じて変化変形するから。

配点と正答率（※は部分点あり）

正答率は2023年2月に実施された「新潟県合格もぎ」(CKT販売) で正解だった受検生の割合です。

項目	内　容	配点	チェック欄	正答率
〔一〕漢字の読み書き	(一)1 漢字の読み	2		100.0%
	(一)2 漢字の読み	2		100.0%
	(一)3 漢字の読み	2		84.2%
	(一)4 漢字の読み	2		66.2%
	(一)5 漢字の読み	2		98.5%
	(二)1 漢字の書きとり	2		75.2%
	(二)2 漢字の書きとり	2		66.2%
	(二)3 漢字の書きとり	2		44.4%
	(二)4 漢字の書きとり	2		53.4%
	(二)5 漢字の書きとり	2		47.4%
〔二〕文法	(一) 語と語の関係	3		90.2%
	(二) 品詞の識別	3		86.5%
	(三) 敬語の使い方	3		76.7%
	(四) 形容詞の活用形	3		39.8%
	(五) 助動詞	3		77.4%

項目	内　容	配点	チェック欄	正答率
〔三〕古文の読解	(一) 歴史的かなづかい	3		54.1%
	(二) 内容理解（選択）	3		90.2%
	(三) 内容理解（記述）	※8		60.2%
	(四) 内容理解（記述）	※10		58.9%
	(五) 内容理解（抜き出し）	4		75.9%
	(六) 内容理解（選択）	3		62.4%
〔四〕論説文の読解	(一) 内容理解（記述）	※10		51.8%
	(二) 内容理解（接続詞の選択）	3		92.5%
	(三) 内容理解（選択）	3		72.2%
	(四) 内容理解（選択）	3		48.9%
	(五) 内容理解（抜き出し）	3		70.7%
	(六) 内容理解（記述）	※12		39.2%

受検者平均点　64.2点

■ 解　説 ■

〔二〕 文法

㈠〈文法〉「大きくて」の「大きい」と「円い」がどちらも「月」を修飾する語で対等なので，並立の関係であり，ウが同じ。アは修飾語と被修飾語，イは補助，エは主語と述語の関係。

㈡〈文法〉傍線部は動詞「歩く」を修飾しているので副詞。イが同じく副詞である。アは連体詞，ウは名詞，エは動詞。

㈢〈敬語の知識〉ア，イ，ウは自分や身内の言動に使う謙譲語，エは相手の言動に使う尊敬語。

㈣〈文法〉傍線部は形容詞「寒い」の連用形。イの「し」はサ行変格活用の動詞「する」の未然形か連用形だが，助動詞「た」が付いているので連用形である。アは五段活用の動詞「咲く」の仮定形，ウは形容動詞「明らかだ」の連体形，エはサ行変格活用の動詞「通過する」の仮定形。

㈤〈文法〉傍線部の「だ」は名詞に付いているので断定の助動詞。アが名詞「趣味」に付いているので同じ品詞・用法。イは形容動詞「大変だ」の一部。ウ・エは過去の助動詞「た」が音便形に付いて濁音に変わったもの。

〔三〕 古文の読解

㈡〈内容理解〉絹は高価な布だったので，それぐらい価値があったということである。

㈢〈内容理解〉人々が「これ」を聞いて「敬った」という文なので，「これ」の内容をとらえる。この段落で書かれている，「趙柔(ちょうじゅう)」が，道で見つけた金の宝物を，自分のものにせず持ち主を呼んで返してやったことを指している。

㈣〈内容理解〉二段落目の内容をまとめる。長官である「楊震(ようしん)（震）」が昌邑(しょうゆう)を通ったとき，そこの「司(つかさ)」が金をひそかに渡そうとしたが，震は受け取らなかったのである。

㈤〈内容理解〉直前の一文が「おろかなるたぐひは」と始まることに注目すると，それに続く「人の見るばかりを憚(はばか)りて，天のかがみ給(たま)ふことを恥ぢぬ」，つまり，「人の見ることばかりをはばかって，天がご覧になることを恥ずかしく思わない」という内容を，「愚かで情けない心」といっていることがわかる。

㈥〈内容理解〉「四知(しち)」は，前の段落の震の言葉，「天も知り，地も知れり。我も知り，人も知る」を受けている。悪事や不正は，誰も知らないと思っても，天地の神々も知り，自分も相手も知っているのだから，恥ずかしく思うべきことである，というのが，震の考えである。

【口語訳】

ある本に載っていることには，趙柔という人が，道において，人が残し（ていっ）たところの金の宝物，一束を見つけた。その値は，たくさんの絹に相当するというが，持ち主を呼んで返してやったので，人々はそれを聞いて，大いに趙柔を尊敬した。

またある本に載っていることには，漢の楊震が，東莱(とうらい)の長官として昌邑という所を通ったところ，その地の役人が昔の縁があったので，金をひそかに震に渡そうとした。震が言うことには「(このことは，) 天も知り，地も知っている。我も知り，人も知っている」と言って，最後まで金を受け取らなかった。

「四知を恥じる」というのはこれである。愚かな者たちは，人の見ることばかりをはばかって，天がご覧になることを恥ずかしく思わないのである。愚かで情けない心である。

〔四〕 論説文の読解

㈠〈内容理解〉続く段落に，日本の菊と先祖が同じこのアフリカの菊が，過酷な風土条件に適応して，皮や葉や根など，体の形状をサボテンのように変化させたことが説明されているので，それをまとめるとよい。

㈡〈内容理解〉前段落の菊の例を受けて，［A］以降でまとめているので，説明の接続詞「つまり」が入る。

㈢〈内容理解〉——線部分⑵以降に，フィンチが，住み着いた島で食べる物に適した形に嘴(くちばし)を変化させ，分化したことが説明されている。

㈣〈内容理解〉「硬い木の実」を噛(か)み砕くための「太くて硬い」嘴と「反対に」,「柔らかい果実や虫など」を食べる嘴なので，ア「細身の」が適する。

㈤〈内容理解〉直前の「そうではありません」は，前の段落の最後の一文を否定した内容。さらにその前の「それなのに」で始まる一文で，どうして人間だけがあまり変化せずに生きていくことが出来るのかという問いかけがされている。

㈥〈内容理解〉Ⅰの文章の最後の二段落で，人間は環境と自分との間に『文化』という「中間地帯」を介在させて，自然環境の変化に応じて文化を変化変形させることで，自らは直接影響を受けずに生き延びていくと説明されている。また，Ⅱの文章では，文化にはどのようなものが含まれるのかをあげたうえで，文化が自然環境と人間との間にあって人間を直接の影響から守っていると述べられている。これらの内容をまとめよう。

令和７年度　入学者選抜対策

特色化選抜

スポーツ・文化活動・科学分野の活動などで秀でた実績を有する生徒を選抜するものです。選抜内容は面接が中心ですが、面接に加えて実技検査・基礎体力テスト・PR シートや作文などの中から学校によって課す内容が異なります。

一般選抜

これまでの調査書＋学力検査（試験時間各教科50分）を１日目に行い、２日目に学校ごとに独自検査を行っています。学校独自検査の内容は面接・実技検査・PR シート・課題作文などがあり、学校ごとに課す内容は異なります。

ここでは入学者選抜の対策として、面接・PR シートについて問題例や解答例、ポイントなどを紹介します。

面　　　接

面接は面接官が、あなたの人柄や学習や活動への意欲、目的意識など確認し、高校生活への適性を判断するために行われます。

面接を受けるに際して大切なこと、基本的なマナーから対策まで紹介します。

面接では面接官に与える印象が大切です。以下の点に気を配りましょう。

○身だしなみ

・髪型はすっきり整え、つめを切る、ひげをそるなど清潔を心掛ける。長い髪は束ね、化粧やマニキュアはしない。

・規定の制服(標準服)を着用し(汚れやしわがないか確認)、校章、バッジを付け、生徒手帳を持参する。ネクタイやリボンは規定のもの、スカートは標準的な丈のものを着用する。

・靴下は無地のものを着用し、きれいな靴を履く（汚れがないか確認)。

○話し方

・言葉づかいに注意する。普段友達と話すときのような話し方や言葉づかいはしない。正しい敬語を使う。

・声の大きさに注意し、早口にならないよう心掛ける。

・姿勢を正し、下を向かずに面接官を見て自信を持って話す。

面接官にはっきりと聞こえるような適度な声の大きさで話しましょう。明るい声と暗い声では、同じことを話していても明るい声の方が印象をよく持ってもらえます。緊張するとは思いますが、きちんと笑顔で明るい声で話せるように、練習を積むことが大切です。

面接の練習をしてみよう

質問例は能開センター新潟本部の調査により過去の入学者選抜の面接で実際に質問されたものを掲載しています。それに対する回答例は能開センター新潟本部の協力によって独自に作成したものです。

質問例

質問例 1 志望動機を教えてください。

質問例 2 中学で一番がんばったことと、そこから学んだことはどのようなことですか。

質問例 3 関心を持って勉強した教科はなんですか。理由と併せて教えてください。

質問例 4 制服を着る意義はなんだと思いますか。

質問例 5 将来の夢があったら教えてください。

質問例 6 高校で友好関係を広げるためにどのようにしますか。

質問例 7 もし友達が悩んでいたら、あなたはどうしますか。

質問例 8 初めて会う仲間とコミュニケーションをとるのに必要なことはなんですか。

質問例 9 リーダーに必要な力はなんだと思いますか。

※机にある紙（下記）を出してくださいという指示があり、空欄にペンで記入する言葉を書いて説明する。

リーダーとは
［　　　　　　　］できる人
である。

質問例 10 あなたにとって、日本の良いところはなんだと思いますか。

質問例 11 あなたはこの絵を見て（絵を見せられる）何を思いますか。１分間考える時間を与えますので、その後答えてください。

質問例 12 あるスポーツ選手の言葉で「最も大切なのは仲間」というのがありますが、あなたにとってもっとも大切なものはなんですか。

質問例 13 【新しいものを作り出すこと】と【伝統を守ること】どちらが難しいと思いますか。理由とあわせて教えてください。

質問例 14 30年後の社会はどのようになっていると思いますか。漢字１文字で表してください。

質問例 15 もし中学校卒業時点で参政権が手に入るとしたら、このことに賛成ですか。反対ですか。

質問例 16 今の国際問題はなんでしょうか。また自分が考える解決策はなんですか。

回答例

質問例 1

私の将来の夢は医師になることです。そのためにも大学に進学して、専門的な知識や技術を身につけたいと思っています。貴校には国公立大学医学部に進学した先輩達が多くいると聞いていますので、そのような環境で学ぶことが、自分の将来の夢をかなえることにつながると考え、貴校を志望しました。

質問例 2

中学３年生の校内音楽コンクールでピアノの演奏を担当したことです。コンクールの日が近づくにつれて、クラスの団結は高まり合唱も上達していきましたが、自分だけがうまく演奏できず、だんだんと焦っていきました。とにかく自分ができることを精一杯やろうと思い、クラスのために、自分のためにも練習に力を入れました。結果は優勝することができました。発表が終わったときの達成感や、クラスのみんなと団結して頑張ることができたことを思うと、演奏を担当してよかったと思いました。自分の役割をしっかりと果たすこと、そのために努力することの大切さを学びました。

質問例 3

国語は関心を持って勉強しました。国語は様々な題材を通して、たくさんの大切なことをメッセージとして伝えてくれます。すぐには役に立たなくても、将来きっと役に立つことだと思ったからです。

質問例 4

ふだん着ている洋服から制服に着替えることで、気持ちが切り替わります。制服を着ることで、その場にふさわしい行動をすることができるようになることだと思います。

質問例 5

私は将来獣医になりたいと考えています。人間と一緒に暮らしている動物はたくさんいますが、動物は人と同じようにストレスを感じたり、人のせいでケガをしたりしています。私は獣医になって、大好きな動物と人が一緒に暮らしていける関係を保っていく手伝いをしていきたいと思っています。

質問例 6

笑顔で明るくあいさつを毎日することが大切です。話しかけられたときに、暗い表情のまま人と接していたら、相手もきっと不愉快に感じると思います。特に座席が近い生徒や同じクラスの生徒には、自分から積極的にあいさつをすることを意識していれば、必ず相手にも話しかけやすい人だと思ってもらえるからです。

質問例 7

悩みごとについて、とにかく聞きます。できれば悩みごとに関して友達がどう思っているかまで聞きます。悩みごとについては本当の意味で解決できるのは、本人しかいないと思っています。そこで私は話を聞いて友達の頭の中や気持ちが整理しやすいように、もしくは解決の糸口を見つけられるように、友達の言葉に耳を傾けたいと思います。

質問例 8 笑顔になることです。初対面の相手と話すのはなにかと緊張しますが、きっと相手も同じことだと思います。そんなときにユーモアの一つでもあれば、相手を少しでも笑顔にすることができます。笑顔は人の心をやわらかくするし、人との付き合いでは潤滑油になると思います。

質問例 9 「決断」できる力です。集団の方向性や目指す目標に対して最適な方針や具体的な行動を示すことができる人に信頼をおくことができるからです。

質問例 10 街がきれいなところです。歩道にゴミが落ちていることがなく、また落ちていても誰かがすぐに拾ってゴミ箱に捨てます。それは日本人の意識の中に、他者に対する思いやりの気持ちがあるからだと思います。

質問例 11 私たちが住んでいる街には家やビルが建ち並び、なかなか広く開放的な空を見上げる機会がありません。このような空を見上げていたら、きっと気持ちよいだろうなと思います。

質問例 12 意志です。自分が自分であるために、他人に流されることなく、自分の意見を持って行動するためには、強い意志が大切だと思うからです。

質問例 13 伝統を守ることの方が難しいと思います。伝統を守るということは、それを後世に伝承していくことです。そうするためには、次世代の担い手を育成する必要があります。しかし、現在はそういったことに、若者の関心が向いていないからです。

質問例 14 「一」です。現在では、いがみ合ったり、仲が悪かったりする国同士でも、30年後には世界中が一つの目標に向かって、共に協力し合える世界になっていると思うからです。

質問例 15 賛成です。私たちの生活に関わる課題に対して自分の意思を明確に表示するよい機会になるからです。また、政治などの簡単に答えが出ない難問に対して、情報を集めたり考えたりすることは、学校では習わないですが、社会に出たときに、必要な知識になると思うからです。

質問例 16 領土に関する問題です。日本も近隣の国との間に領土に関する問題がありますが、日本の経済や国民の安全にも関わる問題だと思います。日本の立場を主張するとともに、お互い十分に話し合うことが解決につながると思います。

面接室内の配置例と様子

パターン1

面接官２名　生徒３名

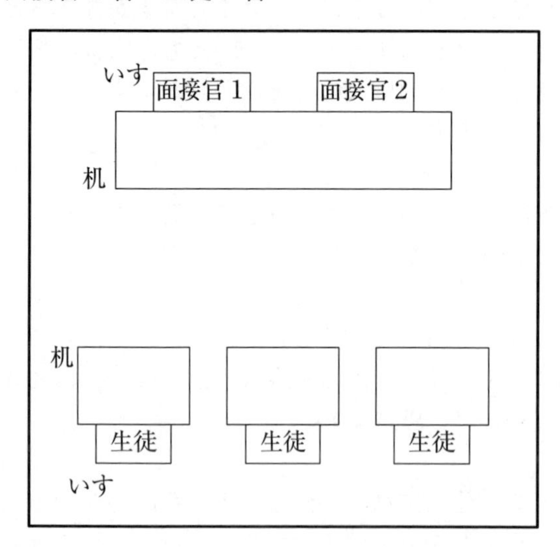

・同じ質問に対して、順番に答えていく。(ランダムの場合もあり)
・質問をする面接官や様子を見てメモしたり、配布回収を行ったり、絵や写真を見せたりする面接官というように、面接官によって役割が分かれている。

※面接官と生徒の人数はあくまで一例です。

パターン２

面接官２名　生徒１名

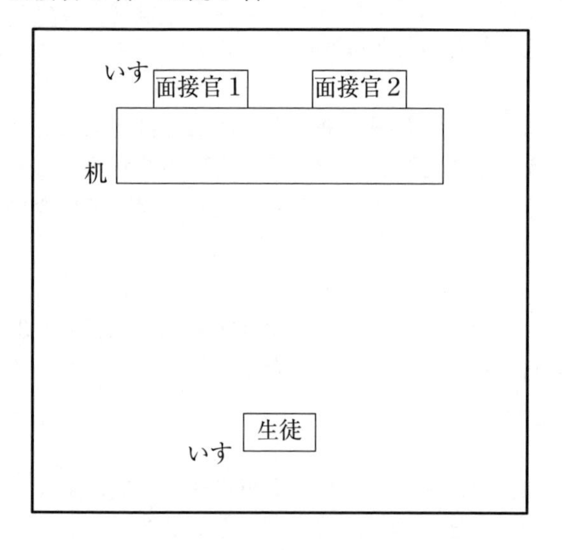

面接のパターンは個人と集団の２パターンが考えられます。ただし、これまでのように特色化選抜というある程度絞られた人数の中で行うというよりは、学校全体で行う規模なので、集団で行うパターンが確率としては高いと思われます。

面接のポイントは、「いかに自分を知ってもらうか」ということです。相手は面接官ですが、高校の先生なので、「ぜひ、うちに来てほしい」と仲間を探しているはずです。そのために質問もあらゆる角度から投げかけ、その人がいったいどういう人物なのかを知ろうとしているのです。そのことを念頭において、あらゆる質問は、相手が自分を知ろうと思って投げかけてくれているものと思って臨みましょう。
　また、集団面接ということになると、周りの人（ライバル）の発言も大きく影響することもあり得ます。たとえば、自分が回答しようとしていた内容と重複するような内容を先に言われてしまった場合や、逆に自分がまったく想定していなかったような回答をされてしまった場合などに大きく動揺してしまうケースも少なくありません。いずれにしても、上記で述べたとおり、自分を知ってもらうための試験ですので、自分が思うとおりに回答することが重要です。当然、動揺してしまったり、固まってしまったりしないように訓練を積み、慣れておくことが何よりも大事です。

PRシート

PR シートは、一般的に就職試験などで使用されているものであり、特に新潟県の高校入試でも、人物評価を中心とした内容に主眼を置いています。各高校で幅はあるものの、おおよそ20分から30分間で、設問は３問から４問です。そのほとんどが「本学校の志望動機」「中学校生活を通じて特に力を入れてきたこと」「将来の進路について」の３点に絞られます。ここで注目したいのが、「具体的に述べよ」という指示です。これは上記課題３点に共通しています。つまり、抽象的な説明よりも、自らが実際に行ったこと、体験したことを書き表す必要があります。ただし、それを忠実に書き表すことを高校側が望んでいるかというと、そうとは限りません。いつ、どのように、どんなことを、詳細にわたって書き記している時間はありません。回答のために与えられている時間は30分、一つの設問にかけることができる時間は、推敲(すいこう)を含めて10分間に満たない時間です。まして文字数は設問一つにつき約150文字から200文字程度と限られています。

それではどんなことを書けばよいのでしょうか。入試担当者がその人物を評価する際に、どんなことをしてきたのか、これは数ある判断材料の一つです。何か人よりも秀でたものがあるのか、どんな経験を積んできたのか。そして最も重要なことが、その体験を通じて何を学び、それから学んだことをどのように実生活に活かし、自身を成長する糧としているかです。つまりこの PR シートから、入試担当者はその人の人柄を読み取り、自校にとってふさわしい人物かどうかを判断するのです。当然のことながら、人よりも秀でていることを主張することは大切ですが、何よりもそれが自己の経験として生活、自己の成長に活かしているかを判断します。

それを入試担当者にアピールするために、自分が中学生活で体験したことを、客観的に判断し、それが自分に及ぼした影響と、それを通じて成長した自分の姿を、あくまで習慣的ではなく、客観的な事実として書き記す必要があります。それが設問における「具体的に」という指示に隠されているのです。

ただ３年間部活動を頑張り、好成績を残しただけでは不十分です。その練習過程で苦労したこと、試合に出場して、大きな重圧の中で成し遂げたこと、それらを完遂できた時、大きな自信を身につけたのか。それとも挫折や後悔を通して、新たな目標を見出したのか。中学３年間を通じて自らの精神性に新たな風を吹き込んだ出来事を、限られた制限時間と文字数の中で、あくまで客観視しながら書き記すこと。これがPR シート記入に込められた高校からのメッセージなのです。

令和6年度　新潟県公立高等学校入学状況

1　学校別・学科別入学状況（全日制の課程）

学校名（分校名）	学科・コース名	募集学級	募集人数	特色化選抜			一般選抜			欠員補充のための2次募集			海外帰国生徒等特別選抜		入学者数
				志願者数	受検者数	合格者数	志願者数	受検者数	合格者数	志願者数	受検者数	合格者数	受検者数合計	合格者数合計	
新潟	普通	7	280				357	357	280				0	0	280
新潟	理数	2	80				94	94	80				0	0	80
新潟中央	普通	5	200	3	3	3	204	204	198				0	0	201
新潟中央	学究コース	2	80				82	82	80				0	0	80
新潟中央	食物	1	40	2	2	2	54	54	38				0	0	40
新潟中央	音楽	1	40	14	14	14	3	3	3	0	0	0	0	0	17
新潟南	普通	8	320				385	384	321				0	0	321
新潟南	理数コース	1	40				49	49	41				0	0	41
新潟江南	普通	7	280				336	334	281				1	1	282
新潟西	普通	7	280	11	11	11	302	299	272				0	0	283
新潟東	普通	6	240				280	279	245				0	0	242
新潟北	普通	3	120	20	20	20	130	124	102				1	0	121
新潟工業	ミライ創造工学	7	280	33	33	18	324	321	263				0	0	280
新潟商業	総合ビジネス	4	160	26	26	24	188	188	139				1	1	164
新潟商業	情報処理	2	80	0	0	0	114	113	82				0	0	82
新潟商業	国際教養	2	80				75	75	75	8	8	5	0	0	80
新潟向陽	普通	5	200				289	285	205				0	0	205
巻	普通	7	280	11	11	5	296	296	277				0	0	282
巻総合	総合	5	200				222	220	201				0	0	201
豊栄	普通	2	80	2	2	2	32	32	32	20	20	20	2	2	56
新津	普通	6	240				259	259	243				0	0	242
新津工業	工業マイスター	1	40	0	0	0	43	43	40				0	0	40
新津工業	生産工学	1	40	0	0	0	24	24	24	4	4	4	0	0	27
新津工業	ロボット工学	1	40	0	0	0	20	20	20	4	4	4	0	0	24
新津工業	日本建築	1	30	0	0	0	31	30	30				0	0	30
新津南	普通	3	120				99	98	97	13	13	13	0	0	109
白根	普通	2	80				43	43	43	4	4	4	0	0	46
五泉	総合	5	200				202	202	202				0	0	202
村松	普通	2	80				17	17	17	3	3	3	0	0	20
阿賀黎明	普通	1	40	3	3	3	16	16	16	1	1	1	0	0	20
新発田	普通	6	240				289	287	245				0	0	245
新発田	理数	1	40				44	44	41				0	0	41
新発田南	普通	3	120				145	144	123				0	0	123
新発田南	工業	4	160				163	163	160				0	0	159
新発田農業	農業	4	160				177	176	160				0	0	160
新発田商業	商業	3	120	6	6	5	117	116	116				0	0	120
村上	普通	3	120				92	92	92	5	5	5	0	0	96
村上桜ケ丘	総合	3	120	6	6	6	110	110	110	1	1	1	0	0	117
中条	普通	2	80	1	1	1	33	33	33	3	3	3	0	0	37

学校名（分校名）	学科・コース名	募集学級	募集人数	特色化選抜			一般選抜			欠員補充のための2次募集			海外帰国生徒等特別選抜		入学者数
				志願者数	受検者数	合格者数	志願者数	受検者数	合格者数	志願者数	受検者数	合格者数	受検者数合計	合格者数合計	
阿賀野	普通	2	80	1	1	1	34	34	34	2	1	1	0	0	36
長岡	普通	6	240				285	285	240				2	2	242
長岡	理数	2	80	2	2	2	85	85	79				0	0	81
長岡大手	普通	6	240	12	12	7	279	275	237				0	0	244
長岡大手	家政	1	40	1	1	1	41	41	39				0	0	40
長岡向陵	普通	5	200				297	296	200				0	0	200
長岡農業	農業	4	160				176	176	160				0	0	160
長岡工業	工業	5	200				230	229	200				0	0	200
長岡商業	総合ビジネス	4	160	11	11	11	131	131	131	11	11	11	0	0	153
正徳館	普通	1	40				16	16	16	4	4	4	0	0	20
栃尾	総合	2	80				50	50	50	1	1	1	0	0	51
見附	普通	2	80				59	59	59	6	6	6	0	0	65
三条	普通	6	240				291	289	245				0	0	245
三条東	普通	5	200				228	228	202				0	0	202
新潟県央工業	工業	4	160	3	3	3	111	111	111	12	12	12	0	0	126
三条商業	総合ビジネス	3	120				119	118	118	1	1	1	0	0	118
吉田	普通	2	80	0	0	0	69	69	69	3	3	3	0	0	72
分水	普通	2	80	0	0	0	44	44	44	4	4	4	0	0	48
加茂	普通	4	160	5	5	5	220	220	156				0	0	161
加茂農林	農業	4	160				174	174	160				0	0	160
小千谷	普通	5	200				234	233	201				0	0	201
小千谷西	総合	4	160				126	126	126	9	9	9	0	0	135
小出	普通	4	160	1	1	1	140	140	140	3	3	3	0	0	144
国際情報	専門系	3	120				48	48	48	26	25	25	0	0	73
六日町	普通	5	200				199	197	197	1	1	1	0	0	197
八海	普通	2	80	4	4	4	69	69	69	2	2	2	0	0	75
塩沢商工	地域創造工学	2	80				32	31	31	0	0	0	0	0	31
塩沢商工	商業	1	40				19	19	19	2	2	2	0	0	21
十日町	普通	5	200	12	12	10	190	190	190				0	0	200
十日町総合	総合	3	120	4	4	4	125	124	116				0	0	120
松代	普通	2	80	3	3	3	47	47	47	3	2	2	0	0	52
柏崎	普通	5	200	5	5	5	169	169	169	22	22	22	0	0	196
柏崎常盤	普通	3	120				101	100	100	3	3	3	0	0	103
柏崎総合	総合	3	120				117	115	115	0	0	0	0	0	114
柏崎工業	工業	3	120	0	0	0	116	116	116	0	0	0	0	0	116
高田	普通	5	200				223	223	200				0	0	200
高田	理数	1	40				44	44	41				0	0	41
高田北城	普通	5	200				222	222	201				0	0	201
高田北城	生活文化	1	40				52	52	40				0	0	40
高田農業	農業	4	160				194	193	160				0	0	160
上越総合技術	工業	5	200	6	6	5	213	213	196				0	0	200
高田商業	総合ビジネス	3	120				121	120	120				0	0	120

学校名（分校名）	学科・コース名	募集学級	募集人数	特色化選抜			一般選抜			欠員補充のための2次募集			海外帰国生徒等特別選抜		入学者数
				志願者数	受検者数	合格者数	志願者数	受検者数	合格者数	志願者数	受検者数	合格者数	受検者数合計	合格者数合計	
有恒	普通	1	40				32	32	32	1	1	1	0	0	33
新井	総合	4	160	4	4	4	171	170	156				0	0	160
糸魚川	普通	3	120				110	109	109	6	6	6	0	0	115
糸魚川白嶺	総合	3	120				99	99	99	0	0	0	0	0	99
海洋	水産	2	80	2	2	2	68	67	67	0	0	0	0	0	69
佐渡	普通	5	200				194	194	193	0	0	0	0	0	193
羽茂	普通	1	40	0	0	0	18	18	18	0	0	0	0	0	18
佐渡総合	総合	4	160				108	108	108	1	1	1	0	0	109
県立計		303	12110	214	214	182	12280	12228	11001	189	186	183	7	6	11356
市立万代	普通	5	200				223	221	205				0	0	203
市立万代	英語理数	1	40				48	45	41				0	0	41
市立計		6	240	0	0	0	271	266	246	0	0	0	0	0	244
県立及び市立合計		309	12350	214	214	182	12551	12494	11247	189	186	183	7	6	11600

2　学校別・学科別入学状況（定時制の課程）

学校名（分校名）	学科・コース名	募集学級	募集人数	特色化選抜			一般選抜			欠員補充のための2次募集			海外帰国生徒等特別選抜		入学者数
				志願者数	受検者数	合格者数	志願者数	受検者数	合格者数	志願者数	受検者数	合格者数	受検者数合計	合格者数合計	
新潟翠江	普通午前	1	35				26	26	26	1	1	1	0	0	27
西新発田	普通午前	2	70				67	67	67	1	1	1	0	0	66
荒川	普通午前	1	35				31	31	31	0	0	0	0	0	31
長岡明徳	普通午前	3	105				94	88	88	1	1	1	1	1	89
長岡明徳	普通夜間	1	35				16	16	16	0	0	0	0	0	16
堀之内	普通午前	2	70				59	59	59	0	0	0	0	0	59
十日町	普通	1	40				18	18	18	1	1	1	0	0	19
出雲崎	普通午前	1	35				24	24	24	0	0	0	0	0	24
高田南城	普通午前	2	70				52	52	51	1	1	1	0	0	52
佐渡（相川）	普通午前	1	35				8	8	8	0	0	0	0	0	8
県立計		15	530	0	0	0	395	389	388	5	5	5	1	1	391
市立明鏡	普通午前	3	105				96	93	93	9	9	9	2	2	103
市立明鏡	普通夜間	1	35				12	12	12	1	1	1	0	0	13
市立計		4	140	0	0	0	108	105	105	10	10	10	2	2	116
県立及び市立合計		19	670	0	0	0	503	494	493	15	15	15	3	3	507

新潟県教育庁高等学校教育課発表より

令和7年度版　新潟県公立高校入試問題集

2024年（令和6年）7月29日　　初版第1刷発行

発　行　者　　中川　史隆

編集・発行所　新潟日報メディアネット
【出版グループ】　〒950－1125　新潟市西区流通3－1－1
TEL 025－383－8020　FAX 025－383－8028
https://www.niigata-mn.co.jp

協　　　力　　能開センター新潟本部

印　　　刷　　㈱DI Palette

ISBN978-4-86132-863-3